O GEN | Grupo Editorial Nacional – maior plataforma editorial brasileira no segmento científico, técnico e profissional – publica conteúdos nas áreas de concursos, ciências jurídicas, humanas, exatas, da saúde e sociais aplicadas, além de prover serviços direcionados à educação continuada.

As editoras que integram o GEN, das mais respeitadas no mercado editorial, construíram catálogos inigualáveis, com obras decisivas para a formação acadêmica e o aperfeiçoamento de várias gerações de profissionais e estudantes, tendo se tornado sinônimo de qualidade e seriedade.

A missão do GEN e dos núcleos de conteúdo que o compõem é prover a melhor informação científica e distribuí-la de maneira flexível e conveniente, a preços justos, gerando benefícios e servindo a autores, docentes, livreiros, funcionários, colaboradores e acionistas.

Nosso comportamento ético incondicional e nossa responsabilidade social e ambiental são reforçados pela natureza educacional de nossa atividade e dão sustentabilidade ao crescimento contínuo e à rentabilidade do grupo.

Silvio Sande
André Neiva

CONTABILIDADE GERAL E AVANÇADA

- Os autores deste livro e a editora empenharam seus melhores esforços para assegurar que as informações e os procedimentos apresentados no texto estejam em acordo com os padrões aceitos à época da publicação, *e todos os dados foram atualizados pelos autores até a data de fechamento do livro*. Entretanto, tendo em conta a evolução das ciências, as atualizações legislativas, as mudanças regulamentares governamentais e o constante fluxo de novas informações sobre os temas que constam do livro, recomendamos enfaticamente que os leitores consultem sempre outras fontes fidedignas, de modo a se certificarem de que as informações contidas no texto estão corretas e de que não houve alterações nas recomendações ou na legislação regulamentadora.

- Fechamento desta edição: 23/11/2020

- Os autores e a editora se empenharam para citar adequadamente e dar o devido crédito a todos os detentores de direitos autorais de qualquer material utilizado neste livro, dispondo-se a possíveis acertos posteriores caso, inadvertida e involuntariamente, a identificação de algum deles tenha sido omitida.

- **Atendimento ao cliente: (11) 5080-0751 | faleconosco@grupogen.com.br**

- Direitos exclusivos para a língua portuguesa
  Copyright © 2022 by
  Editora Forense Ltda.
  Uma editora integrante do GEN | Grupo Editorial Nacional
  Travessa do Ouvidor, 11
  Rio de Janeiro – RJ – 20040-040
  www.grupogen.com.br

- Reservados todos os direitos. É proibida a duplicação ou reprodução deste volume, no todo ou em parte, em quaisquer formas ou por quaisquer meios (eletrônico, mecânico, gravação, fotocópia, distribuição pela Internet ou outros), sem permissão, por escrito, da Editora Forense Ltda.

- Capa: Bianca Teodoro

- Editoração eletrônica: Karen Ameomo

**CIP-BRASIL. CATALOGAÇÃO NA PUBLICAÇÃO
SINDICATO NACIONAL DOS EDITORES DE LIVROS, RJ**

S198c

Sande, Silvio
  Contabilidade geral e avançada / Silvio Sande, André Neiva. - 1. ed. – [2. Reimpr.]. - Rio de Janeiro: Método, 2022.
  il.

  Inclui bibliografia
  ISBN 978-85-309-8136-5

  1. Contabilidade. 2. Contabilidade - Legislação - Brasil. 3. Serviço público - Brasil - Concursos. 4. Contabilidade - Problemas, questões, exercícios - Brasil. I. Neiva, André. II. Título

20-66906   CDD: 657
                              CDU: 657

Camila Donis Hartmann - Bibliotecária - CRB-7/6472

Dedico este livro, in memoriam,
a Antônia Almeida Reis e a Idalina Belo da Silva.
— *André*

Dedico este livro, in memoriam, *a minha querida e inesquecível mãe,*
Maria José Ferreira Sande.
— *Silvio*

AGRADECIMENTOS

Agradeço ao meu pai, Manoel Neiva, meu ídolo, meu melhor amigo e o meu maior exemplo.

Agradeço à minha mãe, Maria de Lourdes, pelo amor e carinho que sempre dedicou a mim.

À minha esposa, Nana, por todo o amor e carinho.

À minha irmã, Carol, por todo o apoio.

À minha tia-mãe, Lúcia Sampaio, e ao meu tio-pai, Gabriel Sampaio, bem como aos meus primos-irmãos João, Mario e Caio, por todo o apoio e carinho.

Ao meu amigo Silvio Sande, pelo exemplo de pessoa e de profissional.

André

Primeiramente a Deus, por ter me dado a oportunidade de realizar este grande sonho. Em especial à minha esposa, Fernanda Sande, que sempre me deu apoio, incentivo nas horas difíceis, de desânimo e cansaço.

Ao meu pai, Otávio Sande, pelo amor e carinho.

Aos meus filhos, Fernando e Bruna, pelo amor, incentivo e apoio incondicional.

Ao meu amigo André Neiva, por compartilhar comigo este grande desafio.

A todos que, direta ou indiretamente, fizeram parte da minha formação, o meu muito obrigado.

Silvio

APRESENTAÇÃO

A Contabilidade vem sofrendo profundas transformações resultantes da globalização e da consequente padronização mundial de normas contábeis. A dificuldade de alteração da legislação contábil brasileira resulta no aumento da importância dos pronunciamentos do Comitê de Pronunciamentos Contábeis (CPC) como condutor da modernização das normas contábeis nacionais.

O desafio, ante esse cenário, é tratar os pronunciamentos, junto com a legislação brasileira, como parte natural do aprendizado, sem tratá-los como algo "de outro mundo". Por isso, nos capítulos desta obra foram reunidas as informações previstas na legislação e no CPC sobre cada assunto, de modo a facilitar a comparação entre as informações e o aprendizado do aluno.

Utilizando a experiência de anos de docência, esta obra foi elaborada com uma sequência lógica dos assuntos, tornando o aprendizado mais fluido para o aluno. Nos anos de trabalho com a aprovação de alunos nos mais diversos concursos públicos e exames de suficiência, sempre restou clara a importância de fazer questões para a aprovação. Portanto, dedicamos especial atenção ao assunto, incluindo, como material suplementar à obra, mais de 1.200 questões comentadas.

A intenção desta obra é fazer com que o aluno encontre todas as referências sobre o assunto em um só lugar e se exercite com questões comentadas de bancas como CFC, FCC, Cebraspe (antigo Cespe), FGV, dentre outras, de modo a proporcionar um aprendizado prático e completo para obter a aprovação em qualquer exame que cobre Contabilidade Geral e Avançada.

Os Autores

SUMÁRIO

Capítulo 1 – Conceitos Fundamentais da Contabilidade 1

   1.1.   O que é Contabilidade? 1

   1.2.   Objeto da Contabilidade 2

   1.3.   Finalidade da Contabilidade 3

   1.4.   Campo de aplicação da Contabilidade 3

   1.5.   Usuários da Contabilidade 4

   1.6.   Funções da Contabilidade 5

   1.7.   Técnicas contábeis 5

   1.8.   Exercício social 9

   1.9.   Sociedades 9

      1.9.1.   Sociedades anônimas ou companhias 10

      1.9.2.   Sociedade por quotas de responsabilidade limitada 10

   1.10. Sociedade de grande porte 11

Capítulo 2 – Patrimônio 13

   2.1.   Aspectos qualitativos e quantitativos do patrimônio 15

   2.2.   Componentes patrimoniais 15

   2.3.   Definições dos elementos patrimoniais 16

   2.4.   Equação patrimonial 18

   2.5.   Situações patrimoniais 18

   2.6.   Diferença entre capital e patrimônio 20

Capítulo 3 – Contas 23

   3.1.   Plano de contas 23

   3.2.   Representação gráfica das contas 24

   3.3.   Funcionamento das contas 25

      3.3.1.   Contas do ativo e despesas 25

      3.3.2.   Contas do passivo, patrimônio líquido e receitas 25

3.4.	Teorias das contas	26
	3.4.1. Teoria personalista	26
	3.4.2. Teoria materialista	26
	3.4.3. Teoria patrimonialista	26
	3.4.3.1. Tipos de contas	27
3.5.	Classificação das contas na Lei nº 6.404/76	29
	3.5.1. Ativo	29
	3.5.2. Passivo	29

Capítulo 4 – Escrituração e Lançamento 33

4.1.	Escrituração	33
4.2.	Lançamento	34
	4.2.1. Método das partidas dobradas	35
	4.2.2. Procedimentos (passos) do lançamento	35
4.3.	Principais livros de escrituração	36
	4.3.1. Formalidades exigidas	38
	4.3.2. Aspectos contábeis	40
4.4.	Fórmulas (formas) de lançamento	41
4.5.	Erros de escrituração	44

Capítulo 5 – Fatos Contábeis e Respectivas Variações Patrimoniais 47

5.1.	Atos administrativos e fatos contábeis	47
	5.1.1. Fato contábil	47
	5.1.1.1. Fatos permutativos	48
	5.1.1.2. Fatos modificativos	49
	5.1.1.3. Fatos mistos	49
	5.1.2. Fatos complexos	51

Capítulo 6 – O que é CPC? 53

Capítulo 7 – Estrutura Conceitual para Elaboração e Divulgação de Relatório Contábil-Financeiro 55

7.1.	Objetivo do relatório contábil-financeiro de propósito geral	56
7.2.	Recursos econômicos e reivindicações	57
	7.2.1. Mudanças nos recursos econômicos e reivindicações	57
	7.2.1.1. Desempenho financeiro refletido pelo regime de competência	58
	7.2.1.2. Desempenho financeiro refletido pelos fluxos de caixa passados	58

	7.2.1.3.	Mudanças nos recursos econômicos e reivindicações que não são resultantes do desempenho financeiro	59
7.3.		Características qualitativas da informação contábil-financeira útil ...	59
	7.3.1.	Características qualitativas fundamentais	60
		7.3.1.1. Relevância	60
		7.3.1.2. Representação fidedigna	61
		7.3.1.3. Aplicação das características qualitativas fundamentais	63
	7.3.2.	Características qualitativas de melhoria	64
		7.3.2.1. Comparabilidade	64
		7.3.2.2. Capacidade de verificação	64
		7.3.2.3. Tempestividade	65
		7.3.2.4. Compreensibilidade	65
		7.3.2.5. Aplicação das características qualitativas de melhoria	65
7.4.		Restrição de custo na elaboração e na divulgação de relatório contábil financeiro útil	66
7.5.		Estrutura conceitual para elaboração e apresentação das demonstrações contábeis	66
	7.5.1.	Período do relatório	67
	7.5.2.	Perspectiva adotada nas demonstrações contábeis	67
	7.5.3.	Premissa de continuidade operacional	68
	7.5.4.	Entidade que reporta	68
	7.5.5.	Demonstrações contábeis consolidadas e não consolidadas	69
	7.5.6.	Elementos das demonstrações contábeis	69
		7.5.6.1. Ativos	70
		7.5.6.2. Passivos	74
		7.5.6.3. Outras observações de ativo e passivo	77
		7.5.6.4. Patrimônio líquido	78
		7.5.6.5. Receitas e despesas	79
	7.5.7.	Reconhecimento dos elementos das demonstrações contábeis	79
		7.5.7.1. Relevância	80
		7.5.7.2. Incerteza de existência	80
		7.5.7.3. Baixa probabilidade de entrada ou saída de benefícios econômicos	81
		7.5.7.4. Representação fidedigna	81
		7.5.7.5. Incerteza na mensuração	81
		7.5.7.6. Desreconhecimento	82
	7.5.8.	Mensuração dos elementos das demonstrações contábeis.	83
	7.5.9.	Conceitos de capital e de manutenção de capital	85

Capítulo 8 – Balancete de Verificação 87

8.1. Erros detectáveis no balancete de verificação 88

8.2. Fases do ciclo contábil 89

8.3. Principais contas 90

    8.3.1. Contas patrimoniais 90

    8.3.2. Contas de resultado 92

Capítulo 9 – Aprendendo a Lógica da Contabilidade 99

Capítulo 10 – Ativo 105

10.1. Ativo circulante 107

    10.1.1. Disponibilidades 108

    10.1.2. Caixa 108

    10.1.3. Bancos 110

    10.1.4. Instrumentos financeiros 111

    10.1.5. Reconhecimento e desreconhecimento 113

    10.1.6. Classificação 113

        10.1.6.1. Lei das S.A. 113

        10.1.6.2. CPC 48 114

    10.1.7. Mensuração 116

        10.1.7.1. Lei das S.A. 116

        10.1.7.2. CPC 48 117

    10.1.8. Redução do valor recuperável 122

    10.1.9. Reclassificação de ativo financeiro 123

    10.1.10. Direitos realizáveis no exercício social subsequente 124

    10.1.11. Duplicatas 124

    10.1.12. Provisão estimada para créditos de liquidação (PECLD) .. 128

    10.1.13. Cobrança simples de duplicatas 133

    10.1.14. Desconto de duplicatas 135

    10.1.15. *Factoring* e securitização 138

    10.1.16. Aplicações de recursos em despesa do exercício social seguinte 140

Capítulo 11 – Estoques 141

11.1. Mensuração dos estoques 142

    11.1.1. Custo do estoque 142

        11.1.1.1. Custo de aquisição de mercadorias para revenda ... 142

        11.1.1.2. Custo de produção de mercadorias 142

11.1.1.3.	Fatos que alteram o valor das compras	144
11.1.1.4.	Outros custos do estoque	147
11.1.1.5.	Itens não incluídos no custo dos estoques	148

11.1.2. Valor de mercado *versus* valor realizável líquido 149

11.1.2.1.	Valor de mercado	149
11.1.2.2.	Valor realizável líquido	149

11.2. Ativo biológico e produto agrícola 151

11.2.1. Mensuração do ativo biológico e do produto agrícola....... 151

11.2.2. Valor justo *versus* valor realizável líquido........................... 152

11.3. Exemplos de lançamentos na conta de estoques envolvendo compra e venda de mercadorias.. 153

Capítulo 12 – Ativo Não Circulante 159

12.1. Ativo realizável a longo prazo.. 159

12.1.1. Avaliação do realizável a longo prazo.................................. 160

12.1.1.1.	Contratação de seguros	160
12.1.1.2.	Duplicatas a receber a longo prazo	161

Capítulo 13 – Reforçando Conceitos na Avaliação de Ativos e Passivos.. 163

Capítulo 14 – Investimentos Societários 165

14.1. Conceito e classificação 165

14.2. Controladas, coligadas, submetidas a controle comum e grupo econômico 167

14.2.1. Controladora 167

14.2.1.1. Perda de controle de controlada....................... 169

14.2.2. Coligada 169

14.2.2.1. Perda de influência significativa 171

14.2.3. Controle comum 171

14.2.4. Grupo econômico.. 172

14.3. Mensuração inicial do investimento em controladas, coligadas, grupo econômico e controle conjunto.. 172

14.3.1. Mensuração inicial 172

14.3.1.1. Ágio 173

14.3.1.2. Deságio (ganho por compra vantajosa)............ 179

14.3.2. Mensuração posterior 180

14.3.2.1. Método do custo de aquisição 181

14.3.2.2. MEP 182

14.4. Outros investimentos societários.. 195

CONTABILIDADE GERAL E AVANÇADA • SILVIO SANDE E ANDRÉ NEIVA

14.5. Propriedade para investimentos.. 195

    14.5.1. Mensuração da propriedade para investimentos 196

    14.5.2. Transferências da propriedade para investimento 197

    14.5.3. Exemplos de lançamentos envolvendo propriedades para investimentos... 198

14.6. Outros investimentos permanentes 199

    14.6.1. Mensuração dos outros investimentos permanentes.......... 199

    14.6.2. Exemplos de lançamentos nos outros investimentos permanentes 199

14.7. Baixa de investimentos 200

Capítulo 15 – Imobilizado 201

15.1. Contas do imobilizado.. 202

15.2. Reconhecimento 203

15.3. Mensuração inicial do imobilizado 204

    15.3.1. Imobilizado construído pela própria empresa.................... 205

    15.3.2. Imobilizado financiado adquirido.. 206

    15.3.3. Imobilizado em permuta 207

15.4. Vida útil.. 208

15.5. Mensuração posterior.. 209

15.6. Depreciação 210

    15.6.1. Valor depreciável de um ativo imobilizado 211

    15.6.2. Métodos de depreciação 211

        15.6.2.1. Método das quotas constantes (ou linear ou da linha reta)... 212

        15.6.2.2. Método da soma dos dígitos dos anos ou método de Cole.. 212

        15.6.2.3. Método de unidades produzidas...................... 212

        15.6.2.4. Método de horas de trabalho............................ 213

    15.6.3. Depreciação acelerada 213

    15.6.4. Depreciação de bens usados.. 214

    15.6.5. Exemplos de lançamento de depreciação............................ 214

15.7. Manutenção e reparos do ativo imobilizado................................... 215

15.8. Exaustão.. 216

    15.8.1. Métodos de exaustão 217

        15.8.1.1. Método por prazo de concessão....................... 217

        15.8.1.2. Método por função produção/capacidade......... 217

    15.8.2. Exaustão acelerada 217

    15.8.3. Exemplos de lançamento com exaustão............................... 217

15.9. Amortização 218

15.10. Contábil *versus* fiscal.. 218

15.11. Valor contábil do imobilizado... 219

15.12. Baixa do ativo imobilizado 220

15.13. Divulgação... 222

15.14. A possibilidade de reavaliação no CPC 27 223

15.15. Arrendamento mercantil 225

    15.15.1. Classificação do arrendamento mercantil 226

    15.15.2. Identificação do arrendamento.................................. 227

        15.15.2.1. Separação de componentes do contrato........... 228

        15.15.2.2. Arrendatário... 228

        15.15.2.3. Arrendador 228

    15.15.3. Ativo identificado.. 228

15.16. Prazo do arrendamento... 229

    15.16.1. Tratamento nas demonstrações do arrendatário................. 230

        15.16.1.1. Reconhecimento inicial.............................. 230

        15.16.1.2. Mensuração subsequente 231

        15.16.1.3. Reavaliação do passivo de arrendamento 233

        15.16.1.4. Apresentação 234

        15.16.1.5. Divulgação... 235

    15.16.2. Tratamento das demonstrações do arrendador 235

        15.16.2.1. No arrendamento financeiro......................... 235

        15.16.2.2. Arrendamento mercantil operacional 238

    15.16.3. Transação de venda e *leaseback* 239

Capítulo 16 – Intangível.. 241

16.1. Características do ativo intangível.. 241

16.2. Exemplos de ativos intangíveis 244

16.3. Reconhecimento do ativo intangível....................................... 244

16.4. Mensuração inicial.. 245

    16.4.1. Aquisição em separado 245

    16.4.2. Geração interna 247

        16.4.2.1. Fase de pesquisa.. 247

        16.4.2.2. Fase de desenvolvimento 248

    16.4.3. Aquisição por combinação de negócios 250

    16.4.4. *Goodwill* gerado internamente................................. 250

    16.4.5. Aquisição por subvenção ou assistência governamental 251

    16.4.6. Troca por outros ativos... 251

16.5. Gastos com intangível... 252

16.6. Vida útil... 252

XVIII | CONTABILIDADE GERAL E AVANÇADA • SILVIO SANDE E ANDRÉ NEIVA

16.7. Mensuração posterior.. 253

    16.7.1. Amortização do intangível 253

        16.7.1.1. Ativo intangível com vida útil definida 254

        16.7.1.2. Ativo intangível com vida útil indefinida........ 255

16.8. Baixa e alienação 256

16.9. Divulgação... 257

Capítulo 17 – Valor Recuperável.. 259

17.1. Prazo para o teste... 260

17.2. Fontes indicativas de desvalorização... 261

17.3. Valor em uso e valor de venda líquido 262

    17.3.1. Valor em uso.. 262

    17.3.2. Valor líquido de venda... 263

17.4. Teste de recuperabilidade... 264

    17.4.1. Perda no valor de bem reavaliado...................................... 264

    17.4.2. Recuperação do valor... 265

    17.4.3. Exemplos de lançamentos de teste de recuperabilidade 266

    17.4.4. Divulgação das perdas e reversões..................................... 267

17.5. Divulgação de informações sobre o teste de recuperabilidade 268

17.6. Ágio por rentabilidade futura (*goodwill*) 268

Capítulo 18 – Ativo Não Circulante Mantido para Venda e Operação Descontinuada.. 269

18.1. Ativo não circulante mantido para venda 269

18.2. Operação descontinuada 271

18.3. Passivos, receita e despesas relacionadas ao ativo mantido para venda.. 272

Capítulo 19 – Saldos Existentes de Ativo Diferido e de Reservas de Realização.. 273

19.1. Ativo diferido 273

19.2. Reservas de reavaliação 273

Capítulo 20 – Passivo Circulante... 277

20.1. Saldos bancários negativos.. 277

    20.1.1. Exemplos de lançamentos de saldo bancário negativo 277

20.2. Duplicatas descontadas... 278

20.3. Promissórias emitidas 278

    20.3.1. Exemplos de lançamentos de notas promissórias............... 278

20.4.	Contas a pagar	279
	20.4.1. Exemplos de lançamentos de contas a pagar	279
20.5.	Fornecedores	279
	20.5.1. Exemplos de lançamentos de forneccdores	279
20.6.	Impostos a pagar	280
	20.6.1. Exemplos de lançamentos de impostos a pagar	280
20.7.	Salários a pagar, INSS a pagar e FGTS a pagar	281
	20.7.1. Exemplos de lançamentos de salários a pagar, INSS a pagar e FGTS a pagar	281
20.8.	Dividendos a pagar	281
	20.8.1. Exemplos de lançamentos de dividendos a pagar	281
20.9.	Adiantamento de clientes	282
	20.9.1. Exemplos de lançamentos de adiantamento de clientes	282
20.10.	Depósitos judiciais	282

Capítulo 21 – Empréstimos e Financiamentos 285

21.1.	Registro do empréstimo e do financiamento	285
	21.1.1. Exemplos de lançamentos envolvendo empréstimos e financiamentos	286
21.2.	Empréstimo ou financiamento com juros predeterminados	287
21.3.	Empréstimo ou financiamento com juros pós-determinados	288
21.4.	Variação monetária	289
21.5.	Variação cambial do empréstimo ou financiamento	290
21.6.	Divulgação	291
21.7.	Capitalização de custos de empréstimos	291
	21.7.1. Ativo qualificável	292
	21.7.2. Custos elegíveis à capitalização	292
	21.7.3. Início da capitalização	293
	21.7.4. Suspensão da capitalização	293
	21.7.5. Cessação da capitalização	294
	21.7.6. Divulgação	294
	21.7.7. Exemplo de capitalização de um empréstimo	294

Capítulo 22 – Folha de Pagamento 297

22.1.	Eventos da folha de pagamento	297
22.2.	Rendimentos ou vantagens	297
22.3.	Descontos ou abatimentos	298
22.4.	Parcelas do empregador	299

CONTABILIDADE GERAL E AVANÇADA • SILVIO SANDE E ANDRÉ NEIVA

22.5. Parcelas recuperáveis 300

22.6. Exemplos de lançamentos de salários e benefícios 300

22.7. Benefícios a empregados 301

    22.7.1. Conceitos de benefício 301

        22.7.1.1. Benefícios de curto prazo 302

        22.7.1.2. Benefício pós-emprego 302

        22.7.1.3. Benefícios rescisórios 306

        22.7.1.4. Outros benefícios de longo prazo 306

Capítulo 23 – Debêntures 309

23.1. Características das debêntures 309

23.2. Contabilização das debêntures 310

    23.2.1. Debênture colocada no mercado com deságio 311

    23.2.2. Debênture colocada no mercado com ágio 312

23.3. Debêntures conversíveis em ações 313

23.4. Debêntures em tesouraria 313

23.5. Resgate da debênture 314

23.6. Divulgação 314

Capítulo 24 – Provisões, Passivos Contingentes e Ativos Contingentes ... 315

24.1. Provisão 315

24.2. Reconhecimento de uma provisão 315

    24.2.1. Obrigação presente 315

    24.2.2. Provável liquidação 316

    24.2.3. Estimativa confiável 317

24.3. Mensuração da provisão 317

24.4. Ocorrências na provisão 319

24.5. Contrato oneroso e reestruturação 320

    24.5.1. Contrato oneroso 320

    24.5.2. Reestruturação 321

24.6. Divulgação 322

24.7. Provisões e perdas estimadas 323

24.8. Exemplos de provisões no ativo 323

    24.8.1. Provisão para perdas estimadas com créditos de liquidação duvidosa 323

    24.8.2. Provisão para o ajuste de bens ao valor de mercado 323

    24.8.3. Provisão para perdas prováveis na alienação de investimentos 323

24.9. Exemplos de provisões no passivo 323

    24.9.1.   Provisão para férias de empregados 323

    24.9.2.   Provisão para 13º salário 324

24.10. Passivo contingente 324

    24.10.1.   Reconhecimento do passivo contingente 324

    24.10.2.   Divulgação do passivo contingente 325

24.11. Diferença entre provisões e passivos contingentes 325

24.12. Ativo contingente 326

Capítulo 25 – Passivo Não Circulante 327

25.1. Avaliação do passivo não circulante 328

25.2. Receita diferida 328

    25.2.1.   Receita antecipada 329

Capítulo 26 – Patrimônio Líquido 331

26.1. Capital social 331

    26.1.1.   Capital social ou capital nominal ou capital subscrito 333

    26.1.2.   Capital a subscrever 334

        26.1.2.1.   Responsabilidade do subscritor 334

    26.1.3.   Capital realizado, integralizado ou contábil 335

    26.1.4.   Capital a integralizar ou a realizar 335

    26.1.5.   Capital autorizado 335

    26.1.6.   Captação de recursos por meio da emissão de ações 335

    26.1.7.   Adiantamento para aumento de capital social 337

        26.1.7.1.   Exemplos de lançamentos no capital social 338

    26.1.8.   Requisitos para a constituição da empresa 340

26.2. Reserva de capital 340

    26.2.1.   Ágio na emissão de ações 340

    26.2.2.   Produto da alienação de partes beneficiárias e bônus de subscrição 342

    26.2.3.   Correção do capital realizado, enquanto não capitalizado ... 344

    26.2.4.   Utilização de reserva de capital 344

        26.2.4.1.   Absorção de prejuízos que ultrapassarem os lucros acumulados e as reservas de lucros 345

        26.2.4.2.   Resgate, reembolso ou compra de ações 345

        26.2.4.3.   Resgate de partes beneficiárias 346

        26.2.4.4.   Incorporação ao capital social 347

        26.2.4.5.   O pagamento de dividendo a ações preferenciais, quando essa vantagem lhes for assegurada 347

26.3.	Ajustes de avaliação patrimonial		347
	26.3.1.	Instrumentos financeiros destinados à venda	348
	26.3.2.	Reorganizações societárias	348
26.4.	Reservas de lucros		349
	26.4.1.	Reserva legal	350
	26.4.2.	Reservas estatutárias	351
	26.4.3.	Reservas para contingências	352
		26.4.3.1. Reservas para contingências *versus* provisão para contingências	354
	26.4.4.	Reserva de incentivos fiscais	355
		26.4.4.1. Subvenção e assistência governamental	356
		26.4.4.2. Definições	356
		26.4.4.3. Reconhecimento da subvenção governamental	357
		26.4.4.4. Subvenção condicional	359
		26.4.4.5. Subvenção incondicional	359
		26.4.4.6. Subvenção por meio de incentivos tributários	361
		26.4.4.7. Apresentação da subvenção no balanço patrimonial	362
		26.4.4.8. Apresentação da subvenção na demonstração do resultado	363
		26.4.4.9. Perda da subvenção governamental	363
		26.4.4.10. Divulgação de subvenções governamentais	363
		26.4.4.11. Aspectos tributários	363
	26.4.5.	Reserva de retenção de lucros	364
	26.4.6.	Reserva de lucros a realizar	367
	26.4.7.	Reserva especial de dividendos obrigatórios não distribuídos	368
	26.4.8.	Reserva de prêmio na emissão de debêntures da Lei nº 12.973/14	368
26.5.	Ações em tesouraria		369
26.6.	Prejuízos acumulados		370
26.7.	Reserva de reavaliação		371

Capítulo 27 – Critérios de Avaliações 373

27.1.	Ajuste a valor presente		374
	27.1.1.	O que é valor presente	374
	27.1.2.	O que deve ser mensurado pelo valor presente	374
	27.1.3.	Taxa de desconto	375
		27.1.3.1. Taxas de desconto implícitas e explícitas	376
	27.1.4.	Exemplos de valor presente de ativos	376
		27.1.4.1. Duplicatas a receber a longo prazo	376

	27.1.4.2.	Duplicatas a receber a curto prazo com efeito relevante	377
	27.1.4.3.	Venda de imobilizado a longo prazo	378
27.1.5.	Valor presente de passivos		379
	27.1.5.1.	Fornecedores de longo prazo	379
	27.1.5.2.	Fornecedores de curto prazo com efeito relevante	380
	27.1.5.3.	Ajuste no financiamento para aquisição de imobilizado	382
27.1.6.	Ajuste das provisões de longo prazo		384
27.1.7.	Passivos contratuais e não contratuais		385
27.1.8.	Efeitos fiscais		385
	27.1.8.1.	Tributos sobre as vendas	385
27.1.9.	Relevância e confiabilidade		386
27.2.	Ajuste a valor justo		387
27.2.1.	Quando fazer a mensuração a valor justo		387
27.2.2.	Como mensurar o valor justo		388
	27.2.2.1.	Participantes do mercado	388
	27.2.2.2.	Preço	389
27.2.3.	Valor justo de ativos		389
	27.2.3.1.	Valor justo dos ativos não financeiros	389
27.2.4.	Valor justo dos passivos e instrumentos patrimoniais		390
27.2.5.	Reconhecimento inicial		391
27.2.6.	Técnicas de avaliação		391
27.2.7.	Informações para técnicas de avaliação		392
27.2.8.	Hierarquia a valor justo		392
27.2.9.	Risco e incerteza		393
27.3.	Mensuração ao valor justo *versus* ajuste a valor presente		394
27.3.1.	Mensuração ao valor justo		394
27.3.2.	Mensuração a valor presente		395
27.3.3.	Exemplo ilustrativo no CPC 12		395

Capítulo 28 – Demonstração do Resultado do Exercício — 397

28.1.	*Performance*	397
28.1.1.	Receitas	398
28.1.2.	Despesas	399
28.2.	Demonstração do resultado na Lei das S.A.	399
28.3.	Regime de caixa e regime de competência	401
28.4.	Receita bruta	402

28.4.1.	Receita bruta segundo o CPC 47		403
	28.4.1.1.	Reconhecimento de receita	403
	28.4.1.2.	Mensuração	405
	28.4.1.3.	Custos do contrato	407
	28.4.1.4.	Apresentação e divulgação	408
28.4.2.	Imposto sobre produtos industrializados (IPI)		409

28.5. Receita líquida ... 409

28.5.1.	Devolução de vendas, vendas canceladas ou vendas anuladas...		410
28.5.2.	Descontos incondicionais e abatimentos sobre vendas		411
28.5.3.	Impostos e contribuições sobre vendas e serviços		412
	28.5.3.1.	ICMS e ISS	412
	28.5.3.2.	PIS/PASEP e COFINS	413
28.5.4.	Ajuste a valor presente da receita bruta		414
28.5.5.	Dicas sobre deduções da receita bruta		415

28.6. Custo de bens e serviços vendidos ... 415

28.6.1.	Resultado com mercadorias		416
28.6.2.	Tipos de inventário e forma de apuração do lucro		417
	28.6.2.1.	Inventário periódico	417
	28.6.2.2.	Inventário permanente	418

28.7. Lucro bruto ... 422

28.8. Despesas operacionais ... 423

28.8.1.	Despesas gerais e administrativas		424
28.8.2.	Despesas com vendas		424
28.8.3.	Despesas financeiras		425
	28.8.3.1.	Receitas financeiras	426
	28.8.3.2.	Juros sobre capital próprio	426
28.8.4.	Outras receitas e outras despesas operacionais		427
	28.8.4.1.	Outras receitas operacionais	427
	28.8.4.2.	Outras despesas operacionais	428

28.9. Resultado operacional ... 428

28.9.1.	Outras receitas e outras despesas		428

28.10. Resultado antes da contribuição social sobre o lucro ... 428

28.10.1.	Contribuição Social sobre o Lucro Líquido		428

28.11. Resultado antes do imposto de renda ... 429

28.11.1.	Imposto de renda das pessoas jurídicas		429
	28.11.1.1.	Simples Nacional	430
	28.11.1.2.	Lucro presumido	430
	28.11.1.3.	Lucro arbitrado	432
	28.11.1.4.	Lucro real	432

28.12. Resultado após o Imposto de Renda	433
28.12.1. Participação nos lucros	433
28.13. Lucro líquido	435
28.14. Destinação do lucro do exercício	436
28.14.1. Reserva de lucros	437
28.14.2. Dividendos	437
28.14.2.1. Dividendos intermediários	438
28.14.2.2. Pagamento de dividendos	439
28.14.2.3. Dividendos de ações preferenciais	439
28.14.2.4. Aumento de capital	440
28.15. DRE segundo o CPC 26	440
28.16. Tributos sobre o lucro	442
28.16.1. Diferenças temporárias	442
28.16.2. Exemplos que dão margem a diferenças temporárias tributáveis	443
28.16.2.1. Transações que afetam o resultado	443
28.16.2.2. Transações que afetam o balanço patrimonial.	443
28.16.2.3. Ajustes a valor justo e reavaliação	444
28.16.2.4. Combinação de negócios e consolidação	444
28.16.2.5. Hiperinflação	445
28.16.3. Exemplos que dão margem a diferenças temporárias dedutíveis	445
28.16.3.1. Transações que afetam o resultado	445
28.16.3.2. Ajustes a valor justo e reavaliação	446
28.16.3.3. Combinação de negócios e consolidação	446

Capítulo 29 – Demonstração do Resultado Abrangente 447

Capítulo 30 – Demonstração dos Fluxos de Caixa 457

30.1. Conceitos importantes	458
30.2. Apresentação da demonstração dos fluxos de caixa	459
30.2.1. Atividades operacionais	460
30.2.2. Atividades de investimento	461
30.2.3. Atividades de financiamento	462
30.3. Elaboração dos fluxos de caixa	464
30.3.1. Método direto	465
30.3.2. Método indireto	466
30.3.3. Exemplos com os dois métodos	468
30.4. Transações que não envolvem caixa	471

30.5. Fluxo de caixa em moeda estrangeira 472

30.6. Juros e dividendos 472

Capítulo 31 – Demonstração de Lucros ou Prejuízos Acumulados 475

31.1. Saldo do início do período 476

31.2. Ajustes de exercícios anteriores 476

    31.2.1. Mudança de critério contábil 477

    31.2.2. Retificação de erros 478

31.3. Reversão de reservas 479

31.4. Lucros ou prejuízos do exercício 479

31.5. Transferência para reservas de lucros 479

31.6. Dividendos propostos 480

31.7. Parcela dos lucros incorporados ao capital 480

31.8. Dividendos antecipados 480

Capítulo 32 – Demonstração das Mutações do Patrimônio Líquido 481

32.1. Mutações nas contas do patrimônio líquido 481

32.2. Elaboração da DMPL 482

32.3. Informação a ser apresentada na DMPL ou nas notas explicativas .. 488

32.4. Empresa estatal dependente e entes que efetuem consolidação 489

Capítulo 33 – Demonstração do Valor Adicionado 491

33.1. Modelo da DVA 492

33.2. Formação da riqueza 494

    33.2.1. Receitas 494

    33.2.2. Insumos adquiridos de terceiros 495

    33.2.3. Depreciação, amortização e exaustão 495

    33.2.4. Valor adicionado recebido em transferência 495

33.3. Distribuição de riqueza 495

33.4. Características das informações da DVA 497

33.5. Ativos construídos pela empresa para uso próprio 498

Capítulo 34 – Notas Explicativas às Demonstrações Contábeis 499

34.1. Divulgação de políticas contábeis 503

34.2. Fontes de incerteza e de estimativa 504

34.3. Capital 504

34.4.	Instrumentos financeiros com opção de venda classificados no patrimônio líquido	505
34.5.	Outras divulgações	506
34.6.	Exemplo de notas explicativas	507
34.7.	Notas explicativas das microempresas e empresas de pequeno porte	508

Capítulo 35 – Consolidação ... 509

35.1.	Quem está obrigado	509
	35.1.1. Lei das S.A.	509
	35.1.2. CPC 36	511
	35.1.2.1. Companhia aberta que possuir investimentos em sociedades controladas	512
	35.1.2.2. Sociedades controladas em conjunto	512
	35.1.2.3. Sociedade em comando de grupo de sociedades que inclua companhia aberta	512
35.2.	Demonstrações abrangidas	513
35.3.	Principais ajustes de eliminação	514
	35.3.1. Saldos intercompanhias	515
	35.3.2. Participação de acionistas não controladores	517
	35.3.3. Lucros nos estoques não realizados	518
	35.3.4. Venda de imobilizado e de investimentos	520
35.4.	Perda do controle	520

Capítulo 36 – Reorganizações Societárias ... 525

36.1.	Competência e processo	526
36.2.	Protocolo e justificação	526
	36.2.1. Protocolo	526
	36.2.2. Justificação	527
	36.2.3. Formação de capital social	527
36.3.	Incorporação	529
	36.3.1. Aspectos teóricos	529
	36.3.2. Contabilizando a incorporação	529
36.4.	Fusão	532
	36.4.1. Aspectos teóricos	532
	36.4.2. Contabilizando a fusão	533
36.5.	Cisão	536
	36.5.1. Contabilizando a cisão	537

36.6. Direito de acionistas e debenturistas	540
36.7. Direito dos credores	541
36.8. Participação recíproca	541
36.9. Questões fiscais	541
36.10. Transformação	542
36.11. Dissolução	542
36.12. Liquidação	543
36.13. Extinção	544
36.14. CPC 15 | Combinação de Negócios	544
36.14.1. Aspectos gerais	545
36.14.2. Identificação da combinação de negócios	546
36.14.3. Método de aquisição	547
36.14.4. Identificação do adquirente	547
36.14.4.1. Aquisição reversa	549
36.14.5. Determinação da data de aquisição	549
36.14.6. Reconhecimento	550
36.14.7. Mensuração	551
36.14.8. Exceções no reconhecimento ou na mensuração	552
36.14.8.1. Passivo contigente	552
36.14.8.2. Tributos sobre o lucro	552
36.14.8.3. Benefícios a empregados	552
36.14.8.4. Ativos de indenização	552
36.14.8.5. Direito readquirido	553
36.14.8.6. Transações com pagamento baseado em ações	553
36.14.8.7. Ativo mantido para venda	553
36.14.9. Reconhecimento e mensuração do *goodwill*	554
36.14.10. Reconhecimento e mensuração do ganho por compra vantajosa	555
36.14.11. Combinação de negócios realizada em estágios	556
36.14.12. Contraprestação transferida	557
36.14.12.1. Contraprestação contingente	557
36.14.13. Período da mensuração	558
36.14.14. Custos relacionados à aquisição	558
36.14.15. Incorporação com alteração de controle	558
36.14.16. Fusão com alteração de controle	563
36.14.17. Cisão com alteração de controle	566

Capítulo 37 – Políticas Contábeis, Mudança de Estimativa e Retificação de Erro 571

37.1. Conceitos 571

37.2. Políticas contábeis 572

37.2.1. Aplicação retrospectiva 573

37.2.2. Divulgação 574

37.3. Mudança nas estimativas contábeis 575

37.3.1. Divulgação da mudança nas estimativas contábeis 576

37.4. Erro 576

37.4.1. Retificação de erro 577

37.4.2. Limitação à representação retrospectiva 577

37.4.3. Divulgação de erro de período anterior 578

Capítulo 38 – Conteúdo da Demonstração Contábil Intermediária 579

38.1. Forma e conteúdo da demonstração contábil intermediária 579

38.2. Eventos e transações significativos 580

38.3. Outras divulgações 581

38.4. Reconhecimento e mensuração 582

38.5. Período em que as demonstrações contábeis devem ser apresentadas 583

Capítulo 39 – Informações por Segmento 587

39.1. Segmento operacional 587

39.2. Segmento divulgável 588

39.2.1. Critérios de agregação 588

39.2.2. Parâmetros mínimos quantitativos 589

39.3. Divulgação 590

39.4. Informações gerais 590

39.5. Informações sobre lucro ou prejuízo, ativo e passivo 591

39.6. Mensuração 592

39.7. Conciliação 593

39.8. Informação sobre produto e serviço 595

39.8.1. Informação sobre área geográfica 595

39.8.2. Informação sobre os principais clientes 596

Capítulo 40 – Evento Subsequente ... 597

40.1. Eventos subsequentes que originam ajustes ... 598

40.2. Eventos subsequentes que não originam ajustes ... 599

40.3. Dividendos ... 599

40.4. Continuidade ... 599

Capítulo 41 – Divulgação sobre Parte Relacionada ... 601

41.1. Alcance ... 601

41.2. Propósito da divulgação das partes relacionadas ... 601

41.3. Definições ... 602

41.4. Divulgação ... 604

41.5. Entidades relacionadas com o Estado ... 606

41.6. Exemplos previstos no CPC ... 607

41.6.1. Exemplos ilustrativos ... 607

Capítulo 42 – Efeitos das Mudanças das Taxas de Câmbio e Conversão de Demonstrações Contábeis ... 613

42.1. Definições gerais ... 614

42.2. Definições de moedas e taxas ... 614

42.3. Moeda funcional ... 615

42.4. Apresentação de transação em moeda estrangeira na moeda funcional ... 616

42.4.1. Reconhecimento inicial ... 616

42.4.2. Apresentação ao término de períodos de reporte subsequentes ... 617

42.4.3. Reconhecimento na variação cambial ... 617

42.5. Investimento líquido em entidade no exterior ... 620

42.6. Uso de moeda de apresentação diferente da funcional ... 620

42.7. Baixa total ou parcial de entidade no exterior ... 622

42.8. Divulgação ... 622

Capítulo 43 – Pagamento Baseado em Ações ... 623

43.1. Reconhecimento ... 624

43.2. Transação liquidada com instrumentos patrimoniais ... 624

43.2.1. Transação mensurada a valor justo do instrumento patrimonial outorgado ... 625

43.3. Transação liquidada em caixa ... 626

43.4. Transação com alternativa de liquidação em caixa ... 626

43.5. Transação entre entidades do mesmo grupo ... 627

Capítulo 44 – Análise Econômico-financeira 629

44.1. Análise vertical e horizontal... 629

44.1.1. Análise do balanço patrimonial 630

44.1.2. Análise da DRE 631

44.2. Análise por índices... 632

44.2.1. Índices de rentabilidade 633

44.2.1.1. Retorno sobre o patrimônio líquido.................. 633

44.2.1.2. Giro do ativo 633

44.2.1.3. Retorno sobre o ativo 633

44.2.1.4. Retorno do ativo operacional............................ 634

44.2.1.5. Alavancagem financeira 634

44.2.1.6. EBITDA.. 634

44.2.1.7. EVA 634

44.2.1.8. Margem bruta 635

44.2.1.9. Margem operacional.. 635

44.2.1.10. Margem líquida 635

44.2.2. Índices de liquidez 635

44.2.2.1. Liquidez imediata... 636

44.2.2.2. Liquidez corrente 636

44.2.2.3. Liquidez seca.. 636

44.2.2.4. Liquidez geral 636

44.2.2.5. Solvência geral 637

44.2.2.6. Termômetro de Kanitz.. 637

44.2.3. Índices de estrutura de capital 640

44.2.3.1. Endividamento geral... 640

44.2.3.2. Garantia de capital de terceiros 641

44.2.3.3. Composição do endividamento........................... 641

44.2.4. Índices de imobilização de capital... 641

44.2.4.1. Imobilização de recursos não correntes 641

44.2.4.2. Imobilização do capital próprio......................... 642

44.2.4.3. Imobilização de investimento total.................... 642

44.3. Ciclo econômico, ciclo operacional e ciclo financeiro....................... 642

44.3.1. Ciclo econômico.. 642

44.3.2. Ciclo operacional.. 643

44.3.3. Ciclo financeiro 643

44.3.4. O modelo DuPont.. 643

Bibliografia 645

CAPÍTULO 1

CONCEITOS FUNDAMENTAIS DA CONTABILIDADE

1.1. O QUE É CONTABILIDADE?

A **Contabilidade** surgiu da necessidade de organizar os dados econômicos e patrimoniais **de uma unidade econômica e administrativa**. Ela possibilita a criação de diretrizes e padrões que permitem aos profissionais da Contabilidade e aos seus usuários o intercâmbio de informações sobre determinada unidade patrimonial.

- Função administrativa: controlar o patrimônio da entidade sob os aspectos estático e dinâmico.
- Função econômica: apurar o resultado (lucro ou prejuízo) da entidade.

Ao possuir regras, princípios, um objeto, um campo de aplicação e uma finalidade, a Contabilidade é classificada como ciência. **Mas ela não é uma ciência exata**, é uma ciência social. As ciências sociais estudam as relações sociais entre indivíduos e grupos de indivíduos.

A Contabilidade é uma ciência social que, por meio de análise racional, estuda a composição e a variação do patrimônio desses indivíduos e dos grupos de indivíduos, de uma forma racional e lógica.

Utilizado até hoje (e muito cobrado em concursos), o conceito oficial de Contabilidade no Brasil surgiu durante o **1º congresso brasileiro de Contabilidade ocorrido no Rio de Janeiro, em 1924**:

> **Importante**
>
> A Contabilidade é a ciência que estuda e pratica as funções de **orientação**, de **controle** e de **registro** relativos à administração econômica.

- A orientação é a função de informar o que ocorre no patrimônio, sua composição e sua variação, no momento da análise e historicamente. Ou seja, tem a função de informar o que ocorre no patrimônio com o objetivo de auxiliar no planejamento e na execução por parte dos gestores.

- O **controle** é a função de monitorar constantemente o patrimônio no dia a dia, evitando que sofra algum processo de redução por conta de eventuais desperdícios ou desvios.
- O **registro** é a função de registrar os fatos, amparada na realidade e nas alterações ocorridas, evidenciando o patrimônio real.

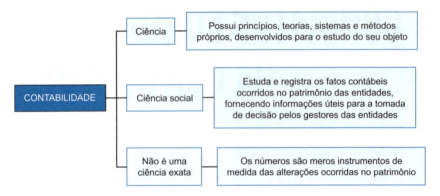

Podemos definir a Contabilidade como:

A **ciência** que estuda e **controla o patrimônio**, objetivando representá-lo graficamente, evidenciar suas variações, estabelecer normas para sua interpretação, análise e auditagem, e servir como instrumento básico para a tomada de decisões de todos os setores **direta ou indiretamente** envolvidos com a empresa.

1.2. OBJETO DA CONTABILIDADE

O **objeto** de estudo da Contabilidade é o patrimônio das aziendas (entidades). Entende-se por patrimônio o **conjunto de bens, direitos e obrigações**, e aziendas são as entidades com ou sem fins lucrativos.

Patrimônio = bens + direitos + obrigações
Aziendas = entidades com ou sem fins lucrativos

Azienda é uma palavra italiana e corresponde a "fazenda", em português. Alguns doutrinadores classificam azienda como sinônimo de "empresa" e de "coisas a fazer". Devemos entender que a azienda representa uma entidade econômico-administrativa, campo de aplicação da Contabilidade.

Nas entidades **com fins lucrativos**, os patrimônios são constituídos com o objetivo de desenvolver atividade de produção e circulação de bens e serviços de forma organizada, tendo como objetivo o lucro. São exemplos dessas entidades as empresas industriais e comerciais.

Nas entidades **sem fins lucrativos**, os patrimônios são constituídos com o objetivo de desenvolver atividade de circulação de bens e serviços de forma organizada, mas sem o objetivo do lucro. São exemplos dessas entidades os entes públicos, as associações e as entidades de classe.

1.3. FINALIDADE DA CONTABILIDADE

A **finalidade** ou objetivo da Contabilidade é **produzir informações fidedignas da situação de um patrimônio para os seus usuários**. Essas informações devem ser confiáveis e fundamentadas na realidade. As informações geradas pela Contabilidade são para usuários em geral e não são feitas para atender à necessidade específica de nenhum grupo. Isso significa que a Contabilidade não pode se destinar a atender a um grupo de diretores ou ao governo, por exemplo. Ela tem como objetivo atender aos usuários em geral daquelas informações, sem distinção.

QUESTÕES COMENTADAS
(CESPE – Técnico/EBSERH/Contabilidade/2018) O principal objetivo da Contabilidade é fornecer informações úteis sobre o patrimônio da entidade para finalidades diversas, entre as quais, planejamento, controle e auxílio no processo decisório. **RESPOSTA:** VERDADEIRO **COMENTÁRIO:** O objetivo da Contabilidade é produzir informações fidedignas da situação de um patrimônio para os seus usuários, entre as quais, auxiliar no planejamento, no controle e no processo decisório.
(CESPE – Técnico/EBSERH/Contabilidade/2018) O objeto de estudo da Contabilidade são as entidades econômico-administrativas, o que inclui as instituições com fins sociais. **RESPOSTA:** VERDADEIRO **COMENTÁRIO:** O objeto de estudo da Contabilidade é o patrimônio das aziendas (entidades). Entende-se por patrimônio o conjunto de bens, direitos e obrigações, e aziendas como as entidades com ou sem fim lucrativo.

1.4. CAMPO DE APLICAÇÃO DA CONTABILIDADE

Se atentarmos para o objeto da Contabilidade e para o conceito, fica fácil delimitar o seu campo de atuação ou campo de aplicação; afinal, a Contabilidade é aplicada a todas as entidades que possuem um patrimônio a ser controlado, ou seja, a Contabilidade se aplica às **aziendas**, que são **entidades econômico-administrativas**.

Entidades econômico-administrativas são as entidades que reúnem pessoas, patrimônio, ação administrativa e finalidade estabelecida. Importante que se esclareça que o conceito de aziendas é lido de forma ampla; isso porque, além das empresas com fins lucrativos, alcança o patrimônio de entidades sem fins lucrativos (governos, por exemplo).

Aziendas são entidades econômico-administrativas com ou sem fim lucrativo.

As aziendas podem ser classificadas:

- **Quanto ao fim:**
  - **Entidades sociais:** não visam ao lucro. São os entes públicos, as sociedades de caráter beneficente, esportivo, cultural, recreativo e religioso.
  - **Entidades econômico-sociais:** são aziendas que buscam superávit para revertê-lo em benefício de seus filiados, como as cooperativas, as entidades de classe, as sociedades de pecúlios, as aposentadorias e os benefícios.
  - **Entidades econômicas:** visam ao lucro voltado para seu próprio benefício, como as empresas comerciais e industriais.
- **Quanto a seus proprietários:**
  - **Entidades públicas:** pertencem à coletividade, mas podem ser administradas pelo setor público ou privado (por exemplo, um hospital público administrado por uma empresa privada).
  - **Entidades particulares:** pertencem a um indivíduo ou a um grupo restrito de pessoas.

1.5. USUÁRIOS DA CONTABILIDADE

Os **usuários** da Contabilidade são as pessoas físicas ou jurídicas interessadas nas informações prestadas pela Contabilidade, entre elas:

- **Investidores:** possuem interesse nas informações contábeis para analisar o retorno do valor investido na entidade.
- **Credores:** possuem interesse nas informações contábeis para verificar se a entidade tem condições de arcar com as suas dívidas.
- **Administradores:** possuem interesse nas informações contábeis para tomar decisões empresariais e administrativas.
- **Governo:** possui interesse nas informações contábeis para verificar a ocorrência do fato gerador tributário e o valor apurado.
- **Concorrentes:** possuem interesse nas informações contábeis de outros participantes do mercado para tomar as suas decisões empresariais.

Os usuários podem ser internos ou externos.

Importante
Usuários internos são os que fazem parte da entidade e possuem interesse nas informações contábeis para fins administrativos. **Usuários externos** são os que não fazem parte da empresa, mas possuem interesse na sua situação patrimonial.

É exemplo de **usuário interno** um diretor que utiliza a informação contábil para conseguir fazer o planejamento da empresa.

É exemplo de **usuário externo** um banco que utiliza a informação contábil para acompanhar a solidez na concessão de crédito.

1.6. FUNÇÕES DA CONTABILIDADE

A função da Contabilidade é econômico-administrativa. A **função administrativa** consiste em controlar, quantitativa e qualitativamente, o patrimônio das entidades (aziendas), ao passo que a **função econômica** está voltada à apuração do resultado ou rédito (lucro ou prejuízo).

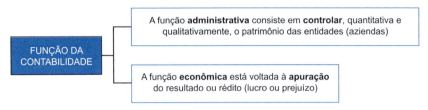

1.7. TÉCNICAS CONTÁBEIS

A Contabilidade é uma ciência que objetiva registrar os fatos contábeis, controlar o patrimônio e gerar informações úteis aos seus usuários. Para que possa alcançar esses objetivos, são utilizadas as seguintes técnicas: **escrituração, demonstrações contábeis, auditoria** e **análise das demonstrações contábeis (ou análise de balanços)**.

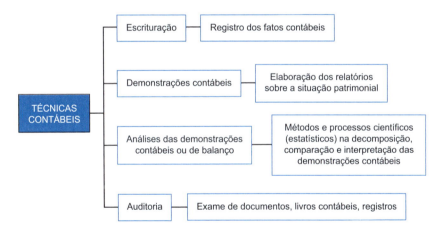

Vejamos o que significa cada uma delas:

a) ESCRITURAÇÃO – A técnica de escrituração encontra previsão legal no artigo 177 da Lei nº 6.404/1976 (Lei das S.A.):

> Art. 177. A escrituração da companhia será mantida em registros permanentes, com obediência aos preceitos da legislação comercial e desta Lei e aos princípios de contabilidade geralmente aceitos, devendo observar métodos ou critérios contábeis uniformes no tempo e registrar as mutações patrimoniais segundo o regime de competência.

É a **técnica contábil** que se encarrega do **registro** dos fatos que alteram o patrimônio de uma entidade. Vale dizer: toda vez que ocorrer alguma alteração nos bens, direitos e obrigações de uma entidade, essas alterações devem ser registradas por meio da técnica de escrituração.

Assim, as alterações devem ser registradas tão logo se tenha conhecimento de sua ocorrência, resultando, assim, que a escrituração estará posta em ordem cronológica de dia, mês e ano. A técnica de escrituração **encontra capitulação legal por meio do art. 177 da Lei nº 6.404/1976 (Lei das S.A.) e pela Lei nº 10.406/2002 (Código Civil).**

A legislação comercial, a própria Lei das S.A. e os princípios de Contabilidade geralmente aceitos (os pronunciamentos técnicos do Comitê de Pronunciamentos Contábeis e as resoluções do Conselho Federal de Contabilidade) devem ser observados para um correto registro das alterações patrimoniais por meio da escrituração.

A **uniformidade** dos critérios no tempo deve ser respeitada para possibilitar a análise da história patrimonial de uma entidade e, por meio disso, auxiliar a tomada de decisões. Sem a uniformidade, as alterações patrimoniais ocorreriam por conta de alterações de critérios, e não pela ocorrência de fatos contábeis, o que tornaria difícil a análise.

Já o **regime de competência** representa uma forma de considerar o resultado de uma entidade por meio do confronto de despesas e receitas referentes a um exercício social, sem estar relacionado com o efetivo desembolso.

Exemplo dessa diferença:

A Cia. Alfa, durante o exercício social, comprou mercadorias no valor de R$ 15.000, pagando R$ 10.000 no próprio exercício e financiando R$ 5.000 para pagar nos próximos exercícios. Todas as mercadorias compradas foram vendidas por R$ 30.000, sendo R$ 20.000 recebidos no exercício e R$ 10.000 a receber nos próximos exercícios. As despesas no período, totalmente pagas no exercício, totalizaram R$ 10.000.

Regime de competência:

Receita	R$ 30.000
Custo de mercadorias vendidas	(R$ 15.000)
Lucro bruto	R$ 15.000
Despesas	(R$ 10.000)
Lucro líquido	**R$ 5.000**

Logo, o resultado, considerando o regime de competência, foi positivo (lucro) de R$ 10.000.

Regime de caixa:

Recebimento de vendas	R$ 20.000
Pagamento de mercadorias	(R$ 10.000)
Pagamento de despesas	(R$ 10.000)
Resultado	**R$ 0,00**

Logo, o resultado, considerando o regime de caixa, foi nulo (zero).

Os dois regimes são úteis e fornecem, sob diferentes pontos de vista, o resultado econômico de uma entidade. No caso, a empresa lucrou R$ 5.000, mas não houve alteração (positiva ou negativa) no caixa.

A Lei nº 10.406/2002 (Código Civil) também traz algumas previsões sobre a escrituração:

> *Art. 1.179. O empresário e a sociedade empresária são obrigados a seguir um sistema de contabilidade, mecanizado ou não, com base na **escrituração** uniforme de seus livros, em correspondência com a documentação respectiva, e a levantar anualmente o balanço patrimonial e o de resultado econômico.*
>
> *Art. 1.183. A **escrituração** será feita em idioma e moeda corrente nacionais e em forma contábil, por ordem cronológica de dia, mês e ano, sem intervalos em branco, nem entrelinhas, borrões, rasuras, emendas ou transportes para as margens.*
>
> *Parágrafo único. É permitido o uso de código de números ou de abreviaturas, que constem de livro próprio, regularmente autenticado.*

O empresário e a sociedade empresária exercem profissionalmente atividade econômica organizada para a produção e a circulação de bens ou de serviços; o empresário, de maneira individual, e a sociedade, por intermédio de dois ou mais indivíduos. Eles são obrigados a manter escrituração uniforme, em idioma e moeda corrente nacionais e, em forma contábil, por ordem cronológica de dia, mês e ano, sem intervalos em branco, nem entrelinhas, borrões, rasuras, emendas ou transportes para as margens.

b) DEMONSTRAÇÕES CONTÁBEIS – A técnica das demonstrações contábeis está voltada à elaboração de relatórios resumidos, apresentando a situação patrimonial em determinada data (Balanço Patrimonial), a demonstração do resultado do exercício, as fontes ou origens de recursos e suas aplicações, a demonstração dos lucros ou prejuízos acumulados, além de outros demonstrativos.

Segundo a Lei nº 6.404/1976 (Lei das S.A.), as demonstrações contábeis obrigatórias são:

- **Balanço Patrimonial**
- **Demonstração do resultado do exercício**
- **Demonstração dos lucros ou prejuízos acumulados**
- **Demonstração de fluxo de caixa (é obrigatória para todas as Companhias ou S.A., estando dispensadas apenas as de capital fechado com patrimônio líquido na data do balanço inferior a R$ 2.000.000)**
- **Demonstração de valor adicionado (S.A. de capital aberto)**

A elaboração desses relatórios deve ser orientada: pelos preceitos legais, pelas previsões do Comitê de Pronunciamentos Contábeis e do Conselho Federal de Contabilidade e por normas contábeis geralmente aceitas. Seguindo as mesmas orientações, a informação contábil fica padronizada, tornando possível ao usuário compreender o que os relatórios informam.

Existem, ainda, as demonstrações contábeis **não obrigatórias pela lei das S.A., mas obrigatória pelos Comitês de Pronunciamentos Contábeis**, como a Demonstração dos Resultados Abrangentes e a Demonstração de Mutações do Patrimônio Líquido. Veremos mais sobre isso em capítulo futuro.

c) AUDITORIA – A auditoria contábil compreende o **exame de documentos, livros contábeis, registros, além de realização de inspeções e obtenção de informações de fontes internas e externas**, tudo relacionado com o controle do patrimônio da entidade auditada. A auditoria tem por objetivo averiguar a exatidão dos registros contábeis e das demonstrações contábeis no que se refere aos eventos que alterem o patrimônio e a representação desse patrimônio, buscando a detecção de erros e fraudes. Também são verificados o cumprimento dos princípios contábeis pela entidade. Além de ser uma técnica contábil, a auditoria também pode ser entendida como um ramo da Contabilidade.

A auditoria é regida pelas Normas Brasileiras de Contabilidade, aprovadas pelo Conselho Federal de Contabilidade. Essa técnica tornou-se muito importante, uma vez que assegura aos usuários da Contabilidade a confiabilidade nas demonstrações contábeis para a tomada das suas decisões.

A Lei das S.A. determina que as demonstrações financeiras das companhias abertas observarão, ainda, as normas expedidas pela Comissão de Valores Mobiliários (CVM) e serão obrigatoriamente submetidas a auditoria por auditores independentes nela registrados.

d) ANÁLISE DAS DEMONSTRAÇÕES CONTÁBEIS (OU ANÁLISE DE BALANÇOS) – É a técnica que se utiliza de métodos e processos científicos (estatísticos) na **decomposição, comparação e interpretação** do conteúdo das demonstrações contábeis, para a obtenção de informações analíticas. Cita-se como exemplo o grau de endividamento e de liquidez de uma empresa, os quais auxiliam na tomada de decisões.

Exemplo de análise de índice:

Retorno sobre o ativo – Esse indicador busca demonstrar o retorno sobre o Ativo Total, comparando o Lucro Líquido do Exercício com o Ativo Total. É uma informação muito importante que avalia o retorno de todo o capital aplicado (próprio e de terceiros). É muito importante para o investidor saber o quanto obteve de retorno do seu investimento. Também é conhecido como rentabilidade do ativo total.

Retorno sobre o Ativo = Lucro Líquido / Ativo Total

Apesar do nome, **veja-se que a análise não se limita ao Balanço Patrimonial**, estendendo-se às outras demonstrações contábeis. Por isso, alguns autores preferem denominá-la Análise das Demonstrações Financeiras e Contábeis.

É oportuno que se chame atenção ao fato de a Auditoria e a Análise de Balanços serem, também, especializações da Contabilidade.

> **QUESTÃO COMENTADA**
>
> **(CESPE – Técnico/EBSERH/Contabilidade/2018)** A análise de balanços não é considerada uma técnica contábil, tendo em vista que foi formulada e desenvolvida no âmbito da administração financeira.
> **RESPOSTA:** FALSO
> **COMENTÁRIO:** A análise de balanços é a técnica que utiliza métodos e processos científicos (estatísticos) na decomposição, comparação e interpretação do conteúdo das demonstrações contábeis para a obtenção de informações analíticas.

1.8. EXERCÍCIO SOCIAL

Também chamado de **período administrativo ou período contábil**, representa o período de tempo em que, ao seu final, a direção da entidade **elaborará e divulgará os relatórios contábeis**. Este período poderá coincidir ou não com o ano civil, conforme dispuser em seus estatutos e pela observância da legislação fiscal.

A Lei das S.A. estabelece, em seu art. 175, que o exercício social terá a duração de 1 ano e, ao cabo deste, a diretoria deve elaborar as demonstrações financeiras/contábeis. A data do término do exercício social **não tem relação obrigatória com o ano civil**, podendo ser diferente. A data do término pode ser fixada no estatuto da entidade.

> **Importante**
>
> Na **constituição da companhia** e nos casos de alteração estatutária, o exercício social **poderá** ter duração diversa de 1 ano.

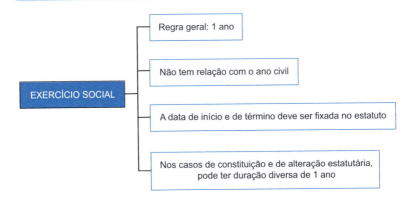

1.9. SOCIEDADES

As sociedades são pessoas jurídicas de direito privado, ou seja, celebram contrato de sociedade, e as pessoas se obrigam a contribuir com bens ou serviços **para o exercício de atividade econômica**, partilhando, entre si, os resultados (art. 981 do CC/2002).

De acordo com o Código Civil, as sociedades podem ser classificadas em simples e empresárias (art. 983). Salvo as exceções expressas, considera-se empresária a sociedade que tem por objeto o exercício de atividade própria de empresário sujeito a registro (art. 967); as demais são sociedades simples. **As sociedades simples desenvolvem atividade civil, enquanto as sociedades empresárias desenvolvem atividade empresarial.**

Independentemente de seu objeto, considera-se empresária a sociedade por ações; e, simples, a cooperativa.

Por fim, a sociedade empresária deve constituir-se segundo um dos tipos regulados nos arts. 1.039 a 1.092 (Sociedade em Nome Coletivo, Sociedade em Comandita Simples, Sociedade Limitada, Sociedade Anônima e Sociedade em Comandita por Ações); a sociedade simples pode constituir-se em conformidade com um desses tipos e, não o fazendo, subordina-se às normas que lhe são próprias (art. 983 do CC/2002).

Existem diferentes formas de organização jurídica, possíveis de serem adotadas pelas empresas no país. Dentre estas, sem nenhuma sombra de dúvida, as mais importantes são as **sociedades anônimas** e as **sociedades por quotas de responsabilidade limitada**.

1.9.1. Sociedades anônimas ou companhias

Esta forma de organização jurídica é mais propícia a sociedades de **maior porte**. As principais empresas brasileiras são organizadas desta maneira. Nesse tipo de organização, **os controles internos são mais rígidos** (existe, por exemplo, um conselho fiscal a tomar as contas da administração), e a **administração da sociedade é feita por um órgão colegiado** (conselho de administração ou diretoria). Isso leva a maior qualidade de governança, a menor agilidade nas decisões tomadas e a um custo de manutenção maior que o das limitadas que não possuem conselhos ou diretoria.

As sociedades anônimas acham-se disciplinadas pela Lei nº 6.404/76 (Lei das Sociedades por Ações), principalmente em seus arts. 175 a 205, possuindo as seguintes características:

> - O capital (parcela do patrimônio particular que os sócios entregam à sociedade) é dividido em ações
> - Seu documento de constituição é o estatuto. Este indicará, dentre outras coisas, a quantidade e o tipo das ações que compõem o capital social, o objeto da sociedade, a forma de distribuição dos lucros etc.
> - Sua administração compete ao conselho de administração e à diretoria, ou somente à diretoria, conforme dispuser o estatuto
> - Serão sempre consideradas "mercantis", ou seja, comerciais, independentemente do objeto (atividade que desempenham)

1.9.2. Sociedade por quotas de responsabilidade limitada

Essa forma de organização jurídica é mais propícia a sociedades de **menor porte**. Nesse tipo de organização, **os controles internos são menos rígidos** (não existe, por exemplo, o conselho fiscal citado no caso das S.A.), a administração da sociedade é feita por um diretor designado no ato constitutivo, levando a menor qualidade e maior agilidade nas decisões tomadas, e o custo de manutenção deste regime é menor que o das S.A., visto que não possuem conselhos ou diretoria.

Essa forma jurídica de constituição de empresa é regulada, atualmente, pelo Novo Código Civil. Nas hipóteses de omissão da referida Lei e do documento de constituição da empresa (no caso, o contrato social), devem ser obedecidas, por analogia, as normas da Lei nº 6.404/76. Embora nem todas as normas da Lei das S.A. possam ser aplicadas às limitadas, aquelas relativas à elaboração de demonstrações contábeis são perfeitamente aplicáveis a este tipo de sociedade.

Suas principais características são:

- O capital é dividido em quotas
- Seu documento de constituição é o contrato social que indicará, dentre outras informações, o nome dos sócios, a atividade desenvolvida, bem como o valor da participação de cada sócio etc.
- A administração é exercida por um sócio-administrador, indicado no contrato social para gerir e representar a sociedade
- Podem ser sociedades civis ou comerciais, dependendo do objeto desenvolvido

1.10. SOCIEDADE DE GRANDE PORTE

O art. 3º da Lei nº 11.638/2007 **criou a figura da sociedade de grande porte**, ou seja, sociedades que, **ainda que não constituídas sob a forma de sociedades por ações (S.A.)**, estão obrigadas a escriturar, a elaborar demonstrações contábeis e a contratar auditoria independente, nos termos da Lei das Sociedades por Ações.

Considera-se de grande porte, para tais fins, a sociedade ou conjunto de sociedades sob controle comum que tiverem, no exercício social anterior, ativo total superior a R$ 240.000.000,00 (duzentos e quarenta milhões de reais) ou receita bruta anual superior a R$ 300.000.000,00 (trezentos milhões de reais).

Ou seja, uma limitada que atingir tais parâmetros será obrigada a seguir os comandos contábeis exigidos para as S.A. relativos a escrituração, elaboração de demonstrações contábeis e contratação de auditoria independente.

CAPÍTULO 2
PATRIMÔNIO

O objetivo da Contabilidade é registrar as mutações qualitativas e quantitativas que acontecem diariamente no patrimônio, fazendo com que ele seja corretamente representado. Isso possibilita que as informações sejam corretamente transmitidas aos usuários da Contabilidade.

O patrimônio das entidades é autônomo em relação aos demais patrimônios, podendo a entidade dispor dele livremente dentro do ordenamento jurídico, econômica e administrativamente. Como vimos, o patrimônio é o objeto da Contabilidade e pode ser definido como o conjunto de **bens, direitos e obrigações** vinculados a uma determinada entidade, com ou sem fins lucrativos, utilizados na consecução de seus objetivos.

Sobre patrimônio destaca-se:

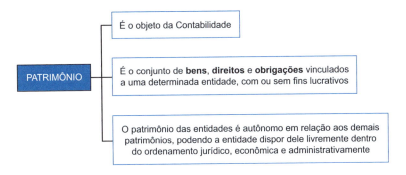

- **Bem:** é qualquer coisa, material ou imaterial, que satisfaz a necessidade humana, que pode ser avaliada economicamente e utilizada por uma entidade para atingir a sua finalidade.

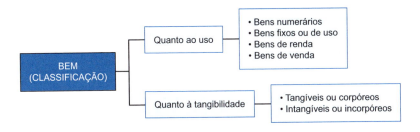

Quanto ao uso, os bens se classificam em:

> **Bens numerários**
> Representados pelos meios de pagamento. Exemplo: caixa
>
> **Bens fixos ou de uso**
> Representados pelos bens de propriedade da empresa, utilizados na sua atividade operacional. Exemplo: veículos de uso
>
> **Bens de renda**
> Destinados a produzir renda. Exemplo: imóveis alugados
>
> **Bens de venda**
> Representados, principalmente, pelas contas de estoques

Outra classificação, muito **mais importante para o futuro do nosso estudo**, é quanto à tangibilidade:

> **Tangíveis ou corpóreos**
> Bens que possuem existência concreta (material), tal como um imóvel ou um veículo
>
> **Intangíveis ou incorpóreos**
> Bens que possuem existência abstrata (imaterial), tal como uma licença para uso de determinada marca

- **Direitos:** são todos os créditos de uma empresa contra terceiros. Referem-se a uma operação que, no futuro, será transformada em dinheiro, logo, em bem. Podem ser originados da atividade fim da entidade ou não. O direito de uma entidade contra terceiros representa uma obrigação no patrimônio desse terceiro. Não surge sempre da vontade das partes, podendo surgir a partir, por exemplo, de uma demanda judicial. **Exemplo:** duplicatas a receber e adiantamentos a fornecedores.
- **Obrigações:** são os débitos (dívidas) da empresa com terceiros. São bens de propriedades de terceiros que se encontram em poder da empresa. Assim como os direitos, não surge sempre da vontade das partes. Podem surgir a partir, por exemplo, da ocorrência de um fato gerador tributário. **Exemplo:** duplicatas a pagar e impostos a recolher.

Representação gráfica do patrimônio:

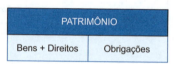

2.1. ASPECTOS QUALITATIVOS E QUANTITATIVOS DO PATRIMÔNIO

A Contabilidade estuda o patrimônio no seu aspecto quantitativo e no seu aspecto qualitativo. Diariamente, ocorrem mutações em ambos os aspectos no patrimônio de uma entidade. Essas informações chegam ao usuário da Contabilidade por meio das demonstrações contábeis.

- **Qualitativo:** consiste em qualificar, dar nomes aos elementos que compõem o patrimônio, permitindo que se conheça a natureza de cada um.
- **Quantitativo:** consiste em atribuir aos respectivos **elementos (bens, direitos e obrigações)** seus valores em moeda.

Podemos citar como exemplos:

- **Máquinas: R$ 100.000** (qualitativamente o patrimônio tem em sua composição máquinas, e quantitativamente essas máquinas valem R$ 100.000).
- **Empréstimos a pagar: R$ 30.000** (qualitativamente o patrimônio tem em sua composição empréstimos a pagar e quantitativamente esses empréstimos totalizam R$ 30.000).

A Contabilidade também estuda o patrimônio nos seus aspectos estático e dinâmico.

- **Estático:** consiste em controlar e demonstrar os elementos patrimoniais na sua representação analítica ou sintética, sem considerar alterações.
- **Dinâmico:** consiste em controlar os fatos contábeis que alteram os componentes patrimoniais.

2.2. COMPONENTES PATRIMONIAIS

A contabilidade atribui um nome a cada um dos lados do gráfico, em forma de T. Do lado esquerdo, encontra-se o **ativo**, conjunto de direitos e bens que representam os elementos "positivos" da entidade, também chamados de "aplicações" dos recursos.

Do lado direito do gráfico, encontra-se o **passivo**, o qual divide-se em passivo exigível e patrimônio líquido. O passivo exigível é o conjunto composto pelas obrigações, as quais formam o grupo de elementos "**negativos**" da entidade e representam as "**origens por meio de terceiros**" de recursos aplicados no ativo.

Por sua vez, o **patrimônio líquido** corresponde exatamente à diferença entre **ativo** e passivo. É também chamado de investimento próprio, capital próprio e situação líquida. Representa as "**origens próprias**" de recursos aplicados no ativo.

PATRIMÔNIO	
Ativo	Passivo
Ativo	Passivo exigível + Patrimônio líquido

A partir daí podemos avançar na compreensão das origens e nas aplicações dos recursos.

- As **origens** são as reduções de ativos e os aumentos de passivos ou do patrimônio líquido.
- As **aplicações** são os aumentos de ativos e as reduções de passivos ou do patrimônio líquido.

Uma aplicação de recursos, obrigatoriamente, requer uma origem. Sendo assim: **origens de recursos = aplicações de recursos**.

PATRIMÔNIO	
Ativo	Passivo
Aplicações	Origens

2.3. DEFINIÇÕES DOS ELEMENTOS PATRIMONIAIS

Os elementos diretamente relacionados com a mensuração da posição patrimonial financeira são **ativos, passivos e patrimônio líquido**. Estes são definidos como se segue.

ATIVO: conjunto dos recursos controlados pela entidade como resultados de **eventos passados** e do qual se espera que resultem **futuros benefícios econômicos** para a entidade.

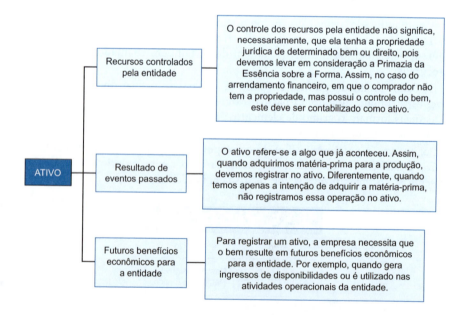

PASSIVO: toda obrigação presente da entidade, derivada de **eventos já ocorridos**, cuja liquidação se espera que resulte em saída de recursos capazes de gerar benefícios econômicos.

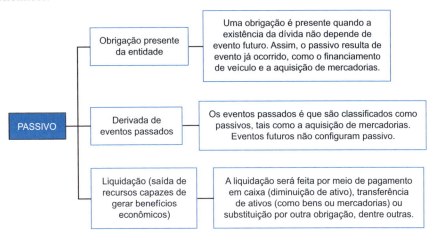

PATRIMÔNIO LÍQUIDO: o interesse residual dos ativos da entidade depois de deduzidos todos os seus passivos.

Temos também que conhecer **o conceito de Receitas e Despesas**, o qual é resultado das alterações do ativo e do passivo.

RECEITAS: são aumentos nos benefícios econômicos durante o período contábil sob a forma de **entrada de recursos ou aumento de ativos ou diminuição de passivos**, que resultam em aumentos do patrimônio líquido e que não sejam provenientes de aporte dos proprietários da entidade.

Em geral, a receita corresponde às vendas de mercadorias, produtos ou prestações de serviços. Reflete-se no balanço patrimonial por meio de entrada de dinheiro no Caixa/Bancos (vendas à vista) ou entrada em forma de direitos a receber (vendas a prazo) – Duplicatas a Receber.

Percebe-se que as receitas (contas de resultado) não aparecem no balanço patrimonial. Elas são a ele incorporadas em forma de resultado via conta de lucros ou prejuízos acumulados. **Toda Receita aumenta o PL, mas nem todo aumento de PL foi consequência de uma Receita.**

DESPESAS: são decréscimos nos benefícios econômicos durante o período contábil sob a forma de **saída de recursos ou redução de ativos ou incrementos em passivos**, que resultam em decréscimo do patrimônio líquido e que não sejam provenientes de distribuição aos proprietários da entidade.

Despesa é todo sacrifício ou todo esforço da pessoa jurídica para obter uma receita (o consumo de bens e serviços com o objetivo de obter receitas é um sacrifício, um esforço para a empresa). A despesa é refletida no balanço por meio de uma redução do Caixa/Bancos (quando é paga à vista) ou mediante um aumento de uma dívida (passivo, quando a despesa é incorrida, mas não paga).

Podem diminuir o ativo ou aumentar o passivo exigível, mas sempre reduzem a situação líquida ou o patrimônio líquido.

RESULTADO (RÉDITO): é o resultado produzido pelos componentes patrimoniais e que traz alterações ao estado inicial do capital, podendo ser, portanto, **positivo (lucro)** ou **negativo (prejuízo)**. Assim, rédito é a variação positiva ou negativa, expressa em termos de moeda, que a entidade suportou no seu capital, em dado exercício, por efeito da gestão.

A função econômica da Contabilidade é apurar o resultado que uma entidade (azienda) obteve em um determinado período. Este resultado é obtido pela diferença entre as receitas e as despesas do período. Assim:

```
RESULTADO (RES) = RECEITAS (R) – DESPESAS (D)
R > D  RES > 0  LUCRO
R < D  RES < 0  PREJUÍZO
R = D  RES = 0  NULO
```

2.4. EQUAÇÃO PATRIMONIAL

> **Importante**
>
> **Equação Patrimonial**
> Patrimônio Líquido = Bens + Direitos (–) Obrigações
> **ou** PL = Ativo – Passivo **ou** Ativo = Passivo + PL

2.5. SITUAÇÕES PATRIMONIAIS

1ª SITUAÇÃO:

Ativo (bens + direitos) é maior que o passivo (obrigações). Como o patrimônio líquido é ativo (–) passivo, teremos um **patrimônio líquido positivo ou situação líquida positiva**.

Esta situação pode ser representada da seguinte forma:

2ª SITUAÇÃO:

Quando o ativo é menor que o passivo, produz-se um **patrimônio líquido ou situação líquida ou capital próprio negativo**. Essa situação também é conhecida como **passivo a descoberto**.

 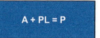

3ª SITUAÇÃO:
Quando o passivo for igual ao ativo, teremos caracterizada a inexistência de capital próprio ou a **situação líquida nula**.

4ª SITUAÇÃO:
Ativo = patrimônio líquido. Ou seja, **situação líquida positiva sem obrigações**.

Em resumo:

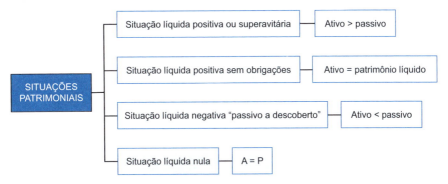

QUESTÕES COMENTADAS
(CESPE – Técnico/EBSERH/Contabilidade/2018) Situação líquida e patrimônio líquido são expressões sinônimas, mas a primeira é mais adequada para expressar o estado patrimonial da entidade, enquanto a segunda é de utilização obrigatória no balanço patrimonial. **RESPOSTA:** VERDADEIRO **COMENTÁRIO:** A afirmativa está correta.
(CESPE – Técnico/EBSERH/Contabilidade/2018) No que diz respeito aos estados patrimoniais, é possível que ativo e passivo tenham valor igual a zero, respectivamente, na constituição e no encerramento das atividades da empresa. **RESPOSTA:** FALSO **COMENTÁRIO:** A equação patrimonial é A = P + PL. Na constituição, o A = PL. No encerramento, podemos ter várias situações patrimoniais. Contudo, em nenhuma delas o ativo e o passivo têm o valor igual a zero.
(CESPE – Técnico/EBSERH/Contabilidade/2018) Uma entidade cujos bens e direitos somem R$ 2 milhões e que possua obrigações que totalizem R$ 5 milhões estará em uma situação líquida que pode ser definida como ativo a descoberto ou deficitária. **RESPOSTA:** FALSO **COMENTÁRIO:** A equação patrimonial é A = P + PL. No passivo a descoberto, o P > A, ou seja, obrigações > bens e direitos. A questão é falsa pois não é "ativo a descoberto", mas sim "passivo a descoberto".

QUESTÕES COMENTADAS

(CESPE – Técnico/EBSERH/Contabilidade/2018) Quando o passivo é igual ao ativo subtraído do patrimônio líquido, sendo todos maiores que zero, tem-se a situação patrimonial conhecida como positiva, ativa ou superavitária.

RESPOSTA: VERDADEIRO

COMENTÁRIO: A equação patrimonial é A = P + PL. A situação proposta pela questão, A – PL = P, é a normal do patrimônio, ou seja, é positiva ou superavitária.

2.6. DIFERENÇA ENTRE CAPITAL E PATRIMÔNIO

Na Contabilidade, o capital (ou capital total) pode ser considerado como a soma de capital de terceiros (empréstimos e financiamentos) ou próprio (patrimônio líquido – que é composto pelos valores aportados pelos sócios diretamente em quotas ou ações somado outros valores gerados pela atividade da entidade). O capital aportado diretamente pelos sócios, podem ser de duas categorias:

- **Capital Social ou Nominal ou Integralizado:** indica o capital que os sócios assumiram o compromisso de aportar na entidade.
- **Capital a integralizar:** capital que os sócios assumiram o compromisso de aportar na entidade, mas ainda não o fizeram.

Já o **patrimônio** é o conjunto de bens, direitos e obrigações, ou seja, tem conceito mais abrangente do que o de capital.

Em síntese, temos os seguintes conceitos a conhecer:

PATRIMÔNIO	
BENS + DIREITOS Ativo **ou** Patrimônio bruto **ou** Capital aplicado **ou** Recursos aplicados **ou** Capital investido	**OBRIGAÇÕES** Passivo **ou** Capital alheio **ou** Capital de terceiros **ou** Passivo exigível **ou** Recursos de terceiros **PATRIMÔNIO LÍQUIDO** **= A – P** Situação líquida **ou** Capital próprio **ou** Passivo não exigível **ou** Recursos próprios
• Aplicação de recursos = Origem de recursos • Fontes de investimento = Fontes de financiamento	

QUESTÃO COMENTADA

(FCC – Analista/TRE SP/Administrativa/Contabilidade/2012) Cia. Varginha iniciou suas atividades em janeiro de 2011 com um capital totalmente integralizado pelos sócios em numerário no valor de R$ 1.370.000,00. As únicas mutações sofridas pelo patrimônio líquido da entidade no decorrer do ano foram um aumento de capital de R$ 220.000,00 que, entretanto, não foi integralizado no exercício e o ingresso de lucros correspondentes a 40% do capital inicial. No final do exercício, o patrimônio bruto da companhia montava a R$ 2.850.000,00. O passivo da companhia, na mesma data, foi equivalente, em reais, a:

a) 932.000,00.

b) 1.480.000,00.

c) 712.000,00.

d) 1.206.000,00.

e) 1.140.000,00.

RESPOSTA: A

COMENTÁRIO:

Capital social = 1.370.000 + 220.000 = 1.590.000

Capital a integralizar = (220.000)

Lucro = 40% × 1.370.000 = 548.000

Patrimônio líquido = 1.590.000 – 220.000 + 548.000 = 1.918.000

Patrimônio bruto = Ativo = 2.850.000

Ativo = Passivo + Patrimônio líquido

2.850.000 = Passivo + 1.918.000

Passivo = 932.000

CAPÍTULO 3

CONTAS

Conta é o título utilizado para designar um bem, um direito, uma obrigação, uma despesa ou uma receita. Conta é o local em que vamos registrar ou alocar os fatos de igual natureza. Então, teremos uma conta para registrar o dinheiro da empresa, outra para registrar os depósitos bancários, outra para designar os veículos, e assim por diante. Portanto, a quantidade de contas que se pode encontrar na Contabilidade de uma empresa é enorme e varia de entidade para entidade. Desta forma, **contas são grupos de elementos semelhantes utilizadas para registrar as ocorrências que, de alguma forma, afetaram o patrimônio da empresa**.

Importante

Conta é o título utilizado para designar um bem, um direito, uma obrigação, uma despesa ou uma receita. É na conta que serão registrados os elementos de igual natureza que compõem o patrimônio.

3.1. PLANO DE CONTAS

O **plano de contas** é o conjunto composto pela **relação ordenada e codificada** das contas utilizadas pela entidade, bem como de todas as normas e procedimentos adotados pelo sistema contábil.

Cada empresa deve elaborar seu próprio plano de contas de acordo com suas necessidades. Um plano de contas é composto por um **elenco de contas** e por um **manual das contas**. O **elenco de contas** é a estrutura do plano de contas que compreende a relação ordenada e codificada de todas as contas utilizadas pela entidade, enquanto o **manual de contas** é onde estão descritos a função e o funcionamento das contas.

Exemplo: Conta caixa.

Função: registrar e controlar as entradas e saídas de numerários.

Funcionamento: debitada pelas entradas e creditada pelas saídas de numerário.

O elenco de contas vem, geralmente, precedido de numeração:

- O ativo está representado pelo nº 1.
- O ativo circulante, pelo nº 1.1.
- O disponível, pelo nº 1.1.1.

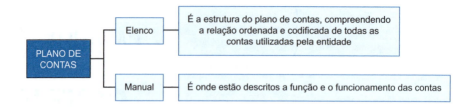

3.2. REPRESENTAÇÃO GRÁFICA DAS CONTAS

Nos registros contábeis utilizamos diversos livros e formas de evidenciação. Uma das formas de evidenciação é a individualizada por conta, isto é, cada uma das contas terá um espaço próprio pelo qual podemos observar toda a evolução do componente patrimonial representado pela conta. Todavia, esses registros não são efetuados ao bel-prazer de quem detém a responsabilidade de fazê-lo, pois hão de ser efetuados em **ordem cronológica e em livro próprio**, chamado de Razão. Por mais que falemos que os registros serão efetuados no livro Razão, é comum que esse livro seja substituído por fichas, as chamadas **fichas do Razão**, sendo utilizada uma ficha para cada uma das contas.

Nas **fichas do Razão**, a conta possui como elementos necessários *o valor do débito, o valor do crédito, o valor do saldo, o histórico, o título e a data da movimentação*. Esses elementos podem ser representados, graficamente, como se demonstra a seguir:

Conta: Bancos com movimento		**Código:** 111.02	
Subconta: Banco do Brasil S/A		**Código:** 111.02.002	
Data	Contrapartida	Histórico	Débito	Crédito
30.06.20x1	111.01.001	Para abertura de n/ conta nº 221-00, com depósito conf. recibo nº 6969	50.000,00	

Didaticamente, na solução de problemas e de questões de provas, usamos o modelo de conta resumida ou simplificada, **chamado de razonete ou conta em "T"**, sendo débitos e créditos convenções como a seguir, e o saldo assim classificado:

- **SALDO CREDOR:** Total dos créditos > Total dos débitos.
- **SALDO DEVEDOR:** Total dos créditos < Total dos débitos.
- **SALDO NULO:** Total dos créditos = Total dos débitos.

Modelo de *razonete ou conta em "T"*:

NOME DA CONTA	
Débito	Crédito

3.3. FUNCIONAMENTO DAS CONTAS

Um aspecto fundamental que precisamos saber é o relativo ao **funcionamento das contas**. Na **teoria patrimonialista, adotada atualmente na Contabilidade,** as contas representativas de bens e direitos possuem **saldo devedor** e as que representam obrigações possuem **saldo credor**, assim como as do patrimônio líquido.

- **DEBITAR** a conta significa lançar valores no lado **esquerdo do razonete**.
- **CREDITAR** a conta significa lançar valores no lado **direito do razonete**.

3.3.1. Contas do ativo e despesas

Por representarem os investimentos da entidade (**bens e direitos**) e seus gastos (**despesas**), isto é, por representarem as aplicações dos recursos, estas contas têm obrigatoriamente **natureza devedora**, apresentando sempre saldos devedores ou nulos (**exceto as contas retificadoras do ativo que possuem saldo credor**). Assim, os aumentos de valor dos bens e direitos serão registrados por meio de débitos e as reduções por créditos.

Todo aumento de ativo ou de despesa deve ser lançado no lado esquerdo, ou seja, **DEBITA-SE** a conta.

CONTAS DE ATIVO, DE DESPESA E RETIFICADORA DO PASSIVO	
Débito	Crédito
Aumento	Diminuição

3.3.2. Contas do passivo, patrimônio líquido e receitas

As **fontes ou origens de recursos** da empresa estão representadas, no Balanço Patrimonial, pelas contas do **passivo exigível e pelas contas do patrimônio líquido**. As contas de receita também representam origens de recursos provenientes de terceiros, mas não representam obrigações. Elas representam recursos que tendem a aumentar o patrimônio líquido, pois, no seu confronto com as despesas (apuração do resultado), podem gerar lucro e este é incorporado ao patrimônio líquido via conta transitória de lucros ou prejuízos acumulados.

Assim, por representarem as fontes de recursos da entidade, que podem ser provenientes de terceiros (**passivo**), de sócios ou acionistas (**patrimônio líquido**) ou de suas próprias atividades (**receitas**), as contas destes grupos têm obrigatoriamente **natureza credora**, apresentando sempre saldos credores ou nulos e, assim, os aumentos de valor virão por meio de créditos, e as diminuições, por débitos. Todavia, ressaltamos a **existência de contas retificadoras de passivo e de patrimônio líquido que, por suposto, possuem saldo devedor**.

Todo aumento de passivo, PL ou receita deve ser lançado no lado direito, ou seja, **CREDITA-SE**.

CONTAS DE PASSIVO, DE PL, DE RECEITA E RETIFICADORA DO ATIVO	
Débito	Crédito
Diminuição	Aumento

3.4. TEORIAS DAS CONTAS

O conceito envolvendo as contas vem evoluindo ao longo do tempo, refletindo em grande parte o momento histórico em que surgiram. Existem três principais teorias das contas que são cobradas com frequência em provas:

- **Teoria personalista.**
- **Teoria materialista.**
- **Teoria patrimonialista.**

3.4.1. Teoria personalista

Esta teoria atribuía **às pessoas a responsabilidade para cada conta**, de forma que o responsável pelo caixa devia à empresa o equivalente ao valor registrado nessa conta. Os terceiros de quem a empresa tinha valores a receber eram os devedores e, por fim, os terceiros a quem a entidade devia eram os seus credores. Dessa forma, as contas representativas de bens e direitos eram debitadas, **pois as pessoas responsáveis pelos bens e direitos da entidade deviam a esta**. As contas representativas de obrigações da entidade, representavam créditos dos terceiros para com esta, por isso eram creditadas. Nessa teoria, as contas podem ser assim classificadas:

- **Contas dos agentes consignatários:** **essas contas representavam os bens da empresa.** Existiam pessoas que recebiam em consignação os bens da entidade, sobre os quais eram os responsáveis, portanto eram os devedores (note que as contas representativas de bens são de natureza devedora).
- **Contas dos agentes correspondentes:** **representavam os direitos e as obrigações da entidade** com terceiras pessoas, os correspondentes que eram os credores.
- **Contas dos proprietários:** eram as contas do **patrimônio líquido e suas variações**, inclusive as receitas e as despesas, por interferirem diretamente no patrimônio líquido.

3.4.2. Teoria materialista

Conforme o próprio nome nos diz, essas contas representavam uma relação com a materialidade, ou seja, essas contas **só deviam existir enquanto existissem também os elementos materiais por ela representados na entidade**. Por essa teoria, as contas eram classificadas em:

- **Contas integrais:** eram aquelas representativas de **bens, direitos e obrigações**.
- **Contas diferenciais:** eram as representativas de **receitas, despesas e patrimônio líquido**.

3.4.3. Teoria patrimonialista

É a teoria que atualmente tem repercussão mundial e entende que o **patrimônio é o objeto da Contabilidade, sendo sua finalidade o seu controle**. **É a teoria aceita pelos doutrinadores contemporâneos**, por entenderem que se amolda à Contabilidade enquanto ciência.

Por essa teoria, as contas são classificadas em dois grandes grupos:

- **Contas patrimoniais:** são as contas que representam os bens, direitos, obrigações e a situação líquida das entidades, ou seja: ativo, passivo e patrimônio líquido. Estas contas permanecem com o seu saldo no momento da apuração do resultado, vale dizer, elas aparecem no balanço patrimonial.
- **Contas de resultado:** são as contas que representam as receitas e as despesas. Estas contas devem ter, sempre, os seus saldos zerados, isto é, devem ser encerradas (tornar o saldo zero e transferi-lo a apuração do resultado) por ocasião da apuração do resultado ou do exercício social. São incorporadas ao balanço patrimonial no grupo do patrimônio líquido, via conta de lucros, como lucros ou prejuízos acumulados e reservas de lucros.

3.4.3.1. Tipos de contas

Como a teoria patrimonialista é a adotada atualmente no Brasil, temos que analisar com um pouco mais de profundidade as contas patrimoniais e as contas de resultado.

3.4.3.1.1. Contas patrimoniais

São utilizadas para controle e apuração do patrimônio, registram os bens, direitos, obrigações e situação líquida. São consideradas **permanentes**, **acumulam-se de um período para o outro**.

a) Contas do ativo: representam bens e direitos. Têm natureza devedora. São classificadas em ativo circulante e ativo não circulante, sendo este último composto por: ativo realizável a longo prazo, investimentos, imobilizado e intangível.

> **Importante**
> Ativo é um recurso controlado pela entidade como resultado de eventos passados e do qual se espera que resultem futuros benefícios econômicos para a entidade.

Exemplo de contas do ativo = bancos, máquinas e investimentos.

Devedoras – Surgem e aumentam à medida que são debitadas. Representam, geralmente, bens e direitos.

Credoras – Surgem e aumentam à medida que são creditadas. Representam, geralmente, obrigações.

b) Contas do passivo: obrigações da entidade para com terceiros. Têm natureza credora.

> **Importante**
> Passivo é uma obrigação presente da entidade, derivada de eventos já ocorridos, cuja liquidação se espera que resulte em saída de recursos capazes de gerar benefícios econômicos.

Exemplo de contas do passivo: duplicatas a pagar, empréstimos e financiamentos.

c) Contas do patrimônio líquido (PL): riqueza própria da entidade, obtida pela **diferença entre o ativo e o passivo**. Têm natureza credora.

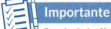

> **Importante**
> **Patrimônio líquido** é o interesse residual nos ativos da entidade depois de deduzidos todos os seus passivos.

Exemplo de contas de patrimônio líquido: capital social, reserva de capital e reservas de lucro.

d) Contas redutoras (ou retificadoras): têm a função de reduzir o saldo de outra conta. **Possuem natureza inversa à natureza do grupo ao qual pertencem.** Ou seja, podem ter natureza devedora ou credora.

Exemplo: depreciação acumulada, capital a integralizar, provisão de devedores duvidosos.

3.4.3.1.2. Contas de resultado

São utilizadas para a apuração do resultado do exercício. Representam os ganhos (**receitas**) e as perdas (**despesas**). Consideradas **transitórias**, visto que seu tempo de vida é limitado a um exercício social, pois, ao final de cada exercício, terão seus **saldos zerados** (encerrados), a fim de que se possa apurar o resultado do período.

a) Receitas: são variações positivas (aumento) do patrimônio líquido.

Lembre-se
Receitas são aumentos nos benefícios econômicos durante o período contábil sob a forma de entrada de recursos ou aumento de ativos ou diminuição de passivos, que resultam em aumentos do patrimônio líquido e que não sejam provenientes de aporte dos proprietários da entidade.

Exemplos: receitas de venda, receitas financeiras, receita de equivalência patrimonial, ganho de capital.

b) Despesas: são variações negativas (reduções) do patrimônio líquido.

Lembre-se
Despesas são decréscimos nos benefícios econômicos durante o período contábil sob a forma de saída de recursos ou redução de ativos ou incrementos em passivos, que resultam em decréscimo do patrimônio líquido e que não sejam provenientes de distribuição aos proprietários da entidade.

Exemplos: despesa financeira, despesa administrativa, despesa com vendas, perdas de capital.

Temos, portanto, o seguinte quadro que deve estar mentalizado para a prova:

3.5. CLASSIFICAÇÃO DAS CONTAS NA LEI Nº 6.404/76

Nos arts. 178 a 182 da Lei nº 6.404/76, temos disciplinado como devem ser classificadas as contas no balanço patrimonial. Como vimos, adota-se a **teoria patrimonialista**. Nos arts. 178 a 182 da Lei nº 6.404/76, temos disciplinado como devem ser classificadas as contas no balanço patrimonial. Como vimos, adota-se a teoria patrimonialista. No balanço, as contas deverão ser classificadas segundo os elementos do patrimônio que estas identifiquem, além de serem agrupadas de modo a facilitar o conhecimento da situação financeira da companhia.

3.5.1. Ativo

a) **Ativo circulante:** nele serão classificados as disponibilidades, os direitos realizáveis no exercício social subsequente (após o termino do exercício social atual) e as aplicações de recursos em despesa do exercício social seguinte.

b) **Ativo não circulante:** composto de:

- **Ativo realizável a longo prazo:** os direitos realizáveis após o término do exercício seguinte, assim como os derivados de vendas, adiantamentos ou empréstimos a sociedades coligadas ou controladas, diretores, acionistas ou participantes no lucro da companhia, que não constituírem negócios usuais na exploração do objeto da companhia.
- **Investimentos:** as participações permanentes em outras sociedades e os direitos de qualquer natureza, não classificáveis no ativo circulante, e que não se destinem à manutenção da atividade da companhia ou da empresa.
- **Imobilizado:** os direitos que tenham por objeto bens corpóreos destinados à manutenção das atividades da companhia ou da empresa ou exercidos com essa finalidade, inclusive os decorrentes de operações que transfiram à companhia os benefícios, riscos e controle desses bens.
- **Intangível:** os direitos que tenham por objeto bens incorpóreos destinados à manutenção da companhia ou exercidos com essa finalidade, inclusive o fundo de comércio adquirido.

Atenção

Na companhia em que o ciclo operacional da empresa tiver duração **maior** que o exercício social, a classificação no circulante ou longo prazo terá por base o prazo desse ciclo.

3.5.2. Passivo

Como vimos, o **passivo** representa as obrigações da companhia em grau decrescente de exigibilidade. Ele apresenta subdivisões que facilitam a sua visualização para os usuários da Contabilidade:

a) **Passivo circulante:** as obrigações da companhia, inclusive financiamentos para aquisição de direitos do ativo não circulante, quando se vencerem no exercício seguinte.

b) Passivo não circulante: as **obrigações da companhia**, inclusive financiamentos para aquisição de direitos do ativo não circulante, **quando se vencerem após o exercício seguinte**.

> **Atenção**
> Também deve ser observado o **ciclo operacional** da empresa para classificação do passivo.

Ciclo operacional é o tempo que uma entidade completa um ciclo entre a aquisição de recursos, produção ou prestação de serviços, vendas e recebimentos.

c) Patrimônio líquido: composto de:

- **Capital social:** discriminará o montante do capital subscrito e, por dedução, a parcela ainda não realizada.
    - O capital subscrito é aquele que o sócio **se comprometeu a aportar na companhia**. Ele deve ser reduzido da parcela de capital ainda **não aportada (não realizada) pelo sócio**.
- **Reservas de capital:** Na reserva de capital constará:
    - A contribuição do subscritor de ações que **ultrapassarem o valor nominal** e a parte do preço de emissão das **ações sem valor nominal que ultrapassar a importância destinada à formação do capital social**, inclusive nos casos de conversão em ações de debêntures ou partes beneficiárias.
    - O produto da alienação de partes beneficiárias e o **bônus de subscrição**.
    - O resultado da correção monetária do capital realizado, enquanto não capitalizado.

Esclarecendo
Ao subscrever ações acima do valor nominal ou ações sem valor nominal (em que exista valor que não seja totalmente destinado ao capital social) haverá aumento das reservas de capital. No primeiro caso, será o valor acima do valor nominal da ação que irá para a reserva. No segundo caso, será o valor que não for destinado ao capital social.

Esclarecendo
Partes beneficiárias e bônus de subscrição são produtos financeiros de emissão da companhia. O primeiro, se caracteriza por dar direito a parte dos lucros. O segundo, confere direito para subscrição de ações da companhia segundo os critérios previstos no seu certificado.

- **Ajustes de avaliação patrimonial:** serão aqui classificadas, **enquanto não computadas no resultado do exercício em obediência ao regime de competência**, as contrapartidas de aumentos ou diminuições de valores atribuídos a elementos do ativo e do passivo, em decorrência da sua avaliação **a valor justo**, nos casos previstos nesta lei ou, em normas expedidas pela Comissão de Valores Mobiliários. Veremos mais sobre valor justo nos próximos capítulos.

- **Reservas de lucros:** será composta pelas contas constituídas com a apropriação de lucros da companhia.
- **Ações em tesouraria:** são as ações que se encontram em poder da empresa. Serão destacadas como dedução da conta do patrimônio líquido que registrar os recursos aplicados na sua aquisição.
- **Prejuízos acumulados:** são os prejuízos acumulados pela empresa.

Em síntese, temos a seguinte distribuição:

ATIVO	PASSIVO
Ativo Circulante **Ativo Não Circulante** • Ativo realizável a longo prazo • Investimentos • Imobilizado • Intangível	**Passivo Circulante** **Passivo Não Circulante** **Patrimônio Líquido** • Capital social • Reservas de capital • Ajuste de avaliação patrimonial • Reservas de lucros • Ações em tesouraria • Prejuízos acumulados

CAPÍTULO 4

ESCRITURAÇÃO E LANÇAMENTO

4.1. ESCRITURAÇÃO

> Escrituração é a técnica encarregada do registro dos fatos contábeis ocorridos em uma entidade, visando ao controle do patrimônio, à apuração dos resultados dos exercícios sociais e à prestação de informações aos diversos usuários da informação contábil

> Ou seja, a escrituração é a base dos relatórios contábeis, que são, em última análise, os meios de comunicação da entidade com os interessados na informação contábil

A escrituração é a responsável pela função de registrar todos os fatos administrativos que alteram o patrimônio das entidades econômico-administrativas, **qualitativa ou quantitativamente**. A escrituração é técnica e não deve ser confundida com a Contabilidade, que é ciência, e tampouco deve ser confundida com **lançamento que é o ato de escriturar**, efetuado pelo **método das partidas dobradas**.

A propósito da escrituração, o art. 177 da Lei nº 6.404/76, estabelece que a escrituração da companhia será mantida em **registros permanentes**, com obediência aos preceitos da legislação comercial e desta lei e aos **princípios de Contabilidade geralmente aceitos**, devendo observar métodos ou critérios contábeis uniformes no tempo e registrar as mutações patrimoniais segundo o **regime de competência**.

A escrituração deverá ser executada em idioma e moeda corrente nacionais, em forma contábil, em ordem cronológica de dia, mês e ano, com ausência de espaços em branco, entrelinhas, borrões, rasuras, emendas ou transportes para as margens, com base em documentos de origem externa ou interna ou, na sua falta, em elementos que comprovem ou evidenciem fatos contábeis.

A escrituração em forma contábil deve conter, no mínimo:

- Data do registro contábil, ou seja, a data em que o fato contábil ocorreu.
- Conta devedora.
- Conta credora.
- Histórico que represente a essência econômica da transação ou o código de histórico padronizado, neste caso baseado em tabela auxiliar inclusa em livro próprio.
- Valor do registro contábil.

- Informação que permita identificar, de forma unívoca, todos os registros que integram um mesmo lançamento contábil.

A ESCRITURAÇÃO DEVERÁ SER EXECUTADA	A ESCRITURAÇÃO EM FORMA CONTÁBIL DEVE CONTER, NO MÍNIMO
• Em idioma e moeda corrente nacionais • Em forma contábil • Em ordem cronológica de dia, mês e ano • Com ausência de espaços em branco, entrelinhas, borrões, rasuras, emendas ou transportes para as margens • Com base em documentos de origem externa ou interna ou, na sua falta, em elementos que comprovem ou evidenciem fatos contábeis	• Data do registro contábil, ou seja, a data em que o fato contábil ocorreu • Conta devedora • Conta credora • Histórico que represente a essência econômica da transação ou o código de histórico padronizado, neste caso baseado em tabela auxiliar inclusa em livro próprio • Valor do registro contábil • Informação que permita identificar, de forma unívoca, todos os registros que integram um mesmo lançamento contábil

Admite-se o uso de códigos e/ou abreviaturas nos históricos dos lançamentos, **desde que permanentes e uniformes**, devendo constar o significado dos códigos e/ou abreviaturas no livro diário ou em registro especial revestido das formalidades extrínsecas.

As entidades devem adotar certas formalidades na escrituração de fatos contábeis. Assim, deve ser mantido um sistema de escrituração **uniforme dos seus atos e fatos administrativos**, por meio de processo manual, mecanizado ou eletrônico.

A escrituração contábil e a emissão de relatórios, peças, análises, demonstrativos e demonstrações contábeis são de atribuição e de **responsabilidade exclusivas do profissional da Contabilidade legalmente habilitado**.

4.2. LANÇAMENTO

> Lançamento é a prática da escrituração efetuada nos livros contábeis; a escrituração é posta em prática pelo ato do lançamento, segundo o método das partidas dobradas, para atender à função registro prevista no conceito da ciência Contabilidade

> Assim, temos uma hierarquia descendente de amplitude de conceitos, começando pela Contabilidade (ciência), seguida pela escrituração (técnica) e pelo lançamento/registro (método de escrituração "partidas dobradas")

Ao **registro de um fato contábil** chamamos **lançamento**. Este é efetuado em livros contábeis próprios como o diário e o razão. Ao conjunto de registros ou lançamentos chamamos de escrituração.

Importante

Escrituração é o registro dos fatos que alteram o patrimônio, que é feito por meio dos **lançamentos**.

O registro contábil deve conter o número de identificação do lançamento em ordem sequencial relacionado com o respectivo **documento de origem externa ou interna ou, na sua falta, em elementos que comprovem ou evidenciem fatos contábeis**.

A terminologia utilizada no registro contábil deve expressar a **essência econômica da transação**. O detalhamento dos registros contábeis é diretamente proporcional à complexidade das operações da entidade e dos requisitos de informação a ela aplicáveis e, exceto nos casos em que uma autoridade reguladora assim o requeira, **não devem necessariamente observar um padrão predefinido**.

4.2.1. Método das partidas dobradas

Em Contabilidade, o termo **partida** significa o registro de um fato ou de vários fatos patrimoniais em forma contábil, caracterizando-se a conta, o histórico, os valores e a data em que se verificou o fato. Dessa forma, temos que o termo **partida é sinônimo de lançamento**, quer no LIVRO DIÁRIO, quer no LIVRO RAZÃO.

O fundamento desse método consiste em movimentarem-se, sempre, **pelo menos duas contas,** ou seja, se efetuarmos um débito em uma ou mais contas, **devemos efetuar um crédito, de valor equivalente, em uma ou mais contas, de maneira que a soma dos débitos efetuados em um dado período seja igual à soma dos créditos efetuados no mesmo período**.

Princípios do método de partidas dobradas:

- Não há débito sem o correspondente crédito
- A soma dos débitos será sempre igual à soma dos créditos
- A soma dos saldos devedores será igual à soma dos saldos credores
- As origens dos recursos serão iguais às aplicações

4.2.2. Procedimentos (passos) do lançamento

O lançamento é um procedimento com 4 passos, que são:

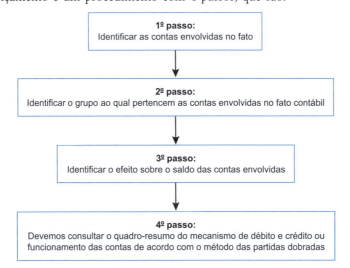

1º passo: Identificar as contas envolvidas no fato

2º passo: Identificar o grupo ao qual pertencem as contas envolvidas no fato contábil

3º passo: Identificar o efeito sobre o saldo das contas envolvidas

4º passo: Devemos consultar o quadro-resumo do mecanismo de débito e crédito ou funcionamento das contas de acordo com o método das partidas dobradas

CONTAS DE ATIVO, DE DESPESA E RETIFICADORA DO PASSIVO		CONTAS DE PASSIVO, DE PL, DE RECEITA E RETIFICADORA DO ATIVO
Débito	Crédito	Débito	Crédito
Aumento	Diminuição	Diminuição	Aumento

4.3. PRINCIPAIS LIVROS DE ESCRITURAÇÃO

a) Livro diário

No **livro diário** devem ser lançadas, **em ordem cronológica**, com individualização, clareza e referência ao documento probante, **todas as operações ocorridas**, e quaisquer outros fatos que provoquem variações patrimoniais. Conforme o Código Civil, além dos demais livros exigidos por lei, **é indispensável o diário**, que pode ser substituído por fichas, no caso de escrituração mecanizada ou eletrônica. A adoção de fichas não dispensa o uso de livro apropriado para o lançamento do balanço patrimonial e do de resultado econômico.

Salvo disposição especial de lei, os livros obrigatórios e, se for o caso, as fichas, antes de postos em uso, devem ser registrados em órgão competente. Esse órgão competente é o **registro civil de pessoas jurídicas,** quando a entidade for sem fins lucrativos ou quando for sociedade simples. Nos demais casos, o órgão competente é a **junta comercial**.

Portanto, podemos concluir que o livro diário é **obrigatório** (exigido por lei), **cronológico** (ordem cronológica) e **principal** (devem ser lançadas todas as operações ocorridas).

Admite-se a escrituração **resumida do diário**, com totais que não excedam o período de **trinta dias**, relativamente a contas cujas operações sejam numerosas ou realizadas fora da sede do estabelecimento, desde que utilizados livros auxiliares regularmente autenticados para registro individualizado e que sejam conservados os documentos que permitam a sua perfeita verificação.

Com base na escrituração contábil feita no livro **Diário**, é apurado o lucro líquido do período-base (**lucro contábil**). A partir do lucro líquido, por meio de ajustes de adições e exclusões presentes no **Livro de Apuração do Lucro Real** (**LALUR**), obtém-se o lucro real, base de cálculo do Imposto de Renda das pessoas jurídicas tributadas por essa forma. Sendo assim, as empresas optantes pelo lucro real que apresentarem equívocos na escrituração do livro diário ou até mesmo que não o apresentem, quando demandados pelo fisco, se sujeitam a penalizações administrativas e arbitramento do lucro para fins de apuração do Imposto de Renda e da Contribuição Social sobre o Lucro.

b) Livro razão

É um livro sistemático no qual se controla a **movimentação de cada conta individualmente,** sendo transcritos registros de débitos e créditos da conta **no diário**. Com isso, fica clara a diferença entre os dois: o livro diário possui todas as operações que aconteceram ao longo de um determinado período na entidade, já o livro razão dá a visão analítica do que aconteceu em cada conta. O livro razão é **principal** (devem ser lançadas todas as operações ocorridas), **sistemático** (registros em ordem sistemática, agrupando lançamentos de igual natureza) e, de forma secundária, **cronológico** (registros em ordem cronológica).

O livro razão é considerado **livro facultativo** pela legislação comercial, mas é **obrigatório** para as empresas tributadas com base no **lucro real**. A sua escrituração é individualizada em uma folha ou ficha para cada conta (a exceção da escrituração por computador) e os lançamentos obedecem a ordem cronológica das operações. Ele não precisa ser registrado no órgão competente, contudo precisa da assinatura de um contabilista e termos de início e de encerramento.

A pessoa jurídica tributada com base no lucro real deverá manter, em boa ordem e segundo as normas contábeis recomendadas, livro razão ou fichas utilizadas para resumir e totalizar, por conta ou subconta, os lançamentos efetuados no diário, mantidas as demais exigências e condições previstas na legislação. A não manutenção do livro de que trata este artigo, nas condições determinadas, implicará o arbitramento do lucro da pessoa jurídica. **Estão dispensados de registro ou autenticação** o livro razão ou fichas.

LIVRO	CARACTERÍSTICAS
Diário	Obrigatório, cronológico e principal
Razão	Facultativo, sistemático e principal

c) Livro de registro de duplicatas

No livro de registro de duplicatas registram-se as **vendas em prazos superiores a 30 dias**. A pessoa jurídica que efetuar vendas por meio de duplicatas deverá, por exigência da Lei nº 5.474/68, escriturar cronologicamente todas as duplicatas emitidas, com número de ordem, data e valor das faturas originais, data da expedição, nome e domicílio do comprador, anotações de reforma, prorrogação e outras circunstâncias.

d) Livro registro de inventário

Obrigatório para todas as empresas, destina-se ao registro de **inventários** de mercadorias, matérias-primas, material secundário, produtos acabados, produtos em processo de fabricação, embalagens, combustíveis e lubrificantes e material de expediente, existentes em estoque no encerramento do período-base.

e) Livro de apuração do lucro real

O Lalur **deve** ser escriturado por todas as pessoas jurídicas contribuintes do imposto de renda **tributadas com base no lucro real**, inclusive filiais, sucursais ou representantes de pessoas jurídicas domiciliadas no exterior, firmas individuais e cooperativas que realizem negócios com não cooperados.

Lembre-se

Existe também o **livro de registro de entrada** e o **livro de registro de saída**. O primeiro se destina ao registro da entrada de mercadorias no estabelecimento ou de serviços por este tomado. O segundo se destina ao registro da saída de mercadorias do estabelecimento ou de serviços por este prestado.

4.3.1. Formalidades exigidas

Na escrituração do LIVRO DIÁRIO e do LIVRO RAZÃO é exigido o cumprimento de formalidades EXTRÍNSECAS e INTRÍNSECAS.

a.1) Formalidades **EXTRÍNSECAS** do LIVRO DIÁRIO e do LIVRO RAZÃO em **forma não digital**:

- Ser **encadernados**.
- Ter suas **folhas numeradas sequencialmente**.
- Conter os **termos de abertura e de encerramento** assinados pelo titular ou representante legal da entidade e pelo profissional da Contabilidade regularmente habilitado no Conselho Regional de Contabilidade.
- No caso do livro diário, **ser registrado no órgão competente**.

a.2) Formalidades **EXTRÍNSECAS** do LIVRO DIÁRIO e do LIVRO RAZÃO em **forma digital:**

- **Ser assinados digitalmente** pela entidade e pelo profissional da Contabilidade regularmente habilitado.
- Quando exigível por legislação específica, **ser autenticados** no registro público ou entidade competente.

b) Formalidades **INTRÍNSECAS** – elas são relativas ao seu conteúdo (lançamentos):

- Os registros devem ser em **ordem cronológica**.
- Não são permitidos **borrões, rasuras ou emendas**.
- Não são permitidos **espaços em branco, ocupação de margens ou entrelinhas**.
- Deve ser seguido um **método uniforme** de escrituração do início ao fim.

EXTRÍNSECAS (FORMA NÃO DIGITAL)	EXTRÍNSECAS (FORMA DIGITAL)	INTRÍNSECAS
• Ser encadernados • Ter suas folhas numeradas sequencialmente • Conter os termos de abertura e de encerramento assinados pelo titular ou representante legal da entidade e pelo profissional da Contabilidade regularmente habilitado no Conselho Regional de Contabilidade • No caso do livro diário, ser registrado no órgão competente	• Ser assinados digitalmente pela entidade e pelo profissional da Contabilidade regularmente habilitado • Quando exigível por legislação específica, ser autenticados no registro público ou na entidade competente	• Os registros devem ser em ordem cronológica • Não são permitidos borrões, rasuras ou emendas • Não são permitidos espaços em branco, ocupação de margens ou entrelinhas • Deve ser seguido um método uniforme de escrituração do início ao fim

QUESTÕES COMENTADAS

(FCC – Analista Judiciário/TRT 4ª Região/2006) Em relação aos livros contábeis e à sua escrituração, é correto afirmar que:

a) Admite-se a escrituração resumida do livro diário, fora da ordem cronológica, desde que as transações estejam contabilizadas pelos valores corretos e estejam respaldadas por documentos idôneos.

b) O balanço patrimonial e as demais demonstrações contábeis correspondentes ao encerramento de exercício devem ser transcritas no livro razão, completando-se com a assinatura do contabilista responsável e do titular ou representante legal da entidade.

c) A escrituração do diário, como o próprio nome do livro indica, deve ser feita diariamente, não sendo admissível o registro em partidas mensais e a escrituração sintética ou resumida.

d) O livro razão é de escrituração obrigatória, de acordo com o art. 1.180 do Novo Código Civil.

e) É admissível o uso de códigos e/ou abreviaturas nos históricos dos lançamentos do livro diário, desde que uniformes e permanentes, devendo constar em elenco identificador no livro diário.

RESPOSTA: E

COMENTÁRIO:

Alternativa A – FALSO: a ordem cronológica é obrigatória.

Alternativa B – FALSO: as contas do livro razão que são transcritas no balanço patrimonial, não o contrário.

Alternativa C – FALSO: admite-se a escrituração resumida do diário, com totais que não excedam o período de 30 dias, relativamente a contas cujas operações sejam numerosas ou realizadas fora da sede do estabelecimento, desde que utilizados livros auxiliares regularmente autenticados para registro individualizado e que sejam conservados os documentos que permitam a sua perfeita verificação.

Alternativa D – FALSO: conforme o Código Civil, além dos demais livros exigidos por lei, é indispensável (obrigatório) o diário (e não do razão), que pode ser substituído por fichas, no caso de escrituração mecanizada ou eletrônica.

Alternativa E – VERDADEIRO: é a alternativa correta.

(VUNESP – Contador/CM Registro/2016) No que tange à escrituração das operações de uma entidade, no caso de esta adotar para sua escrituração contábil o processo eletrônico, os formulários contínuos, numerados mecânica ou tipograficamente,

a) Deverão ser digitalizados, uma vez que não sofrem uma regra tipográfica, nesse caso.

b) Serão registrados na junta comercial, ou, em caso de regime especial, no próprio CRC.

c) Serão destacados e juntados ao razão contábil de destino, para posterior registro.

d) Serão destacados e encadernados em forma de livro.

e) Serão substituídos por arquivos em XML.

RESPOSTA: D

COMENTÁRIO:

Formalidades EXTRÍNSECAS do LIVRO DIÁRIO e do LIVRO RAZÃO em forma não digital:

- Ser encadernados.
- Ter suas folhas numeradas sequencialmente.
- Conter os termos de abertura e de encerramento assinados pelo titular ou representante legal da entidade e pelo profissional da Contabilidade regularmente habilitado no Conselho Regional de Contabilidade.
- No caso do livro diário, ser registrado no órgão competente.

A única previsão correta é a da alternativa D.

4.3.2. Aspectos contábeis

Torna-se oportuno compreender como são as partidas do diário e as partidas do razão (ou razonete).

a) Partidas de diário

Os fatos devem ser registrados no livro diário **em ordem cronológica**, com individualização, clareza e referência ao documento probante, todas as operações ocorridas, e quaisquer outros fatos que provoquem variações patrimoniais e **com a seguinte forma de apresentação**:

- **Data da ocorrência.**
- **Conta devedora** (e/ou código de identificação).
- **Conta credora** (e/ou código de identificação) precedida da preposição "a" quando manual.
- **Histórico do fato em língua nacional** com identificação do documento comprobatório.
- **Valor em moeda nacional.**

Exemplo:

		Santa Maria, 30 de junho de 20x1				
111.02		Bancos c/ movimento				
		Banco do Brasil S.A.				
111.01	a	Caixa				
		Pela abertura de n/ conta nº 221-00,				
		com depósito conforme Recibo nº 6969		50	000	00

b) Partidas de razão

As partidas de diário devem ser transportadas para o livro razão, que é um livro sistemático porque destina **uma página para cada conta**, retratando os saldos das contas, **enquanto no diário aparecem apenas os valores lançados a débito e a crédito** das contas respectivas, **em ordem cronológica**, não permitindo conhecer-se o volume de operações registradas em cada conta.

Exemplo:

Conta: Bancos c/ movimento			**Código:** 111.02	
Subconta: Banco do Brasil S.A.			**Código:** 111.02.002	
DATA	**CONTRAPARTIDA**	**HISTÓRICO**	**DÉBITO**	**CRÉDITO**
30.06.20x1	111.01.001	P/ abertura de n/ conta nº 221-00 com depósito conf. recibo nº 6969	50.000,00	

4.4. FÓRMULAS (FORMAS) DE LANÇAMENTO

Ao se preparar um lançamento contábil, o número de contas debitadas e creditadas vai definir a fórmula de lançamento utilizada.

a) Lançamento de primeira fórmula – 1 débito e 1 crédito

Um exemplo é o lançamento de depósito do saldo da conta caixa em conta bancária no valor de R$ 100.000,00:

- D – **Bancos:** R$ 100.000,00
- C – **Caixa:** R$ 100.000,00

O mesmo lançamento também poder ser representado por:
Bancos
a Caixa   R$ 100.000,00

Utilizando os razonetes teríamos:

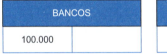

b) Lançamento de segunda fórmula – 1 débito e 2 ou mais créditos

Um exemplo é o lançamento do pagamento de duplicatas no valor de R$ 80.000, parte em dinheiro (R$ 10.000) e parte em cheque (R$ 70.000):

- D – **Duplicatas a pagar:** R$ 80.000,00
- C – **Caixa:** R$ 10.000,00
- C – **Banco:** R$ 70.000,00

O mesmo lançamento também poder ser representado por:
Bancos
a Diversos
Caixa   R$ 10.000,00
Bancos   R$ 70.000,00

Utilizando os razonetes teríamos:

DUPLICATAS A PAGAR		CAIXA		BANCO	
80.000		10.000			70.000

c) Lançamento de terceira fórmula – 2 ou mais débitos e 1 crédito

Um exemplo é o lançamento pagamento à vista de despesa com combustível no valor de R$ 20.000 e com roupas no valor de R$ 10.000.

- **D – Despesas com combustível:** R$ 20.000,00
- **D – Despesas com vestuário:** R$ 10.000,00
- **C – Caixa:** R$ 30.000,00

O mesmo lançamento também poder ser representado por:

Diversos

a Caixa	**R$ 30.000,00**
Despesas com combustível	**R$ 20.000,00**
Despesas com vestuário	**R$ 10.000,00**

Utilizando os razonetes teríamos:

CAIXA			DESPESAS COM COMBUSTÍVEL			DESPESAS COM VESTUÁRIO	
	30.000		20.000			10.000	

d) Lançamento de quarta fórmula – 2 ou mais débitos e 2 ou mais créditos

Um exemplo é a compra de máquinas por R$ 30.000 e móveis por R$ 15.000 com pagamento em cheque (40.000) e dinheiro (5.000), respectivamente.

- **D – Máquinas:** R$ 30.000,00
- **D – Móveis:** R$ 15.000,00
- **C – Caixa:** R$ 5.000,00
- **C – Banco:** R$ 40.000,00

O mesmo lançamento também poder ser representado por:

Diversos a

Máquinas	**R$ 30.000,00**
Diversos a	
Móveis a	**R$ 15.000,00**
Caixa	**R$ 5.000,00**
Banco	**R$ 40.000,00**

Utilizando os razonetes teríamos:

MÁQUINAS	
30.000	

MÓVEIS	
15.000	

CAIXA	
	5.000

BANCO	
	40.000

Débitos	Créditos	Fórmula de lançamento
1	1	Primeira fórmula
1	2 ou +	Segunda fórmula
2 ou +	1	Terceira fórmula
2 ou +	2 ou +	Quarta fórmula

QUESTÕES COMENTADAS

(CESPE – AFT/2013) Acerca das variações decorrentes dos fatos administrativos, julgue o item seguinte.

O pagamento de duplicatas com juros é um fato modificativo diminutivo que deve ser registrado em lançamento de terceira fórmula.

RESPOSTA: FALSO

COMENTÁRIO:

D – Duplicatas a pagar (passivo circulante)

D – Despesa financeira (resultado)

C – Caixa/Banco (ativo circulante)

Nesse caso ocorreu um fato misto modificativo diminutivo – uma diminuição do ativo e uma redução do passivo exigível e, simultaneamente, uma redução da situação líquida. E deve ser registrado em lançamento de terceira fórmula.

(CESPE – APF/2012) Considere os eventos de I a V listados abaixo.

I – Aquisição de veículo à vista para uso na atividade operacional.

II – Baixa de bem inservível registrado no imobilizado.

III – Apropriação da folha de pessoal do mês.

IV – Registro da diminuição do valor de dívida a receber em função da variação monetária.

V – Pagamento de obrigação com desconto.

Com base nas informações acima, julgue o item a seguir, relativo à classificação dos fatos administrativos.

Os eventos II, IV e V são classificados como fatos mistos, pois, além de provocarem variações no saldo patrimonial, representam a transposição de valores entre os grupos de contas patrimoniais.

QUESTÕES COMENTADAS

RESPOSTA: FALSO

COMENTÁRIO:

- II – Baixa de bem inservível registrado no imobilizado:
  - D – Baixa de bem inservível (resultado).
  - C – Ativo imobilizado (ativo não circulante).
  - Fato modificativo diminutivo.
- IV – Registro da diminuição do valor de dívida a receber em função da variação monetária:
  - D – Variação monetária passiva (resultado).
  - C – Dívida a receber (ativo circulante).
  - Fato modificativo diminutivo.
- V – Pagamento de obrigação com desconto:
  - D – Obrigações a pagar (passivo circulante).
  - C – Descontos recebidos (resultado).
  - C – Caixa (ativo circulante).
  - Fato misto aumentativo.

(CESPE – APF/2012) Considere os eventos de I a V listados abaixo.

I – Aquisição de veículo à vista para uso na atividade operacional.

II – Baixa de bem inservível registrado no imobilizado.

III – Apropriação da folha de pessoal do mês.

IV – Registro da diminuição do valor de dívida a receber em função da variação monetária.

V – Pagamento de obrigação com desconto.

Com base nas informações acima, julgue o item a seguir, relativo à classificação dos fatos administrativos.

Os eventos I e III classificam-se como fatos permutativos e não afetam o saldo patrimonial da entidade.

RESPOSTA: FALSO

COMENTÁRIO:

- I – Aquisição de veículo à vista para uso na atividade operacional:
  - D – Veículo (ativo não circulante).
  - C – Caixa (ativo circulante).
  - Fato permutativo.
- III – Apropriação da folha de pessoal do mês:
  - D – Salários (resultado).
  - C – Salários a pagar (passivo circulante).
  - Fato modificativo diminutivo.

4.5. ERROS DE ESCRITURAÇÃO

Durante o procedimento de escrituração dos livros, **podem ocorrer erros**. Após detectá-los, eles devem ser corrigidos para que não transmitam uma informação incorreta para o usuário da informação contábil. Podem ser encontrados os seguintes erros:

- **Lançamento em duplicidade:** também chamado de duplo registro, ocorre quando se contabiliza duas vezes o mesmo lançamento.

- **Inversão de contas:** ocorre quando, em um lançamento, a conta que deveria ser debitada é creditada, e a conta que deveria ser creditada é debitada.
- **Omissão de lançamentos:** ocorre quando um lançamento não é contabilizado.
- **Erro na conta debitada ou creditada:** ocorre quando o lançamento é efetuado em contas incorretas.
- **Erro de valor:** ocorre quando o valor do lançamento é maior ou menor do que deveria.
- **Erro no histórico:** ocorre quando o histórico do lançamento é incorreto.

A correção de um registro realizado com erro na escrituração contábil das entidades deve ser feito por lançamento de retificação. As formas de retificação recomendadas para a correção dos erros de escrituração são o **estorno**, a **transferência** e a **complementação**. Em qualquer que seja a modalidade de correção adotada, o histórico do lançamento deverá precisar o motivo da retificação, a data e a localização do lançamento de origem, isto é, deve fazer menção ao lançamento original.

- **Lançamento de estorno:** consiste em anular totalmente o lançamento feito anteriormente, com outro lançamento invertido de igual valor.
- **Transferência:** consiste no estorno parcial, utilizando a transferência, é possível a correção do erro de conta mediante um único lançamento, sem a necessidade de se estornar integralmente o lançamento errado.
- **Complementação:** consiste em completar, aumentando ou reduzindo o valor anteriormente registrado. Na complementação as contas estão corretas, porém os valores podem estar a maior ou a menor. Quando o valor estiver maior que o correto, o lançamento complementar reduzindo o anterior também é chamado de estorno parcial.

Em qualquer das modalidades acima mencionadas, o histórico do lançamento deverá precisar o **motivo da retificação**, a data e a localização do lançamento de origem. Os lançamentos realizados fora da época devida deverão consignar, nos seus históricos, as datas efetivas das ocorrências e a razão do atraso.

QUESTÕES COMENTADAS

(VUNESP – Contador/CM Pradópolis/2016) De acordo com as Normas Brasileiras de Contabilidade, no que tange a escrituração contábil, a retificação de lançamento contábil é o processo técnico de correção de um registro realizado com erro na escrituração contábil da entidade e pode ser feito por meio de:

a) Ajuste, ratificação e complementação.

b) Correção, estorno e retificação.

c) Estorno, ratificação e complemento.

d) Retificação, transferência ou estorno em definitivo.

e) Estorno, transferência e complementação.

RESPOSTA: E

COMENTÁRIO:

As formas de retificação recomendadas para a correção dos erros de escrituração são **o estorno, a transferência e a complementação**:

- **Lançamento de estorno** – consiste em anular totalmente o lançamento feito anteriormente, com outro lançamento invertido de igual valor.

- **Transferência** – consiste no estorno parcial, utilizando a transferência, é possível a correção do erro de conta mediante um único lançamento, sem a necessidade de se estornar integralmente o lançamento errado.

- **Complementação** – consiste em completar, aumentando ou reduzindo o valor anteriormente registrado. Na complementação as contas estão corretas, porém os valores podem estar a maior ou a menor. Quando o valor estiver maior que o correto, o lançamento complementar reduzindo o anterior também é chamado de estorno parcial.

(CESPE – Agente de Polícia Federal/2018) No que se refere ao balancete de verificação contábil, julgue o item subsequente.

O balancete de verificação é um resumo ordenado de todas as contas utilizadas pela Contabilidade da entidade que o apresenta, destinando-se a detectar todos os possíveis erros de contabilização eventualmente ocorridos.

RESPOSTA: FALSO

COMENTÁRIO:

Nem todos os erros são detectáveis pelo balancete de verificação. Não são erros detectáveis no balancete:

I – Inversão de contas

II – Lançamentos em duplicidade

III – Omissões de lançamentos

IV – Erro de valor

V – Erro de histórico

CAPÍTULO 5

FATOS CONTÁBEIS E RESPECTIVAS VARIAÇÕES PATRIMONIAIS

Os acontecimentos do dia a dia de uma entidade podem ou não afetar o seu patrimônio. Esses acontecimentos podem ser classificados como **atos administrativos** ou como **fatos contábeis**.

5.1. ATOS ADMINISTRATIVOS E FATOS CONTÁBEIS

Nas empresas, durante a sua existência, são praticados muitos atos que, de uma ou de outra forma, **afetam a entidade, quer no seu potencial produtivo, quer na sua estrutura patrimonial**. Dentro dessa acepção, esses atos são classificados em atos administrativos e fatos administrativos ou fatos contábeis.

> **Atos administrativos:** são aqueles atos praticados pela gestão da empresa no intuito de organização e estruturação das suas atividades operacionais. Eles não provocam alterações no patrimônio da entidade; portanto, não interessam à Contabilidade. São exemplos deste tipo de ato: elaboração de parecer, advertência a funcionário, marcação de reuniões, planejamento estratégico etc.

> **Fatos contábeis:** são os fatos que provocam alterações nos elementos do patrimônio da entidade. São esses fatos que interessam à Contabilidade. São exemplos de fatos contábeis: a aquisição de mercadorias, o pagamento de salários, o aumento do capital social, a contratação de um empréstimo etc. Dentro dos fatos contábeis, existe o fato administrativo, que representa os atos de gestão de uma entidade que afetam o patrimônio e se origina da sua administração

Um fato administrativo é sempre um fato contábil, mas o contrário não é verdadeiro, pois um ato que não parte da gestão da entidade pode afetar o patrimônio. Por exemplo, o furto de mercadorias. Contudo, **algumas bancas consideram fatos contábeis e fatos administrativos sinônimos**, situação à qual o aluno deve ficar atento.

5.1.1. Fato contábil

Fato contábil é qualquer acontecimento que traz reflexos no patrimônio, alterando-o na sua **qualidade e/ou quantidade**. A análise dos fatos contábeis também deve considerar se eles provocam ou não alterações quantitativas no patrimônio líquido. Tendo isso em consideração, os fatos contábeis são classificados em **fatos permutativos**, **fatos modificativos** e **fatos mistos**.

5.1.1.1. Fatos permutativos

Fatos contábeis permutativos (ou fatos contábeis compensativos) são aqueles que **não provocam alterações quantitativas no valor do patrimônio líquido**. Nessa espécie de fato contábil, há apenas **permutas** entre os elementos patrimoniais **do ativo**, entre os elementos patrimoniais **do passivo**, entre os **do ativo e do passivo** ou entre os elementos patrimoniais do **patrimônio líquido**.

Perceba que, quando da ocorrência desses fatos, há alterações no patrimônio da entidade, porém essas alterações no patrimônio **são apenas qualitativas** e **não afetam quantitativamente (aumentando ou diminuindo) o patrimônio líquido**.

Vejamos alguns exemplos de fatos permutativos:

- **Compra de mercadorias, à vista** (há a troca de bens por bens, isto é, mercadorias por moeda, todos dentro do ATIVO).

- **Compra de mercadorias, a prazo** (há a troca de bens por obrigações, isto é, mercadorias por duplicatas a pagar ou fornecedores, ou seja, movimenta ATIVO e PASSIVO).

- **Recebimento em dinheiro de uma duplicata** (há a troca de bens por direito, isto é, de moeda por duplicatas a receber).

- **Aumento do capital por incorporação de lucros** (há a troca de patrimônio líquido por patrimônio líquido, isto é, reservas de lucros por capital).

- **Venda de mercadorias ou qualquer bem pelo preço de custo** (há a troca bens por bens, isto é, mercadorias por moeda).

- **Pagamento de uma obrigação, sem acréscimo ou desconto** (há a troca de bem por obrigação, isto é, desaparece uma obrigação e um bem de igual valor não alterando o valor do patrimônio líquido).

QUESTÃO COMENTADA

(FCC – Analista do Ministério Público Estadual do RN/MPE RN/2012) O pagamento de uma dívida caracteriza-se como um fato contábil

a) Aumentativo.

b) Substantivo.

c) Permutativo.

d) Misto.

e) Diminutivo.

RESPOSTA: C

COMENTÁRIO:

O pagamento de uma dívida pode ser assim contabilizado:

D – Dívida (passivo circulante)

C – Bancos (ativo circulante)

Fatos contábeis permutativos (ou fatos contábeis compensativos) são aqueles que não provocam alterações quantitativas no valor do patrimônio líquido.

5.1.1.2. Fatos modificativos

As modificações no patrimônio líquido podem ser **aumentativas ou diminutivas**.

a) Fatos modificativos aumentativos: são os fatos que provocam aumento do patrimônio líquido. Eles podem resultar de um aumento do ativo, de uma diminuição do passivo exigível ou de ambos ao mesmo tempo.

- **Recebimento de aluguel no dia do seu vencimento relativo a imóvel da entidade** (há uma receita e uma movimentação positiva no caixa/bancos, lembrando que as receitas aumentam o PL).
- **Recebimento de juros** (ocorre uma receita e um aumento no caixa/bancos, aumentando o patrimônio líquido).
- **Recebimento à vista de serviços prestados** (ocorre um aumento na conta caixa/bancos e ocorre uma receita, o que faz aumentar o patrimônio líquido).

b) Fatos modificativos diminutivos: são os fatos que provocam diminuição no patrimônio líquido. Eles podem resultar de uma diminuição do ativo, de um aumento do passivo ou de ambos ao mesmo tempo.

- **Pagamento de despesa de salários dentro do mês do trabalho realizado** (ocorre a diminuição de caixa/bancos e uma despesa, lembrando que despesas geram reduções no PL).
- **Despesas financeiras pagas ao banco ou o seu reconhecimento** (percebam que a despesa isolada paga ou assumida constitui fato modificativo diminutivo, pois reduz o PL; já o pagamento de uma obrigação com juros constitui fato misto, como veremos a seguir).

5.1.1.3. Fatos mistos

Fatos mistos (ou fatos compostos) são aqueles onde ocorre a permuta de elementos patrimoniais e também a alteração do patrimônio líquido, isto é, **são as mutações patrimoniais que combinam fatos permutativos com fatos modificativos**. São classificáveis, assim como os fatos modificativos, em **aumentativos ou diminutivos**.

a) Fatos mistos aumentativos: são os fatos onde há permutas entre os elementos patrimoniais e modificação do valor do patrimônio líquido, **aumentando-o**. Eles podem resultar de um aumento do ativo, de uma diminuição do passivo exigível ou de ambos ao mesmo tempo.

- **Venda de mercadorias e quaisquer bens do ativo, com lucro** (ocorre a diminuição de mercadoria em estoque ou bens do ativo, e a entrada de recursos no caixa ou o aumento de disponibilidades ou contas a receber, o que constitui um fato permutativo até o valor da igualdade, porém a troca não é equânime, isto é, as disponibilidades ou duplicatas a receber aumentam com valor maior do que o valor das mercadorias ou os bens que saem do ativo, ocasionando um aumento do patrimônio líquido através do lucro).

- **Recebimento de títulos com acréscimo de juros** (também ocorre uma permuta entre caixa/bancos com duplicatas a receber, porém em valor maior, o que representa aumento do patrimônio líquido, pois ocorre uma receita).
- **Pagamento de duplicatas, com desconto** (é o caso de haver receita e também uma permuta, isto é, há redução de passivo e de ativo, porém este último em menor valor, ou ainda, podemos falar que há o desaparecimento de um passivo sem o correspondente ativo).

b) Fatos mistos diminutivos: são os fatos onde há permutas entre os elementos patrimoniais e modificação do valor do patrimônio líquido, **diminuindo-o**. Eles podem resultar de uma diminuição do ativo, de um aumento do passivo ou de ambos ao mesmo tempo.

As situações que fazem surgir fatos mistos diminutivos representam o oposto das que fazem surgir os fatos mistos aumentativos:

- **Venda de mercadorias e quaisquer bens do ativo, com prejuízo** (há a permuta entre a conta mercadorias e a conta caixa/bancos, porém, isso ocorre com a diminuição do patrimônio líquido, pois houve uma despesa).
- **Pagamento de uma duplicata com juros** (é o caso de pagamento da duplicata, fato permutativo, com despesas de juros, fato modificativo).
- **Recebimento de duplicatas, com desconto** (é o caso de diminuição de ativo, por meio de permuta entre a conta duplicatas a receber e a conta caixa/banco, com a ocorrência de uma despesa financeira).

QUESTÃO COMENTADA

(FCC – Agente Fiscal de Rendas/SEFAZ SP/2009) A empresa Girobaixo S.A. tinha um contas a receber de R$ 500.000,00 de seu cliente Oportunia Ltda., que estava com dificuldades financeiras. Sabendo das dificuldades de seu cliente e com receio de inadimplência, concedeu desconto de 5% para que o cliente liquidasse a dívida no prazo. A Oportunia aceitou e quitou a dívida. O registro do evento na empresa Girobaixo S.A. representa um fato:

a) Permutativo.

b) Compensativo diminutivo.

c) Modificativo aumentativo.

d) Quantitativo aumentativo.

e) Misto diminutivo.

RESPOSTA: E

COMENTÁRIO:

O recebimento de um direito a receber com desconto pode ser assim contabilizado:

D – Despesa com descontos (resultado): R$ 25.000

D – Bancos (ativo circulante): R$ 475.000

C – Contas a receber (ativo circulante): R$ 500.000

Fatos mistos (ou fatos compostos) são aqueles onde ocorre a permuta de elementos patrimoniais e também a alteração do patrimônio líquido, isto é, são as mutações patrimoniais que combinam fatos permutativos com fatos modificativos.

Em resumo:

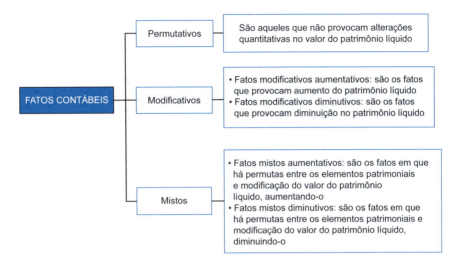

5.1.2. Fatos complexos

- **Integralização de capital:** ocorre o aumento do PL, todavia não é com receita, então algumas bancas (Cespe e Funcab) tratam como permutativo, já outras bancas (FCC, FGV e Cesgranrio) tratam como modificativo aumentativo.
- **Distribuição de lucros aos sócios ou acionistas:** ocorre a diminuição do PL, entretanto essa redução não foi com despesas, então algumas bancas (Cespe e Funcab) tratam como permutativo, já outras bancas (FCC, FGV e Cesgranrio) tratam como modificativo diminutivo.

CAPÍTULO 6

O QUE É CPC?

Veremos sobre pronunciamentos do CPC durante todo o curso. **Mas o que é CPC?**

O **Comitê de Pronunciamentos Contábeis (CPC)** foi idealizado a partir da união de esforços e da comunhão de objetivos das seguintes entidades:

- Abrasca – Associação Brasileira das Companhias Abertas.
- Apimec Nacional – Associação dos Analistas e Profissionais de Investimento do Mercado de Capitais.
- BM&FBovespa S.A. – Bolsa de Valores, Mercadorias e Futuros.
- CFC – Conselho Federal de Contabilidade.
- Ibracon – Instituto dos Auditores Independentes do Brasil.
- Fipecafi – Fundação Instituto de Pesquisas Contábeis, Atuariais e Financeiras.

Criado pela Resolução CFC nº 1.055/05, **o CPC tem como objetivo**:

> O estudo, o preparo e a emissão de **pronunciamentos técnicos** sobre procedimentos de Contabilidade e a divulgação de informações dessa natureza, para permitir a emissão de normas pela **entidade reguladora brasileira**, visando à centralização e uniformização do seu processo de produção, levando sempre em conta a convergência da Contabilidade brasileira aos **padrões internacionais**.

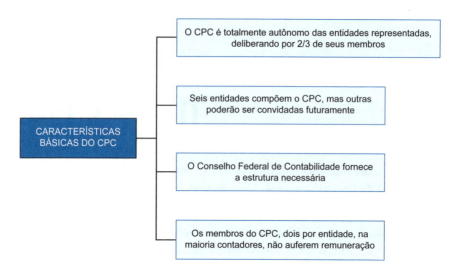

São produtos do CPC (e que serão em muito mencionados em nossa obra):

- Pronunciamentos técnicos.
- Orientações.
- Interpretações.

Alguns alunos costumam ter uma dúvida que é: professor, se um pronunciamento técnico do CPC (conhecido também só como CPC) prever algo contrário a algo previsto na Lei das S.A. (Lei nº 6.404/76), o que adotar? Na prática, **o CPC esclarece muito pontos previstos na Lei das S.A.** Isso porque possui natureza infralegal e é muito mais fácil de aprovar um pronunciamento do que uma lei. O fato de possuir a natureza infralegal responde ao questionamento feito acima: quando houver confronto de entendimento entre o CPC e a lei, **a lei deve prevalecer**. Mas isso ocorre em algum caso?

A resposta é sim. O Pronunciamento Técnico CPC 27, ou simplesmente CPC 27, traz hipóteses em que o ativo imobilizado pode ser contabilizado a valores reavaliados, ressalvando que só quando permitido legalmente. Ocorre que a Lei das S.A. não permite a reavaliação. Logo, o entendimento da Lei das S.A. prevalece.

Existe um pronunciamento do CPC mais geral e outros pronunciamentos mais específicos? **A resposta também é sim.** O CPC 00 é o pronunciamento geral, que define as diretrizes gerais. Os demais CPCs são específicos, por definirem pontos específicos. E se um pronunciamento específico entrar em conflito com o CPC 00? Nesses casos, como veremos, o pronunciamento específico deve prevalecer sobre o CPC 00.

CAPÍTULO 7

ESTRUTURA CONCEITUAL PARA ELABORAÇÃO E DIVULGAÇÃO DE RELATÓRIO CONTÁBIL-FINANCEIRO

A finalidade da estrutura conceitual é:

- Auxiliar o desenvolvimento das Normas Internacionais de Contabilidade (IFRS) para que tenham base em conceitos consistentes.
- Auxiliar os responsáveis pela elaboração (preparadores) dos relatórios financeiros a desenvolver políticas contábeis consistentes quando nenhum pronunciamento se aplica à determinada transação ou outro evento, ou quando o pronunciamento permite uma escolha de política contábil.
- Auxiliar todas as partes a entender e interpretar os pronunciamentos.

A estrutura conceitual **não é um pronunciamento técnico propriamente dito** e, portanto, **não define normas ou procedimentos** para qualquer questão particular sobre aspectos de mensuração ou divulgação. Nada na estrutura conceitual substitui qualquer pronunciamento técnico, interpretação ou orientação.

A estrutura conceitual não é um pronunciamento propriamente dito. Nada contido nesta estrutura conceitual se sobrepõe a qualquer pronunciamento ou qualquer requisito em pronunciamento.

7.1. OBJETIVO DO RELATÓRIO CONTÁBIL-FINANCEIRO DE PROPÓSITO GERAL

QUESTÃO COMENTADA

(FCC – Analista Judiciário/TRT 11ª Região/2017) O objetivo da elaboração e divulgação de relatório contábil-financeiro de propósito geral é:

a) Atender a todas as informações de que investidores, credores por empréstimo e outros credores, existentes e em potencial, necessitem para a tomada de decisão.

b) Determinar o valor de mercado da entidade que reporta a informação para que investidores existentes e em potencial, credores por empréstimos e outros credores, possam tomar decisão ligada ao fornecimento de recursos para a entidade.

c) Fornecer informações contábil-financeiras acerca da entidade que reporta essa informação que sejam úteis a investidores existentes e em potencial, a credores por empréstimos e a outros credores, quando da tomada de decisão ligada ao fornecimento de recursos para a entidade.

d) Fornecer informações contábil-financeiras acerca da entidade que reporta essa informação que sejam úteis à tomada de decisão pelos administradores da entidade, já que estes são incapazes de obter a informação no formato que necessitam.

e) Fornecer uma descrição ou retrato exato da situação econômico-financeira da entidade para que investidores existentes e em potencial, credores por empréstimos e outros credores, possam tomar decisão ligada ao fornecimento de recursos para a entidade.

RESPOSTA: C

COMENTÁRIO: O objetivo do relatório financeiro para fins gerais é fornecer informações financeiras sobre a entidade que reporta que sejam úteis para investidores, credores por empréstimos e outros credores, existentes e potenciais, na tomada de decisões referente à oferta de recursos à entidade. Essas decisões envolvem decisões sobre:

- Comprar, vender ou manter instrumento de patrimônio e de dívida.
- Conceder ou liquidar empréstimos ou outras formas de crédito.
- Exercer direitos de votar ou de outro modo influenciar os atos da administração que afetam o uso dos recursos econômicos da entidade.

As decisões descritas dependem dos retornos que os investidores, credores por empréstimos e outros credores, existentes e potenciais, esperam, por exemplo, dividendos, pagamentos de principal e juros ou aumentos no preço de mercado. As expectativas dos investidores, credores por empréstimos e outros credores quanto aos retornos dependem de sua avaliação do valor, da época e da incerteza (perspectivas) de futuros fluxos de entrada de caixa líquidos para a entidade e de sua avaliação da gestão de recursos da administração sobre os recursos econômicos da entidade. Investidores, credores por empréstimos e outros credores, existentes e potenciais, precisam de informações para ajudá-los a fazer essas avaliações.

Para fazer as avaliações, os investidores, credores por empréstimos e outros credores, existentes e potenciais, precisam de informações sobre:

- Os recursos econômicos da entidade, reivindicações contra a entidade e alterações nesses **recursos e reivindicações**.
- A eficiência e a eficácia da administração e do órgão de administração da entidade no cumprimento de suas responsabilidades sobre o **uso dos recursos econômicos da entidade**.

Muitos investidores, credores por empréstimos e outros credores, existentes e potenciais, não podem exigir que as entidades que reportam forneçam informações diretamente a eles, devendo se basear em relatórios financeiros para fins gerais para muitas das informações financeiras de que necessitam. Consequentemente, **eles são os principais usuários aos quais se destinam relatórios financeiros para fins gerais**.

Relatórios financeiros para fins gerais **não se destinam a apresentar o valor da entidade que reporta**, mas fornecem informações para auxiliar investidores, credores por empréstimos e outros credores, existentes e potenciais, a estimar o valor da entidade que reporta.

Usuários primários individuais têm necessidades e desejos de informação diferentes e possivelmente conflitantes. Ao desenvolver os pronunciamentos, busca-se fornecer um conjunto de informações que atenda às necessidades do maior número de principais usuários. Contudo, concentrar-se em necessidades de informação ordinárias **não impede que a entidade que reporta inclua informações adicionais** que sejam mais úteis para um subconjunto específico de principais usuários.

A administração da entidade que reporta também está interessada em informações financeiras sobre a entidade. Contudo, a administração **não precisa se basear** em relatórios financeiros para fins gerais, pois ela pode obter internamente as informações financeiras de que precisa.

Outras partes, como reguladores e o público em geral, que não investidores, credores por empréstimos e outros credores, podem também considerar relatórios financeiros para fins gerais úteis. Contudo, **esses relatórios não são direcionados essencialmente a esses outros grupos**.

7.2. RECURSOS ECONÔMICOS E REIVINDICAÇÕES

Relatórios contábil-financeiros de propósito geral fornecem informações acerca das posições patrimonial (balanço patrimonial) e financeira da entidade (balanço patrimonial, demonstração do resultado do exercício e demonstração do resultado abrangente) que reportam as informações, que representam informações sobre os **recursos econômicos da entidade (ATIVO) e reivindicações contra a entidade (PASSIVO)** que reporta a informação.

Relatórios contábil-financeiros também fornecem informação **sobre os efeitos de transações e outros eventos que alteram os recursos econômicos da entidade** que reporta a informação e as reivindicações contra ela. Ambos os tipos de informação fornecem dados de entrada úteis para decisões ligadas ao fornecimento de recursos para a entidade.

Informação sobre a natureza e os montantes de recursos econômicos e reivindicações da entidade que reporta a informação podem auxiliar usuários a identificarem a **fraqueza e o vigor** financeiro da entidade que reporta a informação.

7.2.1. Mudanças nos recursos econômicos e reivindicações

As mudanças nos recursos econômicos e reivindicações da entidade que reporta a informação resultam do **desempenho financeiro** da entidade e de outros eventos ou transações, como, por exemplo, a emissão de títulos de dívida ou de títulos patrimoniais. Para poder avaliar adequadamente as perspectivas de fluxos de caixa futuros da entidade que reporta a informação, os usuários precisam estar aptos a distinguir a natureza dessas mudanças.

Informações sobre o desempenho financeiro da entidade que reporta ajudam os usuários a compreender o retorno produzido pela entidade sobre seus recursos econômicos. Informações sobre o retorno produzido pela entidade podem ajudar os usuários a avaliar a gestão de recursos da administração sobre os recursos econômicos da entidade.

Informações sobre a variação e os componentes desse retorno também são importantes, especialmente na avaliação da incerteza dos fluxos de caixa futuros. Informações sobre o desempenho financeiro passado da entidade que reporta e sobre como a sua administração cumpriu suas responsabilidades de gestão de recursos são normalmente úteis para prever os retornos futuros da entidade sobre seus recursos econômicos.

Importante

Esse desempenho financeiro pode ser refletido **pelo regimento de competência e pelo fluxo de caixa**. O primeiro avalia o desempenho pelos fatos que afetaram os recursos econômicos e as reivindicações no patrimônio de uma entidade. O segundo, avalia o desempenho pelo que foi ou não gerado de caixa.

7.2.1.1. Desempenho financeiro refletido pelo regime de competência

O **regime de competência** reflete os efeitos de transações e outros eventos e circunstâncias sobre reivindicações e recursos econômicos da entidade que reporta nos períodos em que esses efeitos ocorreram, mesmo que os pagamentos e recebimentos à vista resultantes tenham ocorrido em períodos diferentes. Isso é importante porque informações sobre **os recursos econômicos e as reivindicações** da entidade que reporta e mudanças em seus recursos econômicos e reivindicações durante o período fornecem uma base melhor para a avaliação do desempenho passado e futuro da entidade do que informações exclusivamente sobre recebimentos e pagamentos à vista durante esse período.

Informações sobre o desempenho financeiro da entidade que reporta durante o período, refletidas por mudanças em seus recursos econômicos e reivindicações, exceto aquelas resultantes da obtenção de recursos adicionais diretamente de investidores e credores, são úteis na avaliação da capacidade passada e futura da entidade de **gerar fluxos de entrada de caixa líquidos**. Essas informações indicam em que medida a entidade que reporta aumentou seus recursos econômicos disponíveis e, assim, a sua capacidade de gerar fluxos de entrada de caixa líquidos por meio de suas operações e, não, pela obtenção de recursos adicionais diretamente de investidores e credores. Informações sobre o desempenho financeiro da entidade que reporta durante o período também podem ajudar os usuários a avaliar a gestão de recursos da administração sobre os recursos econômicos da entidade.

7.2.1.2. Desempenho financeiro refletido pelos fluxos de caixa passados

Informações sobre os fluxos de caixa da entidade que reporta durante o período também auxiliam os usuários a avaliar a **capacidade da entidade de gerar futuros fluxos** de entrada de caixa líquidos e avaliar a gestão de recursos da administração sobre os recursos econômicos da entidade. Essas informações indicam como a entidade que reporta obtém e despende caixa, incluindo informações sobre contratação e amortização de dívida, dividendos em dinheiro ou outras distribuições de caixa a investidores, e outros fatores que podem afetar a liquidez ou solvência da entidade. Informações sobre fluxos de caixa auxiliam os usuários a compreender as operações da entidade que reporta, a avaliar suas atividades de financiamento e investimento, a avaliar sua liquidez ou solvência e a interpretar outras informações sobre o desempenho financeiro.

> Informações sobre **fluxos de caixa** auxiliam os usuários a compreender as operações da entidade que reporta a informação, a avaliar suas atividades de financiamento e investimento, a avaliar sua liquidez e solvência e a interpretar outras informações **acerca de seu desempenho financeiro**.

7.2.1.3. Mudanças nos recursos econômicos e reivindicações que não são resultantes do desempenho financeiro

Os recursos econômicos e as reivindicações da entidade que reporta podem sofrer alterações também por outras razões além do desempenho financeiro, como, por exemplo, a emissão de instrumentos de dívida ou de instrumentos patrimoniais. Informações sobre esse tipo de alteração são necessárias para propiciar aos usuários pleno entendimento do motivo para as alterações nos recursos econômicos e reivindicações da entidade que reporta e das implicações dessas alterações em seu desempenho financeiro futuro.

Informações sobre a eficiência e a eficácia da administração da entidade que reporta no cumprimento de suas responsabilidades sobre o uso dos recursos econômicos da entidade ajudam os usuários a avaliar a gestão de recursos da administração sobre esses recursos. Essas informações também são úteis para prever quão eficiente e eficazmente a administração usará os recursos econômicos da entidade em períodos futuros. Portanto, podem ser úteis para avaliar as perspectivas da entidade de futuros fluxos de entrada de caixa líquidos.

Exemplos de responsabilidades da administração sobre o uso dos recursos econômicos da entidade incluem proteger esses recursos contra efeitos desfavoráveis de fatores econômicos, como mudanças de preços e tecnológicas, e garantir que a entidade cumpra as leis, os regulamentos e as disposições contratuais aplicáveis.

7.3. CARACTERÍSTICAS QUALITATIVAS DA INFORMAÇÃO CONTÁBIL-FINANCEIRA ÚTIL

As características qualitativas de informações financeiras úteis identificam os tipos de informações que tendem a ser mais úteis a investidores, credores por empréstimos e outros credores, existentes e potenciais, para que tomem decisões sobre a entidade que reporta com base nas informações contidas em seu relatório financeiro (informações financeiras).

Relatórios financeiros fornecem **informações sobre os recursos econômicos da entidade que reporta, reivindicações contra a entidade que reporta e os efeitos de transações e outros eventos e condições que alteram esses recursos e reivindicações**. (Essas informações são referidas na estrutura conceitual como informações sobre os fenômenos econômicos.) Alguns relatórios financeiros incluem também material explicativo sobre as expectativas e estratégias da administração para a entidade que reporta e outros tipos de informações prospectivas.

As características qualitativas de informações financeiras úteis se aplicam a informações financeiras fornecidas nas demonstrações contábeis, bem como a informações financeiras fornecidas de outras formas. **O custo, que é uma restrição generalizada sobre a capacidade da entidade que reporta de fornecer informações financeiras úteis, se aplica de forma similar.** Contudo, as considerações, ao se aplicarem as **características qualitativas** e a **restrição de custo**, podem ser diferentes para tipos diferentes de informações. Por exemplo, aplicá-las a informações prospectivas pode ser diferente de aplicá-las a informações sobre recursos econômicos e reivindicações existentes e a alterações nesses recursos e reivindicações.

QUESTÃO COMENTADA

(CESPE – Agente de Polícia Federal/2018) Com base no disposto na Lei nº 6.404/1976 e suas alterações e na Norma Brasileira de Contabilidade – NBC TSP Estrutura Conceitual/2016, julgue o item subsecutivo.

Relevância, materialidade e fidedignidade são as características qualitativas fundamentais da informação contábil útil.

RESPOSTA: FALSO

COMENTÁRIO: As características qualitativas fundamentais (ou básicas) são a relevância e a representação fidedigna. Comparabilidade, verificabilidade, tempestividade e compreensibilidade são características qualitativas de melhoria.

7.3.1. Características qualitativas fundamentais

Como visto, as características **qualitativas fundamentais (ou básicas)** são a relevância e a representação fidedigna. **Sem elas, a informação contábil-financeira não será útil**, ou seja, não será útil para a tomada de decisões.

Importante

A informação precisa ser concomitantemente relevante e representar com fidedignidade a realidade reportada para ser útil. Nem a representação fidedigna de fenômeno irrelevante, tampouco a representação não fidedigna de fenômeno relevante auxiliam os usuários a tomarem boas decisões.

7.3.1.1. Relevância

Atenção

Informação contábil-financeira relevante é aquela capaz de fazer diferença nas decisões que possam ser tomadas pelos usuários. A informação pode ser capaz de fazer diferença em uma decisão mesmo no caso de alguns usuários decidirem não levá-la em consideração, ou já tiver tomado ciência de sua existência por outras fontes.

A informação contábil-financeira **é capaz de fazer diferença nas decisões se tiver valor preditivo, valor confirmatório ou ambos.**

Informações financeiras têm **valor preditivo** se puderem ser utilizadas como informações em processos empregados pelos usuários para prever resultados futuros. Informações financeiras não precisam ser previsões ou prognósticos para ter valor preditivo. Informações financeiras com valor preditivo são empregadas por usuários ao fazer suas próprias previsões.

Informações financeiras têm **valor confirmatório** se fornecerem *feedback* sobre (confirmarem ou alterarem) avaliações anteriores.

Os valores preditivo e confirmatório das informações financeiras **estão inter-relacionados**. Informações que possuem valor preditivo frequentemente possuem também valor confirmatório. Por exemplo, informações sobre receitas para o ano corrente, que podem ser utilizadas como base para prever receitas em anos futuros, também podem ser comparadas a previsões de receitas para o ano corrente que tenham sido feitas em anos anteriores. Os resultados dessas comparações podem ajudar o usuário a corrigir e a melhorar os processos que foram utilizados para fazer essas previsões anteriores.

Materialidade: a informação é material **se a sua omissão, distorção ou obscuridade puder influenciar, razoavelmente, as decisões que os principais usuários de relatórios financeiros,** para fins gerais, tomam com base nesses relatórios, que fornecem informações financeiras sobre entidade específica que reporta. Em outras palavras, materialidade é um aspecto de relevância específico da entidade com base na natureza ou magnitude, ou ambas, dos itens aos quais as informações se referem no contexto do relatório financeiro da entidade individual. Consequentemente, não se pode especificar um limite quantitativo uniforme para materialidade ou predeterminar o que pode ser material em uma situação específica.

7.3.1.2. *Representação fidedigna*

Relatórios financeiros representam fenômenos econômicos em palavras e números. Para serem úteis, informações financeiras não devem apenas representar fenômenos relevantes, mas também representar de forma fidedigna **a essência dos fenômenos que pretendem representar**. Em muitas circunstâncias, a essência de fenômeno econômico e sua forma legal são as mesmas. Se não forem as mesmas, fornecer informações apenas sobre a forma legal não representaria fidedignamente o fenômeno econômico.

Para ser representação perfeitamente fidedigna, a representação tem três características. Ela é completa, neutra e isenta de erros. Obviamente, a perfeição nunca ou raramente é atingida. O objetivo é maximizar essas qualidades tanto quanto possível.

a) Completa: a representação completa inclui todas as informações necessárias para que o usuário compreenda os fenômenos que estão sendo representados, inclusive todas as descrições e explicações necessárias. Por exemplo, a representação completa de grupo de ativos inclui, no mínimo, a descrição da natureza dos ativos do grupo, a representação numérica de todos os ativos do grupo e a descrição daquilo que a representação numérica retrata (por exemplo, custo histórico ou valor justo). Para alguns itens, uma representação completa pode envolver também explicações de fatos significativos sobre a qualidade e a natureza do item, fatores e circunstâncias que podem afetar suas qualidade e natureza e o processo utilizado para determinar a representação numérica.

b) Neutra: a representação neutra não é tendenciosa na seleção ou na apresentação de informações financeiras. A representação neutra não possui inclinações, não é parcial, não é enfatizada ou deixa de ser enfatizada, nem é, de outro modo, manipulada para aumentar a probabilidade de que as informações financeiras serão recebidas de forma favorável ou desfavorável pelos usuários. Informações neutras não significam informações sem nenhum propósito ou sem nenhuma influência sobre o comportamento. Ao contrário, informações financeiras relevantes são, por definição, capazes de fazer diferença nas decisões dos usuários. A neutralidade **é apoiada pelo exercício da prudência.** Prudência é o exercício de cautela ao fazer julgamentos sob condições de incerteza. **O exercício de prudência significa que ativos e receitas não estão superavaliados e passivos e despesas não estão subavaliados.** Da mesma forma, o exercício de prudência não permite a subavaliação de ativos ou receitas ou a superavaliação de passivos ou despesas. Essas divulgações distorcidas podem levar à superavaliação ou subavaliação de receitas ou despesas em períodos futuros. **O exercício de prudência não implica necessidade de assimetria,** por exemplo, a necessidade sistemática de evidência mais convincente para dar suporte ao reconhecimento de ativos ou receitas do que ao reconhecimento de passivos ou despesas. Essa assimetria não é característica qualitativa de informações financeiras úteis. Não obstante, determinados pronunciamentos podem conter requisitos assimétricos se isso for consequência de decisões que se destinam a selecionar as informações mais relevantes que representam fidedignamente o que pretendem representar.

c) Livre de erro: representação fidedigna não significa representação precisa em todos os aspectos. Livre de erros significa que não há erros ou omissões na descrição do fenômeno e que o processo utilizado para produzir as informações apresentadas foi selecionado e aplicado sem erros no processo. Nesse contexto, livre de erros não significa perfeitamente precisa em todos os aspectos. Por exemplo, a estimativa de preço ou valor não observável não pode ser determinada como precisa ou imprecisa. Contudo, a representação dessa estimativa pode ser fidedigna se o valor for descrito de forma clara e precisa como sendo a estimativa, se a natureza e as limitações do processo de estimativa forem explicadas e se nenhum erro tiver sido cometido na escolha e na aplicação do processo apropriado para o desenvolvimento da estimativa.

Nas últimas alterações do CPC 00, a característica qualitativa confiabilidade foi redenominada representação fidedigna na estrutura conceitual vigente.

A característica essência sobre a forma **foi formalmente retirada** da condição de componente separado da representação fidedigna, **por ser considerado uma redundância.** A representação pela forma legal que difira da substância econômica não pode resultar em representação fidedigna, conforme citam as bases para conclusões. Assim, **essência sobre a forma continua, na realidade, bandeira insubstituível nas normas do International Accounting Standards Board (IASB).**

A característica prudência (conservadorismo) **foi também retirada da condição de aspecto da representação fidedigna por ser inconsistente com a neutralidade.** Subavaliações de ativos e superavaliações de passivos, segundo os *boards* mencionam nas bases para conclusões, com consequentes registros de desempenhos posteriores inflados, são incompatíveis com a informação que pretende ser neutra.

QUESTÃO COMENTADA

(FCC – Analista Judiciário/TRT 20ª Região/2016) Considere as assertivas abaixo.

I. A característica qualitativa confiabilidade foi redenominada representação fidedigna na estrutura conceitual vigente.

II. A característica essência sobre a forma foi formalmente retirada da condição de componente separado da representação fidedigna na norma estrutura conceitual vigente, por ser considerado uma redundância. A representação pela forma legal que difira da substância econômica não pode resultar em representação fidedigna, conforme citam as bases para conclusões. Assim, essência sobre a forma continua, na realidade, bandeira insubstituível nas normas do IASB.

III. A característica prudência (conservadorismo) foi também retirada da condição de aspecto da representação fidedigna na estrutura conceitual vigente, por ser inconsistente com a neutralidade. Subavaliações de ativos e superavaliações de passivos, segundo os *boards* mencionam nas bases para conclusões, com consequentes registros de desempenhos posteriores inflados são incompatíveis com a informação que pretende ser neutra.

Está correto o que se afirma em

a) I, II e III.

b) I e III, apenas.

c) III, apenas.

d) II e III, apenas.

e) II, apenas.

RESPOSTA: A

COMENTÁRIO: Todos os itens estão corretos.

7.3.1.3. Aplicação das características qualitativas fundamentais

As informações devem ser tanto relevantes como fornecer representação fidedigna do que pretendem representar para serem úteis. Nem a representação fidedigna de fenômeno irrelevante nem a representação não fidedigna de fenômeno relevante auxiliam os usuários a tomar boas decisões.

O processo mais eficiente e eficaz para aplicar as características qualitativas fundamentais é, normalmente, o seguinte (observados os efeitos de características de melhoria e a restrição de custo, os quais não são considerados neste exemplo):

Em primeiro lugar, identificar o fenômeno econômico, informações sobre o que é capaz de ser útil para os usuários das informações financeiras da entidade que reporta.

Em segundo lugar, identificar o tipo de informação sobre esse fenômeno que é mais relevante.

Em terceiro lugar, determinar se essas informações estão disponíveis e se podem fornecer representação fidedigna do fenômeno econômico.

Em caso afirmativo, o processo para satisfazer às características qualitativas fundamentais se encerra nesse ponto. Em caso negativo, o processo é repetido com o próximo tipo de informação mais relevante.

Em alguns casos, o ponto de equilíbrio (*trade-off*) entre as características qualitativas fundamentais pode precisar ser encontrado para atingir o objetivo do relatório financeiro, que é fornecer informações úteis sobre fenômenos econômicos.

7.3.2. Características qualitativas de melhoria

Comparabilidade, capacidade de verificação, tempestividade e compreensibilidade são características qualitativas que melhoram a utilidade de informações que sejam tanto relevantes como forneçam representação fidedigna do que pretendem representar. As características qualitativas de melhoria podem também ajudar a determinar qual de duas formas deve ser utilizada para representar o fenômeno caso se considere que ambas forneçam informações igualmente relevantes e representação igualmente fidedigna desse fenômeno.

> **Importante**
>
> As características de melhoria não tornam útil a informação contábil-financeira, se ela não tiver as características fundamentais (ou básicas) da relevância e da representação fidedigna.

7.3.2.1. Comparabilidade

As decisões dos usuários envolvem escolher entre alternativas, como, por exemplo, vender ou manter o investimento, ou investir em uma ou outra entidade que reporta. Consequentemente, informações sobre a entidade que reporta são mais úteis se puderem ser comparadas a informações similares sobre outras entidades e a informações similares sobre a mesma entidade referentes a outro período ou a outra data.

> **Comparabilidade** é a característica qualitativa que permite aos usuários identificar e compreender similaridades e diferenças entre itens. Diferentemente das outras características qualitativas, a comparabilidade não se refere a um único item. A comparação exige, no mínimo, dois itens.

Consistência, embora relacionada à comparabilidade, não é a mesma coisa. Consistência refere-se ao uso dos mesmos métodos para os mesmos itens, seja de período a período na entidade que reporta ou em um único período para diferentes entidades. Comparabilidade é a meta; a consistência ajuda a atingir essa meta.

Comparabilidade não é uniformidade. Para que informações sejam comparáveis, coisas similares devem parecer similares e coisas diferentes devem parecer diferentes. A comparabilidade de informações financeiras não é aumentada fazendo-se que coisas diferentes pareçam similares, tanto quanto se fazendo que coisas similares pareçam diferentes.

7.3.2.2. Capacidade de verificação

> A capacidade de verificação ajuda a garantir aos usuários que as informações representem de forma fidedigna os fenômenos econômicos que pretendem representar. Capacidade de verificação significa que diferentes observadores bem informados e independentes podem chegar ao consenso, embora não a acordo necessariamente completo, de que a representação específica é representação fidedigna. Informações quantificadas não precisam ser uma estimativa de valor único para que sejam verificáveis. Uma faixa de valores possíveis e as respectivas probabilidades também podem ser verificadas.

A verificação pode ser **direta ou indireta**.

Verificação direta significa verificar o valor ou outra representação por meio de observação direta, por exemplo, contando-se dinheiro.

Verificação indireta significa verificar os dados de entrada de modelo, fórmula ou outra técnica e recalcular os dados de saída utilizando a mesma metodologia.

Um exemplo é verificar o valor contábil do estoque, checando as informações (quantidades e custos) e recalculando o estoque final, utilizando a mesma premissa de fluxo de custo (p. ex., utilizando o método primeiro a entrar, primeiro a sair).

7.3.2.3. Tempestividade

Tempestividade significa disponibilizar informações aos tomadores de decisões a tempo para que sejam capazes de influenciar suas decisões. De modo geral, quanto mais antiga a informação, menos útil ela é. Contudo, algumas informações podem continuar a ser tempestivas por muito tempo após o final do período de relatório porque, por exemplo, alguns usuários podem precisar identificar e avaliar tendências.

7.3.2.4. Compreensibilidade

Classificar, caracterizar e apresentar informações de modo claro e conciso as tornam compreensíveis.

Alguns fenômenos são inerentemente complexos e pode não ser possível tornar fácil a sua compreensão. Excluir informações sobre esses fenômenos dos relatórios financeiros pode tornar mais fácil a compreensão das informações contidas nesses relatórios financeiros. Contudo, esses relatórios seriam incompletos e, portanto, possivelmente distorcidos.

Relatórios financeiros são elaborados para usuários que têm conhecimento razoável das atividades comerciais e econômicas e que revisam e analisam as informações de modo diligente. Algumas vezes, mesmo usuários bem informados e diligentes podem precisar buscar o auxílio de consultor para compreender informações sobre fenômenos econômicos complexos.

7.3.2.5. Aplicação das características qualitativas de melhoria

As características qualitativas de melhoria devem ser maximizadas tanto quanto possível. Contudo, as características qualitativas de melhoria, seja individualmente ou como grupo, não podem tornar informações úteis se essas informações forem irrelevantes ou não fornecerem representação fidedigna do que pretendem representar.

A aplicação das características qualitativas de melhoria é um processo iterativo **que não segue uma ordem prescrita**. Algumas vezes, a característica qualitativa de melhoria pode ter de ser diminuída para maximizar outra característica qualitativa de melhoria. Por exemplo, a redução temporária na comparabilidade como resultado da aplicação prospectiva de novo pronunciamento pode ser vantajosa para aumentar a relevância ou a representação fidedigna em longo prazo. Divulgações apropriadas podem compensar parcialmente a não comparabilidade.

7.4. RESTRIÇÃO DE CUSTO NA ELABORAÇÃO E NA DIVULGAÇÃO DE RELATÓRIO CONTÁBIL FINANCEIRO ÚTIL

O custo é uma restrição generalizada sobre as informações que podem ser fornecidas pelo relatório financeiro. O relatório de informações financeiras impõe custos, e é importante que esses custos sejam justificados pelos benefícios de apresentar essas informações. Há vários tipos de custos e benefícios a serem considerados.

Os fornecedores de informações financeiras gastam a maior parte dos esforços envolvidos na coleta, processamento, verificação e disseminação de informações financeiras, mas, em última instância, os usuários arcam com esses custos na forma de retornos reduzidos. Os usuários de informações financeiras podem também incorrer em custos de análise e interpretação das informações fornecidas. Se as informações necessárias não são fornecidas, os usuários incorrem em custos adicionais para obter essas informações em qualquer outra parte ou estimá-las.

A apresentação de informações financeiras que sejam relevantes e representem de forma fidedigna aquilo que pretendem representar ajuda os usuários a tomar decisões com mais confiança. Isso resulta no funcionamento mais eficiente dos mercados de capitais e no menor custo de capital para a economia como um todo. O investidor, mutuante ou outro credor individual recebe também os benefícios ao tomar decisões mais informadas. Contudo, não é possível aos relatórios financeiros para fins gerais fornecer todas as informações que cada usuário acredita serem relevantes.

Ao aplicar a restrição de custo, deve-se avaliar se é provável que os benefícios do relatório de informações específicas justifiquem os custos incorridos para fornecer e utilizar essas informações. Ao aplicar a restrição de custo no desenvolvimento de pronunciamento proposto, buscam-se informações de fornecedores de informações financeiras, usuários, auditores, acadêmicos e outros sobre a natureza e a quantidade esperada dos benefícios e custos desse pronunciamento. Na maior parte das situações, as avaliações se baseiam na combinação de informações quantitativas e qualitativas.

7.5. ESTRUTURA CONCEITUAL PARA ELABORAÇÃO E APRESENTAÇÃO DAS DEMONSTRAÇÕES CONTÁBEIS

O **objetivo das demonstrações contábeis** é fornecer informações financeiras sobre os ativos, passivos, patrimônio líquido, receitas e despesas da entidade que reporta que sejam úteis aos usuários das demonstrações contábeis na avaliação das perspectivas para futuros fluxos de entrada de caixa líquidos para a entidade que reporta e na avaliação da gestão de recursos da administração sobre os recursos econômicos da entidade.

Essas informações são fornecidas:

- No balanço patrimonial, ao reconhecer ativos, passivos e patrimônio líquido.
- Na demonstração do resultado e na demonstração do resultado abrangente, ao reconhecer receitas e despesas.
- Em outras demonstrações e notas explicativas, ao apresentar e divulgar informações sobre:
  - Ativos, passivos, patrimônio líquido, receitas e despesas reconhecidas, incluindo informações sobre sua natureza e sobre os riscos resultantes desses ativos e passivos reconhecidos.

Cap. 7 – Estrutura Conceitual para Elaboração e Divulgação de Relatório... | 67

- – Ativos e passivos que não foram reconhecidos, incluindo informações sobre sua natureza e sobre os riscos resultantes deles.
- – Fluxos de caixa.
- – Contribuições de detentores de direitos sobre o patrimônio e distribuições a eles.
- – Métodos, premissas e julgamentos utilizados na estimativa dos valores apresentados ou divulgados, e mudanças nesses métodos, premissas e julgamentos.

7.5.1. Período do relatório

As demonstrações contábeis são elaboradas para um período de tempo específico (período de relatório) e fornecem informações sobre:

- **Ativos e passivos:** incluindo ativos e passivos não reconhecidos – e patrimônio líquido que existiam no final do período de relatório, ou durante o período de relatório.
- **Receitas e despesas** para o período de relatório.

Para ajudar os usuários das demonstrações contábeis a identificarem e avaliarem mudanças e tendências, as demonstrações contábeis também fornecem informações comparativas de, pelo menos, um período de relatório anterior.

As informações sobre possíveis transações futuras e outros possíveis eventos futuros (informações prospectivas) são incluídas nas demonstrações contábeis se:

- • Referirem-se a ativos ou passivos da entidade – incluindo ativos ou passivos não reconhecidos – ou patrimônio líquido que existiam no final do período de relatório, ou durante o período de relatório, ou a receitas ou despesas do período de relatório.
- • Forem úteis aos usuários das demonstrações contábeis.

Por exemplo, se o ativo ou passivo for mensurado estimando os fluxos de caixa futuros, as informações sobre esses fluxos de caixa futuros estimados podem ajudar os usuários das demonstrações contábeis a compreenderem as mensurações apresentadas. As demonstrações contábeis **normalmente não fornecem outros tipos de informações prospectivas**, por exemplo, material explicativo sobre as expectativas e estratégias da administração para o período de relatório.

As demonstrações contábeis incluem informações sobre transações e outros eventos que ocorreram após o final do período de relatório se o fornecimento dessas informações for necessário para alcançar o objetivo das demonstrações contábeis

7.5.2. Perspectiva adotada nas demonstrações contábeis

As demonstrações contábeis fornecem informações sobre transações e outros eventos observados do ponto de vista da entidade que reporta como um todo e, não, do ponto de vista de qualquer grupo específico de investidores, credores por empréstimos e outros credores, existentes ou potenciais, da entidade.

7.5.3. Premissa de continuidade operacional

As demonstrações contábeis são normalmente elaboradas com base na suposição de que a entidade que reporta **está em continuidade operacional e continuará em operação** no futuro previsível.

Assim, presume-se que a entidade não tem a intenção nem a necessidade de entrar em liquidação ou deixar de negociar. Se existir essa intenção ou necessidade, as demonstrações contábeis terão que ser elaboradas em base diferente. Em caso afirmativo, as demonstrações contábeis descrevem a base utilizada.

7.5.4. Entidade que reporta

A entidade que reporta é a **entidade que é obrigada a, ou decide, elaborar demonstrações contábeis**. A entidade que reporta pode ser uma única entidade ou parte da entidade ou pode compreender mais de uma entidade. Uma entidade que reporta não é necessariamente uma entidade legal.

Às vezes, a entidade (controladora) tem o controle sobre outra entidade (controlada).

- Se a entidade que reporta compreender tanto a controladora como suas controladas, as demonstrações contábeis da entidade que reporta serão denominadas **"demonstrações contábeis consolidadas"**.
- Se a entidade que reporta for apenas a controladora, as demonstrações contábeis da entidade que reporta serão denominadas **"demonstrações contábeis não consolidadas"**.
- Se a entidade que reporta compreender duas ou mais entidades que não são todas vinculadas pelo relacionamento controladora-controlada, as demonstrações contábeis da entidade que reporta serão denominadas **"demonstrações contábeis combinadas"**.

Determinar o limite apropriado da entidade que reporta pode ser difícil se a entidade que reporta:

- Não for entidade legal.
- Não compreender somente entidades legais vinculadas pelo relacionamento controladora-controlada.

Nesses casos, a determinação do limite da entidade que reporta é orientada pelas necessidades de informações dos principais usuários das demonstrações contábeis da entidade que reporta. Esses usuários precisam de informações relevantes que representem fidedignamente o que pretendem representar. A representação fidedigna exige que:

- O limite da entidade que reporta não contenha conjunto arbitrário ou incompleto de atividades econômicas.
- Incluir esse conjunto de atividades econômicas dentro do limite da entidade que reporta resulte em informações neutras.

- Seja fornecida uma descrição de como o limite da entidade que reporta foi determinado e no que consiste a entidade que reporta.

7.5.5. Demonstrações contábeis consolidadas e não consolidadas

As **demonstrações contábeis consolidadas** fornecem informações sobre os ativos, passivos, patrimônio líquido, receitas e despesas tanto da controladora como de suas controladas como uma única entidade que reporta. Essas informações são úteis para investidores, credores por empréstimos e outros credores, existentes e potenciais, da controladora em sua avaliação das perspectivas para futuros fluxos de entrada de caixa líquidos para a controladora. Isso porque os fluxos de entrada de caixa líquidos para a controladora incluem distribuições para a controladora de suas controladas, e essas distribuições dependem de fluxos de entrada de caixa líquidos para as controladas.

Demonstrações contábeis consolidadas não se destinam a fornecer informações separadas sobre ativos, passivos, patrimônio líquido, receitas e despesas de qualquer controlada específica. As demonstrações contábeis próprias da controlada destinam-se a fornecer essas informações.

Demonstrações contábeis não consolidadas destinam-se a fornecer informações sobre os ativos, passivos, patrimônio líquido, receitas e despesas da controladora e, não, sobre aquelas de suas controladas. Essas informações podem ser úteis a investidores, credores por empréstimos e outros credores, existentes e potenciais, da controladora, porque:

- A reivindicação contra a controladora normalmente não dá ao titular dessa reivindicação uma reivindicação contra as controladas.
- Em algumas jurisdições, os valores que podem ser legalmente distribuídos aos detentores de direitos sobre o patrimônio contra a controladora dependem das reservas distribuíveis da controladora.

Outra forma de fornecer informações sobre parte ou a totalidade dos ativos, passivos, patrimônio líquido, receitas e despesas apenas da controladora é nas demonstrações contábeis consolidadas, nas notas explicativas.

As informações fornecidas nas demonstrações contábeis não consolidadas normalmente não são suficientes para atender às necessidades de informações de investidores, mutuante e outros credores, existentes e potenciais, da controladora. Consequentemente, quando demonstrações contábeis consolidadas são requeridas, demonstrações contábeis não consolidadas não podem substituir demonstrações contábeis consolidadas. Não obstante, a controladora pode ser obrigada a, ou escolher, elaborar demonstrações contábeis não consolidadas adicionalmente às demonstrações contábeis consolidadas.

7.5.6. Elementos das demonstrações contábeis

Os **elementos das demonstrações contábeis** definidos nesta estrutura conceitual são:

- Ativos, passivos e patrimônio líquido, que **se referem à posição financeira** da entidade que reporta.
- Receitas e despesas, que **se referem ao desempenho financeiro** da entidade que reporta.

Item	Elemento	Definição ou descrição
Recurso econômico	Ativo	Recurso econômico presente controlado pela entidade como resultado de eventos passados. Recurso econômico é um direito que tem o potencial de produzir benefícios econômicos.
Reivindicação	Passivo	Obrigação presente da entidade de transferir um recurso econômico como resultado de eventos passados.
	Patrimônio líquido	Participação residual nos ativos da entidade após a dedução de todos os seus passivos.
Alterações em recursos econômicos e reivindicações, refletindo o desempenho financeiro	Receitas	Aumentos nos ativos, ou reduções nos passivos, que resultam em aumento no patrimônio líquido, exceto aqueles referentes a contribuições de detentores de direitos sobre o patrimônio.
	Despesas	Reduções nos ativos, ou aumentos nos passivos, que resultam em reduções no patrimônio líquido, exceto aqueles referentes a distribuições aos detentores de direitos sobre o patrimônio.
Outras alterações em recursos econômicos e reivindicações	–	Contribuições de detentores de direitos sobre o patrimônio e distribuições a eles.
	–	Troca de ativos ou passivos que não resultam em aumentos ou reduções no patrimônio líquido.

7.5.6.1. Ativos

O **ativo** é um recurso controlado pela entidade como resultado de eventos passados e do qual se espera que fluam futuros benefícios econômicos para a entidade.

Recurso econômico é um direito que tem o potencial de produzir benefícios econômicos.

> Esta seção discute três aspectos dessas definições:
> * Direito.
> * Potencial de produzir benefícios econômicos.
> * Controle.

7.5.6.1.1. Direito

Direitos que têm o potencial de produzir benefícios econômicos assumem muitas formas, incluindo:

* Direitos que correspondem à obrigação de outra parte, por exemplo:
    – Direitos de receber caixa.
    – Direitos de receber produtos ou serviços.
    – Direitos de trocar recursos econômicos com outra parte em condições favoráveis. Esses direitos incluem, por exemplo, contrato a termo para comprar um recurso econômico em condições que são atualmente favoráveis ou a opção de comprar um recurso econômico.
    – Direitos de beneficiar-se de obrigação de outra parte para transferir um recurso econômico se ocorrer evento futuro incerto especificado.

- Direitos que não correspondem à obrigação de outra parte, por exemplo:
  - Direitos sobre bens corpóreos, tais como imobilizado ou estoques. Exemplos: direito de utilizar bens corpóreos ou direito de beneficiar-se do valor residual de objeto arrendado.
  - Direitos de utilizar propriedade intelectual.

Muitos direitos são estabelecidos por contrato, legislação ou meios similares. Por exemplo, a entidade pode obter direitos de deter ou arrendar bem corpóreo, de deter instrumento de dívida ou instrumento patrimonial, ou de deter patente registrada. Contudo, **a entidade também pode obter direitos de outras formas**, por exemplo:

- Adquirindo ou criando *know-how* que não seja de domínio público.
- Por meio do surgimento de obrigação de outra parte devido a essa outra parte não ter capacidade prática para agir de maneira inconsistente com suas práticas usuais, políticas publicadas ou declarações específicas.

Alguns produtos e serviços – por exemplo, serviços de empregados – são recebidos e consumidos imediatamente. O direito da entidade de obter os benefícios econômicos produzidos por esses produtos ou serviços **existe momentaneamente até que a entidade consuma** os produtos ou serviços.

Nem todos os direitos da entidade são ativos dessa entidade – para serem ativos da entidade, os direitos devem ter tanto o potencial de produzir benefícios econômicos para a entidade, além daqueles disponíveis para todas as outras partes, como serem controlados pela entidade. Por exemplo, direitos disponíveis para todas as partes sem custo significativo – como direitos de acesso a bens públicos, tais como direitos públicos de passagem, ou *know-how* que seja de domínio público – normalmente não são ativos para as entidades que os detêm.

A entidade não pode ter direito de obter benefícios econômicos de si mesma. Portanto:

- Instrumentos de dívida ou instrumentos patrimoniais emitidos pela entidade e recomprados e detidos por ela – por exemplo, ações em tesouraria – não são recursos econômicos dessa entidade.
- Se a entidade que reporta consiste em mais de entidade legal, os instrumentos de dívida ou instrumentos patrimoniais emitidos por uma dessas entidades legais e mantidos por outra dessas entidades legais não são recursos econômicos da entidade que reporta.

A princípio, cada um dos direitos da entidade é ativo separado. Contudo, para fins contábeis, direitos relacionados geralmente são tratados como uma única unidade de conta que é um único ativo. Por exemplo, a propriedade legal de bem corpóreo pode resultar em diversos direitos, incluindo:

(a) O direito de usar o objeto.

(b) O direito de vender direitos sobre o objeto.

(c) O direito de empenhar direitos sobre o objeto.

(d) Outros direitos não listados nas alíneas de (a) a (c).

Em muitos casos, o conjunto de direitos decorrentes da propriedade legal de bem corpóreo é contabilizado como um único ativo. Conceitualmente, o recurso econômico é o conjunto de direitos e, não, o bem corpóreo. Não obstante, descrever o conjunto de direitos como o bem corpóreo geralmente fornece representação fidedigna desses direitos de forma mais concisa e compreensível.

Em alguns casos, é incerto se existe o direito. Por exemplo, a entidade e outra parte podem disputar se a entidade tem direito de receber recurso econômico dessa outra parte. Até que essa **incerteza de existência seja resolvida** – por exemplo, por decisão de tribunal – é incerto se a entidade tem direito e, consequentemente, se existe ativo.

7.5.6.1.2. Potencial de produzir benefícios econômicos

Um recurso econômico é um direito que tem o potencial de produzir benefícios econômicos. Para que **esse potencial exista, não precisa ser certo, ou mesmo provável,** que esse direito produzirá benefícios econômicos. É necessário somente que o direito já exista e que, em pelo menos uma circunstância, produzirá para a entidade benefícios econômicos além daqueles disponíveis para todas as outras partes.

Um direito pode atender à definição de recurso econômico e, portanto, pode ser um ativo, mesmo se a probabilidade de que produzirá benefícios econômicos for baixa. Não obstante, essa baixa probabilidade pode afetar decisões sobre quais informações fornecer sobre o ativo e como fornecer essas informações, incluindo decisões sobre se o ativo é e como é mensurado.

Um recurso econômico pode produzir benefícios econômicos para a entidade ao autorizá-la ou ao permiti-la fazer, por exemplo, **um ou mais dos seguintes atos**:

- Receber fluxos de caixa contratuais ou outro recurso econômico.
- Trocar recursos econômicos com outra parte em condições favoráveis.
- Produzir fluxos de entrada de caixa ou evitar fluxos de saída de caixa, por exemplo:
  - Utilizando o recurso econômico individualmente ou em combinação com outros recursos econômicos para produzir produtos ou prestar serviços.
  - Utilizando o recurso econômico para melhorar o valor de outros recursos econômicos.
  - Arrendando o recurso econômico a outra parte.
- Receber caixa ou outros recursos econômicos por meio da venda do recurso econômico.
- Extinguir passivos por meio da transferência do recurso econômico.

Embora o valor do recurso econômico decorra do seu potencial atual de produzir benefícios econômicos futuros, o recurso econômico é o direito presente que contém esse potencial e, não, os benefícios econômicos futuros que o direito pode produzir. Por exemplo, o valor da opção comprada decorre de seu potencial de produzir benefícios econômicos por meio do exercício da opção em data futura. Contudo, o recurso econômico é o direito presente – o direito de exercer a opção em data futura. O recurso econômico não é o benefício econômico futuro que o titular receberá se a opção for exercida.

Há uma associação próxima entre incorrer em gastos e adquirir ativos, mas os dois não coincidem necessariamente. Assim, quando a entidade incorre em gastos, isso pode fornecer evidência de que a entidade buscou benefícios econômicos futuros, mas não fornece prova conclusiva que a entidade obteve um ativo. Similarmente, a ausência

7.5.6.1.3. Controle

Controle vincula um recurso econômico à entidade. Avaliar se existe controle ajuda a identificar o recurso econômico que a entidade contabiliza. Por exemplo, a entidade pode controlar parcela proporcional na propriedade sem controlar os direitos decorrentes da posse de toda a propriedade. Nesses casos, o ativo da entidade é a parcela na propriedade que ela controla e, não, os direitos decorrentes da posse de toda a propriedade, que ela não controla.

> A entidade controla um recurso econômico se ela tem a capacidade presente de direcionar o uso do recurso econômico e obter os benefícios econômicos que podem fluir dele.

Controle inclui a capacidade presente de impedir outras partes de direcionar o uso do recurso econômico e de obter os benefícios econômicos que podem fluir dele. Ocorre que, se uma parte controla um recurso econômico, nenhuma outra parte controla esse recurso.

A entidade tem a capacidade presente de direcionar o uso de recurso econômico se tiver o direito de empregar esse recurso econômico em suas atividades, ou de permitir que outra parte empregue o recurso econômico nas atividades dessa outra parte.

O controle de recurso econômico geralmente resulta da capacidade de fazer cumprir os direitos legais. Contudo, também pode haver controle se a entidade possui outros meios de assegurar que ela, e nenhuma outra parte, possui a capacidade presente de direcionar o uso do recurso econômico e de obter os benefícios que possam fluir dele. Por exemplo, a entidade pode controlar o direito de utilizar *know-how* que não seja de domínio público se a entidade tiver acesso ao *know-how* e a capacidade presente de manter o *know-how* em sigilo, mesmo se esse *know-how* não estiver protegido por patente registrada.

Para a entidade controlar um recurso econômico, os benefícios econômicos futuros desse recurso devem fluir para a entidade direta ou indiretamente e, não, para outra entidade. Esse aspecto de controle não implica que a entidade pode assegurar que o recurso produzirá benefícios econômicos em todas as circunstâncias. Em vez disso, significa que se o recurso produzir benefícios econômicos, a entidade será a parte que os obterá direta ou indiretamente.

Ficar exposto a variações significativas no valor dos benefícios econômicos produzidos pelo recurso econômico pode indicar que a entidade controla o recurso. Contudo, isso é apenas um fator a ser considerado na avaliação geral sobre se existe controle.

Às vezes, parte (principal) contrata outra parte (agente) para atuar em nome e benefício do principal. Por exemplo, o principal pode contratar um agente para providenciar vendas de produtos controlados pelo principal. Se o agente tiver a custódia do recurso econômico controlado pelo principal, esse recurso econômico não será ativo do agente. Além disso, se o agente tiver obrigação de transferir a terceiro o recurso econômico controlado pelo principal, essa obrigação não será passivo do agente, porque o recurso econômico que será transferido é o recurso econômico do principal e, não, do agente.

QUESTÃO COMENTADA

(FCC – Analista de Fomento/AFAP/Contador/2019) A empresa Ágil S.A. entregou um terreno ao banco para liquidação de um empréstimo. Pode-se afirmar que o evento evidencia:

a) A fruição de benefício econômico futuro.

b) Um aumento patrimonial, pela redução do passivo.

c) Uma redução na demonstração dos fluxos de caixa.

d) Uma perda do valor recuperável do ativo.

e) Uma operação de *hedge accounting*.

RESPOSTA: A

COMENTÁRIO: Um recurso econômico pode produzir benefícios econômicos para a entidade ao autorizá-la ou ao permiti-la fazer, por exemplo, **um ou mais dos seguintes atos:**

- Receber fluxos de caixa contratuais ou outro recurso econômico.
- Trocar recursos econômicos com outra parte em condições favoráveis.
- Produzir fluxos de entrada de caixa ou evitar fluxos de saída de caixa, por exemplo:
  - Utilizando o recurso econômico individualmente ou em combinação com outros recursos econômicos para produzir produtos ou prestar serviços.
  - Utilizando o recurso econômico para melhorar o valor de outros recursos econômicos.
  - Arrendando o recurso econômico a outra parte.
- Receber caixa ou outros recursos econômicos por meio da venda do recurso econômico.
- **Extinguir passivos por meio da transferência do recurso econômico.**

7.5.6.2. Passivos

Passivo é uma obrigação presente da entidade de transferir um recurso econômico como resultado de eventos passados.

> Para que exista passivo, três critérios devem ser satisfeitos:
> - A entidade tem uma obrigação.
> - A obrigação é de transferir um recurso econômico.
> - A obrigação é uma obrigação presente que existe como resultado de eventos passados.

7.5.6.2.1. Obrigação

> O primeiro critério para o passivo é que a entidade tenha a obrigação.

A **obrigação** é o dever ou a responsabilidade que a entidade não tem a capacidade prática de evitar. A obrigação é sempre devida à outra parte (ou partes). A outra parte (ou partes) pode ser uma pessoa ou outra entidade, grupo de pessoas ou outras entidades, ou a sociedade em geral. Não é necessário conhecer a identidade da parte (ou partes) para quem a obrigação é devida.

Se a parte tem obrigação de transferir um recurso econômico, ocorre que a **outra parte (ou partes) tem o direito de receber esse recurso econômico**. Contudo, um requisito para uma parte reconhecer o passivo e mensurá-lo a um valor específico não implica que outra parte (ou partes) deve reconhecer um ativo ou mensurá-lo pelo mesmo valor. Por exemplo, determinados pronunciamentos podem conter diferentes critérios de reconhecimento ou requisitos de mensuração para o passivo de uma parte e o ativo correspondente da outra parte (ou partes) se esses critérios ou requisitos diferentes são consequência de decisões destinadas a selecionar as informações mais relevantes que representam fidedignamente o que pretendem representar.

Muitas obrigações **são estabelecidas por contrato, legislação ou meios similares e são legalmente exigíveis pela parte** (ou partes) para quem são devidas. **Obrigações também podem resultar, contudo, de práticas usuais, políticas publicadas ou declarações específicas** da entidade se a entidade não tem capacidade prática de agir de modo inconsistente com essas práticas, políticas ou declarações. A obrigação que surge nessas situações é denominada, às vezes, "obrigação presumida".

Em algumas situações, o dever ou a responsabilidade da entidade de transferir um recurso econômico depende de determinada ação futura que a própria entidade pode praticar. Essas ações podem incluir operar determinado negócio ou operar em determinado mercado em data futura especificada, ou exercer determinadas opções em contrato. Nessas situações, a entidade tem uma obrigação se não tiver capacidade prática de evitar a prática dessa ação.

A conclusão de que é apropriado elaborar as demonstrações contábeis da entidade em regime de continuidade operacional também implica a conclusão de que a entidade não tem capacidade prática de evitar a transferência que poderia ser evitada somente liquidando a entidade ou deixando de negociar.

Os fatores utilizados para avaliar se a entidade tem a capacidade prática de evitar a transferência de recurso econômico pode depender da natureza do dever ou da responsabilidade da entidade. Por exemplo, em alguns casos, a entidade pode não ter a capacidade prática de evitar a transferência se qualquer ação que possa praticar para evitar a transferência tenha consequências econômicas significativamente mais adversas do que a transferência em si. Contudo, nem a intenção de fazer a transferência, nem a elevada probabilidade de transferência são motivos suficientes para concluir que a entidade não tem capacidade prática de evitar a transferência.

Em alguns casos, é incerto se existe uma obrigação. Por exemplo, se outra parte está buscando compensação devido a uma suposta irregularidade da entidade, pode ser incerto se a irregularidade ocorreu, se a entidade a cometeu ou como a lei se aplica. Até que essa incerteza de existência seja resolvida – por exemplo, por uma decisão de tribunal –, é incerto se a entidade tem obrigação perante a parte que está buscando compensação e, consequentemente, se existe passivo.

7.5.6.2.2. Transferência de recurso econômico

Para satisfazer a esse critério, a obrigação deve ter o potencial de exigir que a entidade transfira um recurso econômico para outra parte (ou partes). Para que esse potencial exista, não é necessário que seja certo, ou mesmo provável, que a entidade será obrigada a transferir um recurso econômico – a transferência pode, por exemplo, ser obrigada somente se ocorrer evento futuro incerto especificado. É necessário somente que a obrigação já exista e que, em pelo menos uma circunstância, exija que a entidade transfira um recurso econômico.

A obrigação pode atender à definição de passivo, mesmo se a probabilidade de transferência de recurso econômico for baixa. Não obstante, essa baixa probabilidade pode afetar decisões sobre quais informações fornecer sobre o passivo e como fornecer essas informações, incluindo decisões sobre se o passivo é reconhecido e como é mensurado.

Obrigações de transferir um recurso econômico incluem, por exemplo:

- Obrigações de pagar o valor à vista.
- Obrigações de entregar produtos ou prestar serviços.
- Obrigações de trocar recursos econômicos com outra parte em condições desfavoráveis. Essas obrigações incluem, por exemplo, contrato a termo para vender um recurso econômico em condições que são atualmente desfavoráveis ou a opção que dá direito à outra entidade de comprar um recurso econômico da entidade.
- Obrigações de transferir um recurso econômico se ocorrer evento futuro incerto específico.
- Obrigações de emitir instrumento financeiro se esse instrumento financeiro obrigar a entidade a transferir um recurso econômico.

Em vez de satisfazer a obrigação de transferir um recurso econômico para a parte que tem o direito de receber esse recurso, as entidades, às vezes, decidem, por exemplo:

- Liquidar a obrigação negociando a dispensa da obrigação.
- Transferir a obrigação a terceiro.
- Substituir essa obrigação de transferir um recurso econômico por outra obrigação celebrando nova transação.

Nas situações descritas acima, a entidade tem a obrigação de transferir um recurso econômico até que tenha liquidado, transferido ou substituído essa obrigação.

7.5.6.2.3. Obrigação presente como resultado de eventos passados

A obrigação presente existe como resultado de eventos passados somente se:

- A entidade já tiver obtido benefícios econômicos ou tomado uma ação.
- Como consequência, a entidade terá ou poderá ter que transferir um recurso econômico que de outro modo não teria que transferir.

Os benefícios econômicos obtidos podem incluir, por exemplo, produtos ou serviços. A ação tomada pode incluir, por exemplo, operar determinado negócio ou operar em determinado mercado. Se forem obtidos benefícios econômicos, ou a ação for tomada, ao longo do tempo, a obrigação presente resultante pode acumular-se ao longo desse tempo.

Se nova legislação é promulgada, surge uma obrigação presente somente quando, como consequência da obtenção de benefícios econômicos ou tomada de ação à qual essa legislação se aplica, a entidade tiver ou puder ter que transferir um recurso econômico que, de outro modo, não teria que transferir. A promulgação de legislação não é, em si, suficiente para atribuir à entidade uma obrigação presente. De modo similar, a prática usual, política publicada ou declaração específica da entidade do tipo mencionado no item 4.31 resulta na obrigação presente somente quando, como consequência da obtenção de benefícios econômicos, ou tomada de ação, à qual essa prática, política ou declaração se aplica, a entidade tiver ou puder ter que transferir um recurso econômico que de outro modo não teria que transferir.

A **obrigação presente pode existir mesmo se a transferência de recursos econômicos** não puder ser executada até algum momento no futuro. Por exemplo, passivo contratual de pagar o valor à vista pode existir atualmente mesmo se o contrato não exigir o pagamento até uma data futura. De modo similar, a obrigação contratual para a entidade realizar um trabalho em data futura pode existir atualmente mesmo se a contraparte não puder exigir que a entidade realize o trabalho até essa data futura.

A entidade ainda não tem a obrigação presente de transferir um recurso econômico se ainda não tiver satisfeito os critérios, ou seja, se ainda não tiver obtido benefícios econômicos, ou tomado uma ação, que exija ou possa exigir que a entidade transfira um recurso econômico que, de outro modo, não teria que transferir. Por exemplo, se a entidade celebrou um contrato para pagar ao empregado um salário em troca dos serviços do empregado, a entidade não tem a obrigação presente de pagar o salário até que tenha recebido os serviços do empregado. Antes disso, o contrato é executório – a entidade tem combinados o direito e a obrigação de trocar o salário futuro por serviços futuros do empregado.

7.5.6.3. *Outras observações de ativo e passivo*

7.5.6.3.1. Unidade de conta

A **unidade de conta é** o direito ou o grupo de direitos, a obrigação ou o grupo de obrigações, ou o grupo de direitos e obrigações, aos quais se aplicam critérios de reconhecimento e conceitos de mensuração.

Uma unidade de conta é selecionada para um ativo ou passivo ao considerar como os critérios de reconhecimento e conceitos de mensuração se aplicam a esse ativo ou passivo e às respectivas receitas e despesas. Em algumas circunstâncias, pode ser apropriado selecionar uma unidade de conta para reconhecimento e uma unidade de conta diferente para mensuração. Por exemplo, contratos podem, às vezes, ser reconhecidos individualmente, mas mensurados como parte de uma carteira de contratos. Para apresentação e divulgação, ativos, passivos, receitas e despesas podem precisar ser agregados ou separados em componentes.

Se a entidade transfere parte de ativo ou parte de passivo, a unidade pode mudar nessa ocasião, de modo que o componente transferido e o componente mantido tornam-se unidades de conta separadas.

7.5.6.3.2. Contrato executório

Contrato executório é o contrato, ou parte de contrato, que é igualmente não cumprido – nenhuma das partes cumpriu qualquer de suas obrigações, ou ambas as partes cumpriram parcialmente suas obrigações em igual extensão.

O contrato executório estabelece o direito combinado com a obrigação de trocar recursos econômicos. O direito e a obrigação são interdependentes e não podem ser separados. Assim, o direito e a obrigação combinados constituem um único ativo ou passivo. A entidade tem um ativo se os termos da troca são atualmente favoráveis; tem um passivo se os termos da troca são atualmente desfavoráveis. A inclusão desse ativo ou passivo nas demonstrações contábeis depende tanto dos critérios de reconhecimento como da base de mensuração selecionados para o ativo ou passivo, incluindo, se aplicável, qualquer teste para determinar se o contrato é oneroso.

Na medida em que qualquer das partes cumpre suas obrigações previstas no contrato, o contrato não é mais executório. Se a entidade que reporta efetuar o cumprimento primeiro de acordo com o contrato, esse cumprimento será o evento que alterará o direito e a obrigação da entidade que reporta de trocar recursos econômicos pelo direito de receber um recurso econômico. Esse direito é um ativo. Se a outra parte efetuar o cumprimento primeiro, esse cumprimento será o evento que alterará o direito e a obrigação da entidade que reporta de trocar recursos econômicos pela obrigação de transferir um recurso econômico. Essa obrigação é um passivo.

7.5.6.3.3. Essência de direito contratual e obrigação contratual

Os termos de contrato criam direitos e obrigações para a entidade **que seja parte desse contrato**. Para representar fidedignamente esses direitos e obrigações, as demonstrações contábeis informam sua essência. Em alguns casos, a essência dos direitos e obrigações é clara com base na forma legal do contrato. Em outros casos, os termos do contrato, grupo ou série de contratos exigem análise para identificar a essência dos direitos e obrigações.

Todos os termos do contrato – sejam implícitos ou explícitos – devem ser considerados, salvo se não tiverem substância. Os termos implícitos podem incluir, por exemplo, obrigações impostas por lei, tais como obrigações de garantia legais impostas sobre entidades que celebram contratos para vender produtos a clientes.

Os termos que não têm substância são desconsiderados. O termo não tem substância se não tiver efeito discernível sobre a economia do contrato. Os termos que não têm substância podem incluir, por exemplo:

- Termos que não vinculam nenhuma das partes; ou
- Direitos, incluindo opções, que o titular não terá a capacidade prática de exercer em quaisquer circunstâncias.

7.5.6.4. *Patrimônio líquido*

> Patrimônio líquido é a participação residual nos ativos da entidade após a dedução de todos os seus passivos.

Direitos sobre o patrimônio líquido são direitos sobre a participação residual nos ativos da entidade após a dedução de todos os seus passivos. Em outras palavras, são reivindicações contra a entidade que não atendem à definição de passivo. Essas reivindicações podem ser estabelecidas por contrato, legislação ou meios similares, e incluem, na medida em que não atendem à definição de passivo:

- Ações de diversos tipos emitidas pela entidade.
- Algumas obrigações da entidade de emitir outro direito sobre o patrimônio líquido.

> Diferentes classes de direitos sobre o patrimônio líquido, tais como ações ordinárias e ações preferenciais, podem conferir a seus titulares diferentes direitos, por exemplo, direitos de receber a totalidade ou parte dos seguintes itens do patrimônio líquido:
>
> - Dividendos, se a entidade decide pagar dividendos aos titulares elegíveis.
> - Proventos pelo cumprimento dos direitos sobre o patrimônio líquido, seja integralmente na liquidação, ou parcialmente em outras ocasiões.
> - Outros direitos sobre o patrimônio líquido.

Algumas vezes, requisitos legais, regulatórios ou outros requisitos afetam determinados componentes do patrimônio líquido, tais como capital acionário ou lucros acumulados. Por exemplo, alguns desses requisitos permitem que a entidade faça distribuições aos titulares de direitos sobre o patrimônio líquido somente se a entidade tiver reservas suficientes que esses requisitos especificam como distribuíveis.

As atividades de negócios são frequentemente executadas por entidades, tais como firmas individuais, sociedades de pessoas, instituições fiduciárias ou vários tipos de entidades governamentais. As estruturas legais e regulatórias dessas entidades são frequentemente diferentes daquelas aplicáveis a pessoas jurídicas. Por exemplo, pode haver poucas, se houver, restrições sobre a distribuição aos titulares de direitos sobre o patrimônio líquido contra essas entidades.

7.5.6.5. Receitas e despesas

Receitas são aumentos nos ativos, ou reduções nos passivos, que resultam em aumentos no patrimônio líquido, exceto aqueles referentes a contribuições de detentores de direitos sobre o patrimônio.

Despesas são reduções nos ativos, ou aumentos nos passivos, que resultam em reduções no patrimônio líquido, exceto aqueles referentes a distribuições aos detentores de direitos sobre o patrimônio.

Decorre dessas definições de receitas e despesas que contribuições de detentores de direitos sobre o patrimônio não são receitas, e distribuições a detentores de direitos sobre o patrimônio não são despesas.

Receitas e despesas são os elementos das demonstrações contábeis que **se referem ao desempenho financeiro da entidade.** Os usuários das demonstrações contábeis precisam de informações tanto sobre a posição financeira da entidade como de seu desempenho financeiro. Assim, embora receitas e despesas sejam definidas em termos de mudanças em ativos e passivos, informações sobre receitas e despesas são tão importantes quanto informações sobre ativos e passivos.

Transações diferentes e outros eventos geram receitas e despesas com diferentes características. Fornecer informações separadamente sobre receitas e despesas com diferentes características pode ajudar os usuários das demonstrações contábeis a compreenderem o desempenho financeiro da entidade.

7.5.7. Reconhecimento dos elementos das demonstrações contábeis

Reconhecimento é o processo de captação para inclusão no balanço patrimonial ou na demonstração do resultado e na demonstração do resultado abrangente de item que atenda à definição de um dos elementos das demonstrações contábeis – ativo, passivo, patrimônio líquido, receita ou despesa. Reconhecimento envolve refletir o item em uma dessas demonstrações – seja isoladamente ou em conjunto com outros itens – em palavras e por meio do valor monetário, e incluir esse valor em um ou mais totais nessa demonstração. O valor pelo qual ativo, passivo ou patrimônio líquido é reconhecido no balanço patrimonial é referido como o seu "valor contábil".

> Somente itens que atendem à definição de ativo, passivo ou patrimônio líquido devem ser reconhecidos no balanço patrimonial. Similarmente, somente itens que atendem à definição de receitas ou despesas devem ser reconhecidos na demonstração do resultado e na demonstração do resultado abrangente. Contudo, nem todos os itens que atendem à definição de um desses elementos devem ser reconhecidos.

Não reconhecer um item que atenda à definição de um dos elementos torna o balanço patrimonial, a demonstração do resultado e a demonstração do resultado abrangente menos completo e pode excluir informações úteis das demonstrações contábeis. Por outro lado, em algumas circunstâncias, reconhecer alguns itens que atendem à definição de um dos elementos não forneceria informações úteis.

O ativo ou o passivo é reconhecido somente se o reconhecimento desse ativo ou passivo e de quaisquer receitas, despesas ou mutações do patrimônio líquido **resultantes fornecer aos usuários das demonstrações contábeis informações que sejam úteis**, ou seja:

- Informações relevantes sobre o ativo ou passivo e sobre quaisquer receitas, despesas ou mutações do patrimônio líquido resultantes.
- Representação fidedigna do ativo ou passivo e de quaisquer receitas, despesas ou mutações do patrimônio líquido resultantes.

Assim como o custo restringe outras decisões de relatório financeiro, também restringe decisões de reconhecimento. Há um custo para reconhecer um ativo ou um passivo. Os responsáveis (preparadores) pela elaboração das demonstrações contábeis incorrem em custos na obtenção da mensuração relevante de ativo ou passivo. Os usuários das demonstrações contábeis também incorrem em custos de análise e interpretação das informações fornecidas. O ativo ou passivo deve ser reconhecido se for provável que os benefícios das informações fornecidas aos usuários das demonstrações contábeis pelo reconhecimento justificarem os custos de fornecer e utilizar essas informações. Em alguns casos, os custos do reconhecimento podem superar seus benefícios.

> Mesmo se o item que atende à definição de ativo ou passivo não for reconhecido, a entidade pode precisar fornecer informações sobre esse item nas notas explicativas.

7.5.7.1. Relevância

As informações sobre ativos, passivos, patrimônio líquido, receitas e despesas são relevantes para os usuários das demonstrações contábeis. Contudo, o reconhecimento de ativo ou passivo específico e quaisquer receitas, despesas ou mutações do patrimônio líquido resultantes nem sempre podem fornecer informações relevantes. Esse pode ser o caso se, por exemplo:

- For incerto que exista ativo ou passivo.
- Existir ativo ou passivo, mas a probabilidade de entrada ou saída de benefícios econômicos for baixa.

A presença de um ou ambos os fatores descritos anteriormente **não leva automaticamente à conclusão de que as informações fornecidas pelo reconhecimento carecem de relevância.** Ademais, fatores que não sejam aqueles descritos acima também podem afetar a conclusão. Pode ser uma combinação de fatores e, não, qualquer fator único que determina se o reconhecimento fornece informações relevantes.

7.5.7.2. Incerteza de existência

Em alguns casos, **essa incerteza, possivelmente combinada com a baixa probabilidade de entradas ou saídas de benefícios econômicos e um intervalo excepcionalmente amplo de possíveis resultados,** pode significar que o reconhecimento do ativo ou passivo, necessariamente mensurado em um único valor, não forneceria informações relevantes. Seja o ativo ou o passivo reconhecido, ou não, informações explicativas sobre as incertezas associadas a ele podem precisar ser fornecidas nas demonstrações contábeis.

7.5.7.3. Baixa probabilidade de entrada ou saída de benefícios econômicos

Se a probabilidade de entrada ou saída de benefícios econômicos for baixa, as informações mais relevantes sobre o ativo ou passivo podem ser informações sobre a magnitude das possíveis entradas ou saídas, sua época possível e os fatores que afetam a probabilidade de sua ocorrência. **A localização típica dessas informações é nas notas explicativas.**

Mesmo se a probabilidade de entrada ou saída de benefícios econômicos for baixa, o reconhecimento do ativo ou passivo pode fornecer informações relevantes além das informações acima descritas. Se esse for o caso, pode depender de uma variedade de fatores. Por exemplo:

- Se o ativo é adquirido ou o passivo é incorrido em transação de troca em termos de mercado, seu custo geralmente reflete a probabilidade de entrada ou saída de benefícios econômicos. Assim, esse custo pode ser informação relevante, e geralmente está imediatamente disponível. Além do mais, não reconhecer o ativo ou passivo resultaria no reconhecimento de despesas ou receitas no momento da troca, o que poderia não ser a representação fidedigna da transação.
- Se o ativo ou passivo resulta de evento que não seja a transação de troca, o reconhecimento do ativo ou passivo normalmente resulta no reconhecimento de receitas ou despesas. Se existe apenas baixa probabilidade de que o ativo ou passivo resultará em entrada ou saída de benefícios econômicos, os usuários das demonstrações contábeis poderiam não considerar que o reconhecimento do ativo e da receita, ou do passivo e da despesa, forneça informações relevantes.

7.5.7.4. Representação fidedigna

O reconhecimento de ativo ou passivo específico é apropriado se fornecer não apenas informações relevantes, mas também representação fidedigna desse ativo ou passivo e de quaisquer receitas, despesas ou mutações do patrimônio líquido resultantes. A possibilidade de representação fidedigna ser fornecida pode ser afetada pelo nível de incerteza na mensuração associado ao ativo ou passivo ou por outros fatores.

7.5.7.5. Incerteza na mensuração

Para que o ativo ou passivo seja reconhecido, ele deve ser mensurado. Em muitos casos, essas mensurações **devem ser estimadas** e, portanto, estão sujeitas a incerteza na mensuração. O uso de estimativas razoáveis é parte essencial da elaboração de informações financeiras e não prejudica a utilidade das informações se as estimativas forem descritas e explicadas de forma clara e precisa. **Mesmo o elevado nível de incerteza na mensuração não impede, necessariamente, essa estimativa de fornecer informações úteis.**

Em alguns casos, o nível de incerteza envolvido ao estimar a mensuração de ativo ou passivo pode ser tão alto que pode ser questionável se a estimativa forneceria representação suficientemente fidedigna desse ativo ou passivo e de quaisquer receitas, despesas ou mutações do patrimônio líquido resultantes. O nível de incerteza na mensuração pode ser muito alto se, por exemplo, a única forma de estimar essa mensuração do ativo ou passivo seja utilizando técnicas de mensuração baseadas em fluxo de caixa e, além disso, houver uma ou mais das seguintes circunstâncias:

- O intervalo de possíveis resultados é excepcionalmente amplo e a probabilidade de cada resultado é excepcionalmente difícil de estimar.
- A mensuração é excepcionalmente sensível a pequenas alterações em estimativas da probabilidade de diferentes resultados – por exemplo, se a probabilidade de futuros fluxos de entrada ou fluxos de saída de caixa for excepcionalmente baixa, mas a magnitude desses fluxos de entrada ou fluxos de saída de caixa for excepcionalmente alta caso ocorra.
- Mensurar o ativo ou passivo requer alocações excepcionalmente difíceis ou excepcionalmente subjetivas de fluxos de caixa que não se relacionam exclusivamente com o ativo ou passivo que está sendo mensurado.

7.5.7.6. Desreconhecimento

Desreconhecimento é a retirada de parte ou da totalidade de ativo ou passivo reconhecido do balanço patrimonial da entidade. O desreconhecimento normalmente ocorre quando esse item não atende mais à definição de ativo ou passivo:

- Para o ativo, o desreconhecimento normalmente ocorre quando a entidade perde o controle da totalidade ou de parte do ativo reconhecido.
- Para o passivo, o desreconhecimento normalmente ocorre quando a entidade não possui mais uma obrigação presente pela totalidade ou parte do passivo reconhecido.

Os requisitos de contabilização para o desreconhecimento visam a representar fidedignamente tanto:

- Quaisquer ativos e passivos retidos após a transação ou outro evento que levou ao desreconhecimento (incluindo qualquer ativo ou passivo adquirido, incorrido ou criado como parte da transação ou de outro evento).
- A mudança nos ativos e passivos da entidade como resultado dessa transação ou outro evento.

Os objetivos descritos acima normalmente são alcançados:

- Desreconhecendo quaisquer ativos ou passivos que expiraram ou foram consumidos, recebidos, executados ou transferidos, e reconhecendo quaisquer receitas ou despesas resultantes. No restante deste capítulo, o termo "componente transferido" refere-se a todos esses ativos e passivos.
- Continuando a reconhecer os ativos ou passivos retidos, denominados "componente retido", se houver. Esse componente retido torna-se uma unidade de conta separada do componente transferido. Dessa forma, nenhuma receita ou despesa deve ser reconhecida no componente retido como resultado do desreconhecimento do componente transferido, salvo se o reconhecimento resultar na mudança dos requisitos de mensuração aplicáveis ao componente retido.
- Aplicando um ou mais dos seguintes procedimentos, se isso for necessário para alcançar um ou ambos os objetivos:
  - Apresentar qualquer componente retido separadamente no balanço patrimonial.

CAP. 7 – ESTRUTURA CONCEITUAL PARA ELABORAÇÃO E DIVULGAÇÃO DE RELATÓRIO... | 83

- Apresentar separadamente na demonstração do resultado e na demonstração do resultado abrangente quaisquer receitas ou despesas reconhecidas como resultado do desreconhecimento do componente transferido.
- Fornecer informações explicativas.

7.5.8. Mensuração dos elementos das demonstrações contábeis

Mensuração é o **processo que consiste em determinar os montantes monetários por meio dos quais os elementos das demonstrações contábeis devem ser reconhecidos e apresentados no balanço patrimonial e na demonstração do resultado**. Esse processo envolve a seleção da base específica de mensuração.

Um número variado de bases de mensuração é empregado em diferentes graus e em variadas combinações nas demonstrações contábeis. Essas bases incluem o que segue, variando entre custo histórico e valor atual:

Custo histórico: a mensuração ao custo histórico fornece informações monetárias sobre ativos, passivos e respectivas receitas e despesas, utilizando informações derivadas, pelo menos em parte, do preço da transação ou outro evento que deu origem a eles. Diferentemente do valor atual, o custo histórico não reflete as mudanças nos valores, exceto na medida em que essas mudanças se referirem à redução ao valor recuperável de ativo ou passivo que se torna onerosa.

Exemplo de ativo: uma máquina foi comprada por R$ 10.000 e é registrada por esse valor no ativo imobilizado. Portanto, esse é o seu custo histórico.

Exemplo de passivo: uma dívida foi adquirida através de um empréstimo no valor de R$ 30.000 e é registrado por esse valor no seu passivo. Portanto, esse é o seu custo histórico.

Valor atual: as mensurações ao valor atual fornecem informações monetárias sobre ativos, passivos e respectivas receitas e despesas, utilizando informações atualizadas para refletir condições na data de mensuração. Devido à atualização, os valores atuais de ativos e passivos refletem as mudanças, desde a data de mensuração anterior, em estimativas de fluxos de caixa e outros fatores refletidos nesses valores atuais. Diferentemente do custo histórico, o valor atual de ativo ou passivo não resulta, mesmo em parte, do preço da transação ou outro evento que deu origem ao ativo ou passivo.

As bases de mensuração do valor atual incluem:

- Valor justo.
- Valor em uso de ativos e valor de cumprimento de passivos.
- Custo corrente.

Valor justo: é o preço que seria recebido pela venda de ativo ou que seria pago pela transferência de passivo em transação ordenada entre participantes do mercado na data de mensuração. O valor justo reflete a perspectiva dos participantes do mercado – participantes em mercado ao qual a entidade tem acesso. O ativo ou passivo é mensurado utilizando as mesmas premissas que os participantes do mercado utilizariam ao precificar o ativo ou passivo se esses participantes do mercado agirem em seu melhor interesse econômico.

Como o valor justo não é derivado, mesmo em parte, do preço da transação ou de outro evento que deu origem ao ativo ou passivo, o valor justo não é aumentado pelos custos de transação incorridos ao adquirir o ativo e não é diminuído pelos custos de transação incorridos quando o passivo é incorrido ou assumido. Além disso, o valor justo não reflete os custos de transação que seriam incorridos na alienação final do ativo ou na transferência ou liquidação do passivo.

Exemplo de ativo: uma propriedade para investimentos é adquirida por R$ 100.000, mas se ela for vendida na data da mensuração o valor encontrado será de R$ 110.000. Nesse caso, R$ 110.000 será o valor justo da propriedade.

Exemplo do passivo: um financiamento no valor de R$ 1.000.000 que se for transferido o valor será de R$ 1.1000.000. Sendo assim, o seu valor justo do passivo é de R$ 1.100.000.

Valor em uso: é o valor presente dos fluxos de caixa, ou outros benefícios econômicos, que a entidade espera obter do uso de ativo e de sua alienação final. Valor de cumprimento é o valor presente do caixa, ou de outros recursos econômicos, que a entidade espera ser obrigada a transferir para cumprir a obrigação. Esses valores de caixa ou outros recursos econômicos incluem não somente os valores a serem transferidos à contraparte do passivo, mas também os valores que a entidade espera ser obrigada a transferir a outras partes de modo a permitir que ela cumpra a obrigação.

Como o valor em uso e o valor de cumprimento baseiam-se em fluxos de caixa futuros, eles não incluem custos de transação incorridos ao adquirir o ativo ou assumir o passivo. Entretanto, o valor em uso e o valor de cumprimento incluem o valor presente de quaisquer custos de transação que a entidade espera incorrer na alienação final do ativo ou no cumprimento do passivo.

Valor de cumprimento: como o valor em uso e o valor de cumprimento baseiam-se em fluxos de caixa futuros, eles não incluem custos de transação incorridos ao adquirir o ativo ou assumir o passivo. Entretanto, o valor em uso e o valor de cumprimento incluem o valor presente de quaisquer custos de transação que a entidade espera incorrer na alienação final do ativo ou no cumprimento do passivo

Exemplo do ativo: uma máquina utilizada na produção foi comprada pelo valor de R$ 300.000 e o fluxo de caixa líquido (ou seja, sem subtraído das saídas de caixa) que se espera ser gerado por essa máquina trazida a valor em uso (ou seja, descontado) é de R$ 1.000.000. Sendo assim, o seu valor em uso é de R$1.000.000.

Exemplo do passivo: um financiamento no valor de R$ 5.000.000 ficou e o fluxo de caixa de saída de caixa que se espera desse financiamento trazido a valor de cumprimento (ou seja, descontado) é de R$ 4.000.000. Sendo assim, o seu valor de cumprimento é de R$ 4.000.000.

Custo corrente: o custo corrente de ativo é o custo de ativo equivalente na data de mensuração, compreendendo a contraprestação que seria paga na data de mensuração mais os custos de transação que seriam incorridos nessa data. O custo corrente de passivo é a contraprestação que seria recebida pelo passivo equivalente na data de mensuração menos os custos de transação que seriam incorridos nessa data. Custo corrente, como custo histórico, é o valor de entrada: reflete preços no mercado em que a entidade adquiriria o ativo ou incorreria no passivo. Assim, é diferente do valor justo, valor em uso e valor de cumprimento, que são valores de saída. Contudo, diferentemente de custo histórico, custo corrente reflete condições na data de mensuração.

Exemplo do ativo: um bem foi comprado pelo valor de R$ 1.000, com custos de transação de R$ 500. Sendo assim, o custo corrente é de R$ 1.500.

Exemplo do passivo: um financiamento foi feito no valor de R$ 7.000 e com custos de transação de R$ 3.000. Sendo assim, o custo corrente é de R$ 10.000.

QUESTÃO COMENTADA

(CESPE – Analista Administrativo/EBSERH/Contabilidade/2018) Situação hipotética: um fornecedor de equipamentos industriais vendeu, à vista, uma máquina por um valor 10% abaixo do valor habitual de mercado. As partes envolvidas não tinham nenhum outro tipo de relacionamento a não ser a transação descrita, não se achavam constrangidas de qualquer forma e possuíam pleno conhecimento sobre o mercado e as características do negócio que realizavam. Assertiva: nessa situação, na data da realização da transação, o preço acordado foi o seu valor justo.

RESPOSTA: VERDADEIRO

COMENTÁRIO: Valor justo é o preço que seria recebido pela venda de ativo ou que seria pago pela transferência de passivo em transação ordenada entre participantes do mercado na data de mensuração. O valor justo reflete a perspectiva dos participantes do mercado – participantes em mercado ao qual a entidade tem acesso. O ativo ou passivo é mensurado utilizando as mesmas premissas que os participantes do mercado utilizariam ao precificar o ativo ou passivo se esses participantes do mercado agirem em seu melhor interesse econômico.

7.5.9. Conceitos de capital e de manutenção de capital

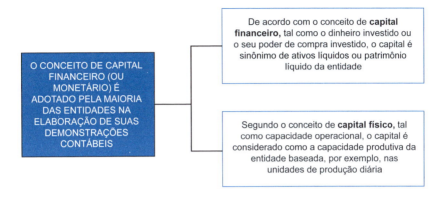

O **conceito de manutenção de capital está preocupado em como a entidade define o capital que busca manter.** Ele fornece a ligação entre os conceitos de capital e os conceitos de lucro, pois fornece o ponto de referência por meio do qual o lucro é mensurado; ele é pré-requisito para distinguir entre o retorno sobre o capital da entidade e o seu retorno de capital; somente os fluxos de entrada de ativos que excedem os valores necessários para a manutenção de capital podem ser considerados como lucro e, portanto, como retorno sobre o capital. Portanto, lucro é o valor residual que permanece após as despesas (incluindo ajustes para manutenção de capital, quando apropriado) terem sido deduzidas da receita. Se as despesas excederem a receita, o valor residual é uma perda.

O conceito de manutenção de capital físico exige a adoção do custo corrente como base de mensuração. O conceito de manutenção de capital financeiro, contudo, não requer o uso de base de mensuração específica. A seleção da base nesse conceito depende do tipo de capital financeiro que a entidade está buscando manter.

A diferença principal entre os dois conceitos de manutenção de capital é o tratamento dos efeitos das mudanças nos preços dos ativos e passivos da entidade. Em termos gerais, a entidade terá mantido o seu capital se tiver tanto capital no fim do período quanto tinha no início do período. Qualquer valor acima daquele necessário para manter o capital no início do período representa lucro.

Sob o conceito de manutenção de capital financeiro, em que o capital é definido em termos de **unidades monetárias nominais**, o lucro representa o aumento no capital monetário nominal ao longo do período. Desse modo, os aumentos nos preços de ativos mantidos ao longo do período, convencionalmente referidos como ganhos de manutenção são, conceitualmente, lucros. Entretanto, eles podem não ser reconhecidos como tais até que os ativos sejam alienados em transação de troca. Quando o conceito de manutenção de capital financeiro for definido em termos de unidades de poder aquisitivo constante, o lucro representa o aumento no poder aquisitivo investido ao longo do período. Desse modo, apenas essa parte do aumento nos preços dos ativos que exceder o aumento no nível geral de preços é considerada como lucro. O restante do aumento é tratado como ajuste para manutenção de capital e, portanto, como parte do patrimônio líquido.

Sob o conceito de manutenção de capital físico, quando o capital é definido em termos de **capacidade produtiva física**, o lucro representa o aumento desse capital ao longo do período. Todas as mudanças de preços que afetem os ativos e passivos da entidade são vistas como mudanças na mensuração da capacidade produtiva física da entidade, portanto, elas são tratadas como ajustes para manutenção de capital que fazem parte do patrimônio líquido e não como lucro.

CAPÍTULO 8

BALANCETE DE VERIFICAÇÃO

Todos os fatos contábeis de uma empresa são lançados pelo método das partidas dobradas no livro diário e, posteriormente, são transcritos para o livro razão. Depois de efetuados os lançamentos no razão, apura-se os saldos das contas pela diferença entre **o total dos débitos e o total dos créditos** lançados em cada conta contábil, devendo nele constar os saldos de todas as contas utilizadas pela entidade.

Nesse momento, faz-se uma pausa na sequência dos lançamentos contábeis para averiguação de sua exatidão. Periodicamente os responsáveis pela **Contabilidade devem verificar se os lançamentos contábeis realizados no período estão corretos**.

Uma técnica bastante utilizada para atingir tal objetivo é o **balancete de verificação**. Esse instrumento, embora de grande utilidade, **não detectará, entretanto, todos os erros que possam existir nos lançamentos contábeis**.

> **Importante**
> Essa verificação tem como base o método das partidas dobradas: "não haverá débito(s) sem crédito(s) correspondente(s)", se, por um lado, somarmos todos os débitos e, por outro, todos os créditos, deveremos ter o mesmo total. Verificamos, assim, se os lançamentos a débito e a crédito foram realizados adequadamente.

O balancete de verificação **relaciona cada conta com o respectivo saldo devedor ou credor, de tal forma que, se os lançamentos forem corretamente efetuados nos razonetes (extraídos do livro razão), o total da coluna dos saldos devedores será igual ao total da coluna dos saldos credores.** Se houver diferenças entre os totais, podemos afirmar que pelo menos um lançamento está errado, devendo ser revisado cada registro até que os erros sejam localizados.

O balancete de verificação tem o seguinte formato:

Contas	BALANCETE DE VERIFICAÇÃO	
	Saldos	
	Devedores	Credores
Total		

No **balancete intermediário** (antes do encerramento dos exercícios), teremos contas do ativo, do passivo, do patrimônio líquido, de receitas e de despesas.

No **balancete final** (no encerramento do exercício), teremos contas do ativo, do passivo e do patrimônio líquido.

8.1. ERROS DETECTÁVEIS NO BALANCETE DE VERIFICAÇÃO

o balancete verifica **a ocorrência de alguns desses erros na aplicação do método de partidas dobradas ou erros na transposição de contas do livro razão**.

São erros inidentificáveis no balancete:

- Débitos sem os respectivos créditos e créditos sem os respectivos débitos
- Erros na fórmula do lançamento
- Lançamentos repetidos
- Erro na natureza da conta (devedora lançada como credora ou credora como devedora)

O contador que, ao fazer o balancete de verificação, detectar algum dos erros identificáveis vistos acima, deverá corrigi-lo para que os saldos das contas **fiquem corretos** e assim possa elaborar as demonstrações contábeis sem erro.

Não são erros detectáveis no balancete:

- Inversão de contas
- Lançamentos em duplicidade
- Omissões de lançamentos
- Erro de valor
- Erro de histórico

QUESTÃO COMENTADA

(VUNESP – Contador/CM Guaratinguetá/2016) Assinale a alternativa correta.

a) Escrituração é o registro dos fatos que influenciam o resultado de uma empresa. Deve ser feito em ordem de ocorrência e em grupos de fatos heterogêneos, de forma que possam identificar um determinado componente patrimonial.

b) O lançamento contábil é o registro do fato contábil nos livros diário e razão, devendo conter, para a correta aplicação, os chamados elementos essenciais.

QUESTÃO COMENTADA
c) Partida é o registro em que um débito pode ser igual a um crédito de diferente valor. Todavia, o método de partidas dobradas iguala o lançamento contábil de débitos e créditos, tornando-os valores iguais. d) Os livros contábeis obrigatórios, segundo as normas contábeis, comerciais e fiscais, são: livro balancete, livro razão, livro diário, fichas tríplices e, por fim, e não menos importante, o livro de registro de movimentação de quotas ou ações. e) O balancete contábil de verificação é uma relação dos saldos das contas contábeis e independente, podendo ainda apresentar saldos desordenados, tanto cronologicamente quanto por ocorrência, regime de caixa ou de competência, e seu objetivo exclusivo é controlar as movimentações patrimoniais da entidade. **RESPOSTA:** B COMENTÁRIO: Alternativa A – FALSO: não só os que influenciaram no resultado, mas os que influenciaram no patrimônio. Alternativa B – VERDADEIRO: é o gabarito. Alternativa C – FALSO: partida não se relaciona a um débito igual a crédito de diferente valor. Alternativa D – FALSO: o diário é obrigatório e o razão é facultativo na legislação comercial, sendo obrigatório somente para as pessoas jurídicas tributadas com base no lucro real. Alternativa E – FALSO: o seu objetivo é verificar se o total de créditos e débitos são iguais.

8.2. FASES DO CICLO CONTÁBIL

Para compreender a importância do balancete de verificação no processo de elaboração das demonstrações contábeis, deve-se compreender como é composto o ciclo contábil. **O ciclo contábil envolve desde o registro dos fatos contábeis até a elaboração dos relatórios contábeis.** O ciclo contábil é o conjunto das seguintes etapas:

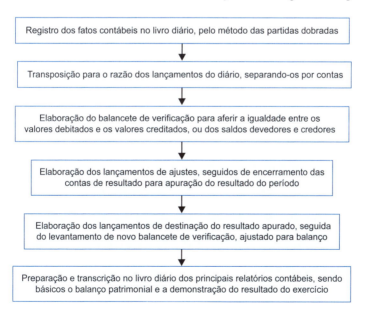

8.3. PRINCIPAIS CONTAS

Para ajudar no aprendizado, é oportuno agrupar os principais nomes das contas utilizados pelas bancas e a sua natureza. A Contabilidade adotada a teoria patrimonialista das contas, que as separam em:

- **Patrimoniais:** ativo, passivo e patrimônio líquido (inclui também as contas retificadoras).
- **De resultado:** receitas e despesas (incluem também custos, redutores de receita, dentre outras).

Elas possuem o seguinte funcionamento:

CONTAS DE ATIVO, DE DESPESA E RETIFICADORA DO PASSIVO	
Débito	Crédito
Aumento	Diminuição

CONTAS DE PASSIVO, DE PL, DE RECEITA E RETIFICADORA DO ATIVO	
Débito	Crédito
Diminuição	Aumento

8.3.1. Contas patrimoniais

Exemplos de contas patrimoniais de cada grupo:

a) Ativo circulante (saldo devedor, exceto as contas retificadoras)

- Caixa
- Banco
- Instrumentos financeiros
- Despesas a vencer
- Duplicatas a receber
- Clientes
- Despesas antecipadas
- Adiantamento a fornecedores
- Adiantamento a empregados
- Estoques
- Mercadorias
- ICMS a recuperar
- IPI a recuperar
- PDD (retificadora)
- Provisão para créditos de liquidação duvidosa (retificadora)
- Ajuste a valor de mercado (retificadora)
- Provisão dos estoques a valor de mercado (retificadora)
- Seguros a vencer
- Juros a apropriar

b) Ativo não circulante (saldo devedor, exceto as contas retificadoras)

- **Realizável a longo prazo**
  - Adiantamento a sócios
  - Adiantamento a diretores
  - Depósitos judiciais
  - Empréstimos a controladas e a coligadas
  - Despesas antecipadas de longo prazo
  - Ajuste de ativo não circulante a valor presente (retificadora)
  - Contas a receber de coligadas em negócios não usuais
- **Investimentos**
  - Ações de coligadas e de controladas
  - Ágio por rentabilidade futura (*goodwill*)
  - Participações societárias
  - Propriedade para investimento
  - Terrenos fora de uso
  - Provisão para redução do custo de aquisição (retificadora)
- **Imobilizado**
  - Edifícios
  - Veículos
  - Terrenos
  - Máquinas e equipamentos
  - Móveis e utensílios
  - Depreciação acumulada (retificadora)
  - Perda do valor recuperável (retificadora)
  - Instalações
- **Intangível**
  - Fundo de comércio
  - Marcas e patentes
  - Amortização acumulada (retificadora)
  - Direitos de recursos minerais

c) Passivo circulante (saldo credor, exceto as contas retificadoras)

- Duplicatas a pagar
- Duplicatas aceitas
- Empréstimos e financiamentos
- Aluguéis a pagar
- Adiantamento de clientes
- IR a pagar
- ICMS a pagar
- ICMS a recolher
- Financiamentos

- Salários a pagar
- Juros sobre capital próprio a pagar
- Juros a transcorrer (retificadora)
- Provisão para férias
- Provisão para 13º salário
- Receitas antecipadas

d) Passivo não circulante (saldo credor, exceto as contas retificadoras)

- Receita diferida
- Provisões diferidas
- Ajuste a valor presente de passivos não circulantes (retificadora)
- Empréstimos de longo prazo
- Financiamentos de longo prazo

e) Patrimônio líquido (saldo credor, exceto as contas retificadoras)

- Capital social
- Capital a realizar (retificadora)
- Reservas de capital
- Reserva legal
- Reserva estatutária
- Ajuste de avaliação patrimonial (saldo devedor) (retificadora)
- Ajuste de avaliação patrimonial
- Ações em tesouraria (retificadora)
- Prejuízos acumulados (retificadora)

8.3.2. Contas de resultado

Exemplos de conta de resultado de cada grupo:

a) Receitas (saldo credor)

- Receita bruta de vendas
- Aluguéis ativos
- Descontos ativos
- Insubsistência ativa
- Insubsistência do passivo
- Receita de aluguéis
- Juros ativos
- Receita com juros
- Reversão de provisões
- Superveniência do ativo
- Superveniência ativa
- Reversão de PDD

- Receitas financeiras
- Receita com a venda de participações societárias
- Resultado de equivalência patrimonial

b) Despesas, redutores de receita e custo (saldo devedor)

- Aluguéis passivos
- Descontos concedidos
- Descontos passivos
- Cofins
- IPI
- Despesa com crédito de liquidação duvidosa
- Custo de mercadorias vendidas
- Custo de produtos vendidos
- Despesas com folha de salário
- Despesas com aluguéis
- Despesas com vendas
- Despesas com fretes
- Despesas com depreciação/amortização/exaustão
- Encargos com depreciação/amortização/exaustão
- Fretes
- Despesas com PDD
- Juros
- Juros passivos
- Perda por *impairment*
- Perda do valor recuperável
- Perda com equivalência patrimonial
- Superveniência passiva
- Superveniência do passivo
- Variações cambiais passivas
- Vendas canceladas

QUESTÕES COMENTADAS

(CETRO - Analista Administrativo ANVISA/Área 2/2013) Observe as contas do balancete de verificação da "Cia XYZ", abaixo, para responder à questão.

CONTAS	SALDO	
	DEVEDOR	CREDOR
Capital Social		170.000
Comissões Ativas	4.300	
Duplicatas a Receber	65.000	
Devoluções de Vendas	1.100	

QUESTÕES COMENTADAS

CONTAS	SALDO	
	DEVEDOR	CREDOR
Receita de Vendas		95.000
CMV	32.500	
Duplicatas Descontadas	3.500	
Despesas Gerais	12.500	
Capital a Integralizar		35.000
Bancos Conta Vinculada	22.000	
Empréstimos a Clientes	2.000	
Impostos a Recolher		14.500
Descontos Obtidos	1.500	
Provisão p/ Devedores Duvidosos		6.500
Abatimentos Concedidos		500
Estoques	11.500	
Instalações	35.000	
Provisão para Férias		4.500
PIS sobre Faturamento	1.350	
Terrenos	15.450	
Variações Cambiais Passivas		6.550
Valores Mobiliários		7.250
Provisão p/ CSLL		4.650
Vendas Canceladas	1.650	
Juros Passivos		1.150
Títulos a Pagar		22.500
Juros Passivos a Vencer	2.850	
Máquinas e Equipamentos	41.150	
Variações Monetárias Passivas		3.450
Participações em Outras		

Corrigindo-se a classificação das contas no balancete de verificação da "Cia XYZ", é correto afirmar que:

a) O saldo total das contas credoras é de R$ 305.700.

b) As contas duplicatas descontadas, descontos obtidos e despesas gerais estão com saldos classificados de forma incorreta.

c) Existem 13 contas com saldos credores e 25 contas devedoras.

d) As contas PIS sobre faturamento, comissões ativas e receitas de comissões a vencer possuem seus saldos corretamente classificados.

e) Há 20 contas patrimoniais e 18 contas de resultado.

RESPOSTA: C

QUESTÕES COMENTADAS

COMENTÁRIO:

CONTAS			DEVEDOR	CREDOR
Capital Social	PL	Credora		170.000
Comissões Ativas	Receita	Credora		4.300
Duplicatas a Receber	Ativo	Devedora	65.000	
Devoluções de Vendas	Redutor de receita	Devedora	1.100	
Receita de Vendas	Receita	Credora		95.000
CMV	Custo	Devedora	32.500	
Duplicatas Descontadas	Passivo	Credora		3.500
Despesas Gerais	Despesa	Devedora	12.500	
Capital a Integralizar	Retificadora de PL	Devedora	35.000	
Bancos Conta Vinculada	Ativo	Devedora	22.000	
Empréstimos a Clientes	Ativo	Devedora	2.000	
Impostos a Recolher	Passivo	Credora		14.500
Descontos Obtidos	Receita	Credora		1.500
Provisão p/ Devedores Duvidosos	Retificadora de ativo	Credora		6.500
Abatimentos Concedidos	Redutor de receita	Devedora	500	
Estoques	Ativo	Devedora	11.500	
Instalações	Ativo	Devedora	35.000	
Provisão para Férias	Passivo	Credora		4.500
PIS sobre Faturamento	Redutor de receita	Devedora	1.350	
Terrenos	Ativo	Devedora	15.450	
Variações Cambiais Passivas	Despesa	Devedora	6.550	
Valores Mobiliários	Ativo	Devedora	7.250	
Provisão p/ CSLL	Passivo	Credora		4.650
Vendas Canceladas	Redutor de receita	Devedora	1.650	
Juros Passivos	Despesa	Devedora	1.150	
Títulos a Pagar	Passivo	Credora		22.500
Juros Passivos a Vencer	Retificadora de passivo	Devedora	2.850	
Máquinas e Equipamentos	Ativo	Devedora	41.150	
Variações Monetárias Passivas	Despesa	Devedora	3.450	
Participações em Outras Sociedades	Ativo	Devedora	16.950	

QUESTÕES COMENTADAS

CONTAS			DEVEDOR	CREDOR
Juros Ativos	Receita	Credora		2.350
Receitas de Comissões a Vencer	Passivo (receitas antecipadas)	Credora		3.150
Salários e Ordenados	Despesa	Devedora	9.450	
Juros a Vencer	Ativo (despesa antecipada)	Devedora	1.200	
Despesas com Depreciação	Despesa	Devedora	4.000	
Provisão p/ IRPJ	Passivo	Credora		3.250
Descontos Financeiros Concedidos	Despesa	Devedora	2.350	
Clientes	Ativo	Devedora	3.800	
TOTAL CORRIGIDO			335.700	335.700

Prosseguindo com a análise:

Alternativa A: FALSO – O saldo total das contas credoras é de 335.700.

Alternativa B: FALSO – As despesas gerais não estão classificadas da forma incorreta.

Alternativa C: VERDADEIRO – É a resposta.

Alternativa D: FALSO – Dessas, somente PIS sobre o faturamento está corretamente classificada.

Alternativa E: FALSO – São contas de resultado as contas de receita, as redutoras de receita, a de custo e as de despesas. São contas patrimoniais as de ativo, as de passivo e as de patrimônio líquido. Portanto, há 21 contas patrimoniais e 17 contas de resultado.

(CESPE – Auditor de Controle Externo/TCE-PA/2016)

Balancete de verificação	
Contas	Saldos em R$
Caixa e equivalentes de caixa	4.800
Fornecedores	17.800
Duplicatas descontadas	1.500
Empréstimos de curto prazo	2.100
Créditos de curto prazo	6.000
Estoque de mercadorias	9.400
Empréstimos a sociedades ligadas	10.200
Empréstimos e financiamentos de longo prazo	6.500
Móveis e instalações	12.000
Capital social	28.000
Veículos	33.000
Depreciação acumulada de imobilizado	13.000
Lucros ou prejuízos acumulados	6.500

QUESTÕES COMENTADAS

A partir da tabela precedente, que demonstra o balancete de verificação de uma entidade contábil no final de determinado exercício, **julgue os próximos itens**.

1. O balancete em questão apresenta sete contas com saldo credor e seis contas com saldo devedor.

RESPOSTA: VERDADEIRO

COMENTÁRIO:

Caixa e equivalentes de caixa	Devedor
Fornecedores	Credor
Duplicatas descontadas	Credor
Empréstimos de curto prazo	Credor
Créditos de curto prazo	Devedor
Estoque de mercadorias	Devedor
Empréstimos a sociedades ligadas	Devedor
Empréstimos e financiamentos de longo prazo	Credor
Móveis e instalações	Devedor
Capital social	Credor
Veículos	Devedor
Depreciação acumulada de imobilizado	Credor
Lucros ou prejuízos acumulados*	Credor

*Conta transitória do resultado. No PL só existe a conta prejuízos acumulados.

2. O referido balancete apresenta apenas contas patrimoniais.

RESPOSTA: VERDADEIRO

COMENTÁRIO:

Caixa e equivalentes de caixa	Patrimonial
Fornecedores	Patrimonial
Duplicatas descontadas	Patrimonial
Empréstimos de curto prazo	Patrimonial
Créditos de curto prazo	Patrimonial
Estoque de mercadorias	Patrimonial
Empréstimos a sociedades ligadas	Patrimonial
Empréstimos e financiamentos de longo prazo	Patrimonial
Móveis e instalações	Patrimonial
Capital social	Patrimonial
Veículos	Patrimonial
Depreciação acumulada de imobilizado	Patrimonial
Lucros ou prejuízos acumulados*	Patrimonial

*Conta transitória do resultado. No PL só existe a conta prejuízos acumulados.

QUESTÕES COMENTADAS

3. Nesse balancete, o total de débitos supera o total de créditos, o que demonstra a necessidade de se apurar o resultado do exercício, a ser registrado em lucros e prejuízos acumulados.

RESPOSTA: FALSO

COMENTÁRIO:

		Devedor	Credor
Caixa e equivalentes de caixa	Devedor	4.800	
Fornecedores	Credor		17.800
Duplicatas descontadas	Credor		1.500
Empréstimos de curto prazo	Credor		2.100
Créditos de curto prazo	Devedor	6.000	
Estoque de mercadorias	Devedor	9.400	
Empréstimos a sociedades ligadas	Devedor	10.200	
Empréstimos e financiamentos de longo prazo	Credor		6.500
Móveis e instalações	Devedor	12.000	
Capital social	Credor		28.000
Veículos	Devedor	33.000	
Depreciação acumulada de imobilizado	Credor		13.000
Lucros ou prejuízos acumulados	Credor		6.500
		75.400	75.400

Os saldos são iguais.

CAPÍTULO 9

APRENDENDO A LÓGICA DA CONTABILIDADE

Nos capítulos anteriores, foi abordado o que são considerados os aspectos básicos da Contabilidade, que são os conceitos: **de lançamento, do ativo, do passivo, do patrimônio líquido, das receitas e das despesas**.

Para iniciarmos o proposto neste capítulo, temos que conhecer brevemente as duas principais demonstrações contábeis de uma empresa, o **balanço patrimonial** e a **demonstração do resultado do exercício**. O balanço patrimonial é uma **demonstração contábil que divide o patrimônio da entidade em elementos do ativo, do passivo e do patrimônio líquido**; porém, o ativo e o passivo, a depender do prazo, podem ser classificados em circulante ou não circulante. A demonstração do resultado do exercício é uma **demonstração que apura o resultado, o lucro ou o prejuízo e o resultado das atividades de uma entidade**. Esse resultado é alocado no próprio patrimônio líquido ou pago por meio de dividendos aos sócios.

Agora, antes de iniciar o próximo assunto, vamos simular uma história patrimonial de uma entidade para você assimilar como são aplicados os conceitos aprendidos. O objetivo é que você compreenda como são registrados alguns fatos em nível básico e, acima de tudo, **compreenda a lógica da Contabilidade**.

EXEMPLO

A empresa Sucesso Ltda. foi formada por dois amigos, Maria e João, que estudam para concursos e queriam ganhar algum dinheiro para se manter até a aprovação. O negócio da empresa é a comercialização de aparelhos de celular em um shopping.

1) Constituição da Sucesso Ltda. No dia 01/01/18, a empresa foi constituída com um capital social registrado de R$ 30.000, integralizados imediatamente pelos sócios da seguinte maneira: Maria contribuiu com R$ 20.000 em dinheiro e João com R$ 10.000, sendo móveis (R$ 8.000) e um computador (R$ 2.000). Esse fato será assim registrado:

D – Bancos (ativo circulante)	R$ 20.000
D – Computador (ativo não circulante)	R$ 2.000
D – Móveis (ativo não circulante)	R$ 8.000
C – Capital social (patrimônio líquido)	R$ 30.000

Balanço patrimonial

Ativo circulante		Passivo circulante	
Bancos	R$ 20.000,00		
Ativo não circulante		**Passivo não circulante**	
Imobilizado			
Computador	R$ 2.000,00	**Patrimônio líquido**	
Móveis	R$ 8.000,00	Capital social	R$ 30.000,00
Total do Ativo	**R$ 30.000,00**	**Total do Passivo**	**R$ 30.000,00**

2) **Compra do estoque.** Foram adquiridos 5 Iphones e 5 Samsungs Galaxy pela empresa, cada Iphone custou R$ 1.000 e cada Galaxy R$ 500. Metade do valor será pago à vista e a outra metade a prazo por meio de duplicata. Não incidiram tributos na compra. Esse fato será assim registrado:

D – Estoques (ativo circulante)   R$ 7.500

C – Bancos (ativo circulante)   R$ 3.750

C – Duplicatas a pagar (passivo circulante)   R$ 3.750

Balanço patrimonial

Ativo circulante		Passivo circulante	
Bancos	R$ 16.250,00	Duplicatas a pagar	R$ 3.750,00
Estoques	R$ 7.500,00		
Ativo não circulante		**Passivo não circulante**	
Imobilizado			
Computador	R$ 2.000,00	**Patrimônio líquido**	
Móveis	R$ 8.000,00	Capital social	R$ 30.000,00
Total do Ativo	**R$ 33.750,00**	**Total do Passivo**	**R$ 33.750,00**

3) **Compra de imobilizado.** Foi necessário comprar outro computador a ser utilizado no registro das vendas no valor de R$ 1.250. A compra foi feita à vista. Esse fato será assim registrado:

D – Computadores (ativo não circulante)   R$ 1.250

C – Bancos (ativo circulante)   R$ 1.250

Balanço patrimonial

Ativo circulante		Passivo circulante	
Bancos	R$ 15.000,00	Duplicatas a pagar	R$ 3.750,00
Estoques	R$ 7.500,00		
Ativo não circulante		**Passivo não circulante**	
Imobilizado			

Computador	R$ 3.250,00	**Patrimônio líquido**	
Móveis	R$ 8.000,00	Capital social	R$ 30.000,00
Total do Ativo	**R$ 33.750,00**	**Total do Passivo**	**R$ 33.750,00**

4) Despesas com salários. Ao fim do mês, incorreu o salário de cada uma das duas funcionárias no valor de R$ 1.000 para cada uma, que será pago no dia 10 do mês seguinte. Não incidiram encargos. Esse fato será assim registrado:

D – Despesas com salários (resultado)   R$ 2.000

C – Salários a pagar (passivo circulante)   R$ 2.000

4.1) Despesas com aluguel. Incorreu o aluguel da loja no valor de R$ 500, que será pago no dia 10 do mês seguinte. Esse fato será assim registrado:

D – Despesas com aluguéis (resultado)   R$ 500

C – Aluguéis a pagar (passivo circulante)   R$ 500

4.2) Vendas de mercadorias. Nesse mesmo período, foram vendidos 5 Iphones no valor de R$ 2.000 cada. Metade foi pago à vista e metade a prazo. Não incidiram tributos sobre a venda. Esse fato será assim registrado:

D – Custo de mercadorias vendidas (resultado)   R$ 5.000

C – Estoques (ativo circulante)   R$ 5.000

*O custo dos Iphones vendidos foi do custo de aquisição individual de R$ 1.000 vezes o número de 5 unidades que foram vendidas, totalizando R$ 5.000 de custo de mercadorias vendidas

D – Bancos (ativo circulante)   R$ 5.000

D – Clientes (ativo circulante)   R$ 5.000

C – Receita de vendas (resultado)   R$ 10.000

Como agora mencionamos operações que envolvem o resultado, haverá registros a serem efetuados na demonstração do resultado do exercício:

Demonstração do resultado do exercício	
Receita bruta	**R$ 10.000,00**
(–) Deduções da receita	R$ 0
Receita líquida	**R$ 10.000,00**
(–) Custo das mercadorias vendidas	R$ 5.000,00
Lucro bruto	**R$ 5.000,00**
(–) Despesas operacionais (salários + aluguel)	R$ 2.500,00
(–) Outras despesas operacionais	R$ 0
(+) Outras receitas operacionais	R$ 0
Resultado operacional	**R$ 2.500,00**
(+) Outras receitas	R$ 0
(–) Outras despesas	R$ 0
Resultado do IR e CSLL	**R$ 2.500,00**
(–) IRPJ e CSLL	R$ 0

Demonstração do resultado do exercício	
Lucro após IR	R$ 2.500,00
(–) Participações	R$ 0
Lucro líquido do exercício	R$ 2.500,00

Balanço patrimonial			
Ativo circulante		**Passivo circulante**	
Bancos	R$ 20.000,00	Duplicatas a pagar	R$ 3.750,00
Clientes	R$ 5.000,00	Salários a pagar	R$ 2.000,00
Estoques	R$ 2.500,00	Aluguéis a pagar	R$ 500,00
Ativo não circulante		**Passivo não circulante**	
Imobilizado			
Computador	R$ 3.250,00	**Patrimônio líquido**	
Móveis	R$ 8.000,00	Capital social	R$ 30.000,00
		Reserva de lucros	R$ 2.500,00
Total do Ativo	**R$ 38.750,00**	**Total do Passivo**	**R$ 38.750,00**

*O lucro líquido do período, no valor de R$ 2.500, foi apropriado na reserva de lucros do período.

5) **Pagamentos de salários e de aluguéis.** Foram pagos os salários aos funcionários e o aluguel do mês. Esses fatos serão assim registrados:

D – Salários a pagar (passivo circulante)   R$ 2.000

C – Bancos (ativo circulante)   R$ 2.000

D – Aluguéis a pagar (passivo circulante)   R$ 500

C – Bancos (ativo circulante)   R$ 500

Balanço patrimonial			
Ativo circulante		**Passivo circulante**	
Bancos	R$ 17.500,00	Duplicatas a pagar	R$ 3.750,00
Clientes	R$ 5.000,00		
Estoques	R$ 2.500,00		
Ativo não circulante		**Passivo não circulante**	
Imobilizado			
Computador	R$ 3.250,00	**Patrimônio líquido**	
Móveis	R$ 8.000,00	Capital social	R$ 30.000,00
		Reserva de lucros	R$ 2.500,00
Total do Ativo	**R$ 36.250,00**	**Total do Passivo**	**R$ 36.250,00**

Bem, acabamos de ver, por meio de um exemplo bem simples, como funciona a lógica da Contabilidade. Podemos ver que ela **ajuda a controlar o patrimônio da Sucesso Ltda. tanto qualitativa quanto quantitativamente**. Também podemos ver que ela acompanhou o patrimônio da Sucesso Ltda. de forma estática e dinâmica.

Aí você pode estar perguntando, mas o que passaremos a ver agora? Será diferente do que vimos neste exemplo?

A resposta é que não será diferente. Na verdade, veremos as especificidades do que vimos de forma simples, como, por exemplo: como contabilizar os tributos incidentes na compra; como contabilizar o pagamento de duplicatas com juros; como depreciar os móveis e o computador.

CAPÍTULO 10
ATIVO

Como vimos anteriormente, o *ativo* é definido pelo CPC 00 como:

O conjunto dos recursos controlados pela entidade como resultados de eventos passados e do qual se espera que resultem futuros benefícios econômicos para a entidade.

No balanço patrimonial, segundo a Lei nº 6.404/76 (Lei das S.A.):

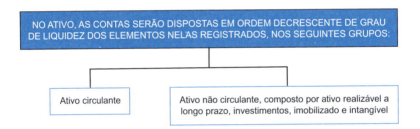

Quando diz **"em ordem decrescente do grau de liquidez"**, o legislador determinou que os elementos do ativo que possam mais facilmente ser convertidos em dinheiro fiquem com as suas contas representativas na parte de cima do balanço patrimonial, como a conta caixa e a conta bancos. E os elementos do ativo com menor facilidade de ser convertidos em dinheiro fiquem na parte de baixo, como a conta imóveis e a conta máquinas.

A Lei das S.A. também define que no **ativo circulante** serão classificados os direitos realizáveis no **curso do exercício social subsequente** e as aplicações de recursos em despesas do **exercício seguinte**.

Já no **ativo não circulante** serão classificados os direitos realizáveis **após** o exercício social subsequente e as aplicações de recursos em despesas relacionada a períodos **após** o exercício seguinte.

Como já vimos:

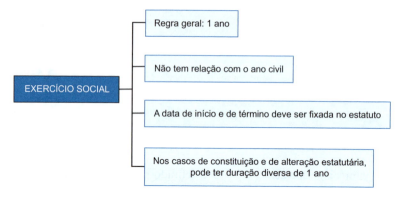

No CPC 26, o ativo pode ser dividido da seguinte forma:

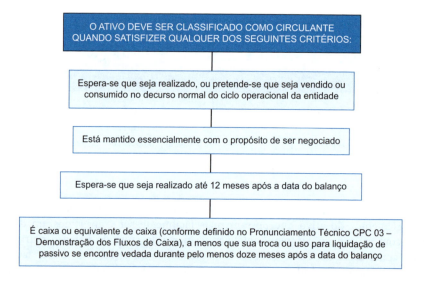

Essa previsão do CPC é restritiva, ou seja, somente o que anteder algum dos pré-requisitos previstos acima será classificado como ativo circulante. O restante, será classificado como ativo não circulante.

Tanto a Lei das S.A. como o CPC 26 destacam que, regra geral, a diferença entre o ativo circulante e o ativo não circulante **envolve o prazo do seu consumo ou da sua realização. No primeiro** são classificados os bens ou direitos com a expectativa de realização até o fim do exercício social subsequente (ou seja, até o fim do exercício após a data do balanço). E **no segundo** os com realização após o exercício social subsequente.

Em um rápido exemplo, considerando que a Cia. Sande encerra o seu exercício sempre em dezembro de cada ano. Em maio de 2017, ela tem dois ativos: um com a intenção de realizar em dezembro de 2018; e outro com a intenção de realizar em abril de 2019. Nesse caso, ele está no exercício de 2017, o exercício subsequente é o de 2018 e o exercício após o exercício subsequente é o de 2019. **Portanto, o primeiro ativo será circulante e o segundo não circulante.**

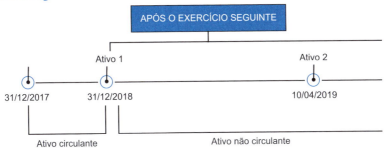

 Atenção

Na companhia em que o ciclo operacional da empresa tiver duração **maior** que o exercício social, a classificação no circulante ou longo prazo terá por base o prazo desse ciclo.

Ciclo operacional é o tempo que uma entidade completa um ciclo entre aquisição de recursos, produção ou prestação de serviços, vendas e recebimentos. Um exemplo comum é a produção de aviões. Um avião é um bem que demora mais que um exercício social. Portanto, um avião em produção que demora dois anos para ser produzido, não será classificado no ativo não circulante, pelo fato de o ciclo demorar mais de um exercício social, mas sim no circulante.

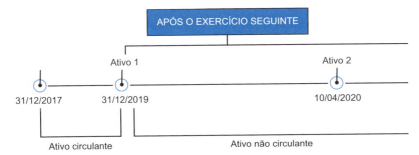

Lembrando que o ciclo operacional maior que um ano **não altera o fato de o exercício social ter duração de um ano** (salvo, como vimos, quando da constituição ou alteração do estatuto, quando poderá ter duração diversa).

Tendo destacados os pontos acima, passamos à análise dos itens que **compõem o ativo circulante**.

10.1. ATIVO CIRCULANTE

Segundo a Lei nº 6.404/76 (Lei das S.A.):

No ativo circulante serão classificadas as disponibilidades, os direitos realizáveis no exercício social subsequente e as aplicações de recursos em despesa do exercício social seguinte.

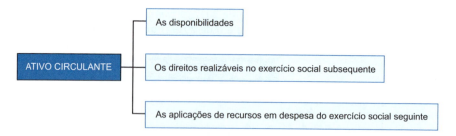

O ativo circulante, como vimos, **traz os bens ou direitos que são mais líquidos da entidade**, ou seja, os mais facilmente conversíveis em dinheiro. Neles estão os bens e direitos realizáveis até o fim do exercício seguinte ao que nos encontramos.

10.1.1. Disponibilidades

Lembre-se
Em disponibilidades, são classificados os elementos em dinheiro ou imediatamente conversíveis em dinheiro. São os elementos mais líquidos da entidade.

Podemos citar como exemplos: a conta **caixa** (que é a mais líquida de uma entidade por representar dinheiro em espécie nas mãos da empresa), a conta **bancos** (dinheiro depositado nas contas da entidade em instituições financeiras) e os **investimentos de liquidez imediata e baixo risco**.

10.1.2. Caixa

A conta caixa contabiliza o ativo mais líquido de uma entidade, representando dinheiro em espécie nas mãos de uma entidade.

Segundo o CPC 03:

> Caixa compreende numerário em espécie e depósitos bancários disponíveis

> Equivalentes de caixa são aplicações financeiras de curto prazo, de alta liquidez, que são prontamente conversíveis em montante conhecido de caixa e que estão sujeitas a um insignificante risco de mudança de valor

Sobre a conta caixa, a empresa pode manter:

> Um **fundo fixo**, em que se define uma quantia fixa de valor para a conta caixa que é utilizada para pagamentos e, posteriormente, o valor gasto é reposto

> Um **fundo variável**, que vai se alterando ao longo do tempo pelo recebimento e pagamento em dinheiro, ou seja, não possui um valor fixo

O **caixa é avaliado pelo valor histórico**, ou seja, pelo valor em dinheiro que foi colocado no caixa em sua constituição e pelos valores repostos. Vamos ver os lançamentos mais comuns nessas contas. Vejamos exemplos dos dois abaixo.

Exemplo de **FUNDO FIXO:**

a) Constituição inicial: constituído um fundo fixo no valor de R$ 100. Portanto, será feita uma transferência de R$ 100 do banco para compor o caixa da empresa.

D – Caixa (ativo circulante)   R$ 100
C – Banco (ativo circulante)   R$ 100

ATIVO CIRCULANTE	
Caixa	100

b) Pagando uma despesa: posteriormente, foi pago, em dinheiro, despesas com material de escritório no valor de R$ 30. Nesse momento, o valor é pago, mas ainda não lançado. A entidade acumula os comprovantes em um **relatório de caixa**, onde constatarão o dinheiro disponível e os comprovantes de despesas pagas.

c) Recompondo fundo fixo de caixa: quando houver a recomposição do valor do caixa, a despesa será reconhecida por meio do lançamento abaixo.

D – Despesa com material de escritório (resultado)   R$ 30
C – Bancos (ativo circulante)   R$ 30

RESULTADO			RESULTADO	
Caixa	100		(–) Despesas	30

Exemplo de **FUNDO VARIÁVEL:**

a) Constituição: saque de R$ 100 do banco para compor o caixa da empresa.

D – Caixa (ativo circulante)   R$ 100
C – Banco (ativo circulante)   R$ 100

ATIVO CIRCULANTE	
Caixa	100

b) Pagando uma despesa: supondo que a mesma entidade tenha despesas com material de escritório de R$ 30 pagas pelo caixa.

D – Despesa com material de escritório (resultado)   R$ 30
C – Caixa (ativo circulante)   R$ 30

ATIVO CIRCULANTE			RESULTADO	
Caixa	70		(–) Despesas	30

10.1.3. Bancos

A conta **bancos ou bancos conta movimento** registra os valores que a entidade possui depositados em suas contas bancárias. Na prática, é a conta mais utilizada pelas entidades para o pagamento de suas despesas e de suas compras, uma vez que o valor presente na conta caixa é para pagamentos de pequeno valor.

Os saldos negativos de contas bancárias representam que a entidade utilizou valores além dos depositados na instituição financeira, resultante de uma **operação de crédito**. Isso se origina, por exemplo, da linha de crédito conhecida como cheque especial. Nesse caso, a conta bancos deixa de representar um ativo, representando uma obrigação de pagamento do valor do crédito, sendo esse saldo negativo classificado no **passivo circulante**. Os saldos negativos e positivos dessas contas de uma mesma instituição financeira devem ser compensados ao fim do exercício para fins de classificação.

Empréstimos bancários são geralmente considerados como atividades de financiamento. Entretanto, saldos bancários a descoberto, decorrentes de empréstimos obtidos por meio de instrumentos como cheques especiais ou contas-correntes garantidas que são **liquidados em curto lapso temporal** compõem parte integral da gestão de caixa da entidade. Nessas circunstâncias, saldos bancários a descoberto **são incluídos como componente de caixa e equivalentes de caixa**. Uma característica desses arranjos oferecidos pelos bancos é que frequentemente os saldos flutuam de devedor para credor.

Os saldos bancários da entidade em instituições financeiras devem ser comparados periodicamente com o valor do saldo bancário contabilizado. **Esse procedimento se chama conciliação bancária**, e deve ser feito periodicamente

Outro fato que deve ser destacado é contabilização da emissão de cheques na conta bancos. A data em que deve ser contabilizada **é a data de emissão do cheque**. Sendo assim, ele pode ainda não ter sido sacado, mas o saldo contábil da conta bancos estará considerando a sua emissão.

A conta cheques em trânsito ou numerários em trânsito representa os cheques recebidos e emitidos ainda não depositados ou sacados no banco. Como o extrato bancário apontou que os cheques não foram compensados, deve-se manter as contas como estão, ou seja, aguardando a compensação.

A conta depósitos bancários vinculados à liquidação de empréstimos **não pode ser considerada uma disponibilidade** pois apresenta **uma vinculação**.

Vamos ver exemplos de lançamentos que podem ocorrer na conta bancos.

a) Entrada do dinheiro da integralização de capital: integralização dos sócios no valor de R$ 100.000.

D – Bancos (ativo circulante)	R$ 100.000
C – Capital social (patrimônio líquido)	R$ 100.000

Balanço patrimonial			
Ativo circulante		Patrimônio líquido	
Bancos	R$ 100.000,00	Capital social	R$ 100.000,00

b) Recebimento de vendas: recebimento de vendas à vista no valor de R$ 30.000.

D – Bancos (ativo circulante)	R$ 30.000
C – Receita com vendas (resultado)	R$ 30.000

BANCO		CAPITAL SOCIAL		RECEITA COM VENDAS
100.000 30.000			100.000		30.000

Balanço patrimonial			
Ativo circulante		Patrimônio líquido	
Bancos	R$ 130.000,00	Capital social	R$ 100.000,00
		*Resultado provisório do exercício	R$ 30.000,00
Demonstração do resultado do exercício			
Receita bruta		R$ 30.000,00	

10.1.4. Instrumentos financeiros

Lembre-se

Instrumento financeiro é qualquer contrato que origine um ativo financeiro para a entidade e um passivo financeiro (uma dívida, por exemplo) ou instrumento patrimonial para outra entidade (quotas ou ações).

Importante

A entidade deve reconhecer um instrumento financeiro em seu balanço patrimonial, quando, e apenas quando, a entidade se tornar parte das disposições contratuais do instrumento.

Ou seja, se houver apenas a mera expectativa de se tornar parte das disposições contratuais do instrumento, o **instrumento não deverá ser reconhecido**.

a) **Ativo financeiro** é qualquer ativo que seja:
- Caixa.
- Instrumento patrimonial de outra entidade.
- Direito contratual:
    - De receber caixa ou outro ativo financeiro de outra entidade.
    - De troca de ativos financeiros ou passivos financeiros com outra entidade sob condições potencialmente favoráveis para a entidade.
- Um contrato que seja ou possa vir a ser liquidado por instrumentos patrimoniais da própria entidade, e que:
    - Não é um derivativo no qual a entidade é ou pode ser obrigada a receber um número variável de instrumentos patrimoniais da própria entidade.
    - Um derivativo que será ou poderá ser liquidado de outra forma que não pela troca de um montante fixo de caixa ou outro ativo financeiro, por número fixo de instrumentos patrimoniais da própria entidade. Para esse propósito, os instrumentos patrimoniais da própria entidade não incluem os instrumentos financeiros com opção de venda classificados como instrumentos patrimoniais, os instrumentos que imponham a obrigação a uma entidade de entregar à outra parte um pro rata como parte dos ativos líquidos da entidade apenas na liquidação e são classificados como instrumentos patrimoniais, ou os instrumentos que são contratos para futuro recebimento ou entrega de instrumentos patrimoniais da entidade.

b) **Passivo financeiro** é qualquer passivo que seja:

- Uma obrigação contratual de:
    - Entregar caixa ou outro ativo financeiro a uma entidade.
    - Trocar ativos financeiros ou passivos financeiros com outra entidade sob condições que são potencialmente desfavoráveis para a entidade.
- Contrato que será ou poderá ser liquidado por instrumentos patrimoniais da própria entidade, e seja:
    - Um não derivativo no qual a entidade é ou pode ser obrigada a entregar um número variável de instrumentos patrimoniais da entidade.
    - Um derivativo que será ou poderá ser liquidado de outra forma que não pela troca de um montante fixo em caixa, ou outro ativo financeiro, por um número fixo de instrumentos patrimoniais da própria entidade. Para esse propósito, os instrumentos patrimoniais da entidade não incluem instrumentos financeiros com opção de venda que são classificados como instrumentos patrimoniais, instrumentos que imponham à entidade a obrigação de entregar à outra parte um pro rata de parte dos ativos líquidos da entidade apenas na liquidação e são classificados como instrumentos patrimoniais, ou instrumentos que são contratos para futuro recebimento ou entrega de instrumentos patrimoniais da própria entidade.

c) **Instrumento patrimonial** é qualquer contrato que evidencie uma participação nos ativos de uma entidade após a dedução de todos os seus passivos. Ou seja, representa uma participação no seu patrimônio líquido.

Na definição de ativo financeiro e de passivo financeiro temos uma palavra que precisamos compreender o significado: derivativo.

Lembre-se

Derivativos são instrumentos financeiros que derivam de um contrato onde a maior parte de seu valor varia de acordo com o preço de um ativo subjacente (por exemplo, o ouro), ou de taxa (por exemplo, o dólar) ou índice (por exemplo, o CDI) adotada como referência.

Segundo o CPC 48:

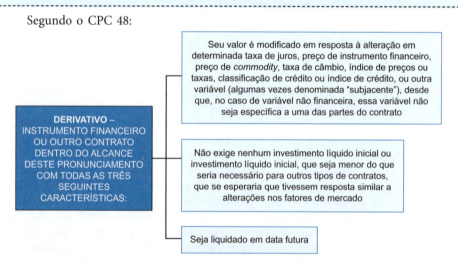

Quando, na descrição de ativo financeiro e passivo financeiro, vemos a menção **"não derivativo"**, devemos entender que aquele instrumento financeiro não varia de acordo com o preço de um ativo subjacente, taxa ou índice adotado como referência.

10.1.5. Reconhecimento e desreconhecimento

Lembre-se

A entidade **deve reconhecer** um ativo financeiro ou um passivo financeiro em seu balanço patrimonial, quando, e apenas quando, a entidade **se tornar parte das disposições contratuais do instrumento**.

Lembre-se

A entidade **deve desreconhecer** um ativo financeiro quando, e apenas quando:
- Os **direitos contratuais** aos fluxos de caixa do ativo financeiro **expirarem**.
- Transferir o ativo financeiro e a transferência.

A compra ou a venda de forma regular de ativos financeiros deve ser **reconhecida e desreconhecida**, conforme aplicável, utilizando-se a contabilização na **data da negociação ou a contabilização na data da liquidação**.

A entidade deve **transferir** um ativo financeiro se, e apenas se:

- Transferir os direitos contratuais de receber fluxos de caixa do ativo financeiro.
- Retiver os direitos contratuais de receber fluxos de caixa do ativo financeiro, mas assumir a obrigação contratual de pagar os fluxos de caixa a um ou mais recebedores.

10.1.6. Classificação

10.1.6.1. Lei das S.A.

Segundo a **Lei das S.A.**, no balanço, as aplicações em instrumentos financeiros, inclusive derivativos, e em direitos e títulos de créditos, classificados no ativo circulante ou no realizável a longo prazo são divididas **em destinadas à negociação, disponíveis para venda e mantidas até o vencimento.**

Instrumento financeiro destinado à negociação (também conhecido como destinado à venda imediata) é o ativo financeiro ou passivo financeiro que:

- É adquirido ou incorrido principalmente para ser vendido ou recomprado no curto prazo.
- No reconhecimento inicial, faz parte da carteira de instrumentos financeiros identificados que sejam administrados em conjunto e para os quais há evidência de um padrão real recente de obtenção de lucros no curto prazo.
- É derivativo (exceto derivativo que seja contrato de garantia financeira ou instrumento de hedge designado e efetivo).

A negociação reflete normalmente **a compra e a venda ativas e frequentes** (como o hedge ou derivativo), e os instrumentos financeiros mantidos para negociação são geralmente usados com o **objetivo de gerar lucro** com as flutuações de curto prazo no preço ou na margem do operador.

Instrumentos financeiros disponíveis para venda (também conhecidos como destinados à negociação futura) são aqueles ativos financeiros não derivativos que são designados como disponíveis para venda ou que não são classificados como:

- Empréstimos e contas a receber.
- Investimentos mantidos até o vencimento.
- Ativos financeiros pelo valor justo por meio do resultado (destinados à negociação).

Cabe destacar que o conceito de instrumentos financeiros disponíveis para a venda **foi revogado junto com a OCPC 3** (orientação de um pronunciamento técnico, se referindo ao CPC 38, que foi revogado salvo algumas exceções previstas no pronunciamento). Contudo, **mantemos aqui esse conceito para você conhecer por dois motivos**: primeiro, não existe outro ato que especifique esse conceito que ainda está previsto na Lei das S.A. segundo, e mais importante, vemos que bancas ainda cobram esse conceito.

Instrumentos financeiros mantidos até o vencimento são ativos financeiros não derivativos com pagamentos fixos ou determináveis e com vencimentos definidos para os quais a entidade tem a intenção positiva e a capacidade de manter até o vencimento. A entidade não tem a intenção positiva de manter um investimento até o vencimento em ativo financeiro com vencimento fixo se:

- A entidade pretende manter o ativo financeiro por período indeterminado.
- A entidade estiver pronta para vender o ativo financeiro (exceto se uma situação que não seja recorrente surja e que não possa ter sido razoavelmente prevista pela entidade) em resposta a alterações nas taxas de juros de mercado ou nos riscos, a necessidades de liquidez, a alterações na disponibilidade e no rendimento de investimentos alternativos, a alterações nas fontes e condições de financiamento ou a alterações no risco cambial.
- O emissor tiver o direto de liquidar o ativo financeiro por quantia significativamente abaixo do seu custo amortizado.

10.1.6.2. CPC 48

Atenção

A menos que opte por designar o ativo como mensurado ao valor justo por meio do resultado, a entidade deve classificar ativos financeiros como subsequentemente mensurados ao custo amortizado, ao valor justo por meio de outros resultados abrangentes ou ao valor justo por meio do resultado com base:
- No modelo de negócios da entidade para a gestão dos ativos financeiros.
- Nas características de fluxo de caixa contratual do ativo financeiro.

a) Classificado como mensurado pelo custo amortizado

O ativo financeiro deve ser mensurado ao **custo amortizado** se ambas as seguintes condições forem atendidas:

- O ativo financeiro for mantido dentro de modelo de negócios cujo objetivo seja manter ativos financeiros com **o fim de receber fluxos de caixa contratuais**.

- Os termos contratuais do ativo financeiro derem origem, em datas especificadas, a fluxos de caixa que constituam **exclusivamente pagamentos de principal e juros sobre o valor do principal em aberto**.

b) Classificado como mensurado ao valor justo por meio de outros resultados abrangentes

O ativo financeiro deve ser **mensurado ao valor justo por meio de outros resultados abrangentes** se ambas as seguintes condições forem atendidas:

- O ativo financeiro for mantido dentro de modelo de negócios cujo objetivo seja atingido **tanto pelo recebimento de fluxos de caixa contratuais quanto pela venda de ativos financeiros**.
- Os termos contratuais do ativo financeiro derem origem, em datas especificadas, a fluxos de caixa que constituam exclusivamente pagamentos de principal e juros sobre o valor do principal em aberto.

c) Classificado como mensurado a valor justo por meio do resultado

O ativo financeiro **deve ser mensurado ao valor justo por meio do resultado**, a menos que seja mensurado ao custo amortizado ou ao valor justo por meio de outros resultados abrangentes. Entretanto, **a entidade pode efetuar uma escolha irrevogável** no reconhecimento inicial para investimentos específicos em instrumento patrimonial, que de outro modo seriam mensurados ao valor justo por meio do resultado, de apresentar alterações subsequentes no valor justo em outros resultados abrangentes.

d) Opção de designar ativo financeiro como ao valor justo por meio do resultado

Não obstante os itens, **a entidade pode, no reconhecimento inicial, designar de modo irrevogável um ativo financeiro como mensurado ao valor justo por meio do resultado** se, ao fazê-lo, puder **eliminar ou reduzir significativamente uma inconsistência de mensuração ou de reconhecimento** (algumas vezes referida como "descasamento contábil") que, de outro modo, pode resultar da mensuração de ativos ou passivos ou do reconhecimento de ganhos e perdas nesses ativos e passivos em bases diferentes.

Em resumo:

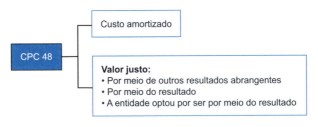

É importante que você tenha em mente as classificações dos itens acima, pois existe grande chance de ser cobrado em prova. Comparando o previsto na Lei das S.A. e no CPC 48, podemos fazer o seguinte quadro:

	Instrumentos financeiros
Lei das S.A.	• Destinados à negociação • Disponíveis para venda (negociação futura) • Mantidos até o vencimento e demais aplicações
CPC 48	• Instrumento financeiro avaliado ao valor justo por meio do resultado • Instrumento financeiro avaliado ao valor justo por meio de outros resultados abrangentes • Instrumento financeiro mensurado pelo custo amortizado • Instrumento financeiro que a entidade optou por designar ativo financeiro como ao valor justo por meio do resultado

Como falamos antes, essas diferentes nomenclaturas são originadas da dinâmica das mudanças das normas advindas das normas internacionais que **são internalizadas no Brasil pelo CPC**, além disso, a mudança de termos de uma lei (que tem que passar pelo Congresso Nacional) se mostra mais demorada. Veremos nesta obra várias situações em que a **Lei das S.A. utiliza determinados termos e o CPC utiliza outros**.

Mas, professor, o que eu devo fazer? Como virá na prova?

Você deve **conhecer os dois conceitos e correlacioná-los**, como consta na tabela acima. As questões podem cobrar a literalidade da Lei das S.A. para questões teóricas, mas, o que vemos, é que os conceitos do CPC 48 é que vêm sendo cobrados em prova.

10.1.7. Mensuração

10.1.7.1. Lei das S.A.

Segundo a Lei das S.A., no balanço, as aplicações em instrumentos financeiros, inclusive derivativos, e em direitos e títulos de créditos, classificados no ativo circulante ou no realizável a longo prazo devem ser avaliadas segundo o quadro abaixo:

Importante

Inicialmente, **pelo valor da sua aquisição.** Posteriormente, a depender da sua classificação:
- Pelo seu valor justo, quando se tratar de aplicações destinadas à negociação ou disponíveis para venda.
- Pelo valor de custo de aquisição ou valor de emissão, atualizado conforme disposições legais ou contratuais, ajustado ao valor provável de realização, quando este for inferior, no caso das demais aplicações e os direitos e títulos de crédito.

Valor justo dos instrumentos financeiros **deve ser considerado o valor que pode se obter em um mercado ativo, decorrente de transação não compulsória realizada entre partes independentes.**

Na ausência de um mercado ativo para determinado instrumento financeiro, considera-se valor justo:

- O valor que se pode obter em um mercado ativo com a negociação de outro instrumento financeiro de natureza, prazo e risco similares.
- O valor presente líquido dos fluxos de caixa futuros para instrumentos financeiros de natureza, prazo e risco similares.
- O valor obtido por meio de modelos matemático-estatísticos de precificação de instrumentos financeiros.

10.1.7.2. CPC 48

Lembre-se

Exceto por contas a receber de clientes, no reconhecimento inicial, a entidade deve mensurar um ativo financeiro ou passivo financeiro ao seu valor justo, mais ou menos, no caso de ativo financeiro ou passivo financeiro que não seja ao valor justo por meio do resultado, os custos de transação que sejam diretamente atribuíveis à aquisição ou à emissão do ativo financeiro ou passivo financeiro.

O conceito acima transcrito como o valor do reconhecimento inicial dos ativos financeiros e passivos financeiros também é conhecido como **preço de transação**. Ou seja, o custo pago na transação pelo ativo ou passivo, mais ou menos os custos de transação (por exemplo, taxas de corretagem) atribuíveis à aquisição do ativo financeiro ou passivo financeiro.

Reconhecimento inicial do ativo financeiro (preço de transação) = Valor justo do ativo financeiro + custos de transação

Contudo, se o valor justo do ativo financeiro ou passivo financeiro no reconhecimento inicial **diferir do preço da transação** e quando a entidade utilizar a data de liquidação para contabilização do ativo que seja subsequentemente mensurado ao custo amortizado, o ativo é reconhecido inicialmente ao **seu valor justo na data de negociação**.

Valor justo é o preço que seria recebido pela venda de um ativo ou que seria pago pela transferência de um passivo em uma transação não forçada entre participantes do mercado na data de mensuração.

Atenção

Após o reconhecimento inicial, a entidade deve mensurar **o ativo financeiro**:
- Ao custo amortizado.
- Ao valor justo por meio de outros resultados abrangentes.
- Ao valor justo por meio do resultado.

Lembre-se

A entidade deve aplicar os requisitos de redução ao valor recuperável a ativos financeiros mensurados ao custo amortizado e a ativos financeiros mensurados ao valor justo por meio de outros resultados abrangentes.

10.1.7.2.1. Instrumento financeiro avaliado pelo custo amortizado

Quando vimos acima a classificação dos instrumentos financeiros, vimos que os instrumentos financeiros classificados pelo custo amortizado tratam de **receber fluxos de caixa contratuais e exclusivamente pagamentos de principal e juros sobre o valor do principal em aberto**.

Mas como deve ser feito esse cálculo?

A receita de juros deve ser calculada utilizando-se o **método de juros efetivos**. Isso deve ser calculado aplicando-se a taxa de **juros efetiva ao valor contábil bruto do ativo financeiro**, exceto por:

- Ativos financeiros **comprados ou originados** com problemas de recuperação de crédito. Para esses ativos financeiros, a entidade deve aplicar a taxa de juros efetiva ajustada ao crédito ao custo amortizado do ativo financeiro desde o reconhecimento inicial.
- Ativos financeiros que **não são comprados ou originados** com problemas de recuperação de crédito, mas que posteriormente se tornaram ativos financeiros com problemas de recuperação de crédito. Para esses ativos financeiros, a entidade deve aplicar a taxa de juros efetiva ao custo amortizado do ativo financeiro em períodos de relatório subsequentes.

Importante

Para a finalidade de aplicar o previsto para os ativos financeiros mensurados ao custo amortizado e para os ativos financeiros mensurados ao valor justo por meio de outros resultados abrangentes:
- **Principal** é o valor justo do ativo financeiro no reconhecimento inicial.
- **Juros** consistem em contraprestação pelo valor do dinheiro no tempo, pelo risco de crédito associado ao valor do principal em aberto durante período de tempo específico e por outros riscos e custos básicos de empréstimo, bem como a margem de lucro.

Vejamos um exemplo.

A Cia. Alfa comprou um título de crédito da Cia. Sande no valor de R$1.000 (esse é o valor do principal) com custos de transação de R$ 10. Esse título rende 5% ao ano e a Cia. Sande irá recomprá-lo após 10 anos pelo seu valor contábil.

Primeiro devemos classificar o título. Por implicar um fluxo de caixa contratual e recebimento de juros e de principal, ele deve ser classificado como instrumento financeiro mensurado pelo custo amortizado.

Em segundo lugar, devemos registrá-lo pela sua mensuração inicial. A sua mensuração inicial será o valor justo do título R$ 1.000 mais os custos de transação R$ 10. Portanto, o valor registrado no balanço patrimonial será:

ATIVO CIRCULANTE	
Instrumentos financeiros	R$ 1.010

Ao fim do exercício, a Cia. Alfa faz um ajuste no valor computando o rendimento com juros que totaliza R$ 50 (R$ 1.000 × 5%). Portanto, o valor registrado no balanço patrimonial e na DRE será:

ATIVO CIRCULANTE	
Instrumentos financeiros	R$ 1.060

DEMONSTRAÇÃO DO RESULTADO DO EXERCÍCIO	
Receitas financeiras	R$ 50

10.1.7.2.2. Instrumento financeiro avaliado pelo valor justo por meio de outros resultados abrangentes

Como vimos, o **valor justo** é o preço que seria recebido pela venda de um ativo ou que seria pago pela transferência de um passivo em uma transação não forçada entre participantes do mercado na data de mensuração.

No método de avaliação pelo valor justo por meio de outros resultados abrangentes, o ativo é avaliado a valor justo ao fim do exercício e o resultado da diferença entre os valores, **para mais ou para menos**, deve compor os outros resultados abrangentes e ir para **conta ajustes de avaliação patrimonial no patrimônio líquido**. É importante ressaltar que esse valor registrado por meio de outros resultados abrangentes **é somente o valor que superar o rendimento do título**.

Veremos o que significa outros resultados abrangentes em mais detalhes em outro capítulo, mas, para você entender rapidamente, outros resultados abrangentes trazem os valores que alteram o valor do patrimônio líquido sem passar pelo resultado do exercício.

Vejamos um exemplo.

A Cia. Alfa comprou um título de crédito da Cia. Neiva no valor de R$1.000 com custos de transação R$ 10. Ao fim do exercício, o título rendeu R$ 100 de juros. O valor justo do título ao fim do exercício é de R$ 1.200.

Primeiro devemos classificar o título. Por implicar um fluxo de caixa contratual (recebimento de juros e de principal) e pelo fato de possuir um modelo de negócios cujo objetivo pode ser atingido tanto pelo recebimento de fluxos de caixa contratuais quanto pela venda de ativos financeiros, ele deve ser classificado como instrumento financeiro mensurado pelo valor justo por meio de outros resultados abrangentes.

Em segundo lugar, devemos registrá-lo pela sua mensuração inicial. A sua mensuração inicial será o valor justo do título R$ 1.000 mais os custos de transação R$ 10. Portanto, o valor registrado no balanço patrimonial será:

ATIVO CIRCULANTE	
Instrumentos financeiros	R$ 1.010

Ao fim do exercício, a Cia. Alfa faz um ajuste para o valor justo do título computando, antes, o rendimento dos juros. Portanto, o valor registrado no balanço patrimonial e no PL será:

ATIVO CIRCULANTE	
Instrumentos financeiros	R$ 1.200

DEMONSTRAÇÃO DO RESULTADO DO EXERCÍCIO	
Receitas financeiras	R$ 100

PATRIMÔNIO LÍQUIDO	
Ajuste de avaliação patrimonial	R$ 90

*OBSERVAÇÃO: Esse valor na conta ajuste de avaliação patrimonial poderia ser negativo, caso o valor justo fosse menor que o do registro inicial.

10.1.7.2.3. Ao valor justo por meio do resultado

Nesse método, o ativo é avaliado a valor justo ao fim do exercício e o resultado da diferença entre os valores, **para mais ou para menos**, deve compor o resultado do período.

Vejamos um exemplo.

A Cia. Alfa comprou um instrumento patrimonial da Cia. SS no valor de R$1.000 com custos de transação de R$ 10 referente a custos de transação. O valor justo do título ao fim do exercício é de R$ 1.200.

Primeiro devemos classificar o título. A entidade fez a escolha de classificar o instrumento financeiro pelo valor justo por meio do resultado.

Em segundo lugar, devemos registrá-lo pela sua mensuração inicial. A sua mensuração inicial será o valor justo do título R$ 1.000 mais os custos de transação R$ 10. Portanto, o valor registrado no balanço patrimonial será:

ATIVO CIRCULANTE	
Instrumentos financeiros	R$ 1.010

Ao fim do exercício, a Cia. Alfa faz um ajuste para o valor justo do título computando, antes, o rendimento dos juros. Portanto, o valor registrado no balanço patrimonial e na DRE será:

ATIVO CIRCULANTE	
Instrumentos financeiros	R$ 1.200

DEMONSTRAÇÃO DO RESULTADO DO EXERCÍCIO	
Receitas financeiras	R$ 100

DEMONSTRAÇÃO DO RESULTADO DO EXERCÍCIO	
Avaliação a valor justo	R$ 90

Ou seja:

Tipo do instrumento	Alocação do rendimento	Alocação do valor justo
Instrumento financeiro avaliado ao valor justo por meio do resultado	Resultado	Ajuste no resultado
Instrumento financeiro avaliado ao valor justo por meio de outros resultados abrangentes	Resultado	Em ajuste de avaliação patrimonial no PL
Instrumento financeiro mensurado pelo custo amortizado	Resultado	Não há

CAP. 10 – ATIVO | 121

QUESTÕES COMENTADAS

(FCC – Analista de Gestão/SABESP/Contabilidade/2018) As características das aplicações financeiras realizadas por uma empresa no dia 01/12/2016 são apresentadas na tabela a seguir:

Valor aplicado (R$)	Data de vencimento	Mensuração definida pela empresa	Taxa de juros	Valor justo em 31/12/2016 (R$)
600.000,00	31/05/2020	Mensuração ao valor justo por meio de outros resultados abrangentes	1% a.m.	604.000,00
800.000,00	30/06/2022	Mensuração ao custo amortizado	2% a.m.	820.000,00
1.000.000,00	31/10/2019	Mensuração ao valor justo por meio do resultado	1,5% a.m.	1.018.000,00

O valor total apresentado no balanço patrimonial da empresa, em 31/12/2016, e o efeito total na demonstração do resultado de 2016, para as três aplicações em conjunto foram, respectivamente, em reais,

a) 2.437.000,00 e 37.000,00.

b) 2.442.000,00 e 42.000,00.

c) 2.438.000,00 e 38.000,00.

d) 2.438.000,00 e 40.000,00.

e) 2.438.000,00 e 35.000,00.

RESPOSTA: D

COMENTÁRIO: A resposta desse tipo de questão deve ser feita em duas etapas. Na primeira etapa, temos que atualizar o seu valor no mês de dezembro:

	Valor de aquisição	Receita com juros	Valor final
Ativo 1	R$ 600.000,00	R$ 6.000,00	R$ 606.000,00
Ativo 2	R$ 800.000,00	R$ 16.000,00	R$ 816.000,00
Ativo 3	R$ 1.000.000,00	R$ 15.000,00	R$ 1.015.000,00

Os lançamentos seriam:

D – Instrumentos financeiros (ativo circulante) R$ 6.000

C – Receitas financeiras (resultado) R$ 6.000

D – Instrumentos financeiros (ativo circulante) R$ 16.000

C – Receitas financeiras (resultado) R$ 16.000

D – Instrumentos financeiros (ativo circulante) R$ 15.000

C – Receitas financeiras (resultado) R$ 15.000

Na segunda etapa, temos que considerar o valor justo nos títulos que são assim avaliados:

	Valor de aquisição ajustado	Valor justo	Valor final
Ativo 1	R$ 606.000,00	R$ 604.000,00	R$ 604.000,00
Ativo 2	R$ 816.000,00	R$ 820.000,00	R$ 816.000,00
Ativo 3	R$ 1.015.000,00	R$ 1.018.000,00	R$ 1.018.000,00
		Total	R$ 2.438.000,00

QUESTÕES COMENTADAS

O ativo 2 é avaliado pelo custo histórico amortizado e não sofre nenhum lançamento adicional, uma vez que já foi atualizado na primeira etapa. Os outros dois (mensuração ao valor justo por meio de outros resultados abrangentes – ativo 1 e mensuração ao valor justo por meio do resultado – ativo 3) são avaliados pelo valor justo.

Os outros ativos sofreriam os seguintes lançamentos:

Ativo 1
| D – Ajustes de avaliação patrimonial (PL) | R$ 2.000 |
| C – Instrumentos financeiros (ativo circulante) | R$ 2.000 |

Ativo 3
| D – Instrumentos financeiros (ativo circulante) | R$ 3.000 |
| C – Receitas financeira com avaliação ao valor justo (resultado) | R$ 3.000 |

Após a conclusão de todas as operações podemos encontrar o impacto no resultado:
Impacto no resultado = 6.000 + 16.000 + 15.000 + 3.000 = **40.000**

(FCC – Analista de Fomento/AFAP/Contador/2019) A empresa Aplic S.A. ajustou o valor em sua Contabilidade de um Certificado de Depósito Bancário (CDB), refletindo o valor de mercado do papel. Esse procedimento contábil evidencia que o CDB passou a estar registrado a:

a) Custo histórico.

b) Valor justo.

c) Valor financeiro.

d) Custo amortizado.

e) Custo de reposição.

RESPOSTA: B

COMENTÁRIO: O instrumento pode ser avaliado pelo custo amortizado ou pelo valor justo. No caso, como ele refletiu o valor de mercado, esse é o seu valor justo.

10.1.8. Redução do valor recuperável

A entidade deve reconhecer **uma provisão para perdas de crédito esperadas** em ativo financeiro mensurados **ao custo amortizado** e a ativos financeiros mensurados **ao valor justo por meio de outros resultados abrangentes**, em recebível de arrendamento, em ativo contratual ou em compromisso de empréstimo e em contrato de garantia financeira aos quais se aplicam os requisitos de redução ao valor recuperável.

A entidade deve aplicar os requisitos de redução ao valor recuperável para o reconhecimento e a mensuração de provisão para perdas de ativos financeiros que são mensurados ao valor justo por meio de outros resultados abrangentes. Entretanto, **a provisão para perdas deve ser reconhecida em outros resultados abrangentes e não deve reduzir o valor contábil do ativo financeiro no balanço patrimonial**.

O objetivo dos requisitos de redução ao valor recuperável é reconhecer perdas de crédito esperadas para todos os instrumentos financeiros para os quais **houve aumentos significativos no risco de crédito desde o reconhecimento inicial**, avaliados de forma individual ou coletiva, considerando todas as informações razoáveis e sustentáveis, **incluindo informações prospectivas**.

A entidade deve **reconhecer no resultado**, como **ganho ou perda na redução ao valor recuperável**, o valor das perdas de crédito esperadas (ou reversão) requerido para ajustar a provisão para perdas na data de relatório ao valor que deve ser reconhecido.

Importante

Se, na data do relatório, o risco de crédito de instrumento financeiro **não tiver aumentado significativamente desde o reconhecimento inicial**, a entidade deve mensurar a provisão para perdas para esse instrumento financeiro ao valor equivalente às **perdas de crédito esperadas para 12 meses**.

10.1.9. Reclassificação de ativo financeiro

Lembre-se
Se uma entidade reclassificar ativos financeiros, ela deve aplicar a **reclassificação prospectivamente a partir da data da reclassificação**. A entidade não deve reapresentar nenhum ganho, perda (incluindo ganho ou perda por redução ao valor recuperável) ou juro reconhecido anteriormente.

Vejamos o que acontece em cada caso de reclassificação:

a) Se uma entidade reclassifica um ativo financeiro **da categoria de mensuração ao custo amortizado para a categoria de mensuração ao valor justo por meio do resultado**, seu valor justo deve ser mensurado na data da reclassificação. Qualquer ganho ou perda decorrente da diferença entre o custo amortizado anterior do ativo financeiro e o valor justo **é reconhecido no resultado**.

b) Se uma entidade reclassifica um ativo financeiro **da categoria de mensuração ao valor justo por meio do resultado para a categoria de mensuração ao custo amortizado, seu valor justo na data da reclassificação torna-se seu novo valor contábil bruto**.

c) Se uma entidade reclassifica um ativo financeiro **da categoria de mensuração ao custo amortizado para a categoria de mensuração ao valor justo por meio de outros resultados abrangentes**, seu valor justo deve ser mensurado na data de reclassificação. Qualquer ganho ou perda decorrente da diferença entre o custo amortizado anterior do ativo financeiro e o valor justo é **reconhecido em outros resultados abrangentes**. A taxa de juros efetiva e a mensuração de perdas de crédito esperadas não são ajustadas em decorrência da reclassificação.

d) Se uma entidade reclassifica um ativo financeiro **da categoria de mensuração ao valor justo por meio de outros resultados abrangentes para a categoria de mensuração ao custo amortizado**, o ativo financeiro deve ser reclassificado ao seu valor justo na data da reclassificação. Entretanto, o ganho ou a perda acumulada anteriormente **reconhecida em outros resultados abrangentes é transferido do patrimônio líquido e ajustado contra o valor justo do ativo financeiro na data da reclassificação**. Como resultado, o ativo financeiro deve ser mensurado na data da reclassificação como se tivesse sempre sido mensurado ao custo amortizado. Esse ajuste afeta outros resultados abrangentes, mas não afeta o resultado e, portanto, não é ajuste de reclassificação. A taxa de juros efetiva e a mensuração de perdas de crédito esperadas não são ajustadas como resultado da reclassificação.

e) Se uma entidade reclassifica um ativo financeiro **da categoria de mensuração ao valor justo por meio do resultado para a categoria de mensuração ao valor justo por meio de outros resultados abrangentes**, o ativo financeiro continua a ser mensurado ao valor justo.

f) Se uma entidade reclassifica um ativo financeiro **da categoria de mensuração ao valor justo por meio de outros resultados abrangentes para a categoria de mensuração ao valor justo por meio do resultado**, o ativo financeiro **continua a ser mensurado ao valor justo**. O ganho ou a perda acumulada anteriormente reconhecida em outros resultados abrangentes deve ser reclassificado do patrimônio líquido para o resultado como ajuste de reclassificação na data da reclassificação.

Visto isso sobre instrumentos financeiros, vamos passar para os próximos assuntos relacionados com o ativo circulante.

10.1.10. Direitos realizáveis no exercício social subsequente

---

Lembre-se

Os direitos realizáveis no exercício social subsequente são direitos realizáveis no mesmo exercício ou no exercício imediatamente após o exercício social atual.

Por exemplo, supondo que uma entidade adote o exercício social iniciando em janeiro e encerrando em dezembro, quando ela fizer o balanço no fim do exercício social de 2019, estariam classificados aqui os direitos realizáveis no exercício social subsequente os direitos realizáveis durante o exercício social de 2020.

Em outro exemplo, se levantado um **balanço intermediário** em junho de 2019, de um exercício social que se encerra no fim de 2020, serão classificados em direitos realizáveis no exercício social subsequente os direitos realizáveis no restante de 2019 e em todo o exercício de 2020.

Os direitos realizáveis no exercício social subsequente **podem tratar de bens ou de direitos propriamente ditos**.

Sobre os direitos realizáveis sobre bens podemos citar como exemplo: a conta estoque de matérias-primas e a conta mercadorias. Sobre as mercadorias, é interessante destacar que quando a intenção é a revenda ou utilizá-la como insumo, dentro do prazo de realização de até o exercício social subsequente, ela é classificada no ativo circulante. Caso as mesmas mercadorias (ou parte delas) sejam adquiridas com a intenção de uso permanente, elas devem ser classificadas no ativo imobilizado.

Sobre os direitos realizáveis que tratam de direitos propriamente ditos, temos as contas: **duplicatas a receber, adiantamentos a fornecedores e ICMS a recuperar**.

10.1.11. Duplicatas

Nas suas vendas, uma empresa é **obrigada** a emitir uma fatura, que seria um registro especificando os serviços prestados e/ou mercadorias vendidas. Todos recebem, mensalmente, faturas de contas de energia elétrica, conta de telefone etc.

Se a empresa deseja ter **mais garantia ou negociar o direito a receber com mais facilidade**, ela **pode optar por emitir uma duplicata**. A maior garantia vem do fato de, por representar um título de dívida confessada pelo devedor (pois ele tem que dar o aceite), permitir ao detentor o direito de ingressar diretamente na fase de execução (penhora de bens etc.), para que consiga obter o valor devido. E a negociação do direito a receber por meio de uma duplicata é facilitada, uma vez que o simples endosso (assinatura no verso) é suficiente para transferir o direito.

Atenção

As duplicatas representam títulos mercantis que, quando do seu aceite pelo devedor (comprador de mercadorias ou tomador de serviço), se tornam objeto de uma relação obrigacional de pagar, ou seja, um direito da empresa (vendedora de mercadorias ou prestadora de serviços). Nessa operação, temos o **credor ou o sacador** (emitente do título) e o **devedor ou o sacado** (que deu o aceite no mesmo).

A conta duplicatas também pode aparecer em muitos balanços como conta **"clientes"**.

Exemplo de duplicata:

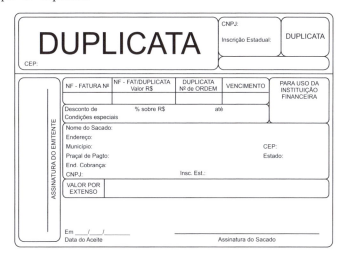

Já as promissórias são títulos nos quais **o emitente se compromete a pagar um valor no futuro com juros para quem estiver com a posse delas**.

Essa operação de crédito é **geralmente realizada no âmbito comercial**, no qual o devedor assina nota promissória pelo valor de vencimento, isto é, com juros pré-estipulados e embutidos no valor a pagar.

Exemplo de nota promissória:

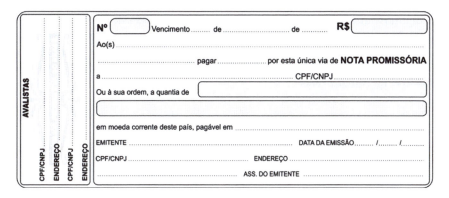

> **Lembre-se**
>
> Os títulos e direitos de créditos a receber (nota promissória, duplicatas etc.) devem ser **reconhecidos** quando a entidade fizer parte, na qualidade de credora, da relação contratual ou legal originada pelo título ou direito de crédito. O ativo deve ser **desconhecido** no momento do pagamento pelo devedor, no perdão da dívida, na devolução de mercadorias ou na venda do direito creditório a outra empresa.

As duplicatas, um ativo para o emissor, podem ser classificadas no ativo circulante ou no ativo não circulante, a depender do prazo de vencimento.

> **Atenção**
>
> Os títulos e os direitos de créditos a receber (nota promissória, duplicatas etc.), segundo a Lei das S.A., devem ser mensurados inicialmente pelo valor de aquisição ou de emissão. Na mensuração posterior, eles devem ser atualizados conforme disposições legais ou contratuais, **ajustado ao valor provável de realização, quando este for inferior e, em havendo efeito relevante ou quando classificável no longo prazo, ajustados ao valor presente.**

Para o CPC, se houver juros embutidos no seu valor, eles devem ser expurgados, conforme o CPC 12, "ativos e passivos **monetários com juros implícitos ou explícitos embutidos** devem ser mensurados **pelo seu valor presente** quando do **seu reconhecimento inicial**, por ser este o valor de custo original dentro da filosofia de valor justo (*fair value*)".

O regramento previsto na Lei das S.A. e no CPC 12 não entram em conflito. A lei das S.A. fala que será ajustado a valor presente, **na mensuração posterior**, o circulante em havendo efeito relevante ou o classificável no longo prazo, já o CPC 12 diz que quando há juros embutidos, circulante ou não circulante, será ajustado a valor presente já **na mensuração inicial**. Podemos entender isso como o fato de o CPC acreditar que sempre será relevante expurgar os juros embutidos para uma correta transmissão da informação contábil, o que parece ser mais adequado. Por isso, **sempre que houver juros embutidos, independentemente da classificação ou não no circulante, você deverá trazer a valor presente.**

Segundo o CPC 26, as contas a receber são segregadas em montantes a receber de clientes comerciais, contas a receber de partes relacionadas, pagamentos antecipados e outros montantes.

Mas, professor, o que é valor presente?

Valor presente representa, em síntese, trazer o valor de **expectativa de fluxos de caixa líquidos futuros a valor presente**, utilizando uma taxa de desconto. As taxas de desconto **devem refletir** as melhores avaliações do mercado quanto ao valor do dinheiro no tempo e os riscos específicos do ativo em suas datas originais. **O ajuste a valor presente será feito no ativo circulante quando houver efeito relevante ou quando classificável no longo prazo.**

E o que é efeito relevante?

Efeito é relevante quando faz diferença nas decisões que possam ser tomadas pelos usuários.

Professor, ainda não entendi. O que é ajustar ao valor provável de realização?

Calma! Veremos esses assuntos mais à frente. Mas, antes, vamos ver os lançamentos básicos dessa conta.

EXEMPLO 1:

a) **Vendas de produtos a prazo:** venda de R$ 10.000 a prazo (mas para recebimento no mesmo exercício – ativo circulante). Com os juros, o valor da duplicata é de R$ 11.000.

*Perceba que os juros estão embutidos

D – Duplicatas a receber (ativo circulante)   R$ 11.000
C – Ajuste a valor presente (retificadora de ativo)   R$ 1.000
C – Receita bruta (resultado)   R$ 10.000

ATIVO CIRCULANTE	
Duplicatas a receber	R$ 11.000
Ajustes a valor presente	(R$ 1.000)

DEMONSTRAÇÃO DO RESULTADO DO EXERCÍCIO	
Receita bruta	R$ 10.000

b) **Quando o cliente paga** a duplicata no valor de R$ 11.000.

D – Bancos (ativo circulante)   R$ 11.000
C – Duplicatas a receber (ativo circulante)   R$ 11.000
D – Ajuste a valor presente (retificadora de ativo)   R$ 1.000
C – Receitas financeiras (resultado)   R$ 1.000

ATIVO CIRCULANTE	
Ativo circulante	R$ 10.000
Duplicatas a receber	0
Ajuste a valor presente	0

DEMONSTRAÇÃO DO RESULTADO DO EXERCÍCIO	
Receitas financeiras	R$ 1.000

EXEMPLO 2:

a) **Aquisição de nota promissória:** a aquisição por R$ 9.800 de uma nota promissória emitida por outra entidade para pagamento do valor de R$ 10.000 (mas para recebimento no mesmo exercício – ativo circulante).

*Perceba que os juros estão embutidos

D – Notas promissórias adquiridas (ativo circulante)   R$ 10.000
C – Ajuste a valor presente (retificadora de ativo)   R$ 200
C – Bancos (ativo circulante)   R$ 9.800

ATIVO CIRCULANTE	
Notas promissórias adquiridas	R$ 10.000
Ajuste a valor presente	(R$ 200)

b) O emitente paga a nota promissória no valor de R$ 10.000.

D – Bancos (ativo circulante)	R$ 10.000
C – Notas promissórias adquiridas (ativo circulante)	R$ 10.000
D – Ajuste a valor presente (retificadora de ativo)	R$ 200
C – Receitas financeiras (resultado)	R$ 200

ATIVO CIRCULANTE	
Bancos	R$ 10.000
Notas promissórias adquiridas	0
Ajuste a valor presente	0

DEMONSTRAÇÃO DO RESULTADO DO EXERCÍCIO	
Receitas financeiras	R$ 200

10.1.12. Provisão estimada para créditos de liquidação (PECLD)

Nem sempre os valores concedidos a título de crédito são pagos por todos os clientes. Muitas vezes, os clientes podem se encontrar em dificuldade financeira e não pagam os valores que devem. Dessa forma, se torna necessário ajustar a conta duplicatas a receber com o objetivo de que o seu valor seja subtraído dessas perdas estimadas, **resultando em um valor mais provável de sua realização**.

A provisão estimada para créditos de liquidação duvidosa (PECLD), que antigamente era denominada provisão para devedores duvidosos (PDD), é uma **estimativa de perda dos créditos operacionais de uma empresa**. Ela se trata de uma conta retificadora de ativo, devendo vir abaixo da conta que representa o título ligado a ela.

A base de cálculo da PECLD será o montante de créditos a receber oriundos da exploração da atividade econômica da empresa, excluídos os provenientes de vendas com reserva de domínio, alienação fiduciária em garantia ou com garantia real, os créditos com pessoa jurídica de direito público e os créditos habilitados em falência e concordata.

A contrapartida da constituição da PECLD entrará **como despesa no resultado**, fazendo com que o lucro líquido seja reduzido.

*Outra coisa que pode ser cobrada é que, para fins de apuração do imposto de renda, somente são dedutíveis o valor considerado incobrável.

O registro dos fatos contábeis relativos à provisão para devedores duvidosos compreende:

I. Constituição da provisão: a provisão deve ser constituída na data de encerramento do balanço. Determinado o valor a ser provisionado, faz-se o seguinte lançamento:

D – Despesas com devedores duvidosos (resultado)

C – Provisão estimada para créditos de liquidação duvidosa (retificadora de ativo)

II. Baixa de títulos incobráveis: durante o exercício social subsequente, os títulos incobráveis são baixados do patrimônio da empresa por meio do seguinte lançamento:

D – Provisão estimada para créditos de liquidação duvidosa (retificadora de ativo)

C – Duplicatas a receber (ativo circulante)

Quando houver o recebimento de um título, emitido em exercícios anteriores, e considerado anteriormente como incobrável, o lançamento será o seguinte:

D – Bancos (ativo circulante)

C – Recuperação de créditos ou despesas (resultado)

III. Valor da PECLD: a PECLD é sempre uma estimativa, por consequência, está sujeita a não confirmação do que estimou ao fim do período. Ou seja, por isso, o valor provisionado pode ser maior ou menor do que as perdas com devedores.

Dessa forma, ao fim do exercício, deve haver uma avaliação de quanto do provisionado foi realmente utilizado e:

- Aumentar o seu valor.
- Não alterar o seu valor.
- Diminuir o valor provisionado.
- Adicionar perdas adicionais no resultado.

Vejamos exemplos práticos dessas situações:

a) Vendas de produtos a prazo: em outubro de 2017, a Cia. XYZ vende R$ 20.000 a prazo (com vencimento no mesmo exercício).

D – Duplicatas a receber (ativo circulante)   R$ 20.000

C – Vendas (resultado)   R$ 20.000

ATIVO CIRCULANTE	
Duplicatas a receber	R$ 20.000

DEMONSTRAÇÃO DO RESULTADO DO EXERCÍCIO	
Receita bruta	R$ 20.000

b) Constituição de provisão para devedores duvidosos: a XYZ, com base na média (de 5%) de inadimplência dos últimos 3 anos, constituiu uma PECLD no valor de R$ 1.000 (5% × 20.000).

D – Despesa com PECLD (resultado)   R$ 1.000

C – PECLD (retificadora de ativo)   R$ 1.000

ATIVO CIRCULANTE	
Duplicatas a receber	R$ 20.000
PECLD	(R$ 1.000)

DEMONSTRAÇÃO DO RESULTADO DO EXERCÍCIO	
Despesa com PECLD	(R$ 1.000)

PECLD	
	1.000 (b)

DUPLICATAS A RECEBER	
(a) 20.000	

RECEITA DE VENDAS	
	20.000 (a)

DESPESA COM PDD	
(b) 1.000	

130 CONTABILIDADE GERAL E AVANÇADA • SILVIO SANDE E ANDRÉ NEIVA

Quando se chega ao fim do exercício social, é feita uma avaliação da inadimplência que efetivamente ocorreu. A partir desse momento, pode-se encontrar uma das **quatro situações vistas abaixo (c.1, c.2, c.3 ou c.4)**.

c.1) Perda foi maior que a estimada: ao fim do exercício, a perda com duplicatas a receber não pagas foi maior que a prevista, totalizando R$ 1.500. Por isso, além de dar baixa no valor da provisão, haverá o lançamento complementar da perda no resultado do período.

D – Bancos (ativo circulante)	R$ 18.500
D – PECLD (retificadora de ativo)	R$ 1.000
D – Perdas com duplicatas (resultado)	R$ 500
C – Duplicatas a receber (ativo circulante)	R$ 20.000

ATIVO CIRCULANTE	
Bancos	R$ 18.500
Duplicatas a receber	0
PECLD	0

DEMONSTRAÇÃO DO RESULTADO DO EXERCÍCIO	
Perdas com duplicatas	(R$ 500)

BANCOS	
(c.1) 18.500	

PERDAS COM DUPLICATAS	
(c.1) 500	

PECLD	
(c.1) 1.000	1.000 (b)

DUPLICATAS A RECEBER	
(a) 20.000	20.000 (c.1)

RECEITA DE VENDAS	
	20.000 (a)

DUPLICATAS A RECEBER	
(b) 1.000	

c.2) Perda foi igual à estimada: ao fim do exercício, a perda com duplicatas a receber não pagas foi igual ao que tinha sido previsto, totalizando R$ 1.000. Nesse caso, será feita somente a baixa do valor provisionado.

D – Bancos (ativo circulante)	R$ 19.000
D – PECLD (retificadora de ativo)	R$ 1.000
C – Duplicatas a receber (ativo circulante)	R$ 20.000

ATIVO CIRCULANTE	
Bancos	R$ 20.000
Duplicatas a receber	0
PECLD	0

BANCOS	
(c.2) 19.000	

PECLD		DUPLICATAS A RECEBER	
(c.2) 1.000	1.000 (b)	(a) 20.000	20.000 (c.2)

RECEITA DE VENDAS		DESPESA COM PDD	
	20.000 (a)	(b) 1.000	

c.3) Perda foi menor que a estimada: ao fim do exercício, a perda com duplicatas a receber não pagas foi menor do que tinha sido previsto, totalizando R$ 500. Nesse caso, será dada baixa da provisão somente do valor da perda confirmada. O restante da provisão será revertido no resultado do exercício.

D – Bancos (ativo circulante)   R$ 19.500
D – PECLD (retificadora de ativo)   R$ 1.000
C – Reversão da PECLD (resultado)   R$ 500
C – Duplicatas a receber (ativo circulante)   R$ 20.000

ATIVO CIRCULANTE		DEMONSTRAÇÃO DO RESULTADO DO EXERCÍCIO	
Bancos	R$ 19.500	Reversão da PECLD	R$ 500
Duplicatas a receber	R$ 0		
PECLD	R$ 0		

BANCOS		REVERSÃO DE PDD	
(c.3) 19.500			500 (c.3)

PECLD		DUPLICATAS A RECEBER	
(c.1) 1.000	1.000 (b)	(a) 20.000	20.000 (c.1)

RECEITA DE VENDAS		DESPESA COM PDD	
	20.000 (a)	(b) 1.000	

c.4) Perda foi menor que a estimada, mas a empresa quer manter a provisão no valor de R$ 1.000 para o próximo exercício: ao fim do exercício, a perda com duplicatas a receber não pagas foi menor do que tinha sido previsto, totalizando R$ 500. Mas a empresa deseja manter o valor de R$ 1.000 de provisão para devedores duvidosos para o exercício seguinte. Nesse caso, será dada baixa da provisão somente do valor da perda confirmada. Para voltar o valor de R$1.000, será lançada despesa no valor faltante. Na prática, somente a despesa do valor faltante será lançada.

D – Bancos (ativo circulante)	R$ 19.500
D – Despesa com devedores duvidosos (resultado)	R$ 500
C – Duplicatas a receber (ativo circulante)	R$ 20.000

ATIVO CIRCULANTE	
Bancos	R$ 19.500
Duplicatas a receber	R$ 0
PECLD	(R$ 1.000)

DEMONSTRAÇÃO DO RESULTADO DO EXERCÍCIO	
Despesa com devedores duvidosos	(R$ 500)

BANCOS	
(c.4) 19.500	

PECLD	
	1.000 (b)

DUPLICATAS A RECEBER	
(a) 20.000	20.000 (c.4)

RECEITA DE VENDAS	
	20.000 (a)

DESPESA COM PDD	
(b) 1.000 (c.4) 500	

AVALIAÇÃO DA INADIMPLÊNCIA COMPARADA À PECLD	Igual ao provisionado	Nada deve ser feito
	Inferior ao provisionado	Serão revertidas as estimativas não confirmadas no resultado
	Superior ao provisionado	Além da utilização de todas as estimativas, serão registradas perdas adicionais

QUESTÃO COMENTADA

(FCC – Analista Judiciário / TRT 11ª / Apoio Especializado / Contabilidade / 2017) Em 31/12/2015, a empresa ATP S.A. possuía R$ 520.000,00 em duplicatas a receber de clientes e saldo na conta estimativa de perdas com créditos de liquidação duvidosa (EPCLD) no valor de R$ 20.800,00. Em fevereiro de 2016, o cliente Ônix, que devia R$ 22.000,00, se tornou incobrável. Ao registrar este evento na contabilidade, a empresa ATP S.A.

a) Debitou o valor de R$ 22.000,00 na conta patrimonial duplicatas a receber.

b) Debitou o valor de R$ 20.800,00 na conta patrimonial EPCLD.

c) Debitou o valor de R$ 1.200,00 na conta patrimonial ajuste de avaliação patrimonial.

d) Creditou o valor de R$ 1.200,00 na conta de resultado perda com clientes.

e) Creditou o valor de R$ 20.800,00 na conta de resultado reversão de EPCLD.

RESPOSTA: B

COMENTÁRIO: O lançamento do valor incobrável é:

D – PECLD (retificadora de ativo)

C – Duplicatas a receber (ativo circulante)

Contudo, como o valor da provisão não é suficiente, implicará lançamento do valor que superar a PECLD no resultado. Será:

D – Perdas com créditos (resultado)	R$ 1.200
D – PECLD (retificadora de ativo)	R$ 20.800
C – Duplicatas a receber (ativo circulante)	R$ 22.000

Ainda sobre esse assunto, é importante destacar o previsto no Manual da FIPE-CAFI, uma vez que o tema já foi cobrado de forma teórica em provas.

Segundo o Manual FIPECAFI (2018):

Um outro critério para registro das estimativas de perdas em créditos de liquidação duvidosa é denominado Perdas Incorridas. Nele são só reconhecidos como despesas os valores de perdas já de conhecimento da investidora detentora dos créditos. Dessa forma, somente inadimplências já existentes, atrasos fora do normal já ocorridos, notícias já veiculadas de falências, recuperação judicial, inadimplência junto a outras entidades etc. são fatos originadores do reconhecimento de despesas. No máximo são aceitas despesas por conta de previsões de inadimplências futuras quando os fatos originadores são bem conhecidos, estão presentes e já se conhece razoavelmente bem seus efeitos. Por exemplo, entram nesta última categoria problemas de níveis de desemprego crescentes já conhecidos, mas abrangendo exatamente os clientes da entidade, e não a economia em geral; ou então crises de liquidez com consequências em outras instituições do mesmo ramo econômico que a detentora de créditos em análise que já sejam verificáveis e mensuráveis etc.

10.1.13. Cobrança simples de duplicatas

A cobrança simples de duplicatas consiste na remessa de títulos aos bancos, os quais prestam serviços à empresa, cobrando-os dos respectivos devedores. Nesse tipo de operação, a empresa transfere a posse dos títulos aos bancos, porém a propriedade continua sendo da empresa.

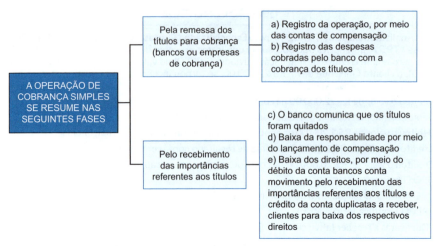

Para entender melhor, vejamos um exemplo:

a) Cobrança simples de duplicatas com quitação normal: a empresa Beta remete duplicatas ao banco para cobrança simples, conforme borderô, no valor de R$10.000 (portanto, ela já tinha o valor na conta duplicatas a receber). O banco cobrou R$ 100 de comissões e taxas.

a.1) Pela remessa dos títulos ao banco:
D – Duplicatas em cobrança (conta de compensação/ativo)   R$ 10.000
C – Endosso para cobrança (conta de compensação/passivo)   R$ 10.000

*__As contas de compensação são temporárias e criadas somente para manter o controle de uma operação.__

Balanço patrimonial				
Ativo circulante		Passivo circulante	
Duplicatas a receber	R$ 10.000	Endosso para cobrança	R$ 10.000
Duplicatas em cobrança	R$ 10.000		

a.2) Registro da despesa:
D – Despesas bancárias com cobrança (resultado)   R$ 100
C – Banco (ativo circulante)   R$ 100

Balanço patrimonial			
Ativo circulante		Passivo circulante	
Bancos	Diminuição de R$ 100	Endosso para cobrança	R$ 10.000
Duplicatas a receber	R$ 10.000		
Duplicatas em cobrança	R$ 10.000		

DEMONSTRAÇÃO DO RESULTADO DO EXERCÍCIO	
Despesas bancárias	(R$ 100)

DUPLICATAS EM COBRANÇA	
(a.1) 10.000	

REVERSÃO DE PDD	
	10.000 (a.1)

BANCOS	
	100 (a.2)

DESPESA COM COBRANÇAS	
(a.2) 100	

DUPLICATAS A RECEBER	
10.000	

b) Após os vencimentos dos títulos, quando o banco comunicar que eles foram quitados:

b.1) Baixa nas contas de compensação:

D – Endosso para cobrança (conta de compensação/passivo)   R$ 10.000
C – Duplicatas em cobrança (conta de compensação/ativo)   R$ 10.000

b.2) Pelo recebimento das duplicatas:

D – Bancos (ativo circulante)   R$ 10.000
C – Duplicatas a receber (ativo circulante)   R$ 10.000

Balanço patrimonial			
Ativo circulante		**Passivo circulante**	
Bancos	R$ 10.000	Endosso para cobrança	R$ 0
Duplicatas a receber	R$ 0		
Duplicatas em cobrança	R$ 0		

DUPLICATAS EM COBRANÇA	
(a.1) 10.000	10.000 (b.1)

ENDOSSO PARA COBRANÇA	
(b.1) 10.000	10.000 (a.1)

BANCOS	
(b.2) 10.000	100 (a.2)

DESPESA COM COBRANÇAS	
(a.2) 100	

DUPLICATAS A RECEBER	
10.000	10.000 (b.2)

10.1.14. Desconto de duplicatas

Financiar a venda dos seus produtos para os clientes é, muitas vezes, uma necessidade imposta pelo mercado para a empresa. No entanto, isso pode gerar um problema de caixa, uma vez que não irá receber o valor da venda imediatamente. Por isso, muitas vezes a solução é utilizar uma operação de crédito muito comum nos meios comerciais que é o **desconto de duplicatas**.

136 | CONTABILIDADE GERAL E AVANÇADA • SILVIO SANDE E ANDRÉ NEIVA

O desconto de duplicatas é uma operação financeira em que a empresa entrega determinadas duplicatas para o banco e este lhe antecipa o valor em conta-corrente, cobrando juros antecipadamente.

Embora as propriedades dos títulos negociados sejam transferidas para a instituição, a empresa é corresponsável pelo pagamento dos títulos em caso de não liquidação pelo devedor. Neste caso, a instituição financeira leva a débito em conta-corrente da empresa o valor de face do título não liquidado.

Os valores de face das duplicatas descontadas são registrados **em uma conta do passivo circulante ou passivo não circulante (a depender do prazo)** denominada "duplicatas descontadas", tendo saldo credor. A conta "duplicatas descontadas" apresenta a seguinte função na operação de desconto:

- **É creditada**, pelo valor de face dos títulos, no momento em que é efetuada a operação de desconto e a instituição financeira faz o crédito em conta-corrente da empresa.
- **É debitada** no momento da liquidação do título pelo devedor ou quando a instituição financeira leva a débito em conta-corrente da empresa por falta de pagamento por parte do devedor.

Os encargos financeiros debitados pela instituição financeira devem ser contabilizados como "encargos financeiros a transcorrer", já que se tratam de despesas antecipadas, sendo debitada por ocasião do desconto e creditadas no momento em que a despesa é incorrida, observando-se o regime de competência.

Vamos ver alguns exemplos de lançamentos nesses casos:

a) Pelo registro do desconto creditado em conta: considerando que a empresa Alfa tem o valor de R$ 10.000 a título de duplicatas a receber e a empresa realizou o desconto de duplicatas no valor de R$ 10.000. O banco cobrou R$ 700 relativos a encargos financeiros sobre a operação.

D – Bancos (ativo circulante)	R$ 9.300
D – Encargos financeiros a transcorrer (retificadora de passivo)	R$ 700
C – Duplicatas descontadas (passivo circulante)	R$ 10.000

Balanço patrimonial			
Ativo circulante		**Passivo circulante**	
Bancos	R$ 9.300	Duplicatas descontadas	R$ 10.000
Duplicatas a receber	R$ 10.000	Encargos financeiros a transcorrer	(R$ 700)

BANCOS	
(a) 9.300	

DUPLICATAS A RECEBER	
10.000	

ENCARGOS FINANCEIROS A TRANSCORRER	
(a) 700	

DUPLICATAS DESCONTADAS	
	10.000 (a)

b) Contabilização relativa à transferência da despesa financeira incorrida no período de um mês: a despesa financeira deve ser apropriada de acordo com o prazo. Supondo o vencimento em 60 dias pelo banco, teremos lançamento mensal de R$ 350 (R$ 700 dividido por 2 meses).

D – Despesas financeiras (resultado) R$ 350

C – Encargos financeiros a transcorrer (retificadora de passivo) R$ 350

Balanço patrimonial			
Ativo circulante		**Passivo circulante**	
Bancos	R$ 9.300	Duplicatas descontadas	R$ 10.000
Duplicatas a receber	R$ 10.000	Encargos financeiros a transcorrer	R$ 350

DEMONSTRAÇÃO DO RESULTADO DO EXERCÍCIO	
Despesas financeiras	(R$ 350)

BANCOS	
(a) 9.300	10.000 (b1)

DUPLICATAS A RECEBER	
10.000	

ENCARGOS FINANCEIROS A TRANSCORRER	
(a) 700	350 (b)

DUPLICATAS DESCONTADAS	
	10.000 (a)

DESPESAS FINANCEIRAS	
(b) 350	

c.1) Quando da liquidação da duplicata descontada pelo cliente: o cliente pagou o total das duplicatas devidas e a última parcela do encargo financeiro transcorreu.

D – Duplicatas descontadas (passivo circulante) R$ 10.000

C – Duplicatas a receber (ativo circulante) R$ 10.000

D – Despesas financeiras (resultado) R$ 350

C – Encargos financeiros a transcorrer (retificadora de passivo) R$ 350

Balanço patrimonial			
Ativo circulante		**Passivo circulante**	
Bancos	R$ 9.300	Duplicatas descontadas	R$ 0
Duplicatas a receber	R$ 0	Encargos financeiros a transcorrer	R$ 0

DEMONSTRAÇÃO DO RESULTADO DO EXERCÍCIO	
Despesas financeiras	(R$ 350)

BANCOS	
(a) 9.300	10.000 (b.1)

DUPLICATAS A RECEBER	
10.000	10.000 (c.1)

ENCARGOS FINANCEIROS A TRANSCORRER	
(a) 700	350 (b)
	350 (c.1)

DUPLICATAS DESCONTADAS	
(c.1) 10.000	10.000 (a)

c.2) Na hipótese de o cliente não ter liquidado a duplicata: nessa situação, o banco debitará da duplicata descontada o respectivo valor na conta da empresa e a última parcela do encargo financeiro transcorreu.

D – Duplicatas descontadas (passivo circulante)   R$ 10.000
C – Bancos (ativo circulante)   R$ 10.000
D – Despesas financeiras (resultado)   R$ 350
C – Encargos financeiros a transcorrer (retificadora de passivo)   R$ 350

Balanço patrimonial			
Ativo circulante		**Passivo circulante**	
Bancos	Saída de R$ 10.000	Duplicatas descontadas	R$ 0
Duplicatas a receber	R$ 10.000	Encargos financeiros a transcorrer	R$ 0

DEMONSTRAÇÃO DO RESULTADO DO EXERCÍCIO	
Despesas financeiras	(R$ 350)

BANCOS	
(a) 9.300	10.000 (c.2)

DUPLICATAS A RECEBER	
10.000	

ENCARGOS FINANCEIROS A TRANSCORRER	
(a) 700	350 (b)
	350 (c.1)

DUPLICATAS DESCONTADAS	
(c.2) 10.000	10.000 (a)

10.1.15. *Factoring* e securitização

Na operação de cobrança simples e de desconto **a propriedade do título não é transferida à instituição financeira**. Contudo, existem outras operações como a venda das duplicatas a receber a uma empresa de *factoring* ou até mesmo a securitização de recebíveis, que implicam a transferência do título.

Factoring é uma empresa especializada na aquisição de títulos de crédito de outras empresas com desconto, tendo como ganho o valor do desconto no momento do pagamento.

A diferença para a operação de desconto de duplicatas é que na operação de *factoring* há a transferência de propriedade do título, cabendo à *factoring* adquirente do título exigir o cumprimento da obrigação do cliente inadimplente da empresa que vendeu o título.

Securitização é uma operação na qual a empresa emissora dos títulos de crédito (como as duplicatas) transforma o seu conjunto de títulos a receber em um fundo de direito creditório (FIDC) e vende as cotas do fundo a terceiro por um valor inferior ao nominal, e esse valor é o ganho que o investidor adquirente das cotas espera de valorização das mesmas quando do pagamento. A operação de securitização transfere a propriedade do título ao fundo, não tendo como o investidor exigir da empresa que era a antiga proprietária do título o cumprimento da obrigação.

Vamos ver alguns exemplos de lançamentos nesses casos:

a.1) Registro da venda de duplicatas a receber a uma *Factoring*: supondo que uma empresa possua R$ 10.000 em duplicatas a receber e as venda a uma empresa de *factoring* que cobrou um desconto de R$ 2.000.

D – Bancos (ativo circulante)	R$ 8.000
D – Despesas financeiras (resultado)	R$ 2.000
C – Duplicatas a receber (ativo circulante)	R$ 10.000

ATIVO CIRCULANTE	
Bancos	R$ 8.000
Duplicatas a receber	R$ 0

DEMONSTRAÇÃO DO RESULTADO DO EXERCÍCIO	
Despesas financeiras	(R$ 2.000)

BANCOS	
(a.1) 8.000	

DUPLICATAS A RECEBER	
10.000	10.000 (a.1)

DESPESAS FINANCEIRAS	
(a.1) 2.000	

a.2) Pelo registro da securitização de recebíveis: supondo que uma empresa possua R$ 10.000 em duplicatas a receber e as aloque em um FIDC (por meio da securitização) sendo vendida todas as cotas do fundo a taxa de desconto de R$ 1.500.

D – Banco (ativo circulante)	R$ 8.500
D – Custos dos recebíveis cedidos (resultado)	R$ 10.000
C – Venda de recebíveis (resultado)	R$ 8.500
C – Duplicatas a receber (ativo circulante)	R$ 10.000

ATIVO CIRCULANTE	
Bancos	R$ 8.500
Duplicatas a receber	R$ 0

DEMONSTRAÇÃO DO RESULTADO DO EXERCÍCIO	
Vendas de recebíveis	R$ 8.500
Custos dos recebíveis cedidos	(R$ 10.000)

BANCOS	
(a.2) 8.500	

CUSTOS DE RECEBÍVEIS VENDIDOS	
(a.2) 10.000	

VENDAS DE RECEBÍVEIS	
	8.500 (a.2)

DUPLICATAS DESCONTADAS	
10.000	10.000 (a.2)

10.1.16. Aplicações de recursos em despesa do exercício social seguinte

Aqui são classificadas as **despesas pagas dentro de um exercício social e que pertençam ao exercício seguinte**. Por exemplo, seriam aqui classificadas as despesas que foram pagas antecipadamente em 2017 e que, pelo regime de competência, se refiram ao exercício 2018. O exemplo clássico são as despesas com seguros que, pagas antecipadamente, cobrem período do próximo exercício.

Vejamos um exemplo:

a) Contratação de seguro: a Cia. XYZ adquiriu um seguro por R$ 2.100 em julho de 2017 que teve o início de sua vigência de 12 meses em setembro de 2017.

D – Seguros a vencer (ativo circulante)   R$ 2.100
C – Bancos (ativo circulante)   R$ 2.100

b) Apropriando as despesas incorridas no exercício: no fim do exercício de 2017, temos que apropriar os 4 meses (setembro a dezembro) no valor de R$ 700.

D – Despesas com seguros (resultado)   R$ 700
C – Seguros a vencer (ativo circulante)   R$ 700

Ao fim do exercício de 2017, constará o valor de direitos realizáveis no exercício social subsequente na conta seguros de R$ 1.400,00.

Ativo circulante – aplicações de recursos em despesa do exercício social seguinte	
Seguros a vencer	R$ 1.400

CAPÍTULO 11
ESTOQUES

A conta **Estoques** compreende bens adquiridos e destinados à venda, incluindo, por exemplo, mercadorias compradas por um varejista para revenda ou terrenos e outros imóveis para revenda. Os estoques também compreendem produtos acabados e produtos em processo de produção pela entidade e incluem matérias-primas e materiais, aguardando utilização no processo de produção, como componentes, embalagens e material de consumo.

Segundo o Pronunciamento Técnico CPC 16 (R1):

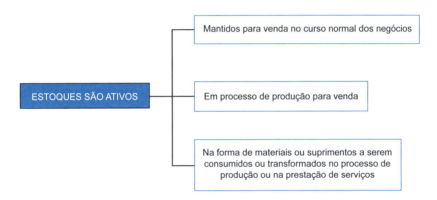

A conta Estoques pode estar localizada no ativo circulante ou no ativo realizável a longo prazo, **a depender da expectativa da sua realização (ou seja, do seu consumo ou da sua venda)**. A contabilização da compra e da venda deve ser feita no momento da entrada ou saída do item (mercadoria, matéria-prima etc.) da empresa, não importando a data do faturamento.

Lembre-se

Os estoques compreendem produtos acabados, produtos em processo de produção pela entidade e matérias-primas ou suprimentos (componentes, embalagens e material de consumo) à espera de serem usados no processo de produção. Os custos incorridos para cumprir o contrato com o cliente, que não resultam em estoques (ou ativos dentro do alcance de outro pronunciamento), devem ser contabilizados de acordo com o CPC 47 – Receita de Contrato com Cliente.

11.1. MENSURAÇÃO DOS ESTOQUES

Segundo o art. 183 da Lei nº 6.404/76:

No balanço, os elementos do ativo serão avaliados segundo os seguintes critérios:

*[...] os direitos que tiverem por objeto mercadorias e produtos do comércio da companhia, assim como matérias-primas, produtos em fabricação e bens em almoxarifado, **pelo custo de aquisição ou de produção, deduzido de provisão para ajustá-lo ao valor de mercado, quando este for inferior.***

Já conforme o Pronunciamento Técnico CPC 16 (R1):

Os estoques objeto deste Pronunciamento devem ser mensurados pelo valor de custo ou pelo valor realizável líquido, dos dois o menor.

Temos, portanto, que a mensuração inicial do estoque deve ser pelo seu custo de aquisição ou produção. Posteriormente, esses estoques serão avaliados por **valor de mercado (Lei das S.A.) ou valor realizável líquido (CPC 16), se esses forem inferiores ao custo**.

11.1.1. Custo do estoque

Lembre-se

O valor de custo do estoque deve incluir todos os custos **de aquisição e de transformação**, bem como outros custos incorridos para trazer os estoques à sua condição e localização atuais.

11.1.1.1. *Custo de aquisição de mercadorias para revenda*

O **custo de aquisição de uma mercadoria** (aqui se trata de mercadorias para a revenda de empresas comerciais) compreende o preço de compra, os impostos de importação e outros tributos (exceto os recuperáveis junto ao fisco), bem como os custos de transporte, seguro, manuseio e outros diretamente atribuíveis à aquisição de produtos acabados, materiais e serviços. Descontos comerciais, abatimentos e outros itens semelhantes devem ser deduzidos na determinação do custo de aquisição.

Para uma empresa comercial que adquirir mercadorias para a revenda **para cálculo do custo de aquisição de uma mercadoria, apresenta-se a seguinte fórmula**:

Custo de aquisição de mercadorias = Valor da mercadoria + Imposto de Importação (II) + IPI – ICMS – PIS/COFINS não cumulativo – (Devoluções + Descontos Incondicionais + Abatimentos) + Frete + Seguro + Gastos com manuseio + Custos para colocar os estoques no seu local e na sua condição atuais

---

11.1.1.2. *Custo de produção de mercadorias*

Em uma fábrica, o valor do estoque de produtos em elaboração (etapa antes de se chegar ao produto acabado) deve ser a soma do **custo da matéria-prima** com os **custos de transformação**.

11.1.1.2.1. Custo de matéria-prima

Para uma empresa industrial pode ser adotada, **para cálculo do custo de aquisição de uma matéria-prima**, a seguinte fórmula:

Custo de aquisição de matéria-prima = Valor da matéria-prima + Imposto de Importação – IPI – ICMS – PIS/COFINS não cumulativo – (Devoluções + Descontos incondicionais + Abatimentos) + Frete + Seguro + Gastos com manuseio + Custos para colocar os estoques no seu local e na sua condição atuais

11.1.1.2.2. Custo de transformação

Os **custos de uma transformação**, que representam os valores gastos para transformar a matéria-prima em produtos, podem ser divididos em custos diretos e custos indiretos ou em fixos e variáveis.

a) CUSTOS DIRETOS E CUSTOS INDIRETOS

Os **custos diretos** são diretamente relacionáveis (ou alocáveis) com as unidades produzidas ou com as linhas de produção. São exemplos de custos diretos: matéria-prima, mão de obra direta e embalagens.

Os **custos indiretos** de produção, fixos e variáveis, são custos indiretamente relacionáveis (alocáveis por estimativa) para cada unidade produzida. Por isso, não se pode estimar qual seria a participação de cada uma das unidades produzidas nesses custos. São exemplos de custos indiretos: energia elétrica, manutenção das máquinas utilizadas na produção, aluguel da fábrica e mão de obra indireta utilizada na produção.

b) CUSTO FIXOS E CUSTOS VARIÁVEIS

Os **custos fixos** são custos que não dependem da produção, isto é, da quantidade produzida. É exemplo de custo fixo o aluguel da fábrica.

Os **custos variáveis** são custos que ocorrem somente quando há produção e em virtude da quantidade produzida. São exemplos de custos variáveis a matéria-prima e a mão de obra direta.

Os **custos indiretos de produção fixos** são aqueles que **permanecem relativamente constantes independentemente do volume de produção**, tais como a depreciação e a manutenção de edifícios e instalações fabris, máquinas e equipamentos e os custos de administração da fábrica.

A **alocação de custos fixos indiretos** de fabricação às unidades produzidas deve ser baseada na capacidade normal de produção. Como consequência, o valor do custo fixo alocado a cada unidade produzida não pode ser aumentado por causa de um baixo volume de produção ou ociosidade. **Os custos fixos não alocados aos produtos devem ser reconhecidos diretamente como despesa no período em que se tornam incorridos.**

Os **custos indiretos de produção variáveis** são aqueles **que variam diretamente, ou quase diretamente, com o volume de produção**, tais como materiais indiretos e certos tipos de mão de obra indireta.

Os custos indiretos de produção variáveis devem ser alocados a cada unidade produzida com base no uso real dos insumos variáveis de produção, ou seja, na capacidade real utilizada

Um processo de produção pode resultar em mais de um produto fabricado simultaneamente. Este é, por exemplo, o caso de produtos que se fabricam em conjunto ou quando há um produto principal e um ou mais subprodutos. **Quando os custos de transformação de cada produto não são separadamente identificáveis**, eles devem ser atribuídos aos produtos em base **racional e consistente**. Essa alocação pode ser baseada, por exemplo, no valor relativo da receita de venda de cada produto, seja na fase do processo de produção em que os produtos se tornam separadamente identificáveis, seja no final da produção, conforme o caso.

11.1.1.2.3. Custo do produto em elaboração e de produtos acabados

A diferença entre o custo dos produtos em elaboração e o de produtos acabados é que, enquanto em elaboração, ainda serão somados custos ao valor; portanto, não é um valor definitivo.

> **Custo dos produtos em elaboração e custo de produtos acabados =** Custos de aquisição de matérias-primas + Custos de transformação (diretos + indiretos) + Custos para colocar os estoques no seu local e na sua condição atuais.

11.1.1.3. Fatos que alteram o valor das compras

Vimos que o **custo de aquisição** dos estoques compreende o preço de compra, os impostos de importação e outros tributos (**exceto os recuperáveis junto ao fisco**), bem como os custos de transporte, seguro, manuseio e outros diretamente atribuíveis à aquisição de produtos acabados, materiais e serviços. Descontos comerciais, abatimentos e outros itens semelhantes **devem ser deduzidos na determinação do custo de aquisição**.

Vejamos agora cada um dos itens que devem retirados do valor das compras ao registrar o custo de aquisição de estoques.

11.1.1.3.1. Descontos incondicionais sobre compras

São descontos obtidos do fornecedor **no momento da compra** de mercadorias ou matérias-primas. O valor do desconto aparece na nota fiscal de forma destacada, **afetando a base de cálculo do ICMS, mas não a do IPI**. Eles são conhecidos também como **descontos comerciais**, sendo concedidos, por exemplo, pela quantidade adquirida ou pela fidelidade do cliente. Caso ocorra a devolução das compras, o valor do desconto incondicional deve ser revertido na mesma proporção da devolução.

Lembre-se

O desconto comercial não pode ser confundido com o **desconto financeiro**, que é o desconto obtidos na liquidação antecipada de obrigações. O desconto financeiro é uma receita financeira, não provocando alteração no custo de aquisição.

11.1.1.3.2. Abatimentos sobre compras

São parcelas redutoras dos preços de compra de acordo com eventos ocorridos **após o momento da compra**. O valor não faz parte da nota fiscal, uma vez que ela foi emitida em momento anterior. Ensejam os abatimentos sobre compras: diferença de tipo, qualidade, quantidade, peso ou qualquer outro fator que esteja em **desacordo com o pedido ou com a nota fiscal de compra**, para evitar a devolução.

11.1.1.3.3. Devolução de compras

Corresponde a valores registrados anteriormente como compras. Ou seja, equivale a **devoluções de mercadorias** adquiridas para revenda ou matérias-primas para a produção, resultando na diminuição das compras realizadas. Nessa operação, é emitida uma nota fiscal de devolução de vendas, **sendo revertidos** descontos condicionais obtidos e tributos incidentes sobre a compra.

11.1.1.3.4. Frete e seguro sobre compras

Quando uma empresa adquire mercadorias para revenda ou matérias-primas para produção, há gastos com **o frete e o seguro**. Com isso, podem ocorrer as seguintes situações:

- **Situação 1 – Fornecedor não cobra e arca com os valores de frete e de seguro:** nesse caso, o valor do frete e do seguro foi pago pelo fornecedor e não foi cobrado do adquirente. Numa situação usual, isso não ocorreria. Mas as condições concorrenciais podem fazer com que a opção do fornecedor seja um diferencial de uma empresa no mercado. Dessa forma, o valor com frete e seguro **não deve fazer parte do custo de aquisição da mercadoria ou da matéria-prima**.
- **Situação 2 – Fornecedor não cobra e o adquirente contrata uma transportadora:** nesse caso, o valor fará parte do custo de aquisição da mercadoria. Entretanto, o valor do frete e do seguro não fará parte da nota fiscal da mercadoria ou da matéria-prima adquirida e não incidirá sobre esse valor o ICMS e o IPI.
- **Situação 3 – Fornecedor cobra o valor de frete e de seguro:** nesse caso, o valor fará parte do custo de aquisição da mercadoria. O valor do frete e do seguro fará parte da nota fiscal da mercadoria ou da matéria-prima adquirida e incidirá sobre esse valor o ICMS e o IPI.

11.1.1.3.5. Impostos e contribuições sobre compras

De acordo com a legislação em vigor, são os seguintes os impostos e contribuições que podem incidir sobre as compras:

- **ICMS – Imposto sobre Circulação de Mercadorias e Serviços.**
- **ISS – Imposto sobre Serviços.**
- **PIS – Programa de Integração Social.**
- **COFINS – Contribuição para Financiamento da Seguridade Social.**
- **IPI – Imposto sobre Produtos Industrializados.**

11.1.1.3.5.1. ICMS e ISS

O ICMS e o ISS **estão contidos no preço de compra de mercadorias, de matéria-prima ou de serviços de outras entidades e que irá compor a conta Estoques**. No valor da nota fiscal de compra existe uma parcela de imposto integrante do preço, porque o ICMS e o ISS são considerados impostos calculados **"por dentro"** (o montante do imposto integra a sua própria base de cálculo). No momento da compra o fornecedor deve reconhecer a sua incidência e também a obrigação de recolhê-lo aos cofres públicos. A nota fiscal emitida pelo fornecedor deverá deixar evidente a parcela correspondente ao ICMS ou ao ISS, bem como a alíquota aplicada.

11.1.1.3.5.2. PIS/PASEP e COFINS não cumulativos

A COFINS e, o PIS/PASEP, a Lei n° 10.637/2002 e a Lei n° 10.833/2003 determinam dois regimes de apuração dos referidos tributos sobre o faturamento:

a) Regime cumulativo: incidente sobre as alíquotas de 3% (COFINS) e 0,65% (PIS/PASEP) sobre o faturamento bruto mensal (receita bruta). **As compras** de mercadorias, de bens e de serviços **não dão direito a crédito de imposto para futura compensação**.

b) Regime não cumulativo: incidente sobre as alíquotas de 7,6% (COFINS) e 1,65% (PIS/PASEP) sobre o faturamento bruto mensal somado às demais receitas (receita bruta + demais receitas). **As compras** de mercadorias, de bens e de serviços **dão direito a crédito de imposto para futura compensação**. Um conceito relevante aqui é o de insumos que geram direito ao crédito. São insumos as matérias-primas, serviços e bens utilizados na fabricação de mercadorias ou na prestação de serviços.

> **Importante**
>
> O Plenário do Supremo Tribunal Federal decidiu que o ICMS não integra a base de cálculo das contribuições para o PIS e a COFINS.

11.1.1.3.5.3. IPI

O IPI é imposto incidente sobre o **preço de produtos industrializados**. No valor da nota fiscal de compra, esse imposto que não faz parte do preço, apesar de ser um valor cobrado no total da fatura. O IPI é considerado um imposto calculado **"por fora"**, ou seja, o montante do imposto não integra a sua própria base de cálculo. No momento da compra o fornecedor deve reconhecer a sua incidência e também a obrigação de recolhê-lo aos cofres públicos. A nota fiscal emitida pelo fornecedor deverá destacar a parcela correspondente ao IPI, bem como a alíquota aplicada.

11.1.1.3.5.4. Particularidades do ICMS e do IPI

Uma empresa comercial tem como atividade empresarial a aquisição de mercadorias para revenda. Na compra de **mercadorias para revenda**, o ICMS e o IPI incidem sobre as compras, porém apenas o ICMS incidirá sobre as futuras vendas. Portanto, recupera-se o ICMS, mas o IPI não é recuperável.

Uma empresa industrial tem como atividade empresarial a aquisição de matérias-primas para industrialização. Na compra de **matérias-primas para industrialização**, tanto o ICMS como o IPI são recuperáveis, porque haverá incidência desses impostos quando da venda dos produtos industrializados.

Lembre-se

Os impostos recuperáveis são registrados em contas representativas de direitos realizáveis, enquanto os não recuperáveis integram o custo dos bens adquiridos.

Para facilitar o aprendizado, sintetizam-se no quadro a seguir as hipóteses de recuperação ou não de impostos:

Natureza do vendedor Destinação do material	Industrial (IPI e ICMS)	Comerciante (ICMS)
Industrialização	Crédito do IPI e ICMS	Crédito do ICMS
Comercialização Imobilizado	Crédito do ICMS	Crédito do ICMS
Atividade-fim	Crédito do ICMS	Crédito do ICMS
Outros	Nenhum crédito	Crédito do ICMS
Consumo	Nenhum crédito	Nenhum crédito

Ao final de cada decênio (IPI) ou mês (ICMS), a empresa **efetuará a apuração do imposto** (**a recolher ou a recuperar**) nos livros fiscais denominados Registro de Apuração do IPI e/ou Registro de Apuração do ICMS.

Caso o montante do IPI ou ICMS sobre as vendas, registrado nas contas IPI ou ICMS a Recolher, seja maior que o montante do IPI ou ICMS sobre as compras, registrado na conta IPI ou ICMS a Recuperar, **a diferença significa Saldo a Recolher**, que se deve registrar no passivo circulante. Para tanto, **o saldo devedor da conta ativa IPI ou ICMS a Recuperar** deve ser transferido para débito da conta passiva que se encerrará com o lançamento posterior do recolhimento.

Caso o montante do IPI ou ICMS sobre as vendas seja menor que o IPI ou ICMS sobre as compras, a diferença significa **Saldo a Compensar no período fiscal seguinte**, que deve ficar registrado no ativo circulante. Assim, é o saldo credor da conta passiva IPI ou ICMS a Recolher que deve ser transferido para crédito da conta ativa IPI ou ICMS a Recuperar. A transferência é sempre da conta que apresenta saldo menor para a que apresenta saldo maior.

11.1.1.4. Outros custos do estoque

Outros custos que não de aquisição nem de transformação devem ser incluídos nos custos dos estoques somente na medida em que sejam incorridos para colocar os estoques no seu local e na sua condição atuais. Por exemplo, pode ser apropriado incluir no custo dos estoques gastos gerais que não sejam de produção ou os custos de desenho de produtos para clientes específicos.

O Pronunciamento Técnico CPC 20 – Custos de Empréstimos – identifica as circunstâncias específicas em que os encargos financeiros (custos do empréstimo) de empréstimos obtidos **são incluídos no custo do estoque**. Isso ocorre quando o estoque é classificado como ativo qualificável.

O **ativo qualificável** necessariamente demanda um período longo para ficar pronto para seu uso ou venda pretendidos. **Custos de empréstimos** são juros e outros custos em que a entidade incorre em conexão com o empréstimo de recursos.

Os custos de empréstimos **que são atribuíveis diretamente à aquisição, construção ou produção de um ativo qualificável** são aqueles que seriam evitados se não houvesse gastos com o ativo qualificável. Nesse caso, os valores dos custos dos empréstimos (juros e outros custos do empréstimo) devem ser adicionados (capitalizados) ao custo do estoque relacionado.

A entidade geralmente compra estoques com **condição para pagamento a prazo**. A negociação pode efetivamente conter um elemento de financiamento, como uma diferença entre o preço de aquisição em condição normal de pagamento e o valor pago; essa diferença deve ser reconhecida **como despesa de juros durante o período do financiamento**. Assim é porque, nesse momento, não se trata de um empréstimo para o desenvolvimento de um ativo que demanda um longo período para ficar pronto, mas negociação de prazo para pagamento.

O Pronunciamento Técnico CPC 20 – Custos de Empréstimos – identifica as circunstâncias específicas em que os encargos financeiros de empréstimos obtidos são incluídos no custo do estoque. Veremos mais sobre esse assunto quando tratarmos de empréstimos.

11.1.1.5. Itens não incluídos no custo dos estoques

O estoque deve incluir todos os custos de aquisição e de transformação. São exemplos de itens **não incluídos no custo dos estoques** e **reconhecidos como despesa** do período em que são incorridos:

- Valor anormal de desperdício de materiais, mão de obra ou outros insumos de produção.
- Gastos com armazenamento, a menos que sejam necessários ao processo produtivo entre uma e outra fase de produção.
- Despesas administrativas que não contribuem para trazer o estoque ao seu local e condição atuais.
- Despesas de comercialização, incluindo a venda e a entrega dos bens e serviços aos clientes.

Sendo assim:

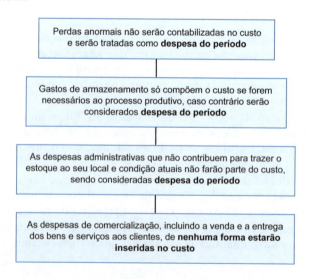

11.1.2. Valor de mercado *versus* valor realizável líquido

Há diferença entre as formas de avaliação previstas entre a Lei nº 6.404/76, que considera que o valor dos estoques deve ser ajustado a valor de mercado, se inferior ao custo de aquisição ou produção, e o CPC 16 (R1), que considera que o valor dos estoques deve ser ajustado ao valor realizável líquido, se este for inferior ao custo de aquisição ou produção. Esse fato é apontado por doutrinadores como erro do legislador, ao fixar critérios diferentes em duas previsões regulamentares sobre o mesmo assunto. Dessa forma, o aluno deve ficar atento enquanto a previsão não é corrigida, pois o assunto pode ser cobrado de acordo com as duas previsões.

11.1.2.1. *Valor de mercado*

Apesar de o custo de aquisição ser a regra geral, **segundo a Lei nº 6.404/76**, deve-se fazer a avaliação ao valor de mercado, quando for inferior. **Considera-se o valor de mercado:**

- **Das matérias-primas e dos bens em almoxarifado**, o preço pelo qual possam ser repostos, mediante compra no mercado.
- **Dos bens ou direitos destinados à venda**, o preço líquido de realização mediante venda no mercado, deduzidos os impostos e demais despesas necessárias para a venda, e a margem de lucro.

Para as **matérias-primas e dos bens em almoxarifado**, é considerado o valor de mercado o preço pelo qual a entidade possa adquirir no mercado, ou seja, o custo de comprá-los naquele momento. Para os **bens ou direitos que se destinam à venda**, é considerado o valor líquido da venda, líquido de impostos e despesas de venda, menos a lucro. Ou seja, parte-se do preço de mercado e, subtraindo-se algumas rubricas, é encontrado o preço dos bens e direitos.

Portanto, esses bens em estoque deverão inicialmente ser registrados pelo custo de aquisição ou de produção, e a entidade deve **realizar ajustes para trazer o preço para o valor de mercado, se este for inferior**. Isso é feito por meio da constituição de uma provisão a valor de mercado, tendo como contrapartida uma despesa no resultado do período.

Se o valor de mercado for superior, o ajuste a valor de mercado não deverá ser realizado. Se o valor de mercado for inferior em um exercício (sendo promovido o ajuste para trazê-lo ao valor de mercado) e, posteriormente, o valor de mercado subir e superar o custo de aquisição, o valor registrado **não deverá ultrapassar o valor do custo**. Ou seja, há um limite para a recuperação do valor de mercado de uma mercadoria, o seu custo de aquisição.

11.1.2.2. *Valor realizável líquido*

O CPC 16 (R1) prevê que os estoques devem ser mensurados pelo valor de custo ou pelo valor realizável líquido, dos dois o menor.

Valor realizável líquido é o preço de venda estimado no curso normal dos negócios deduzido dos custos estimados para sua conclusão e dos gastos estimados necessários para se concretizar a venda.

Atenção

Diferentemente do valor de mercado de bens ou direitos destinados à venda, do valor realizável líquido não se exclui a margem de lucro.

O custo dos estoques pode não ser recuperável se estiverem danificados, se se tornarem total ou parcialmente obsoletos ou se os seus preços de venda tiverem diminuído. O custo dos estoques pode também não ser recuperável se os custos estimados de acabamento ou os custos estimados a serem incorridos para realizar a venda tiverem aumentado. A prática de reduzir o valor de custo dos estoques (*write down*) para o valor realizável líquido **é consistente com o ponto de vista de que os ativos não devem ser escriturados por quantias superiores àquelas que se espera realizar com a sua venda ou uso**.

As estimativas do valor realizável líquido devem **ser baseadas nas evidências mais confiáveis disponíveis no momento em que são feitas as estimativas do valor dos estoques** que se espera realizar. Essas estimativas devem levar em consideração variações nos preços e nos custos diretamente relacionados com eventos que ocorram após o fim do período, na medida em que tais eventos confirmem as condições existentes no fim do período.

Em cada período subsequente deve ser feita uma nova avaliação do valor realizável líquido. Quando as circunstâncias que anteriormente provocaram a redução dos estoques abaixo do custo deixarem de existir ou quando houver evidência de um aumento no valor realizável líquido devido à alteração nas circunstâncias econômicas, a quantia da redução deve ser revertida (**a reversão é limitada à quantia da redução original**) de modo que o novo montante registrado do estoque seja o menor valor entre o custo e o valor realizável líquido revisto. Sendo assim, posteriormente, o valor realizável líquido poderá subir e superar o custo de aquisição, **mas não deverá ultrapassá-lo**.

Os estoques geralmente devem ser reduzidos a seu **valor realizável líquido, item a item**. Em algumas circunstâncias, porém, pode ser apropriado agrupar unidades semelhantes ou relacionadas. Pode ser o caso de itens do estoque referentes à mesma linha de produtos que tenham finalidades ou usos finais semelhantes, que sejam produzidos e comercializados na mesma área geográfica e não possam ser avaliados separadamente de outros itens dessa linha de produtos. Não é apropriado reduzir o valor do estoque com base em uma classificação de estoque, como bens acabados, ou em todo o estoque de determinado setor ou segmento operacional.

As estimativas do valor realizável líquido também devem levar em **consideração a finalidade para a qual o estoque é mantido** e ser baseadas nas **evidências mais confiáveis disponíveis no momento em que são feitas as estimativas** do valor dos estoques que se espera realizar. Essas estimativas devem levar em consideração variações nos preços e nos custos diretamente relacionados com eventos que ocorram após o fim do período, na medida em que tais eventos confirmem as condições existentes no fim do período.

Podem surgir provisões resultantes de contratos firmes de venda superiores às quantidades de estoques existentes ou de contratos firmes de compra em andamento se as aquisições adicionais a serem feitas para atender a esses contratos de venda forem previstas com base em valores estimados que levem à situação de prejuízo no atendimento desses contratos de venda. Tais provisões devem ser tratadas de acordo com o Pronunciamento Técnico CPC 25 – Provisão e Passivo e Ativo Contingentes.

11.2. ATIVO BIOLÓGICO E PRODUTO AGRÍCOLA

Apesar da regra geral na avaliação de estoques prevista no CPC 16 (R1), há uma importante exceção: **os produtos agrícolas e os ativos biológicos**.

Lembre-se

Ativo biológico é um animal e/ou uma planta vivos. **Os produtos agrícolas** podem ser entendidos como produto obtido de um ativo biológico (CPC 29).

A **entidade deve reconhecer um ativo biológico ou produto agrícola quando**, e somente quando:

- Controla o ativo como resultado de eventos passados.
- For provável que benefícios econômicos futuros associados com o ativo fluirão para a entidade.
- O valor justo ou o custo do ativo puder ser mensurado confiavelmente.

Em **atividade agrícola**, o controle pode ser evidenciado, por exemplo, pela propriedade legal do gado e a sua marcação no momento da aquisição, nascimento ou época de desmama. Os benefícios econômicos futuros são, normalmente, determinados pela mensuração dos atributos físicos significativos.

Para fins de exemplo:

Ativos biológicos	Produtos agrícolas	Produtos resultantes do processamento após a colheita
Carneiros	Lã	Fio, tapete
Plantação de árvores para extração de madeira	Árvore cortada	Tora, madeira serrada
Gado de leite	Leite	Queijo
Porcos	Carcaça	Salsicha, presunto
Plantação de algodão	Algodão colhido	Fio de algodão, roupa
Cana-de-açúcar	Cana colhida	Açúcar
Plantação de fumo	Folha colhida	Fumo curado
Arbusto de chá	Folha colhida	Chá
Videira	Uva colhida	Vinho
Árvore frutífera	Fruta colhida	Fruta processada
Palmeira de dendê	Fruta colhida	Óleo de palma
Seringueira	Látex colhido	Produto e borracha

11.2.1. Mensuração do ativo biológico e do produto agrícola

Antes de estudar o regramento sobre mensuração inicial e posterior de ativos biológicos e produtos agrícolas, devemos lembrar o conceito de valor justo. **Valor justo** é o preço que seria recebido pela venda de um ativo ou pago pela transferência de um passivo em uma transação não forçada entre participantes do mercado na data de mensuração.

O ativo biológico deve ser classificado no imobilizado e dele será gerado o produto agrícola. Ele deve ser mensurado pelo valor justo menos a despesa de venda no momento do **reconhecimento inicial e final de cada período de competência**, exceto nos casos em que o valor justo não pode ser mensurado de forma confiável.

O **ganho** ou a **perda** provenientes da mudança no valor justo menos a despesa de venda de ativo biológico reconhecido no momento inicial até o final de cada período devem ser incluídos no **resultado do exercício em que tiverem origem**.

O produto agrícola colhido de ativos biológicos da entidade deve ser mensurado pelo valor justo, menos a despesa de venda, no momento da colheita.

O **ganho** ou a **perda** provenientes do reconhecimento inicial do produto agrícola pelo valor justo, menos a despesa de venda, devem ser incluídos **no resultado do período em que ocorrerem**. O ganho ou a perda podem originar-se no reconhecimento inicial do produto agrícola como resultado da colheita.

Produção agrícola é considerada aquela obtida no momento e no ponto de colheita dos produtos advindos dos ativos biológicos da entidade. **Após esse momento**, o CPC 16 – Estoques, ou outro pronunciamento técnico mais adequado, deve ser aplicado. Portanto, o conceito de ativo biológico e produto agrícola **não engloba o processamento dos produtos agrícolas após a colheita**, como o processamento de uvas para a transformação em vinho por vinícola, mesmo que ela tenha cultivado e colhido a uva. **Produtos do processamento (ou da transformação biológica)** são ativos resultantes da transformação dos ativos biológicos ou produtos agrícolas.

Importante

Aos **minerais e produtos minerais** são aplicados os mesmos termos previstos para os produtos agrícolas.

Às **commodities** avaliadas a valor justo menos custos com vendas ao fim de todos os exercícios, não é aplicada a regra geral dos estoques.

11.2.2. Valor justo *versus* valor realizável líquido

Acabamos de ver dois conceitos que podem dificultar a aprendizagem: o de valor justo e o de valor realizável líquido.

Valor justo é o preço que seria recebido pela venda de um ativo ou pago pela transferência de um passivo em uma transação não forçada entre participantes do mercado na data de mensuração.

Valor realizável líquido é o preço de venda estimado no curso normal dos negócios deduzido dos custos estimados para sua conclusão e dos gastos estimados necessários para se concretizar a venda.

O valor realizável líquido refere-se à quantia líquida que a entidade espera realizar com a venda do estoque no curso normal dos negócios. O valor justo reflete o preço pelo qual uma transação ordenada para a venda do mesmo estoque no mercado principal (ou mais vantajoso) para esse estoque ocorreria entre participantes do mercado na data de mensuração. **O primeiro é um valor específico para a entidade, ao passo que o segundo já não é. Por isso, o valor realizável líquido dos estoques pode não ser equivalente ao valor justo deduzido dos gastos necessários para a respectiva venda.**

O **valor realizável líquido** varia de entidade para entidade. Algumas delas podem possuir condições específicas (localização, marca etc) que possibilitem que o seu valor realizável líquido seja maior do que o valor do mercado para aquele ativo, ou seja, do que o seu valor justo.

11.3. EXEMPLOS DE LANÇAMENTOS NA CONTA DE ESTOQUES ENVOLVENDO COMPRA E VENDA DE MERCADORIAS

EXEMPLO 1 | Na revenda de mercadorias

a) **Aquisição de mercadorias:** inicialmente, vamos supor que a Cia. Sande possui 10.000 na conta Bancos. A Cia. Sande adquiriu mercadorias para revenda a prazo no valor de R$ 10.000 com incidência de 10% de ICMS. (O ICMS é um imposto indireto não cumulativo, ou seja, a empresa se credita do que paga na compra e compensa esse valor com o que deveria pagar na venda, evitando assim o efeito cascata. O ICMS é também um imposto "por dentro", ou seja, já faz parte do valor do produto e deve ser separado dele.) Além disso, o custo de frete de R$ 400 e o seguro até a chegada da mercadoria no valor de R$ 100 foi arcado pelo adquirente que contratou uma transportadora.

D – Mercadorias (ativo circulante)	R$ 9.500
D – ICMS a Recuperar (ativo circulante)	R$ 1.000
C – Bancos (ativo circulante)	R$ 500
C – Duplicatas a Pagar (passivo circulante)	R$ 10.000

MERCADORIAS	
(a) 9.500	

ICMS A RECUPERAR	
(a) 1.000	

DUPLICATAS A PAGAR	
	10.000 (a)

BANCOS	
10.000	500 (a)

Por ser comercial (isso se infere por conta da revenda de mercadorias), no lançamento, foi expurgado o valor de R$ 1.000 do ICMS, que será recuperável. O frete e o seguro não estão na base do ICMS porque ficaram a cargo de uma empresa contratada. Por outro lado, o frete e o seguro são somados ao custo de aquisição.

b) **Ajuste ao valor de mercado:** no fim do exercício social, a Cia. Sande considerou que o preço líquido de realização mediante venda no mercado, deduzidos os impostos e demais despesas necessárias para a venda, são R$ 7.000. Como o valor é menor, deve-se fazer um lançamento para ajustar o valor da mercadoria a ele. Isso é feito por meio de uma provisão retificadora da conta que representa o estoque ajustado.

D – Despesas com provisões (resultado)	R$ 2.500
C – Provisão para ajuste ao valor de mercado (retificadora de ativo)	R$ 2.500

DESPESAS COM PROVISÕES	
(a) 2.500	

PROVISÃO DE AJUSTE A VALOR DE MERCADO	
	2.500 (b)

Esta seria a composição do estoque:

Estoque	
Mercadorias	R$ 9.500
Provisão para ajuste ao valor de mercado	(R$ 2.500)
Valor total do estoque	**R$ 7.000**
Resultado do período	
Despesa com provisões	(R$ 2.500)

c) Venda de mercadorias: a Cia. Sande vendeu todas as mercadorias. Nesse momento, as mercadorias saíram da conta Estoques para compor a conta de Resultado (custo das mercadorias vendidas). Além disso, a provisão será estornada.

D – Custo das mercadorias vendidas (resultado) R$ 7.000
D – Provisão para ajuste ao valor de mercado (retificadora de ativo) R$ 2.500
C – Mercadorias (ativo circulante) R$ 9.500

MERCADORIAS	
(a) 9.500	9.500 (c)

PROVISÃO DE AJUSTE A VALOR DE MERCADO	
(c) 2.500	2.500 (b)

CUSTO DE MERCADORIAS VENDIDAS	
(c) 7.000	

Os estoques ficarão zerados.

Estoques	
Mercadorias	–
Provisão para ajuste ao valor de mercado	–
Valor total do estoque	–

E o resultado do período terá o seguinte saldo:

Resultado do período	
Custo da mercadoria vendida (CMV)	(R$ 7.000)

EXEMPLO 2 | Na produção de mercadorias

a) Compra de matéria-prima: a Cia. Beta adquire à vista matéria-prima no valor de R$ 15.000 com o objetivo de fabricar produtos.

D – Estoque de matéria-prima (ativo circulante) R$ 15.000
C – Bancos (ativo circulante) R$ 15.000

ESTOQUE DE MATÉRIA-PRIMA	
(a) 15.000	

BANCOS	
	15.000 (a)

Esta seria a composição do estoque:

Estoque	
Estoque de matéria-prima	R$ 15.000
Valor total do estoque	R$ 15.000

b) Ajuste ao valor de mercado da matéria-prima: posteriormente, a Cia. Beta constata que o preço pelo qual a matéria-prima pode ser reposta mediante compra no mercado é de R$ 16.000.

*A hipótese foi posta para chamar a atenção. Nesse caso, não haverá ajuste a valor de mercado, porque é superior ao custo de aquisição. Lembre-se disso.

c) Cálculo do valor do produto acabado: a Cia. Beta apurou que na fabricação foi consumida toda a matéria-prima e foram gastos R$ 8.000 com custos de transformação (R$ 6.000 de mão de obra e R$ 2.000 de energia):

D – Estoques de produtos acabados (ativo circulante)		R$ 23.000
C – Estoques de matéria-prima (ativo circulante)		R$ 15.000
C – Energia a pagar (passivo circulante)		R$ 2.000
C – Salários a pagar (passivo circulante)		R$ 6.000

ESTOQUE DE MATÉRIA-PRIMA		ESTOQUE DE PRODUTOS ACABADOS	
(a) 15.000	15.000 (c)	(c) 15.000 (c) 2.000 (c) 6.000	

ENERGIA A PAGAR		SALÁRIOS A PAGAR	
	2.000 (c)		6.000 (c)

Os estoques de matéria-prima ficam zerados, e o seu valor é transferido para o de produtos acabados, somado aos custos de transformação.

Estoques	
Estoque de matéria-prima	–
Estoque de produtos acabados	R$ 23.000
Valor total do estoque	R$ 23.000

d) Venda do produto acabado: os produtos produzidos foram vendidos.

D – Custo dos produtos vendidos (resultado)		R$ 23.000,00
C – Estoque de produtos acabados (ativo circulante)		R$ 23.000,00

CUSTO DE PRODUTOS VENDIDOS		ESTOQUE DE PRODUTOS ACABADOS	
(d) 23.000		(c) 15.000 (c) 2.000 (c) 6.000	23.000 (d)

Os estoques ficarão zerados:

Estoques	
Estoque de matéria-prima	–
Estoque de produtos acabados	–
Valor total dos estoques	–

E o resultado do período terá o seguinte saldo:

Resultado do período	
Custo dos produtos vendidos (CPV)	(R$ 23.000)

QUESTÕES COMENTADAS

(FCC – Analista de Gestão Contábil/Pref Recife/2019) A Cia. Vende & Revende comprou, à vista, mercadorias no valor de R$ 280.000,00, obtendo um desconto de R$ 14.000,00 em função do volume. Adicionalmente, incorreu nos seguintes gastos que foram pagos à parte:

- Imposto de importação no valor de R$ 20.000,00.
- Gasto com transporte das mercadorias até a empresa no valor de R$ 8.000,00.
- Gastos com seguros para transporte das mercadorias até a empresa no valor de R$ 3.000,00.
- IPI não recuperável no valor de R$ 6.000,00.
- ICMS recuperável no valor de R$ 9.000,00.

O valor atribuído ao estoque das mercadorias adquiridas pela Cia. Vende & Revende foi, em reais,

a) 312.000,00.

b) 297.000,00.

c) 303.000,00.

d) 286.000,00.

e) 292.000,00.

RESPOSTA: C

COMENTÁRIO: Podemos depreender que a empresa tem como negócio a revenda de mercadorias. O fato de o desconto ter sido por volume, e não por pagamento antecipado, indica que se trata de um desconto comercial e, por isso, altera o custo de aquisição. Ademais, a despesa incorreu nos gastos de seguro e transporte, o que deve ser adicionado ao custo de aquisição. Os impostos não recuperáveis devem ser somados e os recuperáveis devem ser subtraídos.

> Custo de aquisição de mercadorias = Valor da mercadoria + II + IPI – ICMS – PIS/COFINS não cumulativos – (Devoluções + Descontos incondicionais + Abatimentos) + Frete + Seguro + Gastos com manuseio + Custos para colocar os estoques no seu local e na sua condição atuais

A questão faz uma "pegadinha" com os alunos. Afirma que "incorreu nos seguintes gastos que foram pagos à parte". Com isso, quer dizer que nenhum desses gastos estava incluído na nota. Por isso, não devemos retirar do valor correspondente aos tributos recuperáveis (no caso, o ICMS), já que ele nem foi adicionado.

Estoques = 280.000 (mercadoria) – 14.000 (desconto comercial) + 20.000 (II) + 8.000 (transporte) + 3.000 (seguro) + 6.000 (IPI) = 303.000

QUESTÕES COMENTADAS

(CEBRASPE/CESPE/Auditor-Fiscal da Receita Estadual/SEFAZ RS/2019) Em uma compra de mercadorias para composição dos estoques de entidade que utiliza inventário permanente, o lançamento do imposto de circulação de mercadorias e serviços (ICMS) deve ser feito em uma conta de natureza:

a) Credora, no ativo.

b) Devedora, no ativo.

c) Credora, no passivo.

d) Devedora, no passivo.

e) Devedora, no resultado.

RESPOSTA: B

COMENTÁRIO: Supondo uma compra com uma parte do pagamento a prazo e outra à vista.

D – Mercadorias (ativo circulante)

D – ICMS a Recuperar (ativo circulante)

C – Bancos (ativo circulante)

C – Fornecedores (passivo circulante)

(CEBRASPE/CESPE/Auditor-Fiscal da Receita Estadual/SEFAZ RS/2019) Ao final do exercício social, uma empresa que utiliza o sistema de inventário periódico realizou a contagem de estoques; porém, em auditoria, o auditor deseja calcular o estoque final de mercadorias com base nas informações contábeis. Para essa empresa, os saldos são os seguintes:

- Estoque inicial = R$ 55.000.
- Compras líquidas = R$ 100.000.
- Receita de vendas = R$ 175.000.
- Lucro bruto = R$ 105.000.

Nessa situação hipotética, desconsiderando-se os efeitos de impostos/tributos e de demais receitas/despesas não citadas, o valor do estoque final de mercadorias com base nos saldos contábeis apresentados é igual a:

a) R$ 50.000.

b) R$ 70.000.

c) R$ 75.000.

d) R$ 85.000.

e) R$ 155.000.

RESPOSTA: D

COMENTÁRIO:

Lucro bruto = Receita de vendas – CMV

105.000 = 175.000 – CMV

CMV = 70.000

CMV = Estoque inicial + Compras líquidas – Estoque final

70.000 = 55.000 + 100.000 – Estoque final

Estoque final = 85.000

QUESTÕES COMENTADAS

(CEBRASPE/CESPE/Auditor-Fiscal da Receita Estadual/SEFAZ RS/2019) Se, indevidamente, a contabilidade de uma empresa superestimar seu saldo de estoques no inventário final do ano 20×1 e, embora constatado, esse problema não for corrigido, tal situação acarretará uma:

a) Superestimação do lucro líquido do ano 20×1.

b) Subestimação do lucro líquido do ano 20×1.

c) Subestimação da situação líquida do ano 20×1.

d) Subestimação do custo da mercadoria vendida do ano 20×2.

e) Superestimação do lucro líquido do ano 20×2.

RESPOSTA: A

COMENTÁRIO: Temos que o CMV = Estoque inicial + Compras líquidas – Estoque final. Se o Estoque final é maior do que o real, o CMV será menor do que o real e, consequentemente, o lucro líquido (Receita – CMV) estará superestimado.

CAPÍTULO 12

ATIVO NÃO CIRCULANTE

No **ativo não circulante** serão classificados os direitos realizáveis **após** o exercício social subsequente e as aplicações de recursos em despesas relacionadas a períodos **após** o exercício seguinte.

Vimos que o ativo não circulante é divido em:

- **Ativo realizável a longo prazo.**
- **Investimentos.**
- **Imobilizado.**
- **Intangível.**

12.1. ATIVO REALIZÁVEL A LONGO PRAZO

São classificados no ativo realizável a longo prazo **os direitos realizáveis após o término do exercício seguinte, assim como os derivados de vendas, adiantamentos ou empréstimos a sociedades coligadas ou controladas, diretores, acionistas ou participantes do lucro da companhia, que não constituírem negócios usuais na exploração do objeto da companhia.**

Podemos dividir os itens classificados nesse subgrupo em três partes:

a) Direitos realizáveis após o término do exercício seguinte

Aqui são classificados os direitos realizáveis após o exercício social seguinte. Por exemplo, duplicatas com vencimento em 2019 e que constam no balanço de 2017.

b) Derivados de vendas, adiantamentos ou empréstimos a sociedades coligadas ou controladas, diretores, acionistas ou participantes do lucro da companhia, que não constituírem negócios usuais na exploração do objeto da companhia

Vendas, adiantamentos e empréstimos a sociedades coligadas ou controladas, diretores, acionistas ou participantes não são negócios usuais para uma companhia. Essas relações normalmente são estabelecidas com agentes externos (por exemplo, o normal é que as vendas ocorram para terceiros, e não para pessoas ligadas). Percebe-se **que nesse caso não há restrição de tempo ou prazo**, basta ser um direito derivado de vendas, adiantamentos ou empréstimos a essas pessoas ligadas, para que o ativo seja classificado no ativo não circulante realizável a longo prazo, **desde que não sejam negócios usuais para uma companhia**.

c) Despesas antecipadas de longo prazo

Apesar de não previsto na literalidade da Lei das S.A., as despesas pagas antecipadamente que se refiram a exercício social posterior ao seguinte serão aqui classificadas.

Atenção

Na companhia em que o ciclo operacional da empresa tiver duração maior que o exercício social, a classificação no circulante ou longo prazo terá por base o prazo desse ciclo.

12.1.1. Avaliação do realizável a longo prazo

A Lei nº 6.404/76 (Lei das S.A.) prevê que os elementos do ativo decorrentes de operações de longo prazo **serão ajustados a valor presente**, sendo os demais ajustados quando houver efeito relevante.

Valor presente de um ativo é, em resumo, **o fluxo de caixa líquido futuro daquele ativo trazido a valor presente**. Sendo assim, os elementos integrantes do ativo e do passivo decorrentes de operações de longo prazo, ou de curto prazo quando houver efeito relevante, devem ser ajustados a valor presente com base em **taxas de desconto que reflitam as melhores avaliações do mercado** quanto ao valor do dinheiro no tempo e os riscos específicos do ativo e do passivo em suas datas originais.

12.1.1.1. Contratação de seguros

Nas questões envolvendo seguro, é comum o examinador **exigir a classificação correta de itens no balanço patrimonial entre o ativo circulante e o ativo não circulante/ativo realizável a longo prazo.** As despesas relativas a períodos posteriores ao exercício seguinte devem ser classificadas no ativo não circulante (ANC)/ativo realizável a longo prazo (ARLP).

Vejamos um exemplo:

a) Contratação de seguro: no início do ano, a entidade contratou um seguro que irá durar três exercícios sociais, no total de R$ 30.000.

D – Seguros a vencer (ativo circulante)	R$ 20.000
D – Seguros a vencer (ANC/ARLP)	R$ 10.000
C – Bancos (ativo circulante)	R$ 30.000

Ativo circulante	
Seguros a vencer	20.000
Ativo não circulante	
Seguros a vencer	10.000

b) Contabilização no fim do ano: devemos apropriar o seguro referente ao exercício social.

D – Despesas com seguros (resultado)	R$ 10.000
C – Seguros a vencer (ativo circulante)	R$ 10.000

Ativo circulante*	
Seguros a vencer	20.000

*O valor que constava no não circulante, pelo decurso do ano, foi para o circulante.

12.1.1.2. Duplicatas a receber a longo prazo

Vamos agora ver um exemplo em que **o valor presente** é diferente do valor registrado na conta contábil.

Supondo que uma empresa venda mercadorias que à vista custam R$ 10.000 em 15 parcelas de R$ 1.000, totalizando R$ 15.000 o valor a prazo. O valor dos juros embutidos na operação é de R$ 5.000. Considerando que a primeira só será recebida após o fim do exercício seguinte (ou seja, no longo prazo), o lançamento deverá ser:

D – Duplicatas a receber (ANC/ARLP)   R$ 15.000

C – Receita de vendas (resultado)   R$ 15.000

D – Ajuste a valor presente de vendas (resultado)*   R$ 5.000

C – Receita com juros a apropriar   R$ 5.000

(retificadora de duplicatas a receber – ARLP)

*Redução de receita

Representação no Balanço:

Ativo realizável a longo prazo	
Duplicatas a receber	R$ 15.000
Receita com juros a apropriar	(R$ 5.000)

Dessa forma, a conta duplicatas a receber de longo prazo está ajustada a valor presente.

CAPÍTULO 13

REFORÇANDO CONCEITOS NA AVALIAÇÃO DE ATIVOS E PASSIVOS

Dos assuntos vistos anteriormente, devemos reforçar os conceitos a seguir.

a) Custo histórico. Os ativos são registrados pelos montantes pagos em caixa, ou equivalentes de caixa, ou pelo valor justo dos recursos entregues para obtê-los na data da aquisição. Os passivos são registrados pelos montantes dos recursos recebidos em troca da obrigação ou, em algumas circunstâncias (como imposto de renda), pelos montantes em caixa ou equivalentes de caixa que se espera serão necessários para liquidar o passivo no curso normal das operações.

b) Custo corrente. Os ativos são mantidos pelos montantes em caixa ou equivalentes de caixa que teriam de ser pagos se esses mesmos ativos ou ativos equivalentes fossem adquiridos na data do balanço. Os passivos são reconhecidos pelos montantes em caixa ou equivalentes de caixa, não descontados, que se espera seriam necessários para liquidar a obrigação na data do balanço.

c) Valor realizável (valor de realização ou de liquidação). Os ativos são mantidos pelos montantes em caixa ou equivalentes de caixa que poderiam ser obtidos pela sua venda em forma ordenada. Os passivos são mantidos pelos seus montantes de liquidação, isto é, pelos montantes em caixa ou equivalentes de caixa, não descontados, que se espera serão pagos para liquidar as correspondentes obrigações no curso normal das operações.

d) Valor presente. Os ativos são mantidos pelo valor presente, descontado, dos fluxos futuros de entradas líquidas de caixa que se espera seja gerado pelo item no curso normal das operações. Os passivos são mantidos pelo valor presente, descontado, dos fluxos futuros de saídas líquidas de caixa que se espera serão necessários para liquidar o passivo no curso normal das operações.

e) Valor justo. É o valor pelo qual um ativo pode ser trocado, ou um passivo liquidado, entre partes conhecedoras, dispostas a isso, em uma transação sem favorecimentos.

O **ativo não circulante representa** os bens e os direitos menos líquidos do patrimônio de uma entidade. A Lei nº 6.404/76 (Lei das S.A.) prevê que ele será **subdividido nos seguintes subgrupos**: Ativo realizável a longo prazo, Investimentos, Imobilizado e Intangível.

Segundo a Lei das S.A.:

Art. 178. No balanço, as contas serão classificadas segundo os elementos do patrimônio que registrem, e agrupadas de modo a facilitar o conhecimento e a análise da situação financeira da companhia.

§ 1º No ativo, as contas serão dispostas em ordem decrescente de grau de liquidez dos elementos nelas registrados, nos seguintes grupos:

[...]

II – ativo não circulante, composto por ativo realizável a longo prazo, investimentos, imobilizado e intangível. (Incluído pela Lei nº 11.941, de 2009)

Art. 179. [...]

Parágrafo único. Na companhia em que o ciclo operacional da empresa tiver duração maior que o exercício social, a classificação no circulante ou longo prazo terá por base o prazo desse ciclo.

CAPÍTULO 14

INVESTIMENTOS SOCIETÁRIOS

14.1. CONCEITO E CLASSIFICAÇÃO

No subgrupo do ativo não circulante, chamado Investimentos, **são classificadas as participações permanentes em capital de outras sociedades e os direitos de qualquer natureza, não classificáveis no ativo circulante, e que não se destinem à manutenção da atividade da companhia**.

Isso é encontrado no texto da Lei das S.A., art. 179, inciso III.

Portanto, para os ativos serem classificados no subgrupo Investimentos, existem **dois requisitos que devem ser atendidos** simultaneamente:

- **Serem participações permanentes em capital de outras sociedades e direitos de qualquer natureza:** caracterizam-se por ações ou cotas de outra sociedade ou direitos que proporcionem participação nos lucros ou renda à sociedade investidora. Devem ser permanentes (definidos pela intenção de manter a participação sem o fim especulativo do curto prazo).
- **Não serem classificáveis no ativo circulante, e que não se destinem à manutenção da atividade da companhia ou da empresa:** não podem ser destinados à manutenção da companhia, muito menos ser classificados no ativo circulante. No ativo circulante (ou no ativo realizável a longo prazo) são classificados como instrumentos financeiros os títulos patrimoniais de cuja intenção de permanência a entidade prescinde.

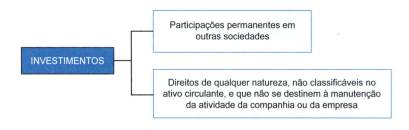

Os **direitos de qualquer natureza** são direitos que proporcionam lucros ou renda à sociedade investidora.

As participações em outras sociedades também são conhecidas como **investimentos societários**. Investimento societário pode ser definido como a aplicação de recursos na aquisição de ações ou cotas do capital de outra pessoa jurídica.

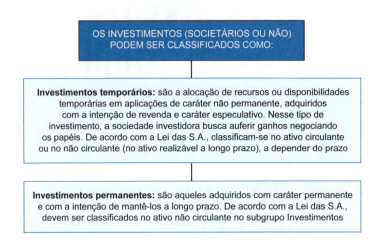

O que distingue os investimentos permanentes dos investimentos temporários é exatamente a **intenção de permanência**. Essa **intenção é normalmente manifestada no momento da aquisição** do investimento e materializada pelo simples registro no grupo do ativo não circulante no subgrupo Investimentos, quando se trata de investimento permanente, ou no ativo circulante ou não circulante (no ativo realizável a longo prazo), quando se trata de investimento temporário. Se a participação estiver classificada no ativo não circulante investimento, a intenção de venda não autoriza a reclassificação para o ativo circulante. Nesse caso, o investimento deve permanecer no ativo não circulante até a data da sua alienação.

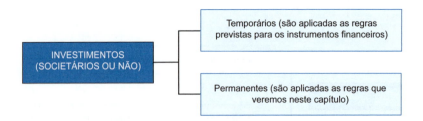

Investimentos permanentes (com a intenção de permanência) **podem ser divididos da seguinte forma:**

- Controladas, coligadas, grupo econômico e controle conjunto.
- Outros investimentos societários.
- Propriedades para investimento.
- Demais investimentos permanentes.

14.2. CONTROLADAS, COLIGADAS, SUBMETIDAS A CONTROLE COMUM E GRUPO ECONÔMICO

14.2.1. Controladora

Controlada é a entidade, incluindo aquela não constituída sob a forma de sociedade (tal como uma parceria), na qual a controladora, diretamente ou por meio de outras controladas, **é titular de direitos de sócio que lhe assegurem**, de modo permanente, **preponderância nas deliberações sociais e o poder de eleger a maioria dos administradores**.

A conceituação oficial dessa figura jurídica é encontrada no § 2º do art. 243 da Lei das S.A.

Sociedade **controladora** é aquela que possui **direta ou indiretamente** a titularidade de mais da metade (ou mais de 50%) das **quotas ou ações com direito a voto** de outra sociedade, que será **sua controlada**. Se uma entidade detiver 100% das ações de outra – sendo, portanto, o seu acionista único – a controlada é considerada a sua subsidiária integral.

Capital social	Ações ordinárias	Com direito a voto; são as que têm importância para definir o controle
	Ações preferenciais	Sem direito ao voto; não têm importância para definir o controle

Não é necessário que o controle seja direto; pode ser exercido por intermédio de outra controlada, isto é, admite-se o **controle indireto**.

Controle	Direto	A investidora tem mais de 50% do capital votante da investida
	Indireto	A investidora controla com mais de 50% do capital votante uma investida que controla diretamente outra entidade que é a sua controlada indireta

Assim, por exemplo, se a sociedade Anchova S.A. participa com 51% do capital votante da sociedade Baleia S.A., e esta, por sua vez, participa com 60% do capital votante da sociedade Cará S.A., a sociedade Anchova S.A. é controladora da sociedade Baleia S.A. de forma direta e da sociedade Cará S.A. de forma indireta.

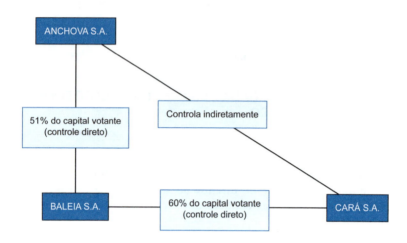

Assim é porque, se a sociedade Anchova S.A. dita as regras que devem ser seguidas pela sociedade Baleia S.A., ela, de forma indireta, estará ditando também a conduta da sociedade Cará S.A., pois esta última é controlada da sociedade Baleia S.A. A sociedade Baleia S.A. traçará diretrizes para a sociedade Cará S.A. conforme orientações de sua controladora, a sociedade Anchova S.A.

Outro aspecto interessante é o que diz respeito à **preponderância nas deliberações sociais**. Em regra, tem-se preponderância quando se possui a maioria do capital votante. Entretanto, na prática, em situações não raras, é possível que uma parcela do capital votante, **menor que a maioria, defina os rumos de uma sociedade**. É o caso em que as ações da sociedade investida **estão pulverizadas no mercado** de forma que, nas assembleias deliberativas, grande parte dos acionistas minoritários e dos detentores de ações preferenciais sem direito a voto, ou mesmo detentores de ações ordinárias com direito a voto, **não participam das deliberações tomadas pela maioria presente**.

A propósito, cabe mencionar que a Lei das S.A., em seu art. 15, § 2º, preceitua que as ações **sem direito a voto não poderão exceder a 50% do total das ações de uma companhia**. Com isto, a lei admite a possibilidade de o capital votante estar representado por apenas 50% do capital total.

Ocorrendo essa hipótese, 25% do capital total mais uma ação pode representar a maioria do capital votante, isto é, a detenção, de forma permanente, de 25,01% do capital total pode representar a preponderância nas deliberações sociais e o poder de eleger a maioria dos administradores. Isso é possível desde que a companhia tenha 50% do seu capital representado por ações sem direito a voto e que o investidor com participação de 25,01% possua somente ações ordinárias, ou seja, ações representativas do capital votante.

Importante

A entidade pode ter em seu poder direitos de subscrição, opções não padronizadas de compras de ações (*warrants*), opções de compras de ações, instrumentos de dívida ou patrimoniais conversíveis em ações ordinárias ou outros instrumentos semelhantes com potencial de, se exercidos ou convertidos, conferir à entidade poder de voto adicional ou reduzir o poder de voto de outra parte sobre as políticas financeiras e operacionais da investida (isto é, potenciais direitos de voto). A existência e a efetivação dos potenciais direitos de voto prontamente exercíveis ou conversíveis, incluindo os potenciais direitos de voto detidos por outras entidades, devem ser consideradas na avaliação da influência ou controle por parte da entidade. Os potenciais direitos de voto não são exercíveis ou conversíveis quando, por exemplo, não podem ser exercidos ou convertidos até uma data futura ou até a ocorrência de evento futuro.

14.2.1.1. Perda de controle de controlada

Se a investidora **deixa de ter o controle sobre as decisões** da investida, a investida deixa de ser uma controlada. Isso ocorre, por exemplo, quando a investidora deixa de ter mais de 50% do capital votante na investida.

A perda de controle nas decisões da investida pode ocorrer também **sem necessariamente ser alterado** o valor da participação da investidora na investida.

Atenção

O investidor não tem poder sobre a investida, ainda que detenha a maioria dos direitos de voto na investida, quando esses direitos de voto não são substantivos. Por exemplo, o investidor que detém mais que a metade dos direitos de voto na investida não pode ter poder se as atividades relevantes estiverem sujeitas à direção de governo, tribunal, administrador, síndico, liquidante ou regulador.

14.2.2. Coligada

Coligada é uma entidade, incluindo aquela não constituída sob a forma de sociedade (tal como uma parceria), sobre a qual o investidor **tem influência significativa** e que **não se configure como controlada nem como empreendimento sob controle conjunto** (*joint venture*).

O conceito legal de sociedade coligada encontra-se nos §§ 1º, 4º e 5º, do art. 243 da Lei das S.A., que assim dispõem:

> *Art. 243. O relatório anual da administração deve relacionar os investimentos da companhia em sociedades coligadas e controladas e mencionar as modificações ocorridas durante o exercício.*
>
> *§ 1º São coligadas as sociedades nas quais a investidora tenha influência significativa.*
>
> *[...]*
>
> *§ 4º Considera-se que há influência significativa quando a investidora detém ou exerce o poder de participar nas decisões das políticas financeira ou operacional da investida, sem controlá-la.*
>
> *§ 5º É presumida influência significativa quando a investidora for titular de 20% (vinte por cento) ou mais do capital votante da investida, sem controlá-la.*

Dessa forma, a condição que a Lei das S.A. prevê para que uma participação permanente em outra sociedade seja considerada uma participação em coligada é que haja uma influência significativa da investidora na investida.

Lembre-se

Influência significativa é o poder de participar das decisões sobre políticas financeiras e operacionais de uma investida, mas sem que haja o controle individual ou conjunto dessas políticas.

Segundo a Lei das S.A., essa influência pode ser manifestada de duas formas. Por meio da:

- **Participação da investidora nas decisões políticas financeiras e operacionais da investida.**
- **Presumida através da participação de 20% ou mais do capital votante.**

O CPC 18 elenca hipóteses de companhia onde, mesmo com menos de 20% de participação no capital votante, a investidora exerce influência significativa, devendo, por isso, ser considerada coligada.

Segundo o referido pronunciamento, a existência de influência significativa por investidor geralmente é evidenciada por uma ou mais das seguintes formas:

- Representação no conselho de administração ou na diretoria da investida
- Participação nos processos de elaboração de poliíticas, inclusive em decisões sobre dividendos e outras distribuições
- Operações materiais entre o investidor e a investida
- Intercâmbio de diretores ou gerentes
- Fornecimento de informação técnica essencial

Assim como visto nas controladas, as coligadas também podem ser resultantes de participação direta ou indireta.

Se o investidor mantém, direta ou indiretamente, 20% ou mais do poder de voto da investida, presume-se que ele tenha influência significativa, a menos que possa ser claramente demonstrado o contrário. Por outro lado, se o investidor detém, direta ou indiretamente, menos de 20% do poder de voto da investida, **presume-se que ele não tenha influência significativa, a menos que essa influência possa ser claramente demonstrada**.

Sobre as previsões do que é coligada, podemos ter o seguinte quadro resumido:

| Coligadas | Influência significativa | Direta | Participação da investidora nas decisões políticas financeiras e operacionais da investida |
| | | Presumida | Por meio da participação de 20% ou mais do capital |

Importante

A propriedade substancial ou majoritária da investida por outro investidor não necessariamente impede que um investidor tenha influência significativa sobre ela.

14.2.2.1. Perda de influência significativa

A entidade **perde a influência significativa** sobre a investida quando ela perde o poder de participar das decisões sobre as políticas financeiras e operacionais da investida. Isso pode ocorrer **quando se reduzem os 20% da participação que classificam a investida presumidamente como coligada** ou **quando a investidora perde algum dos fatores que caracterizam a influência significativa sobre a investida**.

A perda da influência significativa pode ocorrer **com ou sem mudança no nível de participação acionária absoluta ou relativa**. Isso pode ocorrer, por exemplo, quando uma coligada se torna sujeita ao controle de governo, tribunal, órgão administrador ou entidade reguladora. Também se dá como resultado de acordo contratual.

14.2.3. Controle comum

Controle comum (ou controle conjunto) é o compartilhamento do controle de negócio, **contratualmente convencionado**, que existe somente quando decisões sobre as atividades relevantes **exigem o consentimento unânime das partes** que compartilham o controle.

Empreendimento controlado em conjunto (*joint venture*) é um acordo conjunto por meio do qual as partes que detêm o controle em conjunto do acordo contratual têm direitos sobre os ativos líquidos desse acordo.

14.2.4. Grupo econômico

Grupo econômico é a controladora e todas as suas controladas. Caracterizam **um mesmo grupo econômico** as sociedades em que os seus controles (direto ou indireto) **são exercidos por um mesmo ente ou conjunto de entes** e as sociedades investidas têm participações entre si.

Vejamos a questão por meio de um exemplo:

1. A companhia XYZ controla as companhias A, B e C:

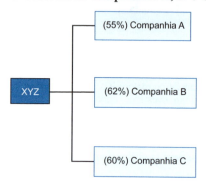

2. A companhia A é uma companhia aberta e participa com 10% do capital votante das companhias B e C:

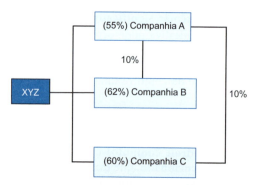

3. Assim, a Cia. B e a Cia. C são do mesmo grupo econômico da Cia. A. Por isso, a companhia A avaliará os investimentos em B e C pelo método da equivalência patrimonial (MEP), já que todas estão sob o controle de XYZ.

14.3. MENSURAÇÃO INICIAL DO INVESTIMENTO EM CONTROLADAS, COLIGADAS, GRUPO ECONÔMICO E CONTROLE CONJUNTO

14.3.1. Mensuração inicial

Segundo o CPC 18:

> *O investimento em coligada, em controlada e em empreendimento controlado em conjunto deve ser contabilizado pelo método da equivalência patrimonial a partir da data em que o*

investimento se tornar sua coligada, controlada ou empreendimento controlado em conjunto. Na aquisição do investimento, quaisquer diferenças entre o custo do investimento e a participação do investidor no valor justo líquido dos ativos e passivos identificáveis da investida devem ser contabilizadas como segue:

*(a) **o ágio fundamentado em rentabilidade futura (goodwill)** relativo a uma coligada, a uma controlada ou a um empreendimento controlado em conjunto (neste caso, no balanço individual da controladora) deve ser incluído no valor contábil do investimento e **sua amortização não é permitida**;*

*(b) qualquer excedente da participação do investidor no valor justo líquido dos ativos e passivos identificáveis da investida sobre o custo do investimento **(ganho por compra vantajosa)** deve ser incluído como receita na determinação da participação do investidor nos resultados da investida no período em que o investimento for adquirido.*

Ajustes apropriados devem ser efetuados após a aquisição, nos resultados da investida, por parte do investidor, para considerar, por exemplo, a depreciação de ativos com base nos respectivos valores justos da data da aquisição. Da mesma forma, retificações na participação do investidor nos resultados da investida devem ser feitas, após a aquisição, por conta de perdas reconhecidas pela investida em decorrência da redução ao valor recuperável (impairment) de ativos, tais como, por exemplo, para o ágio fundamentado em rentabilidade futura (goodwill) ou para o ativo imobilizado. Devem ser observadas, nesses casos, as disposições da Interpretação Técnica ICPC 09.

No momento da aquisição, o investimento em coligada, em empreendimento controlado em conjunto e em controlada (neste caso, no balanço individual) **deve ser inicialmente reconhecido pelo custo**.

Quando uma entidade adquire **investimentos permanentes**, o valor pago por ela pode ser maior, igual ou menor que o valor equivalente da participação nos **ativos líquidos (sinônimo de patrimônio líquido)** da investida.

Quando o **valor pago for maior**, a aquisição irá gerar um **ágio**, que poderá ser originado por **mais-valia** de ativos líquidos, por **rentabilidade futura (goodwill)** ou por **ambos ao mesmo tempo**. Quando o **valor pago for menor**, a aquisição irá gerar um **deságio**, conhecido **como compra vantajosa**. Quando o valor pago for igual ao valor patrimonial do investimento, não haverá registro nem de ágio nem de deságio.

14.3.1.1. Ágio

O CPC 15 define ágio como a diferença positiva entre o **valor pago** pela aquisição dos investimentos permanentes adquiridos e o **valor líquido**, na data de aquisição, dos **ativos identificáveis adquiridos e dos passivos assumidos, com base em seu valor justo, ou seja, o valor justo dos ativos líquidos**. Ativos líquidos significam a diferença entre ativos e passivos, ou seja, é o patrimônio líquido. Quando se trata de ativos líquidos a valor justo, trata-se do **patrimônio líquido a valor justo**.

O valor justo é o preço que seria recebido pela venda de um ativo ou pago pela transferência de um passivo em uma transação não forçada entre participantes do mercado na data de mensuração. Podemos considerar, então, que os ativos líquidos a valor justo representam o valor do **patrimônio líquido quando avaliamos os ativos e passivos a valor de mercado**, ou seja, o patrimônio líquido a valor de mercado.

Mas, professor, o que causa essa diferença entre o valor contábil do investimento e o valor pago pelo investidor?

Os ágios na aquisição de **investimentos permanentes** podem ser resultado de mais-valia, de *goodwill* ou de ambos ao mesmo tempo.

Mas, professor, o que significam esses termos?

Vamos estudá-los logo em seguida, mas o pagamento a maior pode ter sido originado porque o investidor considera os ativos e passivos da investida a valor justo e, por consequência, o valor justo do patrimônio líquido da investida maior (mais-valia), ou porque, além do valor justo do patrimônio líquido da investida ser maior, o investidor ainda paga um valor extra por ter expectativa de rentabilidade futura.

Então, vamos ver cada um desses termos.

14.3.1.1.1. Ágio originado da mais-valia de ativos líquidos

Lembre-se
A **mais-valia** dos ativos líquidos tem origem na diferença entre o valor justo dos ativos líquidos da investida e o seu respectivo valor contábil.

Nessa hipótese, o valor do patrimônio líquido da sociedade investida é incompatível com o valor de mercado (valor justo) pois os seus ativos líquidos estão registrados com valores contábeis menores do que os de mercado. Sabendo que a empresa investida tem um valor maior do que o registrado no seu patrimônio líquido, a investidora **paga um valor maior do que o equivalente à sua participação** no patrimônio líquido da adquirida, gerando o ágio.

Valor contábil do investimento = % do capital social adquirido × valor contábil do PL
Valor justo do investimento = % do capital social adquirido × valor justo do PL
Ágio por mais-valia = valor justo do investimento – valor contábil do investimento

Para a legislação do imposto de renda, se o valor justo do investimento for menor que o valor contábil temos a chamada "menos-valia", que deve ser contabilizada.

Atenção

A amortização do ágio gerado pela mais-valia de ativos líquidos ocorrerá de forma proporcional à realização dos ativos e passivos da investida que lhes deu origem. Sendo assim, por exemplo, se o ativo que deu causa à mais-valia for depreciável, amortizável ou exaurível, a amortização ocorrerá na proporção desta (por exemplo, apropriação da amortização quando da depreciação do imobilizado). Se não ocorrerá quando da sua realização (por exemplo, apropriação da amortização quando da venda dos estoques que lhe deram origem).

Atenção

O ágio por mais-valia dos ativos líquidos será classificado na conta Investimentos do Balanço individual, mas no Balanço consolidado serão classificados junto com os ativos que lhe deram origem. Demonstrações consolidadas são as demonstrações contábeis de um grupo econômico, em que ativos, passivos, patrimônio líquido, receitas, despesas e fluxos de caixa da controladora e de suas controladas são apresentados como se fossem uma única entidade econômica.

14.3.1.1.2. Goodwill

Lembre-se
Goodwill é o valor pago a maior na aquisição do investimento quando comparado ao valor justo dessa participação no patrimônio líquido da investida, em virtude da expectativa de resultado futuro (*goodwill*).

Há *goodwill* quando, por exemplo, a investidora entende que a investida **apresenta valores intrínsecos que não estão representados na contabilidade** em consequência da clientela, da marca, do ponto. Essa **expectativa de um fluxo de caixa positivo maior no futuro** faz com que a investidora pague um valor maior do que o valor patrimonial a valor justo do investimento adquirido, gerando ágio.

Valor justo do investimento = % do capital social adquirido × valor justo do PL
Valor pago pelo investimento
Ágio por rentabilidade futura (*goodwill*) = valor pago pelo investimento – valor justo do investimento

Na legislação contábil, se o valor pago for menor do que o valor justo do investimento, temos o chamado ganho por compra vantajosa. Veremos esse conceito a seguir.

Atenção
O ágio por rentabilidade futura (*goodwill*) não será amortizado e fará parte do valor do investimento.

Atenção
O ágio por rentabilidade futura (*goodwill*) será classificado na conta Investimentos do Balanço individual, mas no Intangível do Balanço consolidado. Demonstrações consolidadas são as demonstrações contábeis de um grupo econômico, em que ativos, passivos, patrimônio líquido, receitas, despesas e fluxos de caixa da controladora e de suas controladas são apresentados como se fossem uma única entidade econômica.

Lembre-se:

> A **MAIS-VALIA** dos ativos líquidos tem origem na diferença entre o valor justo dos ativos líquidos da investida e o seu respectivo valor contábil

> O **GOODWILL** é o valor pago a maior na aquisição do investimento quando comparado ao valor justo dessa participação no patrimônio líquido da investida, em virtude da expectativa de resultado futuro (*goodwill*)

QUESTÕES COMENTADAS

FCC – Analista Previdenciário/SEGEP MA/Atuarial e Contábil/2018) Em determinada data, o Patrimônio Líquido contabilizado da empresa Só Picolés S.A. era R$ 60.000.000,00 e o valor justo líquido dos seus ativos e passivos identificáveis era R$ 75.000.000,00. Nesta data, a empresa Sorvete Total S.A. adquiriu 60% das ações da empresa Só Picolés S.A. pagando o valor de R$ 55.000.000,00.

A empresa Sorvete Total S.A. passou a deter o controle da empresa Só Picolés S.A. e a participação dos não controladores é mensurada pela parte que lhes cabe no valor justo líquido dos ativos e passivos identificáveis da empresa Só Picolés S.A. Os valores reconhecidos no grupo Investimentos do balanço individual, e no grupo Intangíveis do balanço consolidado da empresa Sorvete Total S.A., foram, em reais, respectivamente:

a) 36.000.000,00 e 19.000.000,00.

b) 55.000.000,00 e 19.000.000,00.

c) 55.000.000,00 e 10.000.000,00.

d) 45.000.000,00 e 19.000.000,00.

e) 45.000.000,00 e 10.000.000,00.

RESPOSTA: C

COMENTÁRIO:

Valor contábil = 60% × 60.000.000 = 36.000.000

Valor pago = 55.000.000

Ágio = 55.000.000 – 36.000.000 = 19.000.000

Agora deve ser segregado o ágio por origem:

Ágio por mais-valia dos ativos = 15.000.000 (resultante da diferença entre o valor justo dos ativos líquidos e o valor contábil, 75.000.000 – 60.000.000) × 60% = **9.000.000**

Ágio por rentabilidade futura = **10.000.000** (ágio total menos ágio gerado por mais-valia, 19.000.000 – 9.000.000). Esse valor deve ser adicionado ao valor do investimento.

Ativo não circulante	
Participação	46.000.000
Ágio por mais-valia	9.000.000
Total Investimentos	**55.000.000**

Sabemos que, no balanço consolidado, o ágio por rentabilidade futura é classificado no Intangível. Portanto, o valor será de **R$ 10.000.000**.

(CESPE – Auditor-Fiscal da Receita Estadual/SEFAZ RS/2019) Atenção: Esta é uma questão com gabarito preliminar.

Determinada sociedade anônima adquiriu 90% das ações de uma companhia, por $ 11 milhões. Os dados patrimoniais (em $ milhões) da companhia são mostrados a seguir. A alíquota de imposto de renda sobre contribuição social sobre o lucro líquido (IR/CSLL) vigente é de 34%.

	Valor contábil	Valor justo
Ativos totais	10	13
Passivos totais	1,98	1,98

Nessas condições, o *goodwill* apurado pela referida sociedade anônima na combinação de negócios é um valor:

a) Inferior a $ 0,5 milhão.

b) Superior a $ 0,5 milhão e inferior a $ 1,0 milhão.

QUESTÕES COMENTADAS
c) Superior a $ 1,0 milhão e inferior a $ 1,5 milhão.
d) Superior a $ 1,5 milhão e inferior a $ 2,5 milhões.
e) Superior a $ 2,5 milhões.
RESPOSTA: D
COMENTÁRIO:
Ativo = Passivo + PL. Logo:
10 = 1,98 + PL
PL = 8,02
Valor contábil da participação = 8,02 × 90% = 7.218.000
13 = 1,98 + PL
PL = 11,02
Valor justo da participação = 11,02 × 90% = 9.918.000
Valor pago = 11.000.000
Mais-valia = Valor justo – Valor contábil
Mais-valia = 9.918.000 – 7.218.000 = 2.700.000
Mais-valia líquida = 2.7000 × (100% – 34%) = 1.782.000
Goodwill = Valor pago – Valor justo
Goodwill = 11.000.000 – 1.782.000 – 7.218.000 = 2.000.000

14.3.1.1.3. Exemplos de lançamentos na aquisição de investimentos com ágio

a) Aquisição de investimento com ágio: a Cia. Alfa adquiriu uma participação permanente representando 23% do capital votante da Cia. Beta, que tinha o valor contábil de R$ 100.000, por R$ 130.000. Os R$ 30.000 de ágio tiveram R$ 20.000 originados de mais-valia e R$ 10.000 originado de expectativa de rentabilidade futura (*goodwill*).

Com 23%, a Cia. Beta é presumidamente coligada. O valor do ágio (mais-valia e *goodwill*) devem ser registrados em contas separadas.

D – Investimentos (ativo não circulante)	R$ 100.000
D – Mais-valia (ativo não circulante)	R$ 20.000
D – *Goodwill* (ativo não circulante)	R$ 10.000
C – Banco (ativo circulante)	R$ 130.000

Ativo não circulante	
Investimentos	
Investimento na Cia. Beta	R$ 100.000
Ágio – Mais-valia	R$ 20.000
Ágio – *Goodwill*	R$ 10.000
Valor total do Investimento na Cia. Beta	R$ 130.000

O *goodwill* de coligadas e controladas não pode mais ser amortizado. Por orientação do CPC 18, **devem compor o valor do investimento**. Dessa forma, teremos que fazer o lançamento respectivo:

D – Investimentos (ativo não circulante)　　　R$ 10.000
C – *Goodwill* (ativo não circulante)　　　R$ 10.000

Ativo não circulante	
Investimentos	
Investimento na Cia. Beta	R$ 110.000
Ágio – Mais-valia	R$ 20.000
Valor total do Investimento na Cia. Beta	R$ 130.000

b) Amortização do ágio: a amortização do ágio originado da mais-valia dos ativos, quando for o caso, deve ter o seguinte lançamento:

D – Despesa com amortização de ágio (resultado)

C – Mais-valia (ativo não circulante)

Ativo não circulante	
Investimentos	
Investimento na Cia. Beta	R$ 8.400.000
Ágio – Mais-valia	R$ 1.600.000
Valor total do Investimento na Cia. Beta	R$ 10.000.000

QUESTÃO COMENTADA

FCC – Analista Previdenciário/SEGEP MA/Financeira e Contábil/2018) Em 31/12/2016, a Cia. Ano Novo adquiriu, à vista, 70% das ações da Cia. Carros Velhos pelo valor de R$ 10.000.000,00, passando a deter o seu controle. Na data da aquisição, o Patrimônio Líquido contabilizado da Cia. Carros Velhos era R$ 8.000.000,00 e o valor justo líquido dos ativos e passivos identificáveis dessa Cia. era R$ 12.000.000,00, sendo que a diferença se refere à avaliação de um ativo intangível com vida útil indefinida adquirido em 2014.

No período de 01/01/2017 a 31/12/2017, a Cia. Carros Velhos reconheceu as seguintes mutações em seu Patrimônio Líquido:

- Lucro líquido: R$ 500.000,00.
- Pagamento de dividendos: R$ 200.000,00.

Com base nestas informações, o valor que a Cia. Ano Novo apresentou no Balanço Patrimonial individual na conta Investimentos em Controladas, em 31/12/2017, foi, em reais,

a) 10.210.000,00.

b) 8.610.000,00.

c) 5.810.000,00.

d) 10.350.000,00.

e) 5.950.000,00.

RESPOSTA: A

COMENTÁRIO:

Valor contábil = 70% × 8.000.000 = 5.600.000

Valor pago = 10.000.000

Ágio = 10.000.000 – 5.600.000 = 4.400.000

Agora deve ser segregado o ágio por origem:

Ágio por mais-valia dos ativos = 4.000.000 (resultante da diferença entre o valor justo dos ativos líquidos e o valor contábil, 12.000.000 – 8.000.000) × 70% = **2.800.000**

QUESTÃO COMENTADA

Ágio por rentabilidade futura = **1.600.000** (ágio total menos ágio gerado por mais-valia,4.400.000 – 2.800.000)

Por orientação do CPC 18, o *goodwill* deve compor o valor do investimento.

Ativo não circulante	
Investimentos	
Investimento na Cia. Beta	R$ 8.400.000
Ágio – Mais-valia	R$ 1.600.000
Valor total do Investimento na Cia. Beta	R$ 10.000.000

Portanto, na data da aquisição do investimento, o valor total reconhecido é de R$ 10.000.000.

MEP = 500.000 × 70% = 350.000

Dividendos = 200.000 × 70% = 140.000

Valor do investimento no fim de 2017 = 10.000.000 (total investimentos 2016) + 350.000 (lucro líquido) – 140.000 (dividendos distribuídos) = 10.210.000

14.3.1.2. Deságio (ganho por compra vantajosa)

Lembre-se

O deságio na aquisição de investimentos permanentes avaliados pelo MEP, também conhecido como ganho por compra vantajosa, é o valor pago pela participação societária menor do que o valor dessa participação no justo dos ativos líquidos da investida. O deságio é uma conta retificadora do investimento.

Geralmente, o deságio ocorre quando há alguma **expectativa de resultados ruins no futuro da empresa** e, por isso, a investidora paga pelo investimento um valor menor do que o equivalente à participação no patrimônio líquido a valor justo da investida.

Valor justo do investimento = % do capital social adquirido × valor justo do PL

Valor pago pelo investimento

Deságio por rentabilidade futura (*goodwill*) = valor justo do investimento – valor pago pelo investimento

Lembre-se de que o valor do deságio é uma conta retificadora do ativo.

14.3.1.2.1. Exemplos de lançamento na aquisição de investimentos com deságio

a) Aquisição com deságio: a Cia. Neiva adquire uma participação permanente representando 23% do capital votante da Cia. Beta, que tinha o valor contábil de R$ 100.000, por R$ 85.000. Houve, portanto, R$ 15.000 de deságio.

D – Investimentos (ativo não circulante)	R$ 100.000
C – Deságio por compra vantajosa (ativo não circulante)	R$ 15.000
C – Banco (ativo circulante)	R$ 85.000

Ativo não circulante	
Investimentos	
Investimento na Cia. Beta	R$ 100.000
Deságio – Compra vantajosa	R$ (15.000)
Valor total do Investimento na Cia. Beta	R$ 85.000

b) Transferência do deságio: o deságio na compra vantajosa deve ser lançado no resultado do período.

D – Deságio por compra vantajosa (ativo não circulante)
C – Receita com o deságio (resultado)

Sobre o assunto, portanto, temos o seguinte quadro:

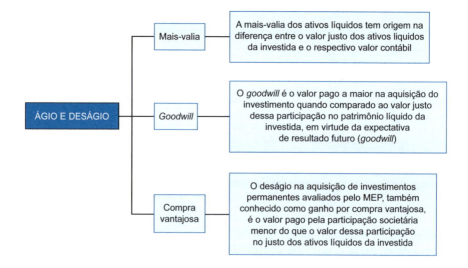

14.3.2. Mensuração posterior

O art. 183 da Lei nº 6.404/76 estabelece a forma de avaliação dos investimentos permanentes no capital de outras sociedades.

> *Art. 183. No balanço, os elementos do ativo serão avaliados segundo os seguintes critérios:*
> *[...]*
> *III – Os investimentos em participação no capital social de outras sociedades, ressalvado o disposto nos artigos 248 a 250, pelo custo de aquisição, deduzido de provisão para perdas prováveis na realização do seu valor, quando essa perda estiver comprovada como permanente, e que não será modificado em razão do recebimento, sem custo para a companhia, de ações ou quotas bonificadas.*

Da leitura do texto legal, depreende-se que são duas as formas de avaliação das participações permanentes em outras sociedades. Uma delas, **regra geral**, é a avaliação dos investimentos pelo custo de aquisição, ajustado por provisão para perdas **quando** esta estiver comprovada como permanente. A outra forma de avaliação das participações societárias é a encontrada no art. 248 da lei societária, que trata da avaliação dos investimentos pelo MEP.

O uso de uma ou de outra forma de avaliação das participações societárias no capital de outras empresas não constitui liberalidade da sociedade avaliadora ou investidora. O MEP só pode ser utilizado nos casos expressamente determinados pela Lei e, subsidiariamente, pela Comissão de Valores Mobiliários (CVM). Nos demais casos, isto é, quando não cabível a aplicação do MEP, os investimentos devem ser, obrigatoriamente, avaliados pelo método do custo.

Lembre-se

O MEP, conforme disposto no art. 248 da lei societária, é usado para avaliação dos investimentos em sociedades coligadas ou controladas e em outras sociedades que façam parte de um mesmo grupo ou estejam sob controle comum.

O método do custo é usado para avaliação dos investimentos em outras sociedades, ou seja, sociedades que não são coligadas nem controladas, não estejam sob controle comum e não pertençam ao mesmo grupo.

14.3.2.1. Método do custo de aquisição

Utiliza-se este método de avaliação para as participações societárias na forma de ações ou quotas quando as sociedades que não sejam coligadas ou controladas. Na adoção deste método, a entidade investidora registra e avalia os investimentos pelo custo de aquisição deduzidos de provisão para perdas, conforme dispõe o inciso III do art. 183 da Lei das S.A. Ressalte-se que a provisão para perdas somente poderá ser constituída quando a perda estiver comprovada como permanente.

Entende-se que a perda é permanente quando a sociedade investida pedir concordata ou quando for declarada a sua falência. Também pode haver a constituição dessa provisão em casos de a sociedade investida apresentar, em períodos consecutivos, prejuízos acumulados. Assim, a provisão é cabível apenas quando houver reflexo no patrimônio líquido da sociedade investida, não sendo plausível constituir a provisão pelo fato de a cotação das ações estar em baixa na data do Balanço.

14.3.2.1.1. Dividendos recebidos ou declarados

No Balanço Patrimonial de qualquer empresa deve estar designada a destinação do lucro do exercício, quer no Patrimônio Líquido, como reservas de lucros, quer no Passivo, sob a forma de dividendos a pagar ou dividendos propostos.

A sociedade investidora deve providenciar a obtenção dessa informação da sociedade investida, isto é, deve procurar saber se houve a declaração de dividendo ou a proposição de dividendo, a fim de efetuar o devido lançamento desse dividendo, se for o caso.

Em se tratando de distribuição de lucro pela investida, mediante registro no passivo (dividendos a pagar ou propostos), a investidora deverá reconhecer esse direito com o correspondente registro no ativo circulante ou realizável a longo prazo em conta própria de "Dividendos a Receber" em contrapartida de conta de receita operacional, "Receita de Dividendos".

Os registros contábeis serão os seguintes:

a) Pelo reconhecimento do direito ao dividendo:
D – Dividendos a Receber (ativo circulante)   R$ 2.000
C – Receita de Dividendos (resultado)   R$ 2.000

b) Pelo efetivo recebimento do dividendo:
D – Bancos (ativo circulante)   R$ 2.000
C – Dividendos a Receber (ativo circulante)   R$ 2.000

Perceba que a sociedade investida deve comunicar à sociedade investidora desse seu direito ao dividendo. Caso a sociedade investidora não seja informada desse direito, ela somente o reconhecerá quando do efetivo recebimento, **dispensando-se, assim, o primeiro lançamento por desconhecimento do fato** e o dividendo será contabilizado pelo seu recebimento conforme o regime de caixa da seguinte forma.

D – Bancos (ativo circulante)   R$ 2.000
C – Receita de Dividendos (resultado)   R$ 2.000

Atenção

Segundo o Regulamento do Imposto de Renda, os lucros ou dividendos recebidos pela pessoa jurídica, em decorrência de participação societária avaliada pelo custo de aquisição, adquirida até seis meses antes da data da respectiva percepção, serão registrados pelo contribuinte como diminuição do valor do custo e não influenciarão as contas de resultado.

14.3.2.2. MEP

Lembre-se

Equivalência patrimonial significa que a sociedade investidora avaliará sua participação societária na sociedade investida utilizando como parâmetro o percentual de sua participação no capital social daquela sociedade. Esse percentual será aplicado sobre o Patrimônio Líquido desta sociedade investida, resultando no valor do investimento da sociedade investidora.

Com a adoção desse método de avaliação de investimentos, os resultados das controladas e coligadas **serão reconhecidos pela sociedade investidora no exercício em que forem gerados**. Além dos resultados, também serão reconhecidos pela sociedade investidora **quaisquer outros efeitos** no Patrimônio Líquido da sociedade investida como, por exemplo, o aumento ou redução de Ajustes de Avaliação Patrimonial e de Reservas de Capital, as quais não transitam por resultado na sociedade investida.

O fundamento ou a lógica do **MEP** consiste, pois, em se considerar que o Patrimônio Líquido contábil representa o capital próprio ou a riqueza própria de uma entidade. Assim, se determinada empresa possui participação no capital social de outra, então ela terá direito à participação no Patrimônio Líquido dessa outra sociedade na mesma proporção de sua participação no capital social.

Lembre-se

O MEP, conforme disposto no art. 248 da lei societária, é usado para avaliação dos investimentos em sociedades coligadas ou controladas e em outras sociedades que façam parte de um mesmo grupo ou estejam sob controle comum.

Sendo assim, o MEP se aplica a:

- Investidora e suas coligadas.
- Investidora e suas controladas.
- Em outras sociedades que façam parte de um mesmo grupo.
- As sociedades que estejam sob controle comum.

Desta forma, por exemplo, se a empresa A participa com 20% do capital social da empresa B, ela (a empresa A) terá direito de participar, também, de 20% no Patrimônio Líquido da empresa B, ou de outra forma, 20% do Patrimônio Líquido da empresa B pertence à empresa A.

Para ilustrar o assunto, de forma preliminar, tomemos o seguinte exemplo: a sociedade Sande S.A. adquire ações da Cia. Soneca, que no conjunto representam 30% do Capital Social desta. A Sande S.A. avaliará, invariavelmente, essa participação considerando aquele percentual sobre o Patrimônio Líquido da Cia. Soneca. Desta forma, se, no momento da aquisição, o Patrimônio Líquido da Cia. Soneca era de R$ 100.000,00, a participação societária será registrada, na Sande S.A., pelo valor de R$ 30.000,00.

Contudo, se a Cia. Soneca auferir lucros, mesmo que não haja distribuição de dividendos, a participação da Sande S.A. aumentará. Por exemplo, se o PL da Cia. Soneca aumentar em R$ 10.000,00 em decorrência de resultados obtidos, o seu PL passará a ser R$ 110.000,00. Imediatamente, a Sande S.A. reconhecerá essa variação patrimonial na sociedade investida, aumentando o valor do seu investimento em R$ 3.000,00. A sua participação passará para R$ 33.000,00 (30% de R$ 100.000,00, valor original; mais 30% de R$ 10.000,00, valor do resultado gerado na sociedade investida). Perceba que o percentual de participação societária não foi alterado, pois não houve mudança na estrutura do Capital Social da sociedade investida.

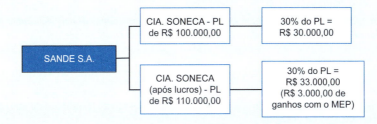

O MEP apresenta algumas particularidades e se configura, no todo, em operações mais complexas do que a acima apresentada. Nos tópicos seguintes procuraremos explicar suficientemente os aspectos específicos deste método de avaliação, de modo que você possa resolver quaisquer questões de provas envolvendo o assunto.

A par dessa introdução, podemos conceituar o **MEP** como um método em que os investimentos da sociedade investidora são avaliados tendo como **referência o percentual de participação no capital social da sociedade investida aplicado sobre o Patrimônio Líquido desta mesma sociedade investida**, consignando, com isso, os resultados e quaisquer variações patrimoniais na sociedade investida a partir do momento de sua geração, independentemente de o resultado ser positivo ou negativo e de haver ou não distribuição de dividendos ou lucros.

14.3.2.2.1. Técnica da equivalência patrimonial

A Lei das S.A. traz o seguinte sobre o MEP:

*Art. 248. No balanço patrimonial da companhia, os investimentos em **coligadas** ou em **controladas** e em outras sociedades que **façam parte de um mesmo grupo** ou **estejam sob controle comum** serão avaliados pelo método da equivalência patrimonial, de acordo com as seguintes normas:*

I – o valor do patrimônio líquido da coligada ou da controlada será determinado com base em balanço patrimonial ou balancete de verificação levantado, com observância das normas desta Lei, na mesma data, ou até 60 (sessenta) dias, no máximo, antes da data do balanço da companhia; no valor de patrimônio líquido não serão computados os resultados não realizados decorrentes de negócios com a companhia, ou com outras sociedades coligadas à companhia, ou por ela controladas;

II – o valor do investimento será determinado mediante a aplicação, sobre o valor de patrimônio líquido referido no número anterior, da porcentagem de participação no capital da coligada ou controlada;

III – a diferença entre o valor do investimento, de acordo com o número II, e o custo de aquisição corrigido monetariamente somente será registrada como resultado do exercício:

a) se decorrer de lucro ou prejuízo apurado na coligada ou controlada;

b) se corresponder, comprovadamente, a ganhos ou perdas efetivos;

c) no caso de companhia aberta, com observância das normas expedidas pela Comissão de Valores Mobiliários.

§ 1º Para efeito de determinar a relevância do investimento, nos casos deste artigo, serão computados como parte do custo de aquisição os saldos de créditos da companhia contra as coligadas e controladas.

§ 2º A sociedade coligada, sempre que solicitada pela companhia, deverá elaborar e fornecer o balanço ou balancete de verificação previsto no número I.

O valor do investimento avaliado pelo MEP será encontrado da seguinte forma:

- Será mensurado inicialmente (no momento da aquisição) pelo **custo (considerando que pode ter ocorrido ágio ou deságio).**
- Posteriormente, será aplicado o MEP:
  - **Aplica-se a porcentagem de participação no capital social da investida** adquirido a título de investimento pela investidora sobre o patrimônio líquido da investida.
  - Subtraem-se do resultado encontrado os **lucros não realizados** entre negócios com a investidora ou com outras coligadas ou controladas da investidora.

A diferença entre o valor resultante do percentual da participação do capital social da investidora aplicado sobre o patrimônio líquido da investida de um ano para o outro pode gerar **resultado positivo de equivalência patrimonial**, se há aumento do valor de um ano para o outro, ou **resultado negativo de equivalência patrimonial**, se há redução do valor de um ano para o outro.

Na Demonstração do Resultado do Exercício (DRE), o resultado positivo é classificado em **outras receitas operacionais** e o resultado negativo é classificado em **outras despesas operacionais**.

Se a investidora deixa de ter o controle sobre as decisões da investida; se a investidora deixa de ter influência significativa na coligada; se as entidades deixam de pertencer ao mesmo grupo econômico; e se as entidades deixam de estar submetidas ao controle comum, **deixa-se de aplicar o MEP** e o investimento passa a **ser avaliado segundo a sua nova classificação**.

> **Importante**
>
> O resultado do método de equivalência patrimonial (tanto positivo quanto negativo) não é computável na apuração do imposto de renda.

14.3.2.2.1.1. Lucros na investida

Quando a investida obtém lucros, **seu Patrimônio Líquido aumenta. Para ser mantida a mesma participação na investidora**, deve-se aumentar o valor do investimento **na proporção da participação do capital social** da investida. Esse aumento deve ser objeto do seguinte lançamento:

D – Investimentos (ativo não circulante)
C – Resultado positivo com equivalência patrimonial (resultado)

Exemplo de contabilização de lucro na investida:

A Cia. Neiva adquiriu 60% do capital social da Cia. Alfa contabilizado pelo valor de R$ 600.000.

Ativo não circulante	
Investimentos	
Investimento na Cia. Alfa	R$ 600.000

No fim do exercício social, a Cia. Alfa declarou um lucro de R$ 200.000. Portanto, a Cia. Neiva vai apurar um resultado positivo na equivalência patrimonial no valor de R$ 120.000 (200.000 × 60%).

D – Participação na Cia. Alfa (ativo não circulante) R$ 120.000
C – Resultado positivo na equivalência patrimonial (resultado) R$ 120.000

Ativo não circulante	
Investimentos	
Investimento na Cia. Alfa	R$ 720.000
DRE	
Resultado positivo na equivalência patrimonial	R$ 120.000

QUESTÃO COMENTADA

(FCC – Auditor Fiscal da Receita Municipal/Teresina/2016) No dia 30/04/2015, a empresa Sempre Comprando S.A. adquiriu 80% das ações da empresa Perspectiva S.A. por R$ 80.000.000,00 e passou a deter controle sobre esta. O valor pago corresponde a 80% do valor justo líquido dos ativos e passivos adquiridos pela empresa Sempre Comprando S.A. No ano de 2015, a empresa Perspectiva S.A. apurou um lucro líquido de R$ 24.000.000,00.

Os valores evidenciados no Balanço Patrimonial de 31/12/2015 e na Demonstração do Resultado do ano de 2015, nas demonstrações contábeis individuais da empresa Sempre Comprando S.A., foram, respectivamente, em reais:

a) Dividendos a Receber = 19.200.000,00 e Resultado de Participação Societária = 19.200.000,00.

b) Investimentos = 99.200.000,00 e Resultado de Participação Societária = 19.200.000,00.

c) Dividendos a Receber = 24.000.000,00 e Resultado de Participação Societária = 24.000.000,00.

d) Investimentos = 104.000.000,00 e Resultado de Participação Societária = 24.000.000,00.

e) Investimentos = 80.000.000,00 e Resultado de Participação Societária = 0.

RESPOSTA: B

COMENTÁRIO: Investimentos = 80.000.000 + 24.000.000 × 80% = 99.200.000

Resultado de participação societária = 99.200.000 – 80.000.000 = 19.200.000

14.3.2.2.1.2. Prejuízos na investida

Quando a investida sofre prejuízo, **seu Patrimônio Líquido diminui. Para ser mantida a mesma participação na investidora**, deve-se diminuir o valor do investimento **na proporção da participação do capital social** da investida. Esse aumento deve ser objeto do seguinte lançamento:

D – Resultado negativo com Equivalência Patrimonial (resultado)

C – Investimentos (ativo não circulante)

Exemplo de contabilização de prejuízo na investida:

A Cia. Neiva adquiriu 60% do capital social da Cia. Alfa contabilizado pelo valor de R$ 600.000.

Ativo não circulante	
Investimentos	
Investimento na Cia. Alfa	R$ 600.000

No fim do exercício social, a Cia. Alfa declarou um prejuízo de R$ 100.000. Portanto, a Cia. Neiva vai apurar um resultado negativo na equivalência patrimonial no valor de R$ 60.000 (100.000 × 60%).

D – Resultado negativo na equivalência patrimonial (resultado)   R$ 60.000

C – Participação na Cia. Alfa (ativo não circulante)   R$ 60.000

Ativo não circulante	
Investimentos	
Investimento na Cia. Alfa	R$ 540.000
DRE	
Resultado negativo na equivalência patrimonial	(R$ 60.000)

14.3.2.2.1.3 Dividendos declarados pela investida

Muitas vezes, após a contabilização do resultado com equivalência patrimonial na investidora, a **investida aprova a distribuição de dividendos**. No patrimônio da investida, **há uma diminuição do patrimônio líquido e o surgimento da conta dividendos a pagar (passivo circulante)**. Quando isso ocorrer na investida, a investidora deve **debitar a conta dividendos a receber e creditar a conta investimentos** diminuindo, portanto, o valor do investimento para que ele continue na mesma proporção. Isso ocorre mediante o seguinte lançamento:

D – Dividendos a receber (ativo circulante)

C – Investimentos (ativo não circulante)

Exemplo de definição dos dividendos pela investida:

A Cia. Neiva adquiriu 60% do capital social da Cia. Alfa, contabilizado pelo valor de R$ 600.000.

No fim do exercício social, a Cia. Alfa declarou um lucro de R$ 200.000. Portanto, a Cia. Neiva vai apurar um resultado positivo na equivalência patrimonial no valor de R$ 120.000 (200.000 × 60%).

Ativo não circulante	
Investimentos	
Investimento na Cia. Alfa	R$ 720.000

A Cia. Alfa definiu o valor de R$ 50.000 a ser distribuído aos seus acionistas. Logo, a Cia. Neiva vai receber R$ 30.000 (50.000 × 60%). Esse valor deve retirado do valor do investimento, uma vez que ele está embutido no valor de R$ 120.000 reconhecido como resultado positivo na equivalência patrimonial.

D – Dividendos a receber (ativo circulante)   R$ 30.000

C – Participação na Cia. Alfa (ativo não circulante)   R$ 30.000

Ativo não circulante	
Investimentos	
Investimento na Cia. Alfa	R$ 690.000

Lembre-se

Perceba que quando do recebimento dos dividendos pela empresa que possui investida avaliada pelo MEP, esse valor recebido não afeta o resultado, só o valor do investimento. Isso ocorre porque o valor do dividendo estava embutido no valor do resultado positivo do MEP apropriado no resultado.

14.3.2.2.1.4. Eliminação de resultados não realizados

A eliminação dos resultados não realizados tem o objetivo de **expurgar do valor do investimento avaliado pelo MEP os lucros entre partes relacionadas** (investidora e suas coligadas; investidora e suas controladas; e em outras sociedades que façam parte de um mesmo grupo ou estejam sob controle comum). Nesse caso, **o lucro é considerado realizado somente quando as transações forem revendidas a terceiros** (e, com isso, saírem efetivamente do âmbito interno das partes relacionadas).

Portanto, na avaliação dos lucros realizados, temos que conhecer o valor do lucro na venda entre essas partes relacionadas o percentual da participação da investidora na investida e se algum percentual da venda entre essas partes foi repassado a terceiros.

a) LUCROS NÃO REALIZADOS EM COLIGADAS OU CONTROLADAS EM CONJUNTO

Os resultados decorrentes de transações ascendentes (*upstream*) e descendentes (*downstream*), envolvendo ativos **que não constituam um negócio***, conforme definido pelo Pronunciamento Técnico CPC 15, entre o investidor (incluindo suas controladas consolidadas) e a coligada ou o empreendimento controlado em conjunto devem ser reconhecidos nas demonstrações contábeis do investidor somente na extensão da participação de outros investidores sobre essa coligada ou empreendimento controlado em conjunto, desde que esses outros investidores sejam partes independentes do grupo econômico ao qual pertence a investidora.

*Negócio é um conjunto integrado de atividades e ativos capaz de ser conduzido e gerenciado para gerar retorno, na forma de dividendos, redução de custos ou outros benefícios econômicos, diretamente a seus investidores ou outros proprietários, membros ou participantes.

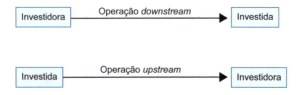

As transações ascendentes (*upstream*) são, por exemplo, vendas de ativos da coligada ou do empreendimento controlado em conjunto para o investidor. As transações descendentes (*downstream*) são, por exemplo, vendas de ativos do investidor para a coligada ou para o empreendimento controlado em conjunto.

A participação da entidade no resultado de coligada ou empreendimento controlado em conjunto resultante dessas transações deve ser eliminada proporcionalmente à sua participação no PL da investida.

Exemplos de cálculo de lucros não realizados em coligadas ou controladas em conjunto:

Supondo que determinada companhia A possua um investimento em sua COLIGADA, companhia B. O valor contábil do investimento de A em B é de R$ 300.000, antes do cálculo da equivalência patrimonial, o que representa 30% do Capital Social de B. O patrimônio líquido de B no fim do exercício é de R$ 1.100.000, porém estão computados em lucros acumulados os lucros obtidos em vendas realizadas à A (**ascendentes - *upstream***), cujos bens estão no patrimônio de A (não foram ainda revendidos a terceiros), no valor de R$ 40.000,00.

Patrimônio Líquido da controlada B	R$ 1.100.000
% de participação de A em B	30%
Lucros não realizados no PL de B	R$ 40.000
Valor contábil do investimento de A em B	R$ 300.000

Cálculo da equivalência patrimonial

Patrimônio Líquido de B	R$ 1.100.000	
% de participação	30%	
Total do investimento de A em B	R$ 330.000	
(–) Lucros não realizados	(30% × 40.000)	R$ (12.000)
Total do Investimento líquido de A em B	R$ 318.000	
Valor contábil do Investimento de A em B	R$ 300.000	
Resultado da Equivalência Patrimonial	R$ 18.000	

Lembre-se

Em lucros não realizados em coligadas, elimina-se apenas o lucro referente à participação da empresa investidora.

---

b) LUCROS NÃO REALIZADOS EM CONTROLADAS

Os resultados decorrentes de transações descendentes (*downstream*) entre a controladora e a controlada não devem ser reconhecidos nas demonstrações contábeis individuais da controladora **enquanto os ativos transacionados estiverem no balanço de adquirente pertencente ao mesmo grupo econômico**. O disposto neste item deve ser aplicado inclusive quando a controladora for, por sua vez, **controlada de outra entidade do mesmo grupo econômico**.

Os resultados decorrentes de transações ascendentes (*upstream*) entre a controlada e a controladora e de transações entre as controladas do mesmo grupo econômico **devem ser reconhecidos nas demonstrações contábeis da vendedora, mas não devem ser reconhecidos nas demonstrações contábeis individuais da controladora** enquanto os ativos transacionados estiverem no balanço de adquirente pertencente ao grupo econômico.

Exemplos de cálculo de lucros não realizados em controladas:

Supondo a seguinte situação em determinada companhia C, que possua um investimento em sua CONTROLADA companhia D. O valor contábil do investimento de C em D é de R$ 150.000, antes do cálculo da equivalência patrimonial, o que representa 60% do Capital Social de B. O Patrimônio Líquido de B no fim do exercício é de R$ 300.000, **porém estão computados em lucros acumulados os lucros obtidos em vendas realizadas a A**, cujos bens estão no patrimônio de A (não foram ainda revendidos a terceiros), no valor de R$ 10.000.

Patrimônio Líquido da controlada B	R$ 300.000
% de participação de A em B	60%
Lucros não realizados no PL de B	R$ 10.000
Valor contábil do investimento de A em B	R$ 150.000
Cálculo da equivalência patrimonial	
Patrimônio Líquido de B	R$ 300.000
% de participação	60%
Total do investimento de A em B	R$ 180.000
(–) Lucros não realizados	R$ (10.000)
Total do Investimento líquido de A em B	R$ 170.000
Valor contábil do Investimento de A em B	R$ 150.000
Resultado da Equivalência Patrimonial	R$ 20.000

> **Lembre-se**
> Em lucros não realizados em controladas, elimina-se todo o lucro não realizado.

14.3.2.2.1.5. Patrimônio negativo na investida

a) QUANDO SE TRATAR DE COLIGADA

Quando a participação do investidor nos prejuízos do período **da coligada ou do empreendimento controlado em conjunto** se igualar ou exceder (passivo a descoberto) o saldo contábil de sua participação na investida, o investidor deve **descontinuar o reconhecimento de sua participação em perdas futuras**. A participação na investida deve ser o valor contábil do investimento nessa investida, avaliado pelo MEP, juntamente com alguma participação de longo prazo que, em essência, constitui parte do investimento líquido total do investidor na investida.

Por exemplo, um componente, cuja liquidação não está planejada, tampouco é provável que ocorra num futuro previsível, é, em essência, uma extensão do investimento da entidade naquela investida. Tais componentes podem incluir ações preferenciais, bem como recebíveis ou empréstimos de longo prazo, **porém não incluem componentes como recebíveis ou exigíveis de natureza comercial ou quaisquer recebíveis de longo prazo para os quais existam garantias adequadas, tais como empréstimos garantidos**. O prejuízo reconhecido pelo MEP que exceda o investimento em ações ordinárias do investidor deve ser aplicado aos demais componentes que constituem a participação do investidor na investida em ordem inversa de interesse residual – *seniority* (isto é prioridade na liquidação).

Portanto, **após reduzir até zero o saldo contábil da participação do investidor**, perdas adicionais devem ser consideradas e um passivo deve ser reconhecido, **somente na extensão em que o investidor tiver incorrido em obrigações legais ou construtivas (não formalizadas) ou tiver feito pagamentos em nome da investida**. Se a investida subsequentemente apurar lucros, o investidor deve retomar o reconhecimento de sua participação nesses lucros somente após o ponto em que a parte que lhe cabe nesses lucros posteriores se igualar à sua participação nas perdas não reconhecidas.

b) QUANDO SE TRATAR DE CONTROLADA

No balanço individual da controladora deve ser observada a prática contábil que produzir o mesmo resultado líquido e o mesmo patrimônio líquido para a controladora que são obtidos das demonstrações consolidadas do grupo econômico, para atendimento ao requerido quanto aos atributos de relevância e de representação fidedigna (o que já inclui a primazia da essência sobre a forma).

Desta forma, caso a investida **seja controlada**, a investidora reconhece o resultado negativo em equivalência patrimonial na proporção do **investimento no PL negativo (passivo a descoberto) até ele zerar** e passa a contabilizar os outros resultados negativos **como provisão no passivo, independentemente de o investidor ter incorrido em obrigações legais ou construtivas (não formalizadas)** ou ter feito pagamentos em nome da investida.

> **Importante**
> Caso a investida seja coligada, mas mesmo assim a investidora se comprometa formalmente com a cobertura de passivo a descoberto da investida, deverá adotar o procedimento acima correspondente à controlada.

Compete ressaltar que há uma previsão da CVM, mediante a IN 247/96, que é contrária ao previsto no CPC 18 mas ainda não foi revogada e já foi cobrada em prova, sobre a constituição de uma provisão nestes casos:

*A investidora **deverá constituir provisão** para cobertura de:*

*I – **perdas efetivas**, em virtude de:*

a) eventos que resultarem em perdas não provisionadas pelas coligadas e controladas em suas demonstrações contábeis; ou

b) responsabilidade formal ou operacional para cobertura de passivo a descoberto.

*II – **perdas potenciais**, estimadas em virtude de:*

a) tendência de perecimento do investimento;

b) elevado risco de paralisação de operações de coligadas e controladas;

c) eventos que possam prever perda parcial ou total do valor contábil do investimento ou do montante de créditos contra as coligadas e controladas; ou

d) cobertura de garantias, avais, fianças, hipotecas ou penhor concedidos, em favor de coligadas e controladas, referentes a obrigações vencidas ou vincendas quando caracterizada a incapacidade de pagamentos pela controlada ou coligada.

Parágrafo 1º – Independentemente do disposto na letra "b" do inciso I, deve ser constituída ainda provisão para perdas, quando existir passivo a descoberto e houver intenção manifesta da investidora em manter o seu apoio financeiro à investida.

Parágrafo 2º – A provisão para perdas deverá ser apresentada no ativo permanente por dedução e até o limite do valor contábil do investimento a que se referir, sendo o excedente apresentado em conta específica no passivo.

14.3.2.2.1.6. Valores que ajustam o investimento sem passar pelo resultado

a) AJUSTES DE EXERCÍCIOS ANTERIORES

Os ajustes de exercícios anteriores, na sociedade investida, serão registrados diretamente em Lucros ou Prejuízos Acumulados. A conta Lucros ou Prejuízos Acumulados é uma conta temporariamente (transitória) criada no PL para alocar o lucro ou prejuízo originado do resultado do exercício antes da sua distribuição. Com esse procedimento, os valores daí decorrentes não transitam pelo resultado do exercício porque, efetivamente, não se referem ao exercício findo, mas sim a exercícios anteriores. Desta forma, esses ajustes aumentam o PL da sociedade investida. Por isso, a sociedade investidora deve reconhecer esse ajuste pela equivalência patrimonial também em contrapartida da conta Lucros ou Prejuízos Acumulados, sem transitar pelo resultado.

Ajuste credor:

D – Investimentos (ativo não circulante)

C – Ajuste de exercícios anteriores (patrimônio líquido)

Ajuste devedor:

D – Ajuste de exercícios anteriores (patrimônio líquido)

C – Investimentos (ativo não circulante)

b) VARIAÇÕES DO MEP RESULTANTE DE OUTROS RESULTADOS ABRANGENTES

Os **outros resultados abrangentes** representam alterações em determinado patrimônio líquido que não transitam pelo resultado. Esses valores, por afetarem o patrimônio líquido da investida, influenciam o resultado da aplicação do MEP. Essas alterações podem ter diversas origens, como: realização de reserva de reavaliação, variação cambial do investimento, lançamentos na conta de ajustes de avaliação patrimonial, entre outros.

Aqui serão destacados, para fins de aprendizado, os mais comuns lançamentos em outros resultados abrangentes passíveis de envolver um investimento avaliado pelo MEP: **as variações cambiais do investimento e as variações de ajuste de avaliação patrimonial na investida.**

c) VARIAÇÃO NA CONVERSÃO CAMBIAL DO INVESTIMENTO

Se o investimento for realizado por empresa brasileira no exterior ou por empresa do exterior no Brasil, pode haver, de um período para outro, uma variação cambial entre as duas moedas. Esse valor deverá ser alocado em conta específica do patrimônio líquido nas demonstrações contábeis, sendo reconhecido **diretamente no PL da investidora e não transitando pelo resultado da investidora.** Deve ser registrado no PL como **outros resultados abrangentes** da investidora.

O lançamento da investidora se a variação fosse positiva seria:

D – Investimento (ativo não circulante)

C – Ajustes acumulados de conversão (patrimônio líquido)

O lançamento da investidora se a variação fosse negativa seria:

D – Ajustes acumulados de conversão (patrimônio líquido)

C – Investimento (ativo não circulante)

d) AJUSTE DE AVALIAÇÃO PATRIMONIAL EFETUADO PELA INVESTIDA

A variação na investida da conta Ajuste de Avaliação Patrimonial (AAP) **gera um aumento em seu patrimônio líquido cujo valor não advém do resultado do exercício.** Esse aumento do patrimônio líquido deve ser reconhecido **diretamente no PL da investidora, não transitando pelo resultado da investidora.** Deve ser registrado no PL como **Outros resultados abrangentes** da investidora.

O lançamento na investidora se a variação fosse positiva seria:

D – Investimento (ativo não circulante)

C – Ajuste de avaliação patrimonial em bens (patrimônio líquido)

O lançamento da investidora se a variação fosse negativa seria:

D – Ajuste de avaliação patrimonial em bens (patrimônio líquido)

C – Investimento (ativo não circulante)

QUESTÃO COMENTADA

FCC – Analista em Gestão/DPE AM/Ciências Contábeis/2018) Em 31/12/2016 a Cia. Calacrada adquiriu 60% das ações da Cia. Topa Tudo por R$ 9.000.000,00 à vista. Na data da aquisição o Patrimônio Líquido contábil da Cia. Topa Tudo era R$ 14.000.000,00 e o valor justo líquido dos ativos e passivos identificáveis dessa Cia. era R$ 18.000.000,00, sendo que a diferença era decorrente da avaliação a valor justo de um terreno que a Cia. Topa Tudo havia adquirido dois anos antes.

No período de 01/01/2017 a 31/12/2017 a Cia. Topa Tudo reconheceu as seguintes mutações em seu Patrimônio Líquido:

- Lucro líquido: R$ 500.000,00.
- Distribuição de dividendos: R$ 100.000,00.
- Ajustes acumulados de conversão de investida no exterior: R$ 100.000,00 (valor negativo).

QUESTÃO COMENTADA

O valor reconhecido no Balanço Patrimonial individual da Cia. Calacrada, na conta Investimentos em Controladas, em 31/12/2016 e 31/12/2017, foram, respectivamente:

a) R$ 10.800.000,00 e R$ 10.980.000,00.

b) R$ 9.000.000,00 e R$ 9.180.000,00.

c) R$ 10.800.000,00 e R$ 11.040.000,00.

d) R$ 9.000.000,00 e R$ 9.240.000,00.

e) R$ 8.400.000,00 e R$ 8.700.000,00.

RESPOSTA: A

COMENTÁRIO:

Valor contábil = 60% × 14.000.000 = 8.400.000

Valor pago = 9.000.000

Ágio = 9.000.000 – 8.400.000 = 600.000

Agora deve ser segregado o ágio por origem:

Ágio por mais-valia dos ativos = 4.000.000 (resultante da diferença entre o valor justo dos ativos líquidos e o valor contábil, 18.000.000 – 14.000.000) × 60% = **2.400.000**

Ganho por compra vantajosa = – **1.800.000** (ágio total menos ágio gerado por mais-valia, 2.400.000 – 600.000)

O valor vai para o resultado.

Ativo não circulante	
Participação	8.400.000
Ágio por mais-valia	2.400.000
Total Investimentos	**10.800.000**

Portanto, na data da aquisição do investimento, o valor total reconhecido é de R$ 10.800.000.

MEP = 500.000 × 60% = 300.000

Dividendos = 100.000 × 60% = 60.000

Ajustes acumulados de conversão = – 100.000 × 60% = – 60.000

Valor do investimento no fim de 2017 = 10.800.000 (total investimentos 2016) + 300.000 (lucro líquido) – 60.000 (dividendos distribuídos) – 60.000 (ajustes de conversão) = 10.980.000.

14.3.2.2.2. Exceções à aplicação do MEP

Segundo o CPC 18, a **entidade não precisa aplicar o MEP aos investimentos** em que detenha o controle individual ou conjunto (compartilhado) ou exerça influência significativa se a entidade for uma controladora, que, se permitido legalmente, estiver **dispensada de elaborar demonstrações consolidadas** por seu enquadramento na exceção de alcance ou **se todos os seguintes itens** forem observados:

- A entidade é controlada (integral ou parcial) de outra entidade, a qual, em conjunto com os demais acionistas ou sócios, incluindo aqueles sem direito a voto, foram informados a respeito e não fizeram objeção à não aplicação do MEP.
- Os instrumentos de dívida ou patrimoniais da entidade não são negociados publicamente (bolsas de valores domésticas ou estrangeiras ou mercado de balcão, incluindo mercados locais e regionais).

- A entidade não arquivou e não está em processo de arquivamento de suas demonstrações contábeis na CVM ou outro órgão regulador, visando à emissão e/ou distribuição pública de qualquer tipo ou classe de instrumentos no mercado de capitais.
- A controladora final ou qualquer controladora intermediária da entidade disponibiliza ao público suas demonstrações contábeis, elaboradas em conformidade com os pronunciamentos, interpretações e orientações do CPC, em que as controladas são consolidadas ou são mensurados ao valor justo por meio do resultado.

Quando o investimento em coligada e em controlada, ou em empreendimento controlado em conjunto, for **mantido direta ou indiretamente** por uma entidade que seja uma **organização de capital de risco**, essa entidade pode adotar a mensuração ao **valor justo por meio do resultado** para esses investimentos, em consonância com o previsto para os instrumentos financeiros. A entidade deve fazer essa escolha separadamente para cada coligada, controlada ou empreendimento controlado em conjunto em seu reconhecimento inicial.

Quando a entidade possuir investimento em coligada ou em controlada, ou em empreendimento controlado em conjunto, cuja parcela da participação seja detida **indiretamente por meio de organização de capital de risco**, a entidade pode adotar a mensuração **ao valor justo por meio do resultado para essa parcela da participação no investimento**, em consonância com o previsto para os instrumentos financeiros, **independentemente** de a organização de capital de risco exercer influência significativa sobre essa parcela da participação. Se a entidade fizer essa escolha contábil, deve adotar o **MEP para a parcela remanescente da participação** que detiver no investimento em coligada ou em controlada, ou em empreendimento controlado em conjunto que não seja detida indiretamente por meio de uma organização de capital de risco.

14.3.2.2.3. Descontinuidade de aplicações dos métodos

A entidade **deve descontinuar o uso do MEP a partir da data em que o investimento deixar de se qualificar como coligada, controlada, ou como empreendimento controlado em conjunto**, conforme a seguir orientado:

- Se o interesse remanescente no investimento, antes qualificado como coligada, controlada, ou empreendimento controlado em conjunto, for um ativo financeiro, a entidade deve mensurá-lo ao valor justo. O valor justo do interesse remanescente deve ser considerado como seu valor justo no reconhecimento inicial tal qual um ativo financeiro, em consonância com o previsto para os instrumentos financeiros. A entidade deve reconhecer na demonstração do resultado do período, como receita ou despesa, qualquer diferença entre:
  - O valor justo de qualquer interesse remanescente e qualquer contraprestação advinda da alienação de parte do interesse no investimento; e
  - O valor contábil líquido de todo o investimento na data em que houve a descontinuidade do uso do MEP.

- Quando a entidade descontinuar o uso do MEP, deve contabilizar todos os montantes previamente reconhecidos em seu patrimônio líquido em rubrica de outros resultados abrangentes, e que estejam relacionados com o investimento objeto da mudança de mensuração contábil, na mesma base que seria requerida caso a investida tivesse diretamente se desfeito dos ativos e passivos relacionados.

Quando o investimento, ou parcela de investimento, em coligada, em controlada ou em empreendimento controlado em conjunto, previamente classificado como "mantido para venda", não mais se enquadrar nas condições requeridas para ser classificado como tal, **a ele deve ser aplicado o MEP de modo retrospectivo, a partir da data de sua classificação como "mantido para venda"**. As demonstrações contábeis para os períodos abrangidos desde a classificação do investimento como "mantido para venda" deverão ser ajustadas de modo a refletir essa informação.

14.4. OUTROS INVESTIMENTOS SOCIETÁRIOS

A participação permanente (lembrando que isso significa a intenção de permanência) em outras sociedades, ainda que **não controladas e não coligadas**, deve ser classificada no subgrupo Investimentos.

A diferença, nesse caso, é que essa participação deve ser avaliada **pelo seu valor justo** tendo como contrapartida o resultado. Caso não exista um mercado para o ativo ou não se possa mensurar o valor justo com confiabilidade, deve ser avaliado pelo método do custo.

14.5. PROPRIEDADE PARA INVESTIMENTOS

Serão classificados em Propriedade para Investimentos os imóveis (terrenos, edifícios ou ambos) adquiridos e **cujo uso a entidade não tenha definido** (para uso próprio ou para investimento) ou **seja destinado à obtenção de ganhos fora do curso dos negócios** (renda de aluguel ou ganho de capital com venda após valorização). Dessa forma, **para essa classificação se destaca a intenção da entidade diante do imóvel**.

Caso o imóvel seja **utilizado no curso normal dos negócios**, deve ser classificado no **ativo não circulante em Imobilizado**. E **se o negócio habitual da entidade for a venda de imóveis e terrenos**, os imóveis destinados à venda **devem ser classificados como estoques**.

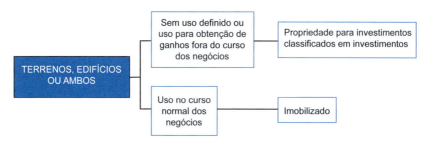

> **Atenção**
>
> Caso uma parte do terreno, edifício ou ambos seja utilizada para obtenção de ganhos fora do curso dos negócios e a outra parte seja utilizada no curso normal dos negócios, e não seja possível vender separadamente, a classificação deverá ser no imobilizado somente se a parte utilizada na produção for significante.

São exemplos de propriedades para investimento:

- Terrenos mantidos para valorização de capital a longo prazo e não para venda a curto prazo no curso ordinário dos negócios.
- Terrenos mantidos para futuro uso correntemente indeterminado (se a entidade não tiver determinado que usará o terreno como propriedade ocupada pelo proprietário ou para venda a curto prazo no curso ordinário do negócio, o terreno é considerado como mantido para valorização do capital).
- Edifício que seja propriedade da entidade (ou ativo de direito de uso relativo a edifício mantido pela entidade) e seja arrendado sob um ou mais arrendamentos operacionais.
- Edifício que esteja desocupado, mas mantido para ser arrendado sob um ou mais arrendamentos operacionais.
- Propriedade que esteja sendo construída ou desenvolvida para futura utilização como Propriedade para Investimento.

Não são propriedades para investimento:

- Propriedade destinada à venda no decurso ordinário das atividades ou em vias de construção ou desenvolvimento para tal venda, como propriedade adquirida exclusivamente com vista à alienação subsequente no futuro próximo ou para desenvolvimento e revenda
- Propriedade em construção ou desenvolvimento por conta de terceiros
- Propriedade ocupada pelo proprietário (ver CPC 27 e CPC 06), incluindo (entre outras coisas) propriedade mantida para uso futuro como propriedade ocupada pelo proprietário, propriedade mantida para desenvolvimento futuro e uso subsequente como propriedade ocupada pelo proprietário, propriedade ocupada por empregados (paguem ou não aluguéis a taxas de mercado) e propriedade ocupada pelo proprietário no aguardo de alienação
- Propriedade que é arrendada a outra entidade sob arrendamento financeiro.

> **Atenção**
>
> No caso de imóveis ocupados pelos empregados da entidade, considera-se que o imóvel é usado no curso normal dos negócios, classificando o mesmo no imobilizado.

14.5.1. Mensuração da propriedade para investimentos

A Propriedade para Investimentos será **avaliada inicialmente** pelo seu **custo de aquisição**, que inclui, além do custo do imóvel, os custos na transação de compra (tributos, encargos cartoriais etc.). **Posteriormente, a Propriedade para Investimentos será avaliada**, a **critério da entidade**, **pelo seu custo ou pelo seu valor justo**.

Caso se adote o método de custo, o valor deve ser depreciado e submetido ao teste de recuperabilidade de forma semelhante ao Imobilizado.

Caso se opte pelo valor justo, sofrerá ajuste que será alocado ao resultado ao fim de cada exercício. Lembrando que o valor justo é o preço que seria recebido pela venda de um ativo ou pago pela transferência de um passivo em uma transação não forçada entre participantes do mercado na data de mensuração.

14.5.2. Transferências da propriedade para investimento

Podem existir a seguintes situações:

a) Uma Propriedade para Investimento pode sair do subgrupo Investimentos e ir para o subgrupo Imobilizado, em que deixa de ser considerada Propriedade para Investimento. Isso ocorre quando a **entidade altera a destinação que queira dar** ao imóvel.

Por exemplo: uma entidade compra um terreno e ainda não sabe que uso lhe dará (nesse caso, deve-se classificar o terreno em Propriedade para Investimentos). Posteriormente, a entidade decide utilizar o terreno nas suas atividades (nesse caso, deve ser classificado em Imobilizado). Quando isso ocorrer, devem ser feitos os seguintes ajustes:

- **Se a propriedade vinha sendo avaliada pelo valor justo:** no dia da transferência para o imobilizado se considera seu custo e seu valor justo naquele momento.
- **Se vinha sendo avaliada pelo custo:** nada se altera, pois a propriedade vinha sendo depreciada e submetida ao teste de recuperabilidade, como o Imobilizado.

b) O imóvel pode ir também do Imobilizado para a Propriedade para Investimento.

Por exemplo: quando uma entidade utiliza um prédio nas suas atividades (nesse caso, deve classificar em Imobilizado). Posteriormente, ela **decide alugá-lo** (nesse caso, deve classificar em Propriedade para Investimentos). Quando isso ocorrer, devem ser feitos os seguintes ajustes:

- **Se a propriedade passar a ser avaliada pelo valor justo:** a diferença entre o valor justo e o valor contábil registrado anteriormente irá para o resultado do exercício se negativa e para ajustes de avaliação patrimonial se positiva, indo para o resultado na medida que for realizado.
- **Se for avaliada pelo custo:** nada se altera.

c) Há ainda a possibilidade de, se uma entidade que possui um terreno classificado em Propriedade para Investimento, **muda a sua atividade econômica** para comercialização de imóveis, transferi-lo para Estoques. Quando isso ocorrer, devem ser feitos os seguintes ajustes:

- **Se a propriedade era avaliada pelo valor justo:** a diferença entre o valor de mensuração de Estoques e o valor justo irá para o resultado do exercício se negativa ou positiva.
- **Se era avaliada pelo custo:** nada se altera. O imóvel é contabilizado na conta Estoques com o seu valor contábil.

14.5.3. Exemplos de lançamentos envolvendo propriedades para investimentos

a) Contabilização de uma Propriedade para Investimento: uma empresa adquire dois prédios à vista no valor de R$ 1.000.000,00 cada um. Os custos de transação foram de R$ 100.000,00 para cada um. Sabendo que um foi adquirido com o objetivo de ganhar rendimentos de aluguel e outro ainda não tem uso específico definido.

D – Propriedade para Investimentos (ativo não circulante)   R$ 2.200.000,00

C – Bancos (ativo circulante)   R$ 2.200.000,00

Lembrando que, quando não tiver uso definido pela entidade, o imóvel será classificado em Propriedade para Investimento.

b) Contabilizando as formas de avaliação no fim primeiro exercício:

b.1) Considerando que se fez a opção pelo método de custo: os dois imóveis são depreciados em 5 anos.

D – Despesas com depreciação (resultado)   R$ 440.000,00

C – Depreciação (ativo não circulante)   R$ 440.000,00

Ativo não circulante	
Investimentos	
Propriedade para Investimento	R$ 2.200.000
Depreciação acumulada	R$ (440.000)
Valor total do Investimento	R$ 1.760.000
DRE	
Despesas com depreciação	(R$ 440.000)

b.2) Considerando o valor justo: os dois imóveis são avaliados a valor justo em R$ 2.300.000,00.

D – Propriedade para Investimentos (ativo não circulante)   R$ 100.000,00

C – Ajuste a valor justo (resultado)   R$ 100.000,00

Ativo não circulante	
Investimentos	
Propriedade para Investimento	R$ 2.100.000
DRE	
Ajuste a valor justo	R$ 100.000

Lembrando que o ajuste poderia ser negativo ou positivo, conforme o valor justo fosse maior ou menor que o valor contábil.

A **venda e o teste de recuperabilidade** seguirão os mesmos lançamentos previstos para o Imobilizado, mas, ao invés do imobilizado, será vendida a Propriedade para Investimentos. A única diferença é que a Propriedade para Investimento, quando for avaliada a valor justo, não passará pelo teste de recuperabilidade.

14.6. OUTROS INVESTIMENTOS PERMANENTES

Outros investimentos permanentes representam os direitos que não são classificados no ativo circulante (nem no ativo realizável a longo prazo) nem utilizados nas atividades permanentes da entidade.

Quando uma entidade adquire uma obra de arte, por exemplo, ela o faz como um investimento de que se espera a valorização e, salvo se a entidade for uma empresa comercializadora desse tipo de ativo, ela não o utilizará nas suas atividades. A obra de arte, normalmente, não será comercializada rapidamente, sendo o normal a empresa aguardar um tempo pela sua valorização. A obra de arte é um exemplo de investimento que deve ser classificado no grupo Investimentos do ativo não circulante.

14.6.1. Mensuração dos outros investimentos permanentes

"Outros investimentos permanentes" **devem ser avaliados pelo valor de custo, ajustado a perdas prováveis (estrago, destruição parcial etc.) quando a perda for permanente** e **ajustado a valor de mercado quando a perda for temporária (queda de valor no mercado).**

14.6.2. Exemplos de lançamentos nos outros investimentos permanentes

a) Aquisição de obra de arte: a Cia. Sande adquiriu uma obra de arte à vista por R$ 1.000.000.

D – Investimentos (ativo não circulante)	R$ 1.000.000
C – Banco (ativo circulante)	R$ 1.000.000

b) Perda de valor no mercado: a obra de arte adquirida pela Cia. Sande sofreu uma perda de valor no mercado de R$ 200.000.

D – Despesa com provisão de ajuste a valor de mercado (resultado)	R$ 200.000
C – Provisão para ajuste a valor de mercado (retificadora de ativo)	R$ 200.000

Investimentos	
Obra de arte	R$ 1.000.000,00
Provisão para perda de valor de mercado	R$ (200.000,00)
Valor contábil do ativo	R$ 800.000,00
DRE	
Despesa com provisão de ajuste a valor de mercado	(R$ 200.000)

Sobre os Investimentos, portanto, temos o seguinte quadro que você deve ter em mente:

Investimentos permanentes (com a intenção de permanência) podem ser divididos da seguinte forma	
Tipo	**Forma de avaliação**
Controladas, coligadas, grupo econômico e controle conjunto	MEP
Outros investimentos societários	Valor justo
Propriedades para investimento	Custo ou valor justo
Demais investimentos permanentes	Custo ajustado a perdas

14.7. BAIXA DE INVESTIMENTOS

Por não se tratar de um negócio habitual da companhia, a alienação de investimentos deve ser registrada no resultado do exercícios em **Outras Receitas** (valor de venda) e **Outras Despesas** (o valor do investimento vendido).

Se o investimento tem mais-valia e *goodwill,* **esses valores fazem parte do custo e devem entrar no valor do investimento vendido.**

Exemplo:

a) Supondo a alienação por R$ 150.000,00 de um investimento assim registrado:

Ativo não circulante	
Investimentos	
Investimento na Cia. Beta (investimento de R$ 100.000 com *goodwill* de R$ 10.000)	R$ 110.000
Ágio – mais-valia	R$ 20.000
Valor total do Investimento na Cia. Beta	R$ 130.000

O lançamento deverá ser:

D – Outras Despesas (resultado)   R$ 130.000,00

C – Investimento (ativo não circulante)   R$ 110.000,00

C – Mais-valia (ativo não circulante)   R$ 20.000,00

D – Banco (ativo circulante)   R$ 150.000,00

C – Outras Receitas (resultado)   R$ 150.000,00

O resultado não operacional será de R$ 150.000,00 – R$ 130.000,00 = R$ 20.000,00. Portanto, no exemplo acima, foi gerado um **ganho de capital** no valor de R$ 20.000,00. Se a mesma operação resultasse em prejuízo, haveria uma **perda de capital**.

DRE	
Outras Receitas	R$ 150.000
Outras Despesas	(R$ 130.000)
Ganho de capital	R$ 20.000

CAPÍTULO 15

IMOBILIZADO

No imobilizado devem ser classificados os direitos que **tenham por objeto bens corpóreos destinados à manutenção das atividades da companhia** ou da empresa ou exercidos com essa finalidade, **inclusive os decorrentes de operações que transfiram à companhia os benefícios, riscos e controle desses bens**.

Entre essas modalidades contábeis, podemos citar o **arrendamento financeiro**, contrato entre uma entidade arrendadora e uma arrendatária, por meio do qual esta se torna responsável por um bem (usufruindo os benefícios por ele gerados) mediante pagamento mensal. Ao fim do período de pagamentos estipulado, a propriedade formal do bem é transferida para a arrendatária por um valor residual. Já no arrendamento operacional, não ocorre a transferência da propriedade do bem.

Segundo a Lei das S.A.:

Art. 179. As contas serão classificadas do seguinte modo:

*IV – **no ativo imobilizado**: os direitos que tenham por objeto bens corpóreos destinados à manutenção das atividades da companhia ou da empresa ou exercidos com essa finalidade, inclusive os decorrentes de operações que transfiram à companhia os benefícios, riscos e controle desses bens.*

Segundo o CPC 27, que trata do imobilizado:

*Ativo imobilizado é o item **tangível** que:*

(a) é mantido para uso na produção ou fornecimento de mercadorias ou serviços, para aluguel a outros, ou para fins administrativos.

(b) se espera utilizar por mais de um período.

Sendo assim, esses ativos devem ser registrados no Imobilizado, **desde que se espere utilizá-los por mais de um período** (se em menos de um período, devem ser registrados diretamente como despesa) **e mantidos para uso na produção ou fornecimento de mercadorias ou serviços, para aluguel* a outros, ou para fins administrativos**.

- **Bens corpóreos utilizados nas atividades da empresa** (é o item tangível mantido para uso na produção ou fornecimento de mercadorias ou serviços ou para fins administrativos que se espera utilizar por mais de um período).
- **Ativos que não pertencem à empresa do ponto de vista jurídico** mas cujo controle ela detém usufrui dos seus benefícios e assume os seus riscos.

*Aqui se trata, por exemplo, de imóveis ou veículos alugados a empregados, ou seja, não envolvem operações com o mercado. Também não devem confundir com propriedade para investimentos, a que pertencem terrenos, edifícios ou ambos.

E lembre-se:

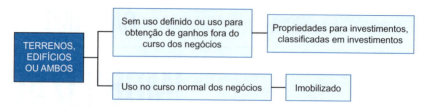

15.1. CONTAS DO IMOBILIZADO

São exemplos de contas do imobilizado:

a) Terrenos: essa conta registra os terrenos que estão sob o controle da empresa e são **utilizados nas suas operações**, ou seja, onde estão a fábrica, os depósitos, os escritórios, as filiais, as lojas etc. É importante **destacar que os terrenos não sofrem depreciação**.

Lembre-se
Os terrenos sem destinação definida devem ser classificados em Investimentos, como propriedade para investimento.

---

b) Sistemas Aplicativos – *softwares*: nesta conta são contabilizados os valores dos *softwares* adquiridos ou desenvolvidos pela empresa que tenham **uma estreita ligação com o ativo corpóreo (*hardware*)**. Se forem identificáveis e separáveis do *hardware*, deverão ser classificados no intangível.

 Atenção
Caso os *softwares* sejam identificáveis, separáveis e transacionados pela entidade, devem ser classificados em Intangível.

c) Imobilizado Biológico: engloba todos os animais e/ou plantas vivos mantidos para uso na produção ou fornecimento de mercadorias ou serviços que se espera utilizar por mais de um exercício social, conforme o **CPC 27 – Ativo Imobilizado – e o CPC 29 – Ativo Biológico e Produto Agrícola**.

d) Direitos sobre Recursos Naturais: abrange contas relativas aos custos incorridos na obtenção de direitos de exploração de jazidas de minério, de pedras preciosas e similares.

Tratamento específico: **CPC 34 – Exploração e Avaliação de Recursos Minerais**.

e) Benfeitoria em propriedade de terceiros: caso seja restituível, registra-se o valor em ativo circulante ou realizável a longo prazo. Caso contrário, a maioria da doutrina classifica o valor no imobilizado, sofrendo depreciação ou amortização.

f) Edificações: deve ser registrada a partir da conclusão da obra e do início da utilização do bem. É importante destacar que o valor do terreno não sofre depreciação.

g) **Construções em andamento:** devem estar registradas no imobilizado, com todos os valores gastos com o ativo até o momento, inclusive adiantamentos a fornecedores da construção em andamento.

h) **Máquinas e equipamentos:** representam as máquinas e equipamentos utilizados no processo de produção.

i) **Peças e conjuntos de reposição:** peças para repor aquelas que fazem parte das máquinas e equipamentos da entidade, **quando a entidade espera usá-las por mais de um período**. São classificadas em conta separada e não sofrem depreciação

j) **Móveis e utensílios:** mesas, cadeiras, armários, de propriedade da entidade e utilizados nas suas atividades.

> **Importante**
>
> Os gastos com materiais de uso ou consumo, segundo a legislação do imposto de renda, são inferiores a R$ 1.200,00. Caso o valor seja superior, deve ser classificado no imobilizado. Segundo a Decreto-Lei 1.598/77:
>
> Art. 15. O custo de aquisição de bens do ativo não circulante imobilizado e intangível não poderá ser deduzido como despesa operacional, salvo se o bem adquirido tiver valor unitário não superior a R$ 1.200,00 (mil e duzentos reais) ou prazo de vida útil não superior a 1 (um) ano.

15.2. RECONHECIMENTO

Lembre-se

Um ativo imobilizado deve ser **reconhecido** como ativo se, **e apenas se**:
- For provável que futuros **benefícios econômicos** associados ao item fluirão para a entidade
- O custo do item puder ser **mensurado confiavelmente**.

A entidade avalia segundo esse princípio de reconhecimento todos os seus custos de ativos imobilizados no momento em que eles são incorridos. Esses custos incluem custos incorridos inicialmente para adquirir ou construir um item do ativo imobilizado e os custos incorridos posteriormente para renová-lo, substituir suas partes, ou prover manutenção.

Sobressalentes, peças de reposição, ferramentas e equipamentos de uso interno são classificados como ativo imobilizado quando a entidade espera **usá-los por mais de um período**. Da mesma forma, se puderem ser utilizados somente em conexão com itens do ativo imobilizado, também são contabilizados como ativo imobilizado. É importante destacar que esses itens, apesar de classificados no imobilizado, **não sofrem depreciação**.

Não existe uma unidade de medida (valor específico do item) para o reconhecimento, ou seja, aquilo que constitui um item do ativo imobilizado. Assim, é necessário exercer julgamento ao aplicar os critérios de reconhecimento às circunstâncias específicas da entidade. Pode ser apropriado agregar itens individualmente insignificantes, tais como moldes, ferramentas e bases, e aplicar os critérios ao valor do conjunto.

15.3. MENSURAÇÃO INICIAL DO IMOBILIZADO

O ativo imobilizado deve ser reconhecido inicialmente **pelo seu custo**. Custo é o montante de caixa ou equivalente de caixa pago ou o valor justo de qualquer outro recurso dado para adquirir um ativo na data da sua aquisição ou construção, ou ainda, se for o caso, o valor atribuído ao ativo quando inicialmente reconhecido de acordo com as disposições específicas de outros pronunciamentos, como, por exemplo, o Pronunciamento Técnico CPC 10 – Pagamento Baseado em Ações.

O custo de um item do ativo imobilizado compreende a soma dos seguintes itens:

I – **Preço de aquisição**, acrescido de **impostos de importação** e **impostos não recuperáveis sobre a compra**, depois de **deduzidos** os descontos comerciais e abatimentos.

II – Quaisquer **custos diretamente atribuíveis** para **colocar o ativo no local e condição necessárias para ser capaz de funcionar** da forma pretendida pela administração.

Atenção

São exemplos de custos diretamente atribuíveis:
- Custos de benefícios aos empregados decorrentes diretamente da construção ou aquisição de item do ativo imobilizado.
- Custos de preparação do local.
- Custos de frete e de manuseio (para recebimento e instalação).
- Custos de instalação e montagem.
- Custos com testes para verificar se o ativo está funcionando corretamente, após dedução das receitas líquidas provenientes da venda de qualquer item produzido enquanto se coloca o ativo nesse local e condição (tais como amostras produzidas quando se testa o equipamento).
- Honorários profissionais.

III – Estimativa inicial dos **custos de desmontagem e remoção do item e de restauração do local** (sítio) no qual está localizado. Tais custos representam a obrigação em que a entidade incorre quando o item é adquirido ou como consequência de usá-lo durante determinado período para finalidades diferentes da produção de estoque durante esse período.

Importante

Em síntese, além dos custos de aquisição somados aos tributos não recuperáveis, fazem parte do custo inicial os gastos para colocar o imobilizado em funcionamento e o de preparação do local, inclusive no que diz respeito a desmontagem e remoção do item anteriormente presente no local.

Custo do imobilizado = preço de aquisição + imposto de importação + impostos não recuperáveis – abatimentos e descontos + custos diretamente atribuíveis para colocar o ativo no local e condição necessárias para funcionar + custos de desmontagem e remoção do item e de restauração do local (sítio) no qual está localizado

Há custos que podem confundir e, à primeira vista, parecer pertencerem ao custo do imobilizado, mas não o são.

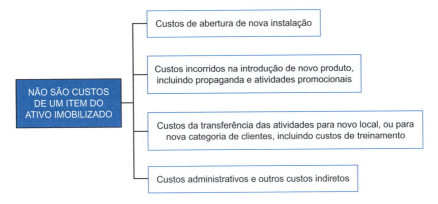

O **reconhecimento dos custos no valor contábil de um item do ativo imobilizado cessa quando o item está no local e nas condições operacionais** pretendidas pela administração. Portanto, os custos incorridos no **uso ou na transferência ou reinstalação de um item não são incluídos no seu valor contábil, como, por exemplo, os seguintes custos**:

- Custos incorridos durante o período em que o ativo capaz de operar nas condições operacionais pretendidas pela administração não é utilizado ou está sendo operado a uma capacidade inferior à sua capacidade máxima.
- Prejuízos operacionais iniciais, tais como os incorridos enquanto a demanda pelos produtos do ativo é estabelecida.
- Custos de realocação ou reorganização de parte ou de todas as operações da entidade.

15.3.1. Imobilizado construído pela própria empresa

O custo de ativo construído pela própria empresa determina-se **utilizando os mesmos princípios de ativo adquirido**. Se a entidade produz ativos idênticos para venda no curso normal de suas operações, o custo do ativo é geralmente o mesmo que o custo de construir o ativo para venda (ver o Pronunciamento Técnico CPC 16 – Estoques). Por isso, quaisquer lucros gerados internamente são eliminados para determinar tais custos. De forma semelhante, **o custo de valores anormais de materiais, de mão de obra ou de outros recursos desperdiçados incorridos na construção de um ativo não é incluído no custo do ativo**. O Pronunciamento Técnico CPC 20 – Custos de Empréstimos – estabelece critérios para o **reconhecimento dos juros como componente do valor contábil de um item do ativo imobilizado construído pela própria empresa**. Veremos isso em maiores detalhes quando tratarmos de empréstimos.

Plantas portadoras devem ser contabilizadas da mesma forma que um item do imobilizado construído pela própria entidade até o momento em que o ativo esteja no local e em condições operacionais pretendidas pela administração. Consequentemente, as referências a "construção" devem ser entendidas como abrangendo as atividades necessárias para cultivar as plantas portadoras até o momento em que estejam no local e em condições necessárias para produzir na forma pretendida pela administração.

15.3.2. Imobilizado financiado adquirido

O preço de aquisição que faz parte do custo é o **preço à vista** do ativo no mercado. Se a compra for a prazo, e o prazo de pagamento exceder os prazos normais de crédito, a entidade deve **reconhecer a diferença entre o valor à vista e o valor total a prazo como despesa com juros durante o período, a menos que seja passível de capitalização de acordo com o Pronunciamento Técnico CPC 20 – Custos de Empréstimos.**

> **Importante**
>
> Se o prazo de pagamento excede os prazos normais de crédito, a entidade deve reconhecer a diferença entre o valor à vista e o valor total a prazo como despesa com juros, *pro rata temporis* – Ajuste a Valor Presente.
>
> Exceção: os juros são reconhecidos no custo do item do Imobilizado quando são diretamente atribuíveis à aquisição, construção ou produção desse item.

Algumas operações realizadas em conexão com a construção ou o desenvolvimento de um item do ativo imobilizado não são necessárias para deixá-lo no local e nas condições operacionais pretendidas pela administração. Essas atividades eventuais podem ocorrer antes ou durante as atividades de construção ou desenvolvimento. Por exemplo, o local de construção pode ser usado como estacionamento e gerar receitas, até que a construção se inicie. Como essas atividades **não são necessárias** para que o ativo fique em condições de funcionar no local e nas condições operacionais pretendidas pela administração, as receitas e as despesas relacionadas devem ser **reconhecidas no resultado** e incluídas nas respectivas classificações de receita e despesa.

Vamos exemplificar um caso de ajuste a valor presente do imobilizado:

a) Aquisição de imobilizado financiado: supondo a aquisição de uma máquina que custa R$ 100.000 reais à vista, por meio do pagamento de R$ 10.000 reais por 15 meses. O valor a prazo é de R$ 150.000 e o valor dos juros embutidos na operação é de R$ 50.000,00. O lançamento, portanto, será de:

D – Máquina (ativo não circulante) R$ 100.000
D – Juros passivos a transcorrer (retificadora de passivo) R$ 40.000
D – Juros passivos a transcorrer (retificadora de passivo) R$ 10.000
C – Financiamento (passivo circulante) R$ 120.000
C – Financiamento (passivo não circulante) R$ 30.000

Esta é a representação no Balanço:

Ativo não circulante	
Imobilizado	
Máquina	R$ 100.000

Passivo circulante	
Financiamento	R$ 120.000
Juros passivos a transcorrer	R$ (40.000)

Passivo não circulante	
Financiamento	R$ 30.000
Juros passivos a transcorrer	R$ (10.000)

Lembre-se

Os valores dos juros só são reconhecidos no custo do item do Imobilizado quando são diretamente atribuíveis à aquisição, construção ou produção desse item. Nesse caso, o item deve ser um ativo qualificável.

15.3.3. Imobilizado em permuta

Um ativo imobilizado pode ser adquirido por meio **de permuta por ativo não monetário, ou por conjunto de ativos monetários e não monetários**. Os ativos objeto de permuta podem ser de mesma natureza ou de naturezas diferentes. O texto a seguir refere-se apenas à permuta de ativo não monetário por outro; todavia, o mesmo conceito pode ser aplicado a todas as permutas descritas anteriormente. O custo de tal item do ativo imobilizado **é mensurado pelo valor justo a não ser que (a) a operação de permuta não tenha natureza comercial ou (b) o valor justo do ativo recebido e do ativo cedido não se possa mensurar com segurança**. O ativo adquirido é mensurado dessa forma mesmo que a entidade não consiga dar baixa imediata ao ativo cedido. **Se o ativo adquirido não for mensurável ao valor justo, seu custo é determinado pelo valor contábil do ativo cedido**.

A entidade deve determinar se a operação de permuta tem natureza comercial considerando em que medida seus fluxos de caixa futuros serão modificados em virtude da operação.

A operação de permuta tem natureza comercial se:

(a) A configuração (ou seja, risco, oportunidade e valor) dos fluxos de caixa do ativo recebido for diferente da configuração dos fluxos de caixa do ativo cedido; ou

(b) O valor específico para a entidade de parcela das suas atividades for afetado pelas mudanças resultantes da permuta; e

(c) A diferença em (a) ou (b) for significativa em relação ao valor justo dos ativos permutados.

Para determinar se a operação de permuta tem natureza comercial, o valor específico para a entidade da parcela das suas atividades afetada pela operação deve estar refletido nos fluxos de caixa após os efeitos da sua tributação. O resultado dessas análises pode ficar claro sem que a entidade realize cálculos detalhados.

O valor justo de um ativo é mensurável de forma confiável:

(a) Se a variabilidade da faixa de mensuração de valor justo razoável não for significativa; ou

(b) Se as probabilidades de várias estimativas, dentro dessa faixa, puderem ser razoavelmente avaliadas e utilizadas na mensuração do valor justo. Caso a entidade seja capaz de mensurar com segurança tanto o valor justo do ativo recebido como o do ativo cedido, então o valor justo do segundo deve ser usado para mensurar o custo do ativo recebido, a não ser que o valor justo do primeiro seja mais evidente.

Vamos ver uma situação exemplificativa:

a) Permuta de ativo imobilizado por ativo não monetário: supondo que uma empresa permute uma máquina por um veículo. O valor contábil da máquina é de R$ 40.000 (valor registrado de R$ 60.000 e depreciação de R$ 20.000). O valor justo do veículo recebido é de R$ 30.000.

D – Veículos (ativo não circulante)	R$ 30.000
D – Perdas de capital (resultado)	R$ 10.000
D – Depreciação acumulada (ativo não circulante)	R$ 20.000
C – Máquinas (ativo não circulante)	R$ 60.000

No Balanço, estará assim representado, pois o veículo deve ser registrado pelo seu valor justo (o registro da máquina cedida e a sua depreciação somem):

Ativo não circulante	
Imobilizado	
Veículos	R$ 30.000,00

15.4. VIDA ÚTIL

Todos os bens possuem um período de vida, durante o qual podem gerar fluxo de caixa e manter o seu valor. Após esse período, o bem vai se tornando obsoleto e sofrendo um processo de desgaste natural pelo uso. Esse fator faz reduzir o seu valor contábil.

Importante

A vida útil é:
- O período de tempo durante o qual a entidade espera utilizar o ativo.
- O número de unidades de produção ou de unidades semelhantes que a entidade espera obter pela utilização do ativo.

Portanto, na avaliação de um ativo imobilizado é de suma importância definir a sua vida útil. **Na determinação da vida útil, os seguintes fatores devem ser considerados:**

- Uso esperado do ativo, que é avaliado com base na capacidade ou produção física esperadas do ativo.
- Desgaste físico normal esperado, que depende de fatores operacionais tais como o número de turnos durante os quais o ativo será usado, o programa de reparos e manutenção e o cuidado e a manutenção do ativo enquanto estiver ocioso.

- Obsolescência técnica ou comercial proveniente de mudanças ou melhorias na produção, ou de mudança na demanda do mercado para o produto ou serviço derivado do ativo. Reduções futuras esperadas no preço de venda de item que foi produzido usando um ativo podem indicar expectativa de obsolescência técnica ou comercial do bem, que, por sua vez, pode refletir uma redução dos benefícios econômicos futuros incorporados no ativo.
- Limites legais ou semelhantes no uso do ativo, tais como as datas de término dos contratos de arrendamento mercantil relativos ao ativo.

Após a determinação da vida útil do ativo, a entidade tem a informação necessária para avaliar a perda de valor de acordo com o prazo. Essa perda ocorre, no caso do ativo imobilizado, pelo que chamamos de **depreciação, amortização e exaustão**.

Atenção

Se uma questão disser que há uma vida útil e outro prazo para o fisco, deve ser aceito o prazo da vida útil como verdadeiro, por esse é o contábil. Somente se deixar expresso que se deve utilizar o do fisco ou não informar outro prazo, o prazo para o fisco deve ser adotado.

Atenção

Segundo a legislação de imposto de renda, os gastos incorridos com reparos, conservação ou substituição de partes e peças de bens do ativo imobilizado, de que resulte aumento da vida útil superior a um ano, deverão ser incorporados ao valor do bem, para fins de depreciação do novo valor contábil, no novo prazo de vida útil previsto para o bem recuperado.

O valor residual e a vida útil de um ativo são revisados **pelo menos ao final de cada exercício** e, se as expectativas diferirem das estimativas anteriores, a mudança deve ser contabilizada como mudança de estimativa contábil. Essas alterações não afetam os valores das depreciações já contabilizadas.

15.5. MENSURAÇÃO POSTERIOR

Na Lei das S.A., lemos:

Art. 183. No balanço, os elementos do ativo serão avaliados segundo os seguintes critérios:

V – os direitos classificados no imobilizado, pelo custo de aquisição, deduzido do saldo da respectiva conta de depreciação, amortização ou exaustão.

§ 3º A companhia deverá efetuar, periodicamente, análise sobre a recuperação dos valores registrados no imobilizado e no intangível, a fim de que sejam: (Redação dada pela Lei nº 11.941, de 2009)

I – registradas as perdas de valor do capital aplicado quando houver decisão de interromper os empreendimentos ou atividades a que se destinavam ou quando comprovado que não poderão produzir resultados suficientes para recuperação desse valor; ou (Incluído pela Lei nº 11.638, de 2007)

II – revisados e ajustados os critérios utilizados para determinação da vida útil econômica estimada e para cálculo da depreciação, exaustão e amortização. (Incluído pela Lei nº 11.638, de 2007)

Portanto, o valor contábil do imobilizado é, para a Lei das S.A., o custo do ativo menos a depreciação acumulada e a perda do valor recuperável.

Valor de um ativo imobilizado
Custo do ativo
(–) Depreciação acumulada
(–) Perda do valor recuperável

15.6. DEPRECIAÇÃO

Segundo o § 2º do art. 183 da Lei das S.A., a diminuição do valor dos elementos dos ativos imobilizado deve ser registrada periodicamente, na conta de depreciação, quando corresponder à perda do valor dos direitos que têm por objeto **bens físicos** sujeitos a desgaste ou perda de utilidade por **uso, ação da natureza ou obsolescência**.

É obrigatória a constante revisão dos parâmetros que levaram à definição do valor periódico da depreciação, e cada componente de um item do Imobilizado com custo significativo em relação ao custo total do item deve ser depreciado separadamente. A entidade pode escolher depreciar separadamente os componentes de um item que não tenham custo significativo em relação ao custo total do item.

> **Lembre-se**
> A depreciação se inicia quando o bem está disponível para uso no local e em condição de funcionamento na forma pretendida pela administração. Ela deve cessar quando o valor depreciável do bem for atingido.

A depreciação **não cessa quando** o ativo se torna ocioso, ou é retirado do uso normal, a não ser que esteja totalmente depreciado. No entanto, de acordo com os métodos de depreciação pelo uso, a despesa com depreciação pode ser zero, enquanto não houver produção.

> **Atenção**
> A depreciação deve cessar também, ainda que o bem não esteja totalmente depreciado, na data em que o ativo é classificado como mantido para venda, ou ainda, na data em que o ativo é baixado, o que ocorrer primeiro.

A depreciação do período deve ser normalmente reconhecida no resultado. No entanto, por vezes os benefícios econômicos futuros incorporados no ativo **são absorvidos para a produção de outros ativos**. Nesses casos, a depreciação faz parte do custo de outro ativo, devendo ser incluída no seu valor contábil. Por exemplo, a depreciação de máquinas e equipamentos de produção é incluída nos custos de produção de estoque. De forma semelhante, a depreciação de ativos imobilizados usados para atividades de desenvolvimento pode ser incluída no custo de um ativo intangível.

Cada componente de um item do ativo imobilizado com **custo significativo** em relação ao custo total do item **deve ser depreciado separadamente**.

A entidade aloca o valor inicialmente reconhecido de um item do ativo imobilizado aos componentes significativos desse item e os deprecia separadamente. Por exemplo, pode ser adequado depreciar separadamente a estrutura e os motores de aeronave, seja ela de propriedade da entidade ou obtida por meio de operação de arrendamento mercantil financeiro. De forma similar, se o arrendador adquire um ativo imobilizado que esteja sujeito a arrendamento mercantil operacional, pode ser adequado depreciar separadamente os montantes relativos ao custo daquele item que sejam atribuíveis a condições do contrato de arrendamento mercantil favoráveis ou desfavoráveis em relação a condições de mercado.

15.6.1. Valor depreciável de um ativo imobilizado

O **valor depreciável (ou amortizável, ou exaurível)** de um ativo imobilizado é o seu valor de custo registrado subtraído do seu valor residual. **O valor depreciável de um ativo deve ser apropriado de forma sistemática ao longo da sua vida útil estimada.**

Valor residual de um ativo é o valor estimado que a entidade obteria com a venda do ativo, após deduzir as despesas estimadas de venda, caso o ativo já tivesse a idade e a condição esperadas para o fim de sua vida útil.

O valor residual e a vida útil de um ativo são revisados **pelo menos ao final de cada exercício** e, se as expectativas diferirem das estimativas anteriores, a mudança deve ser contabilizada como mudança de estimativa contábil.

A depreciação é reconhecida mesmo que **o valor justo do ativo exceda o seu valor contábil, desde que o valor residual do ativo não exceda o seu valor contábil.** Além disso, **a reparação e a manutenção de um ativo não evitam a necessidade de depreciá-lo.**

É importante observar que o valor residual de um ativo pode aumentar e que a despesa de depreciação será zero enquanto o valor residual subsequente for igual ou superior ao seu valor contábil.

Em síntese, o valor residual é o valor mínimo que a empresa quer manter, após depreciação, amortização ou exaustão do ativo. Vamos exemplificar a situação:

a) Calculando o valor depreciável de um ativo: supondo que a entidade possui uma máquina no valor de R$ 100.000 e quer adotar o seu valor residual de R$ 20.000 ao fim da sua vida útil, que é de 5 anos. Qual o valor depreciável?

Valor depreciável = R$ 100.000,00 – R$ 20.000,00 = R$ 80.000,00. Portanto, a depreciação anual deve ser calculada com base no valor de R$ 80.000,00.

Como a vida útil é de 5 anos, a depreciação anual será de 80.000/5 = 16.000.

15.6.2. Métodos de depreciação

O método de depreciação utilizado **deve refletir o padrão de consumo, pela empresa, dos benefícios econômicos futuros** e ser aplicado consistentemente entre períodos, a não ser que exista alteração nesse padrão. O método de depreciação aplicado a um ativo deve ser **revisado pelo menos ao final de cada exercício** e, se houver alteração significativa no padrão de consumo previsto, o método de depreciação deve ser alterado para refletir essa mudança.

Não é obrigatória a distribuição linear da depreciação, se outro critério reflete melhor o padrão de consumo dos benefícios do ativo. Por isso, vamos ver todos os métodos que podem ser utilizados.

15.6.2.1. Método das quotas constantes (ou linear ou da linha reta)

Nesse método, **a despesa é constante durante a vida útil do ativo**, caso o valor residual não se altere. Podemos citar, por exemplo, uma situação em que os veículos são depreciados em 5 anos, ou seja, serão depreciados 20% ao ano, sem modificação. Esses 20% são encontrados dividindo o valor depreciável do bem 100% pelo prazo de depreciação 5 anos, ou seja, 100%/5 = 20%.

> Valor depreciável = (valor de custo – valor residual)

Por exemplo, no caso de uma máquina de R$ 50.000 com vida útil de 5 anos, ela será depreciada 20% ao ano, sem modificação. Ou seja, anualmente, haverá o registro da depreciação no valor de R$ 10.000 (R$ 50.000 × 20%) se não houver valor residual.

Lembre-se
O método linear é o normalmente utilizado em provas (inclusive se a questão nada disser).

15.6.2.2. Método da soma dos dígitos dos anos ou método de Cole

Nesse método, **a despesa é decrescente durante a vida útil do ativo. Pode ser crescente ou decrescente**. O objetivo desse método e depreciar o bem ao longo do tempo aumentado ou diminuindo o valor depreciado de forma proporcional.

a) Decrescente: por exemplo, supondo que um veículo com valor de R$ 20.000 com vida útil de 4 anos. Soma dos dígitos, considerando uma vida útil de 10 anos: 4 + 3 + 2 + 1 = 10

Depreciação no primeiro ano: 4/10 = 40% = R$ 8.000

Depreciação no segundo ano: 3/10 = 30% = R$ 6.000

Depreciação no terceiro ano: 2/10 = 20% = R$ 4.000

Depreciação no quarto ano: 1/10 = 10% = R$ 2.000

Total depreciado = R$ 20.000

b) Crescente: por exemplo, supondo que um veículo com valor de R$ 20.000 com vida útil de 4 anos. Soma dos dígitos, considerando uma vida útil de 10 anos: 1 + 2 + 3 + 4 = 10

Depreciação no quarto ano: 1/10 = 10% = R$ 2.000

Depreciação no terceiro ano: 2/10 = 20% = R$ 4.000

Depreciação no segundo ano: 3/10 = 30% = R$ 6.000

Depreciação no primeiro ano: 4/10 = 40% = R$ 8.000

Total depreciado = R$ 20.000

15.6.2.3. Método de unidades produzidas

Nesse método, se toma por base a produção esperada do ativo ao longo da sua vida útil, comparada com as unidades produzidas no exercício. Ela é passível de utilização pelas empresas industriais.

> Depreciação anual = nº de unidades produzidas no exercício X / nº de unidades estimadas a serem produzidas durante a vida útil do ativo

Por exemplo, uma entidade possui uma máquina no valor de R$ 100.000 e espera produzir 10.000 unidades do produto ao longo da sua vida útil. No ano em que ela produzir 2.000 unidades a depreciação será de:

R$ 100.000 × 2.000/10.000 = R$ 20.000

Ressalta-se que **esse valor não é constante**, varia de acordo com as unidades produzidas no exercício.

15.6.2.4. Método de horas de trabalho

Esse método baseia-se na estimativa de horas de trabalho durante a vida útil do bem, comparada com as horas de trabalho utilizadas no período.

> Depreciação = nº de horas de trabalho no período Y / nº de horas de trabalho estimadas durante a vida útil do bem

Por exemplo, uma entidade possui uma máquina no valor de R$ 50.000 e estima que durante a sua vida útil, terá um rendimento de 100.000 horas de trabalho. No ano que ela utilize 10.000 horas de trabalho, a depreciação será de:

R$ 50.000 × 10.000/100.000 = R$ 5.000

Ressalta-se que esse valor não é constante, varia de acordo com as horas de trabalho utilizadas no exercício.

15.6.3. Depreciação acelerada

Na depreciação acelerada, soma-se à depreciação valor adicional, muitas vezes como incentivo governamental para indústrias que utilizam maquinaria intensivamente ou ainda para incentivar a troca e modernização de máquinas.

Esse benefício, quando concedido pelo governo, aumenta a despesa com depreciação, diminuindo assim o lucro tributável, fazendo com que a empresa pague menos imposto de renda. No Regulamento do Imposto de Renda existe a seguinte previsão:

> *Art. 312. Em relação aos bens móveis, poderão ser adotados, em função do número de horas diárias de operação, os seguintes coeficientes de depreciação acelerada (Lei nº 3.470, de 1958, art. 69):*
>
> *I – um turno de oito horas – 1,0.*
>
> *II – dois turnos de oito horas – 1,5.*
>
> *III – três turnos de oito horas – 2,0.*
>
> *Parágrafo único. O encargo de que trata este artigo será registrado na escrituração comercial.*

Por exemplo, se a máquina funciona por 8 horas o valor do percentual de depreciação permitida é multiplicado por 1; se 12 horas, por 1,5; e se 16 horas, por 2.

CONTABILIDADE GERAL E AVANÇADA • SILVIO SANDE E ANDRÉ NEIVA

Ou seja, quando mais a máquina for utilizada por dia, maior será o multiplicador. Considerando que a depreciação seria de 10%, teríamos:

- Se 8 horas: 10%.
- Se 12 horas: $10\% \times 1,5 = 15\%$.
- Se 16 horas: $10\% \times 2,0 = 20\%$.

Com a depreciação acelerada o valor contábil da máquina chega a zero mais rapidamente, o que, **além de dar ao empresário uma despesa dedutível maior, estimula a sua troca e modernização constante**.

15.6.4. Depreciação de bens usados

A empresa pode, ao longo das suas atividades, adquirir bens usados. A previsão que trata da depreciação de bens usados é o Regulamento do Imposto de Renda.

> *Art. 311. A taxa anual de depreciação de bens adquiridos usados será fixada tendo em vista o maior dos seguintes prazos:*
>
> *I – metade da vida útil admissível para o bem adquirido novo.*
>
> *II – restante da vida útil, considerada esta em relação à primeira instalação para utilização do bem.*

Portanto, a entidade deve, ao adquirir um imobilizado usado, avaliar o maior prazo entre a metade da vida útil admissível para o bem novo ou o restante da vida útil considerando o prazo da primeira instalação. **No caso, adotar o maior prazo resulta em uma menor taxa de depreciação, o que é o interesse do fisco para que se obtenha um resultado tributável maior.**

Por exemplo, a Cia. Sande adquire uma máquina com vida útil de 5 anos e já tendo sido depreciada 1 ano. Dessa forma, ela terá uma vida útil restante de 4 (5 – 1) anos e a metade da vida útil do novo será de 2,5 anos (5/2). Então, a taxa adotada será a de 4 anos, por ser a maior.

15.6.5. Exemplos de lançamento de depreciação

A depreciação será calculada utilizando um dos métodos vistos anteriormente, considerando a vida útil do ativo e conhecendo o seu valor depreciável.

A depreciação acumulada de um ativo será registrada através da conta "depreciação acumulada". Essa conta é retificadora de ativo, e deve ser registrada imediatamente abaixo da conta que representa o imobilizado a que se refere.

a) Momento de aquisição do ativo: supondo que um edifício é adquirido à vista por R$ 1.000.000 com custos de transação de R$ 100.000.

D – Edifício (ativo não circulante)	R$ 1.100.000
C – Banco (ativo circulante)	R$ 1.100.000

b) Depreciação no primeiro exercício: considerando que o edifício tem uma vida útil de 10 anos, que a entidade utiliza o método de depreciação linear e adotou um valor residual para o mesmo de R$ 100.000.

Nesse caso, o valor depreciável é de R$ 1.000.000 (valor contábil – valor residual). O valor da depreciação será de R$ 1.000.000/10 = R$ 100.000

    D – Despesa com depreciação (resultado)   R$ 100.000
    C – Depreciação acumulada (retificadora de ativo)   R$ 100.000

No balanço ficará:

Ativo não circulante	
Imobilizado	
Edifício	R$ 1.100.000
Depreciação acumulada	R$ (100.000)
Valor contábil do edifício	**R$ 1.000.000**

DRE	
Despesa com depreciação	R$ (100.000)

É importante salientar que quando o ativo imobilizado é adquirido ou se torna disponível para uso, **durante o exercício social, a depreciação deve considerar a proporção meses/ano**.

15.7. MANUTENÇÃO E REPAROS DO ATIVO IMOBILIZADO

Atenção

A entidade não reconhece no valor contábil de um item do ativo imobilizado os custos da **manutenção periódica do item**. Pelo contrário, esses custos **são reconhecidos no resultado quando incorridos**. Os custos da manutenção periódica são principalmente **os custos de mão de obra e de produtos consumíveis, e podem incluir o custo de pequenas peças**. A finalidade desses gastos é muitas vezes descrita como sendo para "reparo e manutenção" de item do ativo imobilizado.

Partes de alguns itens do ativo imobilizado podem requerer **substituição em intervalos regulares**. Por exemplo, um forno pode requerer novo revestimento após um número específico de horas de uso; ou o interior dos aviões, como bancos e equipamentos internos, pode exigir substituição diversas vezes durante a vida da estrutura. Itens do ativo imobilizado também podem ser adquiridos para efetuar substituição recorrente menos frequente, tal como a substituição das paredes interiores de edifício, ou para efetuar substituição não recorrente.

Segundo o princípio de reconhecimento (o custo de um item de ativo imobilizado deve ser reconhecido como ativo se, e apenas se: for provável que futuros benefícios econômicos associados ao item fluirão para a entidade; e o custo do item puder ser mensurado confiavelmente), **a entidade reconhece no valor contábil de um item do ativo imobilizado o custo da peça reposta desse item quando o custo é incorrido se os critérios de reconhecimento forem atendidos**. O valor contábil das peças que são substituídas é baixado de acordo com as disposições de baixa.

> **Lembre-se**
> A entidade deve reconhecer no valor contábil de um item do ativo imobilizado o custo da parte em substituição e peças repostas desse item quando o custo incorrido com a peça gerar incremento de prováveis benefícios econômicos futuros do imobilizado e o custo da peça for mensurado confiavelmente.

Uma condição para continuar a operar um item do ativo imobilizado (p. ex., uma aeronave) pode ser a realização regular de inspeções importantes em busca de falhas, independentemente das peças desse item serem ou não substituídas. **Quando cada inspeção importante for efetuada, o seu custo é reconhecido no valor contábil do item do ativo imobilizado como uma substituição se os critérios de reconhecimento forem satisfeitos.** Qualquer valor contábil remanescente do custo da inspeção anterior (distinto das peças físicas) é baixado. Isso ocorre independentemente do custo da inspeção anterior ter sido identificado na transação em que o item foi adquirido ou construído. Se necessário, o custo estimado de futura inspeção semelhante pode ser usado como indicador de qual é o custo do componente de inspeção existente, quando o item foi adquirido ou construído.

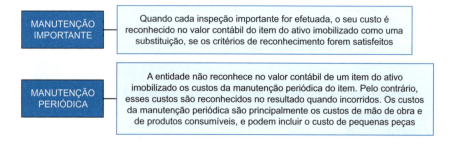

> **Lembre-se**
> Sobressalentes, peças de reposição, ferramentas e equipamentos de uso interno são classificados como ativo imobilizado quando a entidade espera usá-los por mais de um período. Da mesma forma, se puderem ser utilizados somente em conexão com itens do ativo imobilizado, também são contabilizados como ativo imobilizado. É importante destacar que essas peças, ferramentas e equipamentos, apesar de classificados no imobilizado, não sofrem depreciação.

15.8. EXAUSTÃO

Segundo o § 2º do art. 183 da Lei das S.A., a diminuição do valor dos elementos dos ativos imobilizado deve ser registrada periodicamente, na conta de exaustão, **quando corresponder à perda do valor, decorrente da sua exploração, de direitos cujo objeto sejam recursos minerais ou florestais, ou bens aplicados nessa exploração**.

Sendo assim, a exaustão corresponde à perda de valor de:

- Florestas destinadas ao corte: um exemplo comum são as florestas plantadas pelas empresas produtoras de celulose.
- Direitos sobre recursos minerais: um exemplo é o valor gasto na obtenção de direitos de exploração de uma mina de ouro.

É importante destacar que bens como tratores, guindastes, aplicados na exploração desses recursos **devem sofrer exaustão também**. Os recursos minerais ou florestais geralmente são explorados por conta de uma concessão do governo.

Atenção

Exceção: para os recursos florestais, temos a seguinte regra: se a previsão para o esgotamento dos recursos naturais for anterior ao vencimento do contrato de concessão, deve-se adotar o período da concessão e o item deve sofrer AMORTIZAÇÃO.

15.8.1. Métodos de exaustão

Existem dois métodos que podem ser adotados para cálculo da exaustão.

15.8.1.1. Método por prazo de concessão

Nesse método, é considerado o prazo da concessão governamental de direito de exploração para encontrar a taxa anual de exaustão. Se, por exemplo, a concessão for de 20 anos, a exaustão será de 100%/20 anos = 5% ao ano.

15.8.1.2. Método por função produção/capacidade

Nesse método, é considerado o total da quantidade estimada de capacidade de produção do ativo e se compara à extração anual de produção anual, encontrando a taxa de depreciação. Se, por exemplo, a capacidade de uma mina for de 20.000 m^3 de ferro e por ano se extraírem 4.000 m^3, a taxa será 20.000 m^3 / 4.000 m^3 = 5 anos, 100%/5 anos = 20% ano.

15.8.2. Exaustão acelerada

O conceito é o mesmo da depreciação acelerada.

15.8.3. Exemplos de lançamento com exaustão

A exaustão será calculada por um dos métodos vistos anteriormente, considerando a vida útil do ativo e conhecendo o seu valor exaurível.

A exaustão acumulada de um ativo será registrada na conta "exaustão acumulada". Essa conta é retificadora de ativo, e deve ser registrada imediatamente abaixo da conta que representa o item objeto da exaustão a que se refere.

a) **Momento de aquisição do ativo:** supondo que uma entidade adquire o direito de exploração de uma mina de ferro à vista por R$ 20.000.000 com custos de transação de R$ 1.000.000.

D – Direitos de minas de ferro (ativo não circulante)   R$ 21.000.000
C – Banco (ativo circulante)   R$ 21.000.000

b) **Exaustão no primeiro exercício:** considerando que a mina de ferro tem um potencial de extração de 2.000.000.000 de m^3 de minério de ferro, que a entidade utiliza o método de exaustão pela capacidade de produção e que no primeiro exercício extraiu 100.000.000 de m^3.

O valor da exaustão será de R$ 21.000.000 × (2.000.000.000/100.000.000) = R$ 1.050.000

D – Despesa com depreciação (resultado)   R$ 1.050.000
C – Exaustão acumulada (retificadora de ativo)   R$ 1.050.000

No balanço ficará:

Ativo não circulante	
Imobilizado	
Direitos de mina de ferro	R$ 21.000.000,00
Exaustão acumulada	R$ (1.050.000,00)
Valor da mina	**R$ 19.950.000,00**

DRE	
Despesa com exaustão	R$ (1.050.000,00)

É importante salientar que, também a exaustão, deve considerar a proporção meses/ano.

15.9. AMORTIZAÇÃO

O imobilizado, via de regra, está sujeito somente à depreciação e à exaustão. Uma exceção, porém, são as benfeitorias em imóveis de terceiros.

Se a benfeitoria for absorvida pelo imóvel, causando consequentemente um ganho para o proprietário, deve ser classificada no imobilizado. A partir daí **ele só será amortizado se o contrato de locação vencer antes da vida útil estimada do imóvel**.

Se a vida útil for menor que o prazo do contrato ou se o contrato for por tempo indeterminado, o valor deverá ser depreciado.

15.10. CONTÁBIL *VERSUS* FISCAL

A depreciação, exaustão e amortização possuem os critérios contábeis vistos acima. Contudo, por implicar uma despesa (que reduz o resultado tributável pelo imposto de renda), **ela tem regramento próprio para o fisco**. O importante para quem vai fazer o concurso é saber que o fisco tem o percentual máximo de depreciação para cada tipo de item por período, impedindo, por exemplo, que uma empresa promova uma depreciação maior e com isso pague menos imposto de renda.

Esse ajuste, entre a depreciação contábil e a fiscal deve estar presente no **livro de apuração do lucro real**, onde as entidades fazem o ajuste do lucro contábil para o lucro fiscal, encontrando assim a base de cálculo do IR.

Atenção

Se a questão disser que há uma taxa de depreciação contábil e outro prazo para o fisco, deve ser utilizada a taxa de depreciação contábil. Somente se deixar expresso que se deve utilizar o do fisco ou não informar outro prazo, o prazo para o fisco deve ser adotado.

15.11. VALOR CONTÁBIL DO IMOBILIZADO

O conceito de valor contábil do Imobilizado é muito importante e é frequentemente exigido nos certames. Há uma tendência de uma pessoa, que não esteja acostumada aos termos contábeis, confundir o valor registrado na conta do bem (veículos, máquinas etc.) como sendo o seu valor contábil. Contudo, após registrado o ativo, acontecem alterações no seu valor sem interferir no valor da conta na qual está registrado, mas sim utilizando retificadoras, como depreciação acumulada, amortização acumulada, exaustão acumulada e perdas estimadas por redução ao valor recuperável.

Portanto, ao se referir ao valor contábil dos ativos Imobilizados, deve-se ter em mente que o valor seria o resultado da seguinte conta:

Valor contábil do imobilizado:

(+) Custo do imobilizado

(–) Depreciação, amortização ou exaustão

(–) Perdas estimadas por redução ao valor recuperável

(=) Valor líquido contábil

É importante saber que a perda por valor recuperável não é uma conta obrigatoriamente presente, uma vez que pode não haver a perda ou ela ter sido revertida.

QUESTÃO COMENTADA
(FCC – Ana. Leg. / ALESE / Apoio Técnico Administrativo / Contabilidade / 2018) A Cia. Só Lenha adquiriu, em 31/12/2014, um equipamento por R$ 1.120.000,00, à vista. A vida útil econômica estimada para o equipamento, na data de aquisição, era 12 anos e o valor residual esperado era R$ 160.000,00. Em 01/01/2016, a empresa reavaliou a vida útil do equipamento e determinou que a vida útil remanescente seria 10 anos e o novo valor residual era R$ 80.000,00.

Com base nestas informações, o valor contábil evidenciado no Balanço Patrimonial da Cia. Só Lenha, em 31/12/2017, foi, em reais:

a) 640.000,00.

b) 728.000,00.

c) 808.000,00.

d) 848.000,00.

e) 768.000,00.

RESPOSTA: D

COMENTÁRIO:

Custo do imobilizado = 1.120.000

Valor depreciável = 1.120.000 – 160.000 = 960.000

Depreciação no fim de 2015 (1 ano) = 960.000 × 1/12 = 80.000

Valor contábil no fim 2015 = 1.120.000 – 80.000 = 1.040.000

Em 2017:

Valor depreciável = 1.040.000 – 80.000 = 960.000

Depreciação no fim de 2017 (2 anos) = 960.000 × 2/10 = 192.000

Valor contábil no fim 2017 = 1.040.000 – 192.000 = **848.000**

15.12. BAIXA DO ATIVO IMOBILIZADO

A **baixa** de um ativo imobilizado significa o mesmo que retirá-lo do patrimônio da empresa.

Lembre-se

O valor contábil de um item do ativo imobilizado deve ser baixado:
- Por ocasião de sua alienação
- Quando não há expectativa de benefícios econômicos futuros com a sua utilização ou alienação.

Os ganhos ou perdas decorrentes da baixa de um item do ativo imobilizado devem ser reconhecidos no resultado quando o item é baixado.

Os ganhos não devem ser classificados como receita de venda, e sim como outras receitas ou despesas operacionais (veremos mais sobre isso ao estudar demonstração do resultado do exercício – DRE).

Os ganhos ou perdas decorrentes da baixa de um item do ativo imobilizado devem ser determinados **pela diferença entre o valor líquido da alienação, se houver, e o valor contábil do item**. O valor da contrapartida da alienação de item do ativo imobilizado deve ser estabelecido de acordo com os requisitos para determinar o **preço de transação nos itens**.

O **preço da transação** é o valor da contraprestação à qual a entidade espera ter direito em troca da transferência dos bens ou serviços prometidos ao cliente, excluindo quantias cobradas em nome de terceiros (p. ex., alguns impostos sobre vendas). A contraprestação prometida em contrato com o cliente pode incluir valores fixos, valores variáveis ou ambos.

Para fins de determinação do preço da transação, a entidade deve presumir que os bens ou serviços serão transferidos ao cliente conforme prometido, de acordo com o contrato existente, o qual não será cancelado, renovado ou modificado.

Ao determinar o preço da transação, a entidade deve ajustar o valor prometido da contraprestação para refletir **os efeitos do valor do dinheiro no tempo**, se a época dos pagamentos pactuada pelas partes do contrato (expressa ou implicitamente) fornecer ao cliente ou à entidade um benefício significativo de financiamento da transferência de bens ou serviços ao cliente. Nessas circunstâncias, o contrato contém **componente de financiamento significativo**. Componente de financiamento significativo pode existir, independentemente, se a promessa de financiamento é expressamente declarada no contrato ou implícita pelos termos de pagamento pactuados pelas partes do contrato.

O objetivo, ao ajustar o valor prometido da contraprestação para um componente de financiamento significativo, é que a entidade reconheça receitas pelo valor que reflita o preço que o cliente teria pagado pelos bens ou serviços prometidos, **se o cliente tivesse pagado à vista por esses bens ou serviços quando (ou à medida que) foram transferidos ao cliente (ou seja, o preço de venda à vista)**. A entidade deve considerar todos os fatos e circunstâncias relevantes ao avaliar se o contrato contém componente de financiamento e se esse componente de financiamento é significativo para o contrato, incluindo:

- A diferença, se houver, entre o valor da contraprestação prometida e o preço de venda à vista dos bens ou serviços prometidos.

- O efeito combinado do disposto nos dois incisos seguintes:
  - A duração de tempo esperada entre o momento em que a entidade transfere os bens ou serviços prometidos ao cliente e o momento em que o cliente paga por esses bens ou serviços.
  - As taxas de juros vigentes no mercado pertinente.

a) Venda de um imobilizado: uma máquina com o valor contábil de R$ 70.000 (R$ 120.000 de custo – R$ 50.000 de depreciação acumulada) é vendido por R$ 150.000 à vista.

D – Depreciação acumulada (retificadora de ativo)	R$ 50.000
D – Valores a receber (ativo circulante)	R$ 150.000
C – Máquinas (ativo não circulante)	R$ 120.000
C – Ganho de capital (resultado)	R$ 80.000

No Balanço ficará assim registrado:

Ativo circulante	
Valores a receber	R$ 150.000
Total de valores a receber	**R$ 150.000**

DRE	
Ganho de capital	R$ 80.000

b) Venda de um imobilizado a prazo: uma máquina com o valor contábil de R$ 70.000 (R$ 120.000 de custo – R$ 50.000 de depreciação acumulada) é vendida por R$ 150.000 a prazo, com recebimento previsto para o próximo exercício. O seu valor justo é de R$ 100.000.

D – Depreciação acumulada (retificadora de ativo)	R$ 50.000
D – Valores a receber (ativo circulante)	R$ 150.00
D – Ajuste a valor presente do ganho de capital (resultado)	R$ 50.000
C – Máquinas (ativo não circulante)	R$ 120.000
C – Receita de juros a apropriar (retificadora de ativo)	R$ 50.000
C – Ganho de capital (resultado)	R$ 80.000

No Balanço ficará assim registrado:

Ativo circulante	
Valores a receber	R$ 150.000
Receita de juros a apropriar	R$ (50.000)
Total de valores a receber	**R$ 100.000**

DRE	
Ganho de capital	R$ 80.000
Ajuste a valor presente do ganho de capital	R$ (50.000)
Ganho com a operação	**R$ 30.000**

c) Baixa de um imobilizado quando não há expectativa de benefícios econômicos futuros com a sua utilização ou alienação: uma máquina com o valor contábil R$ 100.000, que tinha depreciação acumulada no valor de R$ 70.000, foi considerada sem utilidade para benefícios econômicos futuros e foi baixada.

D – Depreciação acumulada (retificadora de ativo)   R$ 70.000
D – Perda na baixa de imobilizado (resultado)   R$ 30.000
C – Máquinas (ativo não circulante)   R$ 100.000

No Balanço ficará assim registrado:

Ativo não circulante	
Máquinas	0
Receita de juros a apropriar	0
Total de valores a receber	**0**

DRE	
Perda na baixa de imobilizado	R$ (30.000)

QUESTÃO COMENTADA

(FCC – AFTE/SEFAZ PE/2014) Em 31/12/2009, a empresa Equipamentos Pesados S.A. adquiriu uma máquina pelo valor de R$ 800.000,00, para ser pago integralmente em 2012. Se a empresa tivesse adquirido o equipamento à vista o preço teria sido R$ 650.000,00. A empresa tem como política utilizar suas máquinas por um período de 8 anos e o valor residual esperado para venda da máquina no final do prazo de utilização corresponde a 20% do valor à vista da máquina comprada. Em 30/06/2011, a empresa vendeu esta máquina por R$ 500.000,00 à vista. Com base nestas informações, o resultado obtido na venda da máquina que será evidenciado na Demonstração de Resultados é:

a) prejuízo de R$ 150.000,00.

b) prejuízo de R$ 300.000,00.

c) prejuízo de R$ 28.125,00.

d) lucro de R$ 77.500,00.

e) prejuízo de R$ 52.500,00.

RESPOSTA: E

COMENTÁRIO:

31/12/2009:

Máquina (valor à vista)	R$ 650.000
(–) Valor Residual (20%)	(R$ 130.000)
(=) Valor Depreciável	R$ 520.000

Valor da Depreciação anual = Valor Depreciável/Vida Útil

Valor da Dep. anual = R$ 520.000/8 = R$ 65.000 por ano

Depreciação Acumulada (1 ano e 6 meses = 1,5 ano) = R$ 65.000 × 1,5 = R$ 97.500

30/06/2011:

Máquina (valor à vista)	R$ 650.000
(–) Dep. Acumulada	(R$ 97.500)
(=) Valor Contábil	R$ 552.500

Em 30/06/2011, a empresa vendeu esta máquina por R$ 500.000,00 à vista:

R$ 500.000 (valor de venda) – R$ 552.000 (valor contábil) = R$ 52.000 (prejuízo na venda)

15.13. DIVULGAÇÃO

As demonstrações contábeis devem divulgar, para cada classe de ativo imobilizado, segundo o CPC:

a) Os critérios de mensuração utilizados para determinar o valor contábil bruto.

b) Os métodos de depreciação utilizados.

c) As vidas úteis ou as taxas de depreciação utilizadas.

d) O valor contábil bruto e a depreciação acumulada (mais as perdas por redução ao valor recuperável acumuladas) no início e no final do período.

(ii) Ativos classificados como mantidos para venda ou incluídos em um grupo classificados como mantidos para venda de acordo com o Pronunciamento Técnico CPC 31 – Ativo Não Circulante Mantido para Venda e Operação Descontinuada e outras baixas.

(iii) Aquisições por meio de combinações de negócios.

(iv) Aumentos ou reduções decorrentes de reavaliações nos termos dos itens 31, 39 e 40 e perdas por redução ao valor recuperável de ativos reconhecidas ou revertidas diretamente no patrimônio líquido de acordo com o Pronunciamento Técnico CPC 01 – Redução ao Valor Recuperável de Ativos.

(v) Provisões para perdas de ativos, reconhecidas no resultado, de acordo com o Pronunciamento Técnico CPC 01 – Redução ao Valor Recuperável de Ativos.

(vi) Reversão de perda por redução ao valor recuperável de ativos, apropriada no resultado, de acordo com o Pronunciamento Técnico CPC 01 – Redução ao Valor Recuperável de Ativos.

(vii) Depreciações.

(viii) Variações cambiais líquidas geradas pela conversão das demonstrações contábeis da moeda funcional para a moeda de apresentação, incluindo a conversão de uma operação estrangeira para a moeda de apresentação da entidade.

(ix) Outras alterações.

15.14. A POSSIBILIDADE DE REAVALIAÇÃO NO CPC 27

O CPC 27 prevê que, após o reconhecimento como um ativo, o item do ativo imobilizado cujo valor justo possa ser mensurado confiavelmente pode ser apresentado, **se permitido por lei, pelo seu valor reavaliado**, correspondente ao seu valor justo à data da reavaliação menos qualquer depreciação e perda por redução ao valor recuperável acumuladas subsequentes. A reavaliação deve ser realizada com suficiente regularidade para assegurar que o valor contábil do ativo não apresente divergência relevante em relação ao seu valor justo na data do balanço.

> A Lei das S.A., atualmente, proíbe a reavaliação. Contudo, como ela é prevista pelo CPC, temos que estudar os seus aspectos. A previsão do CPC ocorre porque ele tem a função de trazer para o Brasil previsões que são adotadas no restante do mundo, ainda que sem aplicabilidade por conta da restrição da lei brasileira.

Convém ressaltar que ICPC 10 previu que a reavaliação dos ativos, conforme visto no CPC 27, **era possível na adoção inicial das normas internacionais da contabilidade**:

> *Ainda, em função da mudança da prática contábil brasileira para plena aderência ao processo de convergência das práticas brasileiras às internacionais, na **adoção inicial** dos Pronunciamentos Técnicos CPC 27 e CPC 28 há a opção de proceder a ajustes nos saldos iniciais à semelhança do que é permitido pelas normas internacionais de contabilidade, com a utilização do conceito de custo atribuído (deemed cost), conforme previsto nos Pronunciamentos Técnicos CPC 37 e 43.*

A frequência das reavaliações, se permitidas por lei, depende das mudanças dos valores justos do ativo imobilizado que está sendo reavaliado. Quando o valor justo de um ativo reavaliado difere materialmente do seu valor contábil, exige-se nova reavaliação. Alguns itens do ativo imobilizado sofrem mudanças voláteis e significativas no valor justo, necessitando, portanto, de reavaliação anual. Tais reavaliações frequentes são desnecessárias para itens do ativo imobilizado que não sofrem mudanças significativas no valor justo. Em vez disso, pode ser necessário reavaliar o item apenas a cada 3 ou 5 anos.

Quando um item do ativo imobilizado é reavaliado, o valor contábil do ativo deve ser ajustado para o valor reavaliado. Na data da reavaliação, o ativo deve ser tratado de uma das seguintes formas:

- O valor contábil bruto deve ser ajustado de forma que seja consistente com a reavaliação do valor contábil do ativo. Por exemplo, o valor contábil bruto pode ser ajustado com base nos dados de mercado observáveis, ou pode ser ajustado proporcionalmente à variação no valor contábil. A depreciação acumulada à data da reavaliação deve ser ajustada para igualar a diferença entre o valor contábil bruto e o valor contábil do ativo após considerar as perdas por desvalorização acumuladas.
- A depreciação acumulada é eliminada contra o valor contábil bruto do ativo.

O valor do ajuste da depreciação acumulada faz parte do aumento ou da diminuição no valor contábil registrado.

Se o método de reavaliação for permitido por lei e um item do ativo imobilizado for reavaliado, toda a classe do ativo imobilizado à qual pertence esse ativo deve ser reavaliada.

Classe de ativo imobilizado é um agrupamento de ativos de natureza e uso semelhantes nas operações da entidade. São exemplos de classes individuais:

- Terrenos.
- Terrenos e edifícios.
- Máquinas.
- Navios.
- Aviões.
- Veículos a motor.
- Móveis e utensílios.
- Equipamentos de escritório.
- Plantas portadoras.

Os itens de cada classe do ativo imobilizado são reavaliados simultaneamente, a fim de ser evitada a reavaliação seletiva de ativos e a divulgação de montantes nas demonstrações contábeis que sejam uma combinação de custos e valores em datas diferentes. Porém, uma classe de ativos pode ser reavaliada de forma rotativa desde que a reavaliação da classe de ativos seja concluída em curto período e desde que as reavaliações sejam mantidas atualizadas.

Se o valor contábil do ativo aumentar em virtude de reavaliação, esse aumento deve ser **creditado diretamente à conta própria do patrimônio líquido**. No entanto, o aumento deve ser reconhecido no resultado quando se tratar da reversão de decréscimo de reavaliação do mesmo ativo anteriormente reconhecido no resultado.

Se o valor contábil do ativo diminuir em virtude de reavaliação, essa diminuição deve ser reconhecida no resultado. No entanto, se houver saldo de reserva de reavaliação, a diminuição do ativo deve ser debitada diretamente ao patrimônio líquido contra a conta de reserva de reavaliação, até o seu limite.

O saldo relativo à reavaliação acumulada do item do ativo imobilizado incluído no patrimônio líquido somente pode ser transferido para lucros acumulados quando a reserva é realizada. O valor total pode ser realizado com a baixa ou a alienação do ativo. Entretanto, parte da reserva pode ser transferida enquanto o ativo é usado pela entidade. Nesse caso, o valor da reserva a ser transferido é a diferença entre a depreciação baseada no valor contábil do ativo e a depreciação que teria sido reconhecida com base no custo histórico do ativo. As transferências para lucros acumulados não transitam pelo resultado.

Em resumo:

Lembre-se

O ativo pode ser reavaliado, se permitido por lei, pelo seu valor reavaliado, correspondente ao seu valor justo à data da reavaliação menos qualquer depreciação e perda por redução ao valor recuperável acumuladas subsequentes. Isso foi permitido nana adoção inicial dos Pronunciamentos Técnicos CPC 27 e CPC 28 há a opção de proceder a ajustes nos saldos iniciais à semelhança do que é permitido pelas normas internacionais de contabilidade.

15.15. ARRENDAMENTO MERCANTIL

Arrendamento mercantil é um acordo pelo qual o **arrendador** transmite ao **arrendatário** em troca de um pagamento ou série de pagamentos o direito de usar um ativo por um período de tempo acordado. Em síntese:

Atenção

Arrendamento mercantil financeiro (ou *leasing* financeiro) é aquele em que há transferência substancial dos riscos e benefícios inerentes à propriedade de um ativo. Nesse tipo de arrendamento, o arrendatário geralmente tem a opção de adquirir o bem pagando uma prestação ao longo do contrato ou uma prestação residual no final.

Arrendamento mercantil operacional é um arrendamento mercantil diferente de um arrendamento mercantil financeiro. Não há transferência da propriedade no fim.

É importante ressaltar que as regras aqui previstas não se aplicam nestes casos:

A entidade deve aplicar este pronunciamento a todos os arrendamentos, incluindo arrendamentos de ativos de direito de uso em subarrendamento, exceto para:

(a) Arrendamentos para explorar ou usar minerais, petróleo, gás natural e recursos não renováveis similares.
(b) Arrendamentos de ativos biológicos dentro do alcance do CPC 29 – Ativo Biológico e Produto Agrícola mantidos por arrendatário.
(c) Acordos de concessão de serviço dentro do alcance da ICPC 01 – Contratos de Concessão.
(d) Licenças de propriedade intelectual concedidas por arrendador dentro do alcance do CPC 47 – Receita de Contrato com Cliente.
(e) Direitos detidos por arrendatário previstos em contratos de licenciamento dentro do alcance do CPC 04 – Ativo Intangível para itens como filmes, gravações de vídeo, reproduções, manuscritos, patentes e direitos autorais.

O arrendatário pode mas não é obrigado a aplicar este pronunciamento a arrendamentos de ativos intangíveis que não sejam aqueles descritos no item (e).

15.15.1. Classificação do arrendamento mercantil

Lembre-se
A classificação de arrendamentos mercantis baseia-se na extensão em que os riscos e benefícios inerentes à propriedade de ativo arrendado permanecem no arrendador ou no arrendatário.

Os riscos incluem as possibilidades de perdas devidas à capacidade ociosa ou obsolescência tecnológica e de variações no retorno em função de alterações nas condições econômicas.

Os benefícios podem ser representados pela expectativa de operações lucrativas durante a vida econômica do ativo e de ganhos derivados de aumentos de valor ou de realização do valor residual.

Atenção

Um arrendamento mercantil deve ser classificado como financeiro se ele transferir substancialmente todos os riscos e benefícios inerentes à propriedade. Por conta disso, deve ser registrado no Imobilizado.

Um arrendamento mercantil deve ser classificado como operacional se ele não transferir substancialmente todos os riscos e benefícios inerentes à propriedade. Por conta disso, os gastos com esse arrendamento devem ser lançados no resultado.

A classificação de um arrendamento mercantil como arrendamento mercantil financeiro ou arrendamento mercantil operacional depende da **essência da transação e não da forma do contrato**.

Importante

Exemplos de situações que individualmente ou em conjunto levariam normalmente a que um arrendamento mercantil fosse classificado como arrendamento mercantil financeiro são:
- O arrendamento mercantil transfere a propriedade do ativo para o arrendatário no fim do prazo do arrendamento mercantil.
- O arrendatário tem a opção de comprar o ativo por um preço que se espera seja suficientemente mais baixo do que o valor justo à data em que a opção se torne exercível de forma que, no início do arrendamento mercantil, seja razoavelmente certo que a opção será exercida.
- O prazo do arrendamento mercantil refere-se à maior parte da vida econômica do ativo mesmo que a propriedade não seja transferida.
- No início do arrendamento mercantil, o valor presente dos pagamentos mínimos do arrendamento mercantil totaliza pelo menos substancialmente todo o valor justo do ativo arrendado.
- Os ativos arrendados são de natureza especializada de tal forma que apenas o arrendatário pode usá-los sem grandes modificações.

Arrendamento de curto prazo é o arrendamento que, na data de início, possui o prazo de arrendamento de 12 meses ou menos. O arrendamento que contém opção de compra não é arrendamento de curto prazo.

Arrendamento financeiro é o arrendamento que transfere substancialmente todos os riscos e benefícios inerentes à propriedade do ativo subjacente.

Arrendamento operacional é o arrendamento que não transfere substancialmente todos os riscos e benefícios inerentes à propriedade do ativo subjacente.

Arrendatário é a entidade que obtém o direito de usar o ativo subjacente por um período de tempo em troca de contraprestação.

Ativo de direito de uso é o ativo que representa o direito do arrendatário de usar o ativo subjacente durante o prazo do arrendamento.

Ativo subjacente é o ativo que é o objeto de arrendamento, para o qual o direito de usar esse ativo foi fornecido pelo arrendador ao arrendatário.

Custo direto inicial é o custo incremental de obtenção do arrendamento que não teria sido incorrido se o arrendamento não tivesse sido obtido, exceto para os custos incorridos por arrendador fabricante ou revendedor associados ao arrendamento financeiro.

Data de celebração do arrendamento é a data que ocorrer antes, entre a data do contrato de arrendamento e a data em que as partes se comprometerem aos principais termos e condições do arrendamento.

Data de início do arrendamento é a data em que o arrendador disponibiliza o ativo subjacente para uso pelo arrendatário.

Data de vigência da modificação é a data em que ambas as partes concordam com a modificação do arrendamento.

Investimento bruto no arrendamento é a soma:

- Dos pagamentos do arrendamento a receber pelo arrendador em arrendamento financeiro.
- De qualquer valor residual não garantido de responsabilidade do arrendador.

Investimento líquido no arrendamento é o investimento bruto no arrendamento descontado à taxa de juros implícita no arrendamento.

Modificação do arrendamento é a alteração no alcance do arrendamento, ou a contraprestação pelo arrendamento, que não era parte dos termos e condições originais do arrendamento (p. ex., acrescentar ou rescindir o direito de usar um ou mais ativos subjacentes, ou prorrogar ou reduzir o prazo do arrendamento contratual).

15.15.2. Identificação do arrendamento

Na celebração de contrato, a entidade deve avaliar se o contrato é, ou contém, um arrendamento. O contrato é, ou contém, um arrendamento **se transmite o direito** de controlar o uso de ativo identificado por um período de tempo em troca de contraprestação.

O período de tempo pode ser descrito em termos da quantidade de uso do ativo identificado (p. ex., o número de unidades de produção do item do equipamento que serão utilizadas para produzir).

A entidade deve reavaliar se o contrato é, ou contém, um arrendamento somente se os termos e condições do contrato forem alterados.

15.15.2.1. Separação de componentes do contrato

Para o contrato que é, ou contém, um arrendamento, a entidade deve contabilizar cada componente do arrendamento dentro do contrato como arrendamento separadamente de componentes de não arrendamento do contrato, salvo se a entidade aplicar o expediente prático.

15.15.2.2. Arrendatário

Para o contrato que contém um componente de arrendamento e um ou mais componentes adicionais de arrendamento ou de não arrendamento, o arrendatário deve alocar a contraprestação no contrato a cada componente de arrendamento com base no preço individual relativo do componente de arrendamento e no preço individual agregado dos componentes de não arrendamento.

O preço individual relativo de componentes de arrendamento e de não arrendamento deve ser determinado com base no **preço que o arrendador, ou fornecedor similar, cobraria da entidade por esse componente, ou componente similar**, separadamente. Se o preço individual observável não estiver imediatamente disponível, o arrendatário deve estimar o preço individual, maximizando o uso de informações observáveis.

Como expediente prático, o arrendatário pode escolher, por classe de ativo subjacente, não separar componentes de não arrendamento de componentes de arrendamento e, em vez disso, contabilizar cada componente de arrendamento e quaisquer componentes de não arrendamento associados como um único componente de arrendamento.

15.15.2.3. Arrendador

Para o contrato que contém um componente de arrendamento e um ou mais componentes adicionais de arrendamento ou de não arrendamento, **o arrendador deve alocar a contraprestação no contrato**.

15.15.3. Ativo identificado

O ativo normalmente é identificado ao ser expressamente especificado no contrato. Contudo, o ativo também pode ser identificado ao ser implicitamente especificado na ocasião em que o ativo for disponibilizado para uso pelo cliente.

Mesmo se o ativo for especificado, o cliente não tem o direito de usar o ativo identificado se o fornecedor tiver o direito substantivo de substituir o ativo durante todo o período de uso. O direito do fornecedor de **substituir o ativo é substantivo** somente se estiverem presentes ambas as condições a seguir:

- O fornecedor tiver a capacidade prática de substituir ativos alternativos durante todo o período de uso (p. ex., o cliente não consegue impedir o fornecedor de substituir o ativo e os ativos alternativos estiverem imediatamente disponíveis ao fornecedor ou puderem ser fornecidos por este dentro de um período de tempo razoável).
- O fornecedor se beneficiaria economicamente do exercício de seu direito de substituir o ativo (ou seja, espera-se que os benefícios econômicos associados à substituição do ativo superem os custos associados à sua substituição).

Se o fornecedor tiver o direito ou a obrigação de substituir o ativo somente a partir de uma data específica, ou na ocorrência de evento específico, o direito de substituição do fornecedor não é substantivo porque o fornecedor não possui a capacidade prática de substituir ativos alternativos durante todo o período de uso.

A avaliação da entidade sobre se o direito de substituição do fornecedor é substantivo baseia-se em fatos e circunstâncias na celebração do contrato e deve excluir a consideração de eventos futuros que, na celebração do contrato, não se consideram que tenham probabilidade de ocorrência. Entre os exemplos de eventos futuros que, na celebração do contrato, não seriam considerados prováveis de ocorrer e, portanto, deveriam ser excluídos da avaliação, estão:

- Um acordo de cliente futuro de pagar uma taxa acima do mercado pelo uso do ativo.
- A introdução de nova tecnologia que não está substancialmente desenvolvida na celebração do contrato.
- Uma diferença substancial entre o uso do ativo pelo cliente, ou o desempenho do ativo, e o uso ou o desempenho considerado provável na celebração do contrato.
- Uma diferença substancial entre o preço de mercado do ativo durante o período de uso e o preço de mercado considerado provável na celebração do contrato.

Se associados à substituição, geralmente são mais elevados do que quando estão localizados nas dependências do fornecedor e, portanto, têm maior probabilidade de superar os benefícios associados à substituição do ativo.

O direito ou a obrigação do fornecedor de substituir o ativo para reparos e manutenção, se o ativo não estiver funcionando adequadamente, ou se a atualização técnica se tornar disponível, não impede o cliente de ter o direito de usar o ativo identificado.

Se o cliente não puder determinar imediatamente se o fornecedor tem direito substantivo de substituição, o cliente deve presumir que qualquer direito de substituição não é substantivo.

Uma parte da capacidade do ativo é o ativo identificado, se for fisicamente distinta (p. ex., piso de edifício). Uma parte da capacidade ou outra parte do ativo que não seja fisicamente distinta (p. ex., parte da capacidade do cabo de fibra ótica) não é ativo identificado, salvo se representar, substancialmente, a capacidade total do ativo e com isso dar ao cliente o direito de obter, substancialmente, a totalidade dos benefícios econômicos do uso do ativo.

15.16. PRAZO DO ARRENDAMENTO

A entidade deve determinar o prazo do arrendamento como o prazo não cancelável do arrendamento, juntamente com:

- Períodos cobertos por opção de prorrogar o arrendamento, se o arrendatário estiver razoavelmente certo de exercer essa opção.
- Períodos cobertos por opção de rescindir o arrendamento, se o arrendatário estiver razoavelmente certo de não exercer essa opção.

Ao avaliar se o arrendatário está razoavelmente certo de exercer a opção de prorrogar o arrendamento ou de não exercer a opção para rescindir o arrendamento, a entidade deve considerar todos os fatos e circunstâncias relevantes, que criam incentivo econômico para o arrendatário exercer a opção de prorrogar o arrendamento ou de não exercer a opção de rescindir o arrendamento.

O arrendatário deve reavaliar se está razoavelmente certo de exercer a opção de prorrogação ou de não exercer a opção de rescisão, por ocasião da ocorrência de evento significativo ou de alteração significativa nas circunstâncias, que:

- Esteja dentro do controle do arrendatário.
- Afete se o arrendatário estiver razoavelmente certo de exercer a opção não incluída anteriormente em sua determinação do prazo do arrendamento ou de não exercer a opção incluída anteriormente em sua determinação do prazo do arrendamento.

A entidade deve revisar o prazo do arrendamento se houver alteração no prazo não cancelável do arrendamento. Por exemplo, o prazo não cancelável do arrendamento será modificado se:

- O arrendatário exercer a opção não incluída anteriormente na determinação do prazo do arrendamento pela entidade.
- O arrendatário não exercer a opção incluída anteriormente na determinação do prazo do arrendamento pela entidade.
- Ocorrer evento que obrigue contratualmente o arrendatário a exercer a opção não incluída anteriormente na determinação do prazo do arrendamento pela entidade.
- Ocorrer evento que proíba contratualmente o arrendatário de exercer a opção incluída anteriormente na determinação do prazo do arrendamento pela entidade.

15.16.1. Tratamento nas demonstrações do arrendatário

15.16.1.1. Reconhecimento inicial

Na data de início, o arrendatário deve reconhecer o ativo de direito de uso e o passivo de arrendamento.

a) Mensuração do ativo

Na data de início, o arrendatário deve mensurar o ativo de direito de uso ao custo.

O custo do ativo de direito de uso deve compreender:
- O valor da mensuração inicial do passivo de arrendamento.
- Quaisquer pagamentos de arrendamento efetuados até a data de início, menos quaisquer incentivos de arrendamento recebidos.
- Quaisquer custos diretos iniciais incorridos pelo arrendatário.

- A estimativa de custos a serem incorridos pelo arrendatário na desmontagem e remoção do ativo subjacente, restaurando o local em que está localizado ou restaurando o ativo subjacente à condição requerida pelos termos e condições do arrendamento, salvo se esses custos forem incorridos para produzir estoques. O arrendatário incorre na obrigação por esses custos seja na data de início, seja como consequência de ter usado o ativo subjacente durante um período específico.

b) Mensuração do passivo

Na data de início, o arrendatário deve mensurar o passivo de arrendamento ao valor presente dos pagamentos do arrendamento que não são efetuados nessa data. Os pagamentos do arrendamento devem ser descontados, utilizando a taxa de juros implícita no arrendamento, se essa taxa puder ser determinada imediatamente. Se essa taxa não puder ser determinada imediatamente, o arrendatário deve utilizar a taxa incremental sobre empréstimo do arrendatário.

> Exemplo: Um trator, de valor R$ 200.000, é objeto de arrendamento financeiro obtido pela Cia. Neiva, com um prazo de carência de 30 meses e prazo para pagamento de 200 meses no valor de R$ 1.050 cada parcela. Há a opção de compra por R$ 5.000, ao fim do contrato. O valor justo do trator é de R$ 200.000 e o valor presente é de R$ 185.000.
>
> Primeiramente, **temos que comparar as quantias iguais ao valor justo da propriedade arrendada com o valor presente dos pagamentos mínimos do arrendamento mercantil, e adotar o valor inferior.** No caso, o valor presente é menor, por isso adotaremos o valor presente.
>
> O lançamento dessa operação deverá ser:
>
> | | |
> |---|---|
> | D – Trator (ativo não circulante) | R$ 185.000 |
> | D – Encargos a transcorrer (retificadora de passivo) | R$ 30.000 |
> | C – Arrendamento a pagar (passivo não circulante) | R$ 215.000 |

15.16.1.2. *Mensuração subsequente*

a) Mensuração do ativo

Após a data de início, o arrendatário deve mensurar o ativo de direito de uso, utilizando o método de custo, salvo se utilizar um dos modelos de mensuração.

a.1) Método de custo

Para aplicar o método de custo, o arrendatário deve mensurar o ativo de direito de uso ao custo:

- Menos qualquer depreciação acumulada e quaisquer perdas acumuladas por redução ao valor recuperável.
- Corrigido por qualquer remensuração do passivo de arrendamento.

O arrendatário deve aplicar os requisitos de depreciação do ativo imobilizado na depreciação do ativo de direito de uso.

Se o arrendamento transferir a propriedade do ativo subjacente ao arrendatário ao fim do prazo do arrendamento, ou se o custo do ativo de direito de uso refletir que o arrendatário exercerá **a opção de compra, o arrendatário deve depreciar o ativo de direito de uso desde a data de início até o fim da vida útil do ativo subjacente**. De outro modo, o arrendatário deve depreciar o ativo de direito de uso desde a data de início **até o que ocorrer primeiro entre o fim da vida útil do ativo de direito de uso ou o fim do prazo de arrendamento.**

O arrendatário deve aplicar a redução ao valor recuperável de ativos para determinar se o ativo de direito de uso apresenta problemas de redução ao valor recuperável e contabilizar qualquer perda por redução ao valor recuperável identificada.

a.2) Outros modelos de mensuração

Se o arrendatário aplicar o método de valor justo no CPC 28 – Propriedade para Investimento – à sua propriedade para investimento, o arrendatário também deve aplicar esse método de valor justo aos ativos de direito de uso que atendem à definição de propriedade para investimento.

Se ativos de direito de uso se referem à classe do ativo imobilizado à qual o arrendatário aplica o método de reavaliação no CPC 27, se permitido por lei, o arrendatário pode decidir aplicar esse método de reavaliação a todos os ativos de direito de uso, que se referem a essa classe do imobilizado.

b) Mensuração do passivo

Após a data de início, o arrendatário deve mensurar o passivo de arrendamento:

- Aumentando o valor contábil para refletir os juros sobre o passivo de arrendamento.
- Reduzindo o valor contábil para refletir os pagamentos do arrendamento efetuados.
- Remensurando o valor contábil para refletir qualquer reavaliação ou modificações do arrendamento ou para refletir pagamentos fixos na essência revisados.

Os juros sobre o passivo de arrendamento em cada período, durante o prazo do arrendamento, devem ser o valor que produz a taxa de juros periódica constante sobre o saldo remanescente do passivo de arrendamento.

Após a data de início, o arrendatário deve reconhecer no resultado, salvo se os custos forem incluídos no valor contábil de outro ativo mediante utilização de outros pronunciamentos aplicáveis:

- Juros sobre o passivo de arrendamento.
- Pagamentos variáveis de arrendamento não incluídos na mensuração do passivo de arrendamento no período em que ocorre o evento ou a condição que gera esses pagamentos.

Continuando o exemplo visto anteriormente, supondo que a taxa de juros implícita determine que no primeiro ano o valor dos juros é de R$ 600 e que a taxa de depreciação seja de 10% ao ano. Vamos contabilizar as ocorrências no primeiro ano:

D – Despesa com depreciação (resultado)	R$ 20.000
C – Depreciação acumulada (retificadora de ativo)	R$ 20.000
D – Despesas financeiras (resultado)	R$ 600
C – Encargos a transcorrer (passivo)	R$ 600

CAP. 15 – IMOBILIZADO | 233

QUESTÃO COMENTADA

(FCC – Auditor Fiscal de Tributos Municipais/Manaus/2019) Um contrato de arrendamento foi realizado por uma empresa para a utilização de um equipamento industrial. O contrato será pago em 36 parcelas mensais de R$ 32.135,00 e uma parcela adicional no valor de R$ 100.000,00 que deverá ser paga juntamente com a 36ª parcela mensal. As demais informações sobre o contrato são as seguintes:

- Data do contrato: 01/12/2018.
- Taxa implícita de juros do contrato: 1,2% ao mês.
- Valor presente das parcelas em 01/12/2018: R$ 1.000.000,00.
- Vida útil do equipamento para a empresa: 7 anos.
- Valor residual esperado de venda do equipamento pela empresa: R$ 328.000,00.

O valor total das despesas que afetaram o resultado de dezembro de 2018, decorrentes do contrato de arrendamento citado foi, em reais:

a) 32.135,00.

b) 12.000,00.

c) 20.000,00.

d) 8.000,00.

e) 23.904,76.

RESPOSTA: C

COMENTÁRIO: Na data de início, o arrendatário deve mensurar o ativo de direito de uso ao custo. Na data de início, o arrendatário deve mensurar o passivo de arrendamento ao valor presente dos pagamentos do arrendamento.

O valor total do pagamento é 1.156.860 (36 × 32.135). O valor que excede o valor do equipamento deve ser considerado o valor de encargos a transcorrer.

D – Equipamento industrial (ativo não circulante)	R$ 1.000.000
D – Encargos a transcorrer (retificadora de passivo)	R$ 156.860
C – Arrendamento a pagar (passivo)	R$ 1.156.860

Após um mês, as despesas serão as seguintes:

Lembrando que se o arrendamento transferir a propriedade do ativo subjacente ao arrendatário ao fim do prazo do arrendamento, ou se o custo do direito de uso refletir que o arrendatário exercerá **a opção de compra, o arrendatário deve depreciar o ativo de direito de uso desde a data de início até o fim da vida útil do ativo subjacente.** De outro modo, o arrendatário deve depreciar o ativo de direito de uso desde a data de início **até o que ocorrer primeiro entre o fim da vida útil do ativo de direito de uso ou o fim do prazo de arrendamento.**

No caso, há opção de compra pela empresa por conta do valor adicional da última parcela. Depreciação = (1.000.000 – 328.000 valor residual) / (7 anos × 12 meses)

Depreciação mensal = 8.000

D – Despesa com depreciação (resultado)	R$ 8.000
C – Depreciação acumulada (retificadora de ativo)	R$ 8.000

Encargos = 1.000.000 × 1,2% = 12.000

D – Despesas financeiras (resultado)	R$ 12.000
C – Encargos a transcorrer (passivo)	R$ 12.000

Logo, o valor que afetou o resultado foi 8.000 + 12.000 = 20.000.

15.16.1.3. *Reavaliação do passivo de arrendamento*

Após a data de início, **o arrendatário deve remensurar o passivo de arrendamento para refletir as alterações nos pagamentos do arrendamento**. O arrendatário deve reconhecer o valor da remensuração do passivo de arrendamento como ajuste ao ativo de direito de uso. Contudo, se o valor contábil do ativo de direito de uso for reduzido a zero e houver uma redução adicional na mensuração do passivo de arrendamento, o arrendatário deve reconhecer qualquer valor remanescente da remensuração no resultado.

O arrendatário deve remensurar o passivo de arrendamento descontando os pagamentos de arrendamento revisados, utilizando a taxa de desconto revisada, se:

- Houver alteração no prazo do arrendamento. O arrendatário deve determinar os pagamentos de arrendamento revisados com base no prazo do arrendamento revisado
- Houver alteração na avaliação da opção de compra do ativo subjacente, avaliada considerando os eventos e circunstâncias descritos no contexto da opção de compra. O arrendatário deve determinar os pagamentos de arrendamento revisados para refletir a alteração nos valores a pagar previstos na opção de compra.

15.16.1.4. Apresentação

O arrendatário **deve apresentar no balanço patrimonial ou divulgar nas notas explicativas:**

- Ativos de direito de uso separadamente de outros ativos. Se o arrendatário não apresentar ativos de direito de uso separadamente no balanço patrimonial, o arrendatário deve:
  - Incluir ativos de direito de uso na mesma rubrica em que os ativos subjacentes correspondentes seriam apresentados se fossem próprios.
  - Divulgar quais rubricas no balanço patrimonial incluem esses ativos de direito de uso.
- Passivos de arrendamento separadamente de outros passivos. Se o arrendatário não apresentar passivos de arrendamento separadamente no balanço patrimonial, o arrendatário deve divulgar quais rubricas no balanço patrimonial incluem esses passivos.

Na demonstração do resultado e de outros resultados abrangentes, o arrendatário deve apresentar despesas de juros sobre o passivo de arrendamento separadamente do encargo de depreciação para o ativo de direito de uso. Despesas de juros sobre o passivo de arrendamento são um componente de despesas financeiras, em que o item 82(b) do CPC 26 – Apresentação de Demonstrações Contábeis – requer que seja apresentado separadamente na demonstração do resultado e de outros resultados abrangentes.

Na demonstração dos fluxos de caixa, o arrendatário deve classificar:

- Pagamentos à vista para a parcela do principal do passivo de arrendamento dentro de atividades de financiamento.
- Pagamentos à vista para a parcela dos juros do passivo de arrendamento, aplicando os requisitos do CPC 03 – Demonstração dos Fluxos de Caixa – para juros pagos.
- Pagamentos do arrendamento de curto prazo, pagamentos de arrendamentos de ativos de baixo valor e pagamentos variáveis de arrendamento não incluídos na mensuração do passivo de arrendamento dentro de atividades operacionais.

15.16.1.5. Divulgação

O objetivo da divulgação é que os arrendatários divulguem informações nas notas explicativas que, juntamente com as informações fornecidas no balanço patrimonial, na demonstração do resultado e na demonstração dos fluxos de caixa, **forneçam uma base para os usuários de demonstrações contábeis avaliarem o efeito que os arrendamentos têm sobre a posição financeira, o desempenho financeiro e os fluxos de caixa do arrendatário**.

O arrendatário deve divulgar informações sobre arrendamentos nos quais é arrendatário em uma única nota explicativa ou em seção separada em suas demonstrações contábeis. Contudo, o arrendatário não precisa repetir informações que já sejam apresentadas em outro lugar nas demonstrações contábeis, desde que as informações sejam incorporadas por referência cruzada na única nota explicativa ou na seção separada sobre arrendamentos.

O arrendatário **deve divulgar** os seguintes valores para o período de relatório:

- Encargos de depreciação para ativos de direito de uso por classe de ativo subjacente.
- Despesas de juros sobre passivos de arrendamento.
- Despesa referente a arrendamentos de curto prazo contabilizada. Essa despesa não precisa incluir a despesa referente a arrendamentos com prazo do arrendamento de um mês ou menos.
- Despesa referente a arrendamentos de ativos de baixo valor contabilizada. Essa despesa não deve incluir a despesa referente a arrendamentos de curto prazo de ativos de baixo valor.
- Despesa referente a pagamentos variáveis de arrendamento não incluída na mensuração de passivos de arrendamento.
- Receita decorrente de subarrendamento de ativos de direito de uso.
- Saídas de caixa totais para arrendamentos.
- Adições a ativos de direito de uso.
- Ganhos ou perdas resultantes de transações de venda e retroarrendamento.
- Valor contábil de ativos de direito de uso ao final do período de relatório por classe de ativo subjacente.

15.16.2. Tratamento das demonstrações do arrendador

15.16.2.1. No arrendamento financeiro

15.16.2.1.1. Reconhecimento inicial

Os arrendadores devem reconhecer os ativos mantidos por arrendamento mercantil financeiro nos seus balanços e apresentá-los **como conta a receber por valor igual ao investimento líquido no arrendamento mercantil**.

Num arrendamento mercantil financeiro, substancialmente **todos os riscos e benefícios inerentes à propriedade legal são transferidos pelo arrendador** e, portanto, os pagamentos do arrendamento mercantil a serem recebidos são tratados pelo arrendador como amortização de capital e receita financeira para reembolsá-lo e recompensá-lo pelo investimento e serviços.

Os custos diretos iniciais são muitas vezes incorridos por parte dos arrendadores e **incluem** valores como comissões, honorários legais e custos internos que sejam incrementais e diretamente atribuíveis à negociação e estruturação do arrendamento mercantil. Esses custos **excluem** gastos gerais como aqueles que são incorridos por equipe de vendas e *marketing*. Para arrendamentos mercantis financeiros que não sejam os que envolvem arrendadores fabricantes ou comerciantes (quando isso for permitido legalmente), os custos diretos iniciais devem ser incluídos na mensuração inicial da conta a receber de arrendamento mercantil financeiro e reduzem o valor da receita reconhecida durante o prazo do arrendamento mercantil. A taxa de juros implícita no arrendamento mercantil deve ser definida de tal forma que os custos diretos iniciais sejam automaticamente incluídos na conta a receber de arrendamento mercantil financeiro e não haja necessidade de adicioná-los separadamente. Os custos incorridos pelos arrendadores fabricantes ou comerciantes relacionados com a negociação e a estruturação de um arrendamento mercantil estão excluídos da definição de custos diretos iniciais. Como resultado, os referidos custos devem ser excluídos do investimento líquido no arrendamento mercantil e devem ser reconhecidos como despesa quando o lucro da venda for reconhecido. Normalmente, em um arrendamento mercantil financeiro, esse lucro é reconhecido no começo do prazo do arrendamento mercantil.

15.16.2.1.2. Mensuração subsequente

O reconhecimento da receita financeira deve basear-se no padrão **que reflita a taxa de retorno periódica** constante sobre o investimento líquido do arrendador no arrendamento mercantil financeiro.

Um arrendador tem como meta **apropriar a receita financeira durante o prazo do arrendamento** mercantil em base sistemática e racional. Essa apropriação da receita baseia-se no padrão que reflete o retorno periódico constante sobre o investimento líquido do arrendador no arrendamento mercantil financeiro. Os pagamentos do arrendamento mercantil relacionados ao período, excluindo custos de serviços, devem ser aplicados ao investimento bruto no arrendamento mercantil para reduzir tanto o principal quanto as receitas financeiras não realizadas.

Os valores residuais não garantidos estimados, usados no cálculo do investimento bruto do arrendador em arrendamento mercantil, devem ser revisados regularmente. Se tiver ocorrido redução no valor residual estimado não garantido, a apropriação da receita durante o prazo do arrendamento mercantil deve ser revista e qualquer redução relacionada a valores apropriados deve ser imediatamente reconhecida.

Valor residual garantido é:

- Para um arrendatário, a parte do valor residual que seja garantida por ele ou por partes a ele relacionadas (sendo o valor da garantia o valor máximo que possa, em qualquer caso, tornar-se pagável).

- Para um arrendador, a parte do valor residual que seja garantida pelo arrendatário ou por terceiro não relacionado com o arrendador que seja financeiramente capaz de satisfazer as obrigações cobertas pela garantia.

Valor residual não garantido é a parte do valor residual do ativo arrendado, cuja realização pelo arrendador não esteja assegurada ou esteja unicamente garantida por uma parte relacionada com o arrendador.

Um ativo objeto de um arrendamento mercantil financeiro que é classificado contabilmente como mantido para venda (ou incluído em um grupo de ativos dessa natureza, que é classificado como mantido para venda) deve ser contabilizado em consonância com as regras previstas para a nova classificação.

Os arrendadores fabricantes ou comerciantes devem reconhecer lucro ou prejuízo de venda no período, de acordo com a política seguida pela entidade para vendas definitivas. Se forem fixadas taxas de juro artificialmente baixas, o lucro de venda deve ser restrito ao que se aplicaria se a taxa de juros do mercado fosse utilizada. Os custos incorridos pelos arrendadores fabricantes ou comerciantes relacionados à negociação e estruturação de arrendamento mercantil devem ser reconhecidos como despesa quando o lucro da venda for reconhecido.

Os fabricantes ou comerciantes, quando legalmente permitido, oferecem muitas vezes a clientes a escolha entre comprar ou arrendar um ativo. Um arrendamento mercantil financeiro de ativo por arrendador fabricante ou comerciante dá origem a:

- Lucro ou prejuízo equivalente ao lucro ou prejuízo resultante de uma venda definitiva do ativo objeto do arrendamento mercantil a preços de venda normais praticados, refletindo quaisquer descontos aplicáveis por quantidade ou por motivos comerciais.
- Receita financeira durante o prazo do arrendamento mercantil.

A receita de vendas reconhecida no começo do prazo do arrendamento mercantil por arrendador fabricante ou comerciante é o valor justo do ativo, ou, se inferior, o valor presente dos pagamentos mínimos do arrendamento mercantil devidos ao arrendador, calculado a uma taxa de juros do mercado. O custo de venda reconhecido no começo do prazo do arrendamento mercantil é o custo, ou o valor contábil se diferente, da propriedade arrendada menos o valor presente do valor residual não garantido. A diferença entre a receita da venda e o custo de venda é o lucro bruto da venda, que deve ser reconhecido de acordo com a política seguida pela entidade para as vendas definitivas.

Arrendadores fabricantes ou comerciantes utilizam frequentemente taxas de juros artificialmente baixas a fim de atrair clientes. O uso de tal taxa resultaria numa parte excessiva da receita total da transação reconhecida no momento da venda. Se forem fixadas taxas de juros artificialmente baixas, o lucro de venda deve ficar restrito ao que se aplicaria se fosse utilizada uma taxa de juros do mercado.

Os custos incorridos por arrendador fabricante ou comerciante relacionados com a negociação e estruturação de arrendamento mercantil financeiro devem ser reconhecidos como despesa no começo do prazo do arrendamento mercantil porque estão principalmente relacionados com a obtenção do lucro de venda do fabricante ou do comerciante.

15.16.2.1.3. Divulgação

Os arrendadores, além de cumprir os requisitos do Pronunciamento Técnico CPC 40 – Instrumentos Financeiros: Evidenciação –, devem fazer as seguintes divulgações para os arrendamentos mercantis financeiros:

- Conciliação entre o investimento bruto no arrendamento mercantil no final do período e o valor presente dos pagamentos mínimos do arrendamento mercantil a receber nessa mesma data. Além disso, a entidade deve divulgar o investimento bruto no arrendamento mercantil e o valor presente dos pagamentos mínimos do arrendamento mercantil a receber no final do período, para cada um dos seguintes períodos:

- Até 1 ano.
- Mais de 1 ano e até 5 anos.
- Mais de 5 anos.

• Receita financeira não realizada.

• Valores residuais não garantidos que resultem em benefício do arrendador.

• Provisão para pagamentos mínimos incobráveis do arrendamento mercantil a receber.

• Pagamentos contingentes reconhecidos como receita durante o período.

• Descrição geral dos acordos materiais de arrendamento mercantil do arrendador.

Como um indicador de crescimento, é muitas vezes útil divulgar também o investimento bruto menos a receita não realizada em novos negócios realizados durante o período, após a dedução dos valores relevantes dos arrendamentos mercantis cancelados.

15.16.2.2. *Arrendamento mercantil operacional*

Os arrendadores devem apresentar os ativos sujeitos a arrendamentos mercantis operacionais nos seus balanços **de acordo com a natureza do ativo.**

A receita de arrendamento mercantil proveniente de arrendamentos mercantis operacionais deve ser reconhecida no resultado na base da linha reta durante o prazo do arrendamento mercantil, a menos que outra base sistemática seja mais representativa do padrão temporal em que o benefício do uso do ativo arrendado é diminuído.

15.16.2.2.1. Lançamento do arrendador

Os custos, incluindo a depreciação, incorridos na obtenção da receita de arrendamento mercantil devem ser reconhecidos como despesa. A receita de arrendamento mercantil (excluindo recebimentos de serviços fornecidos, tais como seguro e manutenção) deve ser reconhecida na base da linha reta durante o prazo do arrendamento mercantil mesmo se os recebimentos não estiverem nessa base, a menos que outra base sistemática seja mais representativa do padrão temporal em que o benefício de uso do ativo arrendado é diminuído.

O lançamento do arrendador no decurso do prazo é:

D – Bancos ou Contas a Receber (ativo)

C – Receita de Arrendamento Mercantil Operacional (resultado)

Os custos diretos iniciais incorridos pelos arrendadores quando da negociação e estruturação de um arrendamento mercantil operacional devem ser adicionados ao valor contábil do ativo arrendado e devem ser reconhecidos como despesa durante o prazo do arrendamento mercantil na mesma base da receita do arrendamento mercantil.

A política de depreciação (amortização) para ativos arrendados depreciáveis (amortizáveis) deve ser consistente com a política de depreciação (amortização) normal do arrendador para ativos semelhantes.

Para determinar se o ativo arrendado está sujeito a uma redução ao seu valor recuperável, a entidade deve submetê-lo ao teste de recuperabilidade.

O arrendador fabricante ou o comerciante não devem reconhecer nenhum lucro da venda ao celebrar um arrendamento mercantil operacional porque não é o equivalente a uma venda.

15.16.2.2.2. Divulgação

Os arrendadores, além de cumprirem os requisitos do Pronunciamento Técnico CPC 40 – Instrumentos Financeiros: Evidenciação –, devem fazer as seguintes divulgações para os arrendamentos mercantis operacionais:

- Pagamentos mínimos futuros de arrendamentos mercantis operacionais não canceláveis no total e para cada um dos seguintes períodos:
  – Até um 1.
  – Mais de um 1 e até 5 anos.
  – Mais de 5 anos.
- Total dos pagamentos contingentes reconhecidos como receita durante o período
- Descrição geral dos acordos de arrendamento mercantil do arrendador.

15.16.3. Transação de venda e *leaseback*

Uma transação de venda e *leaseback* (retroarrendamento pelo vendedor junto ao comprador) **envolve a venda de um ativo e o concomitante arrendamento mercantil do mesmo ativo pelo comprador ao vendedor**. O pagamento do arrendamento mercantil e o preço de venda são geralmente interdependentes por serem negociados como um pacote. O tratamento contábil de uma transação de venda e *leaseback* depende do tipo de arrendamento mercantil envolvido.

Se uma transação de venda e *leaseback* **resultar em arrendamento mercantil financeiro**, qualquer excesso de receita de venda obtido acima do valor contábil não deve ser imediatamente reconhecido como receita por um vendedor-arrendatário. Em vez disso, tal valor deve ser diferido e amortizado durante o prazo do arrendamento mercantil.

Se o *leaseback* for um arrendamento mercantil financeiro, a transação é um meio pelo qual o arrendador financia o arrendatário, com o ativo como garantia. Por essa razão, não é apropriado considerar como receita um excedente do preço de venda obtido sobre o valor contábil. Tal excedente deve ser diferido e amortizado durante o prazo do arrendamento mercantil.

Se uma transação de venda e *leaseback* resultar em arrendamento mercantil operacional, e se estiver claro que a transação é estabelecida pelo valor justo, qualquer lucro ou prejuízo deve ser imediatamente reconhecido. Se o preço de venda estiver abaixo do valor justo, qualquer lucro ou prejuízo deve ser imediatamente reconhecido, exceto se o prejuízo for compensado por futuros pagamentos do arrendamento mercantil a preço inferior ao de mercado, situação em que esse prejuízo deve ser diferido e amortizado proporcionalmente aos pagamentos do arrendamento mercantil durante o período pelo qual se espera que o ativo seja usado. Se o preço de venda estiver acima do valor justo, o excedente sobre o valor justo deve ser diferido e amortizado durante o período pelo qual se espera que o ativo seja usado.

Se o *leaseback* for um arrendamento mercantil operacional, e os pagamentos do arrendamento mercantil e o preço de venda estiverem estabelecidos pelo valor justo, na verdade houve uma transação de venda normal, e qualquer lucro ou prejuízo deve ser imediatamente reconhecido.

Para os arrendamentos mercantis operacionais, se o valor justo no momento de transação de venda e *leaseback* for menor do que o valor contábil do ativo, uma perda equivalente ao valor da diferença entre o valor contábil e o valor justo deve ser imediatamente reconhecida.

Para arrendamentos mercantis financeiros, esse ajuste não é necessário salvo se tiver ocorrido uma redução do valor recuperável, caso em que o valor contábil deve ser reduzido ao valor recuperável.

Os requisitos de divulgação para arrendatários e arrendadores devem ser aplicados igualmente a transações de venda e *leaseback*. A descrição requerida dos acordos de arrendamento materiais leva à divulgação de disposições únicas ou não usuais do acordo ou dos termos das transações de venda e *leaseback*.

As transações de venda e *leaseback* podem ensejar a divulgação em separado.

CAPÍTULO 16
INTANGÍVEL

Lembre-se
São considerados ativos intangíveis os direitos que tenham por objeto bens incorpóreos destinados à manutenção da companhia ou exercidos com essa finalidade, inclusive o fundo de comércio adquirido. O ativo intangível é um ativo não monetário identificável sem substância física.

O ativo intangível representa um bem sem substância física, ou no qual a substância física é secundária, que gera benefícios para a entidade (redução de custo, aumento de receitas, entre outros).

Alguns ativos intangíveis podem estar contidos em elementos que possuem substância física, como um CD (no caso de *software*) ou uma documentação jurídica (no caso de licença ou patente). Para saber se um ativo que contém elementos intangíveis e tangíveis deve ser tratado como ativo imobilizado ou como ativo intangível, **a entidade avalia qual elemento é mais significativo**.

Por exemplo, um *software* de uma máquina-ferramenta controlada por computador que não funciona sem esse *software* específico é parte integrante do referido equipamento, devendo ser tratado como ativo imobilizado. O mesmo se aplica ao sistema operacional de um computador. Quando o *software* não é parte integrante do respectivo *hardware*, ele deve ser tratado como ativo intangível. Ou seja:

16.1. CARACTERÍSTICAS DO ATIVO INTANGÍVEL

Segundo o CPC 04:

Ativo intangível é um ativo não monetário identificável sem substância física.

Ativo não monetário é aquele que não é representado por dinheiro ou por direitos a serem recebidos em uma quantia fixa ou determinável de dinheiro.

Como visto anteriormente, ativo é um recurso:

- Controlado pela entidade como resultado de eventos passados.
- Do qual se espera que resultem benefícios econômicos futuros para a entidade.

Lembre-se
São características necessárias para determinar um ativo intangível, ao mesmo tempo, **ser identificável, ser controlável e ser gerador de benefícios econômicos futuros.**

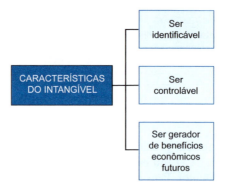

Atenção
Se um item incorpóreo não apresentar as características acima, ele deve ser reconhecido como despesa quando incorrido.

a) Identificável

O ativo intangível é identificável quando:

- **For separável,** ou seja, puder ser separado da entidade e vendido, transferido, licenciado, alugado ou trocado, individualmente ou junto com um contrato, ativo ou passivo relacionado, independentemente da intenção de uso pela entidade; ou
- **Resultar de direitos contratuais ou outros direitos legais,** independentemente de tais direitos serem transferíveis ou separáveis da entidade ou de outros direitos e obrigações.

Segundo o CPC 04, **a definição de ativo intangível requer que ele seja identificável, para diferenciá-lo do ágio derivado da expectativa de rentabilidade futura** (*goodwill*). O ágio derivado da expectativa de rentabilidade futura (*goodwill*) reconhecido em uma combinação de negócios é um ativo que representa benefícios econômicos futuros gerados por outros ativos adquiridos em uma combinação de negócios, **que não são identificados individualmente e reconhecidos separadamente**. Tais benefícios econômicos futuros podem advir da sinergia entre os ativos identificáveis adquiridos ou de ativos que, individualmente, não se qualificam para reconhecimento em separado nas demonstrações contábeis. O ágio derivado da expectativa de rentabilidade futura (*goodwill*) **gerado internamente** não deve ser reconhecido como ativo.

Atenção

O ágio por rentabilidade futura (*goodwill*) será classificado na conta Investimentos do Balanço individual, mas no Intangível do Balanço consolidado. Demonstrações consolidadas são as demonstrações contábeis de um grupo econômico, em que ativos, passivos, patrimônio líquido, receitas, despesas e fluxos de caixa da controladora e de suas controladas são apresentados como se fossem uma única entidade econômica.

b) Controlável

A entidade **controla** um ativo quando detém o poder de obter benefícios econômicos futuros gerados pelo recurso subjacente e de restringir o acesso de terceiros a esses benefícios.

Normalmente, a capacidade da entidade de controlar os benefícios econômicos futuros de ativo intangível advém de direitos legais que possam ser exercidos num tribunal. A ausência de direitos legais dificulta a comprovação do controle. No entanto, **a imposição legal de um direito não é uma condição imprescindível para o controle, visto que a entidade pode controlar benefícios econômicos futuros de outra forma**.

O controle da entidade sobre os eventuais benefícios econômicos futuros gerados pelo pessoal especializado e pelo treinamento é insuficiente para que esses itens se enquadrem na definição de ativo intangível. Por motivo semelhante, raramente um talento gerencial ou técnico específico atende à definição de ativo intangível, a não ser que esteja protegido por direitos legais sobre a sua utilização e obtenção dos benefícios econômicos futuros, além de se enquadrar nos outros aspectos da definição.

A entidade pode ter uma carteira de clientes ou participação de mercado e esperar que, em virtude dos seus esforços para criar relacionamentos e fidelizar clientes, estes continuarão a negociar com a entidade. No entanto, a ausência de direitos legais de proteção ou de outro tipo de controle sobre as relações com os clientes ou a sua fidelidade faz com que a entidade normalmente não tenha controle suficiente sobre os benefícios econômicos previstos, gerados do relacionamento com os clientes e de sua fidelidade, para considerar que tais itens (p. ex., carteira de clientes, participação de mercado, relacionamento e fidelidade dos clientes) se enquadrem na definição de ativo intangível. Entretanto, na ausência de direitos legais de proteção do relacionamento com clientes, a capacidade de realizar operações com esses clientes ou similares por meio de relações não contratuais (que não sejam as advindas de uma combinação de negócios) fornece evidências de que a entidade é, mesmo assim, capaz de controlar os eventuais benefícios econômicos futuros gerados pelas relações com clientes. Uma vez que tais operações também fornecem evidências de que esse relacionamento com clientes é separável, ele pode ser definido como ativo intangível.

c) Gerador de benefícios futuros

Os benefícios econômicos futuros gerados por ativo intangível podem **incluir a receita da venda de produtos** ou serviços, **redução de custos ou outros benefícios resultantes do uso do ativo pela entidade**. Por exemplo, o uso da propriedade intelectual em um processo de produção pode reduzir os custos de produção futuros em vez de aumentar as receitas futuras.

16.2. EXEMPLOS DE ATIVOS INTANGÍVEIS

- *Softwares*: conjunto de componentes lógicos de um computador compilados em um programa, rotina ou conjunto de instruções que controlam o funcionamento de um computador.
- **Patentes**: representam direitos advindos de uma invenção, protegidos pelo Estado, e que permitem ao proprietário explorá-la por um tempo determinado.
- **Direitos autorais**: representam direito dos autores sobre as suas obras intelectuais.
- **Listas de clientes**: hoje em dia, a lista de clientes representa um importante ativo intangível das entidades, uma vez que podem reforçar o contato com os seus clientes ou até ser vendidas para outras empresas. A lista de clientes deve ser reconhecida no intangível se adquirida de terceiros (e não deve ser reconhecida a gerada internamente).
- **Franquias**: nas franquias, os direitos pagos para exploração da marca da franqueadora constituem um ativo intangível da franqueadora.

16.3. RECONHECIMENTO DO ATIVO INTANGÍVEL

O reconhecimento de um item como ativo intangível exige que a entidade demonstre que ele atende:

- **À definição de ativo intangível** (ativo intangível é um ativo não monetário identificável sem substância física: identificável, controlável e gerador de benefício econômico futuro).
- **Aos critérios de reconhecimento** (veremos a seguir).

Atenção

A respeito dos critérios de reconhecimento, um ativo intangível deve ser reconhecido apenas se:
- For provável que os benefícios econômicos futuros esperados atribuíveis ao ativo serão gerados em favor da entidade.
- O custo do ativo puder ser mensurado com confiabilidade.

Os benefícios econômicos futuros gerados por ativo intangível podem incluir a receita da venda de produtos ou serviços, redução de custos ou outros benefícios resultantes do uso do ativo pela entidade. Por exemplo, o uso da propriedade intelectual em um processo de produção pode reduzir os custos de produção futuros em vez de aumentar as receitas futuras.

Portanto:

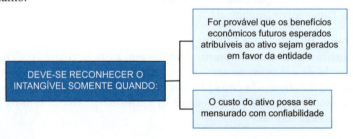

QUESTÃO COMENTADA

(CESPE – Oficial Técnico de Inteligência/Área 1/2018) Para que um item seja classificado como ativo intangível, o seu custo deve ser mensurado com confiabilidade e os fluxos de benefícios econômicos futuros esperados atribuíveis ao uso desse ativo devem ser gerados em favor da entidade.

RESPOSTA: VERDADEIRO

COMENTÁRIO: A respeito dos critérios de reconhecimento, um ativo intangível deve ser reconhecido apenas se:

- For provável que os benefícios econômicos futuros esperados atribuíveis ao ativo serão gerados em favor da entidade
- O custo do ativo puder ser mensurado com confiabilidade.

16.4. MENSURAÇÃO INICIAL

Um ativo intangível deve ser **reconhecido inicialmente pelo custo**. Os custos envolvem os incorridos inicialmente para **adquirir ou gerar internamente um ativo intangível** e os custos **incorridos posteriormente para acrescentar algo, substituir parte do ativo ou recolocá-lo em condições de uso**.

A **exceção** ao reconhecimento inicial pelo custo é o intangível adquirido por meio de uma combinação de negócios (operações como fusão, cisão etc.). Nesse caso, é reconhecido inicialmente **pelo seu valor justo**.

O custo de um ativo intangível varia de acordo com a operação que o gerou, isto é:

- Aquisição em separado.
- Geração interna.
- Aquisição por combinação de negócios.
- Aquisição por subvenção ou assistência governamental.
- Troca por outros ativos.

16.4.1. Aquisição em separado

Pela aquisição em separado, o ativo intangível é adquirido individualmente. O seu custo deve ser equivalente ao preço à vista. O reconhecimento dos custos no valor contábil do ativo intangível cessa quando esse ativo está nas condições operacionais pretendidas pela administração.

Lembre-se

O custo de um ativo intangível adquirido separadamente é resultante da soma de:
- Seu preço de compra, acrescido de impostos de importação e impostos não recuperáveis sobre a compra, após deduzidos os descontos comerciais e abatimentos.
- Qualquer custo diretamente atribuível à preparação do ativo para a finalidade proposta.

São exemplos de custos **diretamente atribuíveis**:

- Custos de benefícios aos empregados incorridos diretamente para que o ativo fique em condições operacionais (de uso ou funcionamento).
- Honorários profissionais diretamente relacionados para que o ativo fique em condições operacionais.
- Custos com testes para verificar se o ativo está funcionando adequadamente.

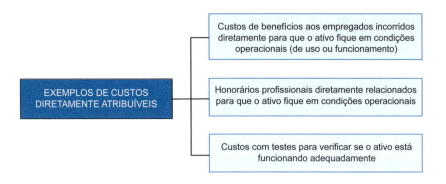

Exemplos de gastos que **não fazem parte do custo do ativo intangível**:

- Custos incorridos na introdução de novo produto ou serviço (incluindo propaganda e atividades promocionais).
- Custos da transferência das atividades para novo local ou para nova categoria de clientes (incluindo custos de treinamento).
- Custos administrativos e outros custos indiretos.

Percebe-se que os custos atribuíveis ao ativo intangível envolvem preparar o ativo para entrar em operação. E não fazem parte dos custos do intangível despesas posteriores, como propaganda ou treinamentos.

O reconhecimento dos custos no valor contábil de ativo intangível cessa quando esse ativo está nas condições operacionais pretendidas pela administração. Portanto, **os**

custos incorridos no uso ou na transferência ou reinstalação de ativo intangível não devem ser incluídos no seu valor contábil, como, por exemplo:

- Custos incorridos durante o período em que um ativo capaz de operar nas condições operacionais pretendidas pela administração não é utilizado.
- Prejuízos operacionais iniciais, tais como os incorridos enquanto a demanda pelos produtos do ativo é estabelecida.

Importante

Quando o ativo intangível está disponível para uso nas condições pretendidas pela administração, os seus gastos passam a ser contabilizados como despesa.

16.4.2. Geração interna

Ativo intangível gerado internamente representa aquele que surge dentro da própria entidade. Como todos os ativos intangíveis, o gerado internamente deve ser reconhecido apenas se:

- For provável que os benefícios econômicos futuros esperados atribuíveis ao ativo serão gerados em favor da entidade.
- O custo do ativo puder ser mensurado com confiabilidade.

Atenção

A entidade deve classificar um ativo gerado internamente em duas fases:
- Na fase de pesquisa.
- Na fase de desenvolvimento.

Caso a entidade não consiga diferenciar a fase de pesquisa da fase de desenvolvimento de projeto interno de criação de ativo intangível, o gasto com o projeto **deve ser tratado como incorrido apenas na fase de pesquisa**.

16.4.2.1. *Fase de pesquisa*

Nenhum ativo intangível na fase de pesquisa deve ser reconhecido. O dispêndio com pesquisa deve ser reconhecido **como uma despesa** quando for incorrido.

Durante a fase de pesquisa de um projeto interno, a entidade **não está apta a demonstrar a existência de um ativo intangível que gerará prováveis benefícios econômicos futuros**. Portanto, tais gastos são reconhecidos como despesa quando incorridos.

São exemplos de atividades de pesquisa:

- Atividades destinadas à obtenção de novo conhecimento.
- Busca, avaliação e seleção final das aplicações dos resultados de pesquisa ou outros conhecimentos.
- Busca de alternativas para materiais, dispositivos, produtos, processos, sistemas ou serviços.
- Formulação, projeto, avaliação e seleção final de alternativas possíveis para materiais, dispositivos, produtos, processos, sistemas ou serviços novos ou aperfeiçoados.

16.4.2.2. Fase de desenvolvimento

Um **ativo intangível na fase de desenvolvimento** deverá ser reconhecido **somente se a entidade puder demonstrar todos os fatores a seguir enumerados**:

- Viabilidade técnica para concluir o ativo intangível de forma que ele seja disponibilizado para uso ou venda.
- Intenção de concluir o ativo intangível e de usá-lo ou vendê-lo.
- Capacidade para usar ou vender o ativo intangível.
- Modo pelo qual o ativo intangível deverá gerar benefícios econômicos futuros. Entre outros aspectos, a entidade deverá demonstrar a existência de um mercado para os produtos do ativo intangível ou para o próprio ativo intangível ou, caso este se destine ao uso interno, a sua utilidade.
- Disponibilidade de recursos técnicos, financeiros e outros recursos necessários para concluir seu desenvolvimento e usar ou vender o ativo intangível.
- Capacidade de mensurar com segurança os gastos atribuíveis ao ativo intangível durante seu desenvolvimento.

*Caso não se atenda a esses fatores, o ativo intangível deve ser contabilizado como despesa.

Portanto, os gastos na fase de desenvolvimento só serão reconhecidos como intangíveis se atenderem aos critérios de reconhecimento de todos os intangíveis: se ficar claro que resultarão em benefícios econômicos futuros, mediante venda ou uso, e se os gastos com os ativos forem mensuráveis com segurança na fase de desenvolvimento.

O **custo de ativo intangível gerado internamente**, que o qualifica para o reconhecimento contábil, restringe-se à soma dos gastos incorridos **a partir da data em que o ativo intangível atende aos critérios de reconhecimento. Não é permitida a reintegração de gastos anteriormente reconhecidos como despesa.**

O custo de ativo intangível gerado internamente **inclui** todos os gastos **diretamente atribuíveis**, necessários à criação, produção e preparação do ativo para ser capaz de funcionar da forma pretendida pela administração.

Exemplos de custos diretamente atribuíveis:

- Gastos com materiais e serviços consumidos ou utilizados na geração do ativo intangível.
- Custos de benefícios a empregados relacionados à geração do ativo intangível.
- Taxas de registro de direito legal.
- Amortização de patentes e licenças utilizadas na geração do ativo intangível.

Os seguintes itens não são componentes do custo de ativo intangível gerado internamente:

- Gastos com vendas, administrativos e outros gastos indiretos, exceto se tais gastos puderem ser atribuídos diretamente à preparação do ativo para uso.
- Ineficiências identificadas e prejuízos operacionais iniciais incorridos antes do ativo atingir o desempenho planejado.
- Gastos com o treinamento de pessoal para operar o ativo.

Sobre o reconhecimento de intangíveis temos o seguinte quadro:

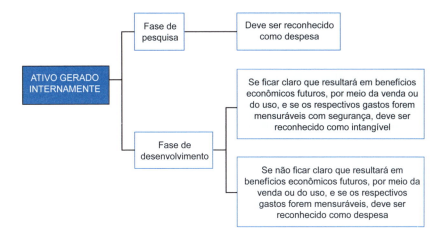

Lembre-se
Marcas, títulos de publicações, listas de clientes e outros itens similares, gerados internamente, não devem ser reconhecidos como ativos intangíveis. Os gastos incorridos com marcas, títulos de publicações, listas de clientes e outros itens similares não podem ser separados dos custos relacionados ao desenvolvimento do negócio como um todo. Dessa forma, esses itens não devem ser reconhecidos como ativos intangíveis. Contudo, se forem adquiridos de terceiros, o valor deles deve ser reconhecido como ativo intangível.

QUESTÃO COMENTADA
(CESPE – Oficial Técnico de Inteligência/Área 1/2018) *Software* em fase de desenvolvimento de projeto interno é exemplo de ativo intangível a ser reconhecido, em que os custos incorridos só podem ser capitalizados após a possibilidade de determinação da viabilidade tecnológica, se for possível medir os fluxos de benefícios econômicos futuros atribuídos a esse ativo, e ainda, se houver a intenção de uso ou venda. **RESPOSTA:** VERDADEIRO **COMENTÁRIO:** Um ativo intangível na fase de desenvolvimento deverá ser reconhecido somente se a entidade puder demonstrar todos os fatores a seguir enumerados: • Viabilidade técnica para concluir o ativo intangível de forma que ele seja disponibilizado para uso ou venda. • Intenção de concluir o ativo intangível e de usá-lo ou vendê-lo. • Capacidade para usar ou vender o ativo intangível. • Modo pelo qual o ativo intangível deverá gerar benefícios econômicos futuros. Entre outros aspectos, a entidade deverá demonstrar a existência de um mercado para os produtos do ativo intangível ou para o próprio ativo intangível ou, caso este se destine ao uso interno, a sua utilidade. • Disponibilidade de recursos técnicos, financeiros e outros recursos necessários para concluir seu desenvolvimento e usar ou vender o ativo intangível. • Capacidade de mensurar com segurança os gastos atribuíveis ao ativo intangível durante seu desenvolvimento.

16.4.3. Aquisição por combinação de negócios

Se um ativo intangível for adquirido em uma combinação de negócios, o seu custo **deve ser o valor justo na data de aquisição**, o qual reflete as expectativas dos participantes do mercado na data de aquisição sobre a probabilidade de que os benefícios econômicos futuros incorporados no ativo serão gerados em favor da entidade. Em outras palavras, a entidade **espera que haja benefícios econômicos** em seu favor, mesmo se houver incerteza em relação à época e ao valor desses benefícios econômicos.

Se um ativo adquirido em uma combinação de negócios for separável ou resultar de direitos contratuais ou outros direitos legais, considera-se que existe **informação suficiente para mensurar com confiabilidade o seu valor justo**.

> **Atenção**
> Portanto, as condições de reconhecimento (geração de benefícios econômicos e mensuração com confiabilidade) são sempre consideradas atendidas para ativos intangíveis adquiridos em uma combinação de negócios.

De acordo com o Pronunciamento Técnico CPC 15 – Combinação de Negócios –, o adquirente deve reconhecer na data da **aquisição, separadamente** do ágio derivado da expectativa de rentabilidade futura (*goodwill*) apurado em uma combinação de negócios, um ativo intangível da adquirida, **independentemente de o ativo ter sido reconhecido pela adquirida antes da aquisição da empresa**. Isso significa que a adquirente reconhece como ativo, **separadamente do ágio derivado da expectativa de rentabilidade futura (*goodwill*), um projeto de pesquisa e desenvolvimento em andamento da adquirida se o projeto atender à definição de ativo intangível**.

Um projeto de pesquisa e desenvolvimento em andamento da adquirida atende à definição de ativo intangível quando:

- Corresponder à definição de ativo.
- For identificável, ou seja, separável ou resultante de direitos contratuais ou outros direitos legais.

Sendo assim:

16.4.4. Goodwill gerado internamente

> **Atenção**
> O ágio derivado da expectativa de rentabilidade futura (*goodwill*) gerado internamente não deve ser reconhecido como ativo.

Em alguns casos incorre-se em gastos para gerar benefícios econômicos futuros, mas que não resultam na criação de ativo intangível que se enquadre nos critérios de reconhecimento. Esses gastos costumam ser descritos como contribuições para o ágio derivado da expectativa de rentabilidade futura (*goodwill*) gerado internamente, o qual não é reconhecido como ativo porque não é um recurso identificável (ou seja, não é separável nem advém de direitos contratuais ou outros direitos legais) controlado pela entidade que pode ser mensurado com confiabilidade ao custo.

As diferenças entre valor justo da entidade e o valor contábil de seu patrimônio líquido, a qualquer momento, podem incluir uma série de fatores que afetam o valor justo da entidade. No entanto, essas diferenças não representam o custo dos ativos intangíveis controlados pela entidade.

16.4.5. Aquisição por subvenção ou assistência governamental

Os governos de todos os entes federativos costumam oferecer vantagens de diversas formas para entidades que se instalem na sua área territorial ou tenham como fim a promoção de assistência gratuita á população. Em alguns casos, um ativo intangível pode ser **adquirido sem custo ou por valor nominal, por meio de subvenção ou assistência governamental**.

Isso pode ocorrer quando um governo transfere ou destina a uma entidade ativos intangíveis, como direito de aterrissagem em aeroporto, licenças para operação de estações de rádio ou de televisão, licenças de importação ou quotas ou direitos de acesso a outros recursos restritos.

Nesse caso, a entidade **tem a faculdade** de reconhecer inicialmente ao **valor justo** tanto o ativo intangível quanto a concessão governamental. Se uma entidade optar por não reconhecer inicialmente ao valor justo o ativo, ela deve reconhecer o ativo inicialmente ao **valor nominal** acrescido de quaisquer gastos que sejam **diretamente atribuídos à preparação do ativo** para o **uso pretendido**.

Ao registro inicial devem ser acrescidos os custos diretamente atribuíveis à preparação do ativo para o uso pretendido.

16.4.6. Troca por outros ativos

Aqui é tratada a permuta entre ativos não monetários, ou seja, que não representem moeda. A não representatividade monetária dificulta a avaliação dos ativos permutados.

Sendo assim, o custo de ativo intangível permutado **é mensurado pelo valor justo, a não ser que**:

- A operação de permuta não tenha natureza comercial.
- O valor justo do ativo recebido e do ativo cedido não possa ser mensurado com confiabilidade.

O ativo adquirido deve ser mensurado dessa forma mesmo que a entidade não consiga dar baixa imediata ao ativo cedido. Se o ativo adquirido não for mensurável ao valor justo, seu custo deve ser determinado pelo valor contábil do ativo cedido.

16.5. GASTOS COM INTANGÍVEL

Lembre-se

Os gastos com um item intangível devem ser reconhecidos como despesa quando incorridos, exceto:
- Se fizerem parte do custo de ativo intangível que atenda aos critérios de reconhecimento.
- Se o item é adquirido em uma combinação de negócios e não possa ser reconhecido como ativo intangível. Nesse caso, esse gasto (incluído no custo da combinação de negócios) deve fazer parte do valor atribuível ao ágio derivado da expectativa de rentabilidade futura (*goodwill*) na data de aquisição.

Em alguns casos são incorridos gastos para gerar benefícios econômicos futuros à entidade, sem a aquisição ou criação de ativo intangível ou outros ativos passíveis de serem reconhecidos. No caso do fornecimento de produtos, a entidade deve reconhecer esse gasto como despesa quando tiver o direito de acesso aos produtos. No caso do fornecimento de serviços, a entidade deve reconhecer o gasto como despesa quando receber os serviços. Por exemplo, gastos com pesquisa devem ser reconhecidos como despesa quando incorridos, exceto quando forem adquiridos como parte de uma combinação de negócios. Exemplos de outros gastos a serem reconhecidos como despesa quando incorridos:

- Gastos com atividades pré-operacionais destinadas a constituir a empresa (ou seja, custo do início das operações), exceto se estiverem incluídas no custo de um item do ativo imobilizado. O custo do início das operações pode incluir custos de estabelecimento, tais como custos jurídicos e de secretaria, incorridos para constituir a pessoa jurídica, gastos para abrir novas instalações ou negócio (ou seja, custos pré-abertura) ou gastos com o início de novas unidades operacionais ou o lançamento de novos produtos ou processos.
- Gastos com treinamento.
- Gastos com publicidade e atividades promocionais (incluindo envio de catálogos).
- Gastos com remanejamento ou reorganização, total ou parcial, da entidade.

É importante ressaltar que, se o gasto com o intangível foi reconhecido como despesa, não poderá mais ser somado ao valor do intangível.

16.6. VIDA ÚTIL

A entidade deve avaliar se a vida útil de um ativo intangível é **definida ou indefinida** e, no primeiro caso, a duração ou o volume de produção ou unidades semelhantes que incluídos na vida útil. A entidade deve atribuir **vida útil indefinida** a um ativo intangível quando, com base na análise de todos os fatores relevantes, não existir um limite previsível para o período durante o qual o ativo deverá gerar fluxos de caixa líquidos positivos para a entidade.

Atenção

A contabilização de ativo intangível baseia-se na sua vida útil. Um ativo intangível com vida útil definida deve ser amortizado, enquanto um ativo intangível com vida útil indefinida não deve ser amortizado.

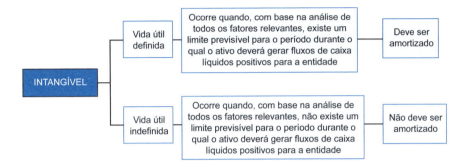

A vida útil de ativo intangível resultante de direitos contratuais ou outros direitos legais não deve exceder a vigência desses direitos, podendo ser menor dependendo do período durante o qual a entidade espera utilizar o ativo. Caso os direitos contratuais ou outros direitos legais sejam outorgados por um prazo limitado renovável, a vida útil do ativo intangível só deve incluir o prazo de renovação se existirem evidências que apoiem a renovação pela entidade sem custo significativo. A vida útil de um direito readquirido reconhecido como ativo intangível em uma combinação de negócios é o período contratual remanescente do contrato em que o direito foi concedido e não incluirá períodos de renovação.

Podem existir tanto fatores econômicos como legais que influenciem a vida útil de ativo intangível. Os fatores econômicos determinam o período durante o qual a entidade receberá benefícios econômicos futuros, enquanto os fatores legais podem restringir o período durante o qual a entidade controla o acesso a esses benefícios.

16.7. MENSURAÇÃO POSTERIOR

16.7.1. Amortização do intangível

Conforme o § 2º do art. 183 da Lei das S.A., a diminuição do valor dos elementos dos ativos intangíveis deve ser registrada periodicamente, na conta de amortização, quando corresponder aos direitos classificados no **intangível**, pelo custo incorrido na aquisição deduzido do saldo da respectiva conta de amortização. Mas, como veremos, eles devem estar submetidos ao teste de recuperabilidade.

Logo:

Valor do intangível = Custo (de aquisição, de geração interna, de permuta etc.) – Amortização acumulada – Perdas do valor recuperável

16.7.1.1. Ativo intangível com vida útil definida

O valor amortizável de um ativo intangível com vida útil definida deve ser apropriado de forma sistemática ao longo da sua vida útil estimada. **E o valor amortizável é o custo de um ativo ou outro valor que substitua o custo, menos o seu valor residual.**

Valor residual de um ativo intangível é o valor estimado que uma entidade obteria com a venda do ativo, após deduzir as despesas estimadas de venda, caso o ativo já tivesse a idade e a condição esperadas para o fim de sua vida útil. **Deve-se presumir que o valor residual de ativo intangível com vida útil definida é zero, a não ser que:**

- Haja compromisso de terceiros para comprar o ativo ao final da sua vida útil.
- Exista mercado ativo para ele e
   - O valor residual possa ser determinado em relação a esse mercado; e
   - Seja provável que esse mercado continuará a existir ao final da vida útil do ativo.

A amortização deve ser **iniciada a partir do momento em que o ativo estiver disponível para uso**, ou seja, quando se encontrar no local e nas condições necessários para que possa funcionar da maneira pretendida pela administração.

A amortização **deve cessar na data em que o ativo é classificado como mantido para venda ou incluído em um grupo de ativos classificado como mantido para venda ou, ainda, na data em que ele é baixado, o que ocorrer primeiro**.

O método de amortização utilizado deve refletir o padrão de consumo pela entidade dos benefícios econômicos futuros. Se não for possível determinar esse padrão com segurança, deve ser utilizado o método linear.

Em síntese, a entidade pode adotar qualquer um dos métodos que vimos quando tratamos de depreciação (método linear, também conhecido como método de linha reta, método dos saldos decrescentes e método de unidades produzidas), desde que escolha aquele que reflita melhor o padrão de consumo pela entidade dos benefícios econômicos futuros. **Se não encontrar o método apropriado, deve-se adotar o método linear.**

A despesa de amortização para cada período deve ser reconhecida no resultado, a não ser que outra norma ou pronunciamento contábil permita ou exija a sua inclusão no valor contábil de outro ativo.

Ao longo da vida de um ativo intangível, pode ficar evidente que a estimativa de sua vida útil é inadequada. Por exemplo, o reconhecimento de prejuízo por perda de valor pode indicar que o prazo de amortização deve ser alterado.

O período de amortização e o método de amortização para um ativo intangível com vida útil definida devem ser revistos pelo menos no final de cada exercício social.

Atenção

O valor do ativo intangível com vida útil definida deve ser submetido ao teste de recuperabilidade anualmente.

QUESTÃO COMENTADA

(FCC – TJ/TRF3/Apoio Especializado/Contabilidade/2014) A Empresa Fin S.A. adquiriu uma Marca por R$ 80.000,00 à vista, cuja vida útil econômica foi estimada em 20 anos. Com base nestas informações, este ativo é mensurado ao:
a) Custo e não sofre amortização.
b) Valor justo e está sujeito ao teste de redução ao valor recuperável.
c) Custo e não está sujeito ao teste de redução ao valor recuperável.
d) Valor justo, sofre amortização e está sujeito ao teste de redução ao valor recuperável.
e) Custo, sofre amortização e está sujeito ao teste de redução ao valor recuperável.

RESPOSTA: E
COMENTÁRIO:
I – Ativo intangível com vida útil definida
O valor amortizável de um ativo intangível com vida útil definida deve ser apropriado de forma sistemática ao longo da sua vida útil estimada.
A amortização deve ser iniciada a partir do momento em que o ativo estiver disponível para uso, ou seja, quando se encontrar no local e nas condições necessárias para que possa funcionar da maneira pretendida pela administração.
II – Reconhecimento e mensuração
Um ativo intangível deve ser reconhecido inicialmente ao custo.
III – Ativo intangível com vida útil indefinida
Ativo intangível com vida útil indefinida **não** deve ser amortizado.
De acordo com o Pronunciamento Técnico CPC 01 – Redução ao Valor Recuperável de Ativos –, a entidade deve testar a perda de valor dos ativos intangíveis com vida útil indefinida, comparando o seu valor recuperável com o seu valor contábil:
- Anualmente.
- Sempre que existam indícios de que o ativo intangível pode ter perdido valor.

Obs.: tanto um ativo intangível com vida útil definida quanto um ativo com vida útil indefinida estão sujeitos ao teste de recuperabilidade.

16.7.1.2. Ativo intangível com vida útil indefinida

Atenção

Um ativo intangível com vida útil indefinida não deve ser amortizado. Apesar de não ser amortizável, o valor do ativo intangível sem vida útil definida deve ser submetido ao teste de recuperabilidade anualmente.

Portanto, temos o seguinte quadro resumo:

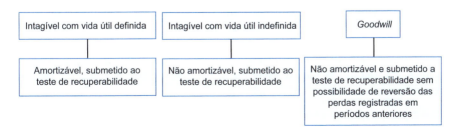

A contabilização da amortização é muito semelhante à contabilização da depreciação.

Vamos ver um exemplo:

a) Amortização de uma patente: supondo que uma empresa desenvolve a patente de um novo tipo de telefone celular. A empresa espera que sejam gerados benefícios futuros durante 10 anos. Os custos atribuíveis ao desenvolvimento do dispositivo somaram R$ 10.000.000, e custos com pesquisa, R$ 15.000.000. Considerando que a empresa adota o método de amortização linear:

A amortização anual será de R$ 10.000.000 × 1/10 = R$ 1.000.000

D – Despesa com amortização (resultado) R$ 1.000.000

C – Amortização acumulada (retificadora de ativo) R$ 1.000.000

No Balanço ficará assim registrado:

Ativo não circulante	
Intangível	
Patentes	R$ 10.000.000
Amortização acumulada	R$ (1.000.000)
Valor total do Intangível	**R$ 9.000.000**

*Os R$ 15.000.000 gastos em pesquisa não fazem parte do ativo. Foram apropriados durante o período de pesquisa como despesa.

A demonstração do resultado do exercício ficará assim registrada:

DRE	
Despesa com amortização	(R$ 1.000.000)

16.8. BAIXA E ALIENAÇÃO

A baixa do ativo intangível é a sua saída do patrimônio da entidade. O ativo intangível **deve ser baixado**:

- Por ocasião de sua alienação.
- Quando não são esperados benefícios econômicos futuros com a sua utilização ou alienação.

Os ganhos ou perdas decorrentes da baixa de ativo intangível devem ser determinados pela diferença **entre o valor líquido da alienação, se houver, e o valor contábil do ativo**. Esses ganhos ou perdas devem ser reconhecidos no resultado quando o ativo é baixado (a menos que o Pronunciamento Técnico CPC 06 – Operações de Arrendamento Mercantil – venha a requerer outro tratamento em uma venda e *leaseback*), mas os ganhos não devem ser classificados como receitas de venda.

Como se pode depreender, **quando o ativo é vendido**, gerando ganho ou perda de capital, ou **quando já não se esperam benefícios futuros**, gerando perdas, o ativo deve ser baixado.

Vamos ver um exemplo:

a) Alienação do intangível: uma patente com o valor contábil R$ 100.000 (R$ 150.000 de custo – R$ 50.000 de amortização acumulada) é vendida por R$ 120.000 à vista.

D – Amortização acumulada (retificadora de ativo)	R$ 50.000
D – Banco (ativo circulante)	R$ 120.000
C – Patente (ativo não circulante)	R$ 150.000
C – Ganho de capital (resultado)	R$ 20.000

16.9. DIVULGAÇÃO

A entidade deve divulgar as seguintes informações para cada classe de ativos intangíveis, **fazendo a distinção entre ativos intangíveis gerados internamente e outros ativos intangíveis**:

- Com vida útil indefinida ou definida e, se definida, os prazos de vida útil ou as taxas de amortização utilizados.
- Os métodos de amortização utilizados para ativos intangíveis com vida útil definida.
- O valor contábil bruto e eventual amortização acumulada (mais as perdas acumuladas no valor recuperável) no início e no final do período.
- A rubrica da demonstração do resultado em que qualquer amortização de ativo intangível for incluída.
- A conciliação do valor contábil no início e no final do período.

CAPÍTULO 17

VALOR RECUPERÁVEL

O ativo imobilizado e o ativo intangível podem sofrer perdas no seu valor ao longo do tempo. A Lei nº 11.638/07 **introduziu a obrigação das companhias verificarem periodicamente a possível perda de valor dos itens registrados** nesses dois grupos.

O objetivo é assegurar que os ativos de uma entidade estejam registrados contabilmente por valor que **não exceda seus valores de recuperação**. Um ativo está registrado contabilmente por valor que excede seu valor de recuperação se o seu valor contábil exceder o montante a ser recuperado pelo uso ou pela venda do ativo. Se esse for o caso, o ativo é caracterizado **como sujeito ao reconhecimento de perdas**.

Segundo o art. 183 da Lei das S.A.:

> § 3º *A companhia deverá efetuar, periodicamente, análise sobre a recuperação dos valores registrados **no imobilizado e no intangível**, a fim de que sejam: (Redação dada pela Lei nº 11.941, de 2009)*
>
> *I – Registradas as perdas de valor do capital aplicado quando houver decisão de interromper os empreendimentos ou atividades a que se destinavam ou quando comprovado que não poderão produzir resultados suficientes para recuperação desse valor; ou (Incluído pela Lei nº 11.638, de 2007)*
>
> *II – Revisados e ajustados os critérios utilizados para determinação da vida útil econômica estimada e para cálculo da depreciação, exaustão e amortização. (Incluído pela Lei nº 11.638, de 2007)*

A verificação do valor recuperável desses ativos é feita através do **"teste de impairment"**, também conhecido como **teste de recuperabilidade**. Efetuar esse teste é **obrigatório** pelo menos **uma vez por ano**.

Atenção
O valor recuperável é o maior entre o valor em uso e o valor líquido de venda.

Se o valor recuperável for **inferior ao valor contábil**, a entidade deve reconhecer a perda. A Lei das S.A. determina que o teste de recuperabilidade é feito no **imobilizado e no intangível**.

Um outro aspecto a ser ressaltado é que na avaliação do valor recuperável pode ser avaliado, **em vez de um único ativo, uma unidade geradora de caixa**. Unidade geradora de caixa é o menor **grupo identificável de ativos** que gera entradas de caixa, entradas essas que são em grande parte independentes das entradas de caixa de outros ativos ou outros grupos de ativos.

O teste é aplicado a ativos financeiros classificados como:

- Controladas.
- Coligadas.
- Empreendimento controlado em conjunto.

O teste de recuperabilidade **não deve ser aplicado** a:

- Estoques.
- Ativos de contrato e ativos resultantes de custos para obter ou cumprir contratos.
- Ativos fiscais diferidos.
- Ativos advindos de planos de benefícios a empregados.
- Ativos financeiros que estejam dentro do alcance do CPC 48 – Instrumentos Financeiros.
- Propriedade para investimento que seja mensurada ao valor justo.
- Ativos biológicos relacionados à atividade agrícola dentro do alcance do Pronunciamento Técnico CPC 29 – Ativo Biológico e Produto Agrícola – que sejam mensurados ao valor justo líquido de despesas de vender.
- Custos de aquisição diferidos e ativos intangíveis advindos de direitos contratuais de companhia de seguros contidos em contrato de seguro dentro do alcance do Pronunciamento Técnico CPC 11 – Contratos de Seguro.
- Ativos não circulantes (ou grupos de ativos disponíveis para venda) classificados como mantidos para venda em consonância com o Pronunciamento Técnico CPC 31 – Ativo Não Circulante Mantido para Venda e Operação Descontinuada.

17.1. PRAZO PARA O TESTE

Um ativo está desvalorizado quando seu valor contábil excede seu valor recuperável. A entidade deve avaliar, ao fim de cada período de reporte, se há alguma indicação de que um ativo possa ter sofrido desvalorização. **Se houver alguma indicação**, a entidade deve estimar o valor recuperável do ativo.

Lembre-se

Independentemente de existir, ou não, qualquer indicação de redução ao valor recuperável, a entidade deve:

- Testar, no mínimo anualmente, a redução ao valor recuperável de um ativo intangível com vida útil indefinida ou de um ativo intangível ainda não disponível para uso, comparando o seu valor contábil com seu valor recuperável. Esse teste de redução ao valor recuperável pode ser executado a qualquer momento no período de um ano, desde que seja executado, todo ano, no mesmo período. Ativos intangíveis diferentes podem ter o valor recuperável testado em períodos diferentes. Entretanto, se tais ativos intangíveis foram inicialmente reconhecidos durante o ano corrente, devem ter a redução ao valor recuperável testada antes do fim do ano corrente.
- Testar, anualmente, o ágio pago por expectativa de rentabilidade futura (*goodwill*) em combinação de negócios.

Ou seja,

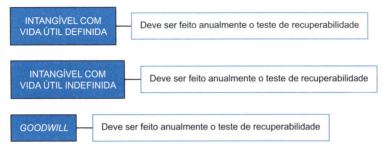

17.2. FONTES INDICATIVAS DE DESVALORIZAÇÃO

Para detectar a possível desvalorização de um ativo, a entidade pode recorrer a fontes internas e externas.

a) Fontes externas de informação

- O valor de mercado do ativo diminuiu significativamente, mais do que o esperado.
- Mudanças significativas com efeito adverso sobre a entidade ocorreram ou ocorrerão em futuro próximo, no ambiente da entidade ou do ativo.
- As taxas de juros e de retorno sobre investimentos aumentaram durante o período, e esses aumentos provavelmente afetarão a taxa de desconto da empresa.
- O valor contábil do patrimônio líquido da entidade é maior do que o valor de suas ações no mercado.

b) Fontes internas de informação

- Evidência disponível de obsolescência ou de dano físico de um ativo.
- Mudanças significativas, com efeito adverso sobre a entidade, ocorreram durante o período, ou devem ocorrer em futuro próximo, na extensão ou maneira pela qual um ativo é ou será utilizado. Essas mudanças incluem o ativo que se torna inativo ou ocioso, planos para descontinuidade ou reestruturação da operação à qual um ativo pertence, planos para baixa de ativo antes da data anteriormente esperada e reavaliação da vida útil de ativo como finita em vez de indefinida.
- Evidência disponível, proveniente de relatório interno, que indique que o desempenho econômico de um ativo é ou será pior que o esperado.

Evidência proveniente de relatório interno que indique que um ativo pode ter se desvalorizado inclui a existência de:

- Fluxos de caixa para adquirir o ativo ou necessidades de caixa subsequentes para o operar ou manter, que sejam significativamente mais elevadas do que originalmente orçadas.
- Fluxos de caixa líquidos realizados ou lucros ou prejuízos operacionais gerados pelo ativo significativamente piores do que aqueles orçados.

- Queda significativa nos fluxos de caixa líquidos orçados ou no lucro operacional, ou aumento significativo no prejuízo orçado, gerados pelo ativo.
- Prejuízos operacionais ou saídas de caixa líquidas advindos do ativo, quando os números do período atual são agregados com números orçados para o futuro.

Se houver indicação de que um ativo tenha sofrido desvalorização, isso pode indicar que a vida útil remanescente, o método de depreciação, amortização e exaustão ou o valor residual para o ativo precisam ser revisados e ajustados em consonância com os pronunciamentos técnicos aplicáveis ao ativo, mesmo que nenhuma perda por desvalorização seja reconhecida para o ativo.

17.3. VALOR EM USO E VALOR DE VENDA LÍQUIDO

A norma define valor recuperável como o **maior valor** entre **o valor justo líquido de despesas de venda (ou valor líquido de venda)** de um ativo ou de unidade geradora de caixa e **o seu valor em uso**.

Nem sempre é necessário determinar o valor justo líquido de despesas de venda de um ativo e seu valor em uso. **Se qualquer um desses montantes exceder o valor contábil do ativo, este não tem desvalorização e, portanto, não é necessário estimar o outro valor.**

17.3.1. Valor em uso

Valor em uso é o valor presente de fluxos de caixa futuros esperados que devem advir de um ativo ou de unidade geradora de caixa.

Lembre-se

A estimativa do valor em uso de um ativo envolve os seguintes passos:
- Estimar futuras entradas e saídas de caixa derivadas do uso contínuo do ativo e de sua baixa final.
- Aplicar a taxa de desconto apropriada a esses fluxos de caixa futuros.

As estimativas de fluxos de caixa futuros devem incluir:

- Projeções de entradas de caixa advindas do uso contínuo do ativo.
- Projeções de saídas de caixa que são necessariamente incorridas para gerar as entradas de caixa advindas do uso contínuo do ativo (incluindo as saídas de caixa para preparar o ativo para uso) e que podem ser diretamente atribuídas ou alocadas, em base consistente e razoável, ao ativo.
- Se houver, fluxos de caixa líquidos a serem recebidos (ou pagos) quando da baixa do ativo ao término de sua vida útil.

Os seguintes elementos devem ser refletidos no cálculo do valor em uso do ativo:

- Estimativa dos fluxos de caixa futuros que a entidade espera obter com esse ativo.
- Expectativas acerca de possíveis variações no montante ou no período de ocorrência desses fluxos de caixa futuros.

- Valor do dinheiro no tempo, representado pela atual taxa de juros livre de risco
- Preço pela assunção da incerteza inerente ao ativo (prêmio).
- Outros atores, tais como falta de liquidez, que participantes do mercado iriam considerar ao precificar os fluxos de caixa futuros esperados da entidade, advindos do ativo.

Geralmente, orçamentos e previsões financeiras de fluxos de caixa futuros para períodos superiores a cinco anos, detalhados, explícitos e confiáveis, não estão disponíveis. Por essa razão, as estimativas da administração de fluxos de caixa futuros devem ser baseadas nos mais recentes orçamentos e previsões para um período máximo de cinco anos. A administração pode utilizar projeções de fluxo de caixa baseadas em orçamentos e previsões financeiras para um período superior a cinco anos se estiver convicta de que essas projeções são confiáveis e se puder demonstrar sua capacidade, baseada na experiência passada, de fazer previsão acurada de fluxo de caixa para esse período mais longo.

Por exemplo, taxa de 10% com entradas no caixa de R$ 2.000,00 e saídas de R$ 1.000,00 a cada ano, resultado em entradas líquidas de R$ 1.000,00 por três anos, e com o valor de baixa após esses três anos de R$ 10.000:

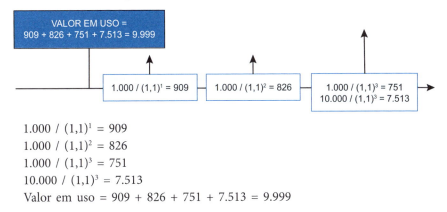

$1.000 / (1,1)^1 = 909$
$1.000 / (1,1)^2 = 826$
$1.000 / (1,1)^3 = 751$
$10.000 / (1,1)^3 = 7.513$
Valor em uso = 909 + 826 + 751 + 7.513 = 9.999

17.3.2. Valor líquido de venda

Obtido na venda de um ativo realizada entre partes conhecedoras de um mercado e interessadas em determinada transação.

Desse valor, excluem-se as despesas de venda atribuídas diretamente à venda ou à baixa de um ativo, que não incluem despesas financeiras e impostos incidentes sobre o resultado.

As despesas com a baixa, exceto as que já foram reconhecidas como passivo, devem ser deduzidas ao se **mensurar o valor justo líquido de despesas de alienação**. Exemplos desses tipos de despesas são as despesas legais, tributos, despesas com a remoção do ativo e gastos diretos incrementais para deixar o ativo em condição de venda. Entretanto, as despesas com demissão de empregados e as associadas à redução ou reorganização de um negócio em seguida à baixa de um ativo não são despesas incrementais para baixa do ativo.

Por exemplo, supondo que o valor de venda do ativo no mercado é de R$ 10.000 e que as despesas com essa venda sejam de R$ 500, o valor líquido de venda será:

Valor líquido de venda = 10.000 – 500 = 9.500

17.4. TESTE DE RECUPERABILIDADE

Após o cálculo do valor líquido de venda e o valor em uso, devemos encontrar o valor recuperável do ativo.

Lembre-se

Quando o valor recuperável de um ativo for inferior ao seu valor contábil, o valor contábil do ativo deve ser reduzido ao seu valor recuperável.

Essa redução representa uma perda por desvalorização do ativo. No caso, o valor recuperável será o maior valor entre o valor líquido de venda e o valor em uso.

Havendo valor recuperável, deve-se efetuar o teste de recuperabilidade, da seguinte forma e na seguinte ordem:

1. Verificar se o valor recuperável é maior que o valor contábil líquido do item. Se for, não haverá registro de perda. Ou seja, se uma da duas fórmulas de cálculo do valor recuperável (ou líquido de venda ou em uso) for maior, o valor contábil líquido do ativo não deve ser registrado.

2. Se o valor recuperável for inferior ao valor contábil líquido, o primeiro deve ser utilizado para calcular e registrar a perda do valor recuperável do ativo. A perda será a diferença entre o valor contábil líquido e o valor recuperável. Ou seja, se os dois (o valor líquido de venda e o valor em uso) forem menores que o valor contábil líquido do ativo, adota-se o maior deles e é feito o ajuste.

3. O lançamento de registro da perda deve ser:

D – Despesa com perda do valor recuperável (resultado)

C – Perdas estimadas por redução do valor recuperável (retificadora de ativo)

17.4.1. Perda no valor de bem reavaliado

A perda por desvalorização do ativo deve ser reconhecida imediatamente na demonstração do resultado, a menos que o ativo tenha sido reavaliado. **Qualquer desvalorização de ativo reavaliado deve ser tratada como diminuição do saldo da reavaliação.**

Apesar de extinta atualmente, a reserva de reavaliação pode existir no patrimônio líquido de uma entidade. Ela era composta como contrapartida ao aumento do valor de ativos. Se o ativo cujo valor recuperável sofreu redução foi objeto da reavaliação ainda com saldo, o lançamento da perda por desvalorização deve ser feito tendo essa reserva como contrapartida até o limite do saldo da reavaliação. O lançamento passa a ser:

D – Reserva de reavaliação (patrimônio líquido)

C – Perdas estimadas por redução do valor recuperável (retificadora de ativo)

Portanto, a perda por desvalorização de ativo reavaliado deve ser **reconhecida em outros resultados abrangentes** (na reserva de reavaliação) na extensão em que a perda por desvalorização não exceder o saldo da reavaliação reconhecida para o mesmo ativo. Essa perda por desvalorização sobre o ativo reavaliado reduz a reavaliação reconhecida para o ativo.

17.4.2. Recuperação do valor

Um ativo que teve registrada uma perda de valor em determinado exercício pode recuperar o seu valor. A entidade deve avaliar, ao término de cada período de reporte, se há alguma indicação de que a perda por desvalorização reconhecida em períodos anteriores para um ativo, exceto o ágio por expectativa de rentabilidade futura (*goodwill*), **possa não mais existir ou ter diminuído**. Se existir alguma indicação, a entidade deve estimar o valor recuperável do ativo.

Ao avaliar se há alguma indicação de que a perda por desvalorização reconhecida em períodos anteriores para um ativo, exceto o ágio por expectativa de rentabilidade futura (*goodwill*), possa ter diminuído ou não mais existir, a entidade deve considerar, no mínimo, as seguintes indicações:

a) Fontes externas de informação

- Há indicações observáveis de que o valor do ativo tenha aumentado significativamente durante o período.
- Mudanças significativas, com efeito favorável sobre a entidade, tenham ocorrido durante o período, ou ocorrerão em futuro próximo, no ambiente tecnológico, de mercado, econômico ou legal no qual ela opera ou no mercado para o qual o ativo é destinado.
- As taxas de juros de mercado ou outras taxas de mercado de retorno sobre investimentos tenham diminuído durante o período, e essas diminuições possivelmente tenham afetado a taxa de desconto utilizada no cálculo do valor em uso do ativo e aumentado seu valor recuperável materialmente.

b) Fontes internas de informação

- Mudanças significativas, com efeito favorável sobre a entidade, tenham ocorrido durante o período, ou se espera que ocorram em futuro próximo, na extensão ou na maneira pela qual o ativo é utilizado ou se espera que seja utilizado. Essas mudanças incluem custos incorridos durante o período para melhorar ou aprimorar o desempenho do ativo ou para reestruturar a operação à qual o ativo pertence.
- Há evidência disponível advinda dos relatórios internos que indica que o desempenho econômico do ativo é ou será melhor do que o esperado.

Nesses casos, o valor da perda registrada por desvalorização pode ser revertido até o limite registrado da perda, ou seja, será registrada a recuperação do valor até o limite onde o ativo volte a ter o seu valor contábil líquido, por meio da retirada da provisão de para perda. O lançamento seria:

CONTABILIDADE GERAL E AVANÇADA • SILVIO SANDE E ANDRÉ NEIVA

D – Perdas estimadas por redução do valor recuperável (retificadora de ativo)

C – Receita com reversão da provisão para perdas (resultado)

Logo, deve-se avaliar periodicamente se há indicação de que uma perda por desvalorização reconhecida em períodos anteriores para um ativo já não exista ou tenha diminuído. **Em caso positivo, a provisão constituída deve ser revertida total ou parcialmente.** Nos casos em que tenha sido debitada a reserva de reavaliação, esta deverá ser recomposta. **Não se aplica a reversão no caso de perda no ágio por expectativa de rentabilidade futura (*goodwill*).**

17.4.3. Exemplos de lançamentos de teste de recuperabilidade

a) Teste de recuperabilidade. A Cia. Sande possui uma máquina registrada no seu imobilizado no valor de R$ 30.000 com depreciação acumulada de R$ 10.000 e a patente de um produto registrado no intangível no valor de R$ 30.000. No fim do exercício, a empresa faz o teste de recuperabilidade nos dois ativos e encontra os seguintes valores:

	Máquina	Patente
Valor em uso	R$ 19.000,00	R$ 25.000,00
Valor líquido de venda	R$ 18.000,00	R$ 31.000,00

b) Determinando o valor recuperável. O valor recuperável é o maior dos dois métodos. Da máquina é o valor de R$ 19.000 e da patente é o valor de R$ 31.000. Contudo, o valor da patente é maior que o valor pelo qual ela se encontra registrada, de R$ 30.000. Por isso, não será feito nenhum registro com relação ao valor recuperável da patente.

c) Efetuando o lançamento. A máquina tem um valor recuperável de R$ 19.000 e está registrada pelo valor contábil líquido de R$ 20.000. Dessa forma, a perda do valor recuperável é de R$ 1.000 (20.000 – 19.000).

D – Despesa com provisão para perdas (resultado)   R$ 1.000

C – Provisão para perdas por desvalorização (retificadora de ativo) R$ 1.000

Os dois ativos ficarão assim registrados:

Imobilizado	
Máquina	R$ 30.000
Depreciação	R$ (10.000)
Provisão para perdas por desvalorização	R$ (1.000)
Valor contábil	**R$ 19.000**

Intangível	
Patente	R$ 30.000

Na demonstração do resultado do exercício ficará assim registrado:

DRE	
Despesa com provisão para perdas	(R$ 1.000)

QUESTÃO COMENTADA

(CESPE – Analista Portuário/EMAP/Financeira e Auditoria Interna/2018) Situação hipotética: Um ativo produtivo, adquirido por R$ 250.000 havia três anos completos, recebeu depreciação acelerada de 60% desse valor. Ao final do terceiro ano, a empresa avaliou a recuperabilidade desse ativo e constatou que ele ainda poderia ser utilizado, produtivamente, por mais dois anos, caso em que geraria um valor de R$ 95.000, ou poderia ser levado a mercado e vendido como equipamento usado, hipótese em que geraria um caixa líquido de R$ 105.000.

Assertiva: Nessa situação, a empresa deve constituir uma provisão por perda de recuperabilidade do valor desse ativo.

RESPOSTA: FALSO

COMENTÁRIO:

Valor de aquisição = 250.000

Depreciação = 60%

Valor de uso = 95.000

Valor de venda = 105.000

Valor contábil = 250.000 – 250.000 × 60% = 100.000

O valor recuperável é maior entre o valor de uso e o valor de venda, no caso, de 105.000.

A empresa não deve constituir provisão para perda do valor recuperável, uma vez que o valor recuperável é maior que o valor contábil.

17.4.4. Divulgação das perdas e reversões

A entidade deve divulgar as seguintes informações para cada classe de ativos:

- O montante das perdas por desvalorização reconhecido no resultado do período e a linha da demonstração do resultado na qual essas perdas por desvalorização foram incluídas.
- O montante das reversões de perdas por desvalorização reconhecido no resultado do período e a linha da demonstração do resultado na qual essas reversões foram incluídas.
- O montante de perdas por desvalorização de ativos reavaliados reconhecido em outros resultados abrangentes durante o período.
- O montante das reversões das perdas por desvalorização de ativos reavaliados reconhecido em outros resultados abrangentes durante o período.

Em resumo:

Se o valor recuperável for inferior	Despesas com perdas por desvalorização	DRE
Se o valor recuperável for superior	Receita com reversão de perdas por desvalorização	DRE
Se o valor recuperável for inferior ao ativo reavaliado	Despesas com perdas por desvalorização	Outros resultados abrangentes
Se o valor recuperável for superior ao ativo reavaliado	Despesas com perdas por desvalorização	Outros resultados abrangentes

17.5. DIVULGAÇÃO DE INFORMAÇÕES SOBRE O TESTE DE RECUPERABILIDADE

Sobre o teste de recuperabilidade, a entidade deve divulgar:

- O valor de perdas e reversões incluídas no resultado.
- O valor de perdas e reversões contabilizadas contra reserva de reavaliação.
- As justificativas para as perdas ou reversões realizadas.
- As formas de cálculo.
- O valor recuperável.
- As taxas de desconto utilizadas.
- O valor contábil alocado a uma unidade.
- O valor contábil dos ativos intangíveis que tenham vida útil indefinida.

17.6. ÁGIO POR RENTABILIDADE FUTURA (*GOODWILL*)

a) *Impairment* de ativos que não possuem *goodwill* alocado

- Deve ser registrado *impairment* quando o valor registrado do ativo for maior do que seu valor recuperável.
- Reconhecimento imediato no resultado, a menos que o ativo seja reavaliado (nesse caso o *impairment* deve ser registrado contra a reserva de reavaliação, até o seu limite).
- Se o valor da perda for maior do que o valor registrado, o passivo deve ser reconhecido somente se outra norma exigir.
- Depreciação e amortização devem ser ajustadas em períodos futuros, de forma a alocar o novo valor registrado do ativo menos seu valor residual em base sistemática ao longo da vida.

b) *Impairment* de ativos com *goodwill* alocado

- O ágio (*goodwill*) pago em uma aquisição, em decorrência de expectativa de resultado futuro, deverá, a partir da data da aquisição, ser alocado a cada uma das unidades geradoras de caixa do adquirente, ou ao menor grupo possível de unidades geradoras de caixa (UGCs) que devem se beneficiar das sinergias da aquisição.
- Com isso, para fins de cálculo do *impairment*, o ágio passa a integrar o valor do custo dos ativos ou da UGCs aos quais ele foi alocado.
- Todos os ativos ou UGCs que receberam a alocação de valor de ágio devem ser testados anualmente para fins de verificação de *impairment*.

CAPÍTULO 18

ATIVO NÃO CIRCULANTE MANTIDO PARA VENDA E OPERAÇÃO DESCONTINUADA

18.1. ATIVO NÃO CIRCULANTE MANTIDO PARA VENDA

O ativo não circulante é classificado como **mantido para a venda** quando a entidade **tem a intenção de vendê-lo (e o ativo está disponível para venda) ou quando a entidade espera que o seu valor seja recuperado por venda, e não pelo uso contínuo**. Ou seja, **não há expectativa de que ele operacionalmente continue gerando caixa pela empresa, mas sim que seja vendido**.

Atenção

Para que esse seja o caso, o ativo ou o grupo de ativos mantido para venda deve estar disponível para venda imediata em suas condições atuais, sujeito apenas aos termos que sejam habituais e costumeiros para venda de tais ativos mantidos para venda. Com isso, a sua venda deve ser altamente provável.

Para que a venda seja altamente provável, **o nível hierárquico de gestão apropriado deve estar comprometido com o plano de venda do ativo**, e deve ter sido iniciado um programa firme para localizar um comprador e concluir o plano. Além disso, o ativo mantido para venda deve ser efetivamente colocado à venda por **preço que seja razoável em relação ao seu valor justo corrente**. Ainda, deve-se **esperar que a venda se qualifique como concluída em até um ano** a partir da data da classificação, e as ações necessárias para concluir o plano devem indicar que é improvável haver alterações significativas no plano ou que o plano possa ser abandonado.

Lembre-se
Os ativos que satisfazem os critérios de classificação como **mantidos para venda** devem ser:
- Mensurados pelo menor entre o valor contábil até então registrado e o valor justo menos as despesas de venda, e que a depreciação ou a amortização desses ativos cesse.
- Apresentados separadamente no balanço patrimonial e que os resultados das operações descontinuadas sejam apresentados separadamente na demonstração do resultado.

Sendo assim, quando da classificação como mantidos para venda devem ser classificados **em separado, não devem ser depreciados ou amortizados, e mensurados pelo menor entre o valor contábil e o valor justo menos despesas de venda**.

Vamos ver um exemplo:

Máquina mantida para a venda: a Sande S.A. possuía uma máquina com o seguinte valor contábil:

Ativo não circulante	
Imobilizado	
Máquina	R$ 1.000.000,00
Depreciação acumulada	R$ (500.000,00)
Valor contábil do ativo	**R$ 500.000,00**

O valor contábil do ativo acima é de R$ 500.000. Posteriormente, a Sande S.A. adquiriu uma nova máquina e a pôs em operação em substituição à primeira, **passando a classificar a máquina acima como mantida para venda**. O valor justo da máquina menos as despesas de vendas é de R$ 400.000. O valor justo é menor que o valor contábil do ativo. O lançamento será:

D – Despesa com perda por mensuração ao valor justo (resultado)   R$ 100.000
C – Máquina (ativo não circulante)   R$ 100.000

A classificação será a seguinte:

Ativo não circulante	
Ativos mantidos para venda	
Máquina	R$ 900.000,00
Depreciação acumulada	R$ (500.000,00)
Valor contábil do ativo	**R$ 400.000,00**

A entidade **não deve depreciar (ou amortizar)** o ativo não circulante enquanto estiver classificado como mantido para venda ou enquanto fizer parte de grupo de ativos classificado como mantido para venda, mas os juros e outros gastos atribuíveis aos passivos de grupo de ativos classificado como mantido para venda devem continuar a ser reconhecidos. Contudo, o valor já depreciado quando o ativo era classificado como mantido para uso acompanha o ativo quando é reclassificado como mantido para venda.

Importante

O ativo mantido para venda deve continuar a ser objeto do teste de recuperabilidade.

A entidade não deve classificar como mantido para venda o ativo não circulante ou o grupo de ativos destinado a ser baixado. Isso se deve ao fato de o seu valor contábil ser recuperado principalmente por meio do uso contínuo.

Lembre-se

O ativo ou o grupo de ativos que for adquirido como parte de combinação de negócios deve ser mensurado pelo valor justo menos as despesas de venda.

18.2. OPERAÇÃO DESCONTINUADA

Lembre-se

A operação descontinuada é o componente da entidade que tenha sido alienado ou esteja classificado como mantido para venda e:
- Representa uma importante linha separada de negócios ou área geográfica de operações.
- É parte integrante de um único plano coordenado para vender uma importante linha separada de negócios ou área geográfica de operações.
- É uma controlada adquirida exclusivamente com o objetivo de revenda.

Os ajustes efetuados no período corrente nos montantes anteriormente apresentados em operações descontinuadas que estejam diretamente relacionados com a baixa de operação descontinuada em período anterior **devem ser classificados separadamente** nas operações descontinuadas. A natureza e o montante desses ajustes devem ser divulgados. Exemplos de circunstâncias em que esses ajustes podem ocorrer incluem o seguinte:

- A solução de incertezas que resultem dos termos da transação de alienação, tais como a solução dos ajustes no preço de compra e das questões de indenização com o comprador.
- A solução de incertezas resultantes e que estejam diretamente relacionadas com as operações do componente antes da sua alienação, tais como obrigações ambientais e de garantia de produtos mantidas pelo vendedor.
- A liquidação das obrigações de planos de benefícios de empregados, desde que essa liquidação esteja diretamente relacionada com a transação de alienação.

O CPC 31 proíbe os ativos que serão abandonados de serem classificados como mantidos para venda. Contudo, se os ativos a serem abandonados constituírem uma linha importante de negócios ou área geográfica de operações, **eles serão reportados em operações descontinuadas**, na data em que forem abandonados.

A entidade deve evidenciar:

(a) Um montante único na demonstração do resultado compreendendo:
  – O resultado total após o imposto de renda das operações descontinuadas.
  – Os ganhos ou as perdas após o imposto de renda reconhecidos na mensuração pelo valor justo menos as despesas de venda ou na baixa de ativos ou de grupo de ativos mantidos para venda que constituam a operação descontinuada.

(b) Análise da quantia única referida em (a) com:
  – As receitas, as despesas e o resultado anteriores aos tributos das operações descontinuadas.
  – As despesas com os tributos sobre o lucro relacionadas.
  – Os ganhos ou as perdas reconhecidos na mensuração pelo valor justo menos as despesas de venda ou na alienação de ativos ou de grupo de ativos mantidos para venda que constituam a operação descontinuada.
  – As despesas de imposto de renda relacionadas.

QUESTÃO COMENTADA

(FGV – Fiscal Tributário/Osasco/2014) A empresa Semclientes possui três unidades. A primeira produz pneus, a segunda fabrica tapetes e a terceira produz perucas. Verificando que não há sinergia das duas primeiras unidades com a de perucas, a empresa colocou essa unidade a venda em ×1 e entrou em contato com compradores. A venda só depende de advogados redigirem o contrato e deve ser finalizada no início de ×2. Ao apurar o resultado do exercício de ×1, o contador verificou que a unidade de perucas teve um lucro de R$ 125,00.

A melhor classificação do lucro na demonstração de resultado é:

a) Resultado financeiro.

b) Resultado não operacional.

c) Resultado de operações descontinuadas.

d) Outros resultados operacionais.

e) Outros resultados abrangentes.

RESPOSTA: C

COMENTÁRIO: Ao estudarmos as operações descontinuadas, vimos que a entidade deve evidenciar:

- Um montante único na demonstração do resultado compreendendo:
  - O resultado total após o imposto de renda das operações descontinuadas.
  - Os ganhos ou as perdas após o imposto de renda reconhecidos na mensuração pelo valor justo menos as despesas de venda ou na baixa de ativos ou de grupo de ativos mantidos para venda que constituam a operação descontinuada.

18.3. PASSIVOS, RECEITA E DESPESAS RELACIONADAS AO ATIVO MANTIDO PARA VENDA

A entidade deve apresentar **o ativo não circulante classificado como mantido para venda separadamente dos outros ativos no balanço patrimonial**. Os passivos de grupo de ativos classificado como mantido para venda devem ser apresentados separadamente dos outros passivos no balanço patrimonial.

Esses ativos e passivos não devem ser compensados nem apresentados em um único montante. As principais classes de ativos e passivos classificados como mantidos para venda devem ser divulgadas separadamente no balanço patrimonial ou nas notas explicativas.

A entidade deve apresentar **separadamente qualquer receita ou despesa acumulada reconhecida diretamente no patrimônio líquido (outros resultados abrangentes) relacionada a um ativo não circulante** ou a um grupo de ativos classificado como mantido para venda.

CAPÍTULO 19

SALDOS EXISTENTES DE ATIVO DIFERIDO E DE RESERVAS DE REALIZAÇÃO

19.1. ATIVO DIFERIDO

O ativo diferido foi extinto pela Lei nº 11.638/07. Ele era constituído de **despesas que iriam contribuir para mais de um exercício social futuro**. Era apropriado ao resultado (amortizado) na medida em que os resultados futuros de cada exercício que tinha influência ocorriam.

O saldo existente em 31 de dezembro de 2008 no ativo diferido que, pela sua natureza, **não puder ser alocado a outro grupo de contas, poderá permanecer no ativo sob essa classificação até sua completa amortização**, sujeito à análise sobre a recuperabilidade.

Há também as normas previstas no CPC 13 que definem como deve ser tratado o saldo remanescente do ativo diferido em algumas situações.

A Lei nº 11.638/07 restringiu o lançamento de gastos no ativo diferido, mas, após isso, a Medida Provisória nº 449/08 extinguiu esse grupo de contas. Assim, os ajustes iniciais de adoção das novas Lei e Medida Provisória devem ser assim registrados: os gastos ativados que não possam ser reclassificados para outro grupo de ativos, devem ser baixados no balanço de abertura, na data de transição, mediante o registro do valor contra lucros ou prejuízos acumulados, líquido dos efeitos fiscais, nos termos do item 55 ou mantidos nesse grupo até sua completa amortização, sujeito à análise sobre recuperação conforme o Pronunciamento Técnico CPC 01 – Redução ao Valor Recuperável de Ativos. No caso de ágio anteriormente registrado nesse grupo, análise meticulosa deve ser feita quanto à sua destinação: para o ativo intangível se relativo a valor pago a terceiros, independentes, por expectativa de rentabilidade futura (goodwill); para investimentos, se pago por diferença entre valor contábil e valor justo dos ativos e passivos adquiridos; e para o resultado, como perda, se sem substância econômica.

19.2. RESERVAS DE REAVALIAÇÃO

A reserva de reavaliação foi extinta pela Lei nº 11.638/07. **Ela era constituída da reavaliação que a entidade podia promover dos seus ativos a valor de mercado.** Essa diferença entre o valor contábil e o valor de mercado ficava no patrimônio líquido.

Os saldos existentes nas reservas de reavaliação deverão ser mantidos até a sua efetiva realização (baixa do bem) ou estornados até o final do exercício social de 2008.

Há também as normas previstas no CPC 13 que definem como deve ser tratado o saldo remanescente das reservas de reavaliação em algumas situações.

> 38. A Lei nº 11.638/07 eliminou a possibilidade de reavaliação espontânea de bens. Assim, os saldos existentes nas reservas de reavaliação constituídas antes da vigência dessa Lei, inclusive as reavaliações reflexas de controladas e coligadas, devem:
>
> (a) ser mantidos até sua efetiva realização; ou
>
> (b) ser estornados até o término do exercício social de 2008.
>
> 39. Ao optar pelo item 38(a), o valor do ativo imobilizado reavaliado existente no início do exercício social passa a ser considerado como o novo valor de custo para fins de mensuração futura e determinação do valor recuperável. A reserva de reavaliação, no patrimônio líquido, continuará sendo realizada para a conta de lucros ou prejuízos acumulados, na mesma base que vinha sendo efetuada antes da promulgação da Lei nº 11.638/07.
>
> 40. Ao optar pelo item 38(b), o estorno retroagirá à data de transição (vide item 10) estabelecida pela entidade quando da adoção inicial da Lei nº 11.638/07. O mesmo tratamento deve ser dado com referência à reversão dos impostos e contribuições diferidos, que foram registrados por ocasião da contabilização de reavaliação.
>
> 41. Além de suas reavaliações, as entidades devem observar a necessidade de uniformidade de tratamento entre a investidora e suas controladas e coligadas. A investidora deve determinar às suas controladas e recomendar às suas coligadas a adoção da mesma alternativa. Caso a coligada adote alternativa diferente daquela recomendada pela investidora, esta deve ajustar as demonstrações contábeis da investida quando da adoção do método de equivalência patrimonial, a fim de manter a uniformidade de procedimentos.

O passivo representa as obrigações que a entidade tem diante de terceiros. Esses terceiros podem ser fornecedores, bancos, governos, empregados da entidade, entre outros. Essas obrigações indicam que esses terceiros possuem um direito diante da entidade.

O **passivo** é definido pelo CPC 00 da seguinte maneira:

> Passivo é uma obrigação presente da entidade, derivada de eventos já ocorridos, cuja liquidação se espera que resulte em saída de recursos capazes de gerar benefícios econômicos.

Segundo a Lei nº 6.404/76:

Ademais, a Lei das S.A. define que no **passivo circulante** serão classificadas as obrigações da companhia, inclusive financiamentos para aquisição de direitos do ativo não circulante, que vencerem no **exercício social subsequente**.

No **passivo não circulante** serão classificadas as obrigações da companhia, inclusive financiamentos para aquisição de direitos do ativo não circulante, que vencerem **após** o exercício seguinte.

No CPC 26, o passivo pode ser dividido da seguinte forma:

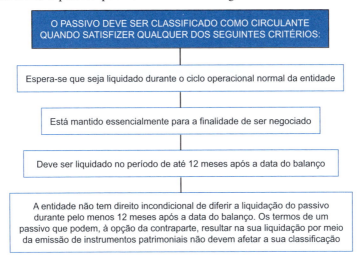

A previsão do CPC é restritiva, ou seja, somente o que anteder algum dos pré-requisitos previstos será classificado como passivo circulante. O restante será classificado como passivo não circulante.

Tanto a Lei das S.A. como o CPC 26 destacam que, regra geral, a diferença entre o passivo circulante e o passivo não circulante **envolve o prazo de vencimento de uma obrigação. No primeiro são classificadas** as obrigações com vencimento até o fim do exercício social subsequente (ou seja, até o fim do exercício após a data do balanço). **E no segundo** aquelas com vencimento após o exercício social subsequente.

Em um rápido exemplo, considerando que a Cia. Sande encerra o seu exercício sempre em dezembro de cada ano. Em maio de 2017, ela tem dois passivos: um com vencimento em dezembro de 2018 e outro com vencimento em abril de 2019. Nesse caso, o passivo está no exercício de 2017, o exercício subsequente é o de 2018 e o exercício após o exercício subsequente é o de 2019. **Portanto, o primeiro ativo será circulante e o segundo não circulante.**

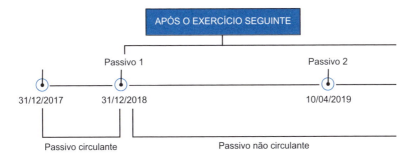

> **Atenção**
>
> Na companhia em que o ciclo operacional tiver duração **maior** que o exercício social, a classificação no circulante ou longo prazo terá por base o prazo desse ciclo.

Ciclo operacional é o tempo em que uma entidade completa um ciclo entre a aquisição de recursos, produção ou prestação de serviços, vendas e recebimentos. Um exemplo é o passivo de uma empresa de produção de aviões. O ciclo operacional dela é maior que o exercício social. Por exemplo, um empréstimo que vence em 3 anos pode ser considerado de curto prazo.

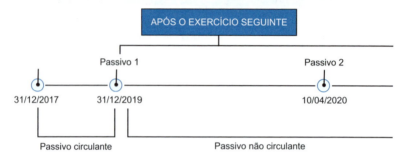

Lembrando que o ciclo operacional maior que **1 ano não altera o fato de o exercício social ter duração de 1 ano** (salvo, como vimos, quando da constituição ou alteração do estatuto, quando poderá ter duração diversa).

As obrigações da entidade que compõem o seu passivo devem ser classificadas como **decrescentes de exigibilidade**, ou seja, primeiro as mais exigíveis (que vencem em um prazo mais curto), depois as que vencem em prazo maior.

Muito cobrado em concursos, é importante saber que o **passivo exigível** é composto pelo passivo circulante somado ao passivo não circulante e que o **passivo** é composto pela soma do passivo circulante com o passivo não circulante e o patrimônio líquido.

Segundo o CPC 25:

> ***Para que um passivo se qualifique para reconhecimento***, é necessário haver não somente uma obrigação presente, mas também a probabilidade de saída de recursos que incorporam benefícios econômicos para liquidar essa obrigação. Para a finalidade deste Pronunciamento Técnico, uma saída de recursos ou outro evento é considerado como provável se o evento for mais provável que sim do que não de ocorrer, isto é, ***se a probabilidade de que o evento ocorrerá for maior do que a probabilidade de isso não acontecer. Quando não for provável*** que exista uma obrigação presente, a entidade divulga um ***passivo contingente***, a menos que a possibilidade de saída de recursos que incorporam benefícios econômicos seja remota.

Tendo destacados os pontos acima, passamos à análise dos itens que **compõem o passivo circulante**.

CAPÍTULO 20

PASSIVO CIRCULANTE

São classificadas no passivo circulante as obrigações exigíveis no curto prazo, ou seja, os direitos que terceiros possuem contra a entidade e que estão prestes a serem exigidos.

Segundo a Lei das S.A.:

> Serão classificadas no passivo circulante as obrigações da companhia, inclusive financiamentos para aquisição de direitos do ativo não circulante, que vencerem no exercício seguinte.

Essas obrigações devem sempre ser atualizadas na data do balanço patrimonial. Segundo o inciso I do art. 184:

> [...] as obrigações, encargos e riscos, conhecidos ou calculáveis, inclusive imposto sobre a renda a pagar com base no resultado do exercício, serão computados pelo valor atualizado até a data do balanço.

20.1. SALDOS BANCÁRIOS NEGATIVOS

Os saldos negativos de contas bancárias indicam que a entidade utilizou valores além dos depositados na instituição financeira, resultantes de uma **operação de crédito**. Isso se origina, por exemplo, da linha de crédito conhecida como cheque especial. Nesse caso, a conta Bancos deixa de representar um ativo, representando uma obrigação de pagamento do valor do crédito, sendo esse saldo negativo classificado no **passivo circulante**. Os saldos negativos e positivos dessas contas de uma mesma instituição financeira **devem ser compensados** ao fim do exercício para fins de classificação. Trata-se de uma obrigação de curto prazo, sobre a qual incidem juros e encargos diários.

20.1.1. Exemplos de lançamentos de saldo bancário negativo

a) Saldo bancário ficando negativo. A Cia. Alfa pagou uma conta de energia elétrica no valor de R$ 10.000. Contudo, ela só tinha R$ 4.000 de saldo bancário no momento, recorrendo à linha de crédito chamada de cheque especial.

D – Energia elétrica a pagar (passivo circulante)	R$ 10.000
C – Bancos (ativo circulante)	R$ 4.000
C – Bancos – cheque especial (passivo circulante)	R$ 6.000

Passivo circulante	
Bancos – cheque especial	R$ 6.000,00

b) Saldo negativo voltando a ser positivo. A Cia. Alfa recebeu na sua conta bancária o valor de R$ 13.000 referente a débitos quitados por clientes.

D – Bancos (ativo circulante)		R$ 7.000
D – Bancos – cheque especial (passivo circulante)		R$ 6.000
C – Duplicatas a receber (ativo circulante)		R$ 13.000

Ativo circulante	
Bancos	R$ 7.000,00

20.2. DUPLICATAS DESCONTADAS

Estudamos a operação de crédito constituída pelo desconto de duplicatas no respectivo tópico em ativo circulante.

20.3. PROMISSÓRIAS EMITIDAS

As promissórias são títulos em que o emitente se compromete a pagar um valor no futuro com juros para quem estiver com a posse da promissória.

Esta operação de crédito é geralmente realizada no âmbito comercial, onde o devedor assina nota promissória pelo valor de vencimento, isto é, com juros pré-estipulados e embutidos no valor do empréstimo. Assim, **os juros e encargos financeiros são considerados encargos a transcorrer**.

Por caracterizarem uma obrigação, as notas promissórias emitidas devem ser registradas no **passivo circulante ou passivo não circulante**, conforme o prazo de vencimento contratual.

20.3.1. Exemplos de lançamentos de notas promissórias

a) Emissão e desconto de nota promissória. A Cia. XYZ descontou promissórias de sua emissão no Banco Alfa no valor de R$ 10.000. A instituição financeira cobrou uma taxa de 10% no desconto e o vencimento das promissórias se dará em 10 meses.

D – Bancos (ativo circulante)		R$ 9.000
D – Juros a transcorrer (retificadora de passivo)		R$ 1.000
C – Notas promissórias a pagar (passivo circulante)		R$ 10.000

Passivo circulante	
Notas promissórias a pagar	R$ 10.000
Juros a transcorrer	R$ (1.000)

b) Contabilização das despesas no primeiro mês. Após 1 mês, serão contabilizados R$ 100 de despesa com juros:

D – Despesas com juros (resultado)		R$ 100
C – Juros a transcorrer (retificadora de passivo)		R$ 100

Passivo circulante	
Notas promissórias a pagar	R$ 10.000
Juros a transcorrer	R$ (900)

DRE	
Despesas com juros	R$ (100)

20.4. CONTAS A PAGAR

Essa conta representa as obrigações habituais da entidade, obrigações que fazem parte do seu dia a dia **e têm ligação, via de regra, com as suas atividades operacionais**. Essa conta pode vir na forma de vários nomes, como, por exemplo:

- **Energia elétrica a pagar:** representando a conta mensal de energia elétrica a ser paga.
- **Fatura de telefones a pagar:** representando a conta mensal de telefone a ser paga.
- **Conta de água a pagar:** representando a conta mensal de água a ser paga.
- **Salários a pagar:** representando os salários a serem pagos.

20.4.1. Exemplos de lançamentos de contas a pagar

a) Lançamento de conta de energia elétrica. A empresa Andre S.A. recebeu a conta de energia elétrica do período no valor de R$ 1.000.

D – Despesa com energia elétrica (resultado)   R$ 1.000
C – Energia elétrica a pagar (passivo circulante)   R$ 1.000

Passivo circulante	
Energia elétrica a pagar	R$ 1.000

DRE	
Despesa com energia elétrica	R$ (1.000)

b) Pagamento da conta de energia elétrica. A empresa Andre S.A. pagou a conta.

D – Energia elétrica a pagar (passivo circulante)   R$ 1.000
C – Bancos (ativo circulante)   R$ 1.000

20.5. FORNECEDORES

Essa conta representa as obrigações habituais da entidade, obrigações com os seus **fornecedores de mercadorias e de matérias-primas**.

20.5.1. Exemplos de lançamentos de fornecedores

a) Lançamento de compra de mercadorias. A empresa Andre S.A. adquiriu 100 televisores para revenda no valor de R$ 1.000 cada um.

| D – Estoques (ativo circulante) | R$ 100.000 |
| C – Fornecedores (passivo circulante) | R$ 100.000 |

Passivo circulante	
Fornecedores	R$ 100.000

b) Pagamento dos fornecedores. A empresa Andre S.A. pagou a conta.

| D – Fornecedores (passivo circulante) | R$ 100.000 |
| C – Bancos (ativo circulante) | R$ 100.000 |

20.6. IMPOSTOS A PAGAR

A atividade de uma entidade implica, em muitas situações, a ocorrência de um fato gerador tributário. Quando isso ocorre, surge uma obrigação de pagar que deve ser registrada entre as obrigações da entidade, ou seja, no seu passivo. São registrados aqui o IR, ICMS, IPI, IPTU, ISS etc.

20.6.1. Exemplos de lançamentos de impostos a pagar

a) Lançamento do ICMS. A empresa Andre S.A. vende à vista 100 televisores no valor de R$ 2.000 cada um, incidindo 10% de imposto a pagar.

D – Bancos (ativo circulante)	R$ 200.000
C – Receita bruta (resultado)	R$ 200.000
D – ICMS sobre vendas (resultado)	R$ 20.000
C – ICMS a recolher (passivo circulante)	R$ 20.000

Passivo circulante	
ICMS a recolher	R$ 20.000

b) ICMS a recuperar nas operações de compra. A empresa Andre S.A. tinha adquirido 100 televisores à vista no valor de R$ 1.000 cada um. O ICMS nessa operação também foi de 10%.

D – Estoques (ativo circulante)	R$ 90.000
D – ICMS a recuperar (ativo circulante)	R$ 10.000
C – Bancos (ativo circulante)	R$ 100.000

Ativo circulante	
ICMS a recuperar	R$ 20.000

c) Compensação com o ICMS a recuperar nas operações de compra com o ICMS a recolher na venda, resultando no ICMS a pagar. Por ser um tributo não cumulativo, somente a diferença entre os dois terá que ser paga. Portanto, o ICMS a pagar será de R$ 20.000 – R$ 10.000 = R$ 10.000

| D – ICMS a recolher (passivo circulante) | R$ 20.000 |

Cap. 20 – Passivo Circulante | 281

C – ICMS a recuperar (ativo circulante)   R$ 10.000
C – ICMS a pagar (passivo circulante)   R$ 10.000

Passivo circulante	
ICMS a pagar	R$ 10.000

20.7. SALÁRIOS A PAGAR, INSS A PAGAR E FGTS A PAGAR

Obrigações originadas das relações trabalhistas, ou seja, os salários e os respectivos encargos.

20.7.1. Exemplos de lançamentos de salários a pagar, INSS a pagar e FGTS a pagar

a) Inocorrência das despesas com salários. A Cia. Sande incorreu no mês de fevereiro folha-salário de R$ 100.000 e INSS patronal de 20%.

D – Despesas com salários (resultado)   R$ 100.000
C – Salários a pagar (passivo circulante)   R$ 100.000
D – Despesas com INSS (resultado)   R$ 20.000
C – INSS a pagar (passivo circulante)   R$ 20.000

Passivo circulante	
Salários a pagar	R$ 100.000
INSS a pagar	R$ 20.000

b) Pagamento das despesas com salários e com o INSS.

D – Salários a pagar (passivo circulante)   R$ 100.000
C – Bancos (ativo circulante)   R$ 100.000
D – INSS a pagar (passivo circulante)   R$ 20.000
C – Bancos (ativo circulante)   R$ 20.000

20.8. DIVIDENDOS A PAGAR

Ao encerrar o resultado do período, a empresa pode determinar o pagamento de dividendos. Esses valores são originados do resultado do exercício e constituem uma obrigação de pagar aos acionistas.

20.8.1. Exemplos de lançamentos de dividendos a pagar

a) Definição dos dividendos. A Cia. XYZ destina 50% do seu lucro de R$ 100.000 para os seus acionistas. O restante irá para a reserva de lucros.

D – Lucros ou prejuízos acumulados (resultado)   R$ 100.000
C – Dividendos a pagar (passivo circulante)   R$ 50.000
C – Reserva de lucros (patrimônio líquido)   R$ 50.000

Passivo circulante	
Dividendos a pagar	R$ 50.000

b) Pagamento dos dividendos. A Cia. XYZ paga os dividendos.

D – Dividendos a pagar (passivo circulante)   R$ 50.000
C – Bancos (ativo circulante)   R$ 50.000

20.9. ADIANTAMENTO DE CLIENTES

O adiantamento de clientes ocorre quando os clientes antecipam valores a uma entidade para receberem o produto ou serviço posteriormente. Quando isso ocorre, a entidade fica com uma obrigação diante do cliente, gerando um passivo. Posteriormente, esses valores se converterão em receita e as mercadorias entregues se converterão em custo.

20.9.1. Exemplos de lançamentos de adiantamento de clientes

a) Adiantamento de clientes. A Cia. XYZ recebeu dos seus clientes um adiantamento de R$ 70.000 para posterior entrega de produtos.

D – Bancos (ativo circulante)   R$ 70.000
C – Adiantamento de clientes (passivo circulante)   R$ 70.000

Passivo circulante	
Adiantamento de clientes	R$ 70.000

b) Quando da entrega dos produtos. A Cia. XYZ entrega as mercadorias. O custo totaliza R$ 50.000.

D – Adiantamento de clientes (passivo circulante)   R$ 70.000
C – Receita bruta (resultado)   R$ 70.000
D – Custo de mercadorias vendidas (resultado)   R$ 50.000
C – Estoques (ativo circulante)   R$ 50.000

DRE	
Receita bruta	R$ 70.000
Custo de mercadorias vendidas	R$ (50.000)

20.10. DEPÓSITOS JUDICIAIS

Depósitos judiciais são constituídos por ordem da autoridade judicial.

a) Devem ser contabilizados pelos seguintes lançamentos:

Constituição da provisão:

D – Despesas com provisão de contingências judiciais (resultado)
C – Provisão para contingências judiciais (passivo não circulante)

Caso seja exigido depósito bancário, teremos o seguinte lançamento adicional:

D – Depósitos judiciais (ativo não circulante)
C – Bancos (ativo circulante)

b) Se o juiz confirmar a decisão:

Favorável

D – Provisão para contingências judiciais (passivo não circulante)

C – Receita com reversão de provisão (resultado)

Caso seja favorável com depósito bancário, teremos o seguinte lançamento adicional:

D – Bancos (ativo circulante)

C – Depósitos judiciais (ativo não circulante)

Desfavorável

D – Provisão para contingências judiciais (passivo não circulante)

C – Bancos (ativo circulante)

Caso seja desfavorável com depósito bancário, teremos o seguinte lançamento:

D – Provisão para contingências judiciais (passivo não circulante)

C – Depósitos judiciais (ativo não circulante)

Se o juiz reverter a decisão, o valor da provisão será revertido tendo como contrapartida uma receita, e o valor do depósito terá como contrapartida a conta Bancos. Se durante o período em que esteve depositado o valor tiver gerado rendimento, terá também o lançamento de receita financeira tendo como contrapartida o valor do depósito.

São contabilizadas as prováveis saídas de recursos por conta de processos trabalhistas.

QUESTÃO COMENTADA

(FCC – Analista de Gestão/SABESP/Contabilidade/2018) O saldo da conta Provisões evidenciado no Balanço Patrimonial de uma empresa, em 31/12/2016, era composto dos seguintes valores:

Processo	Saldo em 31/12/2016
Ambiental	R$ 600.000,00
Trabalhista	R$ 1.080.000,00

Em 31/12/2017 a empresa obteve as seguintes informações sobre os diversos processos a que está respondendo:

Processo	Probabilidade de perda em 31/12/2017	Valor estimado em 31/12/2017 para as perdas
Ambiental	Provável	R$ 480.000,00
Trabalhista	Provável	R$ 800.000,00
Fiscal I (novo)	Possível	R$ 900.000,00
Fiscal II (novo)	Provável	R$ 540.000,00

Na Demonstração do Resultado de 2017, o efeito total que a empresa reconheceu, em função das provisões necessárias, foi:

a) Despesa total no valor de R$ 1.440.000,00.

b) Despesa total no valor de R$ 140.000,00.

c) Despesa total no valor de R$ 540.000,00.

d) Despesa total no valor de R$ 1.040.000,00.

e) Receita total no valor de R$ 400.000,00.

RESPOSTA: B

QUESTÃO COMENTADA

COMENTÁRIO:

Processo	Montante estimado (período 1)	Probabi-lidade	Montante estimado (período 2)	O que fazer	No resultado
Ambiental	R$ 600.000,00	Provável	R$ 480.000,00	Reverter o valor constituído anteriormente a maior	R$ 120.000
Trabalhista	R$ 1.080.000,00	Provável	R$ 800.000,00	Reverter o valor constituído anteriormente a maior	R$ 280.000
Fiscal I (novo)	–	Possível	R$ 900.000,00	Não afeta o resultado, por ser possível e não provável	–
Fiscal II (novo)	–	Provável	R$ 540.000,00	Deve ser feita provisão no valor integral	– R$ 540.000
				Impacto no resultado	**– R$ 140.000**

Passivo	
Provisão para o processo ambiental	R$ 480.000,00
Provisão para o processo trabalhista	R$ 800.000,00
Provisão para o processo fiscal II	R$ 540.000,00
Total do passivo	**R$ 1.820.000**

CAPÍTULO 21

EMPRÉSTIMOS E FINANCIAMENTOS

As entidades frequentemente necessitam, durante a sua evolução patrimonial, de recursos de terceiros para, por exemplo, adquirir um ativo imobilizado ou para o seu capital de giro.

As contas de empréstimos e financiamentos registram a captação de recursos junto a instituições financeiras dentro e fora do país. Se o prazo para o pagamento do mesmo (ou de parte das suas parcelas) for até o final do exercício seguinte, a sua classificação (ou da parte das suas parcelas) será no passivo circulante. Caso contrário, será o passivo não circulante.

Entretanto, se a entidade tiver a expectativa, **e tiver poder discricionário, para refinanciar ou substituir (*roll over*) uma obrigação por pelo menos 12 meses após a data do balanço,** segundo dispositivo contratual do empréstimo existente, **deve classificar a obrigação como não circulante, mesmo que de outra forma fosse devida dentro de período mais curto (ou seja, mesmo que vencível no curto prazo).** Contudo, quando o refinanciamento ou a substituição (*roll over*) da obrigação **não depender somente da entidade** (por exemplo, se não houver um acordo de refinanciamento), o simples potencial de refinanciamento não será considerado suficiente para a classificação como não circulante, e, portanto, a obrigação será classificada como circulante.

Lembre-se

Há uma diferença essencial entre financiamentos e empréstimos. Os financiamentos representam um crédito vinculado à aquisição de determinado bem, enquanto os empréstimos são concessões de crédito em espécie.

21.1. REGISTRO DO EMPRÉSTIMO E DO FINANCIAMENTO

O registro do montante inicial dos recursos captados de terceiros, classificáveis no passivo exigível (circulante e não circulante), **deve corresponder ao seu valor justo líquido dos custos de transação diretamente atribuíveis à emissão do passivo financeiro.**

Consideram-se custos de transação somente aqueles incorridos e diretamente atribuíveis à contratação de empréstimos. São, por natureza, gastos incrementais, já que não existiriam ou teriam sido evitados se essas transações não ocorressem. Temos como exemplos:

- Gastos com elaboração de prospectos e relatórios.
- Remuneração de serviços profissionais de terceiros (advogados, contadores etc.).
- Gastos com publicidade.
- Taxas e comissões.
- Custos de transferências.
- Custo de registro etc.

Os custos de transação **não incluem**: ágios ou deságios na emissão de títulos e valores mobiliários; despesas financeiras; custos internos administrativos; ou custos de carregamento.

Despesas financeiras são os custos ou as despesas que representam o ônus pago ou a pagar como remuneração direta do recurso tomado emprestado do financiador derivado dos fatores tempo, risco, inflação, câmbio, índice específico de variação de preços e assemelhados; incluem, portanto, os juros, a atualização monetária, a variação cambial etc., mas não incluem taxas, descontos, prêmios, despesas administrativas, honorários etc.

Encargos financeiros são a soma das despesas financeiras, dos custos de transação, prêmios, descontos, ágios, deságios e assemelhados, a qual representa a diferença entre os valores recebidos e os valores pagos (ou a pagar) a terceiros.

Atenção

A diferença entre os valores efetivamente pagos e a pagar (principal, juros, atualização monetária, custos de transação) e o valor justo líquido deve ser tratada como encargo financeiro. Esse encargo financeiro é representado por uma conta retificadora de empréstimos ou financiamento a pagar.

Os encargos financeiros incorridos na captação de recursos junto a terceiros devem ser **apropriados ao resultado em função da fluência do prazo** pelo custo amortizado usando-se o método dos juros efetivos.

21.1.1. Exemplos de lançamentos envolvendo empréstimos e financiamentos

a) **Tomando um empréstimo.** A Cia. Alfa tomou um empréstimo no valor de R$ 200.000 para o seu capital de giro. Os custos de transação totalizaram R$ 20.000. O empréstimo será amortizado em 10 meses.

D – Bancos (ativo circulante) R$ 180.000
D – Encargos a transcorrer – Custos de transação (retificadora de passivo) R$ 20.000
C – Empréstimos a pagar (passivo circulante) R$ 200.000

Passivo circulante	
Empréstimos a pagar	R$ 200.000
Encargos a transcorrer – Custos de transação do empréstimo	R$ (20.000)

*Obs.: como o empréstimo vence até o fim do exercício seguinte, ele está classificado no passivo circulante. Se o prazo fosse maior, a parte que vencesse até o fim do exercício seguinte seria classificada no passivo circulante e a outra parte, no passivo não circulante.

b) **Amortizando os encargos.** Considerando os dados fornecidos anteriormente sobre a empresa Alfa, vamos contabilizar o primeiro mês de amortização dos encargos. Como o total de encargos é de R$ 20.000 e ele será amortizado em 10 meses, teremos o encargo mensal de R$ 2.000.

D – Despesas financeiras (resultado) R$ 2.000
C – Encargos a transcorrer – Custos de transação (retificadora de passivo) R$ 2.000

Passivo circulante	
Empréstimos a pagar	R$ 200.000
Encargos a transcorrer – Custos de transação do empréstimo	R$ (18.000)

DRE	
Despesas financeiras	R$ (2.000)

Atenção

Os instrumentos de dívida devem ser reconhecidos inicialmente pelo seu valor justo, líquidos do seu custo da transação, exceto nos casos em que devem ser classificados como instrumentos ao valor justo com contrapartida no resultado. Nesse caso, os custos da transação devem ser reconhecidos no resultado no momento inicial.

Após ver como se registra o empréstimo ou financiamento e se amortizam os seus custos de transação, é importante conhecer as especificidades de apropriação dos juros no resultado, como será visto a seguir.

21.2. EMPRÉSTIMO OU FINANCIAMENTO COM JUROS PREDETERMINADOS

O empréstimo ou financiamento com juros **predeterminados embutidos** é aquele que tem a sua taxa de juros definida no momento da contratação; os encargos financeiros devem ser descontados do valor do empréstimo ou financiamento recebido pela empresa, por estarem embutidos no mesmo.

A lógica aqui aplicada é a mesma aplicada na amortização dos custos de transação:

a) **Na aquisição do empréstimo já se sabem os juros a transcorrer antecipadamente.** A Cia. Sande pega um empréstimo de R$ 15.000 vencível em 5 meses, sendo que R$ 5.000 desse valor são juros.

D – Banco (ativo circulante) R$ 10.000
D – Encargos a transcorrer – Juros a transcorrer (retificadora de passivo) R$ 5.000
C – Empréstimos a pagar (passivo circulante) R$ 15.000

CONTABILIDADE GERAL E AVANÇADA • SILVIO SANDE E ANDRÉ NEIVA

Passivo circulante	
Empréstimos a pagar	R$ 15.000
Encargos a transcorrer – Juros a transcorrer	R$ (5.000)

b) Apropriação no primeiro mês. A Cia. Sande apropria o valor dos juros no primeiro mês.

D – Despesas financeiras (resultado)   R$ 1.000

C – Encargos a transcorrer – Juros a transcorrer (retificadora de passivo) R$ 1.000

Passivo circulante	
Empréstimos a pagar	R$ 15.000
Encargos a transcorrer – Juros a transcorrer	R$ (4.000)

DRE	
Despesas financeiras	R$ (1.000)

QUESTÃO COMENTADA

(FCC – Analista de Gestão/SABESP/Contabilidade/2018) No dia 01/12/2015 uma empresa obteve um empréstimo à taxa de juros de 1,5% ao mês. O valor total do empréstimo foi R$ 10.000.000,00, o pagamento do principal será feito em uma única parcela em 01/12/2026 e os juros serão pagos semestralmente, com a primeira parcela vencendo em 01/06/2016.

O valor das parcelas semestrais de juros é R$ 934.432,64 e a empresa pagou, adicionalmente, na data da obtenção do empréstimo, despesas relacionadas com o contrato no valor de R$ 250.000,00. A taxa de custo efetivo da operação foi 1,5429% ao mês.

O valor contábil do empréstimo apresentado no balanço patrimonial de 31/12/2015 e o valor total dos encargos financeiros evidenciados no resultado de 2015, relativo ao empréstimo obtido, foram, respectivamente, em reais,

a) 10.150.000,00 e 400.000,00.

b) 10.154.290,00 e 404.290,00.

c) 9.900.432,75 e 150.432,75.

d) 10.155.738,75 e 405.738,77.

e) 9.896.250,00 e 146.250,00.

RESPOSTA: C

COMENTÁRIO:

Valor líquido do empréstimo = 10.000.000 – 250.000 = 9.750.000

Valor da parcela = R$ 934.432,64

Encargos financeiros = 9.750.000 × 1,5429% = **150.432,75**

Saldo líquido do empréstimo em 31/12/2015 (não haverá diminuição da parcela porque as mesmas são semestrais e o período da questão é de 1 mês) = 9.750.000 + 150.432,75 = **9.900.432,75**

21.3. EMPRÉSTIMO OU FINANCIAMENTO COM JUROS PÓS-DETERMINADOS

O empréstimo ou financiamento com juros pós-determinados é aquele que tem a sua taxa de juros definida ou determinável no momento da contratação, **mas que não faz parte (não está embutida) do valor recebido.** O valor dos juros não faz parte do empréstimo, devendo sempre ser somado ao valor do empréstimo a pagar, de acordo com a fluência do mesmo (mensalmente, regra geral), tendo como contrapartida uma despesa financeira no resultado.

A contabilização seria da seguinte forma:

a) Na aquisição do empréstimo. A Cia. Sande pega um empréstimo de R$ 20.000 vencível em 10 meses; serão cobrados 10% de juros ao mês.

D – Banco (ativo circulante)   R$ 20.000

C – Empréstimos a pagar (passivo circulante)   R$ 20.000

Passivo circulante	
Empréstimos a pagar	R$ 20.000

b) Inocorrência de juros. Após o primeiro mês, há a apropriação R$ 2.000 (10% × R$ 20.000).

D – Despesas financeiras (resultado)   R$ 2.000

C – Empréstimo a pagar (passivo circulante)   R$ 2.000

Passivo circulante	
Empréstimos a pagar	R$ 22.000

DRE	
Despesas financeiras	R$ (2.000)

21.4. VARIAÇÃO MONETÁRIA

A variação monetária representa a perda de valor da moeda ao longo do tempo. A maioria dos contratos envolvendo empréstimos possui cláusula de reposição da variação monetária. A maior parte deles utiliza a inflação como correção para manter o poder de compra do valor da obrigação.

Considerando o exemplo visto no item anterior:

a) Variação monetária. A Cia. Sande pega um empréstimo de R$ 20.000 vencível em 10 meses; serão cobrados 10% de juros ao mês. Após o primeiro mês, além dos juros, a Cia. Sande contabilizou a variação monetária do empréstimo, no valor de R$ 1.300.

D – Variação monetária passiva (resultado)   R$ 1.300

C – Empréstimos a pagar (passivo circulante)   R$ 1.300

Passivo circulante	
Empréstimos a pagar	R$ 23.300

DRE	
Variação monetária passiva	R$ (1.300)

21.5. VARIAÇÃO CAMBIAL DO EMPRÉSTIMO OU FINANCIAMENTO

Em um mundo globalizado, é comum que as entidades recorram a empréstimos ou financiamentos no exterior. Por isso, torna-se necessário dominar o conceito de variação cambial.

A variação cambial compara o valor de conversão do câmbio entre diferentes moedas de um período com outro, atualizando o valor dessas obrigações.

O inciso II do art. 184 da Lei nº 6.404 prevê:

Art. 184. No balanço, os elementos do passivo serão avaliados de acordo com os seguintes critérios:

[...]

II - As obrigações em moeda estrangeira, com cláusula de paridade cambial, serão convertidas em moeda nacional à taxa de câmbio em vigor na data do balanço

Portanto, o valor dos empréstimos e dos financiamentos será convertido em moeda nacional de acordo **com a taxa de câmbio vigente na data do balanço**.

Vamos ver com exemplos como isso ocorre:

A Cia. Beta contraiu um empréstimo que vence em 12 meses no valor de 100.000 dólares americanos. Nesse momento, a taxa de câmbio era de R$ 1,50 por dólar. Portanto, o valor do empréstimo é de R$ 150.000.

D – Bancos (ativo circulante)   R$ 150.000

C – Empréstimos a pagar (passivo circulante)   R$ 150.000

Passivo circulante	
Empréstimos a pagar	R$ 150.000

No fim do exercício, podem ser encontradas as situações abaixo previstas em "a.1" ou "a.2".

a.1) Variação cambial passiva. No fim do exercício, a taxa de câmbio foi de R$ 2,00 por dólar. A variação será passiva (aumentará o valor do empréstimo em moeda nacional) em R$ 50.000 (200.000 – 150.000).

D – Variação cambial passiva (resultado)   R$ 50.000

C – Empréstimos a pagar (passivo circulante)   R$ 50.000

Passivo circulante	
Empréstimos a pagar	R$ 200.000

DRE	
Despesa com variação cambial passiva	R$ (50.000)

a.2) Variação cambial ativa. No fim do exercício, a taxa de câmbio foi de R$ 1,00 por dólar. A variação será ativa (diminuirá o valor do empréstimo em moeda nacional) em R$ 50.000 (100.000 – 150.000).

D – Empréstimos a pagar (passivo circulante)   R$ 50.000

C – Variação cambial ativa (resultado)   R$ 50.000

Passivo circulante	
Empréstimos a pagar	R$ 100.000

DRE	
Receita com variação cambial ativa	R$ 50.000

21.6. DIVULGAÇÃO

A entidade deve divulgar as seguintes informações para cada natureza de captação de recursos (títulos patrimoniais ou de dívida):

- A identificação de cada processo de captação de recursos, agrupando-os conforme sua natureza.
- O montante dos custos de transação incorridos em cada processo de captação.
- O montante de quaisquer prêmios obtidos no processo de captação de recursos por intermédio da emissão de títulos de dívida ou de valores mobiliários.
- A taxa efetiva de juros (TIR) de cada operação.
- O montante dos custos de transação e prêmios (se for o caso) a serem apropriados ao resultado em cada período subsequente.

21.7. CAPITALIZAÇÃO DE CUSTOS DE EMPRÉSTIMOS

Alguns ativos demandam tempo para ficar prontos e são, por isso, frequentemente dependentes de empréstimos para a sua produção. A entidade **deve capitalizar os custos de empréstimos** que são **diretamente atribuíveis** à aquisição, construção ou produção de **ativo qualificável** como parte do custo do ativo. A entidade deve reconhecer os outros custos de empréstimos como despesa no período em que são incorridos.

A entidade **não é requerida a aplicar** estas regras de capitalização aos custos de empréstimos diretamente atribuíveis a aquisição, construção ou produção de:

- Ativo qualificável mensurado por valor justo, como, por exemplo, ativos biológicos.
- Estoques que são manufaturados ou de outro modo produzidos, em larga escala e em bases repetitivas.

21.7.1. Ativo qualificável

Ativo qualificável é um ativo que, necessariamente, demanda um período de tempo substancial para ficar pronto para seu uso ou venda pretendidos.

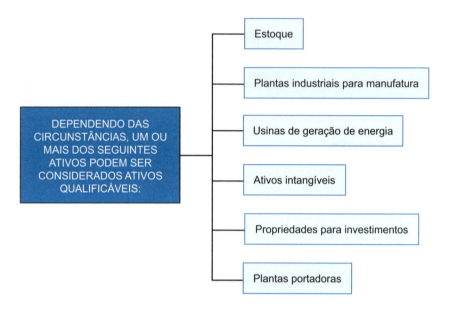

 Atenção

Ativos financeiros e estoques que são manufaturados, ou de outro modo produzidos, ao longo de um curto período de tempo, não são ativos qualificáveis. Ativos que estão prontos para seu uso ou venda pretendidos quando adquiridos não são ativos qualificáveis.

21.7.2. Custos elegíveis à capitalização

Custos de empréstimos são juros e outros custos que a entidade incorre em conexão com o empréstimo de recursos.

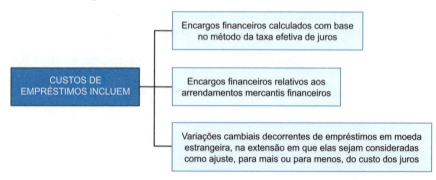

Os **custos de empréstimos que são atribuíveis** diretamente a aquisição, construção ou produção de um ativo qualificável são aqueles que seriam evitados se os gastos com o ativo qualificável não tivessem sido feitos. Quando a entidade toma emprestados recursos especificamente com o propósito de obter um ativo qualificável particular, os custos do empréstimo que são diretamente atribuíveis ao ativo qualificável podem ser prontamente identificados.

Custos de empréstimos que são diretamente atribuíveis a aquisição, construção ou produção de ativo qualificável devem ser capitalizados como parte do custo do ativo **quando for provável** que eles irão resultar em benefícios econômicos futuros para a entidade e que tais custos possam ser mensurados com confiabilidade.

21.7.3. Início da capitalização

Lembre-se

A entidade deve iniciar a capitalização dos custos de empréstimos como parte do custo de um ativo qualificável na data de início. A data de início para a capitalização é a primeira data em que a entidade satisfaz todas as seguintes condições:

- Incorre em gastos com o ativo.
- Incorre em custos de empréstimos.
- Inicia as atividades que são necessárias ao preparo do ativo para seu uso ou venda pretendidos.

As atividades necessárias ao preparo do ativo para seu uso ou venda pretendidos abrangem mais do que a construção física do ativo. **Elas incluem** trabalho técnico e administrativo anterior ao início da construção física, tais como atividades associadas à obtenção de permissões para o início da construção física. Entretanto, tais atividades excluem a de manter um ativo quando nenhuma produção ou nenhum desenvolvimento que altere as condições do ativo estiverem sendo efetuados.

Por exemplo, custos de empréstimos incorridos enquanto um terreno está em preparação devem ser capitalizados durante o período em que tais atividades relacionadas ao desenvolvimento estiverem sendo executadas. Entretanto, custos de empréstimos incorridos enquanto o terreno adquirido para fins de construção for mantido sem nenhuma atividade de preparação associada não se qualificam para capitalização.

21.7.4. Suspensão da capitalização

A entidade deve suspender a capitalização dos custos de empréstimos durante períodos extensos em que **suspender as atividades de desenvolvimento de um ativo qualificável**.

A entidade pode incorrer em custos de empréstimos durante um período extenso em que as atividades necessárias ao preparo do ativo para seu uso ou venda pretendidos estão suspensas. Tais custos mantêm os ativos parcialmente concluídos e não se qualificam para capitalização. Entretanto, a entidade normalmente **não suspende** a capitalização dos custos de empréstimos durante um período em que substancial trabalho técnico e administrativo está sendo executado. A entidade também **não deve suspender** a capitalização de custos de empréstimos quando um atraso temporário é parte necessária do processo de concluir o ativo para seu uso ou venda pretendidos.

CONTABILIDADE GERAL E AVANÇADA • SILVIO SANDE E ANDRÉ NEIVA

> Por exemplo, a capitalização deve continuar ao longo do período em que o nível elevado das águas atrasar a construção de uma ponte, se tal nível elevado das águas for comum durante o período de construção na região geográfica envolvida.

21.7.5. Cessação da capitalização

Lembre-se

A entidade deve cessar a capitalização dos custos de empréstimos quando substancialmente todas as atividades necessárias ao preparo do ativo qualificável para seu uso ou venda pretendidos estiverem concluídas.

Um ativo normalmente está pronto para seu uso ou venda pretendidos **quando a construção física do ativo estiver finalizada**, mesmo que o trabalho administrativo de rotina possa ainda continuar. Se modificações menores, tais como a decoração da propriedade sob especificações do comprador ou do usuário, resumirem-se a tudo o que está faltando, isso é indicador de que substancialmente todas as atividades estão completas.

Quando a entidade completa a construção de um ativo qualificável em partes e cada parte pode ser utilizada enquanto a construção de outras partes continua, a entidade deve cessar a capitalização dos custos de empréstimos quando completar substancialmente todas as atividades necessárias ao preparo dessa parte para seu uso ou venda pretendidos.

> Um centro de negócios compreendendo diversos edifícios, cada um deles podendo ser utilizado individualmente, é um exemplo de ativo qualificável no qual cada parte está em condições de ser utilizada enquanto a construção das outras partes continua. Um exemplo de ativo qualificável que precisa estar completo antes de qualquer parte poder ser utilizada é uma planta industrial que envolve diversos processos que são executados sequencialmente nas diversas partes da planta no mesmo local, tal como uma siderúrgica.

21.7.6. Divulgação

A entidade deve divulgar:

- O total de custos de empréstimos capitalizados durante o período.
- A taxa de capitalização utilizada na determinação do montante dos custos de empréstimos elegíveis à capitalização.

21.7.7. Exemplo de capitalização de um empréstimo

a) **Construção de uma usina de geração de energia.** A Cia. XYZ trabalha na geração de energia elétrica e adquiriu um empréstimo no valor de R$ 100.000.000 para a construção de uma usina de energia. Os custos desse empréstimo são de 10% ao mês e o pagamento do total (principal + juros) ocorrerá em 20 anos. Assim que obteve o valor, a Cia. XYZ iniciou a construção.

As usinas geradoras de energia são ativos qualificáveis. Portanto, podemos proceder à capitalização dos custos dos empréstimos. Após o primeiro mês, o lançamento de capitalização será o seguinte:

D – Usina de energia (ativo não circulante)   R$ 10.000.000

C – Empréstimos a pagar (passivo não circulante)   R$ 10.000.000

O valor dos custos do empréstimo é debitado no imobilizado, e não no resultado, por conta da capitalização.

b) Suspensão da capitalização. No segundo mês a Cia. XYZ suspendeu a construção por conta de queda nos preços do mercado de energia. Nesse caso, a capitalização do empréstimo não pode ocorrer.

c) Cessação da capitalização. A Cia. XYZ voltou a capitalizar e reiniciar a construção após o 2º mês de sua suspensão. Em 12 meses concluiu a construção. Também gastou R$ 30.000.000 em acabamento.

Nesse caso, só haverá capitalização do 1º mês e do 3º ao 14º, ou seja, 13 meses. A capitalização cessa com o fim da construção. Os gastos com acabamento são posteriores à construção física do ativo e não devem ser considerados na capitalização.

No fim, o lançamento de todos os custos dos meses capitalizados será:

D – Usina de energia (ativo não circulante)   R$ 130.000.000

C – Empréstimos a pagar (passivo não circulante)   R$ 130.000.000

CAPÍTULO 22

FOLHA DE PAGAMENTO

A folha de pagamentos representa uma importante obrigação que, mensalmente, a entidade tem que pagar. Nela, estão contidas informações **sobre os direitos salariais, os direitos trabalhistas e questões tributárias da relação entidade-trabalhador**.

No último dia do mês, quando é elaborada a folha de pagamento, **são consideradas as despesas** com salários e os encargos sociais incidentes sobre a folha de pagamento, quais sejam, a Contribuição de Previdência Social e o Fundo de Garantia por Tempo de Serviço (FGTS).

No mês seguinte, geralmente, são efetuados os lançamentos contábeis da **liquidação da folha**, correspondentes ao valor líquido pago aos empregados, bem como do recolhimento da Contribuição de Previdência Social, FGTS, IR e outros recolhimentos.

22.1. EVENTOS DA FOLHA DE PAGAMENTO

Em síntese, a folha de pagamentos se divide em dois grandes grupos: o de **rendimentos ou vantagens** e o de **descontos ou abatimentos**.

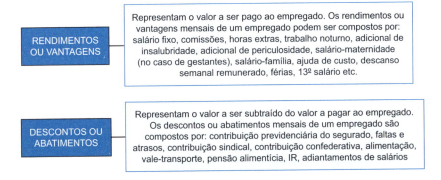

22.2. RENDIMENTOS OU VANTAGENS

a) Salários

É a parte principal da remuneração (salários + horas extras, adicionais noturnos, prêmios) recebida pelo empregado em função da sua prestação de serviço. É o pagamento realizado diretamente pelo empregador ao empregado como retribuição do seu trabalho. De acordo com a o art. 457 da CLT, **são integrados ao salário a parte fixa acordada, como também as comissões, porcentagens, gratificações ajustadas, diárias para viagens que excedam a 50% do salário e abonos pago pelo empregador**.

As **horas extras** são excedentes à jornada normal de trabalho diário, devendo o trabalhador receber 50% a mais do seu salário/hora. Quando a hora extraordinária for no sábado ou no domingo, o trabalhador deve receber um acréscimo de 100% a mais do seu salário/hora. As horas extras não podem exceder o limite de 2 horas diárias. Os valores das horas extras fazem parte da remuneração.

As **gratificações** são parcelas eventuais e são pagas como forma de reconhecimento pelo trabalho do empregado. Contudo, se for paga com habitualidade, fazem parte da remuneração.

As **comissões** são parcelas da remuneração que representam remuneração variável diante da produtividade do empregado. O pagamento de comissões é utilizado com frequência no comércio como forma de estimular o funcionário.

Os **salários** geralmente são pagos no mês seguinte ao qual forem incorridos, devendo ser reconhecidos em uma conta classificada no passivo circulante da empresa denominada salários a pagar. Isso ocorre mediante o seguinte lançamento:

D – Despesa com salários (resultado)

C – Salários a pagar (passivo circulante)

b) Provisão para férias

As férias são um direito do trabalhador, no qual ele recebe um adicional de 1/3 da sua remuneração. O registro contábil das férias/provisão para férias deve ser mensal, obedecendo ao regime de competência e ao número de dias de férias a que o empregado já tiver direito. O cálculo é feito de acordo com a remuneração mensal dos empregados, considerando o número de dias de férias aos quais já tinham direito, encargos sociais, 1/3 de adicional sobre férias etc. Isso ocorre mediante o seguinte lançamento:

D – Despesa com provisão para férias (resultado)

C – Provisão para férias (passivo circulante)

c) Provisão para 13º salário:

É uma gratificação anual concedida aos empregados e tem como base de cálculo a remuneração mensal integral. O seu registro contábil é feito por meio da apropriação da despesa de 13º salário mensalmente (um valor correspondente a 1/12 do valor da remuneração e encargos sociais) obedecendo ao princípio da competência. Isso ocorre mediante o seguinte lançamento:

D – Despesa de 13º salário (resultado)

C – Provisão para 13º salário (passivo circulante)

22.3. DESCONTOS OU ABATIMENTOS

a) Adiantamento de salários

Corresponde ao valor pago pela empresa a título de adiantamento de salários registrado na folha de pagamento a ser descontado no final do mês. A conta adiantamento a empregados representa o direito que a empresa tem de **compensar o valor pago antecipadamente**. Isso ocorre mediante o seguinte lançamento:

D – Adiantamento a empregados (ativo circulante)

C – Bancos (ativo circulante)

Quando da inocorrência dos salários, caso a empresa tenha pago antecipadamente apenas uma parte do valor, deverá ser contabilizado o valor restante a ser pago. Isso ocorre mediante o seguinte lançamento:

D – Despesa de salários (resultado)
C – Salários a pagar (passivo circulante)
C – Adiantamento a empregados (ativo circulante)

b) Contribuição previdenciária do segurado

A contribuição previdenciária do segurado, empregado ou contribuinte individual deve ser retida pela entidade que fizer o pagamento do salário e recolhida aos cofres da Previdência Social. O valor deve ser abatido dos salários a pagar mensalmente. Isso ocorre mediante o seguinte lançamento:

D – Salários a pagar (passivo circulante)
C – Contribuições previdenciárias a recolher (passivo circulante)

22.4. PARCELAS DO EMPREGADOR

A elaboração de uma folha de pagamento deve conter informações que permitam identificar cada um dos setores da empresa, assim como conter o nome do funcionário, vantagens e descontos discriminados e valor líquido a pagar.

Os salários, encargos e contribuições trabalhistas e previdenciárias a cargo do empregador representam **ônus para a empresa e são registrados como despesa**. A despesa com pessoal deve ser contabilizada no próprio mês a que se refere, mesmo que paga posteriormente, obedecendo ao regime de competência.

Atenção
Valores retidos dos empregados, como imposto de renda e contribuições previdenciárias, não são despesas da empresa.

a) Contribuição previdenciária do empregador

O valor devido de contribuição previdenciária pelo empregado é descontado pelo empregador (retenção na fonte) e repassado à Previdência, constituindo-se como despesa do empregado e não do empregador. Todavia, a **contribuição previdenciária devida sobre a folha de pagamento é uma despesa para o empregador**.

A contribuição previdenciária é registrada mensalmente e calculada sobre a remuneração bruta líquida de algumas deduções do seu cálculo, como, por exemplo, o salário-família e o vale-transporte. Isso ocorre mediante o seguinte lançamento:

D – Despesa com INSS (resultado)
C – INSS a recolher (passivo circulante)

b) FGTS

O FGTS é uma despesa mensalmente registrada pelo empregador. Isso ocorre mediante o seguinte lançamento:

D – Despesa com FGTS (resultado)
C – FGTS a recolher (passivo circulante)

22.5. PARCELAS RECUPERÁVEIS

a) Salário-família

Valor pago ao funcionário que tenha filhos menores de 14 anos. A referida parcela é descontada do valor que a empresa tem a recolher referente ao INSS. Não é despesa da empresa. O salário-família é compensado com o valor devido a título de contribuição previdenciária patronal e pago ao empregado pelo empregador. Isso ocorre mediante o seguinte lançamento:

D – INSS a compensar (ativo circulante)

C – Salário-família a pagar (passivo circulante)

Quando for recolher o valor do INSS a cargo do empregador, a entidade irá compensar o já pago a título de salário-família.

D – INSS a recolher (passivo circulante)

C – INSS a compensar (ativo circulante)

b) Salário-maternidade

É o benefício a que tem direito a segurada empregada, a trabalhadora avulsa, a empregada doméstica, a contribuinte individual, a facultativa e a segurada especial, por ocasião do parto. A referida parcela é descontada do valor que a empresa tem a recolher referente ao INSS. Isso ocorre mediante o seguinte lançamento igual ao do salário-família:

D – INSS a compensar (ativo circulante)

C – Salário maternidade a pagar (passivo circulante)

Quando for recolher o valor do INSS a cargo do empregador, a entidade irá compensar o já pago a título de salário-maternidade.

D – INSS a recolher (passivo circulante)

C – INSS a compensar (ativo circulante)

22.6. EXEMPLOS DE LANÇAMENTOS DE SALÁRIOS E BENEFÍCIOS

a) Lançamento de folha salarial: o contador da Cia. Neiva efetuou o lançamento de folha de salário do mês de setembro no valor de R$ 120.000.

D – Despesa com salários (resultado) — R$ 120.000

C – Salários a pagar (passivo circulante) — R$ 120.000

Passivo circulante	
Salários a pagar	R$ 120.000

b) Lançamento de provisão para 13º salário (o 13º é provisionado ao longo do ano antes do seu pagamento): o contador também efetuou o lançamento da provisão do mês de setembro para o 13º salário no valor de R$ 10.000.

D – Despesas com provisão para 13º salário (resultado) — R$ 10.000

C – Provisão para 13º salário (passivo circulante) — R$ 10.000

Passivo circulante	
Salários a pagar	R$ 120.000
Provisão para 13º	R$ 10.000

A provisão para o 13º somente é paga no mês de dezembro. Portanto, até lá só serão apropriadas despesas mensais com a constituição da provisão.

c) **Pagamento do salário:** posteriormente, foi feito o lançamento referente ao pagamento dos salários do mês de setembro.

D – Salários a pagar (passivo circulante)   R$ 120.000
C – Bancos (ativo circulante)   R$ 120.000

22.7. BENEFÍCIOS A EMPREGADOS
22.7.1. Conceitos de benefício

Lembre-se
Benefícios a empregados são todas as formas de compensação proporcionadas pela entidade em troca de serviços prestados pelos seus empregados ou pela rescisão do contrato de trabalho.

Os benefícios podem ser divididos em:

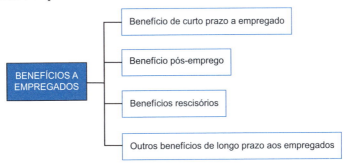

I – Benefício de curto prazo a empregado é o benefício (exceto benefício por desligamento) devido dentro de um período de 12 meses após a prestação do serviço pelos empregados.

II – Benefício pós-emprego é o benefício a empregado (exceto benefício por desligamento) que será pago após o período de emprego.

Os benefícios pós-emprego incluem, por exemplo:

- Benefícios de aposentadoria e pensão.
- Outros benefícios pagáveis após o término do vínculo empregatício, tais como assistência médica e seguro de vida na aposentadoria.

Os planos de benefício pós-emprego classificam-se como planos de **contribuição definida** ou de **benefício definido**, dependendo da natureza econômica do plano decorrente de seus principais termos e condições.

III – Benefícios rescisórios são benefícios aos empregados fornecidos pela rescisão do contrato de trabalho de empregado como resultado de:

- Decisão da entidade de terminar o vínculo empregatício do empregado antes da data normal de aposentadoria.
- Decisão do empregado de aceitar uma oferta de benefícios em troca da rescisão do contrato de trabalho.

IV – Outros benefícios de longo prazo aos empregados são todos aqueles que não sejam de curto prazo, pós-emprego e rescisórios.

> **Atenção**
>
> As regras aqui previstas sobre benefícios não tratam das demonstrações contábeis dos planos de benefícios e fundos de pensão, mas sim como a entidade patrocinadora (que emprega o beneficiário) irá contabilizar os benefícios.

22.7.1.1. Benefícios de curto prazo

Benefício de curto prazo a empregados é o benefício (exceto benefício por desligamento) **devido dentro de um período de 12 meses após a prestação do serviço pelos empregados**.

Os exemplos a seguir são benefícios de curto prazo a empregados, desde que se espere que sejam integralmente liquidados em até 12 meses após o período a que se referem as demonstrações contábeis em que os empregados prestarem os respectivos serviços:

- Ordenados, salários e contribuições para a seguridade social.
- Licença anual remunerada e licença médica remunerada.
- Participação nos lucros e bônus.
- Benefícios não monetários (tais como assistência médica, moradia, carros e bens ou serviços gratuitos ou subsidiados) para empregados atuais.

Quando o empregado tiver prestado serviços à entidade durante o período contábil, a entidade deve reconhecer o montante não descontado dos benefícios de curto prazo aos empregados, que se espera sejam pagos, em troca desse serviço:

- **Como passivo** (despesa acumulada), após a dedução de qualquer quantia já paga. Se a quantia já paga exceder o valor não descontado dos benefícios, a entidade deve reconhecer o excesso como ativo (despesa paga antecipadamente), desde que a despesa antecipada conduza, por exemplo, a uma redução dos pagamentos futuros ou a uma restituição de caixa.
- **Como despesa**, salvo se algum Pronunciamento Técnico exigir ou permitir a inclusão dos benefícios no custo de ativo.

A entidade **não precisa reclassificar** os benefícios de curto prazo aos empregados se as expectativas da entidade quanto à época da liquidação se modificarem **temporariamente**. Contudo, se as características do benefício se modificam (como, por exemplo, a mudança de benefício não cumulativo para benefício cumulativo) ou se a mudança nas expectativas quanto à época da liquidação **não é temporária**, a entidade deve considerar então se o benefício ainda atende à definição de benefício de curto prazo a empregados.

22.7.1.2. Benefício pós-emprego

Plano de benefício pós-emprego é o acordo formal ou informal pelo qual a entidade compromete-se a proporcionar benefícios pós-emprego para um ou mais empregados. Nos benefícios pós-emprego há a distinção entre **plano de contribuição definida e plano de benefício definido**.

I – Plano de contribuição definida é o plano de benefício pós-emprego pelo qual a entidade patrocinadora paga contribuições fixas a uma entidade separada (fundo de pensão), não tendo a obrigação legal ou construtiva de pagar contribuições adicionais se o fundo não possuir ativos suficientes para pagar todos os benefícios devidos.

II – Plano de benefício definido é o plano de benefício pós-emprego que não seja plano de contribuição definida.

O **passivo atuarial** aparece no caso de benefícios pós-emprego, de plano de benefício definido.

III – Plano multiempregadores é o plano de contribuição definida (exceto plano de previdência social) ou plano de benefício definido (exceto plano de previdência social) que:

- Possui ativos formados por contribuições de várias entidades patrocinadoras que não estão sob o mesmo controle acionário.
- Utiliza aqueles ativos para fornecer benefícios a empregados a mais de uma entidade patrocinadora, de forma que os níveis de contribuição e benefício sejam determinados sem identificar a entidade patrocinadora que emprega os funcionários em questão.

22.7.1.2.1. Planos de contribuição definida

Planos de contribuição definida são planos de benefícios pós-emprego pelos quais a entidade patrocinadora paga contribuições a uma entidade separada (fundo de pensão), não tendo a obrigação legal ou construtiva de pagar contribuições adicionais se o fundo vier a não possuir ativos suficientes para pagar todos os benefícios devidos.

Nos planos de contribuição definida:

- Obrigação legal ou construtiva da entidade está **limitada à quantia que ela aceita contribuir para o fundo**. Assim, o valor do benefício pós-emprego recebido pelo empregado é determinado pelo montante de contribuições pagas pela entidade (e, em alguns casos, também pelo empregado) para um plano de benefícios pós-emprego ou para uma entidade de seguros, juntamente com o retorno dos investimentos provenientes das contribuições.
- Em consequência, o **risco atuarial** (risco de que os benefícios sejam inferiores ao esperado) e o risco de investimento (risco de que os ativos investidos sejam insuficientes para cobrir os benefícios esperados) recaem no empregado.

Quando o empregado tiver prestado serviços a uma entidade durante um período, a entidade deve reconhecer a contribuição a ser paga para o plano de contribuição definida em troca desses serviços:

- **Como passivo**, após a dedução de qualquer contribuição já paga. Se a contribuição já paga exceder a contribuição devida relativa ao serviço prestado antes do período contábil a que se referem as demonstrações contábeis, a entidade deve reconhecer esse excesso como um ativo, na medida em que as antecipações conduzirão, por exemplo, à redução nos pagamentos futuros ou ao reembolso em dinheiro.

- **Como despesa**, salvo se algum Pronunciamento Técnico exigir ou permitir a inclusão dos benefícios no custo de um ativo.

A contabilização dos planos de contribuição definida **é direta** porque a obrigação da entidade patrocinadora relativa a cada exercício é determinada pelos montantes a serem contribuídos no período. Consequentemente, **não são necessárias premissas atuariais** para mensurar a obrigação ou a despesa, e não há possibilidade de qualquer ganho ou perda atuarial. Além disso, as obrigações são mensuradas em base não descontada, exceto quando não são completamente liquidados em até 12 meses após o final do período em que os empregados prestam o respectivo serviço.

22.7.1.2.2. Plano de benefícios definidos

Planos de benefício definido são planos de benefícios pós-emprego que não sejam planos de contribuição definida. A contabilização dos planos de benefício definido é complexa porque são necessárias premissas atuariais para mensurar a obrigação e a despesa do plano, bem como existe a possibilidade de ganhos e perdas atuariais. Além disso, as obrigações são mensuradas ao seu valor presente, porque podem ser liquidadas muitos anos após a prestação dos serviços pelos empregados.

Nos planos de benefício definido:

- A obrigação da entidade patrocinadora **é prover os benefícios acordados com os empregados atuais e antigos**.
- O risco atuarial (risco associado ao descasamento das premissas de que o custo dos benefícios seja maior que o esperado) e o risco de investimento **recaem parcial ou inteiramente** na entidade patrocinadora. Se a experiência atuarial ou de investimento for pior que o esperado, a obrigação da entidade pode ser elevada.

O custo final de plano de benefício definido pode ser influenciado por muitas variáveis, tais como salários na data da concessão do benefício, rotatividade e mortalidade, contribuições de empregados e tendências de custos médicos. O custo final do plano é incerto e é provável que essa incerteza venha a permanecer por longo período de tempo. Com o objetivo de mensurar o valor presente das obrigações de benefício pós-emprego e o respectivo custo do serviço corrente, é necessário:

- Aplicar método de avaliação atuarial.
- Atribuir benefício aos períodos de serviço.
- Adotar premissas atuariais.

A **contabilização pela entidade patrocinadora** dos planos de benefício definido envolve os seguintes passos:

- Utilização de técnicas atuariais para estimar de maneira confiável o montante de benefício obtido pelos empregados em troca dos serviços prestados no período corrente e nos anteriores. Isso exige que a entidade determine quanto de benefício é atribuível aos períodos corrente e anteriores e que faça estimativas (premissas atuariais) acerca de variáveis demográficas (tais como rotatividade e mortalidade dos empregados) e variáveis financeiras (tais como projeções de aumentos salariais e nos custos médicos) que influenciarão o custo do benefício.

- Desconto desse benefício usando o Método de Crédito Unitário Projetado, a fim de determinar o valor presente da obrigação de benefício definido e do custo do serviço corrente.
- Determinação do valor justo dos ativos do plano.
- Determinação do montante total dos ganhos e das perdas atuariais que serão reconhecidos.
- Quando da introdução ou alteração de plano de benefício, determinação do custo do serviço passado resultante.
- Quando um plano tenha sido reduzido ou liquidado, determinar o ganho ou a perda resultante.
- Reconhecimento dos componentes de custo de benefício definido.
- Determinação dos juros sobre o valor do passivo (ativo) de benefício definido.
- Remensurar o valor líquido do passivo (ativo) de benefício definido líquido.

a) Método de crédito unitário projetado

A entidade deve utilizar o Método de Crédito Unitário Projetado para determinar o valor presente das obrigações de benefício definido e o respectivo custo do serviço corrente e, quando aplicável, o custo do serviço passado.

O Método de Crédito Unitário Projetado (também conhecido como método de benefícios acumulados com *pro rata* de serviço ou como método benefício/anos de serviço) considera cada período de serviço como dando origem a uma unidade adicional de direito ao benefício e mensura cada unidade separadamente para construir a obrigação final.

b) Passivo atuarial

O passivo atuarial ocorre quando, em um plano de benefícios, **não existem reservas suficientes nos planos de benefícios para cobrir o valor devido no futuro aos seus beneficiários**. Ou seja, as reservas feitas para pagamento de benefícios (de saúde e de aposentadoria, por exemplo) são inferiores ao que existe de disponível no patrimônio formado por meio da contribuição dos beneficiários.

Para isso, **deve ser avaliado o valor presente das obrigações atuariais** (obrigações que consideram o risco de ocorrerem no futuro) e subtrair da mesma o patrimônio (ativos) resultante da contribuição dos beneficiários a valor justo, encontrando, assim, o passivo atuarial.

22.7.1.2.3. Planos multiempregadores

Planos multiempregadores são planos de contribuição definida (exceto planos de previdência social) ou planos de benefício definido (exceto planos de previdência social) que:

- Possuem ativos formados por contribuições de várias entidades patrocinadoras que não estão sob o mesmo controle acionário.

- Utilizam aqueles ativos para fornecer benefícios a empregados a mais de uma entidade patrocinadora, de forma que os níveis de contribuição e benefício sejam determinados sem identificar a entidade patrocinadora que emprega os funcionários em questão.

A entidade deve classificar um plano multiempregador como plano de contribuição definida ou plano de benefício definido, de acordo com os termos do plano (incluindo qualquer obrigação construtiva que vá além dos termos formais).

22.7.1.3. Benefícios rescisórios

Benefícios rescisórios são benefícios aos empregados fornecidos pela rescisão do contrato de trabalho de empregado como resultado de:

- Decisão da entidade de terminar o vínculo empregatício do empregado antes da data normal de aposentadoria.
- Decisão do empregado de aceitar uma oferta de benefícios em troca da rescisão do contrato de trabalho.

Benefícios rescisórios não incluem benefícios aos empregados decorrentes da rescisão do contrato de trabalho a pedido do empregado sem uma oferta da entidade ou como resultado de aposentadoria compulsória, uma vez que esses benefícios são pós-emprego. Algumas entidades fornecem um nível menor de benefício para rescisão do contrato de trabalho a pedido do empregado (na essência, benefício pós-emprego) do que para a rescisão do contrato de trabalho a pedido da entidade. A diferença entre o benefício fornecido pela rescisão do contrato de trabalho a pedido do empregado e o benefício maior fornecido por rescisão a pedido da entidade constitui benefício rescisório.

A entidade deve reconhecer um passivo e uma despesa com benefícios rescisórios no momento que ocorrer primeiro dentre as seguintes datas:

- Quando a entidade não mais puder cancelar a oferta desses benefícios.
- Quando a entidade reconhecer os custos de reestruturação que estiverem no alcance do Pronunciamento CPC 25 – Provisões, Passivos Contingentes e Ativos Contingentes e envolver o pagamento de benefícios rescisórios.

22.7.1.4. Outros benefícios de longo prazo

Outros benefícios de longo prazo aos empregados são todos aqueles que não sejam benefícios de curto prazo aos empregados, benefícios pós-emprego e benefícios rescisórios.

Incluem itens como, por exemplo, os seguintes, se a entidade não espera que sejam integralmente liquidados em até 12 meses após o período a que se referem as demonstrações contábeis em que os empregados prestarem os respectivos serviços:

- Ausências remuneradas de longo prazo, como, por exemplo, licença por tempo de serviço ou licença sabática.
- Jubileu ou outros benefícios por tempo de serviço.

- Benefícios de invalidez de longo prazo.
- Participação nos lucros e bônus.
- Remuneração diferida.

A mensuração de outros benefícios de longo prazo a empregados não está normalmente sujeita ao mesmo grau de incerteza que a mensuração de benefícios pós-emprego. Por essa razão, se requer um método simplificado de contabilização no caso de outros benefícios de longo prazo a empregados. Diferentemente da contabilização exigida para benefícios pós-emprego, esse método não deve reconhecer remensurações em outros resultados abrangentes.

Lembre-se

Benefícios a empregados são todas as formas de compensação proporcionadas pela entidade em troca de serviços prestados pelos seus empregados ou pela rescisão do contrato de trabalho. Os benefícios podem ser divididos em:

I – Benefício de curto prazo a empregado: benefício (exceto benefício por desligamento) devido dentro de um período de 12 meses após a prestação do serviço pelos empregados.

II – Benefício pós-emprego: benefício a empregado (exceto benefício por desligamento) que será pago após o período de emprego.

Os benefícios pós-emprego incluem, por exemplo:

- Benefícios de aposentadoria e pensão.
- Outros benefícios pagáveis após o término do vínculo empregatício, tais como assistência médica e seguro de vida na aposentadoria.

Os planos de benefício pós-emprego classificam-se como planos de contribuição definida ou de benefício definido, dependendo da natureza econômica do plano decorrente de seus principais termos e condições.

III – Benefícios rescisórios: benefícios aos empregados fornecidos pela rescisão do contrato de trabalho de empregado como resultado de:

- Decisão da entidade de terminar o vínculo empregatício do empregado antes da data normal de aposentadoria.
- Decisão do empregado de aceitar uma oferta de benefícios em troca da rescisão do contrato de trabalho.

IV – Outros benefícios de longo prazo aos empregados: todos os benefícios aos empregados que não sejam de curto prazo benefícios pós-emprego e benefícios rescisórios.

CAPÍTULO 23

DEBÊNTURES

A **debênture** é um título representativo de dívida que garante ao credor um rendimento na forma definida pela companhia na sua emissão. Em síntese, representa uma forma de captação de empréstimo da companhia no mercado.

Segundo a Lei nº 6.404/76 (Lei das S.A.):

Art. 52. A companhia poderá emitir debêntures que conferirão aos seus titulares direito de crédito contra ela, nas condições constantes da escritura de emissão e, se houver, do certificado.

As debêntures são, geralmente, negociadas no mercado de capitais, facilitando o acesso de diversas empresas a financiamento.

23.1. CARACTERÍSTICAS DAS DEBÊNTURES

A debênture terá valor nominal expresso **em moeda nacional**, salvo nos casos de obrigação que, nos termos da legislação em vigor, possa ter o pagamento estipulado em moeda estrangeira. Nela poderá conter cláusula de **correção monetária**, com base nos coeficientes fixados para correção de títulos da dívida pública, na variação da taxa cambial ou em outros referenciais não expressamente vedados em lei e poderá assegurar ao seu titular **juros, fixos ou variáveis, participação no lucro da companhia e prêmio de reembolso**.

A escritura da debênture **poderá** assegurar ao debenturista **a opção de escolher** receber o pagamento do principal e acessórios, quando do vencimento, da amortização ou do resgate, em moeda ou em bens. Além disso, em alguns casos, a debênture pode ser convertida em ações.

A deliberação sobre emissão de debêntures é **da competência privativa da assembleia geral**, que deverá fixar, observado o que a respeito dispuser o estatuto:

- O valor da emissão ou os critérios de determinação do seu limite, e a sua divisão em séries, se for o caso.
- O número e o valor nominal das debêntures.
- As garantias reais ou a garantia flutuante, se houver.
- As condições da correção monetária, se houver.
- A conversibilidade ou não em ações e as condições a serem observadas na conversão.
- A época e as condições de vencimento, amortização ou resgate.
- A época e as condições do pagamento dos juros, da participação nos lucros e do prêmio de reembolso, se houver.
- O modo de subscrição ou colocação, e o tipo das debêntures.

Os certificados das debêntures conterão:

- A denominação, sede, prazo de duração e objeto da companhia.
- A data da constituição da companhia e do arquivamento e publicação dos seus atos constitutivos.
- A data da publicação da ata da assembleia geral que deliberou sobre a emissão.
- A data e ofício do registro de imóveis em que foi inscrita a emissão.
- A denominação "debênture" e a indicação da sua espécie, pelas palavras "com garantia real", "com garantia flutuante", "sem preferência" ou "subordinada".
- A designação da emissão e da série.
- O número de ordem.
- O valor nominal e a cláusula de correção monetária, se houver, as condições de vencimento, amortização, resgate, juros, participação no lucro ou prêmio de reembolso, e a época em que serão devidos.
- As condições de conversibilidade em ações, se for o caso.
- O nome do debenturista.
- O nome do agente fiduciário dos debenturistas, se houver.
- A data da emissão do certificado e a assinatura de dois diretores da companhia.
- A autenticação do agente fiduciário, se for o caso.

Nenhuma emissão de debêntures será feita sem que tenham sido satisfeitos os seguintes requisitos:

- Arquivamento, no registro do comércio, e publicação da ata da assembleia geral, ou do conselho de administração, que deliberou sobre a emissão.
- Inscrição da escritura de emissão no registro do comércio.
- Constituição das garantias reais, se for o caso.

23.2. CONTABILIZAÇÃO DAS DEBÊNTURES

Geralmente, por representarem passivos de longo prazo, as debêntures devem ser classificadas no passivo não circulante, passando para o circulante à medida que os prazos de vencimento se aproximam do exercício social. Portanto, deve-se estar atento na regra geral (passivo não circulante) e na exceção por conta do prazo (passivo circulante).

O registro do montante inicial dos recursos captados de terceiros, classificáveis no passivo exigível (circulante e não circulante), **deve corresponder ao seu valor justo líquido dos custos de transação diretamente atribuíveis à emissão do passivo financeiro.**

Consideram-se custo de transação somente aqueles incorridos e diretamente atribuíveis a contratação de empréstimos. Temos como exemplo:

- Gastos com elaboração de prospectos e relatórios.
- Remuneração de serviços profissionais de terceiros (advogados, contadores etc.).
- Gastos com publicidade.
- Taxas e comissões.
- Custos de transferências.
- Custo de registro etc.

Os custos de transação **não incluem ágios ou deságios** na emissão de títulos e valores mobiliários, despesas financeiras e custos internos administrativos.

A diferença entre os valores efetivamente pagos e a pagar (principal, juros, atualização monetária, custos de transação) e o valor justo líquido deve ser tratada **como encargo financeiro**. Esse encargo financeiro é representado por meio de uma **conta retificadora de empréstimos ou financiamento a pagar**.

23.2.1. Debênture colocada no mercado com deságio

Considera-se que a debênture foi colocada no mercado **com deságio** quando vendida por valor inferior ao seu valor nominal. Ou seja, o investidor paga por ela um valor inferior ao seu valor de face, sendo vantajoso para ele e desvantajoso para a entidade.

Ao contabilizar esses valores, deve-se lembrar que o valor que entra na conta bancária da entidade emissora será o valor nominal subtraído do deságio e dos custos de transação. O deságio representa uma conta retificadora de passivo, que implicará o reconhecimento de uma despesa ao longo do tempo.

a) Colocação com deságio. Quando a companhia colocar uma debênture com valor inferior ao nominal, com custos de transação, o lançamento será o seguinte (vamos considerar o valor nominal de R$ 1.000, que ela foi vendida por R$ 800 e teve custos de transação de R$ 100):

D – Bancos (ativo circulante)	R$ 700
D – Custos de transação a amortizar (retificadora de passivo)	R$ 100
D – Deságio na emissão de debêntures a amortizar (retificadora de passivo)	R$ 200
C – Debêntures (passivo não circulante)	R$ 1.000

Passivo não circulante	
Debêntures	R$ 1.000
Custos de transação a amortizar	R$ (100)
Deságio na emissão de debêntures a amortizar	R$ (200)

Obs.: a debênture é classificada geralmente no passivo não circulante por conta do seu prazo que é, normalmente, longo. Porém, quando o prazo de vencimento for até o fim do exercício seguinte, ela deve ser classificada no passivo circulante.

b) Amortização dos custos de transação, do deságio e dos os juros do período. A amortização dos custos de transação e de deságio deve se dar à medida que decorrer o prazo do título, tendo como contrapartida uma despesa, obedecendo à competência.

D – Despesas com custos de transação (resultado)
C – Custos de transação a amortizar (retificadora de passivo)
D – Despesas com deságio (resultado)
C – Deságio na emissão de debêntures a amortizar (retificadora de passivo)
D – Despesas com juros (resultado)
C – Debênture (passivo não circulante)

23.2.2. Debênture colocada no mercado com ágio

Considera-se que a debênture foi colocada no mercado **com ágio (ou seja, com prêmio)** quando vendida por valor superior ao seu valor nominal. Nesse caso, o investidor paga por ela um valor superior ao seu valor de face, sendo uma desvantagem para ele e uma vantagem para a entidade.

Lembre-se

Prêmio na emissão de debêntures ou de outros títulos e valores mobiliários é o valor recebido que supera o de resgate desses títulos na data do próprio recebimento ou o valor formalmente atribuído aos valores mobiliários.

Ao contabilizar esses valores, deve-se ter em mente que o valor que entra na conta bancária da entidade emissora será o valor nominal somado ao ágio e subtraído dos custos de transação. O ágio representa uma conta de passivo, que implicará o reconhecimento de uma receita ao longo do tempo.

a) Colocação com ágio. No caso, quando a companhia vender uma debênture com valor superior ao nominal, com custos de transação (vamos considerar o valor nominal de R$ 1.000, que ela foi vendida por R$ 1.200 e teve custos de transação de R$ 100):

D – Bancos (ativo circulante)	R$ 1.100
D – Custos de transação (retificadora de passivo)	R$ 100
C – Debêntures a pagar (passivo não circulante)	R$ 1.000
C – Prêmio na emissão de debêntures – Receita a apropriar (passivo não circulante)	R$ 200

Passivo não circulante	
Debêntures	R$ 1.000
Custos de transação a amortizar	R$ (100)
Prêmio na emissão de debêntures – Receita a apropriar	R$ 200

Esse ágio representa uma receita a ser apropriada para a entidade ao longo do prazo da vigência da debênture, devendo essa receita a apropriar ser registrada no passivo. A amortização dos custos de transação e do ágio deve se dar à medida que decorrer o prazo do título, tendo como contrapartida uma despesa o primeiro e uma receita o segundo, obedecendo à competência.

b) Amortização dos custos de transação e do ágio (prêmio) e lançamento dos juros do período.

D – Despesas com custos de transação (resultado)
C – Custos de transação a amortizar (retificadora de passivo)
D – Prêmio na emissão de debêntures (passivo não circulante)
C – Receita com prêmio na emissão de debêntures (resultado)
D – Despesas com juros (resultado)
C – Debênture (passivo não circulante)

> **Atenção**
>
> O ágio (prêmio) na emissão de debêntures não é mais computado na conta de reservas de capital no patrimônio líquido. Ele deve ser considerado uma receita a apropriar (passivo) e ser apropriado segundo o regime de competência.

23.3. DEBÊNTURES CONVERSÍVEIS EM AÇÕES

Além do previsto para as debêntures em geral, existem regras específicas, caso a debênture seja conversível em ações, **em que o passivo representado por ela se transformaria em participação no capital social**. A debênture poderá ser conversível em ações nas condições constantes da **escritura de emissão**, que especificará:

- As bases da conversão, seja em número de ações em que poderá ser convertida cada debênture, seja como relação entre o valor nominal da debênture e o preço de emissão das ações.
- A espécie e a classe das ações em que poderá ser convertida.
- O prazo ou época para o exercício do direito à conversão.
- As demais condições a que a conversão acaso fique sujeita.

Os acionistas terão **direito de preferência** para subscrever a emissão de debêntures com cláusula de conversibilidade em ações.

Enquanto puder ser exercido o direito à conversão, dependerá de prévia aprovação dos debenturistas, em assembleia especial, ou de seu agente fiduciário, a alteração do estatuto para:

- Mudar o objeto da companhia.
- Criar ações preferenciais ou modificar as vantagens das existentes, em prejuízo das ações em que são conversíveis as debêntures.

Conversão de debêntures em ações.
D – Debêntures a pagar (passivo não circulante)
C – Capital social (patrimônio líquido)

23.4. DEBÊNTURES EM TESOURARIA

A própria empresa pode adquirir as suas debêntures, sendo estas classificadas como **"debêntures em tesouraria"**, desde que:

- Por valor igual ou inferior ao nominal, devendo o fato constar do relatório da administração e das demonstrações financeiras.
- Por valor superior ao nominal, desde que observe as regras expedidas pela Comissão de Valores Mobiliários.

Essas debêntures serão retificadoras da conta debêntures.

Lançamento de debêntures em tesouraria.
D – Debêntures em tesouraria (retificadora de passivo)
C – Bancos (ativo circulante)

23.5. RESGATE DA DEBÊNTURE

O resgate de debêntures consiste na sua retirada do mercado, por meio da compra pela entidade emissora de parte ou de todos os títulos do mercado.

Resgate de debêntures.
D – Debêntures (passivo)
C – Bancos (ativo circulante)

23.6. DIVULGAÇÃO

Como vimos quando tratamos de empréstimos, a entidade deve divulgar as seguintes informações para cada natureza de captação de recursos (títulos patrimoniais ou de dívida):

- A identificação de cada processo de captação de recursos, agrupando-os conforme sua natureza.
- O montante dos custos de transação incorridos em cada processo de captação.
- O montante de quaisquer prêmios obtidos no processo de captação de recursos por intermédio da emissão de títulos de dívida ou de valores mobiliários.
- A taxa efetiva de juros (TIR) de cada operação.
- O montante dos custos de transação e prêmios (se for o caso) a serem apropriados ao resultado em cada período subsequente.

CAPÍTULO 24

PROVISÕES, PASSIVOS CONTINGENTES E ATIVOS CONTINGENTES

24.1. PROVISÃO

Provisão é um passivo de prazo ou de valor incertos. Apesar de já visto anteriormente, não custa lembrar que o Passivo é uma obrigação presente da entidade, derivada de eventos já ocorridos, cuja liquidação se espera que resulte em saída de recursos da entidade capazes de gerar benefícios econômicos.

As provisões podem ser distintas de outros passivos, por ter prazo ou valor incerto, tais como contas a pagar e passivos derivados de apropriações por competência (*accruals*).

Os passivos derivados de apropriação por competência (*accruals*) são frequentemente divulgados como parte das contas a pagar, enquanto as provisões são divulgadas separadamente.

24.2. RECONHECIMENTO DE UMA PROVISÃO

Lembre-se

Uma provisão deve ser reconhecida quando:
- A entidade tem uma obrigação presente (legal ou não formalizada) como resultado de evento passado.
- Seja provável que será necessária uma saída de recursos que incorporam benefícios econômicos para liquidar a obrigação.
- Possa ser feita uma estimativa confiável do valor da obrigação.

Se uma dessas condições não forem satisfeitas, **nenhuma provisão deve ser reconhecida**.

24.2.1. Obrigação presente

Uma obrigação presente é uma obrigação atual e existente. Em casos raros não é claro se existe ou não uma obrigação presente. Nesses casos, presume-se que um evento passado dá origem a uma obrigação presente se, levando em consideração toda

CONTABILIDADE GERAL E AVANÇADA • SILVIO SANDE E ANDRÉ NEIVA

a evidência disponível, **é mais provável que sim do que não que existe uma obrigação presente na data do balanço**.

Em quase todos os casos será claro se um evento passado deu origem a uma obrigação presente. Em casos raros – como em um processo judicial, por exemplo –, pode-se discutir tanto se certos eventos ocorreram quanto se esses eventos resultaram em uma obrigação presente. Nesse caso, a entidade deve determinar se a obrigação presente existe na data do balanço ao considerar toda a evidência disponível incluindo, por exemplo, a opinião de peritos. A evidência considerada inclui qualquer evidência adicional proporcionada por eventos após a data do balanço. Com base em tal evidência:

- Quando for mais provável que sim do que não que existe uma obrigação presente na data do balanço, a entidade deve reconhecer a provisão (se os critérios de reconhecimento forem satisfeitos).
- Quando for mais provável que não existe uma obrigação presente na data do balanço, a entidade divulga um passivo contingente, a menos que seja remota a possibilidade de uma saída de recursos que incorporam benefícios econômicos.

Obrigação legal é uma obrigação que deriva de:

- Contrato (por meio de termos explícitos ou implícitos).
- Legislação.
- Outra ação da lei.

Obrigação não formalizada é uma obrigação que decorre das ações da entidade em que:

- Por via de padrão estabelecido de práticas passadas, de políticas publicadas ou de declaração atual suficientemente específica, a entidade tenha indicado a outras partes que aceitará certas responsabilidades.
- Em consequência, a entidade cria uma expectativa válida nessas outras partes de que cumprirá com essas responsabilidades.

24.2.2. Provável liquidação

Um evento passado que conduz a uma obrigação presente é chamado de um evento que cria obrigação. Para um evento ser um evento que cria obrigação, é necessário que a entidade **não tenha qualquer alternativa realista senão liquidar a obrigação** criada pelo evento. Esse é o caso somente:

- Quando a liquidação da obrigação pode ser imposta legalmente.
- No caso de obrigação não formalizada, quando o evento (que pode ser uma ação da entidade) cria expectativas válidas em terceiros de que a entidade cumprirá a obrigação.

As demonstrações contábeis tratam da posição financeira da entidade no fim do seu período de divulgação **e não da sua possível posição no futuro**. Por isso, nenhuma provisão é reconhecida para despesas que necessitam ser incorridas para operar no futuro. Os únicos passivos reconhecidos no balanço da entidade são os que já existem na data do balanço.

São reconhecidas como provisão apenas as obrigações que surgem de eventos passados que existam independentemente de ações futuras da entidade (isto é, a conduta futura dos seus negócios).

> São exemplos de tais obrigações as penalidades ou os custos de limpeza de danos ambientais ilegais, que em ambos os casos dariam origem na liquidação a uma saída de recursos que incorporam benefícios econômicos independentemente das ações futuras da entidade. De forma similar, a entidade reconhece uma provisão para os custos de descontinuidade de poço de petróleo ou de central elétrica nuclear na medida em que a entidade é obrigada a retificar danos já causados. Por outro lado, devido a pressões comerciais ou exigências legais, a entidade pode pretender ou precisar efetuar gastos para operar de forma particular no futuro (por exemplo, montando filtros de fumaça em certo tipo de fábrica). Dado que a entidade pode evitar os gastos futuros pelas suas próprias ações, por exemplo, alterando o seu modo de operar, ela não tem nenhuma obrigação presente relativamente a esse gasto futuro e nenhuma provisão é reconhecida.

24.2.3. Estimativa confiável

O uso de estimativas é uma parte essencial da elaboração de demonstrações contábeis e não prejudica a sua confiabilidade. Isso é especialmente verdadeiro no caso de provisões, que pela sua natureza são mais incertas do que a maior parte de outros elementos do balanço. Exceto em casos extremamente raros, a entidade é capaz de determinar um conjunto de desfechos possíveis e, dessa forma, fazer uma estimativa da obrigação que seja suficientemente confiável para ser usada no reconhecimento da provisão.

24.3. MENSURAÇÃO DA PROVISÃO

Ao mensurar uma provisão, devem ser considerados fatores como a **melhor estimativa**, a **ocorrência de eventos futuros** e os **possíveis reembolsos** de quantias a elas relacionadas.

a) Melhor estimativa

O valor reconhecido como provisão deve ser a melhor **estimativa do desembolso exigido para liquidar a obrigação** presente na data do balanço.

A melhor estimativa do desembolso exigido para liquidar a obrigação presente é o valor que a entidade **racionalmente pagaria para liquidar a obrigação** na data do balanço ou para transferi-la para terceiros nesse momento. É muitas vezes impossível ou proibitivamente dispendioso liquidar ou transferir a obrigação na data do balanço. Porém, a estimativa do valor que a entidade racionalmente pagaria para liquidar ou transferir a obrigação produz a melhor estimativa do desembolso exigido para liquidar a obrigação presente na data do balanço.

As estimativas do desfecho e do efeito financeiro são determinadas pelo **julgamento da administração da entidade, complementados pela experiência de transações semelhantes** e, em alguns casos, por relatórios de peritos independentes. As evidências consideradas devem incluir qualquer evidência adicional fornecida por eventos subsequentes à data do balanço.

As incertezas que rodeiam o valor a ser reconhecido como provisão são tratadas por vários meios de acordo com as circunstâncias. Quando a provisão a ser mensurada

318 | CONTABILIDADE GERAL E AVANÇADA • SILVIO SANDE E ANDRÉ NEIVA

envolve uma grande população de itens, a obrigação deve ser estimada ponderando-se todos os **possíveis desfechos** pelas suas probabilidades associadas. O nome para esse método estatístico de estimativa é "valor esperado". Portanto, a provisão será diferente dependendo de a probabilidade da perda de um dado valor ser, por exemplo, de 60 por cento ou de 90 por cento. Quando houver uma escala contínua de desfechos possíveis, e cada ponto nessa escala é tão provável como qualquer outro, é usado o ponto médio da escala.

> Exemplo: a entidade vende bens com uma garantia segundo a qual os clientes estão cobertos pelo custo da reparação de qualquer defeito de fabricação que se tornar evidente dentro dos primeiros seis meses após a compra. Se forem detectados defeitos menores em todos os produtos vendidos, a entidade irá incorrer em custos de reparação de 1 milhão. Se forem detectados defeitos maiores em todos os produtos vendidos, a entidade irá incorrer em custos de reparação de 4 milhões. A experiência passada da entidade e as expectativas futuras indicam que, para o próximo ano, 75 por cento dos bens vendidos não terão defeito, 20 por cento dos bens vendidos terão defeitos menores e 5 por cento dos bens vendidos terão defeitos maiores. A entidade avalia a probabilidade de uma saída para as obrigações de garantias como um todo. Valor esperado do custo das reparações é: (75% × 0) + (20% × $ 1 milhão) + (5% de $ 4 milhões) = $ 400.000.

b) Evento futuro

Os eventos futuros que **possam afetar o valor necessário para liquidar a obrigação** devem ser refletidos no valor da provisão quando houver evidência objetiva suficiente de que eles ocorrerão.

Os eventos futuros esperados podem ser particularmente importantes ao mensurar as provisões.

> Por exemplo, a entidade pode acreditar que o custo de limpar um local no fim da sua vida útil será reduzido em função de mudanças tecnológicas futuras. O valor reconhecido reflete uma expectativa razoável de observadores tecnicamente qualificados e objetivos, tendo em vista toda a evidência disponível quanto à tecnologia que estará disponível no momento da limpeza. Portanto, é apropriado incluir, por exemplo, reduções de custo esperadas associadas com experiência desenvolvida na aplicação de tecnologia existente ou o custo esperado de aplicação da tecnologia existente a uma operação de limpeza maior ou mais complexa da que previamente tenha sido levada em consideração. Porém, a entidade não deve antecipar o desenvolvimento da tecnologia completamente nova de limpeza a menos que isso seja apoiado por evidência objetiva suficiente.

O efeito de possível legislação nova deve ser considerado na mensuração da obrigação existente quando existe evidência objetiva suficiente de que a promulgação da lei é praticamente certa. A variedade de circunstâncias que surgem na prática torna impossível especificar um evento único que proporcionará evidência objetiva suficiente em todos os casos. Exige-se evidência do que a legislação vai exigir e também de que a sua promulgação e a sua implementação são praticamente certas. Em muitos casos não existe evidência objetiva suficiente até que a nova legislação seja promulgada.

c) Reembolso

Quando se espera que algum ou todos os desembolsos necessários para liquidar uma provisão sejam reembolsados por outra parte, o reembolso deve ser reconhecido quando, e somente quando, for praticamente certo que o reembolso será recebido se a entidade liquidar a obrigação. O reembolso deve ser tratado como ativo separado. **O valor reconhecido para o reembolso não deve ultrapassar o valor da provisão.**

Na maioria dos casos, a entidade permanece comprometida pela totalidade do valor em questão de forma que a entidade teria que liquidar o valor inteiro se a terceira parte deixasse de efetuar o pagamento por qualquer razão. Nessa situação, é reconhecida uma provisão para o valor inteiro do passivo e é reconhecido um **ativo separado pelo reembolso esperado**, desde que seu recebimento seja praticamente certo se a entidade liquidar o passivo.

Na demonstração do resultado, a despesa relativa a uma provisão pode ser apresentada líquida do valor reconhecido de reembolso.

Atenção

Quando a entidade for conjunta e solidariamente responsável por obrigação, a parte da obrigação que se espera que as outras partes liquidem é tratada como passivo contingente. A entidade reconhece a provisão para a parte da obrigação para a qual é provável uma saída de recursos que incorporam benefícios econômicos, exceto em circunstâncias extremamente raras em que nenhuma estimativa suficientemente confiável possa ser feita.

Atenção

Os ganhos na alienação esperada de ativos não devem ser levados em consideração ao mensurar a provisão, mesmo se a alienação esperada estiver intimamente ligada ao evento que dá origem à provisão. Em vez disso, a entidade deve reconhecer ganhos nas alienações esperadas de ativos no momento determinado pelo Pronunciamento Técnico que trata dos respectivos ativos.

24.4. OCORRÊNCIAS NA PROVISÃO

Podem ocorrer eventos que devem se refletidos na escrituração das provisões. Vamos ver quais são:

a) Mudança na provisão

As provisões devem ser **reavaliadas em cada data de balanço** e ajustadas para refletir a melhor estimativa corrente. **Se já não for mais provável** que seja necessária uma saída de recursos que **incorporam benefícios econômicos** futuros para liquidar a obrigação, a provisão **deve ser revertida**.

Quando for utilizado o desconto a valor presente, o valor contábil da provisão aumenta a cada período para refletir a passagem do tempo. Esse aumento deve ser reconhecido como despesa financeira.

b) Uso de provisão

Uma provisão deve ser usada somente para os desembolsos para os quais a provisão foi originalmente reconhecida.

Somente os desembolsos que se relacionem com a provisão original são compensados com a mesma provisão. Reconhecer os desembolsos contra uma provisão que foi originalmente reconhecida para outra finalidade esconderia o impacto de dois eventos diferentes.

Lembre-se

Provisões para perdas operacionais futuras não devem ser reconhecidas.

QUESTÃO COMENTADA

(CESPE – Analista Portuário/EMAP/Financeira e Auditoria Interna/2018) A empresa X, ré nos processos trabalhistas A, B e C, que discutem a mesma matéria, mas correm em varas trabalhistas distintas, será provavelmente condenada a pagar as indenizações reclamadas.

A tabela a seguir refere-se aos processos trabalhistas desfavoráveis à empresa X.

Processos	Desembolso (em R$ mil)	Probabilidade de ocorrência
A	150	75%
B	90	55%
C	20	85%

Com referência à tabela precedente, julgue o item seguinte.

Na situação hipotética apresentada, o montante de provisão a ser reconhecido é de R$ 260.000.

RESPOSTA: FALSO

COMENTÁRIO: O valor da provisão é = 150.000 × 75% + 90.000 × 55% + 20.000 × 85% = 112.500 + 49.500 + 17.000 = 179.000.

24.5. CONTRATO ONEROSO E REESTRUTURAÇÃO

24.5.1. Contrato oneroso

Se a entidade tiver um contrato oneroso, a obrigação presente de acordo com o contrato deve ser reconhecida e mensurada como provisão.

Contrato oneroso é um contrato em que os custos inevitáveis de satisfazer as obrigações do contrato excedem os benefícios econômicos que se espera sejam recebidos ao longo do mesmo contrato. Os custos inevitáveis do contrato refletem o menor custo líquido de sair do contrato, e este é determinado com base: a) no custo de cumprir o contrato; ou b) no custo de qualquer compensação ou de penalidades provenientes do não cumprimento do contrato, dos dois o menor.

Antes de ser estabelecida uma provisão separada para um contrato oneroso, a entidade deve reconhecer qualquer perda decorrente de desvalorização que tenha ocorrido nos ativos relativos a esse contrato.

Exemplo: Contrato oneroso – Uma entidade opera de maneira lucrativa em uma fábrica arrendada conforme arrendamento operacional. Durante dezembro de 20×0, a entidade transfere suas operações para nova fábrica. O arrendamento da antiga fábrica ainda terá que ser pago por mais quatro anos, não pode ser cancelado e a fábrica não pode ser subarrendada para outro usuário. Obrigação presente como resultado de evento passado que gera obrigação – O evento que gera a obrigação é a assinatura do contrato de arrendamento mercantil, que dá origem a uma obrigação legal. Uma saída de recursos envolvendo benefícios econômicos futuros na liquidação – quando o arrendamento se torna oneroso – é provável (até que o arrendamento mercantil se torne oneroso, a entidade o contabiliza de acordo com o Pronunciamento Técnico CPC 06 – Operações de Arrendamento Mercantil). Conclusão – Uma provisão é reconhecida pela melhor estimativa dos pagamentos inevitáveis do arrendamento mercantil.

24.5.2. Reestruturação

Reestruturação é um programa planejado e controlado pela administração e que altera materialmente:

- O âmbito de um negócio empreendido por entidade.
- A maneira como o negócio é conduzido.

Exemplos de eventos que podem se enquadrar na definição de reestruturação são:

- Venda ou extinção de linha de negócios.
- Fechamento de locais de negócios de um país ou região ou a realocação das atividades de negócios de um país ou região para outro.
- Mudanças na estrutura da administração, por exemplo, eliminação de um nível de gerência.
- Reorganizações fundamentais que tenham efeito material na natureza e no foco das operações da entidade.

Uma provisão para custos de reestruturação deve ser reconhecida somente quando são cumpridos os critérios gerais de reconhecimento de provisões.

Uma obrigação não formalizada para reestruturação surge somente quando a entidade:

- Tiver um plano formal detalhado para a reestruturação, identificando pelo menos:
  - O negócio ou parte do negócio em questão.
  - Os principais locais afetados.
  - O local, as funções e o número aproximado de empregados que serão incentivados financeiramente a se demitir.
  - Os desembolsos que serão efetuados.
  - Quando o plano será implantado.
- Tiver criado expectativa válida naqueles que serão afetados pela reestruturação, seja ao começar a implantação desse plano ou ao anunciar as suas principais características para aqueles afetados pela reestruturação.

A evidência de que a entidade começou a implantar o plano de reestruturação seria fornecida, por exemplo, pela desmontagem da fábrica, pela venda de ativos ou pela divulgação das principais características do plano. A divulgação do plano detalhado para reestruturação constitui obrigação não formalizada para reestruturação somente se for feita de tal maneira e em detalhes suficientes (ou seja, apresentando as principais características do plano) que origine expectativas válidas de outras partes, tais como clientes, fornecedores e empregados (ou os seus representantes) de que a entidade realizará a reestruturação.

A entidade pode começar a implementar um plano de reestruturação, ou anunciar as suas principais características àqueles afetados pelo plano, somente depois da data do balanço.

Em alguns casos, a alta administração está inserida no conselho cujos membros incluem representantes de interesses diferentes dos de uma administração (por exemplo, empregados) ou a notificação para esses representantes pode ser necessária antes de ser tomada a decisão pela alta administração. Quando uma decisão desse conselho envolve a comunicação a esses representantes, isso pode resultar em obrigação **não formalizada de reestruturar.**

Nenhuma obrigação surge pela venda de unidade operacional até que a entidade esteja comprometida com essa operação, ou seja, quando há um contrato firme de venda.

A provisão para reestruturação deve incluir somente os **desembolsos diretos** decorrentes da reestruturação, **que simultaneamente sejam**:

a) necessariamente ocasionados pela reestruturação; e

b) não associados às atividades e mandamento da entidade.

A provisão para reestruturação não inclui custos como:

- Novo treinamento ou remanejamento da equipe permanente.
- *Marketing*.
- Investimento em novos sistemas e redes de distribuição.

Esses desembolsos relacionam-se com a conduta futura da empresa e não são passivos de reestruturação na data do balanço. Tais desembolsos devem ser reconhecidos da mesma forma que o seriam se surgissem independentemente da reestruturação.

Perdas operacionais futuras, identificáveis até a data da reestruturação não devem ser incluídas em uma provisão, a menos que se relacionem a contrato oneroso.

Os ganhos na alienação esperada de ativos não devem ser levados em consideração ao mensurar uma provisão para reestruturação, mesmo que a venda de ativos seja vista como parte da reestruturação.

24.6. DIVULGAÇÃO

Para cada classe de provisão, a entidade deve divulgar:

- O valor contábil no início e no fim do período.
- Provisões adicionais feitas no período, incluindo aumentos nas provisões existentes.
- Valores utilizados (ou seja, incorridos e baixados contra a provisão) durante o período.
- Valores não utilizados revertidos durante o período.
- O aumento durante o período no valor descontado a valor presente proveniente da passagem do tempo e o efeito de qualquer mudança na taxa de desconto.

A entidade também deve divulgar, para cada classe de provisão:

- Uma breve descrição da natureza da obrigação e o cronograma esperado de quaisquer saídas de benefícios econômicos resultantes.
- Uma indicação das incertezas sobre o valor ou o cronograma dessas saídas. Sempre que necessário para fornecer informações adequadas, a entidade deve divulgar as principais premissas adotadas em relação a eventos futuros.
- O valor de qualquer reembolso esperado, declarando o valor de qualquer ativo que tenha sido reconhecido por conta desse reembolso esperado.

24.7. PROVISÕES E PERDAS ESTIMADAS

O termo "provisões", regra geral, se refere a dois tipos de situação em contabilidade: as provisões do passivo e as provisões do ativo. As provisões do passivo (ou provisões passivas) dizem respeito ao reconhecimento de uma despesa já incorrida, ou seja, cujo fato gerador já ocorreu, mas que ainda não foi paga (quitada). Já as provisões do ativo (hoje também chamadas de perdas estimadas, ou provisões ativas) visam à contabilização de uma perda provável (estimada) na realização de valor de algum elemento do ativo.

As provisões podem ser classificadas em dois grupos a saber:

a) Provisões retificadoras do ativo, hoje denominadas de perdas estimadas

Aparecem no ativo de forma subtrativa, reduzindo o valor contábil do bem ou direito sob o qual se provisionaram custos ou despesas.

b) Provisões passivas

São classificadas no passivo exigível indicando obrigações.

Como regra geral as provisões têm como débitos elementos de despesas e, como contrapartida, créditos em contas patrimoniais que, como vimos, podem ser contas redutoras de ativo ou contas de passivo exigível.

Exemplo:

D – Despesas com provisões (resultado)

C – Provisões (retificadora de ativo/passivo)

24.8. EXEMPLOS DE PROVISÕES NO ATIVO

24.8.1. Provisão para perdas estimadas com créditos de liquidação duvidosa

A provisão para perdas estimadas com créditos de liquidação duvidosa (PECLD) é uma estimativa de perda dos créditos operacionais.

24.8.2. Provisão para o ajuste de bens ao valor de mercado

Segundo a Lei nº 6.404/76 as mercadorias e produtos de comércio da companhia, bem como as matérias-primas, produtos em fabricação e bens em almoxarifado, para fins de levantamento do balanço patrimonial, deverão ser avaliados pelo custo de aquisição ou produção deduzidos de provisão para ajustá-los ao valor de mercado, quando este for inferior. Assim concluímos que a constituição dessa provisão é de caráter obrigatório perante a legislação comercial.

24.8.3. Provisão para perdas prováveis na alienação de investimentos

É uma provisão classificada no ativo não circulante investimentos como redutora das contas de investimentos (ações ou quotas de capital) a que corresponder.

24.9. EXEMPLOS DE PROVISÕES NO PASSIVO

24.9.1. Provisão para férias de empregados

A provisão de férias é constituída com base na remuneração mensal do empregado mais os encargos e tem a finalidade de evidenciar o montante real de despesas incorridas no período segundo o regime de competência.

Classificada no passivo circulante, o valor da provisão no encerramento do período (mensal ou anual) será determinado com base na remuneração mensal e no número de dias de férias a que já tiver direito na época do balanço.

24.9.2. Provisão para 13º salário

Classificável no passivo circulante, será constituída a razão de 1/12 do valor do salário do mês completo. Poderá ser provisionada também a parcela dos encargos sociais (INSS, FGTS) incidente sobre o 13º salário cujo ônus caiba ao empregador.

24.10. PASSIVO CONTINGENTE

Vimos que o passivo é uma **obrigação presente da entidade**, derivada de **eventos já ocorridos**, cuja liquidação **se espera que resulte em saída de recursos da entidade** capazes de gerar benefícios econômicos. Evento que cria obrigação é um evento que cria uma obrigação legal ou não formalizada que faça com que a entidade não tenha nenhuma alternativa realista senão liquidar essa obrigação.

Obrigação legal é uma obrigação que deriva de:

- Contrato (por meio de termos explícitos ou implícitos).
- Legislação.
- Outra ação da lei.

Obrigação não formalizada é uma obrigação que decorre das ações da entidade em que:

- Por via de padrão estabelecido de práticas passadas, de políticas publicadas ou de declaração atual suficientemente específica, a entidade tenha indicado a outras partes que aceitará certas responsabilidades.
- Em consequência, a entidade cria uma expectativa válida nessas outras partes de que cumprirá com essas responsabilidades.

Passivo contingente é:

- Uma obrigação possível que resulta de eventos passados e cuja existência será confirmada apenas pela ocorrência ou não de um ou mais eventos futuros incertos não totalmente sob controle da entidade.
- Uma obrigação presente que resulta de eventos passados, **mas que não é reconhecida porque:**
    - Não é provável que uma saída de recursos que incorporam benefícios econômicos seja exigida para liquidar a obrigação.
    - O valor da obrigação não pode ser mensurado com suficiente confiabilidade.

24.10.1. Reconhecimento do passivo contingente

A entidade **não deve reconhecer um passivo contingente**.

Os passivos contingentes podem desenvolver-se de maneira não inicialmente esperada. Por isso, **são periodicamente avaliados** para determinar se uma saída de

CAP. 24 – PROVISÕES, PASSIVOS CONTINGENTES E ATIVOS CONTINGENTES | 325

recursos que incorporam benefícios econômicos **se tornou provável**. **Se for provável** que uma saída de benefícios econômicos futuros serão exigidos para um item previamente tratado como passivo contingente, **a provisão deve ser reconhecida** nas demonstrações contábeis do período no qual ocorre a mudança na estimativa da probabilidade (exceto em circunstâncias extremamente raras em que nenhuma estimativa suficientemente confiável possa ser feita).

24.10.2. Divulgação do passivo contingente

A menos que seja remota a possibilidade de ocorrer qualquer desembolso na liquidação, a entidade deve divulgar **em notas explicativas**, para cada classe de passivo contingente na data do balanço, uma breve descrição da natureza do passivo contingente e, quando praticável:

- A estimativa do seu efeito financeiro.
- A indicação das incertezas relacionadas ao valor ou momento de ocorrência de qualquer saída.
- A possibilidade de qualquer reembolso.

24.11. DIFERENÇA ENTRE PROVISÕES E PASSIVOS CONTINGENTES

Em sentido geral, todas as provisões são contingentes porque são incertas quanto ao seu prazo ou valor. Porém, aqui o termo "contingente" é usado para passivos e ativos que não sejam reconhecidos porque a sua existência somente será confirmada pela ocorrência ou não de um ou mais eventos futuros incertos não totalmente sob o controle da entidade. Adicionalmente, o termo passivo contingente é usado para passivos que não satisfaçam os critérios de reconhecimento.

- **Provisões**, **que são reconhecidas como passivo** (presumindo-se que possa ser feita uma estimativa confiável), porque são obrigações presentes e é provável que uma saída de recursos que incorporam benefícios econômicos seja necessária para liquidar a obrigação.
- **Passivos contingentes**, **que não são reconhecidos como passivo**, porque são:
  - Obrigações possíveis, visto **que ainda há de ser confirmado** se a entidade tem ou não uma obrigação presente que possa conduzir a uma saída de recursos que incorporam benefícios econômicos **ou**
  - Obrigações presentes **que não satisfazem os critérios de reconhecimento** (porque não é provável que seja necessária uma saída de recursos para liquidar a obrigação, ou não pode ser feita uma estimativa suficientemente confiável do valor da obrigação).

Provisão e passivo contingente são caracterizados em situações nas quais, como resultado de eventos passados, pode haver uma saída de recursos envolvendo benefícios econômicos futuros na liquidação de: (a) obrigação presente; ou (b) obrigação possível cuja existência será confirmada apenas pela ocorrência ou não de um ou mais eventos futuros incertos não totalmente sob controle da entidade.

Considerando isso, devemos lembrar o seguinte:

QUESTÃO COMENTADA

(CESPE – Auditor-Fiscal da Receita Estadual/SEFAZ RS/2019) Uma entidade é ré em duas ações judiciais. De acordo com os seus advogados, é possível a condenação da entidade na primeira ação, pois há jurisprudência favorável tanto à tese dos autores quanto à tese de defesa; na segunda ação, a probabilidade de condenação da entidade é remota, pois as decisões judiciais têm sido contrárias à tese da parte autora.

Nessa situação hipotética, a entidade deve:

a) Elaborar nota explicativa para as duas ações e efetuar provisionamento apenas para a primeira ação.

b) Efetuar provisionamento para ambas as ações, sem necessidade de nota explicativa.

c) Registrar provisionamento para a primeira ação e confeccionar nota explicativa apenas para a segunda ação.

d) Confeccionar nota explicativa apenas para a primeira ação, sem providenciar qualquer provisionamento contábil.

e) Abster-se de providenciar qualquer provisionamento ou registro em nota explicativa de qualquer das duas ações.

RESPOSTA: D

COMENTÁRIO: A obrigação possível deve ser apenas divulgada no caso do passivo contingente. A remota não deve ser divulgada nem reconhecida. Está correta, portanto, a alternativa D.

24.12. ATIVO CONTINGENTE

Ativo contingente é um ativo possível que resulta de eventos passados e cuja existência será confirmada apenas pela ocorrência ou não de um ou mais eventos futuros incertos não totalmente sob controle da entidade.

Os **ativos contingentes** surgem normalmente de **evento não planejado ou de outros não esperados** que dão origem à possibilidade de entrada de **benefícios econômicos para a entidade**. Um exemplo é uma reivindicação que a entidade esteja reclamando por meio de processos legais, em que o desfecho seja incerto.

O ativo contingente não deve ser reconhecido no balanço. Quando a realização do ganho é praticamente certa, então o ativo relacionado não é um ativo contingente e o seu reconhecimento é adequado.

O ativo contingente é divulgado quando for provável a entrada de benefícios econômicos.

CAPÍTULO 25

PASSIVO NÃO CIRCULANTE

Serão classificadas no passivo não circulante as obrigações da companhia, inclusive financiamentos para aquisição de direitos do ativo não circulante, quando vencerem em prazo maior que o fim do exercício seguinte.

São exemplos de contas classificadas aqui os empréstimos de longo prazo e as contas a pagar de longo prazo, ou seja, todas as obrigações classificáveis no passivo circulante podem ser classificadas no passivo não circulante se forem de longo prazo.

É importante lembrar que, **se a entidade tiver a expectativa e tiver poder discricionário para refinanciar ou substituir** (*roll over*) uma obrigação por pelo menos 12 meses após a data do balanço, segundo dispositivo contratual do empréstimo existente, **deve classificar a obrigação como não circulante, mesmo que de outra forma fosse devida dentro de período mais curto (ou seja, mesmo que vencível no curto prazo)**. Contudo, quando o refinanciamento ou a substituição (*roll over*) da obrigação **não depender somente da entidade** (por exemplo, se não houver um acordo de refinanciamento), o simples potencial de refinanciamento não é considerado suficiente para a classificação como não circulante; portanto, a obrigação é classificada como circulante.

QUESTÃO COMENTADA

(FCC – Analista/MPE-SE/2009) São evidenciadas como Passivo Não Circulante as contas correspondentes a:

a) Subvenção para investimentos, fornecedores de equipamentos e receitas antecipadas.

b) Receitas relativas a exercícios futuros deduzidas dos custos ou despesas correspondentes.

c) Receitas antecipadas e de dividendos, quando não pagos imediatamente.

d) Empréstimos bancários e prêmios na emissão de debêntures.

e) Operações de financiamentos e empréstimos de longo prazo.

RESPOSTA: E

COMENTÁRIO: De acordo com a Lei nº 6.404/76, art. 180, "As obrigações da companhia, inclusive financiamentos para aquisição de direitos do ativo não circulante, serão classificadas no passivo circulante, quando se vencerem no exercício seguinte; e no **passivo não circulante**, se tiverem vencimento em prazo maior."

Ou seja, o que será classificado no passivo não circulante são as contas de longo prazo. Como exemplo temos as contas de operações de financiamentos e empréstimos de longo prazo.

25.1. AVALIAÇÃO DO PASSIVO NÃO CIRCULANTE

Segundo a Lei das S.A.:

Art. 184. No balanço, os elementos do passivo serão avaliados de acordo com os seguintes critérios:

[...]

III – as obrigações, os encargos e os riscos classificados no passivo não circulante serão ajustados ao seu valor presente, sendo os demais ajustados quando houver efeito relevante.

Os itens classificados no passivo não circulante, assim como os itens classificados no ativo não circulante, serão avaliados **pelo seu valor presente. Valor presente de um passivo é a saída de fluxos de caixa futuros esperados** de uma obrigação trazida a valor presente por uma taxa de desconto.

Exemplo: a Cia. XYZ tomou um empréstimo com saídas de R$ 1.000,00 a cada ano com taxa de 10%.

Como vence após o fim do exercício social seguinte, ela deve ser classificada no passivo não circulante e trazida a valor presente.

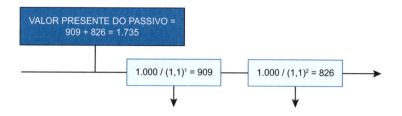

$1.000 / (1,1)^1 = 909$
$1.000 / (1,1)^2 = 826$
Valor presente do passivo = 909 + 826 = 1.735
O lançamento será:

D – Bancos (ativo circulante)	R$ 1.735
D – Encargos a transcorrer (retificadora de passivo)	R$ 265
C – Empréstimos a pagar (passivo não circulante)	R$ 2.000

Passivo circulante	
Empréstimos a pagar	R$ 2.000
Encargos a transcorrer	R$ (265)

25.2. RECEITA DIFERIDA

A Lei das S.A. determinou que, a partir de 2008, passe a ser classificada no passivo não circulante a **receita diferida diminuída do custo diferido**. Essa receita, **que deve sempre ser classificada no passivo não circulante, envolve as receitas que não podem ser objeto de reembolso.**

E o saldo existente antes de 2008 deve ser reclassificado:

Art. 299-B. O saldo existente no resultado de exercício futuro em 31 de dezembro de 2008 deverá ser reclassificado para o passivo não circulante em conta representativa de receita diferida.

Parágrafo único. O registro do saldo de que trata o caput deste artigo deverá evidenciar a receita diferida e o respectivo custo diferido.

Isso ocorre por conta da extinção do grupo resultados de exercícios futuros pela **Lei nº 11.941, de 2009**. Essa lei, é bom destacar, teve como objetivo atualizar as normas contábeis brasileiras, trazendo influência das normas internacionais de contabilidade.

Essa receita, com o curso correspondente, deve ser apropriada ao resultado segundo o regime de competência, ou seja, à medida que os fatos que a originaram ocorrerem.

25.2.1. Receita antecipada

A receita antecipada por um produto a entregar ou por um serviço a prestar **que podem ser objeto de reembolso deve ser classificada como receita a apropriar no passivo circulante ou no passivo não circulante a depender do prazo que se espera apropriá-la**.

No caso, o lançamento será:

D – Bancos (ativo circulante)	R$ 200.000
C – Receitas a apropriar (passivo circulante)	R$ 200.000

CAPÍTULO 26

PATRIMÔNIO LÍQUIDO

Segundo o § 2º do art. 178 da Lei das S.A.:

§ 2º No passivo, as contas serão classificadas nos seguintes grupos:
III – patrimônio líquido, dividido em capital social, reservas de capital, ajustes de avaliação patrimonial, reservas de lucros, ações em tesouraria e prejuízos acumulados.

O passivo é composto pelo **passivo exigível e pelo patrimônio líquido. Algumas vezes, as bancas chamam de passivo somente o passivo exigível, fato ao qual é importante estar atento**.

O patrimônio líquido representa o saldo remanescente da **diferença entre o valor dos ativos e o dos passivos**. Ele também representa a quantidade do patrimônio que pertence aos acionistas ou sócios, ou seja, **o capital próprio da entidade**. Ele será dividido em: **capital social, reservas de capital, ajustes de avaliação patrimonial, reservas de lucros, ações em tesouraria e prejuízos acumulados.**

Considerando que as contas do patrimônio líquido (PL) possuem natureza credora, ou seja, com saldo credor e com saldo devedor (suas retificadoras), temos o seguinte quadro de composição:

PATRIMÔNIO LÍQUIDO

- \+ Capital social
- \+ Reservas de capital
- +/– Ajustes de avaliação patrimonial
- \+ Reservas de lucros
- – Ações em tesouraria
- – Prejuízos acumulados

26.1. CAPITAL SOCIAL

O **capital social** representa o investimento feito na entidade pelos seus sócios ou acionistas. Ele engloba tanto o aporte inicial dos sócios, em dinheiro ou bens, quanto outros aportes posteriores, em bens, em dinheiro ou em montantes de lucros ou reservas de lucros que a entidade converta em capital social.

Segundo a Lei das S.A.:

*Art. 1º A companhia ou sociedade anônima terá o capital dividido em ações, e a responsabilidade dos sócios ou acionistas **será limitada ao preço de emissão das ações subscritas ou adquiridas.***

*Art. 5º O estatuto da companhia fixará o valor do capital social, expresso em **moeda nacional.***

Parágrafo único. A expressão monetária do valor do capital social realizado será corrigida anualmente.

*Art. 6º O capital social somente poderá ser modificado com observância dos **preceitos desta Lei e do estatuto social.***

*Art. 7º O capital social poderá ser formado com **contribuições em dinheiro** ou em qualquer espécie de **bens suscetíveis de avaliação em dinheiro.***

*Art. 8º A avaliação dos bens será feita por **3 (três) peritos** ou **por empresa especializada**, nomeados em assembleia geral dos subscritores, convocada pela imprensa e presidida por um dos fundadores, instalando-se em primeira convocação com a presença de subscritores que representem metade, pelo menos, do capital social, e em segunda convocação com qualquer número.*

§ 1º Os peritos ou a empresa avaliadora deverão apresentar laudo fundamentado, com a indicação dos critérios de avaliação e dos elementos de comparação adotados e instruído com os documentos relativos aos bens avaliados, e estarão presentes à assembleia que conhecer do laudo, a fim de prestarem as informações que lhes forem solicitadas.

§ 2º Se o subscritor aceitar o valor aprovado pela assembleia, os bens incorporar-se-ão ao patrimônio da companhia, competindo aos primeiros diretores cumprir as formalidades necessárias à respectiva transmissão.

§ 3º Se a assembleia não aprovar a avaliação, ou o subscritor não aceitar a avaliação aprovada, ficará sem efeito o projeto de constituição da companhia.

§ 4º Os bens não poderão ser incorporados ao patrimônio da companhia por valor acima do que lhes tiver dado o subscritor.

§ 5º Aplica-se à assembleia referida neste artigo o disposto nos §§ 1º e 2º do artigo 115.

§ 6º Os avaliadores e o subscritor responderão perante a companhia, os acionistas e terceiros, pelos danos que lhes causarem por culpa ou dolo na avaliação dos bens, sem prejuízo da responsabilidade penal em que tenham incorrido; no caso de bens em condomínio, a responsabilidade dos subscritores é solidária.

Art. 9º Na falta de declaração expressa em contrário, os bens transferem-se à companhia a título de propriedade.

Art. 10. A responsabilidade civil dos subscritores ou acionistas que contribuírem com bens para a formação do capital social será idêntica à do vendedor.

Parágrafo único. Quando a entrada consistir em crédito, o subscritor ou acionista responderá pela solvência do devedor.

A lei estabelece que a companhia ou sociedade anônima terá o capital dividido em ações, bem como estabelece a **responsabilidade dos acionistas ou sócios**, que está limitada ao preço de emissão das ações subscritas ou adquiridas. Vale dizer que o acionista que não disponha de poder de gerência responde perante a sociedade e terceiros pelo valor de suas ações.

Lembrando que:

Capital social	Ações ordinárias	Com direito a voto
	Ações preferenciais	Sem direito ao voto

A entidade deve divulgar o seguinte, seja no balanço patrimonial, seja na demonstração das mutações do patrimônio líquido ou nas notas explicativas:

- Para cada classe de ações do capital:
  - A quantidade de ações autorizadas.
  - A quantidade de ações subscritas e inteiramente integralizadas, e subscritas mas não integralizadas.
  - O valor nominal por ação, ou informar que as ações não têm valor nominal.
  - A conciliação entre as quantidades de ações em circulação no início e no fim do período.
  - Os direitos, preferências e restrições associados a essa classe de ações, incluindo restrições na distribuição de dividendos e no reembolso de capital.
  - Ações ou quotas da entidade mantidas pela própria entidade (ações ou quotas em tesouraria) ou por controladas ou coligadas.
  - Ações reservadas para emissão em função de opções e contratos para a venda de ações, incluindo os prazos e respectivos montantes.
- Uma descrição da natureza e da finalidade de cada reserva dentro do patrimônio líquido.

Por oportuno, cabe mencionar que a lei das Sociedades Anônimas, em seu art. 15, § 2º, preceitua que as ações sem direito a voto não poderão exceder a 50% do total das ações de uma companhia. Com isto, a lei admite a possibilidade de o capital votante estar representado por apenas **50% do capital total**.

A lei determina também que o estatuto da companhia fixará o valor do capital social, que deverá ser expresso em **moeda nacional**, e a sua expressão monetária deverá ser **corrigida anualmente**.

O capital social poderá ser formado com **contribuições em dinheiro ou em qualquer espécie de bens suscetíveis de avaliação em dinheiro**. No caso de a integralização ser feita em bens, a avaliação dos bens será feita por 3 (três) peritos ou por empresa especializada, nomeados em assembleia geral dos subscritores, convocada pela imprensa e presidida por um dos fundadores, instalando-se em primeira convocação com a presença de subscritores que representem metade, pelo menos, do capital social, e em segunda convocação com qualquer número.

Segundo o caput do art. 182 da Lei das S.A.:

Art. 182. A conta do capital social discriminará o montante subscrito e, por dedução, a parcela ainda não realizada.

Capital Subscrito é aquele que o sócio **se comprometeu a aportar na companhia**. Ele deve ser reduzido da parcela de capital **ainda não aportada (não realizada) pelo sócio**. Isso ocorre geralmente no intervalo entre a assinatura do contrato social ou a subscrição de ações e o efetivo pagamento pela parcela adquirida de quotas ou ações.

26.1.1. Capital social ou capital nominal ou capital subscrito

A constituição de uma empresa se inicia, primeiramente, no arquivamento de seus atos constitutivos no respectivo órgão de registro.

Chama-se **capital nominal, capital social ou capital subscrito** o valor que os sócios se comprometeram a aportar na entidade. O capital social é formado pelo capital inicial investido pelos empresários, inclusive os investimentos adicionais, integralizados em dinheiro ou bens, bem como os acréscimos decorrentes de lucros gerados na atividade da empresa e outras reservas (como reservas de capital).

O capital nominal **inclui a sua correção monetária do capital a realizar (enquanto não realizado),** incorporada ao respectivo capital, e pode ser reduzido quando houver absorção de prejuízo contábil ou quando há restituição de capital aos empresários. Para ter validade jurídica, qualquer alteração ocorrida no capital necessita de seu competente registro (arquivamento) na junta comercial.

26.1.2. Capital a subscrever

É a diferença entre o capital autorizado e o capital subscrito. É o valor que o capital pode ser aumentado sem que seja necessário fazer alteração estatutária. No caso do capital autorizado ser de R$ 1.000.000 e o capital subscrito ser o valor de R$ 100.000, o capital a subscrever é de R$ 900.000. **O capital a subscrever não é registrado na contabilidade.**

26.1.2.1. *Responsabilidade do subscritor*

Quando do aumento de capital, o ato de subscrever é irrevogável, podendo o subscritor que não realizar o capital que subscreveu, dentro prazo e nas condições previstas no estatuto e no boletim de subscrição, estar submetido às sanções da lei. Segundo a Lei das S.A., o **acionista é obrigado a realizar,** nas condições previstas no estatuto ou no boletim de subscrição, a prestação correspondente **às ações subscritas ou adquiridas**.

Se o estatuto e o boletim forem omissos quanto ao montante da prestação e ao prazo ou data do pagamento, caberá aos órgãos da administração efetuar chamada, mediante avisos publicados na imprensa, por 3 (três) vezes, no mínimo, fixando prazo, não inferior a 30 (trinta) dias, para o pagamento.

O **acionista que não fizer o pagamento** nas condições previstas no estatuto ou boletim, ou na chamada, ficará de pleno direito constituído em mora, sujeitando-se ao pagamento dos juros, da correção monetária e da multa que o estatuto determinar, esta não superior a 10% (dez por cento) do valor da prestação.

Verificada a mora do acionista, a companhia pode, à sua escolha, promover contra o acionista, e os que com ele forem solidariamente responsáveis, processo de execução para cobrar as importâncias devidas, servindo o boletim de subscrição e o aviso de chamada como título extrajudicial nos termos do Código de Processo Civil ou ainda mandar vender as ações em bolsa de valores, por conta e risco do acionista.

A razão de tanta proteção ao capital subscrito é que o mesmo gera expectativas de aporte financeiro aos demais acionistas e à terceiros (instituições financeiras, governos etc.). A não realização desse valor geraria significativa insegurança para os demais interessados na entidade.

No caso da integralização com bens, a lei prevê a **responsabilidade civil** dos subscritores ou acionistas que contribuírem com bens para a formação do capital social e esta será idêntica à do vendedor. Isso ocorre para evitar que o subscritor e o vendedor ajam de má-fé para prejudicar terceiros ou demais acionistas. Os peritos ou a empresa que forem responsáveis pelo laudo indicando o valor da avaliação e serão responsáveis pelas informações contidas neles.

26.1.3. Capital realizado, integralizado ou contábil

É o total **efetivamente entregue pelos acionistas ou sócios das entidades**, que pode ser igual ao capital nominal ou subscrito, se os subscritores já o integralizaram. Pelo art. 182 da Lei das S.A., temos que "a conta do capital social discriminará o montante subscrito e, por dedução, a parcela ainda não realizada".

Dessa forma, quando o capital não for integralizado de forma total no momento da constituição da sociedade, a empresa deve ter, em seu plano de contas, a conta do capital social (subscrito) e a **conta devedora do capital a integralizar (a realizar)**, sendo que o líquido entre ambas representa o capital integralizado (realizado). Salienta-se, mais uma vez, que capital subscrito, capital registrado e capital nominal representam expressões análogas em contabilidade.

26.1.4. Capital a integralizar ou a realizar

É a **diferença entre o capital social (subscrito) e o capital integralizado (realizado)**. Ocorre quando os acionistas/sócios ainda não realizaram em moeda ou em bens o capital que subscreveu. Após a subscrição, a realização do capital deve ocorrer dentro do prazo previsto no estatuto ou boletim de subscrição, podendo, em caso de descumprimento do prazo, ser o subscritor responsabilizado.

Exemplo: A Empresa Neiva S.A. tem o capital social (subscrito) de R$ 2.000.000 e, até o momento, foi integralizado (realizado) o valor de R$ 1.500.000. Portanto, ficará assim registrado no patrimônio líquido:

Patrimônio líquido	
Capital social	R$ 2.000.000,00
Capital a integralizar	R$ (500.000,00)
Capital social realizado	**R$ 1.500.000,00**

26.1.5. Capital autorizado

É uma figura prevista pela Lei nº 6.404/76 (Lei das S.A.) e próprio de Sociedades Anônimas de Capital Aberto (que negociam suas ações em bolsa ou balcão), representando o limite **em que o aumento do capital social pode ser efetuado sem reforma estatutária**. O capital autorizado deve constar do estatuto social da companhia **e não é registrado na contabilidade da mesma**.

> Considerando, por exemplo, uma empresa que tem registrado no seu estatuto social que o seu capital autorizado é de R$ 1.000.000 e tem como capital subscrito o valor de R$ 100.000. Se, em um momento futuro, ela quiser fazer o aumento do seu capital subscrito para R$ 200.000 (ou até o limite de R$ 1.000.000), ela não precisará alterar o estatuto da companhia.

26.1.6. Captação de recursos por meio da emissão de ações

O registro do montante inicial dos recursos captados por intermédio da emissão de títulos patrimoniais deve corresponder aos **valores líquidos disponibilizados** para a entidade pela transação, pois essas transações são efetuadas **com sócios já existentes e/ou novos**, não devendo seus custos influenciar o saldo líquido das transações geradoras de resultado da entidade.

Os **custos de transação incorridos na captação** de recursos por intermédio da emissão de títulos patrimoniais devem ser contabilizados, de forma destacada, **em conta redutora de patrimônio líquido**, deduzidos os eventuais efeitos fiscais, e os **prêmios recebidos devem ser reconhecidos em conta de reserva de capital**.

Nas operações de captação de recursos por intermédio da emissão de títulos patrimoniais em que exista **prêmio (excedente de capital)** originado da subscrição de ações às quais os custos de transação se referem, deve o prêmio, até o limite do seu saldo, ser utilizado para absorver os **custos de transação registrados**. Nos demais casos, a conta de que trata o registro dos custos de transação será apresentada após o capital social e a mesma somente pode ser utilizada para redução do capital social ou absorção por reservas de capital.

De forma semelhante ao que ocorre com a captação dos empréstimos e financiamentos, consideram-se custos de transação somente aqueles incorridos e diretamente atribuíveis a contratação à emissão de ações ou bônus de subscrição. São, por natureza, gastos incrementais, já que não existiriam ou teriam sido evitados se essas transações não ocorressem. Temos como exemplo:

- Gastos com elaboração de prospectos e relatórios.
- Remuneração de serviços profissionais de terceiros (advogados, contadores etc.).
- Gastos com publicidade.
- Taxas e comissões.
- Custos de transferências.
- Custo de registro etc.

Os custos de transação **não incluem ágios ou deságios** na emissão de títulos e valores mobiliários, despesas financeiras, custos internos administrativos ou custos de carregamento.

Quando a operação de captação de recursos por intermédio da emissão de títulos patrimoniais **não for concluída**, inexistindo aumento de capital ou emissão de bônus de subscrição, os custos de transação devem ser reconhecidos como **despesa destacada no resultado** do período em que se frustrar a transação.

Segundo a Lei das S.A.:

Art. 24. Os certificados das ações serão escritos em vernáculo e conterão as seguintes declarações:

I – denominação da companhia, sua sede e prazo de duração.

II – o valor do capital social, a data do ato que o tiver fixado, o número de ações em que se divide e o valor nominal das ações, ou a declaração de que não têm valor nominal.

III – nas companhias com capital autorizado, o limite da autorização, em número de ações ou valor do capital social.

IV – o número de ações ordinárias e preferenciais das diversas classes, se houver, as vantagens ou preferências conferidas a cada classe e as limitações ou restrições a que as ações estiverem sujeitas.

V – o número de ordem do certificado e da ação, e a espécie e classe a que pertence.

VI – os direitos conferidos às partes beneficiárias, se houver.

VII – a época e o lugar da reunião da assembleia geral ordinária.

VIII – a data da constituição da companhia e do arquivamento e publicação de seus atos constitutivos.

CAP. 26 – PATRIMÔNIO LÍQUIDO | 337

IX – o nome do acionista.

X – o débito do acionista e a época e o lugar de seu pagamento, se a ação não estiver integralizada.

XI – a data da emissão do certificado e as assinaturas de dois diretores, ou do agente emissor de certificados (art. 27).

§ 1º A omissão de qualquer dessas declarações dá ao acionista direito à indenização por perdas e danos contra a companhia e os diretores na gestão dos quais os certificados tenham sido emitidos.

§ 2º Os certificados de ações emitidas por companhias abertas podem ser assinados por dois mandatários com poderes especiais, ou autenticados por chancela mecânica, observadas as normas expedidas pela Comissão de Valores Mobiliários.

Exemplo:

a) A Cia. Neiva emite ações no valor de R$ 100.000 com custos de transação na venda de R$ 1.000:

D – Bancos (ativo circulante)	R$ 99.000
D – Custos de transação (retificadora de patrimônio líquido)	R$ 1.000
C – Capital social (patrimônio líquido)	R$ 100.000

Patrimônio líquido	
Capital social	R$ 100.000,00
Custos de transação	R$ (1.000,00)

26.1.7. Adiantamento para aumento de capital social

Em algumas situações, os sócios antecipam valores para a entidade com o objetivo de emprestar dinheiro de forma emergencial, mas tendo como intenção o aumento da sua participação. Como a alteração do contrato social ou estatuto pode levar tempo, até que o capital social seja efetivamente aumentado, esse adiantamento fica registrado no passivo na conta adiantamento de capital social.

Exceção: somente quando não houver hipótese de restituição desses valores ao sócio que fez o adiantamento, o registro deve ser feito diretamente no capital social.

a) Registro do adiantamento de capital: a Cia. Sande recebeu adiantamento de capital social de um dos seus sócios no valor de R$ 100.000.

D – Bancos (ativo circulante)	R$ 100.000
C – Adiantamento para aumento do capital (passivo)	R$ 100.000

Passivo	
Adiantamento para aumento do capital	R$ 100.000

b) Aumento do capital: a Cia. Sande aumentou o seu capital no valor do adiantamento.

D – Adiantamento para aumento do capital (passivo)	R$ 100.000
C – Capital social (patrimônio líquido)	R$ 100.000

Patrimônio líquido	
Capital social	R$ 100.000

26.1.7.1. Exemplos de lançamentos no capital social

No capital social, temos geralmente os seguintes lançamentos contábeis: subscrição, realização com dinheiro, realização com bens, conversão de lucros ou reservas em capital social e redução do capital social.

a) Subscrição do capital social: a Cia. Neiva foi registrada com um capital social de R$ 100.000, ainda não realizado. Ela possui capital autorizado de R$ 200.000.*
D – Capital social a realizar (retificadora do patrimônio líquido)   R$ 100.000
C – Capital social (patrimônio líquido)   R$ 100.000
*Obs.: o **Capital autorizado não é registrado na contabilidade.**
No balanço:

Patrimônio líquido	
Capital social	R$ 100.000
Capital a integralizar	R$ (100.000)

b) Pelo valor integralizado do capital em dinheiro: em um segundo momento, metade do Capital Social é realizado em dinheiro através de transferência bancária.

D – Bancos (ativo circulante)   R$ 50.000

C – Capital social a realizar (retificadora de patrimônio líquido)   R$ 50.000

No balanço:

Balanço patrimonial			
Ativo circulante		**Patrimônio líquido**	
Bancos	R$ 50.000	Capital social	R$ 100.000
		Capital a integralizar	R$ (50.000)

c) Integralização com bens: a outra metade foi integralizada com uma máquina no valor de R$ 50.000.

D – Máquinas (ativo não circulante)   R$ 50.000

C – Capital social a realizar (retificadora de patrimônio líquido)   R$ 50.000

No balanço:

Balanço patrimonial			
Ativo circulante		**Patrimônio líquido**	
Bancos	R$ 50.000	Capital social	R$ 100.000
Ativo não circulante			
Máquinas	R$ 50.000		

d) Aumento do capital com lucros: no encerramento do exercício, a Cia. Neiva apurou um lucro de R$ 20.000 em dinheiro, do qual os sócios destinam todo o valor para aumento de capital social.

D – Bancos (ativo circulante)   R$ 20.000

C – Lucro do exercício (resultado)   R$ 20.000

D – Lucro do exercício (resultado)   R$ 20.000

C – Capital social (patrimônio líquido)   R$ 20.000

No balanço:

Balanço patrimonial			
Ativo circulante		**Patrimônio líquido**	
Bancos	R$ 70.000	Capital social	R$ 120.000
Ativo não circulante			
Máquinas	R$ 50.000		

e) Retirada de capital: posteriormente, um sócio que possuía 20% da sociedade se retira, recebendo o valor da sua participação em dinheiro:

D – Capital social (patrimônio líquido)   R$ 24.000

C – Bancos (ativo circulante)   R$ 24.000

No balanço:

Balanço patrimonial			
Ativo circulante		**Patrimônio líquido**	
Bancos	R$ 46.000	Capital social	R$ 96.000
Ativo não circulante			
Máquinas	R$ 50.000		

26.1.8. Requisitos para a constituição da empresa

Segundo a Lei das S.A., são requisitos preliminares para a constituição de uma companhia:

Art. 80. A constituição da companhia depende do cumprimento dos seguintes requisitos preliminares:

*I – **subscrição, pelo menos por 2 (duas) pessoas**, de todas as ações em que se divide o capital social fixado no estatuto.*

*II – **realização, como entrada, de 10% (dez por cento)**, no mínimo, do preço de emissão das ações subscritas **em dinheiro**.*

*III – **depósito**, no Banco do Brasil S/A., ou em outro estabelecimento bancário autorizado pela Comissão de Valores Mobiliários, **da parte do capital realizado em dinheiro**.*

Parágrafo único. O disposto no número II não se aplica às companhias para as quais a lei exige realização inicial de parte maior do capital social.

A subscrição por duas pessoas, a realização de 10% no mínimo em dinheiro e o valor em dinheiro ser depositado em um banco são, portanto, requisitos para a constituição de uma companhia. Em alguns casos, a lei exige realização inicial de parte maior do capital social do que os 10% em dinheiro previstos.

26.2. RESERVA DE CAPITAL

As reservas de capital são constituídas com valores recebidos pela empresa e **que não transitam pelo resultado**, por não se referirem à entrega de bens ou serviços pela empresa, sendo os seus valores registrados diretamente no patrimônio líquido.

Segundo o § 1º do art. 182 da Lei das S.A.:

*§ 1º Serão classificadas como **reservas de capital** as contas que registrarem:*

a) a contribuição do subscritor de ações que ultrapassar o valor nominal e a parte do preço de emissão das ações sem valor nominal que ultrapassar a importância destinada à formação do capital social, inclusive nos casos de conversão em ações de debêntures ou partes beneficiárias.

b) o produto da alienação de partes beneficiárias e bônus de subscrição.

§ 2º Será ainda registrado como reserva de capital o resultado da correção monetária do capital realizado, enquanto não capitalizado.

26.2.1. Ágio na emissão de ações

A contribuição do subscritor de ações **que ultrapassar o valor nominal (ágio na emissão de ações)** e a parte do preço de emissão das **ações sem valor nominal** que ultrapassar a importância destinada à formação do capital social, inclusive nos casos de conversão em ações de debêntures ou partes beneficiárias, serão registradas na reserva de capital.

Ao subscrever ações acima do valor nominal ou ações sem valor nominal (em que exista valor que não seja totalmente destinado ao capital social) haverá aumento das reservas de capital. **No primeiro caso será o valor acima do valor nominal da ação que irá para a reserva. No segundo caso, será o valor que não for destinado ao capital social irá para a reserva.**

Exemplo de subscrição acima do valor nominal:

A Cia. Alfa emitiu 100.000 ações no valor de R$ 1,00. Todas as ações foram vendidas por R$ 150.000. Portanto, teremos R$ 50.000 de ágio. O registro será o seguinte:

D – Bancos (ativo circulante) R$ 150.000
C – Capital social (patrimônio líquido) R$ 100.000
C – Reserva de capital (patrimônio líquido) R$ 50.000

Patrimônio líquido	
Capital social	R$ 100.000
Reserva de capital	R$ 50.000

Exemplo de subscrição sem valor nominal cujo valor não é totalmente destinado ao capital social:

A Cia. Beta emitiu 200.000 ações sem valor nominal. Todas as ações foram vendidas pelo valor de R$ 2,00 cada, totalizando R$ 400.000. Contudo, somente R$ 250.000 foi destinado ao capital social. O registro será o seguinte:

D – Bancos (ativo circulante) R$ 400.000
C – Capital social (patrimônio líquido) R$ 250.000
C – Reserva de capital (patrimônio líquido) R$ 150.000

Patrimônio líquido	
Capital social	R$ 250.000
Reserva de capital	R$ 150.000

Atenção

O lucro na venda de ações em tesouraria, mesmo não estando previsto explicitamente na Lei das S.A., também é uma reserva de capital pois equipara-se ao ágio na emissão de ações.

Lucro na venda de ações em tesouraria:

A Cia. Alga possuía ações próprias em tesouraria no valor de R$ 100.000 e as vendeu por R$ 150.000.

Situação anterior:

Patrimônio líquido	
Capital social	R$ 100.000
Ações em tesouraria	R$ (100.000)

CONTABILIDADE GERAL E AVANÇADA • SILVIO SANDE E ANDRÉ NEIVA

Lançamento:

D – Banco (ativo circulante)   R$ 150.000
C – Ações em tesouraria (patrimônio líquido)   R$ 100.000
C – Reserva de capital (patrimônio líquido)   R$ 50.000

Situação posterior:

Patrimônio líquido	
Capital social	R$ 100.000
Reserva de capital	R$ 50.000

QUESTÃO COMENTADA

(CESPE – Oficial Técnico de Inteligência/Área 1/2018) O resultado da venda de ações em tesouraria deverá ser registrado a crédito (ganho) de conta específica de reservas de lucro ou a débito (prejuízo) da conta que contabiliza a origem dos recursos aplicados em sua aquisição.

RESPOSTA: FALSO

COMENTÁRIO: O lucro deverá ser registrado a crédito de uma reserva de capital. O prejuízo deverá ser registrado a débito da mesma reserva de capital utilizada para o lucro.

26.2.2. Produto da alienação de partes beneficiárias e bônus de subscrição

As partes beneficiárias e bônus de subscrição são produtos financeiros de emissão da companhia como forma de financiamento.

a) Partes beneficiárias

As partes beneficiárias são títulos negociáveis sem valor nominal e estranhos ao capital social com direito a participação nos lucros de no máximo 10% e que normalmente são conferidos a pessoas que prestaram grandes serviços à empresa.

As partes beneficiárias conferem aos seus titulares direito de crédito eventual contra a companhia na participação nos lucros anuais. **A participação atribuída às partes beneficiárias, inclusive para formação de reserva para resgate, se houver, não ultrapassará 0,1 (um décimo) dos lucros.**

Esses títulos podem ser vendidos, sendo que o produto da venda deve ser **contabilizado em Reserva de Capital na conta Produto de Alienação de Partes Beneficiárias.** Se por acaso esses títulos forem doados aos seus beneficiários, tal situação será objeto de lançamento contábil.

É **vedado conferir às partes beneficiárias qualquer direito privativo de acionista,** salvo o de fiscalizar, nos termos da Lei das S.A., os atos dos administradores.

As partes beneficiárias poderão ser alienadas pela companhia, nas condições determinadas pelo estatuto ou pela assembleia geral, ou atribuídas a fundadores, acionistas ou terceiros, como remuneração de serviços prestados à companhia. **É vedado às companhias abertas emitir partes beneficiárias.**

O estatuto fixará o prazo de duração das partes beneficiárias e, sempre que estipular resgate, deverá criar reserva especial para esse fim. O prazo de duração das partes beneficiárias atribuídas gratuitamente, salvo as destinadas a sociedades ou fundações beneficentes dos empregados da companhia, não poderá ultrapassar 10 (dez) anos.

O estatuto poderá prever a conversão das partes beneficiárias em ações, mediante capitalização de reserva criada para esse fim.

Os certificados das partes beneficiárias conterão:

- A denominação "parte beneficiária".
- A denominação da companhia, sua sede e prazo de duração.
- O valor do capital social, a data do ato que o fixou e o número de ações em que se divide.
- O número de partes beneficiárias criadas pela companhia e o respectivo número de ordem.
- Os direitos que lhes serão atribuídos pelo estatuto, o prazo de duração e as condições de resgate, se houver.
- A data da constituição da companhia e do arquivamento e publicação dos seus atos constitutivos.
- O nome do beneficiário.
- A data da emissão do certificado e as assinaturas de dois diretores.

Exemplo de alienação de partes beneficiárias:

A Cia XYZ emitiu 200 partes beneficiárias. Cada uma foi vendida por R$ 100. O registro será o seguinte:

D – Bancos (ativo circulante)	R$ 20.000
C – Reserva de capital (patrimônio líquido)	R$ 20.000

Patrimônio líquido	
Reserva de capital	R$ 20.000

b) Bônus de subscrição

Os bônus de subscrição são títulos negociáveis que poderão ser emitidos pela companhia dentro do limite de aumento de **capital autorizado** no estatuto. Os bônus de subscrição conferirão aos seus titulares, nas condições constantes do certificado, direito de subscrever ações do capital social que será exercido mediante apresentação do título à companhia e pagamento do preço de emissão das ações.

Os bônus de subscrição serão alienados pela companhia ou por ela atribuídos, como vantagem adicional, aos subscritos de emissões de suas ações ou debêntures. Os acionistas da companhia gozarão de preferência para subscrever a emissão de bônus.

Ou seja, os bônus de subscrição, bem como as partes beneficiárias, podem ser vendidos (o valor obtido na venda deve ir para a reserva de capital) ou cedidas gratuitamente (onde não são registradas contabilmente).

Exemplo de alienação de bônus se subscrição:

A Cia. XYZ emitiu 300 bônus de subscrição. Cada um foi vendido por R$ 200. O registro será o seguinte:

D – Bancos (ativo circulante)	R$ 60.000
C – Reserva de capital (patrimônio líquido)	R$ 60.000

Patrimônio líquido	
Reserva de capital	R$ 60.000

26.2.3. Correção do capital realizado, enquanto não capitalizado

Essa previsão (§ 2º do art. 182 da Lei das S.A.) encontra-se desatualizada, pois a atualização monetária foi extinta em 1995. Espera-se que o legislador revogue essa previsão, pois a mesma não é eficaz. Contudo, como o inciso ainda continua vigente, ele pode ser cobrado em questões que envolvam a literalidade da lei.

Em resumo:

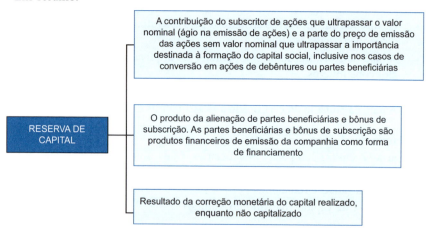

26.2.4. Utilização de reserva de capital

Segundo a Lei das S.A.:

> **Atenção**
> A reserva constituída com o produto da venda de partes beneficiárias poderá ser destinada ao resgate desses títulos.

26.2.4.1. Absorção de prejuízos que ultrapassarem os lucros acumulados e as reservas de lucros

Com relação à absorção de prejuízos, é importante destacarmos as suas particularidades. O parágrafo único do art. 189 da Lei das S.A. determina que o prejuízo do exercício seja **obrigatoriamente** absorvido pelos lucros acumulados, pelas reservas de lucros e pela reserva legal, nessa ordem. Como a conta **lucros acumulados não existe mais**, apesar de esse parágrafo não ter sido atualizado de acordo com a nova legislação, o prejuízo do exercício deve ser **obrigatoriamente absorvido pelas reservas de lucros e pela reserva legal**. Sendo assim, a utilização na absorção **é obrigatória**.

Levando isso em consideração, é previsto que as reservas de capital sejam utilizadas na absorção de prejuízos que ultrapassarem os lucros acumulados (conta que não existe mais) e as reservas de lucros. Portanto, a conta reservas de capital **pode ser utilizada para absorver prejuízos que ultrapassem as reservas de lucros**. Sendo assim, a utilização na absorção **é facultativa**, ou seja, depende da vontade da entidade.

26.2.4.2. Resgate, reembolso ou compra de ações

O **resgate** consiste no pagamento do valor das ações para retirá-las definitivamente de circulação, com redução ou não do capital social. Mantido o mesmo capital, será atribuído, quando for o caso, novo valor nominal às ações remanescentes.

Exemplo de resgate de ações:

O capital da Cia. Alfa é de R$ 100.000 e possuía reserva de capital de R$ 42.000. A Cia. Alfa efetuou o resgate de ações próprias no valor de R$ 70.000. Os lançamentos são os seguintes:

D – Ações em tesouraria (patrimônio líquido)   R$ 70.000
C – Bancos (ativo circulante)   R$ 70.000

Patrimônio líquido	
Capital social	R$ 100.000
Reservas de capital	R$ 42.000
Ações em tesouraria	R$ (70.000)

Vejamos as possíveis consequências nos itens I e II a seguir:

I – Utilização das reservas de capital para o resgate que não afeta o capital social:
D – Reservas de capital (patrimônio líquido)   R$ 42.000
C – Ações em tesouraria (patrimônio líquido)   R$ 42.000

Perceba que o lançamento não afetou a conta capital social.

Patrimônio líquido	
Capital social	R$ 100.000
Ações em tesouraria	R$ (28.000)

II – Resgate com redução do capital social:

D – Capital social (patrimônio líquido)   R$ 28.000

C – Ações em tesouraria (patrimônio líquido)   R$ 28.000

Patrimônio líquido	
Capital social	R$ 72.000

O **reembolso** é a operação pela qual, nos casos previstos em lei (por exemplo, na incorporação de uma empresa por outra), a companhia paga aos acionistas dissidentes de deliberação da assembleia geral o valor de suas ações. O valor de reembolso poderá ser pago à conta de lucros ou reservas, exceto a legal, e nesse caso as ações **reembolsadas ficarão em tesouraria** (sendo uma conta retificadora da reserva que originou os recursos utilizados no reembolso).

Exemplo de reembolso de ações:

A Cia. Beta incorporou a Cia. Delta e efetuou o reembolso de ações no valor de R$ 50.000 aos acionistas dissidentes. Esse valor utilizado constava na conta reservas de capital e a conta reservas de capital totalizava R$ 150.000. O lançamento é o seguinte:

D – Ações em tesouraria (patrimônio líquido)   R$ 50.000

C – Bancos (ativo circulante)   R$ 50.000

No balanço, ficaria assim registrado:

Patrimônio líquido	
Reservas de capital	R$ 150.000
Ações em tesouraria	R$ (50.000)

A **compra** consiste na aquisição de próprias ações da companhia. Esse tema será visto com maior detalhamento no assunto "Ações em tesouraria". Como no reembolso, se o valor utilizado na compra for originado das reservas de capital, a conta retificadora ações em tesouraria estará associada à conta das reservas de capital.

26.2.4.3. Resgate de partes beneficiárias

O estatuto fixará o prazo de duração das partes beneficiárias e, sempre que estipular resgate, deverá criar reserva especial para esse fim. Na verdade, essa não se trata de uma reserva, e sim de uma provisão para o resgate dessas partes beneficiárias. É importante destacar que a reserva constituída com o produto da venda de partes beneficiárias poderá ser destinada ao resgate desses títulos. Na constituição dessa provisão, podem ser utilizados valores constantes na conta reservas de capital.

Exemplo de resgate de partes beneficiárias:

A Cia. XYZ efetuou o resgate de partes beneficiárias no valor de R$ 20.000 utilizando a conta reservas de capital. Os lançamentos são os seguintes:

D – Reservas de capital (patrimônio líquido)   R$ 20.000

C – Provisão para resgate de partes beneficiárias (passivo circulante)   R$ 20.000

No 2º momento, quando do pagamento pelo resgate:

D – Provisão para resgate de partes beneficiárias (passivo circulante)   R$ 20.000

C – Bancos (ativo circulante)   R$ 20.000

26.2.4.4. Incorporação ao capital social

A incorporação de reservas de capital ao capital social ocorre quando a entidade aproveita o saldo das reservas para aumentar o valor da participação dos sócios.

Exemplo de incorporação de reservas de capital ao capital social:

A Cia. Alfa incorporou R$ 30.000 de suas reservas de capital ao capital social. O lançamento é o seguinte:

D – Reservas de capital (patrimônio líquido)   R$ 30.000
C – Capital social (patrimônio líquido)   R$ 30.000

26.2.4.5. O pagamento de dividendo a ações preferenciais, quando essa vantagem lhes for assegurada

As ações preferenciais **não têm direito a voto, mas têm prioridade na distribuição de dividendos**. O estatuto pode conferir às ações preferenciais com prioridade na distribuição de dividendo cumulativo, o direito de recebê-lo, no exercício em que o lucro for insuficiente, à conta das reservas de capital.

Os dividendos cumulativos são os dividendos mínimos ou obrigatórios que, por conta da inexistência do lucro do exercício, são acumulados de um exercício para pagamento em exercício posterior. Portanto, se for esse o caso, a conta de reservas de capital pode ser utilizada.

Exemplo de pagamento de dividendo a ações preferenciais, quando essa vantagem lhes for assegurada:

A Cia. Beta utilizou R$ 15.000 de suas reservas de capital para o pagamento de dividendos. O lançamento é o seguinte:

D – Reservas de capital (patrimônio líquido)   R$ 15.000
C – Dividendos a pagar (passivo circulante)   R$ 15.000

No 2º momento, quando do pagamento:

D – Dividendos a pagar (passivo circulante)   R$ 15.000
C – Bancos (ativo circulante)   R$ 15.000

26.3. AJUSTES DE AVALIAÇÃO PATRIMONIAL

Na conta Ajustes de Avaliação Patrimonial serão contabilizadas, **enquanto não computadas no resultado do exercício em obediência ao regime de competência**, as contrapartidas de aumentos ou diminuições de valor atribuídos a elementos do ativo e do passivo, em decorrência da sua avaliação **a valor justo, para mais ou para menos**, nos casos previstos na Lei das S.A. ou em normas expedidas pela Comissão de Valores Mobiliários. Essa conta **não recebe valores que transitam pelo resultado, não sendo por isso classificada como reservas**.

Cita-se como exemplo de transações que são registradas na conta Ajustes de Avaliação Patrimonial:

- As variações a valor justo de instrumentos financeiros destinados à venda futura.
- A diferença entre os valores avaliados a preço de mercado de ativos e passivos nas reorganizações societárias (fusões, cisões e incorporações).

348 | CONTABILIDADE GERAL E AVANÇADA • SILVIO SANDE E ANDRÉ NEIVA

Os registros podem resultar em **saldo credor ou devedor**, ou seja, essa conta pode assumir saldo negativo (diminuindo o patrimônio líquido) ou positivo (aumentando o patrimônio líquido). O valor da conta de ajuste de avaliação patrimonial no patrimônio líquido **deve ser apropriado na conta de resultado à medida que os ativos e os passivos que originaram o ajuste sejam realizados**.

A conta Ajustes de Avaliação Patrimonial tem que estar segregada em subcontas analíticas específicas, **identificadas de acordo com a origem que resultou no registro na conta**.

26.3.1. Instrumentos financeiros destinados à venda

O instrumento financeiro destinado à venda é aquele com o qual a entidade não tem a intenção de permanência e que define a sua destinação à venda (o assunto foi tratado quando estudamos o Ativo Circulante). Esse ativo deve ser avaliado ao valor justo e a sua contrapartida não deve ir para o resultado, mas sim para a conta ajustes de avaliação patrimonial no patrimônio líquido.

Exemplo:

a) Avaliação a valor justo positiva: a Cia. Alfa possui instrumento financeiro disponível para a venda com valor contábil de R$ 10.000. O valor justo do instrumento é de R$ 12.000.

D – Instrumentos financeiros disponíveis para venda (ativo circulante) R$ 2.000

C – Ajustes de avaliação patrimonial (patrimônio líquido) R$ 2.000

Patrimônio líquido	
Ajuste de avaliação patrimonial	R$ 2.000

b) Avaliação a valor justo negativa: a Cia. Beta possui instrumento financeiro disponível para a venda com valor contábil de R$ 10.000. O valor justo do instrumento é de R$ 7.000.

D – Ajuste de avaliação patrimonial (patrimônio líquido) R$ 3.000

C – Instrumentos financeiros disponíveis para venda R$ 3.000
(ativo circulante)

Patrimônio líquido	
Ajuste de avaliação patrimonial	R$ (3.000)

26.3.2. Reorganizações societárias

Durante a existência de uma sociedade, é comum que ocorram reorganizações societárias, também conhecidas como combinação de negócios. Nessas reorganizações, **os ativos e os passivos devem ser avaliados a valor de mercado**. As contrapartidas dessas avaliações são registradas na conta ajuste de avaliação patrimonial.

O valor dessas avaliações a serem registradas é a diferença entre o valor de mercado do ativo e o valor contábil do ativo subtraída da diferença entre o valor de mercado do passivo o valor contábil do passivo.

Exemplo:

a) Reorganização com avalição a valor de mercado quando a diferença do ativo é maior que a diferença do valor do passivo: a Cia. Alfa incorporou a Cia. Delta e promoveu a reavaliação dos ativos da mesma ao valor de mercado, sendo que os ativos foram avaliados por R$ 20.000 a maior que o valor contábil e os passivos por R$ 10.000 a maior que o valor contábil. Sendo assim, a diferença a ser registrada em Ajustes de Avaliação Patrimonial será positiva de R$ 10.000 (R$ 20.000 – R$ 10.000).

D – Ativos reavaliados (ativo)   R$ 20.000
C – Passivos reavaliados (passivo)   R$ 10.000
C – Ajustes de avaliação patrimonial (patrimônio líquido)   R$ 10.000

Patrimônio líquido	
Ajuste de avaliação patrimonial	R$ 10.000

b) Reorganização com avalição a valor de mercado quando a diferença do ativo é menor que a diferença do valor do passivo: a Cia. Beta incorporou a Cia. VendeTudo e promoveu a reavaliação dos ativos da mesma ao valor de mercado, sendo que os ativos foram avaliados por R$ 7.000 a maior que o valor contábil e os passivos por R$ 13.000 a maior que o valor contábil. Sendo assim, a diferença a ser registrada em Ajustes de Avaliação Patrimonial será negativa de R$ 6.000 (R$ 13.000 – R$7.000).

D – Ajuste de avaliação patrimonial (patrimônio líquido)   R$ 6.000
D – Ativos reavaliados (ativo)   R$ 7.000
C – Passivos reavaliados (passivo)   R$ 13.000

Patrimônio líquido	
Ajuste de avaliação patrimonial	R$ (6.000)

26.4. RESERVAS DE LUCROS

As reservas de lucros são compostas pelas contas constituídas com a **apropriação de lucros da companhia. Ou seja, são reservas que transitam pelo resultado.**

A Lei das S.A. prevê a existência das seguintes reservas de lucros: **reserva legal, reservas estatutárias, reservas para contingências, reserva de incentivos fiscais, reservas de retenção de lucros, reserva de lucros a realizar e a reserva especial de dividendos obrigatórios não distribuídos.**

Atenção

O saldo das reservas de lucros, exceto as para contingências, de incentivos fiscais e de lucros a realizar, não poderá ultrapassar o capital social. Atingindo esse limite, a assembleia deliberará sobre aplicação do excesso na integralização ou no aumento do capital social ou na distribuição de dividendos.

A Lei das S.A. também prevê que o prejuízo do exercício será **obrigatoriamente** absorvido pelos lucros acumulados, pelas reservas de lucros e pela reserva legal, **nessa ordem.** Como a conta **lucros acumulados não existe mais**, apesar de o parágrafo não ter sido atualizado de acordo com a nova legislação, o prejuízo do exercício deve ser **obrigatoriamente absorvido pelas reservas de lucros e pela reserva legal**. Portanto, a sua utilização para absorver prejuízos é obrigatória.

Atenção

A destinação dos lucros para constituição das reservas estatutárias e das reservas de retenções de lucros não poderão ser aprovadas, em cada exercício, em prejuízo da distribuição do dividendo obrigatório. O objetivo dessa limitação é proteger os acionistas minoritários.

É importante destacar que existe uma conta transitória onde é lançado o resultado do exercício apurado na Demonstração do Resultado do Exercício (DRE), que é a conta "Lucros ou prejuízos acumulados". Dessa conta, são feitas as destinações para a reservas de lucros. Por ser transitória, ela deve ser zerada e não deve constar no Balanço Patrimonial.

Em resumo:

26.4.1. Reserva legal

A reserva legal possui esse nome por ter a sua constituição obrigatória prevista em lei.

Segundo a Lei das S.A.:

> Art. 193. **Do lucro líquido do exercício, 5% (cinco por cento)** serão aplicados, antes de qualquer outra destinação, na constituição da reserva legal, que **não excederá de 20% (vinte por cento) do capital social**.
>
> § 1º A companhia **poderá** deixar de constituir a reserva legal no exercício em que o saldo dessa reserva, acrescido do montante das reservas de capital de que trata o § 1º do artigo 182, exceder de 30% (trinta por cento) do capital social.
>
> § 2º A reserva legal tem por fim assegurar a integridade do capital social e somente poderá ser utilizada para compensar prejuízos ou aumentar o capital.

A reserva legal deve ser constituída através da destinação de 5% do lucro líquido do exercício, antes de qualquer outra destinação. E que a mesma, **obrigatoriamente**, não excederá 20% do **capital social (aqui, deve ser considerado o capital social realizado).**

A companhia **poderá deixar de constituir a reserva legal no exercício em que** o saldo dessa reserva, somado ao montante da reserva de capital, exceder 30% do capital social (não confundir com patrimônio líquido). Destaca-se, portanto, que essa previsão é uma faculdade.

Reserva legal		
Acúmulo do ano	Limite da reserva legal	
5% do lucro líquido do exercício	Facultativo	Obrigatório
	Se o seu saldo, somado ao montante da reserva de capital, exceder 30% do capital social	Se o seu saldo atingir 20% do capital social

A reserva legal tem por fim **assegurar a integridade do capital social** e **somente poderá ser utilizada para compensar prejuízos ou aumentar o capital**.

Atenção

A reserva legal somente poderá ser utilizada para compensar prejuízos ou aumentar o capital.

Exemplos de lançamentos com a reserva legal

a) Constituição da reserva legal: considerando que a Cia. Alfa obteve o lucro líquido de R$ 100.000, ou seja, R$ 5.000 (R$ 100.000 × 5%) serão destinados à reserva legal. E considerando que nenhum dos limites (20% obrigatório e 30% facultativo) previstos na legislação foi atingido.

D – Lucros ou prejuízos acumulados (resultado)   R$ 5.000
C – Reserva de lucros – Reserva legal (patrimônio líquido)   R$ 5.000

Patrimônio líquido	
Reserva legal	R$ 5.000

b) Utilização da reserva: a Cia. Alfa teve um prejuízo de R$ 15.000 e não possui reservas de lucros. Portanto, o prejuízo deve ser absorvido pela reserva legal.

D – Prejuízos acumulados (patrimônio líquido)   R$ 10.000
D – Reserva de lucros – Reserva legal (patrimônio líquido)   R$ 5.000
C – Lucros ou prejuízos acumulados (resultado)   R$ 15.000

Patrimônio líquido	
Prejuízos acumulados	R$ (10.000)

26.4.2. Reservas estatutárias

As reservas estatutárias estão previstas **no estatuto da entidade**. Elas são criadas e têm funcionamento definido pela **vontade dos sócios da empresa**. Na conta reservas estatutárias, são criados subcontas com nomes específicos que identificam a finalidade da empresa ao constituí-la.

Segundo a Lei das S.A.:

Art. 194. O estatuto poderá criar reservas desde que, para cada uma:

I – indique, de modo preciso e completo, a sua finalidade.

II – fixe os critérios para determinar a parcela anual dos lucros líquidos que serão destinados à sua constituição.

III – estabeleça o limite máximo da reserva.

Portanto, o texto legal prevê que, para cada uma das reservas estatutárias, **o estatuto deve indicar**: de modo preciso e completo, **a sua finalidade** (por exemplo, indicando que é para aumento de capital); **fixar os seus critérios para determinar a parcela anual dos lucros líquidos que serão destinados à sua constituição** (por exemplo, 10% do lucro líquido); e **estabelecer o limite máximo da reserva** (por exemplo, até atingir R$ 100.000.000).

A reserva será baixada (utilizada ou revertida):

- Caso ocorra o evento previsto como motivador da constituição da reserva.
- Quando o estatuto for alterado e resolver pela reversão ou outra destinação.

Exemplos de lançamentos com a reserva estatutária

a) Constituição de reserva estatutária: a Cia. Alfa possui no seu estatuto a previsão de destinar 10% do seu lucro líquido para aumento de capital. O limite máximo previsto para a reserva é de R$ 10.000. Nesse exercício social, o lucro foi de R$ 100.000. O capital social era de R$ 100.000.

D – Lucros ou prejuízos acumulados (resultado)   R$ 10.000
C – Reserva de lucros – Reserva estatutária (patrimônio líquido)   R$ 10.000

Patrimônio líquido	
Capital social	R$ 100.000
Reserva estatutária	R$ 10.000

b) Utilização da reserva: a Cia. Alfa aumentou o capital com o valor da reserva.

D – Reserva de lucros – Reserva estatutária (patrimônio líquido)   R$ 10.000
C – Capital social (patrimônio líquido)   R$ 10.000

Patrimônio líquido	
Capital social	R$ 110.000

Atenção

As destinações dos lucros para constituição das reservas estatutárias não poderão ser aprovadas, em cada exercício, em prejuízo da distribuição do dividendo obrigatório.

26.4.3. Reservas para contingências

Uma contingência representa um acontecimento que tem como fundamento a incerteza de um evento que pode ou não acontecer. São exemplos de contingências:

Cap. 26 – Patrimônio Líquido | 353

prováveis secas ou inundações e, ainda, prováveis desapropriações de imóveis. Para o estudo da contabilidade, deve-se compreender que, muitas vezes, uma contingência pode afetar o patrimônio. A reserva de contingências tem como **objetivo proteger o patrimônio da empresa na eventual ocorrência desses eventos**.

Segundo a Lei das S.A.:

*Art. 195. A assembleia geral poderá, por proposta dos órgãos da administração, destinar parte do lucro líquido à formação de reserva com a **finalidade de compensar**, em exercício futuro, a diminuição do lucro decorrente de **perda julgada provável**, cujo valor possa ser estimado.*

*§ 1º A proposta dos órgãos da administração deverá indicar a **causa da perda prevista** e justificar, com as razões de prudência que a recomendem, a constituição da reserva.*

*§ 2º A reserva será **revertida no exercício em que deixarem de existir as razões** que justificaram a sua constituição ou em que ocorrer a perda.*

A Lei das S.A. determina que a assembleia geral poderá, por proposta dos órgãos da administração, destinar parte do lucro líquido à formação de reserva com a finalidade de compensar, em exercício futuro, **a diminuição do lucro decorrente de perda julgada provável**, cujo valor possa ser estimado. A reserva para contingências é constituída com o objetivo de precaução por um evento futuro provável, com valor estimável, que **poderá causar impacto patrimonial negativo (diminuição dos lucros ou aumento do prejuízo)** para a entidade.

A proposta dos órgãos da administração **deverá indicar a causa da perda prevista** e justificar, com as razões de prudência que a recomendem, a constituição da reserva. No momento da sua constituição, **ela prejudica a distribuição de dividendos**, pois é excluída da base para o cálculo do mesmo. **A reserva será revertida no exercício em que deixarem de existir as razões que justificaram a sua constituição ou em que ocorrer a perda**. No momento da reversão, o valor que estava na reserva passa a fazer parte da base para o cálculo do dividendo.

Exemplos de lançamentos com a reserva para contingência

a) Constituição de reserva para contingências: a Cia. Alfa constitui uma reserva de contingências que destina 7% do seu lucro líquido de R$ 70.000, com o objetivo de cobrir eventuais prejuízos com inundações.

D – Lucro líquido do exercício (resultado)   R$ 4.900
C – Reserva de lucros – Reserva para contingências   R$ 4.900
    (patrimônio líquido)

Patrimônio líquido	
Reserva para contingências	R$ 4.900

b) Utilização da reserva para contingências: o evento da inundação ocorreu, gerando diminuição do lucro. Dessa forma, temos que transferir o seu valor para o lucro do exercício.

D – Reserva de lucros – Reserva para contingências   R$ 4.900
    (patrimônio líquido)
C – Lucro líquido do exercício (resultado)   R$ 4.900

26.4.3.1. *Reservas para contingências versus provisão para contingências*

É importante destacar que a **reserva para contingências (patrimônio líquido) difere da provisão para riscos fiscais e outras contingências (passivo)**. A provisão tem como objetivo compensar eventos futuros prováveis. Já a reserva de contingência tem como objetivo compensar queda do lucro ou aumento do prejuízo.

Outra distinção é que, enquanto a reserva para contingências trata de valores que **são apropriados do lucro líquido**, a provisão passa pelo lucro líquido **como despesa do exercício**.

Com o objetivo de dissipar eventuais dúvidas quanto à aplicabilidade da constituição de reservas ou de provisão para contingências, a instrução CVM 59/86, estabelece a seguir as características de cada uma. Os principais fundamentos para constituição da **reserva para contingência** são:

- Dar cobertura a perdas ou prejuízos potenciais (extraordinários, não repetitivos) **ainda não incorridos**, mediante segregação de parcela de lucros que seria distribuída como dividendo.
- Representa uma destinação **do lucro líquido do exercício**, contrapartida da conta de lucros acumulados, por isso sua constituição não afeta o resultado do exercício.
- Ocorrendo ou não o evento esperado, a parcela constituída será, em exercício futuro, revertida para lucros acumulados, integrando a base de cálculo para efeito de pagamento do dividendo, e a perda, de fato ocorrendo, é registrada no resultado do exercício.
- É uma conta integrante do patrimônio líquido, no grupamento de reserva de lucros.

Quanto à **provisão para contingências,** suas particularidades são:

- Tem por finalidade dar cobertura a perdas ou despesas, **cujo fato gerador já ocorreu, mas não tendo havido, ainda, o correspondente desembolso ou perda**. Em atenção ao regime de competência, entretanto, há necessidade de se efetuar o registro contábil.
- Representa uma apropriação ao resultado do exercício, contrapartida de perdas extraordinárias, **despesas ou custos** e sua constituição normalmente influencia o resultado do exercício ou os custos de produção.
- Deve ser constituída independentemente de a companhia apresentar, afinal, lucro ou prejuízo no exercício.
- Visto que o evento que serviu de base à sua constituição já ocorreu, não há, em princípio, reversão dos valores registrados nessa provisão. A pequena sobra ou insuficiência é decorrente do cálculo estimativo feito à época da constituição.
- Finalmente, se a probabilidade for difícil de calcular ou se o valor não for mensurável, há necessidade de uma nota explicativa esclarecendo o fato e mencionando tais impossibilidades.

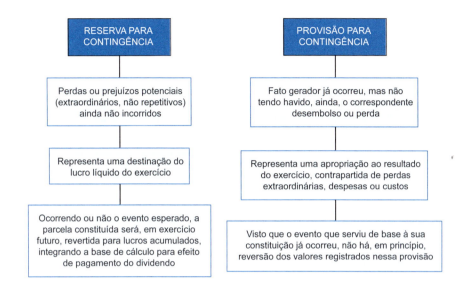

26.4.4. Reserva de incentivos fiscais

A reserva de incentivos fiscais surgiu da alteração da Lei das S.A. promovida pela Lei nº 11.638/07. Segundo a Lei Societária:

> Art. 195-A. **A assembleia geral poderá**, por proposta dos órgãos de administração, destinar para a reserva de incentivos fiscais a parcela do lucro líquido decorrente de doações ou subvenções governamentais para investimentos, **que poderá ser excluída da base de cálculo do dividendo obrigatório**.

O texto legal determina que a assembleia geral poderá, por proposta dos órgãos de administração, destinar para a reserva de incentivos fiscais a parcela do lucro líquido decorrente **de doações ou subvenções governamentais para investimentos, que poderá ser excluída da base de cálculo do dividendo obrigatório**.

As doações e subvenções são incentivos que os governos concedem para entidades que, do ponto de vista do governo, trazem algum retorno positivo para a sociedade. Esses incentivos podem ser de custeio (ajudando financeiramente o funcionamento da entidade) ou de investimento (para a implementação ou expansão e empreendimentos da entidade).

As doações ou subvenções governamentais **devem ser registradas como receitas e fazem parte do resultado do período. Elas são apropriadas em conjunto com as despesas incorridas relacionadas a ela.** Caso não tenha implicado despesas, ela é diretamente lançada como receita no resultado. **Estando no resultado, a assembleia poderá destinar à reserva de incentivos fiscais e excluir o respectivo valor da distribuição do dividendo obrigatório.**

> **QUESTÃO COMENTADA**
>
> **(CESPE – Oficial Técnico de Inteligência/Área 1/2018)** A parcela do lucro líquido decorrente de doações ou subvenções governamentais para investimentos poderá ser destinada para a constituição da reserva de incentivos fiscais, e deverá ser incluída na base de cálculo do dividendo obrigatório.
>
> **RESPOSTA:** FALSO
>
> **COMENTÁRIO:** O texto legal determina que, a assembleia geral poderá, por proposta dos órgãos de administração, destinar para a reserva de incentivos fiscais a parcela do lucro líquido decorrente de doações ou subvenções governamentais para investimentos, **que poderá** ser excluída da base de cálculo do dividendo obrigatório.

26.4.4.1. Subvenção e assistência governamental

O CPC 07 trata da contabilização e na divulgação de **subvenção governamental e na divulgação de outras formas de assistência governamental**. Esse Pronunciamento **não trata**:

- Dos problemas decorrentes da contabilização de subvenção governamental em demonstrações contábeis em moeda de poder aquisitivo constante ou em informação suplementar de natureza semelhante.
- Da contabilização de assistência governamental ou outra forma de benefício quando se determina o resultado tributável, ou quando se determina o valor do tributo, que não tenha caracterização como subvenção governamental. Exemplos desses benefícios são isenções temporárias ou reduções do tributo sem a característica de subvenção governamental, como a permissão de depreciação acelerada, reduções de alíquota etc.
- Da participação do governo no capital da entidade.
- De subvenção governamental tratada pelo Pronunciamento Técnico CPC 29 – Ativo Biológico e Produto Agrícola.

26.4.4.2. Definições

Assistência governamental é a ação de um governo **destinada a fornecer benefício econômico específico** a uma entidade ou a um grupo de entidades que atendam a critérios estabelecidos. Não inclui os benefícios proporcionados única e indiretamente por meio de ações que afetam as condições comerciais gerais, tais como o fornecimento de infraestruturas em áreas em desenvolvimento ou a imposição de restrições comerciais sobre concorrentes.

Subvenção governamental é uma assistência governamental geralmente na forma de contribuição de natureza pecuniária, mas não só restrita a ela, concedida a uma entidade normalmente em troca do cumprimento passado ou futuro de certas condições relacionadas às atividades operacionais da entidade. Não são subvenções governamentais aquelas que não podem ser razoavelmente quantificadas em dinheiro, e as transações com o governo que não podem ser distinguidas das transações comerciais normais da entidade.

Subvenções relacionadas a ativos são subvenções governamentais cuja condição principal para que a entidade se qualifique é a de que ela compre, construa ou de outra forma adquira ativos de longo prazo. Também podem ser incluídas condições acessórias que restrinjam o tipo ou a localização dos ativos, ou os períodos durante os quais devem ser adquiridos ou mantidos.

Subvenções relacionadas a resultado são as outras subvenções governamentais que não aquelas relacionadas a ativos.

Isenção tributária é a dispensa legal do pagamento de tributo sob quaisquer formas jurídicas (isenção, imunidade etc.). Redução, por sua vez, exclui somente parte do passivo tributário, restando, ainda, parcela de imposto a pagar. A redução ou a isenção pode se processar, eventualmente, por meio de devolução do imposto recolhido mediante determinadas condições.

Empréstimo subsidiado é aquele em que o credor renuncia ao recebimento total ou parcial do empréstimo e/ou dos juros, mediante o cumprimento de determinadas condições. De maneira geral, é concedido direta ou indiretamente pelo governo, com ou sem a intermediação de um banco; está vinculado a um tributo; e caracteriza-se pela utilização de taxas de juros visivelmente abaixo do mercado e/ou pela postergação parcial ou total do pagamento do referido tributo sem ônus ou com ônus visivelmente abaixo do normalmente praticado pelo mercado. Subsídio em empréstimo é a parcela do empréstimo ou do juro renunciado e a diferença entre o juro ou ônus de mercado e o juro ou o ônus praticado.

26.4.4.3. Reconhecimento da subvenção governamental

Atenção

Subvenção governamental, inclusive subvenção não monetária a valor justo, não deve ser reconhecida até que exista razoável segurança de que:
- A entidade cumprirá todas as condições estabelecidas e relacionadas à subvenção.
- A subvenção será recebida.

A subvenção governamental não deve ser reconhecida até que exista **uma razoável segurança de que a entidade cumprirá** todas as condições estabelecidas e relacionadas à subvenção e de que ela será recebida. O **simples recebimento da subvenção não é prova conclusiva** de que as condições a ela vinculadas tenham sido ou serão cumpridas.

A forma como a subvenção é recebida não influencia no método de contabilização a ser adotado. Assim, por exemplo, a contabilização deve ser a mesma independentemente de a subvenção ser **recebida em dinheiro ou como redução de passivo**.

Subsídio em empréstimo é reconhecido como subvenção governamental quando existir segurança de que a entidade cumprirá os compromissos assumidos. Desse modo, é provável que as condições históricas ou presentes da entidade demonstrem, por exemplo, que pagamentos dentro de prazos fixados podem ser realizados e dependem apenas da intenção da administração. Por outro lado, requisitos que dependem de fatores externos, como a manutenção de determinado volume de venda ou nível de emprego, não podem ser presentemente determináveis e, portanto, a subvenção apenas deve ser reconhecida quando cumprido o compromisso.

O benefício econômico obtido com um empréstimo governamental **por uma taxa de juros abaixo da praticada pelo mercado deve ser tratado como uma subvenção governamental**. O benefício econômico advindo da taxa de juros contratada abaixo da praticada pelo mercado deve ser mensurado por meio da diferença entre o valor contábil inicial do empréstimo e o montante recebido.

Atenção

A subvenção governamental pode estar representada por ativo não monetário, como terrenos e outros, para uso da entidade. Nessas circunstâncias, tanto esse ativo quanto a subvenção governamental devem ser reconhecidos pelo seu valor justo. Apenas na impossibilidade de verificação desse valor justo é que o ativo e a subvenção governamental podem ser registrados pelo valor nominal.

Lembre-se

Uma subvenção governamental deve ser reconhecida como receita ao longo do período e confrontada com as despesas que pretende compensar, em base sistemática, desde que atendidas as condições de reconhecimento. A subvenção governamental não pode ser creditada diretamente no patrimônio líquido.

O tratamento contábil da subvenção governamental como receita deriva dos seguintes principais argumentos:

- Uma vez que a subvenção governamental é recebida de uma fonte que não os acionistas e deriva de ato de gestão em benefício da entidade, não deve ser creditada diretamente no patrimônio líquido, mas, sim, reconhecida como receita nos períodos apropriados.
- Subvenção governamental raramente é gratuita. A entidade ganha efetivamente essa receita quando cumpre as regras das subvenções e cumpre determinadas obrigações. A subvenção, dessa forma, deve ser reconhecida como receita na demonstração do resultado nos períodos ao longo dos quais a entidade reconhece os custos relacionados à subvenção que são objeto de compensação.
- Assim como os tributos são despesas reconhecidas na demonstração do resultado, é lógico registrar a subvenção governamental que é, em essência, uma extensão da política fiscal, como receita na demonstração do resultado.

Atenção

Enquanto não atendidos os requisitos para reconhecimento da receita com subvenção na demonstração do resultado, a contrapartida da subvenção governamental registrada no ativo deve ser feita em conta específica do passivo.

É fundamental, pelo regime de competência, que a receita de subvenção governamental seja **reconhecida em bases sistemáticas e racionais, ao longo do período necessário e confrontada com as despesas correspondentes**.

O reconhecimento da receita de subvenção governamental no momento de seu recebimento somente é admitido nos casos em que não há base de alocação da subvenção ao longo dos períodos beneficiados.

Há situações em que é necessário que o valor da subvenção governamental não seja distribuído ou de qualquer forma repassado aos sócios ou acionistas, fazendo-se necessária a retenção, após trânsito pela demonstração do resultado, em conta apropriada de patrimônio líquido, para comprovação do atendimento dessa condição. Nessas situações, tal valor, **após ter sido reconhecido na demonstração do resultado, pode ser creditado à reserva própria (reserva de incentivos fiscais)**, a partir da conta de lucros ou prejuízos acumulados.

O lançamento, nesse caso, seria:

D – Lucros ou prejuízos acumulados (resultado)

C – Reserva de incentivos fiscais (patrimônio líquido)

26.4.4.4. *Subvenção condicional*

Nesse tipo de subvenção, o benefício possui uma condição para poder ser usufruído. Nessa situação, a subvenção **só será considerada receita** quando o objeto passar a ser propriedade, para todos os fins e direitos, da entidade incentivada. Lembrando que, pelo regime de competência, que a receita de subvenção governamental seja **reconhecida em bases sistemáticas e racionais, ao longo do período necessário e confrontada com as despesas correspondentes**.

A título de exemplo, vamos supor que uma montadora de veículos irá se instalar em uma cidade. A prefeitura local possui interesse em que a fábrica se instale com o objetivo de gerar emprego e renda. Por isso, ela faz um contrato de subvenção onde uma máquina é o objeto.

A condição é: a empresa poderá usufruir do benefício, mas o mesmo só será transferido se a empresa se mantiver no município por 20 anos.

A contabilização ocorrerá da seguinte forma:

A máquina será contabilizada no ativo não circulante, tendo como contrapartida uma conta de passivo. Após os 20 anos, o passivo será baixado, tendo como contrapartida uma conta de receita no diferido, que irá sendo apropriada por competência e que poderá ser apropriada na reserva de incentivos fiscais.

Exemplos de lançamentos com as subvenções condicionais

a) Recebimento de um incentivo condicionado: a Cia. Beta recebeu de subvenção de uma prefeitura uma máquina com valor justo de R$ 200.000 que será transferido para a companhia em definitivo se a mesma permanecer no município por 20 anos. Supondo que a entidade aloca toda a parte do lucro oriundo da subvenção na reserva de incentivos fiscais:

D – Máquinas (ativo não circulante)   R$ 200.000

C – Receitas diferidas (passivo não circulante)   R$ 200.000

b) A Cia. Beta apropriou, pelo regime de competência, a receita de 20.000 (a máquina é depreciada 10% ao ano, 10% × 200.000 – 20.000) e decidiu transferir os valores para a reserva de incentivos fiscais no primeiro exercício após o atendimento da condição:

D – Receitas diferidas (passivo não circulante)   R$ 20.000

C – Receitas com subvenção (resultado)   R$ 20.000

c) Transferência para a reserva:

C – Reservas de incentivos fiscais – Terreno (patrimônio líquido)   R$ 20.000

D – Lucros ou prejuízos acumulados (resultado)   R$ 20.000

26.4.4.5. *Subvenção incondicional*

Nesse tipo de subvenção, o benefício não possui uma condição para poder ser usufruído. Nessa situação, **a subvenção só será considerada receita de imediato**.

> **Lembre-se**
>
> É fundamental, pelo regime de competência, que a receita de subvenção governamental seja reconhecida em bases sistemáticas e racionais, ao longo do período necessário e confrontada com as despesas correspondentes. Assim, o reconhecimento da receita de subvenção governamental no momento de seu recebimento somente é admitido nos casos em que não há base de alocação da subvenção ao longo dos períodos beneficiados.

Exemplos de lançamentos com a subvenções incondicionais

a) Recebimento de um incentivo incondicionado: a Cia. Alfa recebeu de subvenção de uma prefeitura um terreno com valor justo de R$ 300.000. Não foram estabelecidas condições. A companhia decidiu transferir todo o valor para a reserva de incentivos fiscais.

D – Terrenos (ativo não circulante)	R$ 300.000
C – Receitas com subvenção – Terreno (resultado)	R$ 300.000

b) Transferência para a reserva:

C – Reservas de incentivos fiscais – Terreno (patrimônio líquido)	R$ 300.000
D – Lucros ou prejuízos acumulados (resultado)	R$ 300.000

Patrimônio líquido	
Reserva de incentivos fiscais	R$ 300.000

QUESTÃO COMENTADA

(FCC – AFFE/SEFAZ PI/2015) Considere as seguintes assertivas em relação às Subvenções e Assistências Governamentais:

I. Uma subvenção governamental gratuita deve ser reconhecida diretamente no Patrimônio Líquido.

II. Uma subvenção governamental não gratuita deve ser reconhecida como receita na demonstração do resultado nos períodos ao longo dos quais a entidade reconhece os custos relacionados à subvenção que são objeto de compensação.

III. Caso a subvenção governamental recebida não possa ser distribuída como dividendos, após ser reconhecida no resultado, deve ser destinada para reserva de Incentivos Fiscais.

Está correto o que se afirma em:

a) I, apenas.

b) II, apenas.

c) I e III, apenas.

d) II e III, apenas.

e) I, II e III.

RESPOSTA: D

COMENTÁRIO:

I. Uma subvenção governamental gratuita deve ser reconhecida diretamente no Patrimônio Líquido **(FALSO)**

Uma subvenção governamental deve ser reconhecida como receita ao longo do período e confrontada com as despesas que pretende compensar, em base sistemática, desde que atendidas as condições. **A subvenção governamental não pode ser creditada diretamente no patrimônio líquido.**

II. Uma subvenção governamental não gratuita deve ser reconhecida como receita na demonstração do resultado nos períodos ao longo dos quais a entidade reconhece os custos relacionados à subvenção que são objeto de compensação.

(VERDADEIRO)

CAP. 26 – PATRIMÔNIO LÍQUIDO | 361

QUESTÃO COMENTADA

O tratamento contábil da subvenção governamental como receita deriva dos seguintes principais argumentos:

A subvenção governamental raramente é gratuita. A entidade ganha efetivamente essa receita quando cumpre as regras das subvenções e cumpre determinadas obrigações. A subvenção, dessa forma, deve ser reconhecida como receita na demonstração do resultado nos períodos ao longo dos quais a entidade reconhece os custos relacionados à subvenção que são objeto de compensação.

III. Caso a subvenção governamental recebida não possa ser distribuída como dividendos, após ser reconhecida no resultado, deve ser destinada para reserva de Incentivos Fiscais. **(VERDADEIRO)**

Há situações em que é necessário que o valor da subvenção governamental não seja distribuído ou de qualquer forma repassado aos sócios ou acionistas, fazendo-se necessária a retenção, após trânsito pela demonstração do resultado, em conta apropriada de patrimônio líquido, para comprovação do atendimento dessa condição. Nessas situações, tal valor, após ter sido reconhecido na demonstração do resultado, *pode ser creditado à reserva própria (reserva de incentivos fiscais), a partir da conta de lucros ou prejuízos acumulados.*

Obs.: O CPC 07 fala que pode ser, e a questão fala que deve ser, mesmo assim, a FCC não mudou o gabarito.

26.4.4.6. *Subvenção por meio de incentivos tributários*

a) Redução ou isenção de tributo em área incentivada

Certos empreendimentos gozam de incentivos tributários de imposto sobre a renda na forma de isenção ou redução do referido tributo, consoante prazos e condições estabelecidos em legislação específica. Esses incentivos atendem ao conceito de subvenção governamental.

Quando se trata de incentivos tributários, a subvenção pode ser **condicional ou incondicional**, conforme vimos nos itens anteriores. Uma especificidade é que o valor do crédito tributário pode ser **definido ou indefinido**.

No definido, o governo de um estado dá, por exemplo, R$ 100 milhões em crédito a ser aproveitado pela entidade incentivada. Então a subvenção pode ser condicional ou incondicional, sendo contabilizado conforme visto nos itens anteriores deste capítulo.

No indefinido, o governo de um estado dá, por exemplo, um crédito equivalente ao montante a pagar mensal. A receita equivalente ao crédito é apropriada diretamente no resultado.

O reconhecimento contábil dessa redução ou isenção tributária como subvenção para investimento é efetuado registrando-se o imposto total no resultado como se devido fosse, em contrapartida à receita de subvenção equivalente, a serem demonstrados um deduzido do outro.

b) Aplicação de parcela do imposto de renda devido em fundos de investimento regionais

Determinadas entidades sujeitas ao pagamento do imposto de renda podem **aplicar parte do imposto devido em fundos de investimento regionais**, criados pelo Governo Federal com o objetivo de estimular o desenvolvimento de determinadas regiões.

Essa destinação de **parcela do imposto ao fundo** representa uma subvenção governamental para a entidade, pois, em face da opção exercida, o Tesouro Nacional abre mão de parte da receita tributária e a entidade torna-se investidora do fundo beneficiário de sua opção.

Essas subvenções devem ser registradas pelo seu **valor justo** no momento do fato gerador, desde que atendidas as condições para o seu reconhecimento. No caso em questão, o fato gerador da subvenção ocorre no pagamento da parcela do imposto de renda. Nesse momento, cabe à administração registrar a subvenção pelo seu valor justo, pela melhor estimativa, lembrando que pode existir deságio desse valor justo com relação ao valor nominal, mesmo nos casos em que a beneficiária da subvenção esteja investindo outros recursos nessas entidades em regiões incentivadas.

26.4.4.7. Apresentação da subvenção no balanço patrimonial

A subvenção governamental relacionada a ativos, incluindo aqueles ativos não monetários mensurados ao valor justo, **deve ser apresentada no balanço patrimonial em conta de passivo, como receita diferida, ou deduzindo o valor contábil do ativo relacionado**.

São considerados aceitáveis **dois métodos de apresentação**, nas demonstrações contábeis, da subvenção (ou parte apropriada de subvenção) não vinculada a obrigações futuras, relacionada com ativos.

Por exemplo, uma máquina de R$ 200.000 recebida através de subvenção pode ser assim registrada:

Balanço patrimonial	
Ativo circulante	
Máquinas	R$ 200.0000
Subvenção – Máquina	(R$ 200.000)

Ou

Balanço patrimonial			
Ativo não circulante		Passivo não circulante	
Máquinas	R$ 200.000	Receitas diferidas	R$ 200.000

Um dos métodos reconhece a subvenção governamental como receita diferida no passivo, sendo reconhecida como receita em base sistemática e racional durante a vida útil do ativo.

O outro método deduz a subvenção governamental do valor contábil do ativo relacionado com a subvenção para se chegar ao valor escriturado líquido do ativo, que pode ser nulo. A subvenção deve ser reconhecida como receita durante a vida do ativo depreciável por meio de crédito à depreciação registrada como despesa no resultado.

A compra de ativos e o recebimento da subvenção a eles relacionada podem causar movimentos importantes nos fluxos de caixa de uma entidade. Por essa razão, e a fim de mostrar o investimento bruto em ativos, tais movimentos devem ser frequentemente divulgados como itens separados na demonstração dos fluxos de caixa, independentemente de a subvenção ser ou não deduzida do respectivo ativo na apresentação do balanço patrimonial.

26.4.4.8. Apresentação da subvenção na demonstração do resultado

A subvenção é algumas vezes apresentada como crédito na demonstração do resultado, quer separadamente sob um título geral tal **como "outras receitas"**, quer, alternativamente, como **dedução da despesa relacionada**. A subvenção, seja por acréscimo de rendimento proporcionado ao empreendimento, ou por meio de redução de tributos ou outras despesas, deve ser registrada na demonstração do resultado no grupo de contas de acordo com a sua natureza.

Como justificativa da primeira opção, há o argumento de que não é apropriado compensar os elementos de receita e de despesa e que a separação da subvenção das despesas relacionadas facilita a comparação com outras despesas não afetadas pelo benefício de uma subvenção. Pelo segundo método, é argumentado que as despesas poderiam não ter sido incorridas pela entidade caso não houvesse a subvenção, sendo por isso enganosa a apresentação da despesa sem a compensação com a subvenção.

Ambos os métodos são aceitos para apresentação das subvenções relacionadas às receitas. É necessária a divulgação da subvenção governamental para a devida compreensão das demonstrações contábeis. Por isso é necessária a divulgação do efeito da subvenção em qualquer item de receita ou despesa quando essa receita ou despesa é divulgada separadamente.

26.4.4.9. Perda da subvenção governamental

Uma subvenção governamental que tenha que ser devolvida deve ser contabilizada como revisão de estimativa contábil. O reembolso deve ser aplicado em primeiro lugar contra qualquer **crédito diferido não amortizado** relacionado à subvenção. Na medida em que o reembolso exceda tal **crédito diferido, ou quando não exista crédito diferido, o reembolso deve ser reconhecido imediatamente como despesa**. O reembolso de subvenção relacionada a ativo deve ser registrado aumentando o valor escriturado do ativo ou reduzindo o saldo da receita diferida pelo montante reembolsável. A depreciação adicional acumulada que deveria ter sido reconhecida até a data como despesa na ausência da subvenção deve ser imediatamente reconhecida como despesa.

26.4.4.10. Divulgação de subvenções governamentais

A entidade **deve divulgar** as seguintes informações:

- A política contábil adotada para as subvenções governamentais, incluindo os métodos de apresentação adotados nas demonstrações contábeis.
- A natureza e a extensão das subvenções governamentais ou assistências governamentais reconhecidas nas demonstrações contábeis e uma indicação de outras formas de assistência governamental de que a entidade tenha diretamente se beneficiado.
- Condições a serem regularmente satisfeitas e outras contingências ligadas à assistência governamental que tenha sido reconhecida.

26.4.4.11. Aspectos tributários

Segundo a Lei nº 12.973/14:

Art. 30. As subvenções para investimento, inclusive mediante isenção ou redução de impostos, concedidas como estímulo à implantação ou expansão de empreendimentos econômicos e as *doações feitas pelo poder público não serão computadas na determinação do lucro real, **desde que seja registrada em reserva de lucros** a que se refere o art. 195-A da Lei nº 6.404, de 15 de dezembro de 1976, que somente poderá ser utilizada para:*

I – absorção de prejuízos, desde que anteriormente já tenham sido totalmente absorvidas as demais Reservas de Lucros, com exceção da Reserva Legal.

II – aumento do capital social.

§ 1º Na hipótese do inciso I do caput, a pessoa jurídica deverá recompor a reserva à medida que forem apurados lucros nos períodos subsequentes.

§ 2º As doações e subvenções de que trata o caput serão tributadas caso não seja observado o disposto no § 1º ou seja dada destinação diversa da que está prevista no caput, inclusive nas hipóteses de:

I – capitalização do valor e posterior restituição de capital aos sócios ou ao titular, mediante redução do capital social, hipótese em que a base para a incidência será o valor restituído, limitado ao valor total das exclusões decorrentes de doações ou subvenções governamentais para investimentos.

II – restituição de capital aos sócios ou ao titular, mediante redução do capital social, nos 5 (cinco) anos anteriores à data da doação ou da subvenção, com posterior capitalização do valor da doação ou da subvenção, hipótese em que a base para a incidência será o valor restituído, limitada ao valor total das exclusões decorrentes de doações ou de subvenções governamentais para investimentos.

III – integração à base de cálculo dos dividendos obrigatórios.

§ 3º Se, no período de apuração, a pessoa jurídica apurar prejuízo contábil ou lucro líquido contábil inferior à parcela decorrente de doações e de subvenções governamentais e, nesse caso, não puder ser constituída como parcela de lucros nos termos do caput, esta deverá ocorrer à medida que forem apurados lucros nos períodos subsequentes.

§ 4º Os incentivos e os benefícios fiscais ou financeiro-fiscais relativos ao imposto previsto no inciso II do caput do art. 155 da Constituição Federal, concedidos pelos Estados e pelo Distrito Federal, são considerados subvenções para investimento, vedada a exigência de outros requisitos ou condições não previstos neste artigo.

§ 5º O disposto no § 4º deste artigo aplica-se inclusive aos processos administrativos e judiciais ainda não definitivamente julgados.

Da legislação acima, destaca-se o fato de ser possível a utilização do valor da reserva de incentivos fiscais para compensar prejuízos, desde que as demais reservas de lucros (com exceção da reserva legal) já tenham sido totalmente utilizadas. Nesse caso, os valores deverão se recompor a reserva à medida que forem apurados lucros nos períodos subsequentes. Destaca-se também a possibilidade de a mesma ser utilizada para aumento de capital.

26.4.5. Reserva de retenção de lucros

Segundo a Lei das S.A.:

*Art. 196. A assembleia geral **poderá**, por proposta dos órgãos da administração, deliberar reter parcela do lucro líquido do exercício prevista em orçamento de capital por ela previamente aprovado.*

§ 1º O orçamento, submetido pelos órgãos da administração com a justificação da retenção de lucros proposta, deverá compreender todas as fontes de recursos e aplicações de capital, fixo

*ou circulante, e poderá ter a duração de **até 5 (cinco) exercícios**, salvo no caso de execução, por prazo maior, de projeto de investimento.*

§ 2º O orçamento poderá ser aprovado pela assembleia geral ordinária que deliberar sobre o balanço do exercício e revisado anualmente, quando tiver duração superior a um exercício social.

A constituição da reserva de retenção de lucros é uma faculdade da assembleia geral, por proposta da administração. A proposta deve ter a justificativa, fonte de recursos e aplicação. Difere-se da contingência pois, enquanto aquela está associada a algum evento negativo futuro, a reserva de retenção de lucros está associada a **projetos e investimentos** empresariais.

O orçamento, submetido pelos órgãos da administração à assembleia geral, deve conter todos os dados que justificam a retenção de parcela do lucro, como fontes e aplicações de recursos e terá duração máxima de 5 exercícios ou pelo prazo do investimento. O orçamento poderá ser aprovado pela assembleia geral ordinária que deliberar sobre o balanço do exercício e revisado anualmente, quando tiver duração superior a um exercício social.

As reservas de retenção de lucros **não poderão ser utilizadas em detrimento do pagamento do dividendo obrigatório**. A reversão da reserva deverá ocorrer quando e na medida em que os projetos que motivaram a sua constituição foram executados. A sua reversão não deve ser utilizada no pagamento de dividendos obrigatórios, uma vez que a sua constituição não pode prejudicar a distribuição do mesmo.

Atenção

A destinação dos lucros para constituição das reservas estatutárias e das reservas de retenções de lucros não poderão ser aprovadas, em cada exercício, em prejuízo da distribuição do dividendo obrigatório.

Exemplo de lançamento da reserva de retenção de lucros:

a) Constituição de reserva de retenção de lucros: com o objetivo de obter uma concessão para uma nova mina de ferro, a mineradora Beta S.A. constituiu uma reserva de retenção de lucros no valor de R$ 1.000.000.

D – Lucros ou prejuízos acumulados (resultado)	R$ 1.000.000
C – Reserva de lucros – Reservas de retenção de lucros (patrimônio líquido)	R$ 1.000.000

Patrimônio líquido	
Reserva de retenção de lucros	R$ 1.000.000

b) Utilização da reserva de retenção de lucros: a Mineradora adquire a concessão pela qual se compromete a pagar R$ 100.000 por 10 anos. No primeiro exercício, o lançamento seria o seguinte:

D – Reserva de lucros – Reservas de retenção de lucros (patrimônio líquido)	R$ 100.000
C – Lucros ou prejuízos acumulados (resultado)	R$ 100.000

Patrimônio líquido	
Reserva de retenção de lucros	R$ 900.000

QUESTÃO COMENTADA

(FCC – Analista Judiciário/TRE AP/2015) A Cia. Petrolífera Fundo do Mar S.A. apresentava a seguinte composição do Patrimônio Líquido, em 31/12/2012:

Capital Social	R$ 5.000.000,00
Reserva Legal	R$ 950.000,00
Reserva Estatutária	R$ 250.000,00
Reserva para Expansão	R$ 150.000,00

Em 2013, a empresa apurou Lucro Líquido de R$ 1.200.000,00 que teve a seguinte destinação:

Reserva Legal: conforme estabelecido na Lei nº 6.404/1976 e alterações posteriores.

Reserva para Expansão: 20% do Lucro Líquido (conforme aprovado em assembleia anterior).

Dividendos Obrigatórios: 30% do Lucro Líquido antes de qualquer ajuste, conforme estabelecido no Estatuto Social da empresa.

Saldo remanescente: destinado conforme estabelecido na Lei nº 6.404/1976 e alterações posteriores.

Os valores que a Cia. Petrolífera Fundo do Mar S.A. deveria apresentar, no Balanço Patrimonial de 31/12/2013, como saldo da conta Dividendos a Pagar no passivo, da conta Reserva Legal no Patrimônio Líquido e do total do Patrimônio Líquido são, respectivamente, em reais:

a) 910.000,00 – 1.010.000,00 – 6.640.000,00.

b) 360.000,00 – 1.010.000,00 – 7.190.000,00.

c) 910.000,00 – 1.000.000,00 – 6.640.000,00.

d) 0,00 – 1.000.000,00 – 7.550.000,00.

e) 360.000,00 – 1.000.000,00 – 7.190.000,00.

RESPOSTA: E

COMENTÁRIO: Sobre a reserva legal, há a previsão de que do lucro líquido do exercício, 5% (cinco por cento) serão aplicados, antes de qualquer outra destinação, na constituição da reserva legal, que não excederá de 20% (vinte por cento) do capital social. Portanto, ela só poderá chegar ao valor de 1.000.000 (5.000.000 × 20%).

Segundo a Lei das S.A., a companhia deve destinar o saldo remanescente nas reservas de lucros. Considerando isso, os cálculos são os seguintes:

Destinação do resultado	
Lucro Líquido	R$ 1.200.000,00
Reserva Legal	R$ (50.000,00)
Reserva para Expansão	R$ (240.000,00)
Dividendos	R$ (360.000,00)
Saldo remanescente	**R$ 550.000,00**

	Saldo inicial	Destinação do lucro	Saldo final
Capital Social	R$ 5.000.000,00		R$ 5.000.000,00
Reserva Legal	R$ 950.000,00	R$ 50.000,00	R$ 1.000.000,00
Reserva Estatuária	R$ 250.000,00		R$ 250.000,00
Reserva para Expansão	R$ 150.000,00	R$ 240.000,00	R$ 390.000,00
Reserva de Lucros		R$ 550.000,00	R$ 550.000,00
		Saldo final	**R$ 7.190.000,00**

26.4.6. Reserva de lucros a realizar

Segundo a Lei das S.A.:

> *Art. 197. No exercício em que o **montante do dividendo obrigatório**, calculado nos termos do estatuto ou do art. 202, **ultrapassar a parcela realizada do lucro líquido do exercício**, a assembleia geral **poderá**, por proposta dos órgãos de administração, destinar o excesso à constituição de reserva de lucros a realizar.*
>
> *§ 1º Para os efeitos deste artigo, considera-se realizada a parcela do lucro líquido do exercício que exceder da soma dos seguintes valores:*
>
> *I – o resultado líquido positivo da equivalência patrimonial (art. 248).*
>
> *II – o lucro, rendimento ou ganho líquidos em operações ou contabilização de ativo e passivo pelo valor de mercado, cujo prazo de realização financeira ocorra após o término do exercício social seguinte.*
>
> *§ 2º A reserva de lucros a realizar somente poderá ser utilizada para pagamento do dividendo obrigatório e, para efeito do inciso III do art. 202, serão considerados como integrantes da reserva os lucros a realizar de cada exercício que forem os primeiros a serem realizados em dinheiro.*

No exercício em que o montante do dividendo obrigatório ultrapassar a parcela realizada do lucro líquido do exercício, a assembleia geral **poderá (é, portanto, facultativa)**, por proposta dos órgãos de administração, destinar o excesso à constituição de reserva de lucros a realizar.

Lembre-se

Considera-se realizada a parcela do lucro líquido do exercício que exceder da soma dos seguintes valores:
- O resultado líquido positivo da equivalência patrimonial.
- O lucro, rendimento ou ganho líquidos em operações ou contabilização de ativo e passivo pelo valor de mercado, cujo prazo de realização financeira ocorra após o término do exercício social seguinte.

No regime de competência, as receitas e despesas são registradas independente da realização financeira. **A reserva de lucros a realizar tem a finalidade de evitar que a companhia pague dividendos sobre lucros que ainda não foram realizados financeiramente.** São considerados lucros a realizar: o resultado líquido positivo da equivalência patrimonial, e o lucro, rendimento ou ganho líquidos em operações ou contabilização de ativo e passivo pelo valor de mercado, cujo prazo de realização financeira ocorra após o término do exercício social seguinte.

A reserva de lucros a realizar somente **poderá ser utilizada para pagamento do dividendo obrigatório, quando realizado o lucro, ou na absorção de prejuízos.**

Exemplo de lançamento da reserva de lucros a realizar:

a) Constituição de reserva de lucros a realizar: com o objetivo de não distribuir R$ 3.000.000 do seu resultado referente ao MEP que não foi realizado financeiramente, a Cia. Alfa constituiu uma reserva de lucros a realizar no valor de R$ 3.000.000.

D – Lucros ou prejuízos acumulados (resultado)	R$ 3.000.000
C – Reserva de lucros – Reservas de lucros a realizar (patrimônio líquido)	R$ 3.000.000

Patrimônio líquido	
Reserva de lucros a realizar	R$ 3.000.000

b) Utilização da reserva de retenção de lucros: no exercício seguinte, a Cia. Alfa reverte o valor quando o investimento foi alienado:

D – Reserva de lucros – Reservas de lucros a realizar   R$ 3.000.000
(patrimônio líquido)

C – Lucros ou prejuízos acumulados (resultado)   R$ 3.000.000

26.4.7. Reserva especial de dividendos obrigatórios não distribuídos

Segundo o previsto no § 4º e no § 5º do art. 202 da Lei das S.A.:

> § 4º O dividendo previsto neste artigo não será obrigatório no exercício social em que os órgãos da administração informarem à assembleia geral ordinária ser ele incompatível com a situação financeira da companhia. O conselho fiscal, se em funcionamento, deverá dar parecer sobre essa informação e, na companhia aberta, seus administradores encaminharão à Comissão de Valores Mobiliários, dentro de 5 (cinco) dias da realização da assembleia geral, exposição justificativa da informação transmitida à assembleia.

> § 5º Os lucros que deixarem de ser distribuídos nos termos do § 4º serão **registrados como reserva especial** e, se não absorvidos por prejuízos em exercícios subsequentes, deverão ser pagos como dividendo assim que o permitir a situação financeira da companhia.

Os dividendos obrigatórios são de distribuição obrigatória pela entidade, atendidos os requisitos de distribuição dos mesmos. Contudo, essa distribuição pode ser incompatível com a situação financeira da entidade. Prevendo isso, a Lei das S.A. criou essa possibilidade e trata de uma reserva especial criada no patrimônio líquido para impedir a distribuição de dividendos naquele momento.

Exemplo: para retirar da apuração do lucro no resultado, o lançamento será o seguinte:

D – Lucro ou prejuízos acumulados (resultado)

C – Reserva especial de dividendos obrigatórios não distribuídos
(patrimônio líquido)

26.4.8. Reserva de prêmio na emissão de debêntures da Lei nº 12.973/14

O prêmio na emissão de debêntures passou a ser apropriado como receita e fazer parte do resultado do período, a partir da edição da Lei nº 11.638/07 e da Lei nº 11.941/09, que retiram da reserva de capital o computo desse prêmio. Essa ação foi para adaptar a legislação nacional às normas internacionais. Contudo, a norma também permite computar o prêmio na emissão de debêntures numa reserva de lucros específica, com utilização pré--determinada. Essa possibilidade de computar em reserva de lucros específica permite que o valor do prêmio não seja computado na apuração do lucro real, evitando a sua tributação.

Segundo a Lei nº 12.973/14:

> Art. 31. O prêmio na emissão de debêntures não será computado na determinação do lucro real, desde que:
> I – a titularidade da debênture não seja de sócio ou titular da pessoa jurídica emitente.

II – seja registrado em reserva de lucros específica, que somente poderá ser utilizada para:

a) absorção de prejuízos, desde que anteriormente já tenham sido totalmente absorvidas as demais Reservas de Lucros, com exceção da Reserva Legal.

b) aumento do capital social.

§ 1º Na hipótese da alínea "a" do inciso II do caput, a pessoa jurídica deverá recompor a reserva à medida que forem apurados lucros nos períodos subsequentes.

§ 2º O prêmio na emissão de debêntures de que trata o caput será tributado caso não seja observado o disposto no § 1º ou seja dada destinação diversa da que está prevista no caput, inclusive nas hipóteses de:

I – capitalização do valor e posterior restituição de capital aos sócios ou ao titular, mediante redução do capital social, hipótese em que a base para a incidência será o valor restituído, limitado ao valor total das exclusões decorrentes do prêmio na emissão de debêntures.

II – restituição de capital aos sócios ou ao titular, mediante redução do capital social, nos 5 (cinco) anos anteriores à data da emissão das debêntures, com posterior capitalização do valor do prêmio na emissão de debêntures, hipótese em que a base para a incidência será o valor restituído, limitada ao valor total das exclusões decorrentes de prêmio na emissão de debêntures.

III – integração à base de cálculo dos dividendos obrigatórios.

§ 3º Se, no período de apuração, a pessoa jurídica apurar prejuízo contábil ou lucro líquido contábil inferior à parcela decorrente de prêmio na emissão de debêntures e, nesse caso, não puder ser constituída como parcela de lucros nos termos do caput, esta deverá ocorrer à medida que forem apurados lucros nos períodos subsequentes.

§ 4º A reserva de lucros específica a que se refere o inciso II do caput, para fins do limite de que trata o art. 199 da Lei no 6.404, de 15 de dezembro de 1976, terá o mesmo tratamento dado à reserva de lucros prevista no art. 195-A da referida Lei.

§ 5º Para fins do disposto no inciso I do caput, serão considerados os sócios com participação igual ou superior a 10% (dez por cento) do capital social da pessoa jurídica emitente.

Quando tratamos de debêntures, vimos que o valor do prêmio atualmente vai todo para o resultado do período. Contudo é possível que esse valor seja registrado em reserva de lucros específica, que somente poderá ser utilizada para:

- Absorção de prejuízos, desde que anteriormente já tenham sido totalmente absorvidas as demais Reservas de Lucros, com exceção da Reserva Legal.
- Aumento do capital social.

Exemplo: para retirar da apuração do lucro no resultado, o lançamento será o seguinte:

D – Lucro ou prejuízos acumulados (resultado)

C – Reserva de prêmios na emissão de debêntures (patrimônio líquido)

26.5. AÇÕES EM TESOURARIA

São as ações da companhia que se encontram em poder da mesma. Serão destacadas no balanço **como dedução da conta do patrimônio líquido** (conta retificadora de patrimônio líquido) **que registrar a origem dos recursos aplicados na sua aquisição**.

Exemplificando: a Cia. Delta S/A possui um capital social dividido em 1.000 ações de R$ 1 lançadas no mercado de ações. A companhia Delta S/A vai até o mercado de ações e compra 50 ações por R$ 50.

D – Ações em tesouraria (retificadora de patrimônio líquido)   R$ 50
C – Banco (ativo circulante)   R$ 50
No Balanço, fica da seguinte forma:

Patrimônio líquido	
Capital social	R$ 1.000
Ações em tesouraria	R$ (50)

Então, no balanço, as ações em tesouraria deverão aparecer redutoras de **Capital social ou de Reserva**, cujo saldo tiver sido utilizado para tal operação (utilizada na aquisição das ações), durante o período em que tais ações aparecem em tesouraria.

Atenção

Como regra a companhia não pode comprar suas próprias ações. Mas é permitida essa compra nas seguintes ocasiões:

- Operações de resgate, reembolso ou amortizações de ações.
- Aquisição para permanência em tesouraria ou cancelamento (desde que até o valor do saldo de lucros ou reservas de lucros – exceto a legal – sem diminuição do capital social).
- Recebimento dessas ações por doação.
- Aquisição para diminuição do capital social (limitado pela legislação).

Os resultados com ações em tesouraria não alteram o resultado do exercício. Conforme a sociedade vende as ações em tesouraria pode obter lucro ou prejuízo com essa venda. Esse lucro ou prejuízo não é receita ou despesa da companhia, pois não faz parte das operações normais ou acessórias da companhia.

O lucro deverá ser registrado a crédito de uma reserva de capital. O prejuízo deverá ser debitado a débito da mesma reserva de capital utilizada para o lucro e, caso esse limite seja excedido, deve se fazer o registro a débito na conta da reserva que deu origem aos recursos utilizados na aquisição. Aqui o procedimento é parecido ao ágio na emissão de ações. Os custos de transação compõem o custo de aquisição das próprias ações e reduzem o resultado de lucro ou prejuízo na venda das mesmas.

As Ações em Tesouraria **não terão direitos patrimoniais nem políticos (não tem direito a dividendo nem a voto).**

26.6. PREJUÍZOS ACUMULADOS

Aqui são registrados os prejuízos acumulados pela empresa. **A conta é retificadora** do patrimônio líquido com saldo devedor. Essa conta não deve ser confundida com a conta Lucros ou Prejuízos acumulados, conta transitória após o encerramento do resultado do exercício.

Também deve-se destacar que antigamente havia a conta Lucros ou Prejuízos Acumulados no patrimônio líquido, que foi extinta pela Lei nº 11.638/07 e substituída pela conta Prejuízos Acumulados.

Segundo a resolução CFC 1.159/09:

46. Com a nova redação dada pela Lei no. 11.638/07 ao art. 178 (alínea d) da Lei no. 6.404/76, não há mais a previsão da conta "Lucros ou Prejuízos Acumulados" como conta componente do Patrimônio Líquido, tendo em vista que o referido artigo previu apenas, como uma das contas componentes do Patrimônio Líquido, a conta de "Prejuízos Acumulados".

47. É válido ressaltar, todavia, que a não manutenção de saldo positivo nessa conta só pode ser exigida para as sociedades por ações, e não às demais sociedades e entidades de forma geral.

*48. Dessa forma, **a nova legislação societária vedou às sociedades por ações apresentarem saldo de lucros sem destinação**, não sendo mais permitido, para esse tipo de sociedade, apresentar nas suas demonstrações contábeis, a partir da data de 31/12/08, saldo positivo na conta de Lucros ou Prejuízos Acumulados.*

26.7. RESERVA DE REAVALIAÇÃO

A reserva de reavaliação era localizada no patrimônio líquido e nela eram registradas as contrapartidas de **aumentos de valor** atribuídos a elementos do antigo ativo permanente em virtude de novas avaliações com base em laudo aprovado pela assembleia geral.

A **reserva de reavaliação foi extinta pela Lei nº 11.638/07** e o seu art. 6º diz que os saldos remanescentes devem ser tratados da seguinte forma:

*Art. 6º Os saldos existentes nas reservas de reavaliação deverão **ser mantidos até a sua efetiva realização** ou estornados até o final do exercício social em que esta Lei entrar em vigor.*

Portanto, além da reserva de reavaliação não existir mais, o seu saldo deve ser mantido até a sua efetiva realização ou estornado até o final do exercício em que a Lei nº 11.638/07 entrar em vigor, no caso, 2008.

A reversão ocorrerá através do seguinte lançamento:

D – Reserva de reavaliação (patrimônio líquido)

C – Lucros ou prejuízos acumulados (resultado)

QUESTÃO COMENTADA

(CESPE – Técnico/EBSERH/Contabilidade/2018) Se os motivos pelos quais determinada reserva foi constituída deixarem de existir, tal reserva deverá ser revertida para a conta de lucros e prejuízos acumulados.

RESPOSTA: VERDADEIRO

COMENTÁRIO: Reversão de reservas – quando uma reserva de lucros constituída anteriormente é desconstituída, ela volta à conta lucros ou prejuízos acumulados por meio do seguinte lançamento:

D – Reserva de lucros (patrimônio líquido)

C – Lucros e prejuízos acumulados (resultado)

CAPÍTULO 27

CRITÉRIOS DE AVALIAÇÕES

Como regra geral, os ativos e passivos são registrados pelo seu **custo histórico (ou custo corrente)**. Por meio deste, os ativos são registrados pelos valores pagos ou a serem pagos em **caixa ou equivalentes de caixa ou pelo valor justo** dos recursos que são entregues para adquiri-los na data da aquisição. Também por meio do custo histórico, os passivos são registrados pelos valores dos recursos que foram recebidos em troca da obrigação ou, em algumas circunstâncias (como, por exemplo, imposto de renda), pelos valores em caixa ou equivalentes de caixa, os quais serão necessários para liquidar o passivo no curso normal das operações.

No entanto, há outras formas de avaliar o ativo e o passivo, tanto na mensuração inicial como nas mensurações posteriores. São as avaliações a seguir.

a) Custo corrente: Os ativos são reconhecidos pelos valores em caixa ou equivalentes de caixa, os quais teriam de ser pagos se esses ativos ou ativos equivalentes fossem adquiridos na data ou no período das demonstrações contábeis. Os passivos são reconhecidos pelos valores em caixa ou equivalentes de caixa, não descontados, que seriam necessários para liquidar a obrigação na data ou no período das demonstrações contábeis.

b) Valor realizável: Os ativos são mantidos pelos valores em caixa ou equivalentes de caixa, os quais poderiam ser obtidos pela venda em uma forma ordenada. Os passivos são mantidos pelos valores em caixa e equivalentes de caixa, não descontados, que se espera seriam pagos para liquidar as correspondentes obrigações no curso normal das operações da entidade.

c) Valor presente: Os ativos são mantidos pelo valor presente, descontado do fluxo futuro de entrada líquida de caixa que se espera seja gerado pelo item no curso normal das operações da entidade. Os passivos são mantidos pelo valor presente, descontado do fluxo futuro de saída líquida de caixa que se espera seja necessário para liquidar o passivo no curso normal das operações da entidade.

d) Valor justo: É o valor pelo qual um ativo pode ser trocado, ou um passivo liquidado, entre partes conhecedoras, dispostas a isso, em uma transação sem favorecimentos.

Já foram vistas algumas situações anteriores nas quais determinadas contas são avaliadas por essas diversas formas de mensuração. Este capítulo tem o objetivo de consolidar a diferença entre o conceito de valor presente e valor justo, uma vez que essas formas de avaliação geram dúvida.

27.1. AJUSTE A VALOR PRESENTE

27.1.1. O que é valor presente

> **Lembre-se**
>
> O valor presente de um ativo representa o fluxo de caixa da entrada líquida de caixa que se espera seja gerado pelo item no curso normal das operações da entidade descontada de uma taxa. O valor presente de um passivo representa o fluxo de saída líquida de caixa que se espera seja necessário para liquidar o passivo no curso normal das operações da entidade.

Segundo o CPC 12, a mensuração contábil a valor presente deve ser aplicada no **reconhecimento inicial** de ativos e passivos, ou seja, os itens que devem ser avaliados pelo valor presente devem ser avaliados já no seu reconhecimento, e não em momentos posteriores. Apenas em **situações excepcionais**, como a que é adotada em uma renegociação de dívida em que novos termos são estabelecidos, o ajuste a valor presente deve ser **aplicado como se fosse nova medição de ativos e passivos**. É de se ressaltar que essas situações de nova medição de ativos e passivos são raras e matéria para julgamento daqueles que preparam e auditam demonstrações contábeis, *vis-à-vis Pronunciamentos específicos*.

A quantificação do ajuste a valor presente deve ser realizada em **base exponencial** *"pro rata die"*, a partir da origem de cada transação, sendo os seus efeitos apropriados nas contas a que se vinculam.

Quando houver Pronunciamento específico do CPC que discipline a forma pela qual um ativo ou passivo em particular deva ser mensurado com base no ajuste a valor presente de seus fluxos de caixa, referido pronunciamento específico deve ser observado. **A regra específica sempre prevalece à regra geral.** Caso especial é o relativo à figura do Imposto de Renda Diferido Ativo e à do Imposto de Renda Diferido Passivo, objeto de Pronunciamento Técnico específico, mas que, conforme previsto nas Normas Internacionais de Contabilidade, **não são passíveis de ajuste a valor presente**.

27.1.2. O que deve ser mensurado pelo valor presente

Segundo a Lei nº 6.404/76 (Lei das S.A.):

*Art. 183. No balanço, os elementos do **ativo** serão avaliados segundo os seguintes critérios:*

*VIII – os elementos do ativo decorrentes de **operações de longo prazo** serão ajustados a valor presente, sendo **os demais ajustados quando houver efeito relevante**.*

*Art. 184. No balanço, os elementos do **passivo** serão avaliados de acordo com os seguintes critérios:*

*III – as obrigações, os encargos e os riscos classificados no **passivo não circulante** serão ajustados ao seu valor presente, sendo **os demais ajustados quando houver efeito relevante**.*

Portanto, os elementos do **ativo** decorrentes de **operações de longo prazo** serão ajustados a valor presente, **sendo os demais** ajustados quando houver efeito relevante. Os encargos e os riscos classificados no **passivo não circulante** serão ajustados ao seu valor presente, **sendo os demais** ajustados quando houver efeito relevante.

Com isso, os itens do ativo não circulante e o passivo não circulante serão sempre avaliados pelo valor presente. Já os itens do ativo circulante e do passivo circulante serão assim avaliados se houver efeito relevante para refletir a realidade patrimonial da entidade.

É importante ter em mente que **o ajuste de passivos, por vezes, implica ajuste no custo de aquisição de ativos.** É o caso, por exemplo, de operações de aquisição e de venda a prazo de estoques e ativo imobilizado, posto que juros imputados nos preços devem ser expurgados na mensuração inicial desses ativos.

Sempre que houver regra específica sobre a mensuração de um ativo ou passivo, a mesma prevalece sobre a regra geral.

Ativos e passivos monetários com juros implícitos ou explícitos embutidos devem ser mensurados pelo seu valor presente quando do seu **reconhecimento inicial,** por ser este o valor de custo original dentro da filosofia de valor justo (*fair value*). Por isso, quando aplicável, o custo de ativos não monetários deve ser ajustado em contrapartida; ou então a conta de receita, despesa ou outra conforme a situação. A esse respeito, uma vez ajustado o item **não monetário, não deve mais ser submetido a ajustes subsequentes** no que respeita à figura de juros embutidos. Ressalte-se que nem todo ativo ou passivo não monetário está sujeito ao efeito do ajuste a valor presente; por exemplo, **um item não monetário que, pela sua natureza, não está sujeito ao ajuste a valor presente é o adiantamento em dinheiro para recebimento ou pagamento em bens e serviços.**

27.1.3. Taxa de desconto

Os elementos integrantes do ativo e do passivo decorrentes de operações de longo prazo, ou de curto prazo quando houver efeito relevante, devem ser ajustados a valor presente com base **em taxas de desconto que reflitam as melhores avaliações do mercado** quanto ao valor do dinheiro no tempo e os riscos específicos do ativo e do passivo em suas datas originais.

Ao se utilizarem, para fins contábeis, informações **com base no fluxo de caixa e no valor presente**, incertezas inerentes são obrigatoriamente levadas em consideração para efeito de mensuração. Do mesmo modo, o "preço" que participantes do mercado estão dispostos a "cobrar" para assumir riscos advindos de incertezas associadas a fluxos de caixa (ou, em linguagem de finanças, "o prêmio pelo risco") deve ser igualmente avaliado. Ao se ignorar tal fato, há o concurso para a produção de informação contábil incompatível com o que seria uma representação adequada da realidade, imperativo da *Estrutura Conceitual para a Elaboração e Apresentação das Demonstrações Contábeis*. Por outro lado, não são admissíveis ajustes arbitrários para prêmios por risco, mesmo com a justificativa de quase impossibilidade de se angariarem informações de participantes de mercado, pois, assim procedendo, é trazido viés para a mensuração.

Em muitas situações não é possível se chegar a uma estimativa confiável para o prêmio pelo risco; sendo possível, o montante estimado pode ser relativamente pequeno se comparado a erros potenciais nos fluxos de caixa estimados. Nesses casos, excepcionalmente, o valor presente de fluxos de caixa esperados pode ser obtido com a adoção de taxa de desconto que reflita unicamente a taxa de juros livre de risco, desde que com ampla divulgação do fato e das razões que levaram a esse procedimento.

27.1.3.1. Taxas de desconto implícitas e explícitas

As taxas de desconto explícitas são aquelas previstas e descritas no momento da transação, como as previstas em contratos. **As taxas de descontos implícitas** são aquelas não previstas e não descritas no momento da transação, mas embutidas no preço.

Em todos os casos, devem ser adotadas as taxas de mercado para transações com risco, prazo e natureza similares. No caso das **taxas explícitas**, devemos comparar se a prevista no contrato está dentro da normalidade para aquele tipo de transação, podendo, então, utilizá-la no cálculo de ajuste a valor presente. Já no caso das **taxas implícitas**, devemos estimar a taxa da transação, considerando as taxas do mercado.

Com relação aos empréstimos e financiamentos subsidiados, cabem as considerações a seguir. Por questões das mais variadas naturezas, não há mercado consolidado de dívidas de longo prazo no Brasil, ficando a oferta de crédito ao mercado em geral com essa característica de longo prazo normalmente limitada a um único ente governamental. Assim, excepcionalmente, até que surja um efetivo mercado competitivo de crédito de longo prazo no Brasil, passivos dessa natureza (e ativos correspondentes no credor) não estão como sujeitos à aplicação do conceito de valor presente **por taxas diversas** daquelas a que tais empréstimos e financiamentos já estão sujeitos. Não estão abrangidas nessa exceção operações de longo prazo, mesmo que financiadas por entes governamentais que tenham características de subvenção ou auxílio governamental.

27.1.4. Exemplos de valor presente de ativos

27.1.4.1. Duplicatas a receber a longo prazo

Suponha-se que uma empresa venda mercadorias que à vista custem R$ 10.000 em 15 vezes de R$ 1.000, totalizando R$ 15.000 o valor a prazo. O valor dos juros embutidos na operação é de R$ 5.000. Considerando que a primeira parcela só será recebida após o fim do exercício seguinte (ou seja, a longo prazo), o lançamento deverá ser:

D – Duplicatas a receber (ativo não circulante)   R$ 15.000
C – Receita de vendas (resultado)   R$ 10.000
C – Receita com juros a apropriar (retificadora de ativo)   R$ 5.000

No balanço, estará assim:

Ativo não circulante	
Ativo realizável a longo prazo	
Duplicatas a receber	R$ 15.000
Receita com juros a apropriar	(R$ 5.000)

Na DRE, estará assim:

DRE	
Receita com vendas	R$ 10.000

O valor da receita com juros a apropriar será apropriado ao resultado **na medida da realização do ativo**, no caso, do recebimento das duplicatas. Ela será apropriada como receita financeira exceto se o financiamento de clientes for um negócio habitual da empresa, onde seria apropriado no resultado como receita operacional. Assim está definido no CPC:

CAP. 27 – CRITÉRIOS DE AVALIAÇÕES | 377

Atenção

As reversões dos ajustes a valor presente dos ativos e passivos monetários qualificáveis devem ser apropriadas como receitas ou despesas financeiras, a não ser que a entidade possa devidamente fundamentar que o financiamento feito a seus clientes faça parte de suas atividades operacionais, quando então as reversões serão apropriadas como receita operacional. Esse é o caso, por exemplo, quando a entidade opera em dois segmentos distintos: (i) venda de produtos e serviços e (ii) financiamento das vendas a prazo, e desde que sejam relevantes esse ajuste e os efeitos de sua evidenciação.

O lançamento de apropriação ocorrerá a partir do recebimento da primeira mensalidade até o fim do recebimento das mesmas e será o seguinte:

D – Receita com juros a apropriar (retificadora de ativo)
C – Receita financeira (resultado)

Contabilização segundo a legislação do Imposto de Renda: segundo a Lei nº 12.973/14, que trata dentre outros do imposto de renda das pessoas jurídicas, a contabilização do ajuste a valor presente ocorre com uma pequena diferença. É importante ressaltar que, quando a banca nada falar, ela cobrará segundo foi visto anteriormente. Entretanto, se a banca afirmar "segundo a legislação do imposto de renda", deve ser registrado como a seguir:

D – Duplicatas a receber (ativo não circulante)   R$ 15.000
C – Receita de vendas (resultado)   R$ 15.000
D – Ajuste a valor presente de vendas (resultado)*   R$ 5.000
C – Receita com juros a apropriar (retificadora de ativo)   R$ 5.000

*Em vez de a receita ser contabilizada pelo valor já líquido do ajuste a valor presente, deve-se contabilizar a receita bruta e o ajuste de avaliação patrimonial como redução de receita.

No balanço, estará assim:

Ativo não circulante	
Ativo realizável a longo prazo	
Duplicatas a receber	R$ 15.000
Receita com juros a apropriar	(R$ 5.000)

Na DRE, estará assim:

DRE	
Receita com vendas	R$ 15.000
Ajuste a valor presente de vendas	R$ (5.000)

27.1.4.2. Duplicatas a receber a curto prazo com efeito relevante

A análise se o ativo de curto prazo tem ou não efeito relevante **é da própria entidade**. Suponha-se que uma empresa venda mercadorias que à vista custem R$ 3.000 em 6 vezes de R$ 1.000, totalizando R$ 6.000 o valor a prazo. O valor dos juros embutidos na operação é de R$ 3.000. Considerando que o efeito é relevante, o lançamento deverá ser:

D – Duplicatas a receber (ativo circulante)   R$ 6.000
C – Receita de vendas (resultado)   R$ 3.000
C – Receita com juros a apropriar (retificadora de ativo)   R$ 3.000

No balanço, estará assim representado:

Ativo circulante	
Duplicatas a receber	R$ 6.000
Receita com juros a apropriar	(R$ 3.000)

Na DRE, estará assim representado:

DRE	
Receita com vendas	R$ 3.000

Como no exemplo de duplicatas a receber a longo prazo, a receita será apropriada mensalmente a partir do recebimento da primeira mensalidade, na seguinte forma (exceto se a venda de produtos e serviços ou se o financiamento de clientes for negócio habitual da empresa, situação em que será uma receita operacional):

D – Receita com juros a apropriar (retificadora de ativo)

C – Receita financeira (resultado)

Contabilização segundo a legislação do Imposto de Renda: segundo a Lei nº 12.973/14, que trata dentre outros do imposto de renda das pessoas jurídicas, a contabilização do ajuste a valor presente ocorre com uma pequena diferença. É importante ressaltar que, quando a banca nada falar, ela cobrará segundo foi visto anteriormente. Entretanto, se a banca afirmar "segundo a legislação do imposto de renda", deve ser registrado como a seguir:

D – Duplicatas a receber (ativo circulante)   R$ 6.000

C – Receita de vendas (resultado)   R$ 6.000

D – Ajuste a valor presente de vendas (resultado)*   R$ 3.000

C – Receita com juros a apropriar (retificadora de ativo)   R$ 3.000

*Em vez de a receita ser contabilizada pelo valor já líquido do ajuste a valor presente, deve-se contabilizar a receita bruta e o ajuste de avaliação patrimonial como redução de receita.

No balanço, estará assim representado:

Ativo circulante	
Duplicatas a receber	R$ 6.000
Receita com juros a apropriar	(R$ 3.000)

Na DRE, estará assim representado:

DRE	
Receita com vendas	R$ 6.000
Ajuste a valor presente de vendas	(R$ 3.000)

27.1.4.3. Venda de imobilizado a longo prazo

Suponha-se que uma entidade venda uma máquina do seu imobilizado cujo valor é R$ 50.000 à vista. Sabendo que será pago o valor de R$ 2.000 por 36 meses (totalizando

CAP. 27 – CRITÉRIOS DE AVALIAÇÕES | 379

R$ 72.000 a prazo) e ainda que a máquina tinha valor contábil de R$ 100.000 e já havia sido depreciada no valor de R$ 60.000, o lançamento será:

D – Financiamentos a receber (ativo circulante)   R$ 24.000
D – Financiamentos a receber (ativo não circulante)   R$ 48.000
D – Depreciação acumulada (retificadora de ativo)   R$ 60.000
C – Máquina (ativo não circulante)   R$ 100.000
C – Ganho de capital (resultado)   R$ 32.000
D – Ajuste a valor presente do ganho de capital (resultado)*   R$ 22.000
C – Receita de juros a apropriar (retificadora de ativo) R$ 7.333
C – Receita de juros a apropriar (retificadora de ativo)   R$ 14.666
*Redução do ganho de capital

No balanço, estará assim representado:

Ativo circulante	
Financiamentos a receber	R$ 24.000
Receita com juros a apropriar	(R$ 7.333)

Ativo não circulante	
Ativo realizável a longo prazo	
Financiamentos a receber	R$ 48.000
Receita com juros a apropriar	(R$ 14.666)

Como no exemplo de duplicatas a receber a longo prazo, a receita será apropriada mensalmente a partir do recebimento da primeira mensalidade, na seguinte forma (exceto se a venda de produtos e serviços ou se o financiamento de clientes for negócio habitual da empresa, situação em que será uma receita operacional):

D – Receita com juros a apropriar (retificadora de ativo)
C – Receita financeira (resultado)

27.1.5. Valor presente de passivos

É importante lembrar que **o ajuste de passivos, por vezes, implica ajuste no custo de aquisição de ativos**. É o caso, por exemplo, de operações de aquisição e de venda a prazo de estoques e ativo imobilizado, posto que juros imputados nos preços devem ser expurgados na mensuração inicial desses ativos.

27.1.5.1. Fornecedores de longo prazo

A conta Fornecedores representa o valor do financiamento de estoques (de produtos para revenda ou de matéria-prima). Esse financiamento de longo prazo (ou quando de curto com efeito relevante) deve ser ajustado a valor presente junto com o estoque financiado.

Suponha-se que uma empresa adquira a prazo os produtos para a revenda, que possuem valor de R$ 10.000 à vista, em 17 parcelas mensais de R$ 1.000 com o primeiro pagamento após o fim do exercício seguinte. O lançamento seria:

D – Estoques (ativo circulante)   R$ 10.000
D – Despesa com juros a apropriar (retificadora de passivo)   R$ 7.000
C – Fornecedores – LP (passivo não circulante)   R$ 17.000

No balanço, estará assim representado:

Ativo circulante	
Estoques	R$ 10.000

Passivo não circulante	
Fornecedores – LP	R$ 17.000
Despesa com juros a apropriar	(R$ 7.000)

O lançamento de apropriação da despesa financeira ocorrerá a partir do pagamento da primeira mensalidade até o fim do pagamento, e será o seguinte (exceto se a venda de produtos e serviços ou se o financiamento de clientes for negócio habitual da empresa, situação em que será uma despesa operacional):

D – Despesa de juros a apropriar (retificadora de passivo)

C – Despesa financeira (resultado)

Contabilização segundo a legislação do Imposto de Renda: segundo a Lei nº 12.973/14, que trata dentre outros do imposto de renda das pessoas jurídicas, a contabilização do ajuste a valor presente ocorre com uma pequena diferença. É importante ressaltar que, quando a banca nada falar, ela cobrará segundo foi visto anteriormente. Entretanto, se a banca afirmar "segundo a legislação do imposto de renda", deve ser registrado como a seguir:

D – Estoques (ativo circulante)   R$ 17.000
C – Fornecedores – LP (passivo não circulante)   R$ 17.000
D – Despesa com juros a apropriar (retificadora de passivo)   R$ 7.000
C – Ajuste a valor presente de estoques (retificadora de ativo)   R$ 7.000

*Em vez de o estoque ser contabilizado pelo valor já líquido do ajuste a valor presente, deve-se contabilizar o estoque pelo custo e o ajuste de avaliação patrimonial como redução do seu valor.

No balanço, estará assim representado:

Ativo circulante	
Estoques	R$ 17.000
Ajuste a valor presente de estoques	(R$ 7.000)

Na DRE, estará assim representado:

Passivo não circulante	
Fornecedores – LP	R$ 17.000
Despesa com juros a apropriar	(R$ 7.000)

27.1.5.2. Fornecedores de curto prazo com efeito relevante

A análise se o passivo de curto prazo tem ou não efeito relevante é da própria entidade. Suponha-se que uma empresa compre mercadorias para a revenda, que à vista custem R$ 5.000, em 7 vezes de R$ 1.000, totalizando R$ 7.000 o valor a prazo. O valor dos juros embutidos na operação é de R$ 2.000. Considerando que o efeito é relevante, o lançamento deverá ser:

D – Estoques (ativo circulante) — R$ 5.000

D – Despesa com juros a apropriar (retificadora de passivo) — R$ 2.000

C – Fornecedores (passivo circulante) — R$ 7.000

No balanço, estará assim representado:

Ativo circulante	
Estoques	R$ 5.000

Passivo circulante	
Fornecedores – LP	R$ 7.000
Despesa com juros a apropriar	(R$ 2.000)

O lançamento de apropriação da despesa financeira ocorrerá a partir do pagamento da primeira mensalidade até o fim do pagamento e será o seguinte (exceto se a venda de produtos e serviços ou se o financiamento de clientes for negócio habitual da empresa, situação em que será uma despesa operacional):

D – Despesa de juros a apropriar (retificadora de passivo)

C – Despesa financeira (resultado)

Contabilização segundo a legislação do Imposto de Renda: segundo a Lei nº 12.973/14, que trata dentre outros do imposto de renda das pessoas jurídicas, a contabilização do ajuste a valor presente ocorre com uma pequena diferença. É importante ressaltar que, quando a banca nada falar, ela cobrará segundo foi visto anteriormente. Entretanto, se a banca afirmar "segundo a legislação do imposto de renda", deve ser registrado como a seguir:

D – Estoques (ativo circulante) — R$ 17.000

C – Fornecedores – LP (passivo não circulante) — R$ 17.000

D – Despesa com juros a apropriar (retificadora de passivo) — R$ 7.000

C – Ajuste a valor presente de estoques (retificadora de ativo) — R$ 7.000

*Em vez de o estoque ser contabilizado pelo valor já líquido do ajuste a valor presente, deve-se contabilizar o estoque pelo custo e o ajuste de avaliação patrimonial como redução do seu valor.

No balanço, estará assim representado:

Ativo circulante	
Estoques	R$ 7.000
Ajuste a valor presente de estoques	(R$ 2.000)

Na DRE, estará assim representado:

Passivo não circulante	
Fornecedores – LP	R$ 7.000
Despesa com juros a apropriar	(R$ 2.000)

382 | CONTABILIDADE GERAL E AVANÇADA • SILVIO SANDE E ANDRÉ NEIVA

QUESTÃO COMENTADA

(FCC – Analista de Gestão/SABE SP/Contabilidade/2018) A Cia. de Águas Marítimas adquiriu um estoque de mercadorias para revenda no valor de R$ 500.000,00. A compra foi realizada no dia 30/12/2017, o prazo para pagamento concedido pelo fornecedor foi de 300 dias e sabe-se que o preço das mercadorias seria R$ 453.000,00 se a compra fosse efetuada à vista. A Cia. de Águas Marítimas pagou, adicionalmente, R$ 7.000,00 referentes a frete e seguro para retirada das mercadorias junto ao fornecedor. A Cia. possui um estudo estatístico confiável e auditado por empresa independente e avalia, por este modelo, que as perdas de estoque, em função do seu processo de armazenagem e distribuição, representa 2% do valor total de cada compra. Com base nestas informações, os valores líquidos reconhecidos pela Cia. de Águas Marítimas nas demonstrações contábeis de 2017 foram:

a) Estoque = 507.000,00; Fornecedores a Pagar = 500.000,00.

b) Estoque = 450.800,00; Fornecedores a Pagar = 453.000,00; Despesa com *Impairment* = 9.200,00.

c) Estoque = 460.000,00; Fornecedores a Pagar = 500.000,00; Despesa Financeira = 47.000,00.

d) Estoque = 453.000,00; Fornecedores a Pagar = 500.000,00; Despesa com Frete = 7.000,00; Despesa Financeira = 47.000,00.

e) Estoque = 443.940,00; Fornecedores a Pagar = 453.000,00; Despesa com Frete = 7.000,00; Despesa com *Impairment* = 9.060,00.

RESPOSTA: B

COMENTÁRIO: A compra de mercadoria financiada deve ser ajustada ao valor presente para cômputo no estoque. Isso é conseguido quando retiramos o valor dos juros e encargos de financiamento do valor da mercadoria financiada.

Na aquisição, a compra será:

D – Estoque (ativo circulante)	453.000
D – Encargos a transcorrer (retificadora de passivo)	47.000
C – Fornecedores (passivo circulante)	500.000

O frete/seguro foi pago pelo adquirente. Portanto, deve ser somado ao valor do estoque:

D – Estoque (ativo circulante)	7.000
C – Bancos (ativo circulante)	7.000

Nesse momento, o valor do estoque está em 460.000 (453.000 + 7.000). A perda por impairment será de 9.200 (2% × 460.000):

D – Despesa com *impairment* (resultado)	9.200
C – Perda por *impairment* (retificadora de ativo)	9.200

Logo, o estoque será 460.000 – 9.200 = 450.800. A conta fornecedores será 500.000 – 47.000 = 453.000. A despesa com *impairment* será de 9.200.

27.1.5.3. Ajuste no financiamento para aquisição de imobilizado

Na aquisição de um imobilizado mediante financiamento, como vimos nos exemplos anteriores que retratam a aquisição de mercadorias, o valor pago a título de juros deve ser expurgado.

Suponha-se a aquisição de uma máquina que tenha o valor de R$ 100.000 reais à vista, com pagamento de R$ 10.000 reais por 15 meses. O valor a prazo é de R$ 150.000 e o valor dos juros embutidos na operação é de R$ 50.000. O lançamento, portanto, será de:

D – Máquina (imobilizado)	R$ 100.000
D – Despesa com juros a apropriar (retificadora de passivo)	R$ 40.000
D – Despesa com juros a apropriar (retificadora de passivo)	R$ 10.000
C – Fornecedores (passivo circulante)	R$ 120.000
C – Fornecedores (passivo não circulante)	R$ 30.000

No balanço, estará assim representado:

Ativo não circulante	
Máquinas	R$ 100.000

Passivo não circulante	
Fornecedores – LP	R$ 120.000
Despesa com juros a apropriar	(R$ 40.000)

Passivo não circulante	
Fornecedores – LP	R$ 30.000
Despesa com juros a apropriar	(R$ 10.000)

O lançamento de apropriação da despesa financeira ocorrerá a partir do pagamento da primeira mensalidade até o fim do pagamento e será o seguinte (exceto se a venda de produtos e serviços ou se o financiamento de clientes for negócio habitual da empresa, situação em que será uma despesa operacional):

D – Despesa de juros a apropriar (retificadora de passivo)

C – Despesa financeira (resultado)

Contabilização segundo a legislação do Imposto de Renda: segundo a Lei nº 12.973/14, que trata dentre outros do imposto de renda das pessoas jurídicas, a contabilização do ajuste a valor presente ocorre com uma pequena diferença. É importante ressaltar que, quando a banca nada falar, ela cobrará segundo foi visto anteriormente. Entretanto, se a banca afirmar "segundo a legislação do imposto de renda", deve ser registrado como a seguir:

D – Máquina (ativo não circulante)   R$ 150.000

C – Fornecedores (passivo circulante)   R$ 120.000

C – Fornecedores (passivo não circulante)   R$ 30.000

D – Despesa com juros a apropriar (retificadora de passivo)   R$ 40.000

D – Despesa com juros a apropriar (retificadora de passivo)   R$ 10.000

C – Ajuste a valor presente de máquina (retificadora de ativo)   R$ 50.000

*Em vez de o imobilizado ser contabilizado pelo valor já líquido do ajuste a valor presente, deve-se contabilizar o imobilizado pelo custo e o ajuste de avaliação patrimonial como redução do seu valor.

No balanço, estará assim representado:

Ativo não circulante	
Máquinas	R$ 100.000
Ajuste a valor presente de máquina	(R$ 50.000)

Passivo não circulante	
Fornecedores – LP	R$ 120.000
Despesa com juros a apropriar	(R$ 40.000)

Passivo não circulante	
Fornecedores – LP	R$ 30.000
Despesa com juros a apropriar	(R$ 10.000)

27.1.6. Ajuste das provisões de longo prazo

Uma provisão é um **passivo de prazo ou de valor incertos**. Por meio dela, a entidade se prepara para um evento que tem significativa probabilidade de ocorrer no futuro e afetará negativamente o patrimônio da empresa.

Suponha-se que uma empresa está sendo demandada judicialmente por dois fornecedores e o seu advogado acredita que a causa provavelmente será perdida. O advogado estima ainda que a empresa terá que ressarcir o primeiro fornecedor em R$ 10.000 no exercício seguinte e o segundo fornecedor em R$ 20.000 após o fim do exercício seguinte. Se optasse por pagar imediatamente, o primeiro receberia R$ 8.000 e o segundo, R$ 17.0000. Seria assim contabilizada a provisão:

D – Despesa com provisão para demandas judiciais (resultado)   R$ 30.000
C – Provisão para demandas judiciais (passivo circulante)   R$ 10.000
C – Provisão para demandas judiciais   R$ 20.000
   (passivo circulante não circulante)
D – Despesa com juros a apropriar (retificadora de passivo)   R$ 2.000
D – Despesa com juros a apropriar (retificadora de passivo)   R$ 3.000
C – Ajuste a valor presente de despesa com provisão (resultado)   R$ 5.000

No balanço, estará assim representado:

Passivo não circulante	
Fornecedores – LP	R$ 10.000
Despesa com juros a apropriar	(R$ 2.000)

Passivo não circulante	
Fornecedores – LP	R$ 20.000
Despesa com juros a apropriar	(R$ 3.000)

Na DRE, estará assim representado:

DRE	
Despesa com provisão de demandas judiciais	R$ 30.000
Ajuste a valor presente de vendas	R$ (5.000)

O lançamento de apropriação da despesa financeira ocorrerá anualmente até o fim do pagamento e será o seguinte (exceto se a venda de produtos e serviços ou se o financiamento de clientes for negócio habitual da empresa, situação em que será uma despesa operacional):

D – Despesa de juros a apropriar (retificadora de passivo)
C – Despesa financeira (resultado)

27.1.7. Passivos contratuais e não contratuais

Passivos contratuais são aqueles que possuem as suas regras (prazo e taxa de juros) previstos em contrato, de forma clara e objetiva. Para esses passivos, se torna mais fácil o cálculo do valor presente, uma vez que é sinalizada a taxa de desconto a ser aplicada para encontrar o valor presente (se a taxa for compatível com a que o mercado utiliza para a mesma operação com prazos e riscos similares).

Passivos não contratuais são aqueles que apresentam maior complexidade para fins de mensuração contábil pelo uso de informações com base no valor presente. Fluxos de caixa ou séries de fluxos de caixa estimados são carregados de incerteza, assim como são os períodos para os quais se tem a expectativa de desencaixe ou de entrega de produto/ prestação de serviço. Logo, muito senso crítico, sensibilidade e experiência são requeridos na condução de cálculos probabilísticos. Pode ser que em determinadas situações a participação de equipe multidisciplinar de profissionais seja imperativa para execução da tarefa. A Teoria Contábil Normativa diz que são espécies do gênero passivo não contratual as obrigações justas ou construtivas. Obrigações justas resultam de limitações éticas ou morais e não de restrições legais. Já as obrigações construtivas decorrem de práticas e costumes.

Lembre-se

O desconto a valor presente é requerido quer se trate de passivos contratuais, quer se trate de passivos não contratuais, sendo que a taxa de desconto necessariamente deve considerar o risco de crédito da entidade.

27.1.8. Efeitos fiscais

Para fins de desconto a valor presente de ativos e passivos, **a taxa a ser aplicada** não deve ser líquida de efeitos fiscais.

No tocante às diferenças temporárias observadas entre a base contábil e fiscal de ativos e passivos ajustados a valor presente, essas diferenças temporárias devem receber o tratamento requerido pelas regras contábeis vigentes para reconhecimento e mensuração de **imposto de renda e contribuição social diferidos**.

Reforça-se que o Imposto de Renda Diferido Ativo e o Imposto de Renda Diferido Passivo, objeto de Pronunciamento Técnico específico, **não são passíveis de ajuste a valor presente**.

27.1.8.1. Tributos sobre as vendas

Como visto anteriormente, a receita de vendas pode estar submetida ao ajuste ao valor presente. Os tributos incidentes sobre esse valor devem ser expurgados do resultado.

Para melhor compreensão, vejamos um exemplo previsto no CPC:

A operação de venda com prazo de 6 meses para recebimento, com as seguintes características:

Venda com prazo de 6 meses = $ 100, com ICMS de 10% = $ 10

Venda à vista = $ 80, com ICMS de 10% = $ 8

Observe-se que o AVP guarda relação com a operação de financiamento das contas a receber em seu todo ($ 100) e não somente sobre o saldo, depois de deduzidos os impostos a recuperar.

A entidade, ao conceder prazo para o recebimento, está financiando o cliente. Nesse caso, a base para o cálculo do AVP é o valor que está sendo financiado, ou seja, o valor total da nota fiscal ($ 100).

No exemplo anterior, assumindo que uma boa referência do valor presente da transação seja o valor de venda à vista, a contabilização da transação a prazo ficaria da seguinte forma:

a) No vendedor:

Débito – Contas a receber – $ 80 Crédito – Receita de vendas – $ 80

Débito – Despesa com ICMS – $ 10 Crédito – ICMS a pagar – $ 10

Com o passar do tempo, a diferença ($ 20) entre o valor presente das contas a receber ($ 80) e o valor que será recebido no final de 6 meses ($ 100) é apropriada ao resultado do período como receita financeira, utilizando o método da taxa efetiva de juros.

b) No comprador:

No lado do comprador, ao contrário do vendedor, a taxa de juros imputada pelos seus fornecedores não é conhecida, e a tarefa de determinação de qual taxa utilizar se torna mais complexa, mas deve ser estimada tomando-se por base a carteira de fornecedores como um todo.

Débito – Estoques – $ 70

Débito – ICMS a recuperar – $ 10

Crédito – Contas a pagar – Fornecedores – $ 80

A diferença ($ 20) entre o valor presente das contas a pagar ($ 80) e o valor que será pago no final de 6 meses ($ 100) é apropriada ao resultado do período como despesa financeira, utilizando o método da taxa efetiva de juros.

Essa questão da reclassificação da parcela do ICMS calculada sobre os juros embutidos na operação para o resultado financeiro comercial altera o lucro bruto, o resultado financeiro e também o LAJIDA (ou EBITDA, na sigla em inglês), se a entidade faz uso dessa medida não contábil. Dessa forma, essa questão pode ser relevante para algumas entidades. Qualquer que seja o método utilizado, ele deve ser divulgado em nota explicativa para melhor entendimento do usuário das demonstrações contábeis e aplicado de maneira uniforme ao longo dos exercícios.

O quadro a seguir ilustra esses efeitos, depois de decorrido todo o período desde a venda até o recebimento, com apropriação dos juros no prazo da transação:

ICMS sem segregação		ICMS com segregação entre a parcela sobre a venda e a parcela sobre receita financeira	
Receita de vendas	80	Receita de vendas	80
Deduções de vendas – ICMS	(10)	Deduções de vendas – ICMS	(8)
CPV	(50)	CPV	(50)
Lucro bruto	20	Lucro bruto	22
Receita financeira	20	Receita financeira	20
		ICMS sobre receita financeira	(2)
Lucro antes do IR/CS	40	Lucro antes do IR/CS	40

Esse mesmo conceito é aplicável para os demais tributos incidentes sobre venda, tais como IPI, PIS e COFINS.

27.1.9. Relevância e confiabilidade

A adoção pela Contabilidade de informações com base no valor presente de fluxo de caixa, inevitavelmente, provoca discussões em torno de suas características qualitativas: relevância e confiabilidade. Emitir juízo de valor acerca do balanceamento ideal de uma característica em função da outra, caso a caso, deve ser um exercício recorrente para aqueles que preparam e auditam demonstrações contábeis.

Do mesmo modo, o **julgamento da relevância** do ajuste a valor presente de ativos e passivos de curto prazo deve ser exercido por esses indivíduos, levando em consideração os efeitos comparativos antes e depois da adoção sobre itens do ativo, do passivo, do patrimônio líquido e do resultado.

Objetivamente, sob determinadas circunstâncias, a mensuração de um ativo ou um passivo a valor presente pode ser obtida sem maiores dificuldades, caso se disponha de fluxos contratuais com razoável grau de certeza e de taxas de desconto observáveis no mercado. Por outro lado, pode ser que em alguns casos os fluxos de caixa tenham que ser **estimados com alto grau de incerteza**, e as taxas de desconto tenham que ser obtidas por modelos voltados a tal fim. **O peso dado para a relevância nesse segundo caso é maior que o dado para a confiabilidade**, uma vez que não seria apropriado apresentar informações com base em fluxos nominais. Conforme seja o caso, a abordagem tradicional ou de fluxo de caixa esperado deve ser eleita como técnica para cômputo do ajuste a valor presente.

27.2. AJUSTE A VALOR JUSTO

A Lei nº 11.941/09 incluiu no ordenamento jurídico o conceito de **valor justo**. Ele possui os seus regramentos basilares previstos no CPC 46.

Atenção

Valor justo (*fair value*) é como o preço que seria recebido pela venda de um ativo ou que seria pago pela transferência de um passivo em uma transação não forçada entre participantes do mercado na data de mensuração. Por exemplo, o valor justo de uma aplicação em ações com o intuito de vendê-la a curto prazo (ou seja, um instrumento financeiro) é o valor com que essa ação está cotada, no momento, na Bolsa de Valores ou em outro mercado onde possa ser encontrado um comprador independente e que realize a compra de forma não forçada.

O valor justo **é uma mensuração baseada em mercado, e não uma mensuração específica da entidade**. Para alguns ativos e passivos, pode haver informações de mercado ou transações de mercado observáveis disponíveis, e para outros pode não haver. Contudo, o objetivo da mensuração do valor justo em ambos os casos é o mesmo – estimar o preço pelo qual uma transação não forçada para vender o ativo ou para transferir o passivo ocorreria **entre participantes do mercado** na data de mensuração sob condições correntes de mercado (ou seja, um preço de saída na data de mensuração do ponto de vista de participante do mercado que detenha o ativo ou o passivo).

27.2.1. Quando fazer a mensuração a valor justo

A estrutura de mensuração do valor justo se aplica tanto à **mensuração inicial quanto à subsequente se o valor justo for exigido ou permitido por algum pronunciamento**.

A Lei nº 6.404/76 prevê que as aplicações em **instrumentos financeiros**, inclusive derivativos, e em direitos e títulos de créditos, classificados no ativo circulante ou no realizável a longo prazo serão avaliados pelo seu valor justo, **quando se tratar de aplicações destinadas à negociação ou disponíveis para venda**.

Outro exemplo de situação em que o ativo ou o passivo devem ser avaliados pelo valor justo é na **combinação de negócios**. A combinação de negócios é uma operação ou outro evento por meio do qual um adquirente obtém o controle de um ou mais negócios, independentemente da forma jurídica da operação. O adquirente deve mensurar os ativos identificáveis adquiridos e os passivos assumidos pelos respectivos valores justos da data da aquisição.

27.2.2. Como mensurar o valor justo

O **valor justo** (*fair value*) é como o preço que seria recebido pela venda de um ativo ou que seria pago pela transferência de um passivo em uma transação não forçada entre participantes do mercado na data de mensuração.

O valor justo é uma mensuração **baseada em mercado, e não uma mensuração específica da entidade**.

A mensuração do valor justo destina-se a um ativo ou passivo em particular. Sendo assim, as características e os fatores para mensurar o valor justo de um ativo ou de um passivo não serão obrigatoriamente os mesmos a serem aplicados a outros ativos e passivo.

O ativo ou o passivo mensurado ao valor justo pode ser qualquer um dos seguintes:

- Um **ativo ou passivo individual** (por exemplo, um instrumento financeiro ou um ativo não financeiro).
- Um **grupo de ativos, grupo de passivos ou grupo de ativos e passivos** (por exemplo, uma unidade geradora de caixa ou um negócio).

Sendo assim, se três ativos tiverem isoladamente valor justo de R$ 100, R$ 150 e R$ 200, totalizando R$ 450, mas em combinados (considerados em conjunto) tenham o valor de R$ 150, R$ 300 e R$ 300, totalizando R$ 750, os valores justos serão os valores resultantes da combinação.

27.2.2.1. Participantes do mercado

Como visto anteriormente, para alguns ativos e passivos, pode haver informações de mercado ou transações de mercado observáveis disponíveis, e para outros pode não haver. Contudo, o objetivo da mensuração do valor justo em ambos os casos é o mesmo – estimar o preço pelo qual uma **transação não forçada para vender o ativo ou para transferir o passivo ocorreria entre participantes do mercado** na data de mensuração sob condições correntes de mercado (ou seja, um preço de saída na data de mensuração do ponto de vista de participante do mercado que detenha o ativo ou o passivo).

Participantes do mercado são compradores e vendedores do mercado principal (ou mais vantajoso) para o ativo ou passivo, os quais têm todas as características a seguir:

- São independentes entre si, ou seja, não são partes relacionadas, embora o preço em uma transação com partes relacionadas possa ser utilizado como informação (*input*) na mensuração do valor justo se a entidade tiver evidência de que a transação foi realizada em condições de mercado.
- São conhecedores, tendo entendimento razoável do ativo ou passivo e da transação com a utilização de todas as informações disponíveis, incluindo informações que possam ser obtidas por meio de esforços.
- São capazes de realizar transação com o ativo ou o passivo.
- Estão interessados em realizar transação com o ativo ou o passivo, ou seja, estão motivados, mas não forçados ou, de outro modo, obrigados a fazê-lo.

O mercado mais vantajoso é aquele que **maximiza o valor que seria recebido para vender o ativo ou que minimiza o valor que seria pago para transferir o passivo**, após levar em consideração os custos de transação e os custos de transporte.

Pode-se concluir, portanto, que a entidade deve mensurar o valor justo de um ativo ou de um passivo utilizando as premissas que os participantes do mercado utilizam ao precificar o ativo ou o passivo e, simultaneamente, presumindo que os participantes do mercado ajam em seu melhor interesse econômico.

27.2.2.2. Preço

Valor justo é **o preço** que seria recebido pela venda de um ativo ou pago pela transferência de um passivo em uma transação não forçada no mercado principal (ou mais vantajoso) na data de mensuração nas condições atuais de mercado (ou seja, um preço de saída), independentemente de esse preço ser diretamente observável ou estimado utilizando-se outra técnica de avaliação.

O preço no mercado principal (ou mais vantajoso) utilizado para mensurar o valor justo do ativo ou passivo **não deve ser ajustado para refletir custos de transação**. Os custos de transação não são uma característica de um ativo ou passivo; em vez disso, são específicos de uma transação e podem diferir dependendo de como a entidade realizar a transação para o ativo ou passivo.

Contudo, os custos de transação não incluem custos de transporte. Por isso, se a localização for uma característica do ativo (como pode ser o caso para, por exemplo, uma *commodity*), o preço no mercado principal (ou mais vantajoso) deve ser ajustado para refletir os custos, se houver, que seriam incorridos para transportar o ativo de seu local atual para esse mercado.

27.2.3. Valor justo de ativos

O **valor justo de um ativo** é o preço pelo qual, mediante uma transação não forçada, o ativo é transacionado entre participantes do mercado independentes na data de mensuração sob condições correntes de mercado, ou seja, um **preço de saída** na data de mensuração do ponto de vista de participante do mercado que detenha o ativo.

Ao mensurar o valor justo dos ativos, a entidade deve considerar características (que influenciam diminuindo ou aumentando o valor justo dos ativos) como, por exemplo:

- A condição e a localização do ativo.
- Restrições, se houver, para a venda ou o uso do ativo.

O valor justo reflete o preço máximo que o ativo pode obter **no mercado principal (ou mais vantajoso)**.

27.2.3.1. Valor justo dos ativos não financeiros

A mensuração do valor justo de **um ativo não financeiro** leva em consideração a capacidade do participante do mercado de gerar benefícios econômicos utilizando o ativo em seu **melhor uso possível** (*highest and best use*) ou vendendo-o a outro participante do mercado que utilizaria o ativo em seu melhor uso.

O melhor uso possível de um ativo não financeiro leva em conta o uso do ativo que seja fisicamente possível, legalmente permitido e financeiramente viável, conforme abaixo:

a) Um uso que seja **fisicamente possível** leva em conta as características físicas do ativo que os participantes do mercado levariam em conta ao precificar o ativo (por exemplo, a localização ou o tamanho de um imóvel).

b) Um uso que seja **legalmente permitido** leva em conta quaisquer restrições legais sobre o uso do ativo que os participantes do mercado levariam em conta ao precificá-lo (por exemplo, as regras de zoneamento aplicáveis a um imóvel).

c) Um uso que seja **financeiramente viável** leva em conta se o uso do ativo que seja fisicamente possível e legalmente permitido gera receita ou fluxos de caixa adequados (levando em conta os custos para converter o ativo para esse uso) para produzir o retorno do investimento que os participantes do mercado exigiriam do investimento nesse ativo colocado para esse uso.

27.2.4. Valor justo dos passivos e instrumentos patrimoniais

> O **valor justo de um passivo** é o preço pelo qual, mediante uma transação não forçada, o passivo é transferido entre participantes do mercado independentes na data de mensuração sob condições correntes de mercado, ou seja, um **preço de saída** na data de mensuração do ponto de vista de participante do mercado que detenha o passivo.

A mensuração do valor justo presume que um **passivo financeiro ou não financeiro** ou o **instrumento patrimonial próprio da entidade** (por exemplo, participações patrimoniais emitidas como contraprestação em combinação de negócios) **seja transferido a um participante do mercado na data de mensuração**. A transferência de um passivo ou de um instrumento patrimonial próprio da entidade presume o seguinte:

- O passivo permaneceria em aberto e o cessionário participante do mercado ficaria obrigado a satisfazer a obrigação. O passivo não seria liquidado com a contraparte nem seria, de outro modo, extinto na data de mensuração.
- O instrumento patrimonial próprio da entidade permaneceria em aberto e o cessionário participante do mercado assumiria os direitos e as responsabilidades a ele associados. O instrumento não seria cancelado nem, de outro modo, extinto na data de mensuração.

Quando um preço cotado para a transferência de um passivo ou instrumento patrimonial próprio da entidade idêntico ou similar não está disponível, e o item idêntico é **mantido por outra parte como um ativo**, a entidade deve mensurar o valor justo do passivo ou instrumento patrimonial do ponto de vista de um participante do mercado que detenha o item idêntico como ativo na data de mensuração.

Quando um preço cotado para a transferência de um passivo ou instrumento patrimonial próprio da entidade idêntico ou similar não está disponível, e o item idêntico **não é mantido por outra parte como um ativo**, a entidade deve mensurar o valor justo do passivo ou instrumento patrimonial utilizando uma técnica de avaliação do ponto de vista de um participante do mercado que deva o passivo ou tenha exercido o direito sobre o patrimônio.

27.2.5. Reconhecimento inicial

Quando o ativo é adquirido ou o passivo assumido em **transação de troca** para esse ativo ou passivo, **o preço da transação** é o preço pago para adquirir o ativo ou recebido para assumir o passivo (um preço de entrada). Por outro lado, o valor justo do ativo ou passivo é o preço que seria recebido para vender o ativo ou pago para transferir o passivo (um preço de saída). As entidades não necessariamente vendem ativos pelos preços pagos para adquiri-los. Similarmente, as entidades não necessariamente transferem passivos pelos preços recebidos para assumi-los.

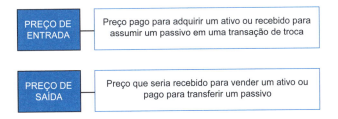

Em muitos casos, o preço da transação é igual ao valor justo (esse pode ser o caso, por exemplo, quando, na data da transação, a transação para a compra de um ativo ocorre no mercado em que o ativo seria vendido).

Se algum pronunciamento exigir ou permitir que a entidade mensure o ativo ou o passivo inicialmente ao valor justo e o preço da transação diferir do valor justo, a entidade deve reconhecer o ganho ou a perda resultante no resultado do período, a menos que o CPC 46 especifique de outro modo.

27.2.6. Técnicas de avaliação

A entidade deve utilizar **técnicas de avaliação que sejam apropriadas** nas circunstâncias e para as quais haja **dados suficientes disponíveis para mensurar o valor justo**, maximizando o uso de dados observáveis relevantes e minimizando o uso de dados não observáveis.

O objetivo de utilizar uma técnica de avaliação é estimar o preço pelo qual uma transação não forçada para a venda do ativo ou para a transferência do passivo ocorreria entre participantes do mercado na data de mensuração nas condições atuais de mercado. **Três técnicas de avaliação amplamente utilizadas são:**

- Abordagem de mercado.
- Abordagem de custo.
- Abordagem de receita.

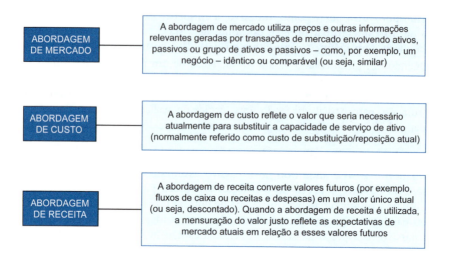

A entidade deve utilizar técnicas de avaliação consistentes com uma ou mais dessas abordagens para mensurar o valor justo.

27.2.7. Informações para técnicas de avaliação

As técnicas de avaliação utilizadas para mensurar o valor justo **devem maximizar o uso de dados observáveis relevantes e minimizar o uso de dados não observáveis**.

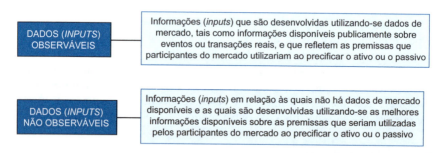

Exemplos de mercados nos quais informações possam ser observáveis para alguns ativos e passivos (por exemplo, instrumentos financeiros) incluem mercados bursáteis, mercados de revendedores, mercados intermediados e mercados não intermediados.

27.2.8. Hierarquia a valor justo

Para aumentar a consistência e a comparabilidade nas mensurações do valor justo e nas divulgações correspondentes, este Pronunciamento **estabelece uma hierarquia de valor justo** que classifica em três níveis as informações (*inputs*) aplicadas nas técnicas de avaliação utilizadas na mensuração do valor justo.

Temos a seguinte definição:

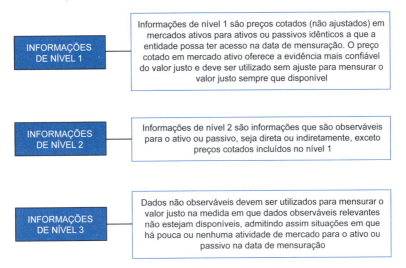

A hierarquia de valor justo dá a **mais alta prioridade** a preços cotados (não ajustados) em mercados ativos para ativos ou passivos idênticos (informações de nível 1) e a **mais baixa prioridade** a dados não observáveis (informações de nível 3).

Em alguns casos, as informações utilizadas para mensurar o valor justo de um ativo ou de um passivo podem ser classificadas em diferentes níveis da hierarquia de valor justo. Nesses casos, a mensuração do valor justo é classificada integralmente no mesmo nível da hierarquia de valor justo que a informação de nível mais baixo que for significativa para a mensuração como um todo. Avaliar a importância de uma informação específica para a mensuração como um todo requer julgamento, levando-se em conta fatores específicos do ativo ou passivo. Ajustes para chegar a mensurações baseadas no valor justo, tais como os custos para vender ao mensurar o valor justo menos os custos para vender, não devem ser levados em conta ao determinar o nível da hierarquia de valor justo no qual a mensuração do valor justo seja classificada.

27.2.9. Risco e incerteza

A mensuração do valor justo utilizando técnicas de valor presente **é feita sob condições de incerteza**, uma vez que os fluxos de caixa utilizados são estimativas, e não valores conhecidos. Em muitos casos, tanto o valor quanto a época dos fluxos de caixa são incertos. Mesmo valores contratualmente fixados, como os pagamentos de empréstimo, são incertos se houver risco de descumprimento.

Os participantes do mercado geralmente buscam compensação (ou seja, **prêmio de risco**) por suportar a incerteza inerente ao fluxo de caixa de ativo ou passivo. A mensuração do valor justo deve incluir um prêmio de risco que reflita o valor que os participantes do mercado exigiriam como compensação pela incerteza inerente aos fluxos de caixa. Do contrário, a mensuração não representaria fielmente o valor justo. Em alguns casos, pode ser difícil determinar o prêmio de risco apropriado. Contudo, o grau de dificuldade por si só não é razão suficiente para excluir o prêmio de risco.

> **Lembre-se**
> Prêmio de risco é a compensação buscada por participantes do mercado avessos ao risco por suportar a incerteza inerente ao fluxo de caixa de um ativo ou passivo. É também denominado "ajuste de risco".

27.3. MENSURAÇÃO AO VALOR JUSTO *VERSUS* AJUSTE A VALOR PRESENTE

Ponto importante a conhecer e fixar é a diferença entre o valor presente e o valor justo.

> **Valor justo (*fair value*):** é o valor pelo qual um ativo pode ser negociado, ou um passivo liquidado, entre partes interessadas, conhecedoras do negócio e independentes entre si, com a ausência de fatores que pressionem para a liquidação da transação ou que caracterizem uma transação compulsória.

O valor justo tem como primeiro objetivo demonstrar o valor de mercado de determinado ativo ou passivo; na impossibilidade disso, demonstrar o provável valor que seria o de mercado por comparação a outros ativos ou passivos que tenham valor de mercado; na impossibilidade dessa alternativa também, demonstrar o provável valor que seria o de mercado por utilização do ajuste a valor presente dos valores estimados futuros de fluxos de caixa vinculados a esse ativo ou passivo; finalmente, na impossibilidade dessas alternativas, pela utilização de fórmulas econométricas reconhecidas pelo mercado.

> **Valor presente (*present value*):** é a estimativa do valor corrente de um fluxo de caixa futuro, no curso normal das operações da entidade.

O ajuste a valor presente tem como objetivo efetuar o ajuste para demonstrar o valor presente de um fluxo de caixa futuro. Esse fluxo de caixa pode estar representado por ingressos ou saídas de recursos (ou montante equivalente; por exemplo, créditos que diminuam a saída de caixa futuro seriam equivalentes a ingressos de recursos). Para determinar o valor presente de um fluxo de caixa, três informações são requeridas: valor do fluxo futuro (considerando todos os termos e as condições contratados), data do referido fluxo financeiro e taxa de desconto aplicável à transação.

Atenção
Em algumas circunstâncias, o valor justo e o valor presente podem coincidir. Contudo, valor justo e valor presente não são sinônimos.

27.3.1. Mensuração ao valor justo

Sobre o valor justo, o objetivo é demonstrar:

- O valor de mercado de determinado ativo ou passivo.
- O provável valor que seria o de mercado por comparação a outros ativos ou passivos que tenham valor de mercado.
- O provável valor que seria o de mercado por utilização do ajuste a valor presente dos valores estimados futuros de fluxos de caixa vinculados a esse ativo ou passivo.
- Pela utilização de fórmulas econométricas reconhecidas pelo mercado.

27.3.2. Mensuração a valor presente

O objetivo é efetuar o ajuste para demonstrar o **valor presente de um fluxo de caixa futuro**.

Esse fluxo de caixa pode estar representado por ingressos ou saídas de recursos. Para determinar o valor presente de um fluxo de caixa, três informações são requeridas: **valor do fluxo futuro (considerando todos os termos e as condições contratados), prazo do referido fluxo financeiro e taxa de desconto aplicável à transação.**

Portanto, nos casos em que a Lei das S.A. determina que o ativo ou passivo deve ser avaliado ao valor presente, deve-se calcular o fluxo de caixa descontado. Encontrando-se a diferença entre o valor contábil e o valor justo, o valor das receitas ou das despesas a apropriar resultantes da avaliação deve ser computado.

27.3.3. Exemplo ilustrativo no CPC 12

A entidade efetua uma venda a prazo no valor de $ 10.000 para receber o valor em parcela única, com vencimento em 5 anos. Caso a venda fosse efetuada à vista, de acordo com opção disponível, o valor da venda teria sido de $ 6.210, o que equivale a um custo financeiro anual de 10%. Verifica-se que essa taxa é igual à taxa de mercado, na data da transação. No primeiro momento, a transação deve ser contabilizada considerando o seu valor presente, cujo montante de $ 6.210 é registrado como contas a receber, em contrapartida de receita de vendas pelo mesmo montante. Nota-se que, nesse primeiro momento, o valor presente da transação é equivalente a seu valor de mercado ou valor justo (*fair value*).

No caso de aplicação da técnica de ajuste a valor presente, passado o primeiro ano, o reconhecimento da receita financeira deve respeitar a taxa de juros da transação na data de sua origem (ou seja, 10% ao ano), independentemente da taxa de juros de mercado em períodos subsequentes. Assim, depois de 1 ano, o valor das contas a receber, para fins de registros contábeis, será de $ 6.830, independentemente de variações da taxa de juros no mercado. Ao fim de cada um dos cinco exercícios, a contabilidade deverá refletir os seguintes efeitos:

Ano	$ mil		
	Valor	Juros (taxa efetiva)	Saldo atualizado
1	6.210	620	6.830
2	6.830	683	7.513
3	7.513	751	8.264
4	8.264	827	9.091
5	9.091	909	10.000

A aplicação da técnica de marcação a mercado, apenas para fins de referência e comparação, poderia ser ilustrada com uma situação na qual a taxa de juros saísse de 10% ao ano, no momento inicial da transação, para 15% ao ano, no fim do primeiro ano. Nessa situação, o valor justo das contas a receber, calculado mediante o ajuste a valor presente nessa nova data e com a atual condição de mercado, seria de $ 5.718 ($ 10.000/1,154), ou seja, seu valor justo no fim do primeiro ano é bem inferior ao valor contabilizado com base na técnica do ajuste a valor presente.

Dessa forma, **embora no momento inicial o valor presente e o valor justo de uma operação sejam normalmente iguais**, com o passar do tempo esses valores não guardam, necessariamente, nenhum tipo de relação. Enquanto o valor presente tem relação com a taxa de juros específica intrínseca do contrato, considerando as condições na data de sua origem, o valor justo pode sofrer alterações com o passar do tempo em decorrência de condições do mercado (taxas de juros e outros fatores), que apenas devem ser considerandas nos casos em que for aplicável o reconhecimento de um saldo pelo seu valor justo. Independentemente disso, sempre que na data de cada balanço, como na tabela anterior, o valor contábil for diferente do valor justo, deve-se atentar para as disposições legais e normativas sobre a aplicação de um e outro conceito. Mas, em caso de discrepância como no exemplo dado, em função da relevância da diferença, pode ser necessário que essa informação seja divulgada nas notas explicativas.

Em resumo, temos o seguinte quadro sobre o assunto:

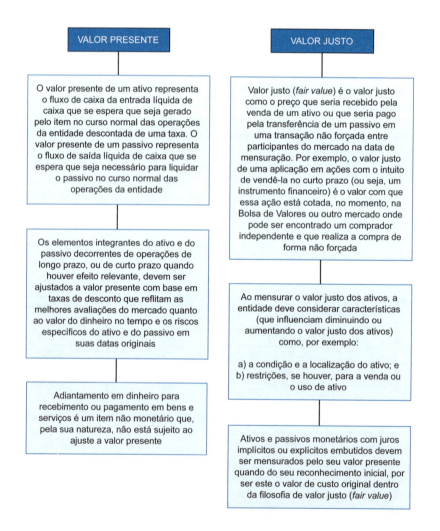

CAPÍTULO 28

DEMONSTRAÇÃO DO RESULTADO DO EXERCÍCIO

A Demonstração do Resultado do Exercício (DRE) é a demonstração contábil que informa o resultado das atividades da entidade. Através dela, serão reunidas informações sobre as receitas, as deduções das receitas, os custos, as despesas, as participações e o imposto de renda sobre o lucro e, a partir disso, será encontrado o resultado do exercício social (lucro ou prejuízo). Esse resultado indicará mudanças no patrimônio da entidade resultante das suas operações, sendo a melhor forma para medir a *performance* das atividades da entidade.

28.1. *PERFORMANCE*

O resultado é frequentemente utilizado como medida de *performance* **ou como base para outras medidas, tais como o retorno do investimento ou o resultado por ação.** Os elementos diretamente relacionados com a mensuração do resultado **são as receitas e as despesas**. O reconhecimento e a mensuração das receitas e despesas e, consequentemente, do resultado dependem em parte dos conceitos de capital e de manutenção de capital adotados pela entidade na elaboração de suas demonstrações contábeis.

Os elementos de receitas e despesas são definidos como segue:

a) Receitas são aumentos nos benefícios econômicos durante o período contábil, sob a forma da entrada de recursos ou do aumento de ativos ou diminuição de passivos, que resultam em aumentos do patrimônio líquido, e que não estejam relacionados com a contribuição dos detentores dos instrumentos patrimoniais.

b) Despesas são decréscimos nos benefícios econômicos durante o período contábil, sob a forma da saída de recursos ou da redução de ativos ou assunção de passivos, que resultam em decréscimo do patrimônio líquido, e que não estejam relacionados com distribuições aos detentores dos instrumentos patrimoniais.

As definições de receitas e despesas identificam suas características essenciais, mas não são uma tentativa de especificar os critérios que precisam ser satisfeitos para que sejam reconhecidas na demonstração do resultado.

As receitas e as despesas podem ser apresentadas na demonstração do resultado de diferentes maneiras, de modo a serem prestadas informações relevantes para a tomada de decisões econômicas. Por exemplo, é prática comum distinguir os itens de receitas e despesas que surgem no curso das atividades usuais da entidade daqueles que não surgem. Quando da distinção dos itens dessa forma, **deve-se levar em conta a natureza da entidade e suas operações**. Itens que resultam das atividades usuais de uma entidade podem não ser usuais em outras entidades.

A distinção entre itens de receitas e de despesas e a sua combinação de diferentes maneiras também permitem demonstrar **várias formas de medir a *performance* da entidade**, com maior ou menor grau de abrangência dos itens. Por exemplo, da demonstração do resultado podemos encontrar informações como: a margem bruta; o lucro ou o prejuízo das atividades usuais antes dos tributos sobre o resultado; o lucro ou o prejuízo das atividades usuais depois desses tributos; e o lucro ou prejuízo líquido.

28.1.1. Receitas

A **definição de receita abrange** tanto receitas propriamente ditas quanto ganhos. A receita surge no curso das atividades usuais da entidade e é designada por uma variedade de nomes, tais como vendas, honorários, juros, dividendos, royalties, aluguéis.

Ganhos representam outros itens que se enquadram na definição de receita e podem ou não surgir no curso das atividades usuais da entidade, representando aumentos nos benefícios econômicos e, como tais, não diferem, em natureza, das receitas.

Ganhos incluem, por exemplo, aqueles que resultam da venda de ativos não circulantes. A definição de receita também inclui ganhos não realizados. Por exemplo, os que resultam da reavaliação de títulos e valores mobiliários negociáveis e os que resultam de aumentos no valor contábil de ativos de longo prazo. Quando esses ganhos são reconhecidos na demonstração do resultado, **eles são usualmente apresentados separadamente**, porque sua divulgação é útil para fins de tomada de decisões econômicas. Os ganhos são, em regra, reportados líquidos das respectivas despesas.

Vários tipos de ativos podem ser recebidos ou aumentados por meio da receita; exemplos incluem caixa, contas a receber, bens e serviços recebidos em troca de bens e serviços fornecidos. A receita também pode resultar da liquidação de passivos. Por exemplo, a entidade pode fornecer mercadorias e serviços ao credor por empréstimo em liquidação da obrigação de pagar o empréstimo.

28.1.2. Despesas

A **definição de despesas abrange** tanto as perdas quanto as despesas propriamente ditas que surgem no curso das atividades usuais da entidade. As despesas que surgem no curso das atividades usuais da entidade incluem, por exemplo, o custo das vendas, salários e depreciação. Geralmente, tomam a forma de desembolso ou redução de ativos como caixa e equivalentes de caixa, estoques e ativo imobilizado.

Perdas representam outros itens que se enquadram na definição de despesas e podem ou não surgir no curso das atividades usuais da entidade, representando decréscimos nos benefícios econômicos e, como tais, não diferem, em natureza, das demais despesas.

Perdas incluem, por exemplo, as que resultam de sinistros como incêndio e inundações, assim como as que decorrem da venda de ativos não circulantes. A definição de despesas também inclui as perdas não realizadas. Por exemplo, as que surgem dos efeitos dos aumentos na taxa de câmbio de moeda estrangeira com relação aos empréstimos da entidade a pagar em tal moeda. Quando as perdas são reconhecidas na demonstração do resultado, **elas são geralmente demonstradas separadamente**, pois sua divulgação é útil para fins de tomada de decisões econômicas. As perdas são, em regra, reportadas líquidas das respectivas receitas.

28.2. DEMONSTRAÇÃO DO RESULTADO NA LEI DAS S.A.

Segundo a Lei das S.A.:

Art. 187. A demonstração do resultado do exercício discriminará:

I – a receita bruta das vendas e serviços, as deduções das vendas, os abatimentos e os impostos.

II – a receita líquida das vendas e serviços, o custo das mercadorias e serviços vendidos e o lucro bruto.

III – as despesas com as vendas, as despesas financeiras, deduzidas das receitas, as despesas gerais e administrativas, e outras despesas operacionais.

IV – o lucro ou prejuízo operacional, as outras receitas e as outras despesas.

V – o resultado do exercício antes do Imposto sobre a Renda e a provisão para o imposto.

VI – as participações de debêntures, empregados, administradores e partes beneficiárias, mesmo na forma de instrumentos financeiros, e de instituições ou fundos de assistência ou previdência de empregados, que não se caracterizem como despesa.

VII – o lucro ou prejuízo líquido do exercício e o seu montante por ação do capital social.

§ 1º Na determinação do resultado do exercício serão computados:

a) as receitas e os rendimentos ganhos no período, independentemente da sua realização em moeda.

b) os custos, despesas, encargos e perdas, pagos ou incorridos, correspondentes a essas receitas e rendimentos.

Ou, de forma resumida:

DEMONSTRAÇÃO DO RESULTADO DO EXERCÍCIO
Faturamento
(–) IPI
Receita bruta
(–) Devolução de vendas, vendas canceladas, vendas anuladas
(–) Descontos incondicionais e abatimentos sobre vendas
(–) Imposto e contribuições sobre vendas e serviço
(–) Ajuste a valor presente de vendas
Receita líquida
(–) Custo de mercadorias ou serviços vendidos
Lucro bruto
(+/–) Despesas financeiras deduzidas das receitas financeiras
(–) Despesas com vendas
(–) Despesas gerais e administrativas
(+) Outras receitas operacionais
(–) Outras despesas operacionais
Resultado operacional
(–) Outras despesas
(+) Outras receitas
Resultado antes do IR e CSLL
(–) Imposto de renda e CSLL
Lucro após imposto de renda
(–) Participações
De debenturista
De empregados
De administradores
De partes beneficiárias
Contribuições para instituições ou fundos de assistência ou previdência
Assistência ou previdência
Lucro ou prejuízo líquido do exercício
Lucro ou prejuízo líquido por ação do capital social

O faturamento e o IPI deduzidos do mesmo para se encontrar a Receita Bruta não fazem parte da DRE, mas seguem no exemplo ilustrativo pois podem ter os seus conceitos cobrados. O ajuste a valor presente é a previsão da legislação do imposto de renda. A Lei das S.A. prevê que o valor da receita bruta deve ser computado já líquida do ajuste. Ele não faz parte da DRE e segue para exemplo ilustrativo.

A Demonstração do Resultado do Exercício (DRE) **é uma demonstração financeira obrigatória para todas as empresas**, independentemente da sua natureza jurídica. Seu objetivo consiste em fornecer aos usuários da Contabilidade os dados essenciais para formação do resultado (lucro ou prejuízo) do exercício. Em síntese, a DRE é uma forma organizada de confrontar receitas com despesas para obter o resultado do período.

A DRE possui uma sequência de registros específicos e com diversos resultados parciais com denominações específicas. Portanto, compreender a DRE é, acima de tudo, entender onde cada modalidade de receita, de custo ou de despesa deve ser alocada na demonstração. Após essa alocação, essas contas serão zeradas e o resultado do confronto delas será distribuído.

O §1º do artigo 187 determina que as receitas somente devem ser computadas quando ganhas no período (realizadas), independentemente do seu recebimento, enquanto que as despesas devem ser computadas quando incorridas, **independentemente do pagamento**. Isso quer dizer que a Lei das S.A. determina a observância ao **regime de competência para apuração do resultado do exercício**.

28.3. REGIME DE CAIXA E REGIME DE COMPETÊNCIA

O **regime da competência** tem como objetivo apurar o resultado econômico da entidade levando em conta os fatos que afetam positivamente e negativamente. Nesse regime, **não há importância se os valores foram ou não desembolsados**.

O regime da competência **é o adotado na Lei das S.A. e, por isso, na contabilidade brasileira**. Ele permite aos usuários da contabilidade avaliarem a *performance* da entidade durante o exercício considerando o reconhecimento das receitas e das despesas incorridas no exercício, **independentemente do efetivo pagamento ou recebimento**.

O **regime de caixa** tem como objetivo apurar o resultado econômico da entidade levando em conta os fatos que afetam positivamente e negativamente **o caixa** em um mesmo período. Nesse regime, **há importância se os valores foram ou não desembolsados**.

O regime de caixa é estudado por muitos analistas financeiros para avaliar, por exemplo, preço de ações e liberações de empréstimos. Ele revela a capacidade de gerar dinheiro de uma entidade.

Exemplo:

A Cia. Alfa, durante o exercício social, comprou mercadorias no valor de R$ 15.000, pagando R$ 10.000 no próprio exercício e financiando R$ 5.000 para pagar nos próximos exercícios. Todas as mercadorias compradas foram vendidas por R$ 30.000, sendo R$ 20.000 recebido no exercício e R$ 10.000 a receber nos próximos exercícios. As despesas no período, totalmente pagas no exercício, totalizaram R$10.000.

Regime de competência:

Receita	R$ 30.000
Custo de mercadorias vendidas	(R$ 15.000)
Lucro bruto	R$ 15.000
Despesas	(R$ 10.000)
Lucro líquido	**R$ 5.000**

Logo, o resultado, considerando o regime de competência, foi positivo (lucro) de R$ 10.000.
Regime de caixa:

Recebimento de vendas	R$ 20.000
Pagamento de mercadorias	(R$ 10.000)
Pagamento de despesas	(R$ 10.000)
Resultado	**R$ 0,00**

Logo, o resultado, considerando o regime de caixa, foi nulo (zero).

Os dois regimes são úteis e fornecem, sobre diferentes pontos de vista, o resultado econômico de uma entidade. No caso, a empresa lucrou R$ 5.000, mas não houve alteração (positiva ou negativa) no caixa.

A legislação tributária utiliza os dois conceitos. Regra geral, o imposto de renda da pessoa jurídica é apurado pelo regime de competência. Contudo, a empresa submetida ao lucro presumido, por exemplo, pode optar por adotar regime de caixa para apurar a sua receita bruta.

28.4. RECEITA BRUTA

A receita bruta compreende o valor bruto da venda de mercadorias, produtos ou serviços prestados pela pessoa jurídica, **não se incluindo na receita o IPI** ou qualquer outro imposto em que o vendedor seja mero depositante do tributo. Segundo o Decreto-Lei nº 1.598, de 26 de dezembro de 1977 (redação dada pela Lei nº 12.973, de 13 de maio de 2014), que trata da legislação do imposto sobre a renda, diz:

A receita bruta compreende:

I – o produto da venda de bens nas operações de conta própria.

II – o preço da prestação de serviços em geral.

III – o resultado auferido nas operações de conta alheia.

IV – as receitas da atividade ou objeto principal da pessoa jurídica não compreendidas nos incisos I a III.

Na receita bruta são registradas as receitas obtidas das atividades **que são objeto principal da entidade**. Por exemplo, se a atividade da empresa for o comércio de eletrodomésticos, a sua receita bruta será composta pelos valores obtidos com as vendas dos mesmos. A receita obtida por essa empresa com financiamento de vendas, por exemplo, não é classificada como receita bruta, uma vez que o fornecimento de crédito **não é a atividade ou objeto principal da entidade**.

Lembre-se

Na receita bruta não se incluem os tributos não cumulativos cobrados, destacadamente, do comprador ou contratante pelo vendedor dos bens ou pelo prestador de serviços na condição de mero depositário.

Cap. 28 – Demonstração do Resultado do Exercício | 403

28.4.1. Receita bruta segundo o CPC 47

O CPC 47 revogou, a partir de 01/01/2018, o CPC 30, tomando o seu lugar como norma que regulamenta a contabilização das receitas.

Segundo o CPC 47:

Lembre-se

A receita é o aumento nos benefícios econômicos durante o período contábil, originado no curso das atividades usuais da entidade, na forma de fluxos de entrada ou aumentos nos ativos ou redução nos passivos que resultam em aumento no patrimônio líquido, e que não sejam provenientes de aportes dos participantes do patrimônio.

O princípio básico deste pronunciamento consiste em que a entidade deve reconhecer receitas para descrever **a transferência de bens ou serviços prometidos** a clientes no valor que **reflita a contraprestação à qual a entidade espera ter direito em troca desses bens ou serviços**.

A entidade **deve considerar os termos do contrato e todos os fatos e circunstâncias relevantes ao aplicar este pronunciamento**. A entidade deve aplicar este pronunciamento, incluindo o uso de expedientes práticos, de forma consistente com contratos que tenham características similares e em circunstâncias similares.

O CPC 47 também especifica a contabilização de **contrato individual com o cliente**. Contudo, como expediente prático, a entidade pode aplicar este pronunciamento a uma carteira de contratos (ou de obrigações de desempenho) com características similares, se essa entidade, razoavelmente, esperar que os efeitos sobre as demonstrações contábeis da aplicação deste pronunciamento à carteira não difiram, significativamente, da aplicação deste pronunciamento aos contratos (ou obrigações de desempenho) individuais dentro dessa carteira. Ao contabilizar a carteira, a entidade deve utilizar estimativas e premissas que reflitam o tamanho e a composição da carteira.

28.4.1.1. Reconhecimento de receita

Lembre-se

A entidade deve contabilizar os efeitos de um contrato com um cliente que esteja dentro do alcance deste pronunciamento somente quando todos os critérios a seguir forem atendidos:
a) Quando as partes do contrato aprovarem o contrato (por escrito, verbalmente ou de acordo com outras práticas usuais de negócios) e estiverem comprometidas em cumprir suas respectivas obrigações.
b) Quando a entidade puder identificar os direitos de cada parte em relação aos bens ou serviços a serem transferidos.
c) Quando a entidade puder identificar os termos de pagamento para os bens ou serviços a serem transferidos.
d) Quando o contrato possuir substância comercial (ou seja, espera-se que o risco, a época ou o valor dos fluxos de caixa futuros da entidade se modifiquem como resultado do contrato.
e) Quando for provável que a entidade receberá a contraprestação à qual terá direito em troca dos bens ou serviços que serão transferidos ao cliente. Ao avaliar se a possibilidade de recebimento do valor da contraprestação é provável, a entidade deve considerar apenas a capacidade e a intenção do cliente de pagar esse valor da contraprestação quando devido. O valor da contraprestação à qual a entidade tem direito pode ser inferior ao preço declarado no contrato se a contraprestação for variável, pois a entidade pode oferecer ao cliente uma redução de preço.

Contrato é um acordo entre duas ou mais partes que cria direitos e obrigações exigíveis. A exigibilidade dos direitos e obrigações em contrato é matéria legal. Contratos podem ser escritos, verbais ou sugeridos pelas práticas usuais de negócios da entidade. As práticas e os processos para estabelecer contratos com clientes variam entre jurisdições, setores e entidade. Além disso, eles podem variar dentro da entidade (por exemplo, eles podem depender da classe do cliente ou da natureza dos bens ou serviços prometidos). A entidade deve considerar essas práticas e processos ao determinar se e quando um acordo com o cliente cria direitos e obrigações exigíveis.

Um contrato não existe se cada parte do contrato tiver o direito incondicional (*enforceable right*) de rescindir inteiramente o contrato não cumprido, sem compensar a outra parte (ou partes).

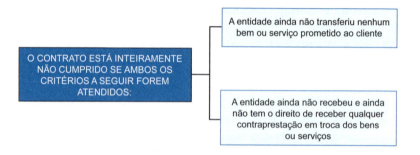

A entidade deve combinar dois ou mais contratos celebrados na mesma data ou perto dessa data com o mesmo cliente (ou partes relacionadas do cliente) e deve contabilizar os contratos como um único contrato se um ou mais dos seguintes critérios forem atendidos:

- Os contratos forem negociados como um pacote com um único objetivo comercial.
- O valor da contraprestação a ser paga pelo contrato depende do preço ou do desempenho de outro contrato.
- Os bens ou serviços prometidos nos contratos (ou alguns bens ou serviços prometidos em cada um dos contratos) constituem uma única obrigação de desempenho.

Modificação de contrato é uma alteração no alcance ou no preço (ou ambos) de contrato que seja aprovada pelas partes do contrato. Em alguns setores e jurisdições, uma modificação de contrato pode ser descrita como uma mudança do pedido, uma variação ou uma alteração. A modificação de contrato existe quando as partes do contrato aprovam a modificação que cria novos direitos e obrigações executáveis das partes do contrato ou que modifica direitos e obrigações executáveis existentes. A modificação de contrato pode ser aprovada por escrito, por acordo verbal ou sugerida por práticas usuais de negócios. Se as partes do contrato não tiverem aprovado a modificação do contrato, a entidade deve continuar a aplicar ao contrato existente este pronunciamento até que a modificação do contrato seja aprovada.

CAP. 28 – DEMONSTRAÇÃO DO RESULTADO DO EXERCÍCIO | 405

| NO INÍCIO DO CONTRATO, A ENTIDADE DEVE AVALIAR OS BENS OU SERVIÇOS PROMETIDOS EM CONTRATO COM O CLIENTE E DEVE IDENTIFICAR COMO OBRIGAÇÃO DE DESEMPENHO CADA PROMESSA DE TRANSFERIR AO CLIENTE: | Bem ou serviço (ou grupo de bens ou serviços) que seja distinto |
| | Série de bens ou serviços distintos que sejam substancialmente os mesmos e que tenham o mesmo padrão de transferência para o cliente |

Lembre-se

A entidade deve reconhecer receitas quando (ou à medida que) a entidade satisfizer à obrigação de desempenho ao transferir o bem ou o serviço (ou seja, um ativo) prometido ao cliente. O ativo é considerado transferido quando (ou à medida que) o cliente obtiver o controle desse ativo.

28.4.1.2. Mensuração

Lembre-se

Quando (ou à medida que) **uma obrigação de desempenho for satisfeita**, a entidade deve reconhecer como receita **o valor do preço da transação** (o qual exclui estimativas de contraprestação variável que sejam restringidas), o qual deve ser alocado a essa obrigação de desempenho.

A entidade deve considerar os **termos do contrato e suas práticas de negócios usuais** para determinar o preço da transação. O preço da transação é o valor da contraprestação à qual a entidade espera ter direito em troca da transferência dos bens ou serviços prometidos ao cliente, excluindo quantias cobradas em nome de terceiros (por exemplo, alguns impostos sobre vendas). A contraprestação prometida em contrato com o cliente pode incluir valores fixos, valores variáveis ou ambos.

A natureza, a época e o valor da contraprestação prometida por cliente afetam a estimativa do preço da transação. Ao determinar o preço da transação, a entidade **deve considerar os efeitos** de todos os itens a seguir:

- Contraprestação variável.
- Restrição de estimativas de contraprestação variável.
- Existência de componente de financiamento significativo no contrato.
- Contraprestação não monetária.
- Contraprestação a pagar ao cliente.

Para fins de determinação do preço da transação, a entidade deve presumir que os bens ou serviços **serão transferidos ao cliente conforme prometido**, de acordo com o contrato existente, o qual não será cancelado, renovado ou modificado.

28.4.1.2.1. Alocação do preço da transação a obrigação de desempenho

O objetivo, ao alocar o preço da transação, **consiste em que a entidade aloque o preço da transação a cada obrigação de desempenho** (bem ou serviço distinto) pelo valor que reflita o valor da contraprestação à qual a entidade espera ter direito em troca da transferência dos bens ou serviços prometidos ao cliente.

Para alocar o preço da transação a cada obrigação de desempenho com base no preço de venda individual, a entidade deve determinar o preço de venda individual no início do contrato do bem ou serviço distinto subjacente a cada obrigação de desempenho no contrato e deve alocar o preço da transação proporcionalmente a esses preços de venda individuais.

O preço de venda individual é o preço pelo qual a entidade venderia o bem ou o serviço prometido separadamente ao cliente. A melhor evidência do preço de venda individual é o preço observável do bem ou serviço quando a entidade vende esse bem ou serviço separadamente em circunstâncias similares e a clientes similares. O preço contratualmente declarado ou o preço de tabela do bem ou serviço pode ser (mas não se deve presumir que seja) o preço de venda individual desse bem ou serviço.

O cliente recebe desconto por comprar um grupo de bens ou serviços, se a soma dos preços de venda individuais desses bens ou serviços prometidos no contrato exceder a contraprestação prometida no contrato. Exceto quando a entidade tiver evidências observáveis de que todo o desconto refere-se somente a uma ou mais das obrigações de desempenho do contrato, mas não a todas, a entidade deve alocar o desconto proporcionalmente a todas as obrigações de desempenho do contrato. A alocação proporcional do desconto nessas circunstâncias é uma consequência da alocação pela entidade do preço da transação a cada obrigação de desempenho com base nos preços de venda individuais dos bens ou serviços distintos subjacentes.

A contraprestação variável que é prometida no contrato pode ser atribuível ao contrato inteiro ou à parte específica do contrato, como, por exemplo, qualquer das seguintes:

- Uma ou mais das obrigações de desempenho do contrato (por exemplo, um bônus pode depender da transferência pela entidade de bem ou serviço prometido dentro do prazo especificado), mas não a todas.
- Um ou mais dos bens ou serviços distintos prometidos, mas não a todos, em uma série de bens ou serviços distintos que fazem parte de uma única obrigação de desempenho (por exemplo, a contraprestação prometida para o segundo ano do contrato de prestação de serviços de limpeza de dois anos aumentará com base nas variações do índice de inflação especificado).

A entidade deve alocar um valor variável (e alterações subsequentes nesse valor) inteiramente à obrigação de desempenho ou ao bem ou serviço distinto que faz parte de uma única obrigação de desempenho, se forem atendidos ambos os seguintes critérios:

- Os termos de pagamento variável se referirem, especificamente, aos esforços da entidade para satisfazer à obrigação de desempenho ou transferir o bem ou serviço distinto (ao resultado específico da satisfação da obrigação de desempenho ou da transferência do bem ou serviço distinto).

CAP. 28 – DEMONSTRAÇÃO DO RESULTADO DO EXERCÍCIO | 407

- A alocação de todo o valor variável da contraprestação à obrigação de desempenho ou ao bem ou serviço distinto for consistente com o objetivo de alocação ao considerar todas as obrigações de desempenho e termos de pagamento do contrato.

28.4.1.2.2. Alterações no preço de transação

Após o início do contrato, o preço da transação pode mudar por várias razões, incluindo a solução de eventos incertos ou outras alterações nas circunstâncias que alterem o valor da contraprestação à qual a entidade espera ter direito em troca dos bens ou serviços prometidos.

A entidade deve alocar às obrigações de desempenho do contrato quaisquer **alterações subsequentes no preço da transação da mesma forma que no início do contrato**. Consequentemente, a entidade não deve realocar o preço da transação para refletir alterações em preços de venda individuais após o início do contrato. Valores alocados à obrigação de desempenho satisfeita devem ser reconhecidos como receita, ou como redução da receita, no período em que o preço da transação mudar.

28.4.1.3. Custos do contrato

Lembre-se

A entidade deve reconhecer como ativo os custos incrementais para obtenção de contrato com cliente, se a entidade espera recuperar esses custos.

Custo incremental para obtenção de contrato são os custos em que a entidade incorre para obter o contrato com o cliente que ela não teria incorrido, se o contrato não tivesse sido obtido (por exemplo, comissão de venda).

Os custos para obter o contrato, **que forem incorridos independentemente da obtenção do contrato**, devem ser reconhecidos **como despesa** quando incorridos, a menos que esses custos sejam expressamente cobráveis do cliente, independentemente da obtenção do contrato.

Como expediente prático, a entidade pode reconhecer os custos incrementais para obtenção de contrato **como despesa quando incorridos, se o período de amortização do ativo que a entidade teria de outro modo reconhecido for de um ano ou menos**.

Se os custos incorridos no desempenho do contrato com o **cliente não estiverem dentro do alcance de outro pronunciamento** (por exemplo, o CPC 16 – Estoques, o CPC 27 – Ativo Imobilizado ou o CPC 04 – Ativo Intangível), a entidade deve reconhecer o ativo a partir dos custos incorridos para cumprir o contrato, **somente se esses custos atenderem a todos os critérios a seguir**:

- Os custos referem-se diretamente ao contrato ou ao contrato previsto que a entidade pode especificamente identificar (por exemplo, custos relativos a serviços a serem prestados de acordo com a renovação de contrato existente ou custos para projetar o ativo a ser transferido, de acordo com contrato específico que ainda não foi aprovado).
- Os custos geram ou aumentam recursos da entidade que serão usados para satisfazer (ou para continuar a satisfazer) a obrigações de desempenho no futuro.
- Espera-se que os custos sejam recuperados.

O **ativo reconhecido como custo incremental deve ser amortizado em base sistemática** que seja consistente com a transferência ao cliente dos bens ou serviços aos quais o ativo se refere. O ativo pode se referir a bens ou serviços a serem transferidos de acordo com contrato previsto específico.

A entidade deve atualizar a amortização para refletir uma alteração significativa na época esperada pela entidade de transferência ao cliente dos bens ou serviços aos quais o ativo se refere. Essa alteração deve ser contabilizada como mudança na estimativa contábil.

A entidade deve reconhecer **a perda por redução ao valor recuperável** no resultado, na medida em que o valor contábil do ativo é reconhecido como custo incremental:

a) O valor restante da contraprestação que a entidade espera receber em troca dos bens ou serviços aos quais o ativo se refere; menos

b) Os custos que se referem diretamente ao fornecimento desses bens ou serviços e que não foram reconhecidos como despesa.

28.4.1.4. Apresentação e divulgação

Quando qualquer das partes do contrato tiver concluído o desempenho, a **entidade deve apresentar o contrato no balanço patrimonial como ativo de contrato ou passivo de contrato, dependendo da relação entre o desempenho pela entidade e o pagamento pelo cliente**. A entidade deve apresentar separadamente como recebível quaisquer direitos incondicionais à contraprestação.

Se o cliente pagar a contraprestação ou a entidade tiver direito ao valor da contraprestação que seja incondicional (ou seja, recebível), antes que a entidade transfira o bem ou serviço ao cliente, a entidade deve apresentar o contrato como passivo de contrato quando o pagamento for efetuado ou o pagamento for devido (o que ocorrer antes). Passivo de contrato é a obrigação da entidade de transferir bens ou serviços ao cliente, em relação aos quais a entidade recebeu a contraprestação do cliente ou o valor da contraprestação for devido pelo cliente.

O objetivo dos requisitos de divulgação consiste em que a entidade divulgue informações suficientes para permitir aos usuários de demonstrações contábeis compreender a natureza, o valor, a época e a incerteza de receitas e fluxos de caixa provenientes de contratos com clientes. Para atingir esse objetivo, a entidade deve divulgar informações qualitativas e quantitativas sobre todos os itens seguintes:

- Seus contratos com clientes.
- Julgamentos significativos e mudanças nos julgamentos feitos ao aplicar este pronunciamento a esses contratos.
- Quaisquer ativos reconhecidos a partir dos custos para obter ou cumprir um contrato com cliente.

A entidade deve considerar o nível de detalhe necessário para atingir o objetivo de divulgação e quanta ênfase deve ser dada a cada um dos vários requisitos. A entidade deve agregar ou desagregar divulgações de modo que informações importantes não sejam obscurecidas, seja pela inclusão de grande quantidade de detalhes insignificantes ou pela agregação de itens que possuem características substancialmente diferentes.

28.4.2. Imposto sobre produtos industrializados (IPI)

O Imposto sobre Produtos Industrializados (IPI) é um imposto incidente sobre a produção e comercialização de produtos industrializados. Quando a empresa é contribuinte do IPI (empresa industrial ou equiparado a industrial), as notas fiscais emitidas determinam o valor das vendas e do imposto sobre elas incidente. As suas alíquotas são definidas através da classificação da mercadoria na TIPI.

O IPI é considerado um imposto calculado "por fora" do preço, ou seja, o valor total da nota fiscal será o valor da mercadoria com o valor do IPI adicionado. O vendedor é um mero agente arrecadador do tributo, devendo repassá-lo aos cofres públicos posteriormente. Quem de fato suportará o ônus do tributo será o comprador, que pagará ao vendedor, além do valor da mercadoria, o valor correspondente ao IPI.

Atenção

A base de cálculo do IPI é o valor bruto de venda, desconsiderados, portanto, os descontos comerciais concedidos, ou seja, o IPI incide sobre o valor "cheio". Se o valor do frete constar destacadamente da nota fiscal de venda, o mesmo integrará a base de cálculo do imposto.

Exemplo:

A Cia. Alfa vende 60 processadores de computador por R$ 1.000 cada. Sabendo que existe a incidência de 10% de IPI, qual será a receita bruta a ser considerada?

Quando há a incidência de IPI, deve-se ter em mente dois conceitos: o faturamento e a receita bruta. **O faturamento** é valor que representa as notas emitidas ao longo de um determinado tempo para um determinado cliente. **O IPI está somado ao valor faturado. Já o conceito de receita bruta é o do faturado diminuído do valor do IPI**. Portanto, a Cia Alfa irá apurar a sua receita bruta da seguinte forma:

Faturamento	R$ 66.000
(–) IPI	(R$ 6.000)
Receita Bruta	**R$ 60.000**

28.5. RECEITA LÍQUIDA

A receita líquida é obtida após subtrairmos da receita bruta alguns valores. Segundo a Lei das S.A., a receita líquida é obtida através da receita bruta diminuída das deduções das vendas, dos abatimentos e dos impostos (sobre as vendas). Dessa forma, fixa-se o seguinte entendimento:

```
              RECEITA BRUTA
   (–) Devoluções de vendas
   (–) Abatimentos sobre vendas
   (–) Descontos incondicionais concedidos
   (–) Tributos sobre vendas
   (=) Receita líquida
```

O Decreto-Lei nº 1.598, de 26 de dezembro de 1977 (redação dada pela Lei nº 12.973, de 13 de maio de 2014), que trata da legislação do imposto de renda, define a receita líquida como:

A receita líquida será a receita bruta diminuída de:

I – devoluções e vendas canceladas.

II – descontos concedidos incondicionalmente.

III – tributos sobre ela incidentes.

IV – valores decorrentes do ajuste a valor presente, de que trata o inciso VIII do caput do art. 183 da Lei nº 6.404, de 15 de dezembro de 1976, das operações vinculadas à receita bruta.

Segundo a legislação do imposto de renda, para a obtenção da receita líquida deve-se adotar os valores previstos na Lei das S.A. considerando também o ajuste a valor presente da receita bruta, ficando assim:

RECEITA BRUTA
(–) Devoluções de vendas
(–) Abatimentos sobre vendas
(–) Descontos incondicionais concedidos
(–) Tributos sobre vendas
(–) Ajuste a valor presente da receita bruta
(=) **Receita líquida**

A diferença entre a Lei das S.A. e a legislação do IR está na dedução dos ajustes a valor presente da receita bruta; na primeira, a receita bruta **já está contabilizada pelo valor líquido; na segunda, o valor está destacado**.

28.5.1. Devolução de vendas, vendas canceladas ou vendas anuladas

A devolução de vendas, também chamada de vendas canceladas ou vendas anuladas, **é de natureza devedora e compreende o total bruto de mercadorias e produtos devolvidos pelo comprador dentro do mesmo exercício**. A operação de devolução de mercadorias vendidas não pode ser deduzida diretamente da conta de receita de vendas, sendo esse procedimento de separação contábil necessário para que a administração possa acompanhar o volume das vendas efetuadas e o total das vendas devolvidas.

As devoluções podem ocorrer por defeitos de qualidade, por desistência ou por qualquer motivo alegado pelo comprador.

Exemplo:

A Cia. Beta vendeu a prazo produtos que custaram R$ 60.000 por R$ 100.000 para a Cia. XYZ. Em virtude de defeitos detectados nos produtos, a Cia. XYZ devolveu os produtos comprados e recebeu o dinheiro de volta. Na operação, havia incidido 10% de IPI e 15% de ICMS. Portanto, o valor da nota fiscal foi de R$ 110.000. O ICMS foi de R$ 15.000.

Deve-se ter em mente que a mercadoria foi vendida, ou seja, todos os registros de venda foram feitos. O lançamento de registro da devolução é o seguinte:

1º Registro das mercadorias recebidas em devolução

D – Devoluções de vendas (resultado)	R$ 100.000
D – IPI a recuperar (ativo circulante)	R$ 10.000
C – Duplicatas a receber (ativo circulante)	R$ 110.000

2º Registro do ICMS da mercadoria recebida em devolução

D – ICMS a recuperar (ativo circulante)	R$ 15.000
C – ICMS sobre vendas (resultado)	R$ 15.000

3º Registro da mercadoria devolvida nos estoques

D – Estoques (ativo circulante)	R$ 60.000
C – Custo das mercadorias vendidas (resultado)	R$ 60.000

Na demonstração do resultado, da devolução será assim registrada:

Receita bruta	R$ 100.000
(–) Vendas canceladas	(R$ 100.000)
(–) Abatimento sobre vendas	R$–
(–) Descontos incondicionais concedidos	R$–
(–) Tributos sobre vendas	R$–
Receita líquida	R$ 0

Se a devolução tratar de vendas de exercícios anteriores, essa devolução deve ser registrada como despesas operacionais, e não como dedução da receita bruta.

28.5.2. Descontos incondicionais e abatimentos sobre vendas

Os descontos incondicionais compreendem a parcela deduzida do valor da venda no momento da emissão da nota fiscal e que não dependem de evento futuro. Esses descontos são também chamados de "descontos comerciais".

Exemplo:

A Cia. Alfa efetuou a venda de R$ 200.000 em mercadorias a prazo para a Cia. XYZ, concedendo um desconto de R$ 20%. O valor da nota fiscal foi de R$ 160.000. O registro do fato da venda se dará através do seguinte lançamento:

D – Duplicatas a receber (ativo circulante)	R$ 160.000
D – Descontos incondicionais (resultado)	R$ 40.000
C – Receita com vendas (resultado)	R$ 200.000

Na demonstração do resultado, da devolução será assim registrada:

Receita bruta	R$ 200.000
(–) Vendas canceladas	R$–
(–) Abatimento sobre vendas	R$–
(–) Descontos incondicionais concedidos	(R$ 40.000)
(–) Tributos sobre vendas	R$–
Receita líquida	R$ 160.000

Os descontos comerciais diferem daqueles descontos que impõem uma condição, geralmente de pagamento antecipado de duplicata na venda a prazo, para serem usufruídos. Esses descontos condicionados são considerados "descontos financeiros" do grupo de despesas financeiras.

Os abatimentos sobre vendas são reduções no preço de venda, concedidas posteriormente à entrega das mercadorias ou produtos, como quando, por exemplo, estas apresentam defeito de qualidade ou avarias decorrentes do transporte e desembarque. Os abatimentos são concedidos normalmente com a finalidade de **evitar a devolução dos produtos vendidos**.

Exemplo:

A Cia. Beta efetuou a venda de R$ 300.000 em mercadorias a prazo para a Cia. XYZ. A Cia. XYZ detectou um pequeno defeito nas mercadorias e queria devolver as mesmas. O valor da nota fiscal foi de R$ 300.000 e todos os registros das vendas já foram efetuados. Para evitar a devolução, a Cia. Beta concedeu um abatimento de R$ 40%. O registro do fato da venda se dará por meio do seguinte lançamento:

D – Abatimentos sobre vendas (resultado)   R$ 120.000

C – Bancos (resultado)   R$ 120.000

Na demonstração do resultado, da devolução será assim registrada:

Receita bruta	**R$ 300.000**
(–) Vendas canceladas	R$–
(–) Abatimento sobre vendas	(R$ 120.000)
(–) Descontos incondicionais concedidos	R$–
(–) Tributos sobre vendas	R$–
Receita líquida	**R$ 180.000**

28.5.3. Impostos e contribuições sobre vendas e serviços

Para fins de divulgação na demonstração do resultado, a receita inclui somente os ingressos brutos de benefícios econômicos recebidos e a receber pela entidade quando originários de suas próprias atividades. As quantias cobradas por conta de terceiros – tais como tributos sobre vendas, tributos sobre bens e serviços e tributos sobre valor adicionado não são benefícios econômicos que fluam para a entidade e não resultam em aumento do patrimônio líquido. Portanto, são excluídos da receita.

Quando vimos o assunto "estoques" vimos esses tributos sob a ótica da compra. Agora, vamos ver sob a ótica da venda. De acordo com a legislação em vigor, os impostos e as contribuições sobre a venda são os seguintes:

- **ICMS – Imposto sobre Circulação de Mercadorias e Serviços.**
- **ISS – Imposto sobre Serviços.**
- **PIS – Programa de Integração Social.**
- **COFINS – Contribuição para Financiamento da Seguridade Social.**

28.5.3.1. ICMS e ISS

O **Imposto sobre Circulação de Mercadorias e Serviços** (ICMS) e o **Imposto sobre Serviços** (ISS) **são tributos considerados "por dentro" e estão contidos no preço de venda do produto**. No valor da nota fiscal de venda, existe uma parcela de imposto integrante do preço. São considerados impostos calculados "por dentro" (o montante do imposto integra a sua própria base de cálculo).

Cap. 28 – Demonstração do Resultado do Exercício | 413

No momento da venda, o contribuinte deve reconhecer a sua incidência ao mesmo tempo como uma despesa e também como uma obrigação a recolher aos cofres públicos. A nota fiscal emitida pelo vendedor deverá destacar a parcela correspondente ao ICMS ou ao ISS, bem como a alíquota aplicada.

Exemplo:

A Cia. XYZ vendeu R$ 100.000 em mercadorias para a Cia. Beta. Sabendo que está submetido à alíquota de 10% de ICMS, qual seria o montante da receita líquida?

O lançamento será o seguinte:

D – ICMS sobre vendas (resultado)	R$ 10.000
C – ICMS a recolher (passivo circulante)	R$ 10.000

Na demonstração do resultado, da devolução será assim registrada:

Receita bruta	R$ 100.000
(–) Vendas canceladas	R$–
(–) Abatimento sobre vendas	R$–
(–) Descontos incondicionais concedidos	R$–
(–) Tributos sobre vendas	(R$ 10.000)
Receita líquida	R$ 90.000

28.5.3.2.   PIS/PASEP e COFINS

A Contribuição para Financiamento da Seguridade Social (COFINS) e os Programas de Integração Social e de Formação do Patrimônio do Servidor Público (PIS e PASEP) são contribuições que incidem sobre o faturamento e as importações (o PIS/PASEP incide também sobre a folha de pagamentos das organizações sem fins lucrativos).

Por ser um tributo sobre o faturamento, mesmo em uma situação de dificuldades para a empresa, onde ela não possua lucro, ela deve recolher o PIS e a COFINS.

A Lei nº 10.637/2002 e a Lei nº 10.833/2003 determinam dois regimes de apuração sobre os referidos tributos sobre o faturamento:

a) Regime cumulativo: Incidente às alíquotas de 3% (COFINS) e 0,65% (PIS/PASEP) sobre o faturamento bruto mensal (receita bruta), **as compras de mercadorias, de bens e de serviços não dão direito a crédito de imposto para futura compensação**.

b) Regime não cumulativo: Incidente às alíquotas de 7,6% (COFINS) e 1,65% (PIS/PASEP) sobre o faturamento bruto mensal somado às demais receitas (receita bruta + demais receitas), **as compras de mercadorias, de bens e de serviços dão direito a crédito de imposto para futura compensação**. Um conceito relevante aqui é o de insumos que geram direito ao crédito. São insumos as matérias-primas, serviços e bens utilizados na fabricação de mercadorias ou na prestação de serviços. As empresas submetidas ao lucro real são **obrigadas** ao regime não cumulativo.

Exemplo:

A Cia. Alfa vendeu R$ 100.000 em mercadorias para a Cia. Beta. Sabendo que está submetido ao regime não cumulativo de PIS/COFINS, qual seria o montante da receita líquida?

O lançamento será o seguinte:
D – PIS/COFINS sobre vendas (resultado)   R$ 9.250
C – PIS/COFINS a recolher (passivo circulante)   R$ 9.250

Na demonstração do resultado, da devolução será assim registrada:

Receita bruta	R$ 100.000
(–) Vendas canceladas	R$ –
(–) Abatimento sobre vendas	R$ –
(–) Descontos incondicionais concedidos	R$ –
(–) Tributos sobre vendas	(R$ 9.250)
Receita líquida	R$ 90.750

A apuração, em ambos os regimes, deve ser mensal e as receitas com exportação são imunes.

As receitas financeiras estavam submetidas à alíquota zero, mas em julho de 2015 foi instituída para a mesma alíquota de 4% (COFINS) e de 0,65% (PIS/PASEP). Os recebimentos de juros sobre capital próprio estão submetidos à alíquota normal.

Importante

O Plenário do Supremo Tribunal Federal (STF) decidiu que o Imposto sobre Circulação de Mercadorias e Serviços (ICMS) não integra a base de cálculo das contribuições para o Programa de Integração Social (PIS) e a Contribuição para o Financiamento da Seguridade Social (COFINS).

Portanto, o valor da base de cálculo da COFINS e do PIS é o faturamento nas importações subtraído o valor do Imposto Sobre Circulação de Mercadorias e Serviços (ICMS).

28.5.4. Ajuste a valor presente da receita bruta

Frequentemente, uma entidade efetua vendas que devem ser registradas no balanço a valor presente como é o caso, por exemplo, das vendas parceladas.

Já vimos que o **valor presente de um ativo representa** o fluxo de caixa da entrada líquida de caixa que se espera seja gerado pelo item no curso normal das operações da entidade que sofre desconto de uma taxa.

Portanto, ao considerar uma taxa de desconto e trazer a valor presente a venda parcelada, encontra-se o ajuste a valor presente da receita bruta diminuindo o valor ajustado do valor das parcelas a receber.

Exemplo:

A Cia. XYZ vendeu a prazo uma máquina para a Cia. Alfa no valor de R$ 3.600.000. O valor possui valor presente de R$ 2.400.000. Como o valor será registrado na DRE?

O lançamento da venda será:
D – Duplicatas a receber (ativo circulante)   R$ 3.600.000
C – Receita com vendas (resultado)   R$ 3.600.000

O lançamento do ajuste a valor presente da receita bruta será:
D – Ajuste a valor presente da receita bruta (resultado)   R$ 1.200.000
C – Ajuste a valor presente de duplicatas (retificadora de ativo)   R$ 1.200.000

Na DRE:

Receita bruta	R$ 3.600.000
(–) Vendas canceladas	R$–
(–) Abatimento sobre vendas	R$–
(–) Descontos incondicionais concedidos	R$–
(–) Tributos sobre vendas	R$–
(–) Ajuste a valor presente da receita bruta	(R$ 1.200.000)
Receita líquida	R$ 2.400.000

Ressaltando que essa é a previsão da legislação do imposto de renda. A Lei das S.A. prevê que o valor da receita bruta deve ser computado já líquida do ajuste.

28.5.5. Dicas sobre deduções da receita bruta

As provas colocam muitas despesas que não são deduções da receita bruta para tentar induzir as pessoas ao erro. **As pegadinhas mais comuns são:**

a) IPI: o IPI não integra a receita bruta de vendas, portanto não deve ser deduzido. O IPI só está presente no conceito de faturamento.

b) Frete sobre vendas: o frete sobre vendas é uma despesa com vendas. Assim sendo, vai diminuir o lucro operacional, mas não vai interferir no cálculo da receita líquida.

c) Descontos condicionais/descontos financeiros: esses descontos são dados por antecipação no pagamento. Logo, eles não estão na nota fiscal, não devendo ser deduzidos. O desconto condicional é uma despesa financeira, vai diminuir o lucro operacional, mas não vai interferir na receita líquida.

d) Às vezes, colocam como dedução da receita bruta a devolução de exercícios anteriores (que deve ser lançada como despesa) e comissões sobre vendas (que deve ser lançada como despesa), mas as mesmas não são deduções da receita bruta.

28.6. CUSTO DE BENS E SERVIÇOS VENDIDOS

A forma de mensurar o estoque foi vista em capítulo próprio. Nesse tópico, vamos estudar os custos de bens e serviços vendidos. O custo é o preço pago na aquisição de mercadorias para a revenda ou na produção de um bem ou de um serviço. O custo de bens e serviços vendidos compreende o valor referente ao:

- Custo das Mercadorias Vendidas (CMV) nas empresas comerciais.
- Custo de Produtos Vendidos (CPV) ou custo de fabricação dos produtos nas empresas industriais.
- Custo dos Serviços Prestados (CSP) nas empresas prestadoras de serviço.

Quando a questão não informar o valor do CMV no período e for preciso calcular, apresenta-se a seguinte equação para cálculo do mesmo:

CMV = Estoque inicial + Compras líquidas – Estoque final
CMV = EI + CL – EF

Lembrando que para encontrar o valor das compras líquidas é necessário excluir do valor das compras as devoluções, os descontos incondicionais, os abatimentos, os tributos recuperáveis. Caso ocorram despesas de frete, seguro, armazenamento, você deverá adicioná-los para achar o valor das compras líquidas.

> **Compras líquidas** = Valor da mercadoria + Imposto de Importação + Imposto sobre Produtos Industrializados – Tributos recuperáveis – (Devoluções + Descontos incondicionais + Abatimentos) + Frete + Seguro

O CPV representará o custo de fabricação dos produtos nas empresas industriais e será calculado através da seguinte fórmula:

> CPV = Estoque inicial de produtos acabados + Produtos acabados – Estoque final de produtos acabados
>
> **CPV = EI + PA – EF**

O custo de produtos acabados representa o valor dos produtos produzidos pela empresa naquele período.

> **Produtos acabados** = custos de aquisição de matérias-primas + custos de transformação (diretos + indiretos) + Custos para colocar os estoques no seu local e na sua condição atuais

O CSP representará o custo nas empresas prestadoras de serviço e será calculado pela seguinte fórmula:

> CSP = Mão de obra direta dos serviços prestados + Outros custos diretos com pessoal dos serviços prestados (inclui pessoal de supervisão) + Material utilizado e custos indiretos atribuíveis aos serviços prestados
>
> **CSP = MOD + OCP + MCI**

Obs.: daqui em diante estará destacado o CMV, mas a mesma lógica que veremos para o CMV se aplica ao CPV e ao CSP.

28.6.1. Resultado com mercadorias

Apurar o **resultado com mercadorias (RCM)** equivale a verificar se houve lucro ou prejuízo nas operações de compra e venda na atividade principal de toda empresa. O resultado com mercadorias é obtido pela diferença das vendas pelo custo de mercadorias vendidas (RCM = Vendas – CMV). As vendas são facilmente calculadas por meio do somatório das notas fiscais de vendas; entretanto, o custo das mercadorias vendidas não é obtido facilmente, tendo em vista que, na maioria das vezes, trata-se de mercadorias adquiridas de diversos fornecedores por preços diferentes. Esse CMV pode ser calculado por meio da expressão matemática CMV = EI + C – EF, ou, nas empresas que adotam o sistema de inventário permanente, por meio do saldo da Conta CMV.

28.6.2. Tipos de inventário e forma de apuração do lucro

28.6.2.1. Inventário periódico

Este é um sistema mais simplificado, no qual é realizada **uma contagem física do estoque no encerramento do exercício para encontrar o EF do período que será o EI do próximo**. Ele é adotado quando a empresa não deseja ou não tem condições de manter fichas de controle de estoque atualizadas para cada tipo de mercadoria. Durante o exercício, não poderá ser obtido o valor dos estoques, uma vez que esses permanecem desatualizados até que o valor final do estoque (EF) seja conhecido extracontabilmente através da contagem física no fim do exercício social.

O método pressupõe a adoção de 3 contas básicas:

- **Compras:** registra os ingressos no estoque da empresa. É conta de resultado (custo) debitada pelo valor das compras já descontado o ICMS das mercadorias adquiridas.
- **Mercadorias/estoque:** é uma conta patrimonial, representativa do valor dos estoques. Neste sistema somente será atualizada ao final de cada período. No início do exercício seguinte apresenta como saldo (estoque inicial) devedor o valor das mercadorias existentes no final do exercício anterior. No sistema inventário periódico seu saldo fica inalterado durante todo o período, até que se proceda a nova contagem física dos estoques.
- **Vendas:** é conta de receita. Registra-se a crédito o valor das vendas brutas do período.

Roteiro para a correta contabilização no sistema inventário periódico:

1. CMV/RCM devem ser utilizadas apenas quando da apuração do resultado (contas transitórias).

2. Saldo devedor de "Compras" deve ser transferido para CMV ao final do período.

3. Transferir o EI de "Mercadorias" para "CMV". Observe que será então lançado a débito na conta "CMV" o Estoque inicial do período e o somatório das compras realizadas. A este valor [EI + C] dá-se o nome de **Total das mercadorias disponíveis para venda**.

4. Realização do Inventário (**contagem física do estoque final**) relacionando os valores encontrados no livro próprio (**Registro de inventário**).

5. O valor encontrado em estoque (EF) deverá ser debitado em Mercadorias e creditado em CMV. Esta é a aplicação da fórmula do CMV: CMV = EI + C – EF.

6. Pela fórmula acima vemos que a conta "CMV" será debitada pelas disponibilidades para venda e creditada pelo valor do estoque final.

7. Transferir o valor total da conta "Vendas" para a conta "RCM".

8. Transferir o CMV para RCM. Repare que a conta RCM (Resultado bruto) fica com o valor conforme a fórmula: RCM = V – CMV.

9. O EF obtido através da contagem física será o EI do exercício seguinte.

Algumas contas são exclusivas desta forma de inventário: descontos sobre compras, abatimentos sobre compras, frete sobre compras, devolução de compras. Os saldos dessas contas se acumulam ao longo do exercício e só são zerados no momento do inventário na apuração do CMV. No sistema de inventário permanente, que será visto em seguida,

418 | Contabilidade Geral e Avançada • Silvio Sande e André Neiva

não são utilizadas essas contas, ou seja, todos os registros são feitos diretamente na conta estoques.

As contas do quadro anterior ficam separadas pois o valor do EF só é obtido ao fim do período. Portanto, elas só serão computadas no cálculo do CMV ao fim do período quando da contagem física dos estoques.

28.6.2.2. Inventário permanente

Consiste em controlar permanentemente o valor do estoque de mercadorias. Assim, a cada compra efetuada, seu custo é incluído no estoque; e a cada venda efetuada, seu custo é diminuído do estoque, **permitindo que o estoque de mercadorias fique atualizado constantemente**.

Para utilizar este método a empresa necessita de um esforço administrativo muito maior, possibilitando, por sua vez, um controle gerencial mais efetivo.

É necessária a manutenção de fichas de controle de estoque (uma para cada tipo de produto). Desta forma, o valor dos **estoques existentes pode ser obtido a qualquer momento pelo saldo de conta patrimonial**, diferentemente do que ocorre no sistema Inventário Periódico, onde o valor dos estoques somente é obtido após a contagem física do mesmo ao final do período.

O custo das vendas é permanentemente acumulado (a cada venda) na conta "CMV". Não há necessidade de contagem física e nem se utiliza a conta "Compras", uma vez que as entradas nos estoques vão direto para a conta "Mercadorias".

O sistema de Inventário Permanente também pressupõe a utilização de 3 contas básicas:

- **Mercadorias/estoques:** conta patrimonial, representativa dos estoques. É debitada nas aquisições e creditada nas saídas (vendas) das mesmas. Seu saldo apresentará **sempre** o valor dos estoques naquele momento. Obs.: Não se utiliza a conta "Compras".

- **CMV (custo das mercadorias vendidas):** conta de resultado (despesa/custo), debitada pelo valor do custo de cada venda, ao invés de ser debitada somente ao final do período como no inventário periódico.

- **Vendas – é conta de resultado (receita):** o seu funcionamento é o mesmo, qualquer que seja o sistema adotado pela empresa. É creditada pelo valor vendido (valor bruto). Também é conhecida como "receita de vendas".

Roteiro para a correta contabilização no sistema inventário permanente:

1. A conta "Vendas" acumula em seu saldo o valor da receita de vendas no período.

2. A conta "Custo das Mercadorias Vendidas – CMV" acumula em seu saldo o valor do custo de todas as mercadorias vendidas no período.

3. Os saldos dessas duas contas, no final do período, serão transferidos para a conta "Resultado Com Mercadorias – RCM" e o saldo desta última espelhará o resultado bruto da empresa.

A característica essencial do sistema permanente é que cada operação de venda corresponderá dois registros contábeis: o primeiro referente à venda e o segundo referente ao Custo da Mercadoria Vendida. Diferentemente do periódico, o valor do CMV e do estoque está sempre atualizado.

O registro contábil das operações no inventário permanente se dará da seguinte forma:

a) Nas compras (coluna de entradas da ficha de estoque)
D – Estoques (ativo circulante)
C – Bancos (ativo circulante)

b) Nas vendas, uma característica essencial do sistema permanente é que, a cada operação de venda, corresponderão dois registros contábeis: o primeiro referente à venda e o segundo referente ao custo das mercadorias que foram vendidas.

b.1) Preço de venda (não é lançado na ficha de estoque)
D – Bancos (ativo circulante)
C – Receita de vendas (resultado)

b.2) Preço de custo (a ser registrado na coluna saídas da ficha de estoque)
D – Custo de mercadorias vendidas (resultado)
C – Estoques (ativo circulante)

28.6.2.2.1. Avaliação dos estoques

A adoção do **método do inventário permanente implica** a necessidade de conhecer o custo da mercadoria a cada venda. Assim, é necessário que a empresa mantenha o controle permanente dos estoques através de fichas e que atribua custo às mercadorias, à medida em que elas forem vendidas.

O custo poderá ser atribuído de acordo com um dos seguintes critérios:

- **Preço específico:** significa valorizar cada unidade do estoque ao preço efetivamente pago para cada item especificamente determinado. É usado somente quando é possível fazer tal determinação do preço específico de cada unidade em estoque, mediante identificação física, ou número de série único por produto, como no caso de revenda de automóveis novos ou usados (chassi). Esse critério normalmente só é aplicável em alguns casos em que a quantidade, o valor ou a própria característica da mercadoria ou material o permitam. Na maioria das vezes, é impossível ou economicamente inconveniente.

Exemplo:

21/08/2017 A Cia. Alfa adquiriu 1.000 mercadorias A por R$ 1 cada.

23/08/2017 A Cia. Alfa adquiriu 2.000 mercadorias A por R$ 3 cada.

25/08/2017 A Cia. Alfa vendeu 1.000 mercadorias A. Considerando que a Cia. Alfa adota o **Preço específico**, qual o CMV?

Nesse caso, a Cia. Alfa vai ter que determinar qual a data que adquiriu a mercadoria que está sendo vendida. Se for a adquirida 21/08, o CMV será R$ 1.000. Se for a adquirida 23/08, o CMV será de R$ 3.000.

- **PEPS:** com base nesse critério para valoração dos estoques, a empresa vai dando baixa nos estoques a partir das primeiras compras, o que equivale ao seguinte raciocínio: vendem-se ou consomem-se antes as primeiras mercadorias compradas. Neste processo avalia-se o Estoque Final pelas aquisições mais recentes e o CMV pelas aquisições mais antigas.

Exemplo:

21/08/2017 A Cia. Alfa adquiriu 1.000 mercadorias A por R$ 1 cada.

23/08/2017 A Cia. Alfa adquiriu 2.000 mercadorias A por R$ 3 cada.

25/08/2017 A Cia. Alfa vendeu 1.000 mercadorias A. Considerando que a Cia. Alfa adota o **PEPS**, qual o CMV?

	Estoque			
	Entrada		Saída	
	Quantidade	Valor	Quantidade	Valor
21/08/17	1.000	R$ 1.000		
23/08/17	2.000	R$ 3.000		
25/08/17			1.000	R$ 1.000

Portanto, o CMV será de R$ 1.000.

- **UEPS:** com base nesse critério para valoração dos estoques a empresa vai dando baixa nos estoques, a partir das últimas compras, o que equivale ao seguinte raciocínio: vendem-se ou consomem-se antes as últimas mercadorias compradas. Neste processo avalia-se o estoque final pelas aquisições mais antigas e o CMV pelas aquisições mais recentes. Esse método não é aceito pela legislação do imposto de renda.

Exemplo:

21/08/2017 A Cia. Alfa adquiriu 1.000 mercadorias A por R$ 1 cada.

23/08/2017 A Cia. Alfa adquiriu 2.000 mercadorias A por R$ 3 cada.

25/08/2017 A Cia. Alfa vendeu 1.000 mercadorias A. Considerando que a Cia. Alfa adota o **UEPS**, qual o CMV?

	Estoque			
	Entrada		Saída	
	Quantidade	Valor	Quantidade	Valor
21/08/17	1.000	R$ 1.000		
23/08/17	2.000	R$ 3.000		
25/08/17			1.000	R$ 3.000

Portanto, o CMV será de R$ 3.000.

- **Média Ponderada Móvel:** por este critério, o valor médio de cada unidade em estoque altera-se pelas compras de outras mercadorias por um preço diferente. Esse método, mais comumente utilizado no Brasil, evita o controle de custos por lotes de compras, como nos métodos anteriores, mas obriga a maior número de cálculos ao mesmo tempo em que foge dos extremos, dando como custo de aquisição um valor médio das compras.

Exemplo:

21/08/2017 A Cia. Alfa adquiriu 1.000 mercadorias A por R$ 1 cada.

23/08/2017 A Cia. Alfa adquiriu 2.000 mercadorias A por R$ 3 cada.

25/08/2017 A Cia. Alfa vendeu 1.000 mercadorias A.

26/08/2017 A Cia. Alfa adquiriu 2.000 mercadorias A por R$ 1,5 cada.

17/08/2017 A Cia. Alfa vendeu 1.000 mercadorias A. Considerando que a Cia Alfa adota o **Média Ponderada Móvel**, qual o CMV?

A média ponderada móvel da primeira venda será de R$ 1,33 (R$ 4.000 / 3.000)

A média ponderada móvel da segunda venda será de R$ 1,04 (R$ 4.167 / 4.000).

Estoque				
	Entrada		Saída	
	Quantidade	Valor	Quantidade	Valor
21/08/17	1.000	R$ 1.000		
23/08/17	2.000	R$ 3.000		
25/08/17			1.000	R$ 1.333
Saldo após a primeira venda	2.000	R$ 2.667		
26/08/17	2.000	R$ 1.500		
27/08/17			1.000	R$ 1.040

Portanto, o CMV será de R$ 2.333.

- **Média ponderada fixa:** no método da média fixa, o custo médio das compras é apurado para todas as vendas do período, independentemente de terem elas sido efetuadas antes ou depois de novos lotes de compras. Este método considera as vendas do período como se realizadas de uma só vez. Vamos refazer o mesmo exemplo anterior utilizando agora a média fixa.

Exemplo:

21/08/2017 A Cia. Alfa adquiriu 1.000 mercadorias A por R$ 1 cada.

23/08/2017 A Cia. Alfa adquiriu 2.000 mercadorias A por R$ 3 cada.

25/08/2017 A Cia. Alfa vendeu 1.000 mercadorias A.

26/08/2017 A Cia. Alfa adquiriu 2.000 mercadorias A por R$ 1,5 cada.

17/08/2017 A Cia. Alfa vendeu 1.000 mercadorias A. Considerando que a Cia. Alfa adota o **Média Ponderada Fixa**, qual o CMV?

A média ponderada da primeira fixa será de R$ 1,10 (R$ 5.500/5.000)

Estoque				
	Entrada		Saída	
	Quantidade	Valor	Quantidade	Valor
21/08/17	1.000	R$ 1.000		
23/08/17	2.000	R$ 3.000		
25/08/17			1.000	R$ 1.100
26/08/17	2.000	R$ 1.500		
27/08/17			1.000	R$ 1.100

Portanto, o CMV será de R$ 2.200.

28.6.2.2.2. Impactos da inflação

Método	Período inflacionário	Período deflacionário
PEPS	Subavalia o CMV e superavalia o estoque final	Superavalia o CMV e subavalia o estoque final
UEPS	Superavalia o CMV e subavalia o estoque final	Subavalia o CMV e superavalia o estoque final
Média Ponderada Fixa	CMV e estoque final não sofrem impacto	CMV e estoque final não sofrem impacto
Média Ponderada Móvel	CMV e estoque final não sofrem impacto	CMV e estoque final não sofrem impacto

Obs.: Método do Custo Médio Ponderado – CMP (média ponderada móvel), mantém o CMV e o estoque final (EF) entre os valores obtidos através dos métodos UEPS e PEPS.

28.7. LUCRO BRUTO

O lucro bruto é resultante do cálculo da Receita Líquida menos o Custo de Mercadorias Vendidas, ou LB = RL – CMV.

QUESTÃO COMENTADA

(FCC – Analista de Gestão/SABESP/Contabilidade/2018) A empresa Compra e Vende Comércio S.A. adquiriu mercadorias para revenda e incorreu nos seguintes gastos durante o ano de 2017:

- Pagamento ao fornecedor das mercadorias: R$ 862.500,00.
- Valor do frete para transporte das mercadorias até a empresa: R$ 40.500,00 que foram pagos após 30 dias da data da compra.
- Pagamento de seguro para transporte das mercadorias até a empresa: R$ 60.000,00.

Nos diversos valores pagos ou a pagar para dispor das mercadorias estavam incluídos tributos recuperáveis que totalizavam R$ 67.500,00 e tributos não recuperáveis que totalizavam R$ 48.000,00.

A empresa obteve durante o ano abatimentos sobre as compras efetuadas no valor de R$ 90.000,00. Sabe-se que o estoque inicial de mercadorias era R$ 300.000,00 e que no final do período o saldo apresentado era R$ 225.000,00.

O preço de venda das mercadorias vendidas foi R$ 1.305.000,00, e a empresa concedeu um desconto de 5% ao comprador em função do volume negociado. Os tributos incidentes sobre as vendas realizadas totalizaram o valor de R$ 129.750,00.

Adicionalmente, a empresa incorreu nos seguintes gastos relacionados com a venda efetuada:

- Pagamento de frete no valor de R$ 12.000,00 para a entrega das mercadorias vendidas.
- Pagamento de comissão para os vendedores no valor de R$ 18.000,00.
- Despesas gerais no valor de R$ 60.000,00.

Considerando as informações apresentadas anteriormente, o Custo das Mercadorias Vendidas (CMV) e o valor do Resultado Bruto com Vendas (Lucro bruto) são, respectivamente, em reais:

a) 780.000,00 e 330.000,00.

b) 880.500,00 e 199.500,00.

c) 780.000,00 e 300.000,00.

d) 880.500,00 e 424.500,00.

e) 880.500,00 e 229.500,00.

RESPOSTA: E

QUESTÃO COMENTADA
COMENTÁRIO: Compras: 862.500 + 40.500 + 60.000 − 67.500 − 90.000 = 805.500 CMV = EI + Compras − EF CMV = 300.000 + 805.500 − 225.000 = 880.500 Encontrado o CMV, vamos ver o Lucro Bruto. Receita líquida = 1.305.000 − 65.250 (desconto) − 129.750 = 1.110.000 Lucro Bruto = 1.110.000 − 880.500 = 229.500 As despesas citadas (frete, comissão e gerais) não alteram o lucro bruto.

28.8. DESPESAS OPERACIONAIS

Depois do lucro bruto, serão computadas as **despesas operacionais** que compreendem os gastos pagos ou incorridos relacionados diretamente **com a atividade operacional** das vendas ou administração da empresa. A Lei das S.A. prevê que essas são divididas em:

Cabe à entidade apresentar uma análise das despesas utilizando uma classificação baseada **na natureza dessas despesas ou na função dessas despesas** dentro da entidade. Ela deve eleger o critério que forneça informações confiáveis e mais relevantes. Vejamos os dois tipos de análise de despesa:

- **Análise de despesa por natureza:** de acordo com esse método de classificação, as despesas são agregadas na demonstração do resultado **de acordo com sua natureza** (por exemplo: depreciações, compras de materiais, despesas com transporte, benefícios a empregados e despesas com publicidade) e não são realocadas entre as várias funções dentro da empresa.
- **Análise de despesa por função:** de acordo com esse método de classificação, as despesas são agregadas de acordo com sua função, **como parte do custo dos produtos e serviços vendidos**, por exemplo, das despesas de distribuição ou das atividades administrativas. No mínimo, a empresa divulga seu custo dos produtos ou serviços vendidos, de acordo com esse método, separadamente de outras despesas.

Portanto, temos os seguintes exemplos entre os dois métodos para diferenciação:

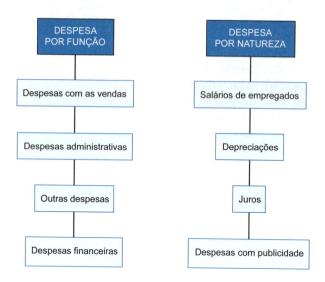

No Brasil, **a Lei das S.A. adota o método da despesa por função**.

QUESTÃO COMENTADA

(CESPE – Oficial Técnico de Inteligência/2018) Na demonstração de resultado do exercício (DRE), as despesas devem ser subclassificadas. A escolha da classificação dos gastos pela função da despesa ou pelos gastos por natureza está baseada na capacidade de o método proporcionar informação mais confiável e mais relevante à entidade, cumpridas as determinações legais.

RESPOSTA: VERDADEIRO

COMENTÁRIO: No Brasil, a Lei das S.A. adota o método da despesa por função. Entretanto, cabe à entidade apresentar uma análise das despesas utilizando uma classificação baseada na natureza dessas despesas ou na função dessas despesas dentro da entidade. Ela deve eleger o critério que forneça informações confiáveis e mais relevantes.

28.8.1. Despesas gerais e administrativas

As despesas gerais e administrativas compreendem os gastos **pagos ou incorridos na direção ou gestão do empreendimento**, representado por diversos componentes que envolvem as despesas com pessoal administrativo e respectivos encargos, honorários diversos, utilidades e serviços ocupação e despesas gerais.

28.8.2. Despesas com vendas

Nas empresas comerciais que dispõem de setor de vendas, estes custos são segregados diretamente nesta rubrica, compreendendo todas as despesas pagas ou incorridas relacionadas com o **setor comercial**, representadas por **despesas com pessoal e respectivos encargos sociais do setor de vendas**, comissões de vendedores e despesas gerais do setor (como, por exemplo, gastos com visitas a clientes para apresentar produtos).

Cap. 28 – Demonstração do Resultado do Exercício | 425

QUESTÃO COMENTADA

(FCC – Analista de Gestão/SABESP/Contabilidade/2018) O Balancete da empresa Produtos Simplex S.A. apresentava, em 31/12/2017, os saldos das seguintes contas, entre outras:

Nome da conta	Saldo em R$	Nome da conta	Saldo em R$
Receita bruta de vendas	1.800.000	Despesa de depreciação	80.000
Despesas com salários	60.000	Despesa com comissões sobre vendas	40.000
Despesas com propaganda	20.000	Devolução de vendas	100.000
Impostos sobre vendas	320.000	Abatimentos sobre vendas	32.000
Descontos financeiros concedidos	40.000	Fretes sobre vendas	148.000
Receita financeira	280.000	Despesa com imposto de renda	36.000

Sabe-se que o valor das compras de estoque, no ano de 2017, foi R$ 880.000,00, que o saldo dos estoques existente em 31/12/2016 era R$ 200.000,00 e que no final de 2017 o saldo remanescente em estoque era R$ 160.000,00. Com base nestas informações, o Resultado Bruto com Vendas (Lucro Bruto) e o Resultado Operacional apurados pela empresa Produtos Simplex S.A. no ano de 2017 foram, respectivamente, em reais:

a) 280.000 e 80.000.

b) 280.000 e 320.000.

c) 428.000 e 80.000.

d) 428.000 e 320.000.

e) 240.000 e 44.000.

RESPOSTA: C

COMENTÁRIO:

Receita Líquida = 1.800.000 – 320.000 – 100.000 – 32.000 = 1.348.000

CMV = EI + Compras – EF

CMV = 200.000 + 880.000 – 160.000 = 920.000

Lucro Bruto = 1.348.000 – 920.000 = 428.000

Lucro Operacional = 428.000 – 60.000 (despesas com salários) – 20.000 (despesas com propaganda) – 40.000 (descontos financeiros concedidos) – 80.000 (despesa com depreciação) – 148.000 (Fretes sobre vendas) = 80.000

28.8.3. Despesas financeiras

Compreende a remuneração do capital de terceiros ou a concessão de descontos por recebimentos antecipados de direitos (descontos condicionais), **além de considerar também as correções monetárias prefixadas decorrentes de obrigações**. São exemplos:

- Despesas de juros ou juros passivos.
- Descontos condicionais concedidos.
- Despesas de juros sem capital próprio.
- Juros sem debêntures.
- Juros sem empréstimos bancários.
- Juros sem descontos de duplicatas.

- Juros sem empréstimos a empresas ligadas.
- Juros sem contratos de mútuo.
- Comissões e despesas bancárias.

A Lei das S.A. determina **que sejam apresentadas as despesas financeiras líquidas da receita financeira**.

28.8.3.1. Receitas financeiras

Essa rubrica compreende as remunerações de capital aplicados em outras sociedades (que não sejam dividendos), representadas pelos juros e descontos obtidos decorrentes das atividades da empresa, **além dos rendimentos de aplicações financeiras**.

Além disso, a legislação fiscal determina que as variações monetárias prefixadas decorrentes de direitos sejam consideradas dentro dessa rubrica. São exemplos dessa rubrica:

- Receitas de juros ou juros ativos.
- Descontos obtidos.
- Receitas de juros sem capital próprio.
- Receitas de prêmios sem debêntures.
- Rendimentos aplicações renda fixa.
- Rendimentos aplicações renda variável.
- Rendimentos aplicações em ouro.

28.8.3.2. Juros sobre capital próprio

Os juros sobre capital próprio são uma forma da empresa remunerar os seus acionistas sem ser através do pagamento de dividendos. Trata-se de uma despesa financeira na contabilidade e tem regras próprias de cálculo do seu valor, presentes no Regulamento do Imposto de Renda.

A pessoa jurídica poderá deduzir, para efeitos da apuração do lucro real, os juros pagos ou creditados individualizadamente a titular, sócios ou acionistas, a título de remuneração do capital próprio, calculados **sobre as contas do patrimônio líquido** e **limitados à variação, pro rata dia, da Taxa de Juros de Longo Prazo – TJLP**.

Para fins de cálculo da remuneração dos juros sobre capital próprio, serão consideradas exclusivamente as seguintes contas do patrimônio líquido:
- Capital social.
- Reservas de capital.
- Reservas de lucros.
- Ações em tesouraria.
- Prejuízos acumulados.

Portanto, ao se optar por pagar os juros sobre capital próprio e aproveitar a dedutibilidade do Imposto de Renda das Pessoas Jurídicas (IRPJ) com base no lucro real, a empresa deve ter como **limite (valor máximo) para o pagamento o valor resultante da** multiplicação da TJLP do período pelo patrimônio líquido, considerando as contas elencadas anteriormente.

O efetivo pagamento ou crédito dos juros **fica condicionado à existência** de lucros, computados antes da dedução dos juros, ou de lucros acumulados e reservas de lucros, em montante igual ou superior ao valor de duas vezes os juros a serem pagos ou creditados.

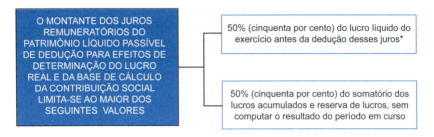

*Para os efeitos do limite, o lucro líquido do exercício será aquele após a dedução da contribuição social sobre o lucro líquido e antes da dedução da provisão para o imposto de renda, sem computar, porém, os juros sobre o patrimônio líquido.

Os juros ficarão sujeitos à incidência do imposto de renda na fonte à alíquota de quinze por cento, na data do pagamento ou crédito ao beneficiário. Ou seja, a empresa deduz do seu IR na pessoa jurídica, mas deve reter os 15% do sócio que irá receber os juros sobre capital próprio, no momento em que fizer o pagamento ou crédito. Nisso, compete destacar, eles são diferentes dos dividendos, que são isentos.

O lançamento do provisionamento dos juros sobre capital próprio seria:

D – Despesa financeira com juros de capital próprio (resultado)

C – Juros de capital próprio a pagar (passivo circulante)

28.8.4. Outras receitas e outras despesas operacionais

O conceito de lucro operacional, sob a ótica societária ou fiscal, engloba o resultado das atividades principais e acessórias. Por essa razão, as demais receitas e despesas que não estejam diretamente vinculadas à atividade operacional, **mas que representem uma extensão dessa atividade**, serão classificadas nesse grupo por vinculação indireta.

28.8.4.1. Outras receitas operacionais

Representam quaisquer receitas acessórias, inclusive as de aluguéis ou arrendamentos de bens fora do objeto social da empresa, reversões ou recuperações de despesas da empresa além dos ganhos das participações societárias permanentes, valores estes que representam subsidiariamente outras formas de receitas da atividade empresarial. Compreendem:

- Receitas de dividendos.
- Ganhos de equivalência patrimonial.
- Receitas de aluguéis de imóveis.
- Receitas de arrendamentos de bens.

28.8.4.2. Outras despesas operacionais

Podem representar algumas outras despesas que, **embora ligadas à atividade operacional, são esporádicas e, portanto, não são consignadas no grupo de despesas gerais e administrativas**, por terem caráter eventual e/ou sazonal. Exemplo:

*   Perdas de equivalência patrimonial.

28.9. RESULTADO OPERACIONAL

O resultado operacional representa o resultado que a entidade obteve nas suas operações ligadas às suas atividades. Esse resultado pode representar **lucro operacional ou prejuízo operacional** e compreende o resultado algébrico de todas as receitas, despesas e custos operacionais, diretamente vinculados com a **atividade operacional principal ou acessória**.

28.9.1. Outras receitas e outras despesas

Após apurar o resultado operacional, para continuar apurando o resultado do exercício, temos que contabilizar os fatos oriundos dos negócios **não operacionais** da empresa. Aqui em **outras receitas e outras despesas** serão registrados **os ganhos ou perdas** de capital na alienação de bens do ativo não circulante da empresa.

28.10. RESULTADO ANTES DA CONTRIBUIÇÃO SOCIAL SOBRE O LUCRO

Após subtrair do resultado operacional as outras receitas e outras despesas, chegamos ao resultado antes da contribuição social sobre o lucro. Compreende o resultado algébrico das receitas, despesas e custos, ponto de partida para o cálculo da base de cálculo da Contribuição Social sobre o Lucro.

28.10.1. Contribuição Social sobre o Lucro Líquido

A Contribuição Social sobre o Lucro Líquido pode ser apurada pelo: Simples Nacional, Lucro Real, Lucro Arbitrado e Lucro Presumido.

No **Simples Nacional**, será parte da alíquota prevista sobre o faturamento.

No **Lucro Presumido**, parte encontra-se o lucro a partir de um percentual sobre a Receita Bruta e aplica-se a alíquota de 9%.

No **Lucro Arbitrado**, sobre um percentual do faturamento ou através de coeficientes previstos na legislação. Essas formas serão vistas adiante quando for tratado do Imposto de Renda Pessoa Jurídica.

No **Lucro Real**, A base de cálculo da contribuição social não será o lucro contábil, **será o lucro real (fiscal), ou seja, será o lucro contábil após sofrer os ajustes (adições, exclusões e compensações) presentes no Livro de Apuração da Contribuição Social (LACS).** Esses ajustes são prescritos ou autorizados pela legislação fiscal.

Atualmente, **a alíquota das pessoas jurídicas em geral é de 9%, e de 15% para as instituições financeiras em geral**. Contudo, a Lei nº 13.169, de 6 de outubro de 2015, elevou temporariamente a alíquota, para a maioria das instituições financeiras, para 20% (exceto as cooperativas de crédito, que têm alíquota de 17%). Sobre essa base de cálculo ajustada, incidirá a alíquota a título de contribuição social sobre o lucro líquido.

A entidade pode ter tido prejuízos em exercícios anteriores. Esses prejuízos estão registrados na conta Prejuízos Acumulados no PL e podem ser compensados com na apuração da CSLL de exercícios posteriores. Importante destacar que as compensações de prejuízos fiscais, segundo a legislação fiscal vigente, estão limitadas a 30% do lucro real.

A compensação reduz a base de cálculo apurado no exercício em que se apurar lucro.

Exemplo:

A Cia. Neiva apurou um lucro de R$ 300.000 com base no lucro real. No mesmo período, no seu **LACS**, existem adições de R$ 250.000 e exclusões de R$ 50.000. Também havia o registro de prejuízos acumulados de R$ 700.000.

Nesse caso, a base de cálculo da CSLL será = R$ 300.000 (lucro líquido) + R$ 250.000 (adições) – R$ 50.000 (exclusões) = 500.000.

Como existem prejuízos acumulados, eles poderão ser aproveitados para diminuir o lucro fiscal tributável no limite de 30%.

Portanto, a base de cálculo final será de R$ 350.000 (R$500.000 – 30% × R$ 500.000).

28.11. RESULTADO ANTES DO IMPOSTO DE RENDA

Compreende o resultado contábil após a Contribuição Social sobre o Lucro e corresponde ao valor antes da Provisão para o Imposto de Renda.

28.11.1. Imposto de renda das pessoas jurídicas

O Imposto de Renda das Pessoas Jurídicas pode ser apurado pelo: Simples Nacional, Lucro Real, Lucro Arbitrado e Lucro Presumido.

O valor da alíquota do IRPJ é de 15% sobre o lucro apurado sobre o lucro real, presumido ou arbitrado.

Além da alíquota de 15%, **existe uma alíquota adicional de 10% sobre a parcela que exceder o valor resultante da multiplicação de R$ 20.000 vezes o número de meses**. O valor da alíquota e do adicional devem ser pagos juntamente.

O adicional deve ser recolhido inclusive nos recolhimentos por estimativas mensais, no caso das empresas optantes pelo lucro real anual.

A alíquota adicional se aplica também nos casos de incorporação, fusão ou cisão e de extinção da pessoa jurídica pelo encerramento da liquidação.

Tanto a alíquota como o adicional se aplicam à pessoa jurídica que explore atividade rural.

Portanto, temos o seguinte cálculo:

> **Valor do tributo** = (Base de cálculo × 15%) + [Base de cálculo – (número de meses × 20.000)] × 10%

Vamos ver agora como são encontradas as bases de cálculo nas diferentes formas de tributação.

28.11.1.1. Simples Nacional

O **Simples Nacional** é um regime compartilhado de arrecadação, cobrança e fiscalização de tributos aplicável às Microempresas e Empresas de Pequeno Porte, previsto na Lei Complementar nº 123, de 14 de dezembro de 2006.

Abrange tributos de todos os entes federados (União, Estados, Distrito Federal e Municípios) e é encontrado através da aplicação de uma alíquota sobre o valor da receita bruta total.

O Simples é optativo e a sua opção é formalizada em janeiro quando do pagamento no primeiro mês do ano ou do início das atividades (sendo irretratável para todo o ano-calendário).

Abrange os seguintes tributos: IRPJ, CSLL, PIS/PASEP, COFINS, IPI, ICMS, ISS e a Contribuição para a Seguridade Social destinada à Previdência Social a cargo da pessoa jurídica (CPP) que são recolhidos mediante documento único de arrecadação – DAS.

Somente parte do valor da alíquota sobre a receita bruta do Simples tratará de IRPJ e CSLL, o restante tratará de PIS/PASEP, COFINS, IPI, ICMS, ISS e a Contribuição para a Seguridade Social.

28.11.1.2. Lucro presumido

O **lucro presumido** é a forma de apuração prevista na legislação onde se presume o lucro para tributação a partir de um percentual da receita bruta. Encontrando o lucro presumido, multiplica-se pela alíquota para encontrar o valor do imposto.

> A **base de cálculo** do IRPJ, em cada mês, será determinada mediante a aplicação do percentual de **8%** (oito por cento) sobre a receita bruta, auferida na atividade, deduzida das devoluções, das vendas canceladas e dos descontos incondicionais concedidos.
>
> Nas seguintes atividades o percentual de determinação da base de cálculo do IRPJ será de:
>
> - **1,6%** (um inteiro e seis décimos por cento) sobre a receita bruta auferida na revenda, para consumo, de combustível derivado de petróleo, álcool etílico carburante e gás natural.
> - **8%** (oito por cento) sobre a receita bruta auferida:
>   - Na prestação de serviços hospitalares e de auxílio diagnóstico e terapia, fisioterapia e terapia ocupacional, fonoaudiologia, patologia clínica, imagenologia, radiologia, anatomia patológica e citopatologia, medicina nuclear e análises e patologias clínicas, exames por métodos gráficos, procedimentos endoscópicos, radioterapia, quimioterapia, diálise e oxigenoterapia hiperbárica, desde que a prestadora desses serviços seja organizada sob a forma de sociedade empresária e atenda às normas da Agência Nacional de Vigilância Sanitária (Anvisa).

Cap. 28 – Demonstração do Resultado do Exercício | 431

- Na prestação de serviços de transporte de carga.
- Nas atividades imobiliárias relativas a desmembramento ou loteamento de terrenos, incorporação imobiliária, construção de prédios destinados à venda e a venda de imóveis construídos ou adquiridos para revenda.
- na atividade de construção por empreitada com emprego de todos os materiais indispensáveis à sua execução, sendo tais materiais incorporados à obra.
- **16%** (dezesseis por cento) sobre a receita bruta auferida:
  - Na prestação de serviços de transporte, exceto o de carga.
  - Nas atividades desenvolvidas por bancos comerciais, bancos de investimentos, bancos de desenvolvimento, agências de fomento, caixas econômicas, sociedades de crédito, financiamento e investimento, sociedades de crédito imobiliário, sociedades corretoras de títulos, valores mobiliários e câmbio, distribuidoras de títulos e valores mobiliários, empresas de arrendamento mercantil, cooperativas de crédito, empresas de seguros privados e de capitalização e entidades de previdência privada aberta.
- **32%** (trinta e dois por cento) sobre a receita bruta auferida com as atividades de:
  - Prestação de serviços relativos ao exercício de profissão legalmente regulamentada.
  - Intermediação de negócios.
  - Administração, locação ou cessão de bens imóveis, móveis e direitos de qualquer natureza.
  - Construção por administração ou por empreitada unicamente de mão de obra ou com emprego parcial de materiais.
  - Construção, recuperação, reforma, ampliação ou melhoramento de infraestrutura, no caso de contratos de concessão de serviços públicos, independentemente do emprego parcial ou total de materiais.
  - Prestação cumulativa e contínua de serviços de assessoria creditícia, mercadológica, gestão de crédito, seleção de riscos, administração de contas a pagar e a receber, compra de direitos creditórios resultantes de vendas mercantis a prazo ou de prestação de serviços (*factoring*).
  - Coleta e transporte de resíduos até aterros sanitários ou local de descarte.
  - Prestação de qualquer outra espécie de serviço não mencionada neste parágrafo.

A receita bruta auferida pela pessoa jurídica decorrente da prestação de serviços em geral, como limpeza e locação de mão de obra, **ainda que sejam fornecidos os materiais, está sujeita à aplicação do percentual de 32% (trinta e dois por cento).**

A alíquota do imposto de renda que incidirá sobre a base de cálculo é de 15% (quinze por cento). O adicional do imposto de renda devido pelas pessoas jurídicas tributadas com base no lucro presumido será calculado mediante a aplicação do percentual de 10% (dez por cento) sobre a parcela do lucro presumido que exceder ao valor da multiplicação de R$ 20.000,00 (vinte mil reais) pelo número de meses do respectivo período de apuração, sujeita-se à incidência de adicional de imposto sobre a renda à alíquota de 10% (dez por cento).

Podem optar pelo lucro presumido as pessoas jurídicas:

- Cuja receita total no ano-calendário anterior tenha sido igual ou inferior a R$ **78.000.000,00 (setenta e oito milhões de reais) ou a R$ 6.500.000,00 (seis milhões e quinhentos mil reais)** multiplicado pelo número de meses em atividade no ano-calendário anterior, quando inferior a 12 (doze) meses.
- **Que não estejam obrigadas à tributação pelo lucro real** em função da atividade exercida ou da sua constituição societária ou natureza jurídica.

Via de regra, a opção é manifestada com o pagamento da primeira quota ou quota única do imposto devido correspondente ao primeiro período de apuração de cada ano-calendário, sendo considerada definitiva para todo o ano-calendário. As pessoas jurídicas que tenham iniciado suas atividades a partir do segundo trimestre do ano-calendário manifestarão a sua opção por meio do pagamento da primeira ou única quota do imposto devido relativa ao período de apuração do início de atividade.

O imposto de renda com base no lucro presumido é determinado por períodos de apuração trimestrais, encerrados em 31 de março, 30 de junho, 30 de setembro e 31 de dezembro de cada ano-calendário.

28.11.1.3. Lucro arbitrado

O arbitramento de lucro é uma forma de apuração da base de cálculo do imposto de renda utilizada pela autoridade tributária ou pelo contribuinte. Pode ser encontrado através de um percentual da receita bruta, quando essa é conhecida, ou através da aplicação de coeficientes previstos na legislação. É aplicável pela autoridade tributária quando a pessoa jurídica deixar de cumprir as obrigações acessórias relativas à determinação do lucro real ou presumido, conforme o caso. Quando conhecida a receita bruta, desde que ocorrida qualquer das hipóteses de arbitramento previstas na legislação fiscal, o contribuinte poderá optar por efetuar o pagamento do imposto de renda correspondente com base nas regras do lucro arbitrado.

28.11.1.4. Lucro real

Nessa modalidade, o imposto de renda é calculado a partir do resultado – Lucro ou Prejuízo Contábil – sobre uma base de cálculo fiscal denominada Lucro Real.

Lucro real é uma expressão fiscal e compreende o resultado contábil ajustado pelas adições, exclusões e compensações prescritas ou autorizadas pela legislação fiscal, registradas no Livro de Apuração do Lucro Real, sendo:

- **Adições:** correspondem as **despesas não dedutíveis**, ou seja, aquelas que embora sejam contabilizadas normalmente, a legislação do imposto de renda não as aceita como redutoras da base de cálculo do imposto, quer por sua natureza ou por seu montante.

- **Exclusões:** correspondem às **receitas não tributáveis**, ou seja, aquelas que, embora registradas normalmente aumentando o lucro contábil, a legislação as considera fora do alcance da tributação, por algum motivo previsto na lei.

- **Compensação:** os prejuízos registrados em períodos anteriores podem ser compensados com na apuração da CSLL de exercícios posteriores. Essa compensação de prejuízos fiscais, segundo a legislação fiscal vigente, está limitada a 30% do lucro real.

Sobre essa base de cálculo ajustada, incidirá a alíquota a título de imposto de renda pessoa jurídica (IRPJ), quando tributada pelo lucro real.

Cap. 28 – Demonstração do Resultado do Exercício | 433

A lógica é a mesma que vimos para a CSLL apurada no lucro real. Por exemplo:

A Cia. Neiva apurou um lucro de R$ 300.000. No mesmo período, no seu **LALUR**, existem adições de R$ 250.000 e exclusões de R$ 50.000. Também havia o registro de prejuízos acumulados de R$ 700.000.

Nesse caso, a base de cálculo da CSLL será = R$ 300.000 (lucro líquido) + R$ 250.000 (adições) – R$ 50.000 (exclusões) = 500.000.

Como existem prejuízos acumulados, ele poderá ser aproveitado para diminuir o lucro fiscal tributável no limite de 30%.

Portanto, a base de cálculo final será de R$ 350.000 (R$500.000 – 30% × R$ 500.000).

28.12. RESULTADO APÓS O IMPOSTO DE RENDA

Após retirar do resultado do exercício o IRPJ, teremos o resultado após o imposto de renda e antes das participações.

28.12.1. Participação nos lucros

Segundo a Lei das S.A.:

Art. 189. Do resultado do exercício serão deduzidos, antes de qualquer participação, os prejuízos acumulados e a provisão para o Imposto sobre a Renda.

Art. 190. As participações estatutárias de empregados, administradores e partes beneficiárias serão determinadas, sucessivamente e nessa ordem, com base nos lucros que remanescerem depois de deduzida a participação anteriormente calculada.

As participações nos lucros são distribuições feitas, antes da distribuição de dividendos, a determinadas pessoas ligadas à entidade e que tem direito a parcela do lucro. A Lei nº 6.404/76 relaciona as seguintes participações:

- Debenturistas.
- Empregados.
- Administradores.
- Partes beneficiárias.
- Contribuição para instituições ou fundos de assistência ou previdência.

Lembre-se

Elas serão calculadas e contabilizadas considerando os seguintes fatores:
- Antes do cálculo é necessário deduzir-se os prejuízos contábeis do período anterior.
- Normalmente as questões só trazem prejuízos acumulados, mas se trouxerem ajustes de exercícios anteriores, esses também deverão ser ajustados nas bases de cálculos das participações.
- Os percentuais a serem aplicados sobre a base de cálculo serão previamente definidos em documentos oficiais da empresa.
- O cálculo da participação é feito sobre o saldo remanescente após o cálculo da anterior, obedecendo-se rigorosamente à ordem das participações vistas acima (Debenturistas, Empregados, Administradores, Partes beneficiárias e Contribuição para instituições ou fundos de assistência ou previdência).

Exemplo:

A Cia. Sande apresenta os seguintes dados:

Lucro antes do imposto de renda	R$ 10.000.000
Imposto de renda	25%
Debenturistas	5%
Empregados	10%
Administradores	7%
Partes beneficiárias	5%
Contribuição para instituição e fundos	10%
Adições do IR	R$ 2.000.000
Exclusões do IR	R$ 1.000.000
Prejuízos acumulados	R$ (100.000)

Calcule o lucro líquido do exercício.

Resposta: primeiro, deve-se encontrar o valor do imposto de renda:

Lucro antes do imposto de renda	R$ 10.000.000
Adições do IR	R$ 2.000.000
Exclusões do IR	R$ (1.000.000)
Lucro ajustado	R$ 11.000.000
Compensação (30%)	R$ (3.300.000)
Base do IR	R$ 7.700.000
IR	R$ (1.925.000)

Depois, deve-se calcular as participações:

Lucro antes do imposto de renda	R$ 10.000.000
IR	R$ (1.925.000)
Prejuízos acumulados	R$ (100.000)
Base das participações	R$ 7.975.000
Debenturistas	R$ (398.750)
	R$ 7.576.250
Empregados	R$ (757.625)
	R$ 6.818.625
Administradores	R$ (477.304)
	R$ 6.341.321
Partes beneficiárias	R$ (317.066)
	R$ 6.024.255
Contribuição para instituição e fundos	R$ (602.426)

Com os valores das participações calculados, podemos chegar ao lucro líquido do exercício:

Lucro antes do imposto de renda	R$ 10.000.000
IR	R$ (1.925.000)
Base das participações	R$ 8.075.000
Debenturistas	R$ (398.750)
Empregados	R$ (757.625)
Administradores	R$ (477.304)
Partes beneficiárias	R$ (317.066)
Contribuição para instituição e fundos	R$ (602.426)
Lucro líquido do exercício	R$ 5.521.830

Atenção

As participações de debenturistas e de empregados podem ser excluídas da apuração do lucro real.

QUESTÃO COMENTADA

(CESPE – Analista Portuário/EMAP/Financeira e Auditoria Interna/2018) O estatuto social da empresa W determina o direito a 10% do lucro líquido do exercício para debêntures, empregados, administradores e partes beneficiárias. Em 2017, o lucro antes do imposto de renda e a contribuição social foi de R$ 300.000; o imposto de renda e a contribuição social a pagar somaram R$ 60.000. A empresa apresentava ainda um saldo de prejuízo acumulado de R$ 50.000.

Com base nessas informações, julgue o item a seguir.

Em 2017, o lucro líquido da empresa W foi de R$ 124.659.

RESPOSTA: VERDADEIRO

COMENTÁRIO: Lucro líquido para cálculo das participações = 300.000 – 60.000 – 50.000 = 190.000

Participação debentures = 190.000 × 10% = 19.000

Participação empregados = 171.000 (190.000 – 19.000) × 10% = 17.100

Participação administradores = 153.900 (171.000 – 17.100) × 10% = 15.390

Participação partes beneficiárias = 138.510 (153.900 – 15.390) × 10% = 13.851

Lucro líquido = 300.000 – 60.000 – 19.000 – 17.100 – 15.390 – 13.851 = 174.659

A banca erroneamente considerou a conta prejuízo acumulado como de resultado e, com isso, o gabarito foi verdadeiro.

28.13. LUCRO LÍQUIDO

Corresponde ao lucro final após as participações, embora não seja ainda o valor a ser destinado aos acionistas. O lucro líquido é o ponto de partida para o cálculo das reservas e dos dividendos, de acordo com a Lei nº 6.404/76.

A entidade deve divulgar o **lucro líquido por ação (LLA)**. O LLA é uma determinação da Lei nº 6.404/76 que possibilita aos investidores uma melhor avaliação dos resultados alcançados pela companhia. O cálculo consiste **em dividir o lucro líquido pela quantidade de ações existentes no mercado** e que compõem o capital social.

$$\text{Lucro líquido por ação (LLA)} = \frac{\text{Lucro líquido do exercício}}{\text{Ações no mercado}}$$

O conceito de ações existentes no mercado corresponde ao de ações em circulação e que, portanto, exclui do cálculo as ações em tesouraria ou a parcela relativa ao capital a realizar.

28.14. DESTINAÇÃO DO LUCRO DO EXERCÍCIO

Após encontrar o lucro líquido do exercício, deve-se contabilizar a sua destinação a partir da deliberação da própria companhia e dos mandamentos legais. Antes das destinações, o resultado deve ser transferido para a conta **Lucros ou Prejuízos acumulados**. A conta transitória não faz parte da demonstração do resultado do exercício.

Exemplo:

Supondo que a Cia. Neiva teve um lucro de R$ 1.000.000 e que a mesma tinha prejuízos acumulados no valor de R$ 30.000, qual seria o saldo para destinação.

Lucro ou prejuízos acumulados	
R$ 30.000	R$ 1.000.000
	R$ 970.000	Saldo para destinação

É importante destacar que, **caso reste lucro na conta transitória Lucros ou Prejuízos acumulados, ele deve ser totalmente destinado até que fiquem zeradas, uma vez que não existem mais a conta lucros acumulados**. Caso somente restem prejuízos, pode permanecer no Balanço Patrimonial, conforme previsto na Lei das S.A.

A partir da **conta transitória** Lucros ou Prejuízos acumulados, onde será contabilizado o resultado do exercício e abatido o prejuízo acumulado (se houver), o lucro será distribuído. O lucro pode ter as seguintes destinações:

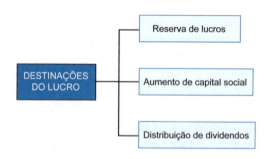

Os lançamentos, nesses casos, são:
D – Lucro ou prejuízos acumulados (resultado*)
C – Reservas de lucros (patrimônio líquido)
D – Lucro ou prejuízos acumulados (resultado*)

C – Capital social (patrimônio líquido)
D – Lucro ou prejuízos acumulados (resultado*)
C – Dividendos a pagar (patrimônio líquido)

*Representa uma conta transitória a partir do resultado e de onde serão feitas as distinções. Ela não existe nem na DRE nem no BP (onde só existe a conta prejuízos acumulados).

28.14.1. Reserva de lucros

Serão classificados como reservas de lucros as contas constituídas pela apropriação de lucros da companhia. A constituição dessas reservas pode resultar da vontade dos acionistas da entidade ou de mandamentos legais.

De acordo com a Lei das S.A., serão classificadas como reserva de lucros:

- Reserva legal.
- Reservas estatutárias.
- Reservas para contingências.
- Retenção de lucros.
- Reserva de lucros a realizar.
- Reserva especial para distribuição de dividendos obrigatórios.
- Reserva de incentivos fiscais.

28.14.2. Dividendos

Atenção

Os acionistas têm direito de receber como dividendo obrigatório, em cada exercício, a parcela dos lucros estabelecida no estatuto ou, se este for omisso, a importância determinada de acordo com as seguintes normas:
- Metade do lucro líquido do exercício diminuído ou acrescido dos seguintes valores:
  – Importância destinada à constituição da reserva legal.
  – Importância destinada à formação da reserva para contingências e reversão da mesma reserva formada em exercício anteriores.
- O pagamento do dividendo poderá ser limitado ao montante do lucro líquido do exercício que tiver sido realizado, desde que a diferença seja registrada como reserva de lucros a realizar.
- Os lucros registrados na reserva de lucros a realizar, quando realizados e se não tiverem sido absorvidos por prejuízos em exercícios subsequentes, deverão ser acrescidos ao primeiro dividendo declarado após a realização.

O estatuto **poderá** estabelecer o dividendo como porcentagem do lucro ou do capital social, ou fixar outros critérios para determiná-lo, desde que sejam regulados com precisão e minúcia e não sujeitem os acionistas minoritários ao arbítrio dos órgãos de administração ou da maioria.

O pagamento do dividendo **poderá ser limitado** ao montante do lucro líquido do exercício que tiver sido realizado, desde que a diferença seja registrada como reserva de lucros a realizar.

Lembrando que os lucros registrados na reserva de lucros a realizar, quando realizados e se não tiverem sido absorvidos por prejuízos em exercícios subsequentes, **deverão ser acrescidos ao primeiro dividendo declarado após a realização**.

Quando o estatuto **for omisso** e a assembleia geral deliberar alterá-lo para introduzir norma sobre a matéria, o dividendo obrigatório **não poderá ser inferior a 25% (vinte e cinco por cento) do lucro líquido ajustado**.

A companhia **somente pode pagar dividendos à conta de lucro líquido do exercício, de lucros acumulados, de reserva de lucros** e à conta de reserva de capital, no caso das ações preferenciais.

As reservas estatutárias, de lucros a realizar e as retenções de lucros **não poderão prejudicar o cálculo e distribuição do dividendo obrigatório**, isto significa, que para se calcular o dividendo obrigatório, só podemos excluir da base de cálculo (lucro líquido) as reservas legal e de contingências.

O estatuto **pode** conferir às ações preferenciais com **prioridade na distribuição de dividendo** cumulativo, o direito de recebê-lo, no exercício em que o lucro for insuficiente, à conta das reservas de capital.

A distribuição de dividendos com inobservância do disposto na Lei das S.A. implica responsabilidade solidária dos administradores e fiscais, que deverão repor à caixa social a importância distribuída, sem prejuízo da ação penal que no caso couber.

Os acionistas **não são obrigados a restituir os dividendos que em boa-fé tenham recebido. Presume-se a má-fé quando** os dividendos forem distribuídos sem o levantamento do balanço ou em desacordo com os resultados deste.

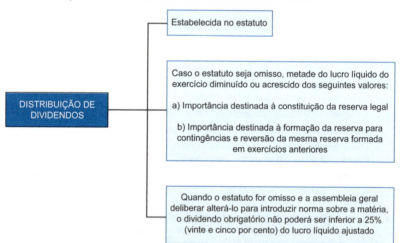

28.14.2.1. Dividendos intermediários

A companhia que, por força de lei ou de disposição estatutária, **levantar balanço semestral**, poderá declarar, por deliberação dos órgãos de administração, se autorizados pelo estatuto, **dividendo à conta do lucro apurado nesse balanço**.

A companhia também poderá, nos termos de disposição estatutária, levantar balanço e distribuir dividendos **em períodos menores**, desde que o total dos dividendos pagos em cada semestre do exercício social **não exceda o montante das reservas de capital**.

Também presente na Lei das S.A., existe a previsão em que o estatuto poderá autorizar os órgãos de administração a declarar dividendos intermediários, à conta de lucros acumulados ou de reservas de lucros existentes no último balanço anual ou semestral.

Esse dividendo intermediário é uma antecipação do dividendo que resultará a da apuração do resultado do exercício.

O lançamento será:

D – Dividendos intermediários (retificadora de patrimônio líquido)

C – Dividendos a pagar (passivo circulante)

28.14.2.2. Pagamento de dividendos

A companhia pagará o dividendo de ações nominativas à pessoa que, na data do ato de declaração do dividendo, estiver inscrita como proprietária ou usufrutuária da ação.

Os dividendos poderão ser pagos por cheque nominativo remetido por via postal para o endereço comunicado pelo acionista à companhia, ou mediante crédito em conta-corrente bancária aberta em nome do acionista.

Os dividendos das ações em custódia bancária ou em depósito serão pagos pela companhia à instituição financeira depositária, que será responsável pela sua entrega aos titulares das ações depositadas.

O dividendo deverá ser pago, salvo deliberação em contrário da assembleia geral, no prazo de **60 (sessenta) dias da data em que for declarado e, em qualquer caso, dentro do exercício social**.

O pagamento será feito através do seguinte lançamento:

D – Dividendos a pagar (passivo circulante)

C – Bancos (ativo circulante)

Lembrando que o pagamento **não será obrigatório** no exercício social em que os órgãos da administração informarem à assembleia geral ordinária ser ele incompatível com a situação financeira da companhia. O conselho fiscal, se em funcionamento, deverá dar parecer sobre essa informação e, na companhia aberta, seus administradores encaminharão à Comissão de Valores Mobiliários, dentro de 5 (cinco) dias da realização da assembleia geral, exposição justificativa da informação transmitida à assembleia.

Como vimos em aula anterior, prevendo isso, a Lei das S.A. criou essa possibilidade e trata de uma reserva especial criada no patrimônio líquido para impedir a distribuição de dividendos naquele momento.

Exemplo: para retirar da apuração do lucro no resultado, o lançamento será o seguinte:

D – Lucro ou prejuízos acumulados (resultado)

C – Reserva especial de dividendos obrigatórios não distribuídos (patrimônio líquido)

28.14.2.3. Dividendos de ações preferenciais

Vimos ações preferencias quando tratamos do capital social. Sobre os dividendos destinado a ela, deve-se destacar que existem ações preferenciais que garantem dividendos: fixos, mínimos ou que não garantem fixos nem mínimos.

As que possuem dividendos fixos garantem um valor de dividendos independente do lucro do exercício. Caso ocorra um lucro a ser distribuído além dos fixos, essas ações não possuem direito a eles.

440 | CONTABILIDADE GERAL E AVANÇADA • SILVIO SANDE E ANDRÉ NEIVA

As que possuem dividendos mínimos garantem um valor de mínimo de dividendos. Caso ocorra um lucro a ser distribuído além do mínimo, essas ações também receberão no mesmo valor que os demais acionistas.

O direito dos acionistas preferenciais de receber os dividendos fixos ou mínimos a que tenham prioridade, inclusive os atrasados, se cumulativos.

28.14.2.4. Aumento de capital

A companhia pode destinar parte dos lucros do exercício ao aumento do capital social. Esse fato reduz o valor do lucro e aumenta o capital social.

O valor integralizado é distribuído entre os acionistas de forma igualitária, exceto se os acionistas acordarem de forma diversa.

28.15. DRE SEGUNDO O CPC 26

O CPC 26 não determina como deve ser composta a DRE de uma forma completa como a Lei das S.A., **e sim uma estrutura mínima a ser seguida**. Sendo assim, qualquer outra informação que a entidade julgar relevante e não for contrária à Lei das S.A. ou ao CPC 26 relativa ao resultado do período deve ser divulgada.

O modelo de estrutura mínima de DRE sugerido pelo CPC 26 é o previsto no quadro abaixo.

Além dos itens requeridos em outros pronunciamentos do CPC, a demonstração do resultado do período deve, no mínimo, incluir as seguintes rubricas, obedecidas também as determinações legais:

(a) Receitas, apresentando separadamente receita de juros calculada utilizando o método de juros efetivos.

(aa) Ganhos e perdas decorrentes de baixa de ativos financeiros mensurados pelo custo amortizado.

(b) Custos de financiamento.

(ba) Perda por redução ao valor recuperável (incluindo reversões de perdas por redução ao valor recuperável ou ganhos na redução ao valor recuperável), determinado de acordo com a Seção 5.5 do CPC 48.

(c) Parcela dos resultados de empresas investidas reconhecida por meio do método da equivalência patrimonial.

(ca) Se o ativo financeiro for reclassificado da categoria de mensuração ao custo amortizado de modo que seja mensurado ao valor justo por meio do resultado, qualquer ganho ou perda decorrente da diferença entre o custo amortizado anterior do ativo financeiro e seu valor justo na data da reclassificação (conforme definido no CPC 48).

(cb) Se o ativo financeiro for reclassificado da categoria de mensuração ao valor justo por meio de outros resultados abrangentes de modo que seja mensurado ao valor justo por meio do resultado, qualquer ganho ou perda acumulado reconhecido anteriormente em outros resultados abrangentes que sejam reclassificados para o resultado.

(d) Tributos sobre o lucro.

(e) (eliminada).

(ea) Um único valor para o total de operações descontinuadas.

(f) Em atendimento à legislação societária brasileira vigente na data da emissão deste pronunciamento, a demonstração do resultado deve incluir ainda as seguintes rubricas:

(i) Custo dos produtos, das mercadorias e dos serviços vendidos.

(ii) Lucro bruto.

(iii) Despesas com vendas, gerais, administrativas e outras despesas e receitas operacionais.

(iv) Resultado antes das receitas e despesas financeiras.

(v) Resultado antes dos tributos sobre o lucro.

(vi) Resultado líquido do período.

As principais diferenças entre a estrutura mínima da DRE prevista no CPC 26 com relação à prevista na Lei das S.A. são:

- A "Receitas" prevista no CPC 26 trata da receita líquida, enquanto na Lei das S.A. se inicia com a receita bruta.
- No CPC 26 há o "resultado antes do resultado financeiro" e que as outras despesas e receitas ficam juntas das despesas e receitas operacionais.
- Outra diferença é que o CPC 26 separa as operações continuadas das operações descontinuadas (o assunto foi visto quando tratamos do ativo não circulante).

Em resumo, a estrutura mínima proposta fica da seguinte forma:

DEMONSTRAÇÃO DO RESULTADO DO EXERCÍCIO
Receitas
(–) Custo dos produtos, das mercadorias e dos serviços vendidos
Lucro bruto
(–) Despesas com vendas
(–) Despesas gerais
(–) Despesas administrativas
(–) Outras despesas operacionais
(+) Outras receitas operacionais
(+/–) Resultado de equivalência patrimonial
(+/–) Itens evidenciados separadamente
Resultado antes das receitas e despesas financeiras
(–) Despesas financeiras
(+) Receitas financeiras
Resultado antes dos tributos sobre o lucro
(–) Tributos sobre o lucro
Resultado líquido das operações continuadas
(+) Resultado das operações continuadas
Resultado líquido do período

Obs.: a rubrica "Itens evidenciados separadamente", apesar de não previsto diretamente na passagem da DRE, é evidenciado por alguns doutrinadores como presentes de forma indireta no CPC 26.

Quando os itens de receitas e despesas são materiais, sua natureza e montantes devem ser divulgados separadamente. Isso ocorre porque o CPC 26 destaca que todas as circunstâncias que dão origem à divulgação separada de itens de receitas e despesas incluem:

- Reduções nos estoques ao seu valor realizável líquido ou no ativo imobilizado ao seu valor recuperável, bem como as reversões de tais reduções.
- Reestruturações das atividades da entidade e reversões de quaisquer provisões para gastos de reestruturação.
- Baixas de itens do ativo imobilizado.
- Baixas de investimento.
- Unidades operacionais descontinuadas.
- Solução de litígios.
- Outras reversões de provisões.

28.16. TRIBUTOS SOBRE O LUCRO

O CPC 32 trata dos tributos sobre o lucro. A expressão tributo sobre o lucro inclui **todos os impostos e contribuições** nacionais e estrangeiros incidentes sobre lucros tributáveis. O termo tributo sobre o lucro também inclui impostos, tais como impostos retidos na fonte, que são devidos por controlada, coligada ou empreendimento sob controle conjunto (*joint venture*) nas distribuições (créditos ou pagamentos) à entidade que apresenta o relatório.

Os tributos sobre o lucro são calculados sobre o lucro fiscal, que é o **resultado contábil ajustado pela legislação fiscal**. O resultado contábil é o lucro ou prejuízo para um período antes da dedução dos tributos sobre o lucro. Lucro tributável (prejuízo fiscal) é o lucro (prejuízo) para um período, determinado de acordo com as regras estabelecidas pelas autoridades tributárias, sobre o qual os tributos sobre o lucro são devidos (recuperáveis).

28.16.1. Diferenças temporárias

Diferença temporária é a **diferença entre o valor contábil de ativo ou passivo no balanço e sua base fiscal**. As diferenças temporárias podem ser tanto:

- **Diferença temporária tributável**, a qual é a diferença temporária que resulta em valores tributáveis para determinar o lucro tributável (prejuízo fiscal) de períodos futuros quando o valor contábil de ativo ou passivo é recuperado ou liquidado.
- **Diferença temporária dedutível**, a qual é a diferença temporária que resulta em valores que são dedutíveis para determinar o lucro tributável (prejuízo fiscal) de futuros períodos quando o valor contábil do ativo ou passivo é recuperado ou liquidado.

Base fiscal de ativo ou passivo é o valor atribuído àquele ativo ou passivo para fins fiscais.

Outro conceito importante de conhecer é o do ativo e passivo diferido. **Passivo fiscal** diferido é o valor do tributo sobre o lucro devido em período futuro relacionado às diferenças temporárias tributáveis. **Ativo fiscal** diferido é o valor do tributo sobre o lucro recuperável em período futuro relacionado a:

- Diferenças temporárias dedutíveis.
- Compensação futura de prejuízos fiscais não utilizados.
- Compensação futura de créditos fiscais não utilizados.

Portanto, as diferenças tributárias poderão gerar ativo diferido ou passivo diferido.

28.16.2. Exemplos que dão margem a diferenças temporárias tributáveis

Os exemplos de ocorrências contábeis que dão margem a diferenças temporárias **tributáveis** são divididos em transações: que afetam o resultado; que afetam o balanço patrimonial; relacionadas com o ajuste a valor justo e reavaliação; relacionadas com a combinação de negócio e consolidação; e relacionados com a hiperinflação.

28.16.2.1. Transações que afetam o resultado

São exemplos de ocorrências contábeis que afetam o resultado e dão margem a diferenças temporárias tributáveis:

- A receita de juros é recebida posteriormente e incluída no lucro contábil em base proporcional de tempo, mas é incluída no lucro tributável em regime de caixa.
- A receita da venda de mercadorias é incluída no lucro contábil quando as mercadorias são entregues, mas é incluída no lucro tributável quando o pagamento é recebido.
- A depreciação do ativo é acelerada para fins fiscais.
- Os custos de desenvolvimento foram capitalizados e serão amortizados na demonstração do resultado, mas foram deduzidos para determinar o lucro tributável no período em que eles foram incorridos.
- Despesas antecipadas já foram deduzidas com base no regime de caixa para determinar o lucro tributável dos períodos corrente e anteriores.

28.16.2.2. Transações que afetam o balanço patrimonial

São exemplos de ocorrências contábeis que afetam o balanço patrimonial e dão margem a diferenças temporárias tributáveis:

- A depreciação de ativo não é dedutível para fins fiscais e nenhuma dedução estará disponível para fins fiscais quando o ativo for vendido ou sucateado.
- O tomador de empréstimo registra o empréstimo conforme os recursos são recebidos (que será igual ao valor devido no vencimento), menos os custos da operação. Subsequentemente, o valor contábil do empréstimo é aumentado pela amortização dos custos da operação para apuração dos lucros contábeis. Os custos de transação foram deduzidos para fins fiscais no período em que o empréstimo foi reconhecido pela primeira vez.

- Um empréstimo a pagar foi mensurado no reconhecimento inicial pelo valor obtido líquido dos custos de transação. Os custos de transação são amortizados para o lucro contábil ao longo da vida do empréstimo. Esses custos de transação não são dedutíveis para determinar o lucro tributável de períodos futuros, corrente ou anteriores.

- O componente passivo de instrumento financeiro composto (por exemplo, título conversível) é mensurado por intermédio de desconto no valor reembolsável no vencimento. O desconto não é dedutível para determinar o lucro tributável (prejuízo fiscal).

28.16.2.3. Ajustes a valor justo e reavaliação

São exemplos de ocorrências contábeis relacionadas com o ajuste a valor justo e reavaliação, e que dão margem a diferenças temporárias tributáveis:

- Ativos financeiros ou investimentos em imóveis são registrados contabilmente ao valor justo que excede o custo, mas o ajuste equivalente pode, conforme a legislação tributária, não ter efeito para fins fiscais.

- A entidade, quando a legislação permite, pode reavaliar o ativo imobilizado, mas nenhum ajuste equivalente é feito para fins fiscais.

28.16.2.4. Combinação de negócios e consolidação

São exemplos de ocorrências contábeis relacionadas com a combinação de negócio e consolidação, e que dão margem a diferenças temporárias tributáveis:

- O valor contábil de ativo é aumentado para o valor justo na combinação de negócios e nenhum ajuste equivalente é feito para fins fiscais.

- Reduções no valor contábil do ágio derivado da expectativa de rentabilidade futura (*goodwill*) podem não ser dedutíveis para determinar o lucro tributável e o custo do *goodwill* não ser dedutível na alienação do negócio.

- Perdas não realizadas resultantes de transações internas ao grupo são eliminadas pela inclusão no valor contábil do estoque ou imobilizado.

- Lucros retidos de controladas, filiais, coligadas e empreendimentos sob controle conjunto estão incluídos nos lucros retidos consolidados, mas o tributo sobre o lucro será devido se os lucros são distribuídos para a empresa controladora que apresenta o relatório.

- Investimentos em controladas, filiais ou coligadas estrangeiras ou interesses em empreendimentos sob controle conjunto são afetados pelas mudanças nas taxas de câmbio de moeda estrangeira.

- Os ativos e passivos não monetários da entidade são medidos na sua moeda funcional, mas o lucro tributável ou prejuízo fiscal é determinado em moeda diferente.

28.16.2.5. Hiperinflação

São exemplos de ocorrências contábeis relacionadas com a hiperinflação e que dão margem a diferenças temporárias tributáveis:

- Ativos não monetários são atualizados monetariamente em termos da unidade de medida corrente ao final do período de apresentação do relatório e nenhum ajuste equivalente é feito para fins fiscais.

28.16.3. Exemplos que dão margem a diferenças temporárias dedutíveis

Os exemplos de ocorrências contábeis que dão margem a diferenças temporárias **dedutíveis** são divididos em transações: que afetam o resultado; relacionadas com o ajuste a valor justo e reavaliação; e relacionadas com a combinação de negócio e consolidação.

28.16.3.1. Transações que afetam o resultado

São exemplos de ocorrências contábeis que afetam o resultado e dão margem a diferenças temporárias dedutíveis:

- Custos de benefícios de aposentadoria são deduzidos para determinar o lucro contábil enquanto o serviço é fornecido pelo empregado, mas podem não ser dedutíveis na determinação do lucro tributável até que a entidade pague os benefícios de aposentadoria ou contribuições para o fundo de pensão.

- A depreciação acumulada do ativo nas demonstrações contábeis é maior do que a depreciação acumulada permitida até o final do período que está sendo reportado para fins fiscais.

- O custo de estoques vendidos antes do final do período que está sendo reportado é deduzido para determinar o lucro contábil quando as mercadorias ou serviços são entregues, mas é dedutível na determinação do lucro tributável quando o dinheiro é recebido.

- O valor líquido realizável de item de estoque, ou o valor recuperável de item do ativo imobilizado, é menor do que o valor contábil, e a entidade por essa razão reduz o valor contábil do ativo, mas essa redução é ignorada para fins fiscais até que o ativo seja vendido.

- Os gastos com pesquisa (ou organização ou outros custos de início de operação) são reconhecidos como despesa na apuração do lucro contábil, mas somente são permitidos como dedução para determinar o lucro tributável em período posterior.

- A receita é diferida no balanço patrimonial, mas já foi incluída no lucro tributável nos períodos corrente ou anterior.

- A subvenção governamental que é incluída no balanço patrimonial como receita diferida não será tributável em períodos futuros.

28.16.3.2. Ajustes a valor justo e reavaliação

São exemplos de ocorrências contábeis relacionadas com o ajuste a valor justo e reavaliação, e que dão margem a diferenças temporárias dedutíveis:

*   Ativos financeiros ou investimentos em imóveis são registrados contabilmente ao valor justo, o qual é menor do que o custo, mas nenhum ajuste equivalente é feito para fins fiscais.

28.16.3.3. Combinação de negócios e consolidação

São exemplos de ocorrências contábeis relacionadas com a combinação de negócio e consolidação, e que dão margem a diferenças temporárias dedutíveis:

*   O passivo é reconhecido ao seu valor justo em combinação de negócios, mas nenhuma das despesas relacionadas é deduzida para determinar o lucro tributável até um período posterior.
*   Lucros não realizados resultantes de transações internas ao grupo são eliminados do valor contábil dos ativos, como estoque ou ativo imobilizado, mas nenhum ajuste equivalente é feito para fins fiscais.
*   Investimentos em controladas, filiais ou coligadas estrangeiras ou participações em empreendimentos sob controle conjunto no exterior são afetados pelas mudanças nas taxas de câmbio.
*   Os ativos e passivos não monetários da entidade são medidos nas suas moedas funcionais, mas o lucro tributável ou o prejuízo fiscal é determinado em moeda diferente.

CAPÍTULO 29

DEMONSTRAÇÃO DO RESULTADO ABRANGENTE

Segundo o CPC 26:

> **Resultado abrangente** é a mutação que ocorre no patrimônio líquido durante um período que resulta de transações e outros eventos que não sejam derivados de transações com os sócios na sua qualidade de proprietários.
>
> **Resultado abrangente compreende todos os componentes da "demonstração do resultado" e da "demonstração dos outros resultados abrangentes".**

Apesar de a Lei das S.A. não prever a Demonstração do Resultado Abrangente (DRA), **o CPC 26 prevê a DRA como obrigatória para as companhias abertas**. Essa demonstração se caracteriza por divulgar as alterações do patrimônio líquido que **não envolvam operações com os sócios**. Ou seja, na DRA serão computadas as receitas e as despesas que integram o resultado segundo o regime de competência e outros lançamentos **que afetam o PL mas não transitam pelo resultado** (por exemplo, ajustes de avaliação patrimonial).

QUESTÃO COMENTADA

CEBRASPE/CESPE – Analista de Gestão de Resíduos Sólidos/SLU DF/Ciências Contábeis/2019) Com base nos pronunciamentos técnicos do Comitê de Pronunciamentos Contábeis e nas disposições da Lei nº 6.404/1976 e suas alterações acerca de demonstrações contábeis, julgue o item.

A demonstração do resultado abrangente é obrigatória para as companhias abertas, conforme norma expedida pela Comissão de Valores Mobiliários.

RESPOSTA: CERTO

COMENTÁRIO: A Lei nº 6.404/1976 em seu art. 177, § 3º, dispõe que:

§ 3º As demonstrações financeiras das companhias abertas observarão, ainda, as normas expedidas pela Comissão de Valores Mobiliários e serão obrigatoriamente submetidas a auditoria por auditores independentes nela registrados. (Redação dada pela Lei nº 11.941, de 2009.)

Assim, apesar de a Lei das S.A. não prever a Demonstração do Resultado Abrangente (DRA), a CVM deliberou **o CPC 26 (R1) que prevê a DRA como obrigatória para as companhias abertas**.

Os que afetam o PL mas não transitam pelo resultado são conhecidos como **outros resultados abrangentes**.

Segundo o CPC 26:

Lembre-se

A demonstração do resultado e outros resultados abrangentes (demonstração do resultado abrangente) devem apresentar, além das seções da demonstração do resultado e de outros resultados abrangentes:
- O total do resultado (do período).
- Total de outros resultados abrangentes.
- Resultado abrangente do período, sendo o total do resultado e de outros resultados abrangentes.

Se a entidade apresenta a demonstração do resultado separada da demonstração do resultado abrangente, ela não deve apresentar a demonstração do resultado incluída na demonstração do resultado abrangente.

É importante observar que a DRA pode ser apresentada isoladamente ou junto do DMPL.

Segue um exemplo de DRA:

> (+ ou –) Total do resultado do período
> (+ ou –) Total de outros resultados abrangentes
> **RESULTADO ABRANGENTE DO PERÍODO**

Quando tratamos da DRE, vimos como se chega ao resultado do período. A partir daí se soma aos outros resultados abrangentes para encontrar o resultado abrangente do período.

Outros resultados abrangentes compreendem itens de receita e despesa (incluindo ajustes de reclassificação) que não são reconhecidos na demonstração do resultado como requerido ou permitido pelos Pronunciamentos, Interpretações e Orientações emitidos pelo CPC.

Lembre-se

Os componentes dos outros resultados abrangentes incluem:
- Variações na reserva de reavaliação, quando permitidas legalmente.
- Ganhos e perdas atuariais em planos de pensão com benefício definido reconhecidos.
- Ganhos e perdas derivados de conversão de demonstrações contábeis de operações no exterior.
- Ganhos e perdas resultantes de investimentos em instrumentos patrimoniais designados ao valor justo por meio de outros resultados abrangentes.
- Parcela efetiva de ganhos e perdas de instrumentos de *hedge* em operação de *hedge* de fluxo de caixa e os ganhos e perdas em instrumentos de *hedge* que protegem investimentos em instrumentos patrimoniais mensurados ao valor justo por meio de outros resultados abrangentes.
- Para passivos específicos designados como ao valor justo por meio do resultado, o valor da alteração no valor justo que for atribuível a alterações no risco de crédito do passivo.

- Alteração no valor temporal de opções quando separar o valor intrínseco e o valor temporal do contrato de opção e designar como instrumento de *hedge* somente as alterações no valor intrínseco.
- Alterações no valor dos elementos a termo de contratos a termo ao separar o elemento a termo e o elemento à vista de contrato a termo e designar, como instrumento de *hedge*, somente as alterações no elemento à vista, e alterações no elemento do *spread* com base na moeda estrangeira de instrumento financeiro ao excluí-lo da designação desse instrumento financeiro como instrumento de *hedge*.

Sendo assim, teremos:

DRA	
=	**Resultado líquido (DRE)**
+ ou –	Variações na reserva de reavaliação, quando permitidas legalmente
+ ou –	Ganhos e perdas atuariais em planos de pensão com benefício definido reconhecidos
+ ou –	Ganhos e perdas derivados de conversão de demonstrações contábeis de operações no exterior
+ ou –	Ganhos e perdas resultantes de investimentos em instrumentos patrimoniais designados ao valor justo por meio de outros resultados abrangentes
+ ou –	Parcela efetiva de ganhos e perdas de instrumentos de *hedge* em operação de *hedge* de fluxo de caixa e os ganhos e perdas em instrumentos de *hedge* que protegem investimentos em instrumentos patrimoniais mensurados ao valor justo por meio de outros resultados abrangentes
+ ou –	Para passivos específicos designados como ao valor justo por meio do resultado, o valor da alteração no valor justo que for atribuível a alterações no risco de crédito do passivo
+ ou –	Alteração no valor temporal de opções quando separar o valor intrínseco e o valor temporal do contrato de opção e designar como instrumento de *hedge* somente as alterações no valor intrínseco
+ ou –	Alteração no valor dos elementos a termo de contratos a termo ao separar o elemento a termo e o elemento à vista de contrato a termo e designar, como instrumento de *hedge*, somente as alterações no elemento à vista, e alterações no valor do *spread* com base na moeda estrangeira de instrumento financeiro ao excluí-lo da designação desse instrumento financeiro como instrumento de *hedge*
=	**Resultado abrangente**

A entidade deve apresentar os seguintes itens, além da demonstração do resultado e de outros resultados abrangentes, **como alocação** da demonstração do resultado e de outros resultados abrangentes do período:

(a) Resultado do período atribuível a: (i) participação de não controladores, e (ii) sócios da controladora.

(b) Resultado abrangente atribuível a: (i) participação de não controladores, e (ii) sócios da controladora.

Se a entidade apresentar a demonstração do resultado **em demonstração separada**, ela apresentará a alínea (a) nessa demonstração.

Outros resultados abrangentes devem apresentar rubricas para valores de:

- **Outros resultados abrangentes**, classificados por natureza e agrupados naquelas que, de acordo com outros pronunciamentos:
    - Não serão reclassificados subsequentemente para o resultado do período.
    - Serão reclassificados subsequentemente para o resultado do período, quando condições específicas forem atendidas.
- **Participação em outros resultados abrangentes de coligadas e empreendimentos controlados** em conjunto contabilizados pelo método da equivalência patrimonial, separadas pela participação nas contas que, de acordo com outros pronunciamentos:
    - Não serão reclassificadas subsequentemente para o resultado do período.
    - Serão reclassificadas subsequentemente para o resultado do período, quando condições específicas forem atendidas.

Atenção

A demonstração do resultado abrangente não pode mais ser apresentada como parte da demonstração das mutações do patrimônio líquido. A demonstração das mutações do patrimônio líquido inclui o resultado abrangente do período, apresentando separadamente o montante total atribuível aos proprietários da entidade controladora e o montante correspondente à participação de não controladores, mas não inclui a DRA. Não confundir o resultado abrangente (valor encontrado no fim da DRA) com a própria DRA.

Para entender melhor o previsto no quadro acima, vejamos alguns exemplos das demonstrações consolidadas da JBS S.A. Primeiro a DRA:

\multicolumn{5}{	l	}{DFP – Demonstrações Financeiras Padronizadas – 31/12/2016 – JBS S.A. | Versão: 1}
\multicolumn{5}{	c	}{DFs Consolidadas / Demonstração do Resultado Abrangente}
\multicolumn{5}{	c	}{Reais (mil)}
Código da conta	Descrição da conta	Último exercício (01/01/2016 a 31/12/2016)	Penúltimo exercício (01/01/2015 a 31/12/2015)	Antepenúltimo exercício (01/01/2014 a 31/12/2014)
4.01	Lucro líquido consolidado do período	707.498	5.128.647	2.406.427
4.02	Outros resultados abrangentes	-3.844.326	2.675.752	473.653
4.02.01	Ajuste acumulado de conversão e variação cambial em controladas	-3.844.326	2.675.752	473.653
4.03	Resultado abrangente consolidado do período	-3.136.828	7.804.399	2.880.080
4.03.01	Atribuído a sócios da empresa controladora	-3.210.732	6.649.420	2.312.757
4.03.02	Atribuído a sócios não controladores	73.904	1.154.979	567.323

Agora, a DMPL com a rubrica de resultados abrangentes:

DFP – Demonstrações Financeiras Padronizadas – 31/12/2016 – JBS S.A.	Versão: 1								
DFs Consolidadas/Demonstrações das Mutações do Patrimônio Líquido/DMPL – 01/01/2016 a 31/12/2016									
Reais (mil)									
Código da conta	**Descrição da conta**	**Capital social integralizado**	**Reservas de capital, opções outorgadas e ações em tesouraria**	**Reservas de lucro**	**Lucros ou prejuízos acumulados**	**Outros resultados abrangentes**	**Patrimônio líquido**	**Participação dos não controladores**	**Patrimônio líquido consolidado**
5.01	Saldos Iniciais	23.576.206	–791.230	4.756.937	0	487.330	28.029.243	1.592.135	29.621.378
5.03	Saldos iniciais ajustados	23.576.206	–791.230	4.756.937	0	487.330	28.029.243	1.592.135	29.621.378
5.04	Transações de capital com os sócios	0	–952.663	–5.401	–89.122	0	–1.047.186	–112.594	–1.159.780
5.04.03	Opções outorgadas reconhecidas	0	5.401	–5.401	0	0	0	0	0
5.04.04	Ações em tesouraria adquiridas	0	–821.139	0	0	0	–821.139	0	–821.139
5.04.06	Dividendos	0	0	0	–89.352	0	–89.352	0	–89.352
5.04.08	Dividendos prescritos	0	0	0	230	0	230	0	230
5.04.09	Aquisições de ações em tesouraria PPC	0	–279.077	0	0	0	–279.077	–117.051	–396.128
5.04.10	Prêmio de negociação opções de ações	0	3.311	0	0	0	3.311	0	3.311

DFP – Demonstrações Financeiras Padronizadas – 31/12/2016 – JBS S.A. | Versão: 1

DFs Consolidadas/Demonstrações das Mutações do Patrimônio Líquido/DMPL – 01/01/2016 a 31/12/2016

Reais (mil)

Código da conta	Descrição da conta	Capital social integralizado	Reservas de capital, opções outorgadas e ações em tesouraria	Reservas de lucro	Lucros ou prejuízos acumulados	Outros resultados abrangentes	Patrimônio líquido	Participação dos não controladores	Patrimônio líquido consolidado
5.04.11	Plano de outorga de opções de ações	0	138.841	0	0	0	138.841	4.457	143.298
5.05	Resultado abrangente total	0	0	294.401	81.572	-3.586.705	-3.210.732	-336.239	-3.546.971
5.05.01	Lucro líquido do período	0	0	0	375.973	0	375.973	331.525	707.498
5.05.02	Outros resultados abrangentes	0	0	294.401	-294.401	-3.586.705	-3.586.705	-667.764	-4.254.469
5.05.02.07	Reserva legal	0	0	18.800	-18.800	0	0	0	0
5.05.02.08	Reserva estatuária para investimento	0	0	275.601	275.601	0	0	0	0
5.05.02.10	Outros resultados abrangentes do exercício	0	0	0	0	-3.586.705	-3.586.705	-257.621	-3.844.326
5.05.02.11	Dividendos não controladores	0	0	0	0	0	0	-575.180	-575.180

DFP – Demonstrações Financeiras Padronizadas – 31/12/2016 – JBS S.A. | Versão: 1

DFs Consolidadas/Demonstrações das Mutações do Patrimônio Líquido/DMPL – 01/01/2016 a 31/12/2016

Reais (mil)

Código da conta	Descrição da conta	Capital social integralizado	Reservas de capital, opções outorgadas e ações em tesouraria	Reservas de lucro	Lucros ou prejuízos acumulados	Outros resultados abrangentes	Patrimônio líquido	Participação dos não controladores	Patrimônio líquido consolidado
5.05.02.13	Aquisição de não controladores – Scott Technology	0	0	0	0	0	0	132.946	132.946
5.05.02.15	Contribuidores de capital dos não controladores PPC	0	0	0	0	0	0	25.310	25.310
5.05.02.16	Outros	0	0	0	0	0	0	6.781	6.781
5.06	Mutações internas do patrimônio líquido	0	0	0	7.550	-7.550	0	0	0
5.06.02	Realização da reserva reavaliação	0	0	0	7.550	-7.550	0	0	0
5.07	Saldos finais	23.576.206	-1.743.893	5.045.937	0	-3.106.925	23.771.325	1.143.302	24.914.627

Portanto, com os quadros anteriores, ficam evidentes dois pontos importantes:

- O resultado abrangente do período é registrado tanto na DRA como na DMPL.
- O resultado abrangente não se confunde com a DRA, estando o primeiro presente da DMPL e a segunda não.

Segundo o CPC 26, a **entidade pode,** se permitido legalmente, apresentar uma única demonstração do resultado do período e outros resultados abrangentes, com a demonstração do resultado e outros resultados abrangentes apresentados em duas seções. As seções devem ser apresentadas juntas, com o resultado do período apresentado em primeiro lugar seguido pela seção de outros resultados abrangentes. A entidade pode apresentar a demonstração do resultado como uma demonstração separada. Nesse caso, a demonstração separada do resultado do período precederá imediatamente a demonstração que apresenta o resultado abrangente, que se inicia com o resultado do período.

Deve atentar-se para o fato importante de que a legislação societária brasileira requer que seja apresentada a demonstração do resultado do período como uma seção separada. Sendo assim, a DRE e a DRA devem ser apresentadas separadamente.

Para entender a separação de como são apresentadas, vejamos alguns exemplos das demonstrações consolidadas da JBS S.A. Primeiro a DRE:

DFP – Demonstrações Financeiras Padronizadas – 31/12/2016 – JBS S.A.	Versão: 1			
DFs Consolidadas/Demonstração do Resultado				
Reais (mil)				
Código da conta	**Descrição da conta**	**Último exercício (01/01/2016 a 31/12/2016)**	**Penúltimo exercício (01/01/2015 a 31/12/2015)**	**Antepenúltimo exercício (01/01/2014 a 31/12/2014)**
3.01	Receita de venda de bens e/ou serviços	170.380.526	162.914.526	120.469.719
3.02	Custo dos bens e/ou serviços vendidos	−149.066.700	−140.324.213	−101.796.347
3.03	Resultado bruto	21.313.826	22.590.313	18.673.372
3.04	Despesas/Receitas operacionais	−14.566.137	−13.411.016	−10.843.929
3.04.01	Despesas com vendas	−9.849.683	−9.377.895	−7.154.335
3.04.02	Despesas gerais e administrativas	−4.861.262	−4.025.330	−3.330.042
3.04.04	Outras receitas operacionais	192.797	0	0
3.04.05	Outras despesas operacionais	−65.492	−66.726	−385.655
3.04.06	Resultado de equivalência patrimonial	17.503	58.935	26.103
3.05	Resultado Antes do Resultado financeiro e dos tributos	6.747.689	9.179.297	7.829.443
3.06	Resultado financeiro	−6.311.309	−1.300.616	−3.637.620

CAP. 29 – DEMONSTRAÇÃO DO RESULTADO ABRANGENTE | 455

DFP – Demonstrações Financeiras Padronizadas – 31/12/2016 – JBS S.A.	Versão: 1			
DFs Consolidadas/Demonstração do Resultado				
Reais (mil)				
Código da conta	**Descrição da conta**	**Último exercício (01/01/2016 a 31/12/2016)**	**Penúltimo exercício (01/01/2015 a 31/12/2015)**	**Antepenúltimo exercício (01/01/2014 a 31/12/2014)**
3.06.01	Receitas financeiras	4.477.128	11.573.979	1.538.276
3.06.02	Despesas financeiras	–10.788.437	–12.874.595	–5.175.896
3.07	Resultado antes dos tributos sobre o lucro	436.380	7.878.681	4.191.823
3.08	Imposto de renda e contribuição social sobre o lucro	271.118	–2.750.034	–1.785.396
3.08.01	Corrente	–286.818	–2.979.735	–1.656.879
3.08.02	Diferido	557.936	229.701	–128.517
3.09	Resultado líquido das operações continuadas	707.498	5.128.647	2.406.427
3.11	Lucro/Prejuízo consolidado do período	707.498	5.128.647	2.406.427
3.11.01	Atribuído a sócios da empresa controladora	375.973	4.640.114	2.035.910
3.11.02	Atribuído a sócios não controladores	331.525	488.533	370.517
3.99	Lucro por ação (reais/ação)			
3.99.01	Lucro básico por ação			
3.99.01.01	ON	0,14000	1,60000	0,70649
3.99.02	Lucro diluído por ação			
3.99.02.01	ON	0,14000	1,60000	0,70649

Depois a DRA:

DFP – Demonstrações Financeiras Padronizadas – 31/12/2016 – JBS S.A.	Versão: 1			
DFs Consolidadas/Demonstração do Resultado Abrangente				
Reais (mil)				
Código da conta	**Descrição da conta**	**Último exercício (01/01/2016 a 31/12/2016)**	**Penúltimo exercício (01/01/2015 a 31/12/2015)**	**Antepenúltimo exercício (01/01/2014 a 31/12/2014)**
4.01	Lucro líquido consolidado do período	707.498	5.128.647	2.406.427
4.02	Outros tesultados abrangentes	–3.844.326	2.675.752	473.653
4.02.01	Ajuste acumulado de conversão e variação cambial em controladas	–3.844.326	2.675.752	473.653
4.03	Resultado abrangente consolidado do período	–3.136.828	7.804.399	2.880.080

DFP – Demonstrações Financeiras Padronizadas – 31/12/2016 – JBS S.A. | Versão: 1				
DFs Consolidadas/Demonstração do Resultado Abrangente				
Reais (mil)				
Código da conta	Descrição da conta	Último exercício (01/01/2016 a 31/12/2016)	Penúltimo exercício (01/01/2015 a 31/12/2015)	Antepenúltimo exercício (01/01/2014 a 31/12/2014)
4.03.01	Atribuído a sócios da empresa controladora	–3.210.732	6.649.420	2.312.757
4.03.02	Atribuído a sócios não controladores	73.904	1.154.979	567.323

CAPÍTULO 30

DEMONSTRAÇÃO DOS FLUXOS DE CAIXA

A demonstração do fluxo dos caixa (DFC) passou a ser um **relatório obrigatório para todas as sociedades de capital aberto e com patrimônio líquido igual ou superior a R$ 2.000.000,00 (dois milhões de reais) segundo a Lei das S.A.**

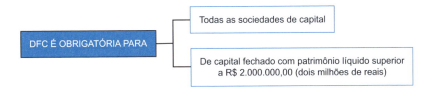

Esta obrigatoriedade vigora desde 01/01/2008, por força da Lei nº 11.638/2007, e representa o aumento da importância desse relatório para a tomada de decisões gerenciais.

Já o CPC 03 determina que a DFC seja obrigatória para todas as entidades:

> **Importante**
>
> Os usuários das demonstrações contábeis de uma entidade estão interessados em saber como a entidade gera e utiliza caixa e equivalentes de caixa. Esse é o ponto, independentemente da natureza das atividades da entidade, e ainda que o caixa seja considerado como produto da entidade, como pode ser o caso de instituição financeira. As entidades necessitam de caixa essencialmente pelas mesmas razões, por mais diferentes que sejam as suas principais atividades geradoras de receita. Elas precisam de caixa para levar a efeito suas operações, pagar suas obrigações e proporcionar um retorno para seus investidores. Assim sendo, este **Pronunciamento Técnico requer que todas as entidades apresentem demonstração dos fluxos de caixa**.

A **demonstração dos fluxos de caixa**, quando usada em conjunto com as demais demonstrações contábeis, proporciona informações que permitem aos usuários avaliarem as mudanças nos ativos líquidos da entidade, a sua estrutura financeira (inclusive sua liquidez e solvência), a sua capacidade para mudar os montantes e a época de ocorrência dos fluxos de caixa, a fim de adaptá-los às mudanças nas circunstâncias e oportunidades. As informações sobre os fluxos de caixa **são úteis para avaliar a capacidade de a entidade gerar caixa e equivalentes de caixa e possibilitam aos usuários desenvolver modelos para avaliar e comparar o valor presente dos fluxos de caixa**

futuros de diferentes entidades. A demonstração dos fluxos de caixa também concorre para o incremento da comparabilidade na apresentação do desempenho operacional por diferentes entidades, visto que reduz os efeitos decorrentes do uso de diferentes critérios contábeis para as mesmas transações e eventos.

Informações históricas dos fluxos de caixa são frequentemente utilizadas como indicador do montante, da época de ocorrência e do grau de certeza dos fluxos de caixa futuros. Também são úteis para averiguar a exatidão das estimativas passadas dos fluxos de caixa futuros, assim como para examinar a relação entre lucratividade e fluxos de caixa líquidos e o impacto das mudanças de preços.

30.1. CONCEITOS IMPORTANTES

Vejamos alguns conceitos importantes sobre o assunto:

- **Caixa:** compreende numerário em espécie e depósitos bancários disponíveis.
- **Equivalentes de caixa:** são aplicações financeiras de curto prazo, de alta liquidez, que são prontamente conversíveis em um montante conhecido de caixa e que estão sujeitas a um insignificante risco de mudança de valor.
- **Fluxos de caixa:** são as entradas e saídas de caixa e equivalentes de caixa.
- **Atividades operacionais:** são as principais atividades geradoras de receita da entidade e outras atividades diferentes das de investimento e de financiamento.
- **Atividades de investimento:** são as referentes à aquisição e à venda de ativos de longo prazo e de outros investimentos não incluídos nos equivalentes de caixa.
- **Atividades de financiamento:** são aquelas que resultam em mudanças no tamanho e na composição do capital próprio e no endividamento da entidade, não classificadas como atividade operacional.

Os equivalentes de caixa são mantidos com a finalidade de **atender a compromissos de caixa de curto prazo,** e não para investimento ou outros fins. Para ser considerada equivalente de caixa, uma aplicação financeira deve ter conversibilidade imediata em um montante conhecido de caixa e estar sujeita a um insignificante risco de mudança de valor. Portanto, um investimento normalmente qualifica-se como equivalente de caixa somente quando tem vencimento de curto prazo, por exemplo, **3 meses ou menos**, a contar da data da aquisição. Os investimentos em instrumentos patrimoniais (de patrimônio líquido) **não estão contemplados no conceito** de equivalentes de caixa, a menos que eles sejam, substancialmente, equivalentes de caixa, como, por exemplo, no caso de ações preferenciais resgatáveis que tenham prazo definido de resgate e cujo prazo atenda à definição de curto prazo.

Empréstimos bancários são geralmente considerados como atividades de financiamento. Entretanto, saldos bancários a descoberto, decorrentes de empréstimos obtidos por meio de instrumentos como cheques especiais ou contas-correntes garantidas que são liquidados em curto lapso temporal, compõem parte integral da gestão de caixa da entidade. Nessas circunstâncias, **saldos bancários a descoberto são incluídos como**

componente de caixa e equivalentes de caixa. Uma característica desses arranjos oferecidos pelos bancos é que frequentemente os saldos flutuam de devedor para credor.

Os fluxos de caixa excluem movimentos entre itens que constituem caixa ou equivalentes de caixa porque esses componentes são parte da gestão de caixa da entidade, e não parte de suas atividades operacionais, de investimento e de financiamento. A gestão de caixa inclui o investimento do excesso de caixa em equivalentes de caixa.

30.2. APRESENTAÇÃO DA DEMONSTRAÇÃO DOS FLUXOS DE CAIXA

Segundo a Lei das S.A.:

Lembre-se

Art. 188. As demonstrações referidas nos incisos IV e V do *caput* do art. 176 desta Lei indicarão, no mínimo:

I – Demonstração dos fluxos de caixa – as alterações ocorridas, durante o exercício, no saldo de caixa e equivalentes de caixa, segregando-se essas alterações em, no mínimo, 3 (três) fluxos:

a) Das operações.

b) Dos financiamentos.

c) Dos investimentos.

QUESTÃO COMENTADA
(VUNESP – Analista Contábil/Pref. Registro/2018) A demonstração dos fluxos de caixa deve apresentar os fluxos de cada período, classificados por atividades:
a) De lucratividade, de aplicações e de financiamento.
b) De economicidade, operacionais e financeiras.
c) De investimento, de financiamento e econômicas.
d) Operacionais, de investimento e de financiamento.
e) Econômicas, financeiras e de investimento.
RESPOSTA: D
COMENTÁRIO: A demonstração dos fluxos de caixa deve apresentar os fluxos de caixa do período classificados por atividades operacionais, de investimento e de financiamento.

A demonstração dos fluxos de caixa deve apresentar os fluxos de caixa do período classificados por **atividades operacionais, de investimento e de financiamento**.

A entidade deve apresentar seus fluxos de caixa advindos das atividades operacionais, de investimento e de financiamento da forma que seja mais **apropriada aos seus negócios**. A classificação por atividade proporciona informações que permitem aos usuários avaliar o impacto de tais atividades sobre a posição financeira da entidade e o montante de seu caixa e equivalentes de caixa. Essas informações podem ser usadas também para avaliar a relação entre essas atividades.

Uma única transação **pode incluir fluxos de caixa classificados em mais de uma atividade**. Por exemplo, quando o desembolso de caixa para pagamento de empréstimo inclui tanto os juros como o principal, a parte dos juros pode ser classificada como atividade operacional, mas a parte do principal deve ser classificada como atividade de financiamento.

Deve-se ter em mente a máxima de que:

ATIVO	
Redução	Aumento
Aumenta o caixa	Diminui o caixa
Exemplo: recebimento em dinheiro de uma nota promissória	Exemplo: aquisição de mercadorias

PASSIVO	
Redução	Aumento
Diminui o caixa	Aumenta o caixa
Exemplo: pagamento de fornecedores	Exemplo: aquisição de empréstimos

Atenção

Se o fato contábil não afeta o caixa ou o equivalente caixa, o referido fato e os seus efeitos não devem constar na demonstração dos fluxos de caixa.

30.2.1. Atividades operacionais

O montante dos fluxos de caixa advindos das **atividades operacionais** é um indicador-chave da extensão pela qual as **operações da entidade têm gerado suficientes fluxos de caixa** para amortizar empréstimos, manter a capacidade operacional da entidade, pagar dividendos e juros sobre o capital próprio e fazer novos investimentos **sem recorrer a fontes externas de financiamento**. As informações sobre os componentes específicos dos fluxos de caixa operacionais históricos são úteis, em conjunto com outras informações, na projeção de fluxos futuros de caixa operacionais.

Os fluxos de caixa advindos das atividades operacionais são basicamente **derivados das principais atividades geradoras de receita da entidade**. Portanto, eles geralmente resultam de transações e de outros eventos que entram na apuração do lucro líquido ou prejuízo.

Exemplos de fluxos de caixa que decorrem das atividades operacionais são:

Atividades operacionais	
Entrada	Saída
Recebimentos de caixa pela venda de mercadorias e pela prestação de serviços	Pagamentos de caixa a fornecedores de mercadorias e serviços
Recebimentos de caixa decorrentes de *royalties*, honorários, comissões e outras receitas	Pagamentos de caixa a empregados ou por conta de empregados
Recebimentos de caixa por seguradora de prêmios e sinistros, anuidades e outros benefícios da apólice	Pagamentos de caixa por seguradora de prêmios e sinistros, anuidades e outros benefícios da apólice
Restituição de caixa de impostos sobre a renda, a menos que possam ser especificamente identificados com as atividades de financiamento ou de investimento	Pagamentos de caixa de impostos sobre a renda, a menos que possam ser especificamente identificados com as atividades de financiamento ou de investimento
Recebimentos de caixa de contratos mantidos para negociação imediata ou disponíveis para venda futura	Pagamentos de caixa de contratos mantidos para negociação imediata ou disponíveis para venda futura

Algumas transações, como a **venda de item do imobilizado**, podem resultar em ganho ou perda, que é incluído na apuração do lucro líquido ou prejuízo. Os fluxos de caixa relativos a tais transações **são fluxos de caixa provenientes de atividades de investimento**. Entretanto, pagamentos em caixa para a produção ou a aquisição de ativos mantidos para **aluguel** a terceiros que, em sequência, são vendidos, **são fluxos de caixa advindos das atividades operacionais**. Os recebimentos de aluguéis e das vendas subsequentes de tais ativos são também fluxos de caixa das atividades operacionais.

A entidade pode manter títulos e empréstimos para fins de negociação imediata ou futura (*dealing or trading purposes*), os quais, no caso, são semelhantes a estoques adquiridos especificamente para revenda. Dessa forma, **os fluxos de caixa advindos da compra e venda desses títulos são classificados como atividades operacionais**. Do mesmo modo, as antecipações de caixa e os empréstimos feitos por instituições financeiras são comumente classificados como atividades operacionais, uma vez que se referem à principal atividade geradora de receita dessas entidades.

30.2.2. Atividades de investimento

A divulgação em separado dos fluxos de caixa advindos das atividades de investimento é importante em função de tais fluxos de caixa **representarem a extensão em que os dispêndios de recursos são feitos pela entidade com a finalidade de gerar lucros e fluxos de caixa no futuro**. Somente desembolsos que resultam em ativo reconhecido nas demonstrações contábeis são passíveis de classificação como atividades de investimento.

As **atividades de investimento** são, em resumo, as referentes à aquisição e à venda de ativos de longo prazo e de outros investimentos não incluídos nos equivalentes de caixa.

Exemplos de fluxos de caixa advindos das atividades de investimento são:

Atividades de investimentos	
Entrada	**Saída**
Recebimentos de caixa resultantes da venda de ativo imobilizado, intangíveis e outros ativos de longo prazo	Pagamentos em caixa para aquisição de ativo imobilizado, intangíveis e outros ativos de longo prazo. Esses pagamentos incluem aqueles relacionados aos custos de desenvolvimento ativados e aos ativos imobilizados de construção própria
Recebimentos de caixa provenientes da venda de instrumentos patrimoniais ou instrumentos de dívida de outras entidades e participações societárias em *joint ventures* (exceto aqueles recebimentos referentes aos títulos considerados como equivalentes de caixa e aqueles mantidos para negociação imediata ou futura)	Pagamentos em caixa para aquisição de instrumentos patrimoniais ou instrumentos de dívida de outras entidades e participações societárias em *joint ventures* (exceto aqueles pagamentos referentes a títulos considerados como equivalentes de caixa ou aqueles mantidos para negociação imediata ou futura)
Recebimentos de caixa pela liquidação de adiantamentos ou amortização de empréstimos concedidos a terceiros (exceto aqueles adiantamentos e empréstimos de instituição financeira)	Adiantamento sem caixa e empréstimos feitos a terceiros (exceto aqueles adiantamentos e empréstimos feitos por instituição financeira)
Recebimentos de caixa por contratos futuros, a termo, de opção e *swap*, exceto quando tais contratos forem mantidos para negociação imediata ou venda futura, ou os recebimentos forem classificados como atividades de financiamento	Pagamentos em caixa por contratos futuros, a termo, de opção e *swap*, exceto quando tais contratos forem mantidos para negociação imediata ou futura, ou os pagamentos forem classificados como atividades de financiamento

Quando um contrato for contabilizado como proteção (*hedge*) de posição identificável, os fluxos de caixa do contrato devem ser classificados **do mesmo modo como foram classificados os fluxos de caixa da posição que estiver sendo protegida**.

30.2.3. Atividades de financiamento

A divulgação separada dos fluxos de caixa advindos das atividades de financiamento é importante por ser útil na **predição de exigências de fluxos futuros de caixa por parte de fornecedores de capital à entidade**.

Atividades de financiamento são, em resumo, aquelas que resultam em mudanças no tamanho e na composição do capital próprio e no endividamento da entidade, não classificadas como atividade operacional.

Exemplos de fluxos de caixa advindos das atividades de financiamento são:

Atividades de financiamento	
Entrada	**Saída**
Caixa recebido pela emissão de ações ou outros instrumentos patrimoniais	Pagamentos em caixa a investidores para adquirir ou resgatar ações da entidade
Caixa recebido pela emissão de debêntures, empréstimos, notas promissórias, outros títulos de dívida, hipotecas e outros empréstimos de curto e longo prazos	Amortização de empréstimos e financiamentos
	Pagamentos em caixa pelo arrendatário para redução do passivo relativo a arrendamento mercantil financeiro

---

QUESTÃO COMENTADA

(FCC – Analista de Gestão/SABESP/Contabilidade/2018) Atenção: Com base nas informações a seguir, responda à questão.

As demonstrações contábeis da Cia. Só Pizza são apresentadas a seguir, sendo constituídas dos Balanços Patrimoniais em 31/12/2016 e 31/12/2017, e da Demonstração do Resultado de 2017:

Balanços Patrimoniais (em reais)

Ativo	31/12/2016	31/12/2017	Passivo	31/12/2016	31/12/2017
Ativo Circulante	**255.000**	**393.000**	**Passivo Circulante**	**105.000**	**70.000**
Disponível	180.000	323.000	Fornecedores	85.000	45.000
Duplicatas a Receber	35.000	60.000	Impostos a Pagar	20.000	25.000
Estoques	40.000	10.000	**Passivo Não Circulante**	**100.000**	**157.000**
Ativo Não Circulante	**150.000**	**270.000**	Empréstimos	100.000	157.000
Imobilizado	150.000	—	**Patrimônio Líquido**	**200.000**	**436.000**

Cap. 30 – Demonstração dos Fluxos de Caixa | 463

QUESTÃO COMENTADA

Ativo	31/12/2016	31/12/2017	Passivo	31/12/2016	31/12/2017
Terreno	–	300.000	Capital Social	200.000	300.000
Imóveis	–	(30.000)	Reserva de Lucros	–	136.000
Depreciação Acumulada					
Total do Ativo	405.000	663.000	Total do Passivo +PL	405.000	663.000

Demonstração do Resultado

01/01/2017 a 31/12/2017 (em reais)

Receita Bruta de Vendas	680.000
(–) Custo dos produtos vendidos	(420.000)
(=) Lucro Bruto	**260.000**
(–) Despesas operacionais	
Despesas de salários	(60.000)
Despesa de seguros	(32.000)
Despesa de depreciação	(30.000)
(+) Outras receitas operacionais	
Lucro na venda do terreno	80.000
(=) Lucro antes do resultado financeiro	**218.000**
(–) Despesa financeira (juros)	(7.000)
(=) Lucro antes do IR e CSLL	**211.000**
(–) Despesa com Imposto de Renda e CSLL	(75.000)
(=) Lucro Líquido	**136.000**

As seguintes informações adicionais são conhecidas:

- A despesa financeira (juros) não foi paga.
- O terreno foi vendido à vista.
- O aumento de capital foi integralizado com R$ 50.000,00 em dinheiro e R$ 50.000,00 em imóveis.
- Do valor dos imóveis adquiridos, R$ 50.000,00 foram pagos com recursos obtidos de um novo empréstimo e o restante com recursos da companhia.

É correto afirmar que o fluxo de caixa das Atividades de:

a) Financiamento foi R$ 150.000,00, positivo.

b) Investimento foi R$ 20.000,00, negativo.

c) Investimento foi R$ 70.000,00, negativo.

d) Financiamento foi R$ 107.000,00, positivo.

e) Investimento foi R$ 10.000,00, positivo.

RESPOSTA: B

QUESTÃO COMENTADA

COMENTÁRIO: Devemos partir do Lucro Líquido e promover os ajustes necessários para encontrar o caixa gerado pelas atividades operacionais, ou seja, através do método indireto. Sempre lembrando que o que importa na DFC é incluir e excluir as operações que afetaram ou não o caixa do período. Fazendo a DFC da questão temos:

Lucro líquido	**136.000**
Despesas financeiras (juros)	7.000
Lucro na venda do terreno	(80.000)
Depreciação	30.000
Lucro líquido ajustado	**93.000**
Aumento de duplicatas a receber	(25.000)
Diminuição de estoques	30.000
Diminuição de fornecedores	(40.000)
Aumento de impostos a pagar	(5.000)
Resultado das atividades operacionais	**63.000**
Adições no imobilizado	(250.000)
Adições de terreno	230.000
Resultado das atividades de investimento	**(20.000)**
Empréstimos captados	50.000
Aumento do capital social	50.000
Resultado das atividades e financiamento	**100.000**
Variação do caixa	**143.000**

30.3. ELABORAÇÃO DOS FLUXOS DE CAIXA

As demonstrações dos fluxos de caixa podem ser apresentadas por dois métodos: o **método direto** e o **método indireto**. A entidade deve apresentar os fluxos de caixa das atividades operacionais, **usando alternativamente**:

- O **método direto**, segundo o qual as principais classes de recebimentos brutos e pagamentos brutos são divulgadas.
- O **método indireto**, segundo o qual o lucro líquido ou o prejuízo é ajustado pelos efeitos de transações que não envolvem caixa, pelos efeitos de quaisquer diferimentos ou apropriações por competência sobre recebimentos de caixa ou pagamentos em caixa operacionais passados ou futuros, e pelos efeitos de itens de receita ou despesa associados com fluxos de caixa das atividades de investimento ou de financiamento.

É importante ressaltar que para elaborar a DFC a entidade parte dos **saldos iniciais e finais das contas presentes no balanço patrimonial e na demonstração do resultado do exercício**. Com os dados do saldo inicial e finais das contas deve ser adotada a seguinte fórmula para encontrar a variação na conta a ser inserida na DFC, se a variação influir no caixa ou no equivalente caixa:

Saldo inicial – Saldo final = Variação na conta (entradas – saídas)

30.3.1. Método direto

Pelo **método direto**, as informações sobre as **principais classes de recebimentos brutos e de pagamentos brutos das atividades operacionais devem ser divulgadas**.

As informações podem ser obtidas alternativamente:

* Dos registros contábeis da entidade.
* Pelo ajuste das vendas, dos custos dos produtos, mercadorias ou serviços vendidos (no caso de instituições financeiras, pela receita de juros e similares e despesa de juros e encargos e similares) e outros itens da demonstração do resultado ou do resultado abrangente referentes a:
  - Variações ocorridas no período nos estoques e nas contas operacionais a receber e a pagar.
  - Outros itens que não envolvem caixa.
  - Outros itens tratados como fluxos de caixa advindos das atividades de investimento e de financiamento.

A entidade também deve apresentar separadamente as principais classes de recebimentos brutos e pagamentos brutos advindos das atividades de investimento e de financiamento, exceto quando os fluxos de caixa forem apresentados em base líquida.

Nesse método, a DFC deve ser assim apresentada:

Exemplo de apresentação de DFC pelo método direto (conforme Pronunciamento CPC 03):

1 - Fluxos de caixa das atividades operacionais

(+) Recebimentos de clientes

(-) Pagamentos a fornecedores e empregados

(-) Juros pagos

(-) Imposto de renda e contribuição social pagos

(-) Imposto de renda na fonte sobre dividendos recebidos

(=) Caixa líquido proveniente das atividades operacionais

2 - Fluxos de caixa das atividades de investimento

(-) Aquisição da controlada X, líquido do caixa incluído na aquisição

(-) Compra de ativo imobilizado

(+) Recebimento pela venda de equipamento

(+) Juros recebidos

(+) Dividendos recebidos

(=) Caixa líquido usado nas atividades de investimento

3 - Fluxos de caixa das atividades de financiamento

(+) Recebimento pela emissão de ações

(+) Recebimento por empréstimo a logo prazo

(-) Pagamento de passivo por arrendamento

(-) Dividendos pagos

(=) Caixa líquido usado nas atividades de financiamento

> **Aumento líquido de caixa e equivalentes de caixa (1 + 2 + 3)**
> Caixa e equivalentes de caixa no início do período
> **Saldo inicial do caixa e equivalentes**
> Caixa e equivalentes de caixa ao fim do período (**Saldo inicial + 1 + 2 +3**)

30.3.2. Método indireto

O método indireto consiste na DFC onde os recursos provenientes das **atividades operacionais são encontrados a partir do lucro líquido** ajustado.

De acordo com o método indireto, o fluxo de caixa líquido advindo das atividades operacionais é determinado ajustando o lucro líquido ou prejuízo quanto aos efeitos de:

- Variações ocorridas no período nos estoques e nas contas operacionais a receber e a pagar.

- Itens que não afetam o caixa, tais como depreciação, provisões, tributos diferidos, ganhos e perdas cambiais não realizados e resultado de equivalência patrimonial quando aplicável.

- Todos os outros itens tratados como fluxos de caixa advindos das atividades de investimento e de financiamento.

Portanto, o fluxo de caixa líquido advindo das atividades operacionais no método indireto é feito mostrando-se as receitas e as despesas divulgadas na demonstração do resultado ou resultado abrangente e as variações ocorridas no período nos estoques e nas contas operacionais a receber e a pagar.

A conciliação entre o lucro líquido e o fluxo de caixa líquido das atividades operacionais deve ser fornecida, obrigatoriamente, caso a entidade use o método direto para apurar o fluxo líquido das atividades operacionais. A conciliação deve apresentar, separadamente, por categoria, os principais itens a serem conciliados, à semelhança do que deve fazer a entidade que usa o método indireto em relação aos ajustes ao lucro líquido ou prejuízo para apurar o fluxo de caixa líquido das atividades operacionais.

Em breve resumo, a sequência registrada **na atividade operacional** pelo método indireto:

> 1. Registrar o lucro líquido da DRE.
>
> 2. Somar ou subtrair os lançamentos que afetam o lucro, mas que não têm efeito no caixa ou cujo efeito se reconhece em outro lugar da DFC ou a longo prazo, caso da depreciação, amortização, ganhos e perdas com MEP, despesas e receitas financeiras de longo prazo etc.
>
> 3. Somar ou subtrair os lançamentos que, apesar de afetarem o caixa, não pertencem às atividades operacionais, tais como, ganho ou perda na venda de imobilizado ou outro ativo não pertencente ao grupo circulante.
>
> 4. Somar as reduções nos saldos das contas do ativo circulante e realizável a longo prazo vinculadas às operações.
>
> 5. Subtrair os acréscimos nos saldos das contas do ativo circulante e realizável a longo prazo vinculados às operações.
>
> 6. Somar os acréscimos nos saldos das contas do passivo circulante e exigível a longo prazo vinculados às operações.
>
> 7. Subtrair as reduções nos saldos das contas do passivo circulante e exigível a longo prazo vinculadas às operações.

Cap. 30 - Demonstração dos Fluxos de Caixa | 467

A entidade também deve apresentar separadamente as principais classes de recebimentos brutos e pagamentos brutos advindos das atividades de investimento e de financiamento, exceto quando os fluxos de caixa forem apresentados em base líquida.

Nesse método, a DFC, deve ser assim apresentada:

Exemplo de apresentação de DFC pelo método indireto (conforme Pronunciamento CPC 03):

1 - Fluxos de caixa das atividades operacionais (no método indireto possui duas partes)

1* Lucro líquido antes do IR e CSLL ajustado por:

(+) Depreciação

(+ ou -) Variação cambial

(+ ou -) Resultado de equivalência patrimonial

(+ ou -) Venda de investimentos ou de imobilizado

(+) Despesas de juros

2* Variação dos ativos e passivos operacionais

(+ ou -) Variação nas contas a receber de clientes e outros

(+ ou -) Variação nos estoques

(+ ou -) Variação nas contas a pagar - fornecedores

(+ ou -) Variação nas duplicatas descontadas

(-) Juros pagos

(-) Imposto de renda e contribuição social pagos

(-) Imposto de renda na fonte sobre dividendos recebidos

(=) Caixa líquido proveniente das atividades operacionais

2 - Fluxos de caixa das atividades de investimento

(-) Aquisição da controlada X, líquido do caixa incluído na aquisição

(-) Compra de ativo imobilizado

(+) Recebimento pela venda de equipamento

(+) Juros recebidos

(+) Dividendos recebidos

(=) Caixa líquido usado nas atividades de investimento

3 - Fluxos de caixa das atividades de financiamento

(+) Recebimento pela emissão de ações

(+) Recebimento por empréstimo a logo prazo

(-) Pagamento de passivo por arrendamento

(-) Dividendos pagos

(=) Caixa líquido usado nas atividades de financiamento

Aumento líquido de caixa e equivalentes de caixa (1+2+3)

Caixa e equivalentes de caixa no início do período

Saldo inicial do caixa e equivalentes

Caixa e equivalentes de caixa ao fim do período (**Saldo inicial + 1 + 2 +3**)

30.3.3. Exemplos com os dois métodos

Vimos, portanto, que a diferença entre os dois métodos consiste na forma de contabilização das atividades operacionais, não havendo alteração entre os métodos na forma de contabilização das atividades de financiamento e das atividades de investimento nos dois métodos.

Para ilustrar a confecção da DFC, é interessante reproduzirmos o exemplo previsto no CPC 03.

Exemplos ilustrativos:

Estes exemplos ilustrativos acompanham, mas não são parte integrante do Pronunciamento Técnico CPC 03.

A. Demonstração dos fluxos de caixa da entidade que não é instituição financeira

1. Os exemplos mostram somente os saldos do período corrente. Os saldos correspondentes do período anterior devem ser apresentados de acordo com o Pronunciamento Técnico CPC 26 – Apresentação das Demonstrações Contábeis.

2. As informações extraídas da demonstração do resultado e do balanço patrimonial são fornecidas para mostrar como se chegou à elaboração da demonstração dos fluxos de caixa pelo método direto e pelo método indireto. Nem a demonstração do resultado tampouco o balanço patrimonial são apresentados em conformidade com os requisitos de divulgação e apresentação das demonstrações contábeis.

3. As seguintes informações adicionais são também relevantes para a elaboração da demonstração dos fluxos de caixa:

- Todas as ações da controlada foram adquiridas por $ 590. Os valores justos dos ativos adquiridos e dos passivos assumidos foram os que seguem:

Estoques	$ 100
Contas a receber	$ 100
Caixa	$ 40
Ativo imobilizado (terrenos, fábricas, equipamentos etc.)	$ 650
Contas a pagar	$ 100
Dívida de longo prazo	$ 200

- $ 250 foram obtidos mediante emissão de ações e outros $ 250 por meio de empréstimo a longo prazo.

- A despesa de juros foi de $ 400, dos quais $ 170 foram pagos durante o período. Além disso, $ 100 relativos à despesa de juros do período anterior foram pagos durante o período.

- Foram pagos dividendos de $ 1.200.

- O passivo com imposto de renda e contribuição social sobre o lucro líquido, no início e no fim do período, foi de $ 1.000 e $ 400, respectivamente. Durante o período, fez-se uma provisão de mais de $ 200. O imposto de renda na fonte sobre dividendos recebidos foi de $ 100.

- Durante o período, o grupo adquiriu ativos imobilizados (terrenos, fábricas e equipamentos) ao custo total de $ 1.250, dos quais $ 900 por meio de arrendamento financeiro. Pagamentos em caixa de $ 350 foram feitos para compra de imobilizado.

- Parte do imobilizado, registrado ao custo de $ 80 e depreciação acumulada de $ 60, foi vendida por $ 20.

- Contas a receber no final de 20X2 incluíam juros a receber de $ 100.

- Foram recebidos juros de $ 200 e dividendos (líquidos de imposto na fonte de $ 100) de $ 200.

- Foram pagos durante o período de $ 90 de arrendamento mercantil.

Demonstração consolidada do resultado para o período findo em 20×2[a]	
Vendas	$ 30.650
CMV	(26.000)
Lucro bruto	4.650
Despesa com depreciação	(450)
Despesas de venda e administrativas	(910)
Despesas de juros	(400)
Resultado de equivalência patrimonial	500
Perda cambial	(40)
Lucro líquido antes do imposto de renda e da contribuição social	3.350
Imposto de renda e contribuição social	(300)
Lucro líquido	$ 3.050

[a] A entidade não reconheceu quaisquer componentes de outros resultados ou resultados abrangentes no período findo em 20×2.

Balanço patrimonial consolidado em 31 de dezembro de 20×2				
		20×2		20×1
Ativos				
Caixa e equivalentes de caixa		230		160
Contas a receber		1.900		1.200
Estoques		1.000		1.950
Investimentos		2.500		2.500
Ativo imobilizado ao custo	3.730		1.910	
Depreciação acumulada	(1.450)		(1.060)	
Ativo imobilizado líquido		2.280		850
Total do ativo		$ 7.910		$ 6.660
Passivos				
Contas a pagar		250		1.890
Juros a pagar		230		100
Provisão para IR e CSLL		400		1.000
Dívida a longo prazo		2.300		1.040
Total do passivo		3.180		4.030
Patrimônio líquido				
Capital social		1.500		1.250
Lucros acumulados		3.230		1.380
Total do patrimônio líquido		4.730		2.630
Total do passivo e PL		$ 7.910		$ 6.660

470 CONTABILIDADE GERAL E AVANÇADA • SILVIO SANDE E ANDRÉ NEIVA

Demonstração dos fluxos de caixa pelo método direto (item 18a)			
			20×2
Fluxos de caixa das atividades operacionais			
Recebimentos de clientes	30.150		
Pagamentos a fornecedores e empregados	(27.600)		
Caixa gerado pelas operações	2.550		
Juros pagos	(270)		
Imposto de renda e contribuição social pagos	(800)		
Imposto de renda na fonte sobre dividendos recebidos	(100)		
Caixa líquido gerado pelas atividades operacionais		$ 1.380	
Fluxos de caixa das atividades de investimento			
Aquisição da controlada X, líquido do caixa obtido na aquisição (Nota A)	(550)		
Compra de ativo imobilizado (Nota B)	(350)		
Recebimento pela venda de equipamento	20		
Juros recebidos	200		
Dividendos recebidos	200		
Caixa líquido consumido pelas atividades de investimento			$ (480)
Fluxos de caixa das atividades de financiamento			
Recebimento pela emissão de ações	250		
Recebimento por empréstimo a longo prazo	250		
Pagamento de passivo por arrendamento	(90)		
Dividendos pagos[a]	(1.200)		
Caixa líquido consumido pelas atividades de financiamento			$ (790)
Aumento líquido de caixa e equivalentes de caixa			$ 110
Caixa e equivalentes de caixa no início do período (Nota C)			$ 120
Caixa e equivalentes de caixa no fim do período (Nota C)			$ 230

[a] Esse valor também poderia ser apresentado no fluxo de caixa das atividades operacionais.

Demonstração dos fluxos de caixa pelo método direto (item 18b)			
			20×2
Fluxos de caixa das atividades operacionais			
Lucro líquido antes do IR e CSLL	3.350		
Ajustes por:			
Depreciação		450	
Perda cambial		40	
Resultado de equivalência patrimonial		(500)	

Demonstração dos fluxos de caixa pelo método direto (item 18b)		
		20×2
Despesas de juros	400	
	3.740	
Aumento nas contas a receber de clientes e outros	(500)	
Diminuição nos estoques	1.050	
Diminuição nas contas a pagar – fornecedores	(1.740)	
Caixa gerado pelas operações	2.550	
Juros pagos	(270)	
Imposto de renda e contribuição social pagos	(800)	
Imposto de renda na fonte sobre dividendos recebidos	(100)	
Caixa líquido gerado pelas atividades operacionais		$ 1.380
Fluxos de caixa das atividades de investimento		
Aquisição da controlada X, líquido do caixa obtido na aquisição (Nota A)	(550)	
Compra de ativo imobilizado (Nota B)	(350)	
Recebimento pela venda de equipamento	20	
Juros recebidos	200	
Dividendos recebidos	200	
Caixa líquido consumido pelas atividades de investimento		$ (480)
Fluxos de caixa das atividades de financiamento		
Recebimento pela emissão de ações	250	
Recebimento por empréstimo a longo prazo	250	
Pagamento de passivo por arrendamento	(90)	
Dividendos pagos[a]	(1.200)	
Caixa líquido consumido pelas atividades de financiamento		$ (790)
Aumento líquido de caixa e equivalentes de caixa		$ 110
Caixa e equivalentes de caixa no início do período (Nota C)		$ 120
Caixa e equivalentes de caixa no fim do período (Nota C)		$ 230

[a] Esse valor também poderia ser apresentado no fluxo de caixa das atividades operacionais.

30.4. TRANSAÇÕES QUE NÃO ENVOLVEM CAIXA

Transações de investimento e financiamento que não envolvem o uso de caixa ou equivalentes de caixa **devem ser excluídas** da demonstração dos fluxos de caixa. Tais transações **devem ser divulgadas nas notas explicativas às demonstrações contábeis**, de modo que forneçam todas as informações relevantes sobre essas atividades de investimento e de financiamento.

Muitas atividades de investimento e de financiamento não têm impacto direto sobre os fluxos de caixa correntes, muito embora afetem a estrutura de capital e de ativos da entidade. A exclusão de transações que não envolvem caixa ou equivalentes de caixa da demonstração dos fluxos de caixa é consistente com o objetivo de referida demonstração, visto que tais itens não envolvem fluxos de caixa no período corrente.

Exemplos de transações que não envolvem caixa ou equivalente de caixa são:

- A aquisição de ativos, quer seja pela assunção direta do passivo respectivo, quer seja por meio de arrendamento financeiro.
- A aquisição de entidade por meio de emissão de instrumentos patrimoniais.
- A conversão de dívida em instrumentos patrimoniais.

Lembre-se

Se o fato contábil não afeta o caixa ou o equivalente caixa, o referido fato e os seus efeitos não devem constar na demonstração dos fluxos de caixa.

30.5. FLUXO DE CAIXA EM MOEDA ESTRANGEIRA

Os fluxos de caixa advindos de transações em moeda estrangeira devem ser registrados na **moeda funcional** da entidade pela aplicação, ao montante em moeda estrangeira, das taxas de câmbio entre a moeda funcional e a moeda estrangeira observadas na data da ocorrência do fluxo de caixa.

Os fluxos de caixa de **controlada** no exterior devem ser convertidos pela aplicação das taxas de câmbio entre a moeda funcional e a moeda estrangeira **observadas na data da ocorrência dos fluxos de caixa**.

É possível o uso de taxa de câmbio que se aproxime da taxa de câmbio vigente. Por exemplo, a taxa de câmbio média ponderada para um período pode ser utilizada para o registro de transações em moeda estrangeira ou para a conversão dos fluxos de caixa de controlada no exterior. Entretanto, não é possível o uso de taxa de câmbio ao término do período de reporte quando da conversão dos fluxos de caixa de controlada no exterior.

Ganhos e perdas não realizados resultantes de mudanças nas taxas de câmbio de moedas estrangeiras não são fluxos de caixa. Todavia, o efeito das mudanças nas taxas de câmbio sobre o caixa e equivalentes de caixa, mantidos ou devidos em moeda estrangeira, é apresentado na demonstração dos fluxos de caixa, a fim de conciliar o caixa e equivalentes de caixa no começo e no fim do período. Esse valor é apresentado separadamente dos fluxos de caixa das atividades operacionais, de investimento e de financiamento e inclui as diferenças, se existirem, caso tais fluxos de caixa tivessem sido divulgados às taxas de câmbio do fim do período.

30.6. JUROS E DIVIDENDOS

Os fluxos de caixa referentes a juros, dividendos e juros sobre o capital próprio recebidos e pagos devem ser apresentados separadamente. Cada um deles deve ser classificado de maneira consistente, de período a período, como decorrentes de atividades operacionais, de investimento ou de financiamento.

O montante total dos juros pagos durante o período é divulgado na demonstração dos fluxos de caixa, **quer tenha sido reconhecido como despesa na demonstração do resultado, quer tenha sido capitalizado**.

Os juros pagos e recebidos e os dividendos e os juros sobre o capital próprio recebidos são comumente classificados como fluxos de caixa operacionais em instituições financeiras. Todavia, **não há consenso sobre a classificação desses fluxos de caixa** para outras entidades. Os juros pagos e recebidos e os dividendos e os juros sobre o capital próprio recebidos podem ser classificados como fluxos de caixa operacionais, porque eles entram na determinação do lucro líquido ou prejuízo. Alternativamente, os juros pagos e os juros, os dividendos e os juros sobre o capital próprio recebidos **podem ser classificados**, respectivamente, como fluxos de caixa de financiamento e fluxos de caixa de investimento, porque são custos de obtenção de recursos financeiros ou retornos sobre investimentos.

Os dividendos e os juros sobre o capital próprio pagos **podem ser classificados** como **fluxo de caixa de financiamento** porque são custos da obtenção de recursos financeiros. Alternativamente, os dividendos e os juros sobre o capital próprio pagos podem ser classificados como componente dos fluxos de caixa das atividades operacionais, a fim de auxiliar os usuários a determinar a capacidade de a entidade pagar dividendos e juros sobre o capital próprio utilizando os fluxos de caixa operacionais.

O CPC 03 **encoraja fortemente** as entidades a classificarem **os juros, recebidos ou pagos, e os dividendos e juros sobre o capital próprio recebidos como fluxos de caixa das atividades operacionais**, e os **dividendos e juros sobre o capital próprio pagos como fluxos de caixa das atividades de financiamento**. Alternativa diferente deve ser seguida de nota evidenciando esse fato.

Ou seja:

FATO	CLASSIFICAÇÃO
Os juros, recebidos ou pagos, e os dividendos e juros sobre o capital próprio recebidos	Atividades operacionais
Os dividendos e juros sobre o capital próprio pagos	Atividades de financiamento
Obs.: Alternativa diferente deve ser seguida de nota evidenciando esse fato	

CAPÍTULO 31

DEMONSTRAÇÃO DE LUCROS OU PREJUÍZOS ACUMULADOS

A demonstração de lucros ou prejuízos acumulados (DLPA) **é uma demonstração financeira das variações ocorridas na conta lucros ou prejuízos acumulados em determinado período**.

Lembre-se

É importante destacar que a conta representada por lucros acumulados é transitória, pois todo o lucro disponível deve ter uma destinação ao fim do exercício, segundo a Lei das S.A.

Atenção

A demonstração de lucros ou prejuízos acumulados (DLPA) é obrigatória para a Lei das S.A. e não é obrigatória para o CPC.

A Lei nº 6.404/76 diz o seguinte sobre a DLPA:

*Art. 186. A demonstração de lucros ou prejuízos acumulados **discriminará**:*

I – O saldo do início do período, os ajustes de exercícios anteriores e a correção monetária do saldo inicial;

II – As reversões de reservas e o lucro líquido do exercício;

III – As transferências para reservas, os dividendos, a parcela dos lucros incorporada ao capital e o saldo ao fim do período.

*§ 1º Como ajustes de exercícios anteriores **serão considerados** apenas os decorrentes de efeitos da mudança de critério contábil, ou da retificação de erro imputável a determinado exercício anterior, e que não possam ser atribuídos a fatos subsequentes.*

*§ 2º A demonstração de lucros ou prejuízos acumulados **deverá indicar** o montante do dividendo por ação do capital social e poderá ser incluída na demonstração das mutações do patrimônio líquido se elaborada e publicada pela companhia.*

Portanto, o formato da DLPA é o seguinte:

SALDO DO INÍCIO DO PERÍODO
+/− Ajustes de exercícios anteriores
+ Reversões de reservas de lucros do exercício
+/− Lucro ou prejuízo do exercício
− Transferências para reservas de lucros
− Dividendos propostos
− Parcela de lucros incorporada ao capital
− Dividendos antecipados
SALDO FINAL DO PERÍODO

A DLPA deverá indicar o montante do **dividendo por ação do capital social**. É importante ressaltar que aqui temos um fato que pode gerar confusão: **na DLPA deverá constar o dividendo por ação, e na demonstração do resultado do exercício (DRE), o lucro por ação.**

A Lei das S.A. também prevê que a demonstração de lucros ou prejuízos acumulados **poderá ser incluída na demonstração das mutações do patrimônio líquido se elaborada e publicada pela companhia**. A DLPA pode ser incluída na demonstração de mutação do patrimônio líquido (DMPL), de forma isolada em uma das suas colunas, pelo fato da DMPL ser mais abrangente.

Atenção

Na DLPA deverá constar o dividendo por ação e, na DRE, o lucro por ação.

Atenção

A DLPA pode ser incluída na DMPL.

31.1. SALDO DO INÍCIO DO PERÍODO

O saldo **do início do período da DLPA** sempre apresenta saldo devedor (se no PL constam prejuízos acumulados) ou igual a zero (se não existir a conta no PL de prejuízos acumulados), já que atualmente só é permitida no PL a conta prejuízos acumulados (e não lucros).

Esse saldo será sempre o primeiro item da DLPA e é a partir dele que encontraremos as alterações devedoras e credoras nessa conta.

31.2. AJUSTES DE EXERCÍCIOS ANTERIORES

Os **ajustes de exercícios anteriores** são retificações de erros e mudanças de critério contábil que impactam em resultados anteriores e que não podem ser atribuídos a fatos subsequentes.

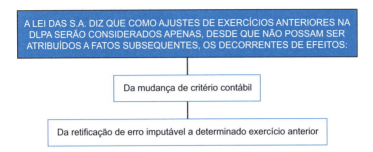

QUESTÃO COMENTADA

(FCC – Analista de Fomento/AFAP/2019) A empresa Ajustes S.A. realizou uma retificação de erro imputável relativo ao exercício anterior e que não pode ser atribuído a fatos subsequentes. Em regra, o ajuste deve ser demonstrado:
a) Somente nas Notas Explicativas.
b) Na demonstração de Resultados Abrangentes.
c) Na demonstração de Lucros e Prejuízos Acumulados.
d) Na demonstração de Resultados do Exercício.
e) Somente no Balanço Patrimonial.
RESPOSTA: C
COMENTÁRIO: Segundo a Lei das S.A.:

> Art. 186. A demonstração de lucros ou prejuízos acumulados discriminará:
> § 1º Como ajustes de exercícios anteriores serão considerados apenas os decorrentes de efeitos da mudança de critério contábil, ou da retificação de **erro imputável** a determinado exercício anterior, e que não possam ser atribuídos a fatos subsequentes.

O objetivo dessa previsão é considerar alterações que envolvem fatos registrados em períodos anteriores e que não foram reconhecidos segundo o regime de competência. Esse fato pode ter sido originado de **receitas não computadas ou despesas não computadas**. Por conta disso, não seria apropriado que o ajuste passasse pela DRE do período, uma vez que ele não pertence ao exercício em questão. Assim, esse ajuste deve ser diretamente registrado na conta transitória Lucros e prejuízos acumulados.

31.2.1. Mudança de critério contábil

Políticas contábeis são os princípios, as bases, as convenções, as regras e as práticas específicas aplicados pela entidade na elaboração e na apresentação de demonstrações contábeis. Essas políticas envolvem a adoção de alguns critérios que a entidade pode mudar, quando muda a sua política. Em alguns casos, o critério é alterado por exigência normativa, como veremos abaixo.

Se essa mudança de critério implicar ajustes de períodos anteriores, e esse resultado deve ser adicionado ou somado na DLPA.

Um exemplo disso é o que vimos ao estudar o MEP:

> Quando o investimento, ou parcela de investimento, em coligada, em controlada ou em empreendimento controlado em conjunto, previamente classificado como "mantido para venda", não mais se enquadrar nas condições requeridas para ser classificado como tal, **a ele deve ser aplicado o método da equivalência patrimonial de modo retrospectivo, a partir da data de sua classificação como "mantido para venda"**.

Nesse caso, teremos que fazer um ajuste. Caso positivo:

D – Investimentos (ativo não circulante)

C – LPA – Ajustes de exercícios anteriores (conta transitória) – Representando uma receita com MEP nos exercícios anteriores

Caso negativo:

D – LPA – Ajustes de exercícios anteriores (conta transitória) – Representando uma despesa com MEP nos exercícios anteriores

C – Investimentos (ativo não circulante)

31.2.2. Retificação de erros

Vimos que existem os seguintes erros na escrituração:

Erros de períodos anteriores são omissões e incorreções nas demonstrações contábeis da entidade de um ou mais períodos anteriores decorrentes da falta de uso, ou uso incorreto, de informação confiável que:

- Estava disponível quando da autorização para divulgação das demonstrações contábeis desses períodos.
- Pudesse ter sido razoavelmente obtida e levada em consideração na elaboração e na apresentação dessas demonstrações contábeis.

Tais erros incluem os efeitos de erros matemáticos, erros na aplicação de políticas contábeis, descuidos ou interpretações incorretas de fatos e fraudes.

Vimos também que as formas de retificação recomendadas para a correção dos erros de escrituração são **o estorno, a transferência e a complementação**. Em qualquer que seja a modalidade de correção adotada, o histórico do lançamento deverá precisar o motivo da retificação, a data e a localização do lançamento de origem, isto é, deve fazer menção ao lançamento original.

Supondo que uma despesa com energia foi considerada a menor porque o boleto da mesma estava perdido, deve ser feito o seguinte lançamento:

D – LPA – Ajustes de exercícios anteriores – Representando uma despesa com energia nos exercícios anteriores

C – Energia a pagar (passivo circulante)

31.3. REVERSÃO DE RESERVAS

Quando uma reserva de lucros constituída anteriormente é desconstituída, ela volta à conta lucros ou prejuízos acumulados mediante o seguinte lançamento:

D – Reserva de lucros (patrimônio líquido)

C – Lucros e prejuízos acumulados (conta transitória)

Lembrando que são reservas de lucros:

* Reserva Legal.
* Reservas Estatutárias.
* Reservas para Contingências.
* Retenção de Lucros.
* Reserva de Lucros a Realizar.
* Reserva Especial para distribuição de dividendos obrigatórios.
* Reserva de Incentivos Fiscais.

31.4. LUCROS OU PREJUÍZOS DO EXERCÍCIO

Após apuração do **resultado do exercício (lucros ou prejuízo)** na DRE, ele é transferido para a conta transitória lucros ou prejuízos acumulados.

Se for lucro:

D – Lucro líquido do período (resultado)

C – Lucros e prejuízos acumulados (conta transitória)

Se for prejuízo:

D – Lucros e prejuízos acumulados (conta transitória)

C – Prejuízo líquido do período (resultado)

31.5. TRANSFERÊNCIA PARA RESERVAS DE LUCROS

Da conta transitória lucros ou prejuízos acumulados há a transferência para reservas de lucros, constituindo as reservas de lucros através do seguinte lançamento:

D – Lucros e prejuízos acumulados (conta transitória)

C – Reserva de lucros (patrimônio líquido)

Lembrando que são reservas de lucros:

- Reserva Legal.
- Reservas Estatutárias.
- Reservas para Contingências.
- Retenção de Lucros.
- Reserva de Lucros a Realizar.
- Reserva Especial para distribuição de dividendos obrigatórios.
- Reserva de Incentivos Fiscais.

31.6. DIVIDENDOS PROPOSTOS

Quando abordamos a DRE, vimos as regras na distribuição de dividendos, como o estabelecimento no estatuto, se o mesmo for omisso, a fixação posterior e a preferência das ações preferenciais. **Os dividendos propostos devem ser registrados na DLPA**, uma vez que o valor dos mesmos é subtraído da conta transitória lucros ou prejuízos acumulados.

Eles são assim registrados:

D – Lucros e prejuízos acumulados (conta transitória)

C – Dividendos a pagar (passivo circulante)

31.7. PARCELA DOS LUCROS INCORPORADOS AO CAPITAL

Assim como as outras destinações do lucro do exercício, a parcela do lucro destinado ao aumento de capital, se assim a assembleia aprovar, deve constar na DLPA, por ser uma das destinações da conta transitória lucros ou prejuízos acumulados.

Será assim registrada:

D – Lucros e prejuízos acumulados (conta transitória)

C – Capital social (patrimônio líquido)

31.8. DIVIDENDOS ANTECIPADOS

Dividendos antecipados são aqueles dividendos que já haviam sido antecipados aos acionistas ao longo do exercício social e antes da apuração do resultado.

Quando da constituição:

D – Dividendos antecipados (ativo circulante)

C – Bancos (ativo circulante)

Eles são assim registrados:

D – Lucros e prejuízos acumulados (conta transitória)

C – Dividendos antecipados (ativo circulante)

CAPÍTULO 32

DEMONSTRAÇÃO DAS MUTAÇÕES DO PATRIMÔNIO LÍQUIDO

A elaboração da **demonstração das mutações do patrimônio líquido (DMPL)** é, de acordo com o art. 186, § 2º, da Lei das S.A., **facultativa**. Entretanto, a CVM determinou que as **companhias abertas** deverão elaborar e publicar, como parte integrante de suas demonstrações financeiras, a demonstração das mutações do patrimônio líquido, referida ao art. 186, § 2º, da Lei nº 6.404, de 15 de dezembro de 1976. Portanto, **a DMPL é obrigatória para as companhias abertas**. Também para o **CPC, a DMPL também é obrigatória**, fazendo parte do conjunto completo das demonstrações contábeis.

Lei das S.A.	DMPL facultativa e DLPA obrigatória
CPC	DMPL obrigatória
CVM	DMPL obrigatória

A DMPL **evidencia a movimentação de todas as contas do patrimônio líquido durante o exercício social**, inclusive a formação e utilização das reservas não derivadas do lucro. Ela deve indicar (como a DLPA) o **dividendo por ação**.

Atenção
A DLPA pode ser incluída na DMPL.

A DMPL é uma demonstração de forma sintética ou sumarizada de apontar as modificações ocorridas no patrimônio líquido, **não tendo o objetivo de transmitir informações analíticas sobre a movimentação do mesmo**. Por exemplo, em vez de informar que a parte da reserva de contingências para um evento em uma filial foi revertida em 50%, que seria uma informação analítica, na DMPL constará somente o valor da reversão, sem maiores especificações.

32.1. MUTAÇÕES NAS CONTAS DO PATRIMÔNIO LÍQUIDO

As contas que formam o patrimônio líquido podem sofrer variações por inúmeros motivos. Algumas dessas variações podem ou não afetar quantitativamente o patrimônio líquido.

Variações que afetam quantitativamente o patrimônio líquido:

- Acréscimo pelo lucro ou redução pelo prejuízo líquido do exercício.
- Redução por dividendos.
- Acréscimo integralização de capital.
- Acréscimo pelo recebimento de valor que exceda o valor nominal das ações integralizadas ou o preço de emissão das ações sem valor nominal.
- Acréscimo pelo valor da alienação de partes beneficiárias e bônus de subscrição.
- Redução por ações próprias adquiridas ou acréscimo por sua venda.
- Acréscimo ou redução por ajuste de exercícios anteriores.

Variações que não afetam quantitativamente o patrimônio líquido:

- Aumento de capital com utilização de lucros e reservas.
- Apropriações do lucro líquido do exercício reduzindo a conta Lucros Acumulados para formação de reservas, como Reserva Legal, Reserva de Lucros a Realizar, Reserva para Contingência e outras.
- Reversões de reservas patrimoniais para a conta de Lucros ou Prejuízos acumulados.
- Compensação de Prejuízos com Reservas.

A partir das variações que afetam quantitativamente o patrimônio líquido é que iremos elaborar a DMPL.

32.2. ELABORAÇÃO DA DMPL

Segundo o CPC 26:

A demonstração das mutações do patrimônio líquido inclui as seguintes informações:

- O resultado abrangente do período, apresentando separadamente o montante total atribuível aos proprietários da entidade controladora e o montante correspondente à participação de não controladores.
- Para cada componente do patrimônio líquido, os efeitos da aplicação retrospectiva ou da reapresentação retrospectiva, reconhecidos de acordo com o Pronunciamento Técnico CPC 23 – Políticas Contábeis, Mudança de Estimativa e Retificação de Erro.
- Para cada componente do patrimônio líquido, a conciliação do saldo no início e no final do período, demonstrando-se separadamente (no mínimo) as mutações decorrentes:
  - Do resultado líquido.
  - De cada item dos outros resultados abrangentes.
  - De transações com os proprietários realizadas na condição de proprietário, demonstrando separadamente suas integralizações e as distribuições realizadas, bem como modificações nas participações em controladas que não implicaram perda do controle.

A elaboração da DMPL é relativamente simples, pois basta representar, de forma sumária e coordenada, a movimentação ocorrida durante o exercício nas diversas contas do Patrimônio Líquido, isto é, capital social, reservas de capital, ajustes de avaliação patrimonial, reservas de lucros, ações em tesouraria e prejuízos acumulados.

> **UTILIZA-SE UMA COLUNA PARA CADA UMA DAS CONTAS DO PATRIMÔNIO LÍQUIDO DA EMPRESA, ONDE DEVEM CONSTAR:**
>
> I. O saldo inicial da conta
>
> II. A movimentação na conta como consequência:
> a) Do resultado líquido
> b) De cada item dos outros resultados abrangentes
> c) De transações com os proprietários realizadas na condição de proprietário, demonstrando separadamente suas integralizações e as distribuições realizadas, bem como modificações nas participações em controladas que não implicaram perda do controle
>
> III. O saldo final da conta

Essa movimentação e os saldos devem ser extraídos das fichas de razão dessas contas.

Como vimos anteriormente, **os outros resultados abrangentes** compreendem itens de receita e despesa (incluindo ajustes de reclassificação) que não são reconhecidos na demonstração do resultado como requerido ou permitido pelos Pronunciamentos, Interpretações e Orientações emitidos pelo CPC.

Os componentes dos outros resultados abrangentes incluem:

- Variações na reserva de reavaliação, quando permitidas legalmente.
- Ganhos e perdas atuariais em planos de pensão com benefício definido reconhecidos.
- Ganhos e perdas derivados de conversão de demonstrações contábeis de operações no exterior.
- Ganhos e perdas resultantes de investimentos em instrumentos patrimoniais designados ao valor justo por meio de outros resultados abrangentes.
- Ganhos e perdas na remensuração de ativos financeiros disponíveis para venda.
- Parcela efetiva de ganhos e perdas de instrumentos de *hedge* em operação de *hedge* de fluxo de caixa e os ganhos e perdas em instrumentos de *hedge* que protegem investimentos em instrumentos patrimoniais mensurados ao valor justo por meio de outros resultados abrangentes.
- Parcela efetiva de ganhos ou perdas advindos de instrumentos de *hedge* em operação de *hedge* de fluxo de caixa.
- Para passivos específicos designados como ao valor justo por meio do resultado, o valor da alteração no valor justo que for atribuível a alterações no risco de crédito do passivo.
- Alteração no valor temporal de opções quando separar o valor intrínseco e o valor temporal do contrato de opção e designar como instrumento de *hedge* somente as alterações no valor intrínseco.
- Alteração no valor dos elementos a termo de contratos a termo ao separar o elemento a termo e o elemento à vista de contrato a termo e designar, como instrumento de *hedge*, somente as alterações no elemento à vista, e alterações no valor do *spread* com base na moeda estrangeira de instrumento financeiro ao excluí-lo da designação desse instrumento financeiro como instrumento de *hedge*.

Exemplo de DMPL oriundo do CPC:

	Capital Social Integralizado	Reservas de Capital, Opções Outorgadas e Ações em Tesouraria (1)	Reservas de Lucros (2)	Lucros ou Prejuízos Acumulados	Outros Resultados Abrangentes (3)	Patrimônio Líquido dos Sócios da Controladora	Participação dos Não Controladores do Pat. Líq. das Controladoras	Patrimônio Líquido Consolidado
Saldos Iniciais	1.000.000	80.000	300.000	0	270.000	1.650.000	158.000	1.808.000
Aumento de Capital	500.000	-50.000	-100.000			350.000	32.000	382.000
Gastos com Emissão de Ações		-7.000				-7.000		-7.000
Opções Outorgadas Reconhecidas		30.000				30.000		30.000
Ações em Tesouraria Adquiridas		-20.000				-20.000		-20.000
Ações em Tesouraria Vendidas		60.000				60.000		60.000
Dividendos				-162.000		-162.000	-13.200	-175.200
Transações de Capital com os Sócios						251.000	18.800	269.800
Lucro Líquido do Período				250.000		250.000	22.000	272.000
Ajustes Instrumentos Financeiros					-60.000	-60.000		-60.000
Tributos s/ Ajustes Instrumentos Financeiros					20.000	20.000		20.000

CAP. 32 – Demonstração das Mutações do Patrimônio Líquido | 485

	Capital Social Integralizado	Reservas de Capital, Opções Outorgadas e Ações em Tesouraria (1)	Reservas de Lucros (2)	Lucros ou Prejuízos Acumulados	Outros Resultados Abrangentes (3)	Patrimônio Líquido dos Sócios da Controladora	Participação dos Não Controladores do Pat. Líq. das Controladoras	Patrimônio Líquido Consolidado
Saldos Iniciais	1.000.000	80.000	300.000	0	270.000	1.650.000	158.000	1.808.000
Equiv. Patrim. s/ Ganhos Abrang. de Coligadas					24.000	24.000	6.000	30.000
Ajustes de Conversão do Período					260.000	260.000		260.000
Tributos s/ Ajustes de Conversão do Período					-90.000	-90.000		-90.000
Outros Resultados Abrangentes						154.000	6.000	160.000
Reclassific. p/ Resultado – Aj. Instrum. Financ.					10.600	10.600		10.600
Resultado Abrangente Total						414.600	28.000	442.600
Constituição de Reservas			140.000	-140.000				
Realização da Reserva Reavaliação				78.800	-78.800			
Tributos sobre a Realização da Reserva de Reavaliação				-26.800	26.800			
Saldos Finais	1.500.000	93.000	340.000	0	382.600	2.315.600	204.800	2.520.400

Observações:

a) O patrimônio líquido consolidado (última coluna) evoluiu de $ 1.808.000 para $ 2.520.400 em função de apenas dois conjuntos de fatores: as transações de capital com os sócios ($ 269.800) e o resultado abrangente ($ 442.600). E o resultado abrangente é formado de três componentes: resultado líquido do período ($ 272.000), outros resultados abrangentes ($ 160.000) e mais o efeito de reclassificação ($ 10.600). É interessante notar que as reclassificações para o resultado do período não alteram, na verdade, o patrimônio líquido total da entidade, mas, por aumentarem ou diminuírem o resultado líquido, precisam ter a contrapartida evidenciada. No exemplo dado, há a transferência de $ 10.600 de prejuízo que constava como outros resultados abrangentes para o resultado do período. Imediatamente antes da transferência, o resultado líquido era de $ 260.600 que, diminuído do prejuízo de $ 10.600 agora reconhecido no resultado, passou a $ 250.000; e o saldo dos outros resultados abrangentes, que estava em $ 404.000, passou para $ 414.600. Assim, a transferência do prejuízo de $ 10.600 dos outros resultados abrangentes para o resultado do período não muda, efetivamente, o total do patrimônio líquido, mas como o resultado líquido é mostrado pelo valor diminuído dessa importância, é necessário recolocá-la na mutação do patrimônio líquido.

b) Na demonstração do resultado do período, a última linha será mostrada por $ 272.000, porque, a partir desse Pronunciamento Técnico CPC 26 – Apresentação das Demonstrações Contábeis, o lucro líquido consolidado do período é o global, incluindo a parte pertencente aos não controladores no resultado das controladas, mas é obrigatória a evidenciação de ambos os valores: o pertencente aos sócios da controladora e o pertencente aos que são sócios apenas nas controladas, como se vê na mutação acima ($ 250.000 e $ 22.000, respectivamente nas antepenúltima e penúltima colunas).

c) O Pronunciamento exige a mesma evidenciação quanto ao resultado abrangente total, o que está evidenciado também no exemplo acima: $ 414.600 é a parte dos sócios da controladora e $ 28.000 a parte dos sócios não controladores nas controladas, totalizando $ 442.600 para o período.

d) As mutações que aparecem após o resultado abrangente total correspondem a mutações internas do patrimônio líquido, que não alteram, efetivamente, seu total. Poderia inclusive esse conjunto ser intitulado "mutações internas do patrimônio líquido" ou semelhante, ou ficar sem título como está no próprio exemplo.

e) Os saldos das contas que compõem a segunda, a terceira e a quinta colunas devem ser evidenciados em quadro à parte ou em nota adicional; no caso de nota, pode ser assim divulgada:

"(1) Saldos finais (iniciais): Reserva Excedente de Capital, $ 80.000; Gastos com Emissão de Ações, ($ 7.000); Reserva de Subvenção de Investimentos, $ 10.000; Ações em Tesouraria, ($ 50.000) e Opções Outorgadas Reconhecidas, $ 60.000. Total, $ 93.000.

(2) Saldos finais: Reserva Legal, $ 88.000; Reserva de Incentivos Fiscais, $ 52.000 e Reserva de Retenção de Lucros (art. 196 da Lei 6.404/76), $ 200.000. Total, $ 340.000.

(3) Saldos finais: Reservas de Reavaliação, $ 234.600; Ajustes de Avaliação Patrimonial, $ 68.000 e Ajustes de Conversão Acumulados, ($ 80.000). Total, $ 382.600."

CAP. 32 – DEMONSTRAÇÃO DAS MUTAÇÕES DO PATRIMÔNIO LÍQUIDO | 487

f) Os saldos de que trata a letra (d) podem, alternativamente, ser evidenciados em quadros, com suas mutações analiticamente evidenciadas:

Reservas de Capital, Opções Outorgadas e Ações em Tesouraria (1)	Reserva de Excedente de Capital	Gastos com Emissão de Ações	Reserva de Subvenção de Investimentos	Ações em Tesouraria	Opções Outorgadas Reconhecidas	Contas do Grupo (1)
Saldos Iniciais	50.000	–5.000	100.000	–70.000	5.000	80.000
Aumento de Capital	–35.000		–15.000			–50.000
Gastos com Emissão de Ações		–7.000				–7.000
Opções Outorgadas Reconhecidas					30.000	30.000
Ações em Tesouraria Adquiridas				–20.000		–20.000
Ações em Tesouraria Vendidas				60.000		60.000
Saldos Finais	15.000	–12.000	85.000	–30.000	35.000	93.00

Reservas de Lucros (2)	Reserva Legal	Reserva para Expansão	Reserva de Incentivos Fiscais	Contas do Grupo (2)
Saldos Iniciais	110.000	90.000	100.000	300.000
Aumento de Capital			–100.000	–100.000
Constituição de Reservas	12.500	108.500	19.000	140.000
Saldos Finais	122.500	198.500	19.000	340.000

g) O exemplo acima é sucinto e não contém, apenas por simplicidade, muitas das demais informações obrigatórias na DMPL, como dividendo por classe e espécie de ação, informações comparativas etc.

QUESTÃO COMENTADA

(FCC – Ana. Leg. / ALESE / Apoio Técnico Administrativo / Contabilidade / 2018) Considere as seguintes informações sobre a Cia. Verde & Azul correspondentes ao ano de 2017:

- A empresa apurou o lucro líquido de R$ 350.000,00.
- Destinação do Lucro do Período:
  - Constituição de Reserva Legal no valor de R$ 15.000,00.
  - Constituição de Reserva de Incentivos Fiscais no valor de R$ 30.000,00.
  - Distribuição de Dividendos Obrigatórios no valor de R$ 105.000,00.
  - Foi realizado aumento do Capital Social no valor total de R$ 100.000,00, sendo R$ 40.000,00 com incorporação de Reservas de Lucros e R$ 60.000,00 com um terreno.
  - Aquisição de ações de emissão da própria Cia. Verde & Azul por R$ 80.000,00 à vista.

QUESTÃO COMENTADA

Após o reconhecimento destas operações, a Demonstração das Mutações do Patrimônio Líquido (DMPL) de 2017 evidenciou um aumento no Patrimônio Líquido da Cia. Verde & Azul no valor total de, em reais,

a) 245.000,00.

b) 345.000,00.

c) 305.000,00.

d) 385.000,00.

e) 225.000,00.

RESPOSTA: E

COMENTÁRIO: Fatores que afetaram o PL = 350.000,00 – 105.000,00 + R$ 60.000,00 – R$ 80.000,00 = 225.000,00

32.3. INFORMAÇÃO A SER APRESENTADA NA DMPL OU NAS NOTAS EXPLICATIVAS

Para cada componente do patrimônio líquido, a entidade deve apresentar, ou na demonstração das mutações do patrimônio líquido ou nas notas explicativas, **uma análise dos outros resultados abrangentes por item**.

O patrimônio líquido deve apresentar o capital social, as reservas de capital, os ajustes de avaliação patrimonial, as reservas de lucros, as ações ou quotas em tesouraria, os prejuízos acumulados, se legalmente admitidos os lucros acumulados e as demais contas exigidas pelos Pronunciamentos Técnicos emitidos pelo CPC.

A entidade deve apresentar, **na demonstração das mutações do patrimônio líquido ou nas notas explicativas, o montante de dividendos reconhecidos como distribuição aos proprietários durante o período e o respectivo montante dos dividendos por ação**.

Os componentes do patrimônio líquido referidos incluem, por exemplo, **cada classe de capital** integralizado, o saldo acumulado de cada classe do resultado abrangente e a reserva de lucros retidos.

As alterações no patrimônio líquido da entidade entre duas datas de balanço devem refletir o aumento ou a redução nos seus ativos líquidos durante o período. **Com a exceção das alterações resultantes de transações com os proprietários** agindo na sua capacidade de detentores de capital próprio (tais como integralizações de capital, reaquisições de instrumentos de capital próprio da entidade e distribuição de dividendos) e dos custos de transação diretamente relacionados com tais transações, a alteração global no patrimônio líquido durante um período representa o montante total líquido de receitas e despesas, incluindo ganhos e perdas, gerado pelas atividades da entidade durante esse período.

Os ajustes retrospectivos **e as reapresentações retrospectivas para corrigir erros não são alterações do patrimônio líquido, mas são ajustes aos saldos de abertura da reserva de lucros retidos (ou prejuízos acumulados)** exceto quando um Pronunciamento Técnico, Interpretação ou Orientação do CPC exigir ajustes retrospectivos de outro componente do patrimônio líquido. É obrigatória a divulgação na demonstração das mutações do patrimônio líquido do ajuste total para cada componente do patrimônio líquido resultante de alterações nas políticas contábeis e, separadamente, de correções de erros. Esses ajustes devem ser divulgados para cada período anterior e no início do período corrente.

32.4. EMPRESA ESTATAL DEPENDENTE E ENTES QUE EFETUEM CONSOLIDAÇÃO

Empresa estatal dependente é a empresa estatal que recebe do ente controlador (União, Estado ou Município) recursos financeiros para pagamento de despesas com pessoal ou de custeio em geral ou de capital, excluídos, no último caso, aqueles provenientes de aumento de participação acionária – art. 30, inciso III, da Lei Complementar nº 101, de 4 de maio de 2000 – (LRF).

A NBC T 16.6 (R1) – DEMONSTRAÇÕES CONTÁBEIS estabelece as demonstrações contábeis a serem elaboradas e divulgadas pelas entidades do setor público. Ela determina que:

> 38B. A DMPL **deve ser elaborada apenas pelas empresas estatais dependentes** e pelos entes que as incorporarem no processo de consolidação das contas. (Incluído pela Resolução CFC nº 1.437/13)

Portanto, a elaboração da DMPL é facultativa de acordo com o art. 186, § 2º, da Lei das S.A. Contudo, a DMPL é obrigatória para as empresas estatais dependentes e pelos entes que as incorporarem no processo de consolidação das contas.

CAPÍTULO 33

DEMONSTRAÇÃO DO VALOR ADICIONADO

A **demonstração do valor adicionado** (DVA) é de publicação **obrigatória para as sociedades de capital aberto**, por força da Lei nº 11.638/2007, aplicando-se essa obrigatoriedade aos exercícios encerrados a partir de dezembro de 2008. No mesmo ano, a Deliberação CVM 557/2008 aprovou o **Pronunciamento Técnico CPC 09**, que trata da DVA.

Segundo a Lei das S.A.:

Art. 188. As demonstrações referidas nos incisos IV e V do caput *do art. 176 desta Lei indicarão, no mínimo:*

[...]

II – Demonstração do valor adicionado – o valor da riqueza gerada pela companhia, a sua distribuição entre os elementos que contribuíram para a geração dessa riqueza, tais como empregados, financiadores, acionistas, governo e outros, bem como a parcela da riqueza não distribuída.

QUESTÃO COMENTADA

(CEBRASPE (CESPE) – Auditor-Fiscal da Receita Estadual/SEFAZ RS/2019) Informações a respeito da riqueza econômica gerada por uma entidade e sobre a forma de distribuição dessa riqueza podem ser obtidas mediante a análise do(a):

a) Balanço patrimonial.

b) Demonstração das mutações do patrimônio líquido.

c) Demonstração do resultado do exercício.

d) Demonstração dos fluxos de caixa.

e) Demonstração do valor adicionado.

RESPOSTA: E

COMENTÁRIO: A DVA é de publicação obrigatória para as sociedades de capital aberto, por força da Lei nº 11.638/2007, aplicando-se essa obrigatoriedade aos exercícios encerrados a partir de dezembro de 2008. No mesmo ano, a Deliberação CVM 557/2008 aprovou o Pronunciamento Técnico CPC 09, que trata da Demonstração do Valor Adicionado.

> **Lembre-se**
>
> A **demonstração do valor adicionado** (DVA) representa um dos elementos componentes do Balanço Social e tem por finalidade evidenciar a riqueza criada pela entidade e sua distribuição, durante determinado período.

Seus dados, em sua grande maioria, são obtidos principalmente a partir da demonstração do resultado. A DVA deve proporcionar aos usuários das demonstrações contábeis informações relativas à riqueza criada pela entidade em determinado período e a forma como tais riquezas foram distribuídas. Ela representa, considerando os conceitos macroeconômicos, parcela da contribuição da entidade na formação do produto interno bruto (PIB), uma vez que retrata o valor agregado pela entidade aos produtos.

QUESTÃO COMENTADA

(CESPE – Analista Portuário/EMAP/Financeira e Auditoria Interna/2018) A demonstração do valor agregado visa apresentar, em uma perspectiva microeconômica, a contribuição da empresa na formação da renda nacional.

RESPOSTA: FALSO

COMENTÁRIO: A DVA está fundamentada em conceitos macroeconômicos, buscando apresentar, eliminados os valores que representam dupla-contagem, a parcela de contribuição que a entidade tem na formação do PIB.

A riqueza gerada pela empresa, medida no conceito de valor adicionado, é calculada a partir da **diferença entre o valor das vendas e os insumos adquiridos de terceiros. Inclui também o valor** adicionado recebido em transferência, ou seja, produzido por terceiros e transferido à entidade.

A distribuição da riqueza criada deve ser detalhada, minimamente, da seguinte forma:

- Pessoal e encargos.
- Impostos, taxas e contribuições.
- Juros e aluguéis.
- Juros sobre o capital próprio (JCP) e dividendos.
- Lucros retidos/prejuízos do exercício.

33.1. MODELO DA DVA

Abaixo segue um modelo da DVA que deve ser compreendido e memorizado para responder às questões das maiorias das bancas. Ele é trazido pelo CPC 09.

Modelo I – Demonstração do Valor Adicionado – EMPRESAS EM GERAL		
DESCRIÇÃO	**Em milhares de reais 20×7**	**Em milhares de reais 20×8**
1 – RECEITAS		
1.1) Vendas de mercadorias, produtos e serviços		
1.2) Outras receitas		

Cap. 33 – Demonstração do Valor Adicionado | 493

Modelo I – Demonstração do Valor Adicionado – EMPRESAS EM GERAL		
DESCRIÇÃO	**Em milhares de reais 20×7**	**Em milhares de reais 20×8**
1.3) Receitas relativas à construção de ativos próprios		
1.4) Provisão para créditos de liquidação duvidosa – Reversão / (Constituição)		
2 – INSUMOS ADQUIRIDOS DE TERCEIROS **(inclui os valores dos impostos – ICMS, IPI, PIS e COFINS)**		
2.1) Custos dos produtos, das mercadorias e dos serviços vendidos		
2.2) Materiais, energia, serviços de terceiros e outros		
2.3) Perda / Recuperação de valores ativos		
2.4) Outras (especificar)		
3 – VALOR ADICIONADO BRUTO (1 - 2)		
4 – DEPRECIAÇÃO, AMORTIZAÇÃO E EXAUSTÃO		
5 – VALOR ADICIONADO LÍQUIDO PRODUZIDO PELA ENTIDADE (3 - 4)		
6 – VALOR ADICIONADO RECEBIDO EM TRANSFERÊNCIA		
6.1) Resultado de equivalência patrimonial		
6.2) Receitas financeiras		
6.3) Outras		
7 – VALOR ADICIONADO TOTAL A DISTRIBUIR (5 + 6)		
8 – DISTRIBUIÇÃO DO VALOR ADICIONADO		
8.1) Pessoal		
8.1.1 – Remuneração direta		
8.1.2 – Benefícios		
8.1.3 – F.G.T.S.		
8.2) Impostos, taxas e contribuições		
8.2.1 – Federais		
8.2.2 – Estaduais		
8.2.3 – Municipais		
8.3) Remuneração de capitais de terceiros		
8.3.1 – Juros		
8.3.2 – Aluguéis		
8.3.3 – Outras		
8.4) Remuneração de capitais próprios		
8.4.1 – Juros sobre o capital próprio		
8.4.2 – Dividendos		
8.4.3 – Lucros retidos / Prejuízo do exercício		
8.4.4 – Participação dos não controladores nos lucros retidos (só p/ consolidação)		

A DVA, em sua primeira parte (1 a 7), deve apresentar a riqueza criada pela entidade:

> Riqueza criada = receitas – insumos adquiridos de terceiros (inclui os valores dos impostos - ICMS, IPI, PIS e COFINS) – depreciação, amortização e exaustão + valor adicionado recebido em transferência

Na segunda parte (8), apresenta a distribuição da riqueza criada.

> Riqueza distribuída = pessoal e encargos + impostos, taxas e contribuições + juros e aluguéis + juros sobre o capital próprio (JCP) e dividendos + lucros retidos/prejuízos do exercício

Passemos então à análise dos itens que compõem a DVA.

33.2. FORMAÇÃO DA RIQUEZA

A DVA, em sua primeira parte, deve apresentar de forma detalhada a riqueza criada pela entidade. Os principais componentes da riqueza criada estão apresentados nos itens a seguir.

33.2.1. Receitas

Venda de mercadorias, produtos e serviços: inclui os valores dos tributos incidentes sobre essas receitas (por exemplo, ICMS, IPI, PIS e COFINS), ou seja, corresponde ao **ingresso bruto ou faturamento bruto**, mesmo quando na demonstração do resultado tais tributos estejam fora do cômputo dessas receitas.

QUESTÃO COMENTADA

(CESPE – Analista Judiciário/STM/Contabilidade/2018) Na demonstração do valor adicionado, a receita com vendas e prestação de serviços deve ser apresentada líquida de seus efeitos tributários, uma vez que tributos não constituem receitas efetivas da empresa.

RESPOSTA: Falso

COMENTÁRIO: As receitas com vendas não são apresentadas líquidas, são apresentadas pelo seu valor integral. Depois, em campo específico na DVA, são retirados os tributos sobre a venda.

Outras receitas: da mesma forma que o item anterior, inclui os tributos incidentes sobre essas receitas.

A construção de ativos dentro da própria empresa para seu próprio uso é procedimento comum. Nessa construção diversos fatores de produção são utilizados, inclusive a contratação de recursos externos (por exemplo, materiais e mão de obra terceirizada) e a utilização de fatores internos como mão de obra, com os consequentes custos que essa contratação e utilização provocam.

Para elaboração da DVA, essa construção equivale à produção vendida para a própria empresa, e por isso seu valor contábil integral precisa ser considerado como receita. A mão de obra própria alocada é considerada como distribuição dessa riqueza criada, e eventuais juros ativados e tributos também recebem esse mesmo tratamento.

Os gastos com serviços de terceiros e materiais são apropriados como insumos.

Provisão para créditos de liquidação duvidosa: Constituição/Reversão – inclui os valores relativos à constituição e reversão dessa provisão.

33.2.2. Insumos adquiridos de terceiros

Custo dos produtos, das mercadorias e dos serviços vendidos: inclui os valores das matérias-primas adquiridas junto a terceiros e contidas no custo do produto vendido, das mercadorias e dos serviços vendidos adquiridos de terceiros; não inclui gastos com pessoal próprio.

Materiais, energia, serviços de terceiros e outros: inclui valores relativos às despesas originadas da utilização desses bens, utilidades e serviços adquiridos junto a terceiros.

Atenção

Nos valores dos custos dos produtos e mercadorias vendidos, materiais, serviços, energia, etc. consumidos, devem ser considerados os tributos incluídos no momento das compras (por exemplo, ICMS, IPI, PIS e COFINS), recuperáveis ou não. Esse procedimento é diferente das práticas utilizadas na demonstração do resultado.

Perda e recuperação de valores ativos: inclui valores relativos a ajustes por avaliação a valor de mercado de estoques, imobilizados, investimentos etc. Também devem ser incluídos os valores reconhecidos no resultado do período, tanto na constituição quanto na reversão de provisão para perdas por desvalorização de ativos, conforme aplicação da NBC T 19.10 – Redução ao Valor Recuperável de Ativos (se no período o valor líquido for positivo, deve ser somado).

33.2.3. Depreciação, amortização e exaustão

Depreciação, amortização e exaustão: inclui a despesa ou o custo contabilizados no período.

33.2.4. Valor adicionado recebido em transferência

Resultado de equivalência patrimonial: o resultado da equivalência pode representar receita ou despesa; se despesa, deve ser considerado como redução ou valor negativo.

Receitas financeiras: inclui todas as receitas financeiras, inclusive as variações cambiais ativas, independentemente de sua origem.

Outras receitas: inclui os dividendos relativos a investimentos avaliados ao custo, aluguéis, direitos de franquia etc.

33.3. DISTRIBUIÇÃO DE RIQUEZA

A segunda parte da DVA deve apresentar de forma detalhada como a riqueza obtida pela entidade foi distribuída. Os principais componentes dessa distribuição estão apresentados a seguir:

Pessoal: valores apropriados ao custo e ao resultado do exercício na forma de:

- Remuneração direta: representada pelos valores relativos a salários, 13º salário, honorários da administração (inclusive os pagamentos baseados em ações), férias, comissões, horas extras, participação de empregados nos resultados etc. Aqui consta o INSS ônus do empregado.

- Benefícios: representados pelos valores relativos a assistência médica, alimentação, transporte, planos de aposentadoria etc.
- FGTS: representado pelos valores depositados em conta vinculada dos empregados.

Impostos, taxas e contribuições: valores relativos ao imposto de renda, contribuição social sobre o lucro, contribuições ao INSS (incluídos aqui os valores do Seguro de Acidentes do Trabalho) que sejam ônus do empregador, bem como os demais impostos e contribuições a que a empresa esteja sujeita. Para os tributos compensáveis, tais como ICMS, IPI, PIS e COFINS, **devem ser considerados apenas os valores devidos ou já recolhidos**, que representam a diferença entre os impostos e contribuições incidentes sobre as vendas que geram tributos a recolher e os respectivos valores incidentes sobre as compras que dão direito ao crédito.

- Federais: incluem os tributos devidos à União, inclusive aqueles que são repassados no todo ou em parte aos Estados, Municípios, Autarquias etc., tais como: IRPJ, CSSL, IPI, CIDE, PIS, COFINS. Inclui também a contribuição sindical patronal.
- Estaduais: incluem os tributos devidos aos Estados, inclusive aqueles que são repassados no todo ou em parte aos municípios, autarquias etc., tais como o ICMS e o IPVA.
- Municipais: incluem os tributos devidos aos Municípios, inclusive aqueles que são repassados no todo ou em parte às autarquias, ou quaisquer outras entidades, tais como o ISS e o IPTU.

Remuneração de capitais de terceiros: valores pagos ou creditados aos financiadores externos de capital.

- Juros: incluem as despesas financeiras, inclusive as variações cambiais passivas, relativas a quaisquer tipos de empréstimos e financiamentos junto a instituições financeiras, empresas do grupo ou outras formas de obtenção de recursos. Inclui os valores que tenham sido capitalizados no período.
- Aluguéis: incluem os aluguéis (inclusive as despesas com arrendamento operacional) pagos ou creditados a terceiros, inclusive os acrescidos aos ativos.
- Outras: incluem outras remunerações que configurem transferência de riqueza a terceiros, mesmo que originadas em capital intelectual, tais como *royalties*, franquia, direitos autorais etc.

Remuneração de capitais próprios: valores relativos à remuneração atribuída aos sócios e acionistas.

- Juros sobre o capital próprio (JCP) e dividendos: incluem os valores pagos ou creditados aos sócios e acionistas por conta do resultado do período, ressalvando-se os valores dos JCP transferidos para conta de reserva de lucros. Devem ser incluídos **apenas os valores distribuídos com base no resultado do próprio**

Cap. 33 – Demonstração do Valor Adicionado | 497

exercício, desconsiderando-se os dividendos distribuídos com base em lucros acumulados de exercícios anteriores, uma vez que já foram tratados como "lucros retidos" no exercício em que foram gerados.

- Lucros retidos e prejuízos do exercício: incluem os valores relativos ao lucro do exercício destinados às reservas, inclusive os JCP quando tiverem esse tratamento; nos casos de prejuízo, esse valor deve ser incluído com sinal negativo.
- As quantias destinadas aos sócios e acionistas na forma de JCP, independentemente de serem registradas como passivo (JCP a pagar) ou como reserva de lucros, devem ter o mesmo tratamento dado aos dividendos no que diz respeito ao exercício a que devem ser imputados.

QUESTÃO COMENTADA

(FCC – Analista Judiciário/TRE SP/2017) A Demonstração do Valor Adicionado – DVA tem por objetivo evidenciar a riqueza gerada pela empresa em determinado período e a forma como foi distribuída. Para elaborar a sua DVA, a Cia. Aberta obteve algumas informações apresentadas abaixo.

Receita de vendas	R$ 700.000,00
Despesas de salários	R$ 50.000,00
FGTS depositado nas contas dos funcionários	R$ 4.000,00
ICMS incidente sobre as vendas	R$ 105.000,00
ICMS incidente sobre as mercadorias vendidas adquiridas de terceiros	R$ 30.000,00
INSS, parte empregador	R$ 11.000,00

Com base nessas informações, a riqueza distribuída na forma de impostos, taxas e contribuições foi, em reais:

a) 150.000,00.
b) 116.000,00.
c) 120.000,00.
d) 86.000,00.
e) 90.000,00.

RESPOSTA: D
COMENTÁRIO:

Distribuição do valor adicionado	
Tributos Federais INSS	11.000
Impostos sobre vendas	105.000
Impostos sobre mercadorias vendidas adquiridas de terceiros	(30.000)
TOTAL	**86.000**

33.4. CARACTERÍSTICAS DAS INFORMAÇÕES DA DVA

A DVA está fundamentada em conceitos macroeconômicos, buscando apresentar, eliminados os valores que representam dupla-contagem, **a parcela de contribuição que a entidade tem na formação do PIB**. Essa demonstração apresenta o quanto a entidade agrega de valor aos insumos adquiridos de terceiros e que são vendidos ou consumidos durante determinado período.

CONTABILIDADE GERAL E AVANÇADA • SILVIO SANDE E ANDRÉ NEIVA

Existem, todavia, diferenças temporais entre os modelos contábil e econômico no cálculo do valor adicionado. A ciência econômica, para cálculo do PIB, baseia-se na produção, enquanto a contabilidade utiliza o conceito contábil da realização da receita, isto é, baseia-se no regime contábil de competência. Como os momentos de realização da produção e das vendas são normalmente diferentes, os valores calculados para o PIB por meio dos conceitos oriundos **da Economia e da Contabilidade são naturalmente diferentes em cada período**. Essas diferenças serão tanto menores quanto menores forem as diferenças entre os estoques inicial e final para o período considerado. Em outras palavras, admitindo-se a inexistência de estoques inicial e final, os valores encontrados com a utilização de conceitos econômicos e contábeis convergirão.

Para os investidores e outros usuários, essa demonstração proporciona o conhecimento de informações de natureza econômica e social e oferece a possibilidade de melhor avaliação das atividades da entidade dentro da sociedade na qual está inserida. A decisão de recebimento por uma comunidade (Município, Estado e a própria Federação) de investimento pode ter nessa demonstração um instrumento de extrema utilidade e com informações que, por exemplo, a demonstração de resultados por si só não é capaz de oferecer.

A **DVA elaborada por segmento** (tipo de clientes, atividades, produtos, área geográfica e outros) pode representar informações ainda mais valiosas no auxílio da formulação de predições e, enquanto não houver um pronunciamento específico do CPC sobre segmentos, sua divulgação é incentivada.

33.5. ATIVOS CONSTRUÍDOS PELA EMPRESA PARA USO PRÓPRIO

A construção de ativos dentro da própria empresa para seu próprio uso é procedimento comum. Nessa construção diversos fatores de produção são utilizados, inclusive a contratação de recursos externos (por exemplo, materiais e mão de obra terceirizada) e a utilização de fatores internos como mão de obra, com os consequentes custos que essa contratação e utilização provocam. Para elaboração da DVA, essa construção equivale a produção vendida para a própria empresa, e por isso seu valor contábil integral precisa ser considerado como receita. A mão de obra própria alocada é considerada como distribuição dessa riqueza criada, e eventuais juros ativados e tributos também recebem esse mesmo tratamento. **Os gastos com serviços de terceiros e materiais são apropriados como insumos.**

À medida que tais ativos entrem em operação, a geração de resultados desses ativos recebe tratamento idêntico aos resultados gerados por qualquer outro ativo adquirido de terceiros; portanto, sua depreciação também deve receber igual tratamento.

CAPÍTULO 34

NOTAS EXPLICATIVAS ÀS DEMONSTRAÇÕES CONTÁBEIS

As **notas explicativas** têm o objetivo de **complementar e esclarecer elementos das demonstrações contábeis. Não apresentam fatos que alteram o patrimônio, mas sim atos administrativos que esclarecem ao usuário da contabilidade sobre fatos relevantes ocorridos, sendo parte integrante (de forma complementar) das demonstrações contábeis.** Como previsto na Lei das S.A.:

Lembre-se

As demonstrações serão complementadas por notas explicativas e outros quadros analíticos ou demonstrações contábeis necessárias para esclarecimento da situação patrimonial e dos resultados do exercício.

Ou seja, ela serve de fonte de informação de alguns fatos encontrados nas demonstrações contábeis e tem o objetivo de complementar essas demonstrações. Elas fazem parte das demonstrações contábeis e são obrigatórias.

Também segundo a **Lei das S.A.**, as notas explicativas devem:

- Apresentar informações sobre a base de preparação das demonstrações financeiras e das práticas contábeis específicas selecionadas e aplicadas para negócios e eventos significativos.
- Divulgar as informações exigidas pelas práticas contábeis adotadas no Brasil que não estejam apresentadas em nenhuma outra parte das demonstrações financeiras.
- Fornecer informações adicionais não indicadas nas próprias demonstrações financeiras e consideradas necessárias para uma apresentação adequada.
- Indicar:
  - Os principais critérios de avaliação dos elementos patrimoniais, especialmente estoques, dos cálculos de depreciação, amortização e exaustão, de constituição de provisões para encargos ou riscos, e dos ajustes para atender a perdas prováveis na realização de elementos do ativo.

- Os investimentos em outras sociedades, quando relevantes. Considera-se relevante o investimento: a) em cada sociedade coligada ou controlada, se o valor contábil é igual ou superior a 10% (dez por cento) do valor do patrimônio líquido da companhia; b) no conjunto das sociedades coligadas e controladas, se o valor contábil é igual ou superior a 15% (quinze por cento) do valor do patrimônio líquido da companhia.
- O aumento de valor de elementos do ativo resultante de novas avaliações.
- Os ônus reais constituídos sobre elementos do ativo, as garantias prestadas a terceiros e outras responsabilidades eventuais ou contingentes.
- A taxa de juros, as datas de vencimento e as garantias das obrigações a longo prazo.
- O número, espécies e classes das ações do capital social.
- As opções de compra de ações outorgadas e exercidas no exercício.
- Os ajustes de exercícios anteriores.
- Os eventos subsequentes à data de encerramento do exercício que tenham, ou possam vir a ter, efeito relevante sobre a situação financeira e os resultados futuros da companhia.

Segundo o **CPC 26,** as notas explicativas devem:

- Apresentar informação acerca da base para a elaboração das demonstrações contábeis e das políticas contábeis específicas utilizadas.
- Divulgar a informação requerida pelos Pronunciamentos Técnicos, Orientações e Interpretações do CPC que não tenha sido apresentada nas demonstrações contábeis.
- Prover informação adicional que não tenha sido apresentada nas demonstrações contábeis, mas que seja relevante para sua compreensão.

As notas explicativas devem ser apresentadas, tanto quanto seja praticável, de forma sistemática. Na determinação de forma sistemática, a entidade deve considerar os efeitos sobre a compreensibilidade e comparabilidade das suas demonstrações contábeis. Cada item das demonstrações contábeis deve ter referência cruzada com a respectiva informação apresentada nas notas explicativas.

Portanto:

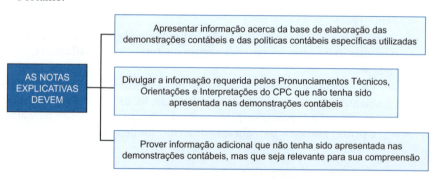

Exemplos de **ordenação ou agrupamento sistemático** das notas explicativas incluem:

- Dar destaque para as áreas de atividades que a entidade considera mais relevantes para a compreensão do seu desempenho financeiro e da posição financeira, como agrupar informações sobre determinadas atividades operacionais.
- Agrupar informações sobre contas mensuradas de forma semelhante, como os ativos mensurados ao valor justo.
- Seguir a ordem das contas das demonstrações do resultado e de outros resultados abrangentes e do balanço patrimonial, tais como:
  - Declaração de conformidade com os Pronunciamentos Técnicos, Orientações e Interpretações do CPC.
  - Políticas contábeis significativas aplicadas.
  - Informação de suporte de itens apresentados nas demonstrações contábeis pela ordem em que cada demonstração e cada rubrica sejam apresentadas; e
  - Outras divulgações.

As notas explicativas que proporcionam informação acerca **da base para a elaboração das demonstrações contábeis e as políticas contábeis específicas** podem ser apresentadas como seção separada das demonstrações contábeis.

As notas explicativas são normalmente **apresentadas pela ordem a seguir**, no sentido de auxiliar os usuários a compreender as demonstrações contábeis e a compará-las com demonstrações contábeis de outras entidades:

- Declaração de conformidade com os Pronunciamentos Técnicos, Orientações e Interpretações do Comitê de Pronunciamentos Contábeis.
- Resumo das políticas contábeis significativas aplicadas.
- Informação de suporte de itens apresentados nas demonstrações contábeis pela ordem em que cada demonstração e cada rubrica sejam apresentadas.
- Outras divulgações, incluindo:
  - Passivos contingentes e compromissos contratuais não reconhecidos.
  - Divulgações não financeiras, por exemplo, os objetivos e políticas de gestão do risco financeiro da entidade.

QUESTÕES COMENTADAS

(FCC – Auditor Público Externo/TCE-RS/Ciências Contábeis/2014) Com base na Lei das Sociedades por Ações, considere as afirmações a seguir:

I. As notas explicativas devem fornecer informações adicionais, não indicadas nas próprias demonstrações financeiras e consideradas necessárias para uma apresentação adequada.

II. As notas explicativas devem indicar as opções de compra de ações outorgadas e exercidas no exercício.

III. Os ajustes de exercícios anteriores, além de eventos subsequentes à data do encerramento do exercício que tenham, ou possam vir a ter, efeito relevante sobre a situação financeira e os resultados futuros da companhia, devem ser indicados em notas explicativas.

IV. Serão indicados, em notas explicativas, os investimentos em outras sociedades, quando relevantes.

QUESTÕES COMENTADAS

Está correto o que se afirma em:

a) I, II e III, apenas.

b) I e IV, apenas.

c) I, II e IV, apenas.

d) II, III e IV, apenas.

e) I, II, III e IV.

RESPOSTA: E

COMENTÁRIO:

As notas explicativas devem:

I – Apresentar informações sobre a base de preparação das demonstrações financeiras e das práticas contábeis específicas selecionadas e aplicadas para negócios e eventos significativos.

II – Divulgar as informações exigidas pelas práticas contábeis adotadas no Brasil que não estejam apresentadas em nenhuma outra parte das demonstrações financeiras.

III – Fornecer informações adicionais não indicadas nas próprias demonstrações financeiras e consideradas necessárias para uma apresentação adequada.

IV – Indicar:

a) Os principais critérios de avaliação dos elementos patrimoniais, especialmente estoques, dos cálculos de depreciação, amortização e exaustão, de constituição de provisões para encargos ou riscos, e dos ajustes para atender a perdas prováveis na realização de elementos do ativo.

b) Os investimentos em outras sociedades, quando relevantes. Considera-se relevante o investimento: i) em cada sociedade coligada ou controlada, se o valor contábil é igual ou superior a 10% (dez por cento) do valor do patrimônio líquido da companhia; ii) no conjunto das sociedades coligadas e controladas, se o valor contábil é igual ou superior a 15% (quinze por cento) do valor do patrimônio líquido da companhia.

c) O aumento de valor de elementos do ativo resultante de novas avaliações.

d) Os ônus reais constituídos sobre elementos do ativo, as garantias prestadas a terceiros e outras responsabilidades eventuais ou contingentes.

e) A taxa de juros, as datas de vencimento e as garantias das obrigações a longo prazo.

f) O número, espécies e classes das ações do capital social.

g) As opções de compra de ações outorgadas e exercidas no exercício.

h) Os ajustes de exercícios anteriores.

i) Os eventos subsequentes à data de encerramento do exercício que tenham, ou possam vir a ter, efeito relevante sobre a situação financeira e os resultados futuros da companhia.

Todos os itens da questão estão previstos.

(CEBRASPE/CESPE – Analista de Gestão de Resíduos Sólidos/SLU DF/Ciências Contábeis/2019) Com relação a notas explicativas às demonstrações financeiras, julgue o item subsecutivo, à luz dos pronunciamentos técnicos do Comitê de Pronunciamentos Contábeis e da Lei nº 6.404/1976 e suas alterações.

Companhias abertas de capital fechado cujo patrimônio líquido seja inferior a R$ 2.000.000 são dispensadas da elaboração de notas explicativas.

RESPOSTA: ERRADO

COMENTÁRIO: Todas as companhias deverão complementar suas demonstrações com notas explicativas e outros quadros analíticos, conforme a Lei nº 6.404/1976, art. 176, § 4º e 6º.

> Art. 176. [...]
> § 4º As demonstrações serão complementadas por notas explicativas e outros quadros analíticos ou demonstrações contábeis necessários para esclarecimento da situação patrimonial e dos resultados do exercício.
> § 6º A companhia fechada com patrimônio líquido, na data do balanço, inferior a R$ 2.000.000,00 (dois milhões de reais) não será obrigada à elaboração e publicação da **demonstração dos fluxos de caixa**. (Redação dada pela Lei no 11.638, de 2007).

34.1. DIVULGAÇÃO DE POLÍTICAS CONTÁBEIS

A entidade deve, através das notas explicativas, **divulgar no resumo de políticas contábeis significativas**:

- A base (ou bases) de mensuração utilizada(s) na elaboração das demonstrações contábeis.
- Outras políticas contábeis utilizadas que sejam relevantes para a compreensão das demonstrações contábeis.

É importante que os usuários estejam informados sobre a base ou bases de mensuração utilizada(s) nas demonstrações contábeis (por exemplo, custo histórico, custo corrente, valor realizável líquido, valor justo ou valor recuperável) porque a base sobre a qual as demonstrações contábeis são elaboradas **afeta significativamente a análise dos usuários**. Quando mais de uma base de mensuração for utilizada nas demonstrações contábeis, por exemplo, quando determinadas classes de ativos são reavaliadas (se permitido legalmente), é suficiente divulgar uma indicação das categorias de ativos e de passivos à qual cada base de mensuração foi aplicada.

Ao decidir se determinada política contábil deve ou não ser divulgada, a administração deve considerar se sua divulgação proporcionará aos usuários melhor compreensão da forma em que as transações, outros eventos e condições estão refletidos no desempenho e na posição financeira relatadas.

A entidade deve divulgar, no resumo das políticas contábeis significativas ou em outras notas explicativas, os julgamentos realizados, com a exceção dos que envolvem estimativas, que a administração fez no processo de aplicação das políticas contábeis da entidade e que têm efeito mais significativo nos montantes reconhecidos nas demonstrações contábeis.

No processo de aplicação das políticas contábeis da entidade, a administração exerce diversos julgamentos, com a exceção dos que envolvem estimativas, que podem afetar significativamente os montantes reconhecidos nas demonstrações contábeis. Por exemplo, a administração exerce julgamento ao definir:

- Se os ativos financeiros são instrumentos mantidos até o vencimento.
- Quando os riscos e benefícios significativos sobre a propriedade de ativos financeiros e de ativos arrendados são substancialmente transferidos para outras entidades.
- Se, em essência, determinadas vendas de bens decorrem de acordos de financiamento e, portanto, não dão origem a receitas de venda.
- Se os termos contratuais de ativo financeiro derem origem, em datas especificadas, a fluxos de caixa que constituam exclusivamente pagamentos de principal e juros sobre o valor do principal em aberto.

Destaca-se, por fim, que a divulgação de notas explicativas não tem o poder de retificar políticas contábeis inadequadas:

Atenção

A entidade não pode retificar políticas contábeis inadequadas por meio da divulgação das políticas contábeis utilizadas ou por meio de notas explicativas ou qualquer outra divulgação explicativa.

A entidade cujas demonstrações contábeis estão em conformidade com os Pronunciamentos Técnicos, Interpretações e Orientações do CPC deve declarar de forma explícita e sem reservas essa conformidade nas notas explicativas. A entidade não deve afirmar que suas demonstrações contábeis estão de acordo com esses Pronunciamentos Técnicos, Interpretações e Orientações a menos que cumpra todos os seus requisitos.

34.2. FONTES DE INCERTEZA E DE ESTIMATIVA

A entidade deve divulgar, nas notas explicativas, informação acerca dos pressupostos relativos ao futuro e outras fontes **principais de incerteza nas estimativas** ao término do período de reporte que possuam risco significativo de provocar ajuste material nos valores contábeis de ativos e passivos ao longo do próximo exercício social. Com respeito a esses ativos e passivos, as notas explicativas devem incluir detalhes elucidativos acerca:

- Da sua natureza.
- Do seu valor contábil ao término do período de reporte.

Os pressupostos e outras principais fontes da incerteza das estimativas divulgados relacionam-se com as estimativas cujos julgamentos são os mais difíceis de serem feitos por parte da administração, subjetivos ou mesmo complexos.

As divulgações devem ser apresentadas de **forma a ajudar os usuários das demonstrações contábeis a compreender os julgamentos que a administração** fez acerca do futuro e sobre outras principais fontes de incerteza das estimativas. A natureza e a extensão da informação a ser divulgada variam de acordo com a natureza dos pressupostos e outras circunstâncias.

Exemplos desses tipos de divulgação são os que seguem:

- A natureza dos pressupostos ou de outras incertezas nas estimativas.
- A sensibilidade dos valores contábeis aos métodos, pressupostos e estimativas subjacentes ao respectivo cálculo, incluindo as razões para essa sensibilidade.
- A solução esperada de incerteza e a variedade de desfechos razoavelmente possíveis ao longo do próximo exercício social em relação aos valores contábeis dos ativos e passivos impactados.
- Uma explicação de alterações feitas nos pressupostos adotados no passado no tocante a esses ativos e passivos, caso a incerteza permaneça sem solução.

34.3. CAPITAL

A entidade deve divulgar informações que permitam aos usuários das demonstrações contábeis **avaliar seus objetivos, políticas e processos de gestão de capital**.

A entidade deve divulgar as seguintes informações:

- Informações qualitativas sobre os seus objetivos, políticas e processos de gestão do capital, incluindo, sem a elas se limitar, as seguintes:
  - Descrição dos elementos abrangidos pela gestão do capital.

- Caso a entidade esteja sujeita a requisitos de capital impostos externamente, a natureza desses requisitos e a forma como são integrados na gestão de capital.
- Como está cumprindo os seus objetivos em matéria de gestão de capital.

- Dados quantitativos sintéticos sobre os elementos incluídos na gestão do capital. Algumas entidades consideram alguns passivos financeiros (como, por exemplo, algumas formas de empréstimos subordinados) como fazendo parte do capital, enquanto outras consideram que devem ser excluídos do capital alguns componentes do capital próprio (como, por exemplo, os componentes associados a operações de hedge de fluxos de caixa).
- Quaisquer alterações dos elementos referidos nos tópicos anteriores em relação ao período precedente.
- Indicação do cumprimento ou não, durante o período, dos eventuais requisitos de capital impostos externamente a que a entidade estiver ou esteve sujeita.
- Caso a entidade não tenha atendido a esses requisitos externos de capital, as consequências dessa não observância.

Essas informações devem basear-se nas informações prestadas internamente aos principais dirigentes da entidade.

A entidade pode gerir o seu capital de várias formas e pode estar sujeita a diferentes requisitos no que diz respeito ao seu capital. Por exemplo, um conglomerado pode incluir entidades que exercem a atividade de seguro, em paralelo com outras que exercem a atividade bancária, e essas entidades podem desenvolver a sua atividade em vários países diferentes. Caso a divulgação agregada dos requisitos de capital e da forma como este é gerido não proporcione uma informação adequada ou contribua para distorcer o entendimento acerca dos recursos de capital da entidade pelos usuários das demonstrações contábeis, a entidade deve divulgar informações distintas relativamente a cada requerimento de capital a que está sujeita.

34.4. INSTRUMENTOS FINANCEIROS COM OPÇÃO DE VENDA CLASSIFICADOS NO PATRIMÔNIO LÍQUIDO

No caso de instrumentos financeiros com opção de venda (*puttable*) classificados como instrumentos patrimoniais, a entidade deve divulgar (na extensão em que não tiver divulgado em outro lugar nas demonstrações contábeis):

- Dados quantitativos resumidos sobre os valores classificados no patrimônio líquido.
- Seus objetivos, políticas e os processos de gerenciamento de sua obrigação de recompra ou resgate dos instrumentos quando requerido a fazer pelos detentores desses instrumentos, incluindo quaisquer alterações em relação a período anterior.
- O fluxo de caixa de saída esperado na recompra ou no resgate dessa classe de instrumentos financeiros.
- Informação sobre como esse fluxo de caixa esperado na recompra ou no resgate dessa classe de instrumentos financeiros foi determinado.

34.5. OUTRAS DIVULGAÇÕES

A entidade deve divulgar nas notas explicativas:

- O montante de dividendos propostos ou declarados antes da data em que as demonstrações contábeis foram autorizadas para serem emitidas e não reconhecido como uma distribuição aos proprietários durante o período abrangido pelas demonstrações contábeis, bem como o respectivo valor por ação ou equivalente.
- A quantia de qualquer dividendo preferencial cumulativo não reconhecido.

A entidade deve divulgar, caso não for divulgado em outro local entre as informações publicadas com as demonstrações contábeis, as seguintes informações:

- O domicílio e a forma jurídica da entidade, o seu país de registro e o endereço da sede registrada (ou o local principal dos negócios, se diferente da sede registrada).
- A descrição da natureza das operações da entidade e das suas principais atividades.
- O nome da entidade controladora e a entidade controladora do grupo em última instância.
- Se uma entidade constituída por tempo determinado, informação a respeito do tempo de duração.

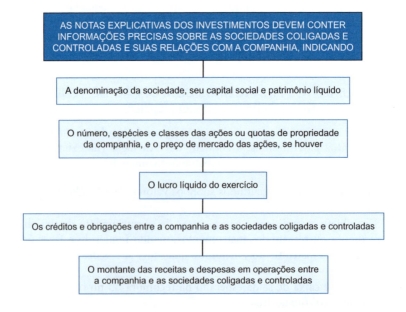

34.6. EXEMPLO DE NOTAS EXPLICATIVAS

Para facilitar o aprendizado, se reproduz parte das notas explicativas da Braskem relativas às suas demonstrações trimestrais:

Braskem S.A.

Notas explicativas da Administração às informações trimestrais de 30/09/2106

Valores expressos em milhares, exceto quando indicado de outra forma

1. Contexto operacional

A Braskem S.A. (designada neste relatório como "Controladora") é uma sociedade por ações, de capital aberto, com sede em Camaçari, Bahia (BA), que, em conjunto com suas controladas (designadas neste relatório como "Braskem" ou "Companhia"), é controlada pela Odebrecht S.A. ("Odebrecht") que detém, direta e indiretamente, 50,11% e 38,32% do seu capital votante e total, respectivamente.

a) Evento operacional relevante que impactou essas demonstrações financeiras

Em dezembro de 2015, iniciou-se o processo de partida do complexo petroquímico da Braskem Idesa S.A.P.I ("Braskem Idesa"), no México, com a entrada em operação da área de utilidades, seguida do cracker em março de 2016. Em abril foi produzido o primeiro lote de polietileno (PE). O complexo reúne um cracker de produção de eteno base gás e três plantas de polietileno – sendo duas de alta e uma de baixa densidade, com capacidade de produção integrada de 1,05 milhões de toneladas* de PE por ano.

A Braskem detém 75% de participação indireta na Braskem Idesa, sendo os 25% restantes pertencentes à Etileno XXI, S.A. de C.V.

*não revisado

b) Capital circulante líquido

Em 30 de setembro de 2016, o capital circulante líquido na Controladora é negativo em R$ 5.610.939 (R$ 5. 607.672 negativo em 31 de dezembro de 2015). Por outro lado, o capital circulante líquido consolidado é positivo em R$ 3.479.569 (R$ 578.045 positivo em 31 de dezembro de 2015). A gestão do capital circulante leva em conta os números consolidados, uma vez que a Companhia conta com mecanismos para movimentar recursos entre as empresas de forma eficiente, sem prejudicar o atendimento dos compromissos de cada uma das entidades que compõem as demonstrações consolidadas. Por essa razão, qualquer análise que tenha por base o capital circulante da Controladora não refletirá a real liquidez da Companhia.

2. Sumário das principais práticas contábeis

Não ocorreram mudanças nas práticas contábeis aplicadas na elaboração dessas informações trimestrais em relação àquelas apresentadas nas demonstrações financeiras do exercício findo em 31 de dezembro de 2015.

2.1 Base de preparação

Essas "Informações trimestrais" compreendem o período acumulado de nove meses findo em 30 de setembro de 2016.

Veja que o sentido geral das notas explicativas **é transmitir informações importantes aos usuários da informação contábil e esclarecer sobre como as demonstrações financeiras foram elaboradas**. No exemplo acima, a Braskem trata de eventos relevantes, alterações no capital circulante e começa a tratar das práticas contábeis. Todos esses grupos tratados no exemplo se encaixam em algumas das previsões que devem constar nas notas explicativas.

34.7. NOTAS EXPLICATIVAS DAS MICROEMPRESAS E EMPRESAS DE PEQUENO PORTE

O ITG 1000 também trata de notas explicativas, além das demonstrações contábeis, para Microempresa e Empresa de Pequeno Porte.

É importante saber o que significa Microempresa e Empresa de Pequeno Porte. Segundo a Lei Complementar 123, de 14 de dezembro de 2006:

> *Art. 3º Para os efeitos desta Lei Complementar, consideram-se microempresas ou empresas de pequeno porte, a sociedade empresária, a sociedade simples, a empresa individual de responsabilidade limitada e o empresário a que se refere o art. 966 da Lei nº 10.406, de 10 de janeiro de 2002 (Código Civil), devidamente registrados no Registro de Empresas Mercantis ou no Registro Civil de Pessoas Jurídicas, conforme o caso, desde que:*
>
> *I – No caso da microempresa, aufira, em cada ano-calendário, receita bruta igual ou inferior a R$ 360.000,00 (trezentos e sessenta mil reais); e*
>
> *II – No caso de empresa de pequeno porte, aufira, em cada ano-calendário, receita bruta superior a R$ 360.000,00 (trezentos e sessenta mil reais) e igual ou inferior a R$ 4.800.000,00 (quatro milhões e oitocentos mil reais).*

O ITG 1000 prevê que, no mínimo, as Notas Explicativas às Demonstrações Contábeis dessas empresas devem incluir:

- Declaração explícita e não reservada de conformidade com esta Interpretação.
- Descrição resumida das operações da entidade e suas principais atividades.
- Referência às principais práticas contábeis adotadas na elaboração das demonstrações contábeis.
- Descrição resumida das políticas contábeis significativas utilizadas pela entidade.
- Descrição resumida de contingências passivas, quando houver.
- Qualquer outra informação relevante para a adequada compreensão das demonstrações contábeis.

CAPÍTULO 35

CONSOLIDAÇÃO

Demonstrações consolidadas são as demonstrações contábeis onde os ativos, passivos, patrimônio líquido, receitas, despesas e fluxos de caixa **da controladora e de suas controladas** são apresentados **como se fossem uma única entidade econômica**.

35.1. QUEM ESTÁ OBRIGADO

35.1.1. Lei das S.A.

De acordo com o art. 249 da Lei das Sociedades por Ações (Lei nº 6.404/76):

> Art. 249. A companhia aberta que tiver mais de 30% (trinta por cento) do valor do seu patrimônio líquido representado por investimentos em sociedades controladas **deverá elaborar e divulgar, juntamente com suas demonstrações financeiras**, demonstrações consolidadas nos termos do artigo 250.
>
> Parágrafo único. A Comissão de Valores Mobiliários poderá expedir normas sobre as sociedades cujas demonstrações devam ser abrangidas na consolidação, e:
>
> • Determinar a inclusão de sociedades que, embora não controladas, sejam financeira ou administrativamente dependentes da companhia.
>
> • Autorizar, em casos especiais, a exclusão de uma ou mais sociedades controladas.

Portanto, as companhias abertas **que tiverem mais de 30% (trinta por cento) do valor de seu patrimônio líquido representado por investimentos em sociedades controladas** deverão elaborar e divulgar, juntamente com suas demonstrações financeiras, as demonstrações consolidadas.

Diz o parágrafo único do referido artigo **que a CVM poderá expedir normas sobre as sociedades cujas demonstrações devam ser abrangidas na consolidação** e:

- Determinar a inclusão de sociedades que, embora não controladas, sejam financeiras ou administrativamente dependentes da Companhia.
- Autorizar, em casos especiais, a exclusão de uma ou mais sociedades controladas.

O parágrafo único do art. 291 da Lei das S.A. prevê ainda:

> Parágrafo único. A Comissão de Valores Mobiliários poderá reduzir a porcentagem de que trata o artigo 249.

Atenção

A CVM pode reduzir o percentual previsto na Lei das S.A. de 30% (trinta por cento) do valor de seu patrimônio líquido representado por investimentos em sociedades controladas para a elaboração das demonstrações consolidadas.

Com isso essas permissões legais, a Comissão de Valores Mobiliários expediu a Instrução CVM 247, de 27 de março de 1996, que, dentre outras coisas, dispõe sobre os procedimentos para elaboração e divulgação das demonstrações contábeis consolidadas. Essa instrução, **reduziu a zero** a necessidade percentual de representação no patrimônio líquido da controlada, ou seja, **para as companhias abertas** (de quem a CVM é órgão regulador) não é necessário o investimento representar 30% do seu patrimônio líquido, **bastando**:

- Companhia aberta que possuir investimento em sociedades controladas, incluindo as sociedades controladas em conjunto.
- Sociedade de comando de grupo de sociedades que inclua companhia aberta.

QUESTÃO COMENTADA

(CESPE – Analista/FUNPRESP/2016) A obrigatoriedade de consolidação das demonstrações contábeis está diretamente associada ao controle que uma empresa investidora exerce sobre uma empresa investida.
RESPOSTA: VERDADEIRO
COMENTÁRIO: Correto. A obrigatoriedade de consolidação está associada ao controle da investidora sobre a investida.

Existem situações onde a própria CVM desobriga a apresentação de demonstrações consolidadas, sem a necessidade da sua prévia aprovação, conforme o art. 23 da Instrução CVM 247/96:

Art. 23. Poderão ser excluídas das demonstrações contábeis consolidadas, sem prévia autorização da CVM, as sociedades controladas que se encontrem nas seguintes condições:

I – com efetivas e claras evidências de perda de continuidade e cujo patrimônio seja avaliado, ou não, a valores de liquidação; ou

II – cuja venda por parte da investidora, em futuro próximo, tenha efetiva e clara evidência de realização devidamente formalizada.

§ 1º A Comissão de Valores Mobiliários poderá, em casos especiais e mediante prévia solicitação, autorizar a exclusão de uma ou mais sociedades controladas das demonstrações contábeis consolidadas.

Logo, a CVM permitiu excluir, sem a sua prévia autorização, das demonstrações consolidadas as sociedades investidas: com efetivas e claras evidências de **perda de continuidade** e cujo patrimônio seja avaliado, ou não, a valores de liquidação; ou **cuja venda** por parte da investidora, em futuro próximo, tenha efetiva e clara evidência de realização devidamente formalizada. Também é possível que a CVM autorize, aqui com a sua prévia autorização, a exclusão de uma ou mais controladas das demonstrações consolidadas.

35.1.2. CPC 36

O CPC 36, que trata da consolidação das demonstrações contábeis, determina que todas as companhias abertas que possuam controladas, controladas em conjunto ou pertençam a grupo econômico devem apresentar demonstrações consolidadas. O referido pronunciamento técnico também presenta outras situações onde as demonstrações não devem ser consolidadas. No texto do CPC 36, temos que:

*A entidade **que seja controladora deve apresentar demonstrações consolidadas**. Este Pronunciamento se aplica a todas essas entidades, **com as seguintes exceções**:*

(a) a controladora pode deixar de apresentar as demonstrações consolidadas somente se satisfizer todas as condições a seguir, além do permitido legalmente:

(i) a controladora é ela própria uma controlada (integral ou parcial) de outra entidade, a qual, em conjunto com os demais proprietários, incluindo aqueles sem direito a voto, foram consultados e não fizeram objeção quanto à não apresentação das demonstrações consolidadas pela controladora;

(ii) seus instrumentos de dívida ou patrimoniais não são negociados publicamente (bolsa de valores nacional ou estrangeira ou mercado de balcão, incluindo mercados locais e regionais);

(iii) ela não tiver arquivado nem estiver em processo de arquivamento de suas demonstrações contábeis junto a uma Comissão de Valores Mobiliários ou outro órgão regulador, visando à distribuição pública de qualquer tipo ou classe de instrumento no mercado de capitais; e

(iv) a controladora final, ou qualquer controladora intermediária da controladora, disponibiliza ao público suas demonstrações em conformidade com os Pronunciamentos do CPC, em que as controladas são consolidadas ou são mensuradas ao valor justo por meio do resultado de acordo com este pronunciamento;

4A. Este pronunciamento não se aplica a planos de benefícios pós-emprego ou outros planos de benefícios de longo prazo a empregados aos quais se aplica o CPC 33 – Benefícios a Empregados.

4B. A controladora que é entidade de investimento não deve apresentar demonstrações contábeis consolidadas se estiver obrigada, de acordo com o item 31 deste pronunciamento, a mensurar todas as suas controladas ao valor justo por meio do resultado. (A entidade de investimento é uma entidade que: (a) obtém recursos de um ou mais investidores com o intuito de prestar a esses investidores serviços de gestão de investimento; (b) se compromete com os seus investidores no sentido de que seu propósito comercial é investir recursos exclusivamente para retornos de valorização do capital, receitas de investimentos ou ambos; (c) mensura e avalia o desempenho de substancialmente todos os seus investimentos com base no valor justo.)

4C. Se a controladora final, ou qualquer controladora intermediária da controladora, disponibilizar demonstrações consolidadas em IFRS, como editadas pelo IASB, atende a condição prevista no item 4(a)(iv).

4D. A isenção a que se refere o item 4(a)(iv) somente pode ser obtida se a controladora final, ou qualquer controladora intermediária da controladora, estiver sujeita à regulamentação brasileira e disponibilizar demonstrações consolidadas no Brasil.

A partir da previsão acima, podemos sintetizar as condições prevista no CPC 26 que devem ser **todas atendidas ao mesmo tempo** para dispensar a apresentação das demonstrações consolidadas:

> A controladora é, ela mesma, uma controlada de outra sociedade, e essa não fez oposição, em conjunto com os demais proprietários, à não apresentação das demonstrações consolidadas

> As companhias em que "seus instrumentos de dívida ou patrimoniais não são negociados publicamente", ou seja, as sociedades anônimas de capital fechado, bem como as sociedades que não tenham iniciado o processo para abertura do seu capital na CVM ou outro órgão regulador

> A controladora final, ou qualquer controladora intermediária da controladora, disponibiliza ao público suas demonstrações em conformidade com os Pronunciamentos do CPC, em que as controladas são consolidadas ou são mensuradas ao valor justo por meio do resultado

Essa última condição **é considerada atendida se a controladora final, ou qualquer controladora intermediária da controladora, disponibilizar demonstrações consolidadas em IFRS, como editadas pelo IASB**. Ela só somente pode ser obtida se a controladora final, ou qualquer controladora intermediária da controladora, estiver sujeita à regulamentação brasileira e disponibilizar demonstrações consolidadas no Brasil.

Vejamos agora que sociedades estão obrigadas à consolidação, salvo atingida por alguma das exceções vistas acima.

35.1.2.1. Companhia aberta que possuir investimentos em sociedades controladas

Ao tratar do ativo não circulante, vimos quando uma sociedade deve ser considerada uma controlada. **Controlada** é a entidade, incluindo aquela não constituída sob a forma de sociedade (tal como uma parceria), na qual a controladora, diretamente ou por meio de outras controladas, é titular de direitos de sócio que lhe assegurem, de modo permanente, preponderância nas deliberações sociais e o poder de eleger a maioria dos administradores.

Se a sociedade tiver o controle de outra e o seu capital for aberto, deve efetuar a consolidação integral do patrimônio da sua controlada nas suas demonstrações contábeis.

35.1.2.2. Sociedades controladas em conjunto

Considera-se controlada em conjunto aquela em que nenhum acionista exerce, individualmente, os poderes de controlador. Ao estudar o ativo não circulante, vimos que o **controle conjunto** é o compartilhamento, contratualmente convencionado, do controle de negócio, que existe somente quando decisões sobre as atividades relevantes exigem o consentimento unânime das partes que compartilham o controle. As sociedades controladas em conjunto devem efetuar a consolidação das demonstrações contábeis.

35.1.2.3. Sociedade em comando de grupo de sociedades que inclua companhia aberta

A sociedade controladora e suas controladas podem constituir, **grupo de sociedades**, mediante convenção pela qual se obriguem a combinar recursos ou esforços para a realização dos respectivos objetos, ou a participar de atividades ou empreendimentos comuns.

A sociedade controladora, ou de comando do grupo, deve ser brasileira, e exercer, direta ou indiretamente, e de modo permanente, o controle das sociedades filiadas, como titular de direitos de sócio ou acionista, ou mediante acordo com outros sócios ou acionistas.

No controle de um grupo econômico pode surgir a figura da *Holding*, que consiste em uma entidade que centraliza o controle das participações de um único acionista ou de um grupo de acionistas em outras sociedades.

A diferença entre o grupo de sociedades e a *joint venture* é a de que na *joint venture* não existe um controlador, ou seja, o controle é exercido em conjunto. Já no grupo de sociedades há a figura do controlador.

Também no caso de grupo de sociedades, as demonstrações contábeis devem ser consolidadas.

35.2. DEMONSTRAÇÕES ABRANGIDAS

A consolidação das demonstrações contábeis **envolve as seguintes demonstrações**:

- Balanço patrimonial.
- Demonstração do resultado.
- Demonstração do valor adicionado.
- Demonstração do fluxo de caixa.

A doutrina retira do rol das demonstrações a serem consolidadas a DMPL e a DRA, porque são idênticas às da controladora, uma vez que ela utiliza, obrigatoriamente, o método de equivalência patrimonial, e, portanto, a apresentação seria uma duplicidade desnecessária. É importante ressaltar que as demonstrações também devem ser **divulgadas individualmente** mesmo quando a companhia estiver obrigada a consolidá-las.

As demonstrações contábeis da controladora e de suas controladas utilizadas na elaboração das demonstrações consolidadas **devem ter a mesma data-base**. Quando o final do período das demonstrações contábeis da controladora **for diferente do da controlada, a controlada deve elaborar, para fins de consolidação, informações contábeis adicionais** de mesma data que as demonstrações contábeis da controladora, para permitir que esta consolide as informações contábeis da controlada, a menos que seja impraticável fazê-lo.

Se for impraticável fazê-lo, a controladora deve consolidar as informações contábeis da controlada usando as demonstrações contábeis mais recentes da controlada, ajustadas para refletir os efeitos de transações ou eventos significativos ocorridos entre a data dessas demonstrações contábeis e a data das demonstrações consolidadas. Em qualquer caso, **a diferença entre a data das demonstrações contábeis da controlada e a das demonstrações consolidadas não deve ser superior a dois meses**, e a duração dos períodos das demonstrações contábeis e qualquer diferença entre as datas das demonstrações contábeis devem ser as mesmas de período para período.

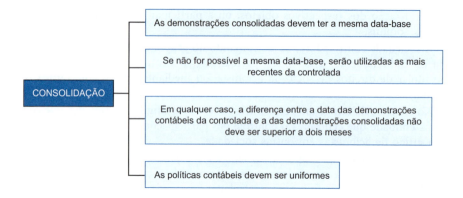

35.3. PRINCIPAIS AJUSTES DE ELIMINAÇÃO

Sabemos que as demonstrações consolidadas são as demonstrações contábeis onde os ativos, passivos, patrimônio líquido, receitas, despesas e fluxos de caixa da controladora e de suas controladas são apresentados como se fossem uma única entidade econômica. Contudo, existem alguns valores que devem ser eliminados.

Segundo a Lei das S.A.:

*Art. 250. Das demonstrações financeiras consolidadas **serão excluídas**:*

I – as participações de uma sociedade em outra;

II – os saldos de quaisquer contas entre as sociedades;

III – as parcelas dos resultados do exercício, dos lucros ou prejuízos acumulados e do custo de estoques ou do ativo não circulante que corresponderem a resultados, ainda não realizados, de negócios entre as sociedades.

§ 1º A participação dos acionistas não controladores no patrimônio líquido e no lucro do exercício será destacada, respectivamente, no balanço patrimonial e na demonstração do resultado do exercício.

§ 2º A parcela do custo de aquisição do investimento em controlada, que não for absorvida na consolidação, deverá ser mantida no ativo não circulante, com dedução da provisão adequada para perdas já comprovadas, e será objeto de nota explicativa.

§ 3º O valor da participação que exceder do custo de aquisição constituirá parcela destacada dos resultados de exercícios futuros até que fique comprovada a existência de ganho efetivo.

§ 4º Para fins deste artigo, as sociedades controladas, cujo exercício social termine mais de 60 (sessenta) dias antes da data do encerramento do exercício da companhia, elaborarão, com observância das normas desta Lei, demonstrações financeiras extraordinárias em data compreendida nesse prazo.

A sequência prevista nos incisos do art. 250 da Lei das S.A. apresenta, em outras palavras, **os principais saldos intercompanhias que devem ser eliminados na consolidação**. Portanto, o principal cuidado durante o procedimento de consolidação é a eliminação de resultados intercompanhias para evitar duplicidade de valores por conta da duplicidade de registros.

CAP. 35 – CONSOLIDAÇÃO | 515

O CPC 36 apresenta no seu corpo um registro mais completo e atualizado dos procedimentos que devem ser adotados para a eliminação durante a consolidação e que não são contrários ao previsto na Lei das S.A. ou na IN CVM 247, mas complementares. Portanto, na consolidação devem ser adotados os seguintes procedimentos:

Lembre-se

- Combinar itens similares de ativos, passivos, patrimônio líquido, receitas, despesas e fluxos de caixa da controladora com os de suas controladas.
- Compensar (eliminar) o valor contábil do investimento da controladora em cada controlada e a parcela da controladora no patrimônio líquido de cada controlada.
- O ágio pago por expectativa de rentabilidade futura (*goodwill*) deve ser reclassificado para o grupo intangível.
- Identificar a parte do resultado que pertence aos não controladores, assim como os ativos e passivos, separando-os.
- Eliminar integralmente ativos e passivos, patrimônio líquido, receitas, despesas e fluxos de caixa intragrupo relacionados a transações entre entidades do grupo (resultados decorrentes de transações intragrupo que sejam reconhecidos em ativos, tais como estoques e ativos fixos, são eliminados integralmente). Os prejuízos intragrupo podem indicar uma redução no valor recuperável de ativos, que exige o seu reconhecimento nas demonstrações consolidadas.
- As diferenças temporárias, que surgem da eliminação de lucros e prejuízos resultantes de transações intragrupo, devem ser reconhecidas no ativo ou no passivo como tributo diferido.

A entidade deve incluir as receitas e as despesas de controlada nas demonstrações consolidadas desde a data em que adquire o controle até a data em que deixa de controlar a controlada. **As receitas e as despesas da controlada se baseiam nos valores dos ativos e passivos reconhecidos nas demonstrações consolidadas na data de aquisição.** Por exemplo, a despesa de depreciação reconhecida na demonstração consolidada do resultado abrangente após a data de aquisição se baseia nos valores justos dos respectivos ativos depreciáveis correspondentes reconhecidos nas demonstrações consolidadas na data de aquisição.

A controladora deve elaborar demonstrações consolidadas utilizando políticas contábeis uniformes para transações similares e outros eventos em circunstâncias similares.

Se um membro do grupo utilizar políticas contábeis diferentes daquelas adotadas nas demonstrações consolidadas para transações similares e eventos em circunstâncias similares, devem ser feitos ajustes apropriados às demonstrações contábeis desse membro do grupo na elaboração das demonstrações consolidadas para garantir a conformidade com as políticas contábeis do grupo.

Dessa forma, vemos que o objetivo da demonstração consolidada é mostrar aos usuários da contabilidade duas ou mais empresas como uma só, para que possam fazer as suas análises de interesse, sendo necessários, para isso, ajustes.

35.3.1. Saldos intercompanhias

Por tratar de consolidação, poderíamos entender que a simples soma dos saldos das contas das diferentes empresas bastaria para encontrar a demonstração consolidada. No entanto, para evitar a duplicidade, **temos que eliminar os saldos intercompanhias**. Todas as transações de débito e crédito existentes entre as companhias do grupo devem ser eliminadas.

Vamos agora ver alguns exemplos dessas contas que devem ser eliminadas na consolidação. Contudo, eles não são exaustivos. Por isso, é importante compreender a lógica por trás deles, que é evitar registros de transações entre as companhias que terão as suas demonstrações consolidadas.

São exemplos de contas a serem eliminadas na **demonstração do resultado do exercício (DRE) consolidada**:

- Vendas contra custo.
- Receita com juros contra despesa com juros.
- Resultado da equivalência patrimonial.

São exemplos de contas a serem eliminadas do **balanço patrimonial** consolidado:

- Clientes contra fornecedores.
- Contas-correntes.
- Investimento contra patrimônio líquido.
- Dividendos a receber contra dividendos a pagar.

Por ocasião da preparação das demonstrações financeiras consolidadas, todos os saldos devedores e credores entre controladora e controladas devem ser identificados e eliminados.

Exemplo:

A Cia. Alfa é controladora e única acionista da Cia. Beta. As duas são abertas e apresentam os seguintes balanços:

	Cia. Alfa
Ativo	
Banco	50.000
Contas a receber da Cia. Beta	200.000
Dividendos a receber da Cia. Beta	250.000
Investimento na Cia. Beta	200.000
Passivo	
Financiamento de curto prazo	100.000
Financiamento de longo prazo	300.000
Patrimônio líquido	300.000

	Cia. Beta
Ativo	
Banco	250.000
Contas a receber de terceiros	150.000
Imobilizado	300.000
Passivo	
Contas a pagar Cia. Alfa	200.000
Dividendos a pagar Cia. Alfa	250.000
Financiamento de longo prazo	50.000
Patrimônio líquido	200.000

Cap. 35 – Consolidação | 517

Por ser controladora e aberta, a Cia. Alfa está obrigada a efetuar a consolidação. Nesse processo, temos que eliminar os saldos intercompanhias. Olhando comparativamente os dois balanços, podemos ver que, no caso apresentado, antes de somar os saldos, devemos eliminar os seguintes saldos: contas a receber intercompanhias, dividendos intercompanhias e investimento da Cia. Alfa na Cia. Beta.

1) Elimina-se a contas a receber que a Cia. Beta deve à Cia. Alfa.
D – Contas a pagar da Cia. Alfa (passivo da Cia. Beta)   200.000
C – Contas a receber da Cia. Beta (ativo da Cia. Alfa)   200.000

2) Elimina-se o dividendo a receber que a Cia. Beta deve à Cia. Alfa:
D – Dividendos a pagar à Cia. Alfa (passivo da Cia. Beta)   250.000
C – Dividendos a receber da Cia. Beta (ativo da Cia. Alfa)   250.000

3) Elimina-se o investimento da Cia. Alfa na Cia. Beta:
D – Patrimônio líquido Cia. Beta (PL da Cia. Beta)   200.000
C – Investimentos da Cia. Alfa em Beta (ativo da Cia. Alfa)   200.000
Disso, resulta o seguinte consolidado:

Consolidado	
Ativo	
Banco	300.000
Contas a receber de terceiros	150.000
Imobilizado	300.000
Passivo	
Financiamento de curto prazo	100.000
Financiamento de longo prazo	350.000
Patrimônio líquido	300.000

35.3.2. Participação de acionistas não controladores

Participação de não controlador é a parte do patrimônio líquido da controlada não atribuível, direta ou indiretamente, à controladora.

Uma controladora deve apresentar as participações de não controladores no balanço patrimonial consolidado, **dentro do patrimônio líquido, separadamente do patrimônio líquido dos proprietários da controladora**.

Mudanças na participação societária detida por controladores de controladora na controlada que não resultam na perda de controle da controlada pela controladora constituem transações patrimoniais (ou seja, transações com os sócios, tais quais operações de aquisição de suas próprias ações para manutenção em tesouraria).

A entidade deve atribuir os lucros e os prejuízos e cada componente de outros resultados abrangentes aos proprietários da controladora e às participações de não controladores. A entidade deve atribuir também o resultado abrangente total aos proprietários da controladora e às participações de não controladores, ainda que isto resulte em que as participações de não controladores tenham saldo deficitário.

Se a controlada tiver ações preferenciais em circulação com direito a dividendos cumulativos, que sejam classificadas como patrimônio líquido, e sejam detidas por acionistas não controladores, a entidade deve calcular sua parcela de lucros e prejuízos após efetuar ajuste para refletir os dividendos sobre essas ações, tenham ou não esses dividendos sido declarados.

Quando a proporção do patrimônio líquido detida por participações de não controladores sofrer modificações, a entidade deve ajustar os valores contábeis das participações de controladoras e de não controladores para refletir as mudanças em suas participações relativas na controlada. A entidade deve reconhecer diretamente no patrimônio líquido qualquer diferença entre o valor pelo qual são ajustadas as participações de não controladores e o valor justo da contrapartida paga ou recebida e deve atribuir essa diferença aos proprietários da controladora.

35.3.3. Lucros nos estoques não realizados

Assim como visto nos investimentos avaliados pelo MEP em controladas, todo o resultado de transações que envolvam vendas intercompanhias **que ainda não tiver sido alienado a terceiros** deve ser eliminado nas demonstrações consolidadas.

Exemplo:

A Cia. Delta é controladora da Cia. Fox, e as duas apresentam as seguintes demonstrações do resultado do exercício:

Cia. Delta		Cia. Fox	
Receita bruta	100.000	Receita bruta	20.000
Tributos	(10.000)	Tributos	(2.000)
Receita líquida	90.000	Receita líquida	18.000
Custo das mercadorias vendidas	(40.000)	Custo das mercadorias vendidas	(1.000)
Lucro bruto	50.000	Lucro bruto	17.000

1ª situação – Considerando que 50% das vendas da Cia. Fox foram vendidas para a Cia. Delta e as mesmas ainda não foram revendidas (continuam em estoque da Cia. Delta), devemos efetuar a consolidação.

1) Elimina-se a venda que foi efetuada para a Cia. Delta:

	Cia. Fox	Eliminação da venda à Cia. Delta (50%)	Cia. Fox a serem levados para a consolidação
Receita bruta	20.000	10.000	10.000
Tributos	(2.000)	(1.000)	(1.000)
Receita líquida	18.000	9.000	9.000
Custo das mercadorias vendidas	(1.000)	(500)	(500)
Lucro bruto	17.000	8.500	8.500

Obs.: se a Cia. Delta tivesse vendido toda ou parte das mercadorias compradas a terceiros, não seria eliminado o lucro da venda da Cia. Fox para a Cia. Beta na mesma proporção da venda a terceiros.

2) Consolida-se após a eliminação:

	Cia. Delta	Cia. Fox a serem levados para a consolidação	Valores consolidados
Receita bruta	100.000	10.000	110.000
Tributos	(10.000)	(1.000)	(11.000)
Receita líquida	90.000	9.000	99.000
Custo das mercadorias vendidas	(5.000)	(500)	(5.500)
Lucro bruto	85.000	8.500	93.500

2ª situação – Perceba que a lógica na consolidação de uma DRE envolve dois fatores, se a venda foi efetuada a terceiros fora do grupo, e se o controlador tem 100% da controlada. Por exemplo, se a Cia. Delta tivesse apenas 70% da Cia. Fox, o valor da eliminação seria 70% (da participação) × 50% (que representam as vendas de Fox para Delta), ou seja 35%:

	Cia. Fox	Eliminação da venda à Cia. Delta (35%)	Cia. Fox a serem levados para a consolidação
Receita bruta	20.000	7.000	13.000
Tributos	(2.000)	(700)	(1.300)
Receita líquida	18.000	6.300	11.700
Custo das mercadorias vendidas	(1.000)	(350)	(650)
Lucro bruto	17.000	5.950	11.050

Ora, mas qual a lógica por trás disso? A lógica é a de que se a Cia. Delta tem 70% da participação, os outros 30% da venda para ela foram realizados. Os valores consolidados seriam:

	Cia. Delta	Cia. Fox a serem levados para a consolidação	Valores consolidados
Receita bruta	100.000	13.000	113.000
Tributos	(10.000)	(1.300)	(11.300)
Receita líquida	90.000	11.700	101.700
Custo das mercadorias vendidas	(5.000)	(650)	(5.650)
Lucro bruto	85.000	11.050	96.050

3ª situação – Pode ainda ocorrer de a Cia. Delta ter vendido parte das mercadorias a terceiros. Vamos supor os mesmos dados previstos na situação anterior, mas vamos adicionar a informação que foram vendidas 20% das mercadorias compradas de Fox por Delta a terceiros, sem alterar a DRE de Delta. Logo, dos 35% não realizados (70% x 50%), teríamos que retirar o valor realizado de 20% desses valores, 35% × 20% = 7%. Portanto, para consolidar, temos considerar que não foi realizado 35% – 7% = 28%.

	Cia. Fox	Eliminação da venda à Cia. Delta (28%)	Cia. Fox a serem levados para a consolidação
Receita bruta	20.000	5.600	14.400
Tributos	(2.000)	(560)	(1.440)
Receita líquida	18.000	5.040	12.960
Custo das mercadorias vendidas	(1.000)	(280)	(720)
Lucro bruto	17.000	4.760	12.240

Ora, mas qual a lógica por trás disso? A lógica é a de que, se foram vendidos a terceiros, ou seja, se saiu do grupo a mercadoria, os valores relativos a ela foram realizados. Dessa forma, teremos o seguinte consolidado:

	Cia. Delta	Cia. Fox a serem levados para a consolidação	Valores consolidados
Receita bruta	100.000	14.400	114.400
Tributos	(10.000)	(1.440)	(11.440)
Receita líquida	90.000	12.960	102.960
Custo das mercadorias vendidas	(5.000)	(720)	(5.720)
Lucro bruto	85.000	12.240	97.240

35.3.4. Venda de imobilizado e de investimentos

Algumas vezes, pode ocorrer a venda de imobilizado intercompanhias. **Nesses casos, o ganho de capital deve ser eliminado**, e a baixa do imobilizado e suas contas relacionadas (como a de depreciação) também. Sendo assim, o imobilizado da consolidada é o mesmo de antes da venda. Em contrapartida, deve ser eliminado o ganho de capital na DRE.

Para efeito de consolidação e de acordo com as normas gerais, **os investimentos nas subsidiárias são eliminados contra a correspondente proporção no patrimônio líquido das subsidiárias.**

De acordo com a Lei das Sociedades Anônimas, todos os investimentos relevantes devem ser avaliados pelo método de equivalência patrimonial, portanto, por ocasião da consolidação teremos o valor dos investimentos registrados pela controladora na mesma proporção de participação no patrimônio das controladas.

35.4. PERDA DO CONTROLE

A consolidação da investida **se inicia a partir da data em que o investidor obtiver o controle da investida e cessa quando o investidor perder o controle da investida.**

A controladora pode perder o controle da controlada em dois ou mais acordos (transações). Entretanto, algumas vezes, as circunstâncias indicam que acordos múltiplos devem ser contabilizados como uma única transação. Ao determinar se os acordos devem ser contabilizados como uma única transação, a controladora deve considerar a totalidade dos termos e condições dos acordos e seus efeitos econômicos. Um ou mais dos itens especificados a seguir indicam que a controladora deve contabilizar acordos múltiplos como uma única transação:

- Eles são celebrados na mesma época e com reflexos mútuos.
- Eles formam uma única transação destinada a obter efeito comercial geral.
- A ocorrência do acordo depende da ocorrência de pelo menos outro acordo.
- Um acordo considerado individualmente não se justifica do ponto de vista econômico, mas se justifica do ponto de vista econômico quando considerado em conjunto com outros acordos. Um exemplo é quando a alienação de ações tem o preço fixado abaixo do valor de mercado e é compensada pela alienação subsequente com preço fixado acima do valor de mercado.

Segundo o CPC 36, **se perder o controle da controlada**, a controladora deve, para fins de demonstrações consolidadas:

- Baixar:
  - Os ativos (incluindo qualquer ágio) e os passivos da controlada pelo seu valor contábil na data em que o controle for perdido.
  - O valor contábil de quaisquer participações de não controladores na ex-controlada na data em que o controle for perdido (incluindo quaisquer componentes de outros resultados abrangentes atribuídos a elas).
- Reconhecer:
  - O valor justo da contrapartida recebida, se houver, proveniente de transação, evento ou circunstâncias que resultaram na perda de controle.
  - Essa distribuição, se a transação, evento ou circunstâncias que resultaram na perda de controle envolverem a distribuição de ações da controlada aos proprietários em sua condição de proprietários.
  - Qualquer investimento retido na ex-controlada, pelo seu valor justo na data em que o controle é perdido.
- Reclassificar para o resultado do período ou transferir diretamente para lucros acumulados, se exigido por outros Pronunciamentos Técnico, Interpretações ou Orientações do CPC, os valores reconhecidos em outros resultados abrangentes em relação à controlada, na forma descrita no item B99.
- Reconhecer qualquer diferença resultante como perda ou ganho no resultado do período, atribuíveis à controladora.

Se perder o controle da controlada, a controladora deve contabilizar todos os valores anteriormente reconhecidos em outros resultados abrangentes em relação a essa controlada na mesma base que seria exigida se a controladora tivesse alienado diretamente os respectivos ativos ou passivos. Portanto, se o ganho ou a perda anteriormente reconhecida em outros resultados abrangentes fosse reclassificado para o resultado do período por ocasião da alienação dos respectivos ativos ou passivos, a controladora deve reclassificar o ganho ou a perda do patrimônio líquido para resultado do período (como ajuste de reclassificação) quando perder o controle da controlada. Se a reserva de reavaliação anteriormente reconhecida em outros resultados abrangentes for transferida diretamente para lucros acumulados por ocasião da alienação do ativo, a controladora deve transferir a reserva de reavaliação diretamente para lucros acumulados quando perder o controle da controlada.

QUESTÕES COMENTADAS

(CESPE – Perito Criminal/PCie PE/2016) No que concerne à consolidação de demonstrações contábeis, assinale a opção correta.

a) Os lucros a realizar reconhecidos no passivo da investidora decorrentes de transações entre investidora e investida não serão eliminados.

b) Sociedade com investimento em sociedade coligada avaliada pelo método da equivalência patrimonial consolida as demonstrações contábeis.

c) O dividendo a receber da investida reconhecido no ativo da investidora não deve ser compensado com o dividendo a pagar para a investidora reconhecido no passivo da investida.

d) O ganho resultante da venda de terreno da investidora para a investida que estiver reconhecido no ativo da investida permanecerá no balanço patrimonial consolidado.

e) Devem ser eliminados o valor contábil do investimento da controladora na controlada e a parte dessa controladora no patrimônio líquido da controlada.

RESPOSTA: E

COMENTÁRIO:

Alternativa A – FALSO – Os lucros a realizar intragrupo devem ser eliminados, tanto no ativo quanto no passivo.

Alternativa B – FALSO – A coligada não está abrangida na necessidade de consolidação, somente as controladas.

Alternativa C – FALSO – Os dividendos entre a investida e a investidora devem ser eliminados.

Alternativa D – FALSO – O ganho das transações intragrupo devem ser eliminados.

Alternativa E – VERDADEIRO – É o gabarito.

(CEBRASPE (CESPE) – Auditor-Fiscal da Receita Estadual/SEFAZ RS/2019) Com relação à consolidação de demonstrações contábeis, julgue os itens a seguir.

I. Trata-se de procedimento obrigatório para todas as sociedades por ações, abertas ou fechadas, e, ainda, para entidades limitadas, quando existirem investimentos em controladas, sem qualquer exceção.

II. É admissível uma defasagem de até sessenta dias entre as datas das demonstrações contábeis das empresas consolidadas e da empresa consolidadora, desde que satisfeitas as demais condições exigíveis.

III. Devem ser excluídos das demonstrações os custos de estoque e os lucros ou prejuízos relativos a resultados ainda não realizados de negócios entre sociedades.

IV. Os resultados relativos ao *goodwill* decorrente de operações intragrupo devem ser evidenciados na consolidação.

Estão certos apenas os itens:

a) I e II.

b) I e IV.

c) II e III.

d) I, III e IV.

e) II, III e IV.

RESPOSTA: C

COMENTÁRIO: Segundo o CPC 36 (R3):

Demonstrações consolidadas são as demonstrações contábeis de um conjunto de entidades (grupo econômico), apresentadas como se fossem as de uma única entidade econômica.

I. Trata-se de procedimento obrigatório para todas as sociedades por ações, abertas ou fechadas, e, ainda, para entidades limitadas, quando existirem investimentos em controladas, sem qualquer exceção. **(FALSO)**

QUESTÕES COMENTADAS

CPC 36 (R3) – DEMONSTRAÇÕES CONSOLIDADAS

Alcance

4. A entidade que seja controladora deve apresentar demonstrações consolidadas.

Este Pronunciamento se aplica a todas essas entidades, com as seguintes exceções:

(a) a controladora pode deixar de apresentar as demonstrações consolidadas somente se satisfizer todas as condições a seguir, além do permitido legalmente:

(i) a controladora é ela própria uma controlada (integral ou parcial) de outra entidade, a qual, em conjunto com os demais proprietários, incluindo aqueles sem direito a voto, foram consultados e não fizeram objeção quanto à não apresentação das demonstrações consolidadas pela controladora.

(ii) seus instrumentos de dívida ou patrimoniais não são negociados publicamente (bolsa de valores nacional ou estrangeira ou mercado de balcão, incluindo mercados locais e regionais).

(iii) ela não tiver arquivado nem estiver em processo de arquivamento de suas demonstrações contábeis junto a uma Comissão de Valores Mobiliários ou outro órgão regulador, visando à distribuição pública de qualquer tipo ou classe de instrumento no mercado de capitais.

(iv) a controladora final, ou qualquer controladora intermediária da controladora, disponibiliza ao público suas demonstrações consolidadas em conformidade com os Pronunciamentos do CPC.

(b) planos de benefícios pós-emprego ou outros planos de benefícios de longo prazo a empregados aos quais seja aplicável o Pronunciamento Técnico CPC 33 – Benefícios a Empregados.

II. É admissível uma defasagem de até sessenta dias entre as datas das demonstrações contábeis das empresas consolidadas e da empresa consolidadora, desde que satisfeitas as demais condições exigíveis. **(VERDADEIRO)**

Data das demonstrações contábeis

B93. Se for impraticável fazê-lo, a controladora deve consolidar as informações contábeis da controlada usando as demonstrações contábeis mais recentes da controlada, ajustadas para refletir os efeitos de transações ou eventos significativos ocorridos entre a data dessas demonstrações contábeis e a data das demonstrações consolidadas. Em qualquer caso, a diferença entre a data das demonstrações contábeis da controlada e a das demonstrações consolidadas não deve ser superior a dois meses, e a duração dos períodos das demonstrações contábeis e qualquer diferença entre as datas das demonstrações contábeis devem ser as mesmas de período para período.

III. Devem ser excluídos das demonstrações os custos de estoque e os lucros ou prejuízos relativos a resultados ainda não realizados de negócios entre sociedades. **(VERDADEIRO)**

Procedimentos de consolidação

B86. Demonstrações consolidadas devem:

(a) combinar itens similares de ativos, passivos, patrimônio líquido, receitas, despesas e fluxos de caixa da controladora com os de suas controladas.

(b) compensar (eliminar) o valor contábil do investimento da controladora em cada controlada e a parcela da controladora no patrimônio líquido de cada controlada (o Pronunciamento Técnico CPC 15 explica como contabilizar qualquer ágio correspondente).

(c) eliminar integralmente ativos e passivos, patrimônio líquido, receitas, despesas e fluxos de caixa intragrupo relacionados a transações entre entidades do grupo (resultados decorrentes de transações intragrupo que sejam reconhecidos em ativos, tais como estoques e ativos fixos, são eliminados integralmente). Os prejuízos intragrupo podem indicar uma redução no valor recuperável de ativos, que exige o seu reconhecimento nas demonstrações consolidadas. O Pronunciamento Técnico CPC 32 – Tributos sobre o Lucro se aplica a diferenças temporárias, que surgem da eliminação de lucros e prejuízos resultantes de transações intragrupo.

IV. Os resultados relativos ao *goodwill* decorrente de operações intragrupo devem ser evidenciados na consolidação. **(FALSO)**

Atingindo o objetivo

3. Este Pronunciamento não trata dos requisitos contábeis para combinação de negócios e seus efeitos sobre a consolidação, incluindo ágio por expectativa de rentabilidade futura (*goodwill*) resultante de combinação de negócios (vide Pronunciamento Técnico CPC 15 – Combinação de Negócios).

CAPÍTULO 36
REORGANIZAÇÕES SOCIETÁRIAS

As **reorganizações societárias** se caracterizam por uma realocação de ativos e passivos, ou seja, do patrimônio, **entre diferentes sociedades**, sejam elas Ltda., S.A. etc. As sociedades empresariais surgem, sofrem transformações e são extintas, faz parte da "vida" das mesmas. A contabilidade, como ciência, estuda como deve ser feita a realocação desse patrimônio, como os ativos devem ser avaliados nesses eventos, e, por fim, como eles devem ser registrados.

A incorporação, a fusão e a cisão são eventos societários de alguns desses eventos. O estudo desses eventos é importante em função do fenômeno de "concentração de empresas de um setor" proporcionado pela globalização. A maior parte dessas reorganizações societárias visa à consolidação de setores, com o objetivo de obter ganhos operacionais e reduzir custos.

Atenção

Ao estudar essas reorganizações societárias, devemos separá-las em duas grandes partes:
- As regras definidas na Lei das S.A.
- As regras do CPC 15 de combinação de negócios quando há alteração no controle societário.

Combinação de negócios é uma operação ou outro evento por meio do qual um adquirente obtém o **controle** de um ou mais negócios, independentemente da forma jurídica da operação (essência prevalece sobre a forma).

A principal diferença entre os dois grupos é que, **nas reorganizações que não podem ser classificadas como combinação de negócios** (ou seja, onde não há obtenção de controle), os ativos e os passivos objetos da reorganização são registrados pelos seus **valores contábeis, pois não teriam que seguir as regras do CPC 15**. Já na **combinação de negócios**, os ativos e os passivos são contabilizados pelo método de aquisição, onde o patrimônio é avaliado por empresas e peritos especializados pelo **valor justo**.

Vamos então ver as regras de reorganização, que estão previstas na Lei das S.A., e vamos ver as normas complementares do CPC 15 para quando essa reorganização se tratar de combinação de negócios em um tópico específico.

36.1. COMPETÊNCIA E PROCESSO

Segundo a Lei das S.A.:

> *Art. 223. A incorporação, fusão ou cisão podem ser operadas entre sociedades de tipos iguais ou diferentes e deverão ser deliberadas na forma prevista para a **alteração dos respectivos estatutos ou contratos sociais**.*
>
> *§ 1º Nas operações em que houver criação de sociedade serão observadas as normas reguladoras da constituição das sociedades do seu tipo.*
>
> *§ 2º Os sócios ou acionistas das sociedades incorporadas, fundidas ou cindidas receberão, diretamente da companhia emissora, as ações que lhes couberem.*
>
> *§ 3º Se a incorporação, fusão ou cisão **envolverem companhia aberta, as sociedades que a sucederem serão também abertas**, devendo obter o respectivo registro e, se for o caso, promover a admissão de negociação das novas ações no mercado secundário, no prazo máximo de cento e vinte dias, contados da data da assembleia geral que aprovou a operação, observando as normas pertinentes baixadas pela Comissão de Valores Mobiliários.*
>
> *§ 4º O descumprimento do previsto no parágrafo anterior dará ao acionista direito de retirar-se da companhia, mediante reembolso do valor das suas ações (art. 45), nos trinta dias seguintes ao término do prazo nele referido, observado o disposto nos §§ 1º e 4º do art. 137.*

O importante da passagem acima é destacar que a incorporação, a fusão ou a cisão podem ser operadas **entre sociedades de tipos iguais ou diferentes (uma S.A. com uma Ltda., por exemplo)**. A deliberação sobre a reorganização societária deve ser na forma prevista para a alteração dos respectivos estatutos ou contratos sociais.

Nas operações em que houver criação de sociedade **serão observadas as normas reguladoras da constituição das sociedades do seu tipo**. Por exemplo, se for criada uma S.A., será observado o previsto na Lei das S.A.

Os sócios ou acionistas das sociedades incorporadas, fundidas ou cindidas receberão, diretamente da companhia emissora, as ações que lhes couberem. Por exemplo, se houver uma fusão, a nova companhia irá destinar parte das ações emitidas para a os acionistas da fundida.

Se a incorporação, fusão ou cisão envolverem **companhia aberta**, as sociedades que a **sucederem serão também abertas**, devendo obter o respectivo registro e, se for o caso, promover a admissão de negociação das novas ações no mercado secundário, **no prazo máximo de cento e vinte dias**, contados da data da assembleia geral que aprovou a operação, observando as normas pertinentes baixadas pela Comissão de Valores Mobiliários (que regulamenta as companhias abertas). O descumprimento disso dará ao acionista direito de retirar-se da companhia, mediante reembolso do valor das suas ações, **nos trinta dias seguintes ao término do prazo nele referido**.

36.2. PROTOCOLO E JUSTIFICAÇÃO

Dos documentos que são utilizados nas reorganizações societárias, a Lei das S.A. possui regramentos sobre o **Protocolo (que define como ocorrerá a reorganização)** e a **Justificação (que define o motivo de ocorrer a reorganização)**.

36.2.1. Protocolo

No protocolo, constará as condições firmadas pelos órgãos de administração ou sócios das sociedades interessadas na incorporação, fusão ou cisão com incorporação em sociedade existente.

Cap. 36 – Reorganizações Societárias | 527

No protocolo, constará:

- O número, espécie e classe das ações que serão atribuídas em substituição dos direitos de sócios que se extinguirão e os critérios utilizados para determinar as relações de substituição.
- Os elementos ativos e passivos que formarão cada parcela do patrimônio, no caso de cisão.
- Os critérios de avaliação do patrimônio líquido, a data a que será referida a avaliação, e o tratamento das variações patrimoniais posteriores.
- A solução a ser adotada quanto às ações ou quotas do capital de uma das sociedades possuídas por outra.
- O valor do capital das sociedades a serem criadas ou do aumento ou redução do capital das sociedades que forem parte na operação.
- O projeto ou projetos de estatuto, ou de alterações estatutárias, que deverão ser aprovados para efetivar a operação.
- Todas as demais condições a que estiver sujeita a operação.

Os valores sujeitos a determinação serão indicados por estimativa.

O protocolo define, em resumo, como ocorrerá a operação entre as duas sociedades, como serão reorganizados o patrimônio, as condições da operação e as alterações estatutárias necessárias para a operação. Ele é o documento mais completo, e pode ser considerado a principal fonte de informação sobre a reorganização societária.

36.2.2. Justificação

Na justificação, constarão as justificativas para a operação de incorporação, fusão e cisão a serem apresentadas à assembleia geral.

Na justificação, serão expostos:

- Os motivos ou fins da operação, e o interesse da companhia na sua realização.
- As ações que os acionistas preferenciais receberão e as razões para a modificação dos seus direitos, se prevista.
- A composição, após a operação, segundo espécies e classes das ações, do capital das companhias que deverão emitir ações em substituição às que se deverão extinguir.
- O valor de reembolso das ações a que terão direito os acionistas dissidentes.

A justificação define, em resumo, os motivos da reorganização e como ocorrerá a reestruturação societária. Ela é feita pelos administradores e aprovada pela assembleia geral.

36.2.3. Formação de capital social

Segundo a Lei das S.A.:

*Art. 226. As operações de **incorporação, fusão e cisão** somente poderão ser efetivadas nas condições aprovadas se os peritos nomeados determinarem que o valor do patrimônio ou patrimônios líquidos a serem vertidos para a formação de capital social é, ao menos, igual ao montante do capital a realizar.*

§ 1º As ações ou quotas do capital da sociedade a ser incorporada que forem de propriedade da companhia incorporadora poderão, conforme dispuser o protocolo de incorporação, ser

extintas, ou substituídas por ações em tesouraria da incorporadora, até o limite dos lucros acumulados e reservas, exceto a legal.

§ 2º O disposto no § 1º aplicar-se-á aos casos de fusão, quando uma das sociedades fundidas for proprietária de ações ou quotas de outra, e de cisão com incorporação, quando a companhia que incorporar parcela do patrimônio da cindida for proprietária de ações ou quotas do capital desta.

§ 3º A Comissão de Valores Mobiliários estabelecerá normas especiais de avaliação e contabilização aplicáveis às operações de fusão, incorporação e cisão que envolvam companhia aberta.

O *caput* do art. 226 prevê que que as operações de incorporação, fusão e cisão somente poderão ser efetivadas nas condições aprovadas se **os peritos nomeados determinarem** que o valor do patrimônio ou patrimônios líquidos a serem vertidos para a formação de capital social é, ao menos, igual ao montante do capital a realizar. Isso tem o objetivo de proteger os acionistas minoritários e credores da companhia sejam prejudicares pelos controladores em uma reorganização.

Em uma **incorporação**, conforme dispuser o protocolo de incorporação, as ações da incorporada podem ser extintas, ou substituídas por ações em tesouraria da incorporadora, até o limite dos lucros acumulados e reservas, exceto a legal. Isso também aplicar-se-á aos casos de **fusão**, quando uma das sociedades fundidas for proprietária de ações ou quotas de outra, e de cisão com incorporação, quando a companhia que incorporar parcela do patrimônio da cindida for proprietária de ações ou quotas do capital desta.

A Comissão de Valores Mobiliários (por regulamentar as companhias abertas) estabelecerá normas especiais de avaliação e contabilização aplicáveis às operações de fusão, incorporação e cisão que envolvam companhia aberta.

Em resumo:

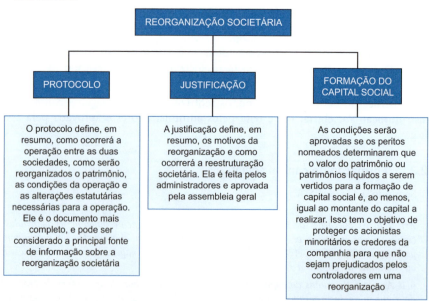

36.3. INCORPORAÇÃO

36.3.1. Aspectos teóricos

A **incorporação** é uma operação onde o patrimônio (ativo e passivo) de uma ou mais sociedades é absorvido por outra, que lhe sucede em todos os direitos e obrigações. As participações no patrimônio líquido que os sócios da incorporada tinham passam a ser participações no capital da incorporadora na mesma proporção.

- **1ª etapa:** a assembleia geral da companhia incorporadora, se aprovar o protocolo da operação, deverá autorizar o aumento de capital a ser subscrito e realizado pela incorporada mediante versão do seu patrimônio líquido, e nomear os peritos que o avaliarão. Nela também deverá ocorrer a apreciação da justificação.
- **2ª etapa:** a sociedade que houver de ser incorporada, deve, por meio de assembleia geral, aprovar o protocolo da operação, apreciar a justificação, e autorizar seus administradores a praticarem os atos necessários à incorporação, inclusive a subscrição do aumento de capital da incorporadora. Ela também deverá aprovar o laudo de avaliação.
- **3ª etapa:** após a aprovação pela assembleia geral da incorporadora do laudo de avaliação e do protocolo e justificação da incorporação, extingue-se a incorporada, competindo à primeira promover o arquivamento e a publicação dos atos da incorporação.

A incorporação se diferencia da absorção, que é quando os sócios da absorvida recebem um valor pelas suas participações e não se tornam novos sócios da sociedade absorvedora.

36.3.2. Contabilizando a incorporação

Primeiramente, cumpre destacar que nas reorganizações societárias serão criadas contas de transição da operação, para facilitar o controle e garantir a representação fidedigna dos fatos.

Como visto anteriormente, a reorganização societária sem alteração do controle **não pode ser considerada uma combinação de negócios**, devendo ter seus ativos e passivos avaliados pelo valor contábil.

a) Quando não é controlada nem coligada: supondo que a Cia. Alfa irá promover a incorporação da Cia. Beta, e que a mesma não é nem controlada nem coligada da Cia. Alfa, **mas ambas possuem os mesmos acionistas**. As operações podem ser descritas abaixo.

	Cia. Alfa	Cia. Beta
Ativo		
Circulante	200.000	100.000
Não circulante	250.000	200.000
Passivo		
Circulante	100.000	70.000
Não circulante	50.000	30.000
Patrimônio líquido	300.000	200.000

1º lançamento: serão zeradas as contas patrimoniais da incorporada Cia. Beta, tendo como contrapartida a conta de transição.

D – Conta transitória de incorporação	200.000
C – Ativo circulante	100.000
C – Ativo não circulante	200.000
D – Passivo circulante	70.000
D – Passivo não circulante	30.000

2º lançamento: os valores das contas patrimoniais são acrescentados no patrimônio da incorporadora Cia. Alfa.

D – Ativo circulante	100.000
D – Ativo não circulante	200.000
C – Passivo circulante	70.000
C – Passivo não circulante	30.000
C – Conta transitória de incorporação	200.000

3º lançamento: o valor do patrimônio líquido da Cia. Beta será transferido para a Cia. Alfa, através do aumento do capital subscrito. **É importante destacar que todo o patrimônio líquido de Beta, não só o capital social, se transformará em capital subscrito da Cia. Alfa.**

D – Patrimônio líquido	200.000
C – Conta transitória de incorporação	200.000
D – Conta corrente de incorporação	200.000
C – Capital subscrito	200.000

Por fim, o balanço da Cia. Alfa ficará assim:

	Cia. Alfa
Ativo	
Circulante	300.000
Não circulante	450.000
Passivo	
Circulante	170.000
Não circulante	80.000
Patrimônio líquido	500.000

b) Quando é controlada ou coligada: nesse caso, temos que considerar que haverá no balanço da incorporadora, uma ativo referente a uma participação na incorporada. Utilizaremos os mesmos dados do item anterior, mas agora vamos considerar que a Cia. Beta é subsidiária integral da Cia. Alfa.

	Cia. Alfa	Cia. Beta
Ativo		
Circulante	200.000	100.000
Não circulante	250.000	200.000

	Cia. Alfa	Cia. Beta
Passivo		
Circulante	100.000	70.000
Não circulante	50.000	30.000
Patrimônio líquido	300.000	200.000

Portanto, dos 250.000 do ativo não circulante da Cia. Alfa, 200.000 se referem à participação em Beta, já que essa é subsidiária integral daquela.

1º lançamento: serão zeradas as contas patrimoniais da incorporada Cia. Beta, tendo como contrapartida a conta de transição.

D – Conta transitória de incorporação 200.000
C – Ativo circulante 100.000
C – Ativo não circulante 200.000
D – Passivo circulante 70.000
D – Passivo não circulante 30.000

2º lançamento: os valores das contas patrimoniais são acrescentados no patrimônio da incorporadora Cia. Alfa.

D – Ativo circulante 100.000
D – Ativo não circulante 200.000
C – Passivo circulante 70.000
C – Passivo não circulante 30.000
C – Conta transitória de incorporação 200.000

3º lançamento: aqui está a diferença. Entre o valor do patrimônio líquido da Cia. Beta será transferido para a Cia. Alfa, através do aumento do capital subscrito.

D – Patrimônio líquido 200.000
C – Conta transitória de incorporação 200.000
D – Conta corrente de incorporação 200.000
C – Investimentos/participações em Beta 200.000

Logo, como a Cia. Alfa possuía já a integralidade das ações da Cia. Beta, não é necessária a emissão de novas ações, zerando-se apenas a participação da primeira na segunda. Por fim, o balanço da Cia. Alfa ficará assim:

	Cia. Alfa
Ativo	
Circulante	300.000
Não circulante	250.000
Passivo	
Circulante	170.000
Não circulante	80.000
Patrimônio líquido	300.000

Perceba também que, se a Cia. Alfa tivesse uma participação menor na Cia. Beta, mas sendo essa ainda controlada ou coligada, seria utilizado um misto do observado nos itens A e B acima. Ou seja, seria aumentado o capital subscrito de Alfa na quantia do patrimônio de Beta que pertencesse a terceiros, sendo que o que o patrimônio de Beta que pertencesse a Alfa seria zerado. Supondo, por exemplo, que a Cia. Alfa tivesse 50% da Cia. Beta, a diferença no lançamento seria vista a seguir:

D – Patrimônio líquido	200.000
C – Conta transitória de incorporação	200.000
D – Conta corrente de incorporação	200.000
C – Investimentos/participações em Beta	100.000
C – Capital subscrito	100.000

O capital da Cia. Alfa seria aumentado em 100.000, representando o valor que não pertencia ao investimento da mesma em Beta. Esse aumento pode, por exemplo, representar o valor que outros acionistas tinham em Beta e que agora se converteu em participação na Cia. Alfa.

c) Tratamento da mais-valia e do *goodwill*: é possível que a aquisição de participações de uma outra sociedade ocorra com ágio, por mais-valia ou *goodwill*. Nesses casos teremos dois tipos possíveis de tratamento.

c.1) Quando resulta de mais-valia:

Supondo que, considerando o visto no item B, a Cia. Alfa que tem um ativo não circulante de 250.000, apresente a seguinte distribuição dos mesmos:

Ativo não circulante da Cia. Alfa

Investimento na Cia. Beta	200.000
Mais-valia	50.000

Nesse caso, vemos que o valor de 50.000 referente a mais-valia do investimento. Isso pode ocorrer, por exemplo, quando o valor justo de um imobilizado é maior do que o seu valor contábil. Nessa situação, além de todos os lançamentos previstos no item B, a Cia. Alfa teria que zerar a sua conta de mais-valia, imputando o valor a maior ao respectivo imobilizado incorporado da Cia. Beta que originou a diferença. O lançamento seria o seguinte:

D – Ativo imobilizado	50.000
C – Mais-valia	50.000

Se o ágio, for resultante de *goodwill*, este deve permanecer no ativo da Cia. Alfa.

36.4. FUSÃO

36.4.1. Aspectos teóricos

A **fusão** é a operação pela qual duas ou mais sociedades se unem para formar uma nova sociedade, que irá sucedê-la em direitos e obrigações. Se duas sociedades se unem, elas deixam de existir e uma nova sociedade surge com os ativos e passivos das sociedades anteriores.

- **1ª etapa:** a assembleia geral de cada uma das companhias será convocada para aprovar o protocolo de fusão e nomear os peritos que avaliarão os patrimônios líquidos das demais sociedades.

- **2ª etapa:** apresentados os laudos, os administradores convocarão os sócios ou acionistas das sociedades para uma assembleia geral conjunta, onde os mesmos tomarão conhecimento e resolverão sobre a constituição definitiva da nova sociedade, vedado aos sócios ou acionistas votar o laudo de avaliação do patrimônio líquido da sociedade de que fazem parte.
- **3ª etapa:** constituída a nova companhia, incumbirá aos primeiros administradores promover o arquivamento e a publicação dos atos da fusão.

É importante destacar que a fusão é diferente da incorporação, pois na última somente uma é extinta e a outra sucede a extinta.

36.4.2. Contabilizando a fusão

A fusão segue, regra geral, a mesma lógica da incorporação. As contas de ativo e de passivo devem ser zeradas, devendo ser criada uma conta transitória da fusão.

Como visto anteriormente, a reorganização sem societária sem alteração do controle, não pode ser considerada uma combinação de negócios, devendo ter os ativos e passivos da mesma serem avaliados pelo valor contábil.

a) Quando não é controlada nem coligada: supondo que foi aprovada a fusão entre a Cia. Alfa e a Cia. Beta, que formará a Cia. Delta, e que a mesma não é nem controlada nem coligada da Cia. Alfa, **mas possuem os mesmos acionistas**. As operações podem ser descritas abaixo.

	Cia. Alfa	Cia. Beta
Ativo		
Circulante	200.000	100.000
Não circulante	250.000	200.000
Passivo		
Circulante	100.000	70.000
Não circulante	50.000	30.000
Patrimônio líquido	300.000	200.000

1º lançamento: serão zeradas as contas patrimoniais das duas companhias, tendo como contrapartida a conta de transição.

D – Conta transitória de fusão	500.000
C – Ativo circulante	300.000
C – Ativo não circulante	450.000
D – Passivo circulante	170.000
D – Passivo não circulante	80.000

2º lançamento: os valores das contas patrimoniais são acrescentados no patrimônio da Cia. Delta:

D – Ativo circulante	300.000
D – Ativo não circulante	450.000
C – Passivo circulante	170.000
C – Passivo não circulante	80.000
C – Conta transitória de fusão	500.000

3º lançamento: o valor do patrimônio líquido da Cia. Alfa e da Cia. Beta será transferido para a nova companhia, a Cia. Delta, através do aumento do capital subscrito. **É importante destacar que todo o patrimônio líquido de Alfa e de Beta, não só o capital social, se transformará em capital subscrito da Cia. Delta.**

D – Patrimônio líquido   500.000
C – Conta transitória de fusão   500.000
D – Conta corrente de fusão   500.000
C – Capital subscrito da Cia. Delta   500.000

Por fim, o Balanço da Cia. Delta ficará assim:

	Cia. Delta
Ativo	
Circulante	300.000
Não circulante	450.000
Passivo	
Circulante	170.000
Não circulante	80.000
Patrimônio líquido	500.000

b) Quando é controlada ou coligada: nesse caso, temos que considerar que haverá no balanço de uma das companhias, uma ativo referente a uma participação na outra com a qual ocorrerá a fusão. Utilizaremos os mesmos dados do item anterior, mas agora vamos considerar que a Cia. Beta é subsidiária integral da Cia. Alfa.

	Cia. Alfa	Cia. Beta
Ativo		
Circulante	200.000	100.000
Não circulante	250.000	200.000
Passivo		
Circulante	100.000	70.000
Não circulante	50.000	30.000
Patrimônio líquido	300.000	200.000

Portanto, dos 250.000 do ativo não circulante da Cia. Alfa, 200.000 se referem à participação em Beta, já que essa é subsidiária integral daquela.

1º lançamento: serão zeradas as contas patrimoniais da incorporada Cia. Beta, tendo como contrapartida a conta de transição.

D – Conta transitória de fusão   200.000
C – Ativo circulante   100.000
C – Ativo não circulante   200.000
D – Passivo circulante   70.000
D – Passivo não circulante   30.000

Cap. 36 – Reorganizações Societárias | **535**

2º lançamento: os valores das contas patrimoniais são acrescentados no patrimônio da incorporadora Cia. Delta.

D – Ativo circulante	100.000
D – Ativo não circulante	200.000
C – Passivo circulante	70.000
C – Passivo não circulante	30.000
C – Conta transitória de fusão	200.000

3º lançamento: a diferença entre o valor do patrimônio líquido da Cia. Beta será transferido para a Cia. Delta através do aumento do capital subscrito.

D – Patrimônio líquido	500.000
C – Conta transitória de fusão	500.000
D – Conta corrente de fusão	500.000
C – Capital da Cia. Delta	300.000
C – Investimentos/participações em Beta	200.000

Logo, como a Cia. Alfa possuía já a integralidade das ações da Cia. Beta, não é necessária a emissão de novas ações, zerando-se apenas a participação da primeira na segunda. Por fim, o balanço da Cia. Alfa ficará assim:

	Cia. Alfa
Ativo	
Circulante	300.000
Não circulante	250.000
Passivo	
Circulante	170.000
Não circulante	80.000
Patrimônio líquido	300.000

Perceba também que, se a Cia. Alfa tivesse uma participação menor na Cia. Beta, mas sendo essa ainda controlada ou coligada, seria utilizado um misto do observado nos itens A e B acima. Ou seja, seria aumentado o capital subscrito de Delta na quantia do patrimônio de Beta que pertencesse a terceiros, sendo que o patrimônio de Beta que pertencesse a Alfa seria zerado. Supondo, por exemplo, que a Cia. Alfa tivesse 50% da Cia. Beta, a diferença no lançamento seria visto a seguir:

D – Patrimônio líquido	500.000
C – Conta transitória de fusão	500.000
D – Conta corrente de incorporação	500.000
C – Investimentos/participações em Beta	100.000
C – Capital subscrito da Cia. Delta	400.000

O capital da Cia. Delta seria aumentado em 100.000, representando o valor que não pertencia ao investimento da mesma em Beta. Esse aumento pode, por exemplo, representar o valor que outros acionistas tinham em Beta e que agora se converteram em participação na Cia. Delta.

CONTABILIDADE GERAL E AVANÇADA • SILVIO SANDE E ANDRÉ NEIVA

c) Tratamento da mais-valia e do *goodwill*: é possível que a aquisição de participações de uma outra sociedade ocorra com ágio, por mais-valia ou *goodwill*. Nesses casos teremos dois tipos possíveis de tratamento.

c.1) Quando resulta de mais-valia:

Supondo que, considerando o visto no item B, a Cia. Alfa, que tem um ativo não circulante de 250.000, apresente a seguinte distribuição dos mesmos:

Ativo não circulante da Cia. Alfa

Investimento na Cia. Beta	200.000
Mais-valia	50.000

Nesse caso, vemos que o valor de 50.000 referente a mais-valia do investimento. Isso pode ocorrer, por exemplo, quando o valor justo de um imobilizado é maior do que o seu valor contábil. Nessa situação, além de todos os lançamentos previstos no item B, a Cia. Alfa teria que zerar a sua conta de mais-valia, imputando o valor a maior ao respectivo imobilizado que originou a diferença e foi transferido com a fusão da Cia. Beta para a nova Cia. Delta. O lançamento seria o seguinte:

D – Ativo imobilizado	50.000
C – Mais-valia	50.000

Se o ágio for resultante de *goodwill*, este deve permanecer no ativo da Cia. Delta.

36.5. CISÃO

A **cisão** é a operação plurilateral pela qual a companhia transfere parcelas do seu patrimônio para uma ou mais sociedades, constituídas para esse fim ou já existentes, extinguindo-se a companhia cindida, se houver versão de todo o seu patrimônio, ou dividindo-se o seu capital, se parcial a versão. Ou seja, é uma operação onde uma companhia transfere parte do seu patrimônio para uma ou mais companhias (criadas ou já existentes). A cisão pode ser total ou parcial, dependendo se o patrimônio transferido for o total ou o parcial da cindida. A sucessão de passivos e ativos será proporcional ao patrimônio líquido transferido.

- **1ª etapa:** na cisão com versão de parcela do patrimônio em sociedade nova, a operação será deliberada pela assembleia geral da companhia que deve aprovar o protocolo e a justificação. Em se aprovando, a assembleia nomeará os peritos que avaliarão a parcela do patrimônio a ser transferida, e funcionará como assembleia de constituição da nova companhia.

- **2ª etapa:** efetivada a cisão com extinção da companhia cindida, caberá aos administradores das sociedades que tiverem absorvido parcelas do seu patrimônio promover o arquivamento e publicação dos atos da operação; na cisão com versão parcial do patrimônio, esse dever caberá aos administradores da companhia cindida e da que absorver parcela do seu patrimônio.

A sociedade que absorver parcela do patrimônio da companhia cindida sucede a esta nos direitos e obrigações relacionados no ato da cisão; no caso de cisão com extinção, as sociedades que absorverem parcelas do patrimônio da companhia cindida sucederão a esta, na proporção dos patrimônios líquidos transferidos, nos direitos e obrigações não relacionados.

A cisão com versão de parcela de patrimônio em sociedade já existente obedecerá às disposições sobre incorporação.

As ações integralizadas com parcelas de patrimônio da companhia cindida serão atribuídas a seus titulares, em substituição às extintas, na proporção das que possuíam; a atribuição em proporção diferente requer aprovação de todos os titulares, inclusive das ações sem direito a voto.

36.5.1. Contabilizando a cisão

Ao contabilizar a cisão, primeiro deve-se ter em mente quanto se a mesma será total ou parcial. Se for total, **se trata, na verdade, de uma incorporação**. E, em sendo parcial (que representa uma cisão, de fato), deve-se conhecer qual será o percentual correspondente à cisão. As contas de ativo e de passivo devem ser subtraídas no percentual, devendo ser criada uma conta transitória da cisão.

Como visto anteriormente, a reorganização societária sem alteração do controle não pode ser considerada uma combinação de negócios, devendo ter seus ativos e passivos avaliados pelo valor contábil.

a) Quando não é controlada nem coligada: supondo que foi aprovada a cisão de 30% do patrimônio da Cia. Alfa, que irá para a Cia. Delta, e que a mesma não é nem controlada nem coligada da Cia. Alfa, **mas possuem os mesmos acionistas**. As operações podem ser descritas a seguir:

	Cia. Alfa	Cia. Delta
Ativo		
Circulante	200.000	300.000
Não circulante	250.000	450.000
Passivo		
Circulante	100.000	170.000
Não circulante	50.000	80.000
Patrimônio líquido	300.000	500.000

1º lançamento: serão diminuídas em 30% da Cia. Alfa, tendo como contrapartida a conta de transição.

D – Conta transitória de cisão	90.000
C – Ativo circulante	60.000
C – Ativo não circulante	75.000
D – Passivo circulante	30.000
D – Passivo não circulante	15.000

2º lançamento: os valores das contas patrimoniais são acrescentados no patrimônio da Cia. Delta:

D – Ativo circulante	60.000
D – Ativo não circulante	75.000
C – Passivo circulante	30.000
C – Passivo não circulante	15.000
C – Conta transitória de fusão	90.000

3º lançamento: o valor do patrimônio líquido da Cia. Alfa será transferido para a nova companhia, a Cia. Delta, através do aumento do capital subscrito. **É importante destacar que todo o patrimônio líquido de Alfa, não só o capital social, se transformará em capital subscrito da Cia. Delta.**

D – Patrimônio líquido de Alfa	90.000
C – Conta transitória de cisão	90.000
D – Conta corrente de cisão	90.000
C – Capital subscrito da Cia. Delta	90.000

Por fim, o balanço da Cia. Delta ficará assim:

	Cia. Alfa	Cia. Delta
Ativo		
Circulante	140.000	360.000
Não circulante	175.000	525.000
Passivo		
Circulante	30.000	200.000
Não circulante	35.000	130.000
Patrimônio líquido	210.000	590.000

b) Quando é controlada ou coligada: supondo que foi aprovada a cisão de 30% do patrimônio da Cia. Alfa, que irá para a Cia. Delta, de quem Alfa é subsidiaria integral. Nesse caso, temos que considerar que haverá no balanço de uma das companhias um ativo referente a uma participação na outra com a qual ocorrerá a cisão. Utilizaremos os mesmos dados do item anterior.

	Cia. Alfa	Cia. Delta
Ativo		
Circulante	200.000	300.000
Não circulante	250.000	450.000
Passivo		
Circulante	100.000	170.000
Não circulante	50.000	80.000
Patrimônio líquido	300.000	500.000

Portanto, dos 450.000 do ativo não circulante da Cia. Delta, 300.000 se refere à participação em Alfa, já que essa é subsidiária integral daquela.

1º lançamento: serão diminuídas em 30% as contas patrimoniais da Cia. Alfa, tendo como contrapartida a conta de transição.

D – Conta transitória de cisão	90.000
C – Ativo circulante	60.000
C – Ativo não circulante	75.000
D – Passivo circulante	30.000
D – Passivo não circulante	15.000

2º lançamento: os valores das contas patrimoniais são acrescentados no patrimônio da Cia. Delta:

D – Ativo circulante   60.000
D – Ativo não circulante   75.000
C – Passivo circulante   30.000
C – Passivo não circulante   15.000
C – Conta transitória de fusão   90.000

3º lançamento: o valor do patrimônio líquido da Cia. Alfa será transferido para a nova companhia, a Cia. Delta, através a diminuição do investimento. **É importante destacar que todo o patrimônio líquido de Alfa, não só o capital social, será eliminado da conta investimento da Cia. Delta.**

D – Patrimônio líquido de Alfa   90.000
C – Conta transitória de cisão   90.000
D – Conta corrente de cisão   90.000
C – Investimentos   90.000

Por fim, o balanço da Cia. Delta ficará assim:

	Cia. Alfa	Cia. Delta
Ativo		
Circulante	140.000	360.000
Não circulante	175.000	435.000
Passivo		
Circulante	30.000	200.000
Não circulante	35.000	130.000
Patrimônio líquido	210.000	500.000

Perceba também que, ao invés do aumento do capital social no patrimônio líquido, a Cia. Delta diminui o valor da sua conta investimentos no ativo não circulante.

Em resumo:

QUESTÃO COMENTADA

(IESES – Analista de Processos Organizacionais/BAHIAGÁS/2016) Sobre transformação, incorporação e cisão, analise as sentenças a seguir e assinale a alternativa correta.

I. As operações de incorporação, fusão e cisão somente poderão ser efetivadas nas condições aprovadas se os peritos nomeados determinarem que o valor do patrimônio ou patrimônios líquidos a serem vertidos para a formação de capital social é, ao menos, igual ao montante do capital a realizar.

II. A incorporação é a operação pela qual uma ou mais sociedades são absorvidas por outra, que lhes sucede em todos os direitos e obrigações.

III. A fusão é a operação pela qual se unem duas ou mais sociedades para formar sociedade nova, que lhes sucederá em todos os direitos e obrigações.

IV. A cisão é a operação pela qual a companhia transfere parcelas do seu patrimônio para uma ou mais sociedades, constituídas para esse fim ou já existentes, extinguindo-se a companhia cindida, se houver versão de todo o seu patrimônio, ou dividindo-se o seu capital, se parcial a versão.

Analise as alternativas e assinale a que estiver correta.

a) Todas as alternativas estão corretas.

b) Apenas II e III estão corretas.

c) Apenas II e IV estão corretas.

d) Apenas I, III e IV estão corretas.

e) Apenas II, III e IV estão corretas.

RESPOSTA: A

COMENTÁRIO:

Literalidade da Lei das S.A.:

> *Art. 226. As operações de incorporação, fusão e cisão somente poderão ser efetivadas nas condições aprovadas se os peritos nomeados determinarem que o valor do patrimônio ou patrimônios líquidos a serem vertidos para a formação de capital social é, ao menos, igual ao montante do capital a realizar.*
>
> *Art. 227. A incorporação é a operação pela qual uma ou mais sociedades são absorvidas por outra, que lhes sucede em todos os direitos e obrigações.*
>
> *Art. 228. A fusão é a operação pela qual se unem duas ou mais sociedades para formar sociedade nova, que lhes sucederá em todos os direitos e obrigações.*
>
> *Art. 229. A cisão é a operação pela qual a companhia transfere parcelas do seu patrimônio para uma ou mais sociedades, constituídas para esse fim ou já existentes, extinguindo-se a companhia cindida, se houver versão de todo o seu patrimônio, ou dividindo-se o seu capital, se parcial a versão.*

36.6. DIREITO DE ACIONISTAS E DEBENTURISTAS

Para os acionistas, segundo a Lei das S.A.:

> *Art. 230. Nos casos de incorporação ou fusão, o prazo para exercício do direito de retirada, previsto no art. 137, inciso II, será contado a partir da publicação da ata que aprovar o protocolo ou justificação, mas o pagamento do preço de reembolso somente será devido se a operação vier a efetivar-se.*

Portanto, o **acionista** poderá, portanto, **pedir a retirada em até 30 dias** após a publicação da ata que aprovar o protocolo ou justificação. O pagamento do reembolso ocorrerá somente com a efetivação da operação.

Para os **debenturistas**, segundo a Lei das S.A.:

> *Art. 231. A incorporação, fusão ou cisão da companhia emissora de debêntures em circulação dependerá da prévia aprovação dos debenturistas, reunidos em assembleia especialmente convocada com esse fim.*

§ 1º Será dispensada a aprovação pela assembleia se for assegurado aos debenturistas que o desejarem, durante o prazo mínimo de 6 (seis) meses a contar da data da publicação das atas das assembleias relativas à operação, o resgate das debêntures de que forem titulares.

§ 2º No caso do § 1º, a sociedade cindida e as sociedades que absorverem parcelas do seu patrimônio responderão solidariamente pelo resgate das debêntures.

A incorporação, fusão ou cisão da companhia emissora de debêntures em circulação **dependerá da prévia aprovação dos debenturistas**, reunidos em assembleia especialmente convocada com esse fim. Será dispensada a assembleia se for assegurado que, durante o prazo **mínimo de 6 (seis) meses** a contar da data da publicação das atas das assembleias relativas à operação, o resgate das debêntures de que forem titulares.

36.7. DIREITO DOS CREDORES

- **Na incorporação e na fusão:** o credor que se sentir prejudicado pode, em 60 dias da publicação dos atos relativos à reorganização societária, pleitear a anulação da mesma judicialmente.

- **Na cisão:** as sociedades que absorverem parte do patrimônio responderão solidariamente junto aos credores da cindida. Se no documento da cisão for previsto que as sucessoras só responderão pelas obrigações que lhe foi transferida sem, contudo, solidariedade, os credores tem o prazo de 90 dias do ato para se opor.

36.8. PARTICIPAÇÃO RECÍPROCA

A **participação recíproca (participação de uma empresa em outra)** em virtude de fusão, de cisão e de incorporação deverá ser eliminada no prazo **de um ano**, a contar da operação.

36.9. QUESTÕES FISCAIS

Segundo o Regulamento do Imposto de Renda, **a sucessora por fusão, incorporação e cisão não pode compensar prejuízos fiscais da sucedida. A exceção** é a de que, na cisão parcial, a cindida pode compensar seus próprios prejuízos relativamente ã parcela do Patrimônio Líquido remanescente.

As reservas de reavaliação terão na sucessora o mesmo tratamento que teriam na sucedida, segundo o Regulamento do IR.

Ainda segundo o RIR:

Art. 235. A pessoa jurídica que tiver parte ou todo o seu patrimônio absorvido em virtude de incorporação, fusão ou cisão deverá levantar balanço específico na data desse evento.

§ 1º Considera-se data do evento a data da deliberação que aprovar a incorporação, fusão ou cisão.

§ 2º No balanço específico de que trata o caput deste artigo, a pessoa jurídica que tiver parte ou todo o seu patrimônio absorvido em virtude de incorporação, fusão ou cisão, poderá avaliar os bens e direitos pelo valor contábil ou de mercado.

§ 3º O balanço a que se refere este artigo deverá ser levantado até trinta dias antes do evento.

§ 4º No caso de pessoa jurídica tributada com base no lucro presumido ou arbitrado, que optar pela avaliação a valor de mercado, a diferença entre este e o custo de aquisição, di-

minuído dos encargos de depreciação, amortização ou exaustão, será considerada ganho de capital, que deverá ser adicionado à base de cálculo do imposto devido e da contribuição social sobre o lucro líquido.

§ 5º Para efeito do disposto no parágrafo anterior, os encargos serão considerados incorridos, ainda que não tenham sido registrados contabilmente.

§ 6º O imposto deverá ser pago no prazo estabelecido no art. 861.

§ 7º A pessoa jurídica incorporada, fusionada ou cindida deverá apresentar declaração de rendimentos correspondente ao período transcorrido durante o ano-calendário, em seu próprio nome, até o último dia útil do mês subsequente ao do evento, com observância do disposto no art. 810.

Art. 514. A pessoa jurídica sucessora por incorporação, fusão ou cisão não poderá compensar prejuízos fiscais da sucedida.

Parágrafo único. No caso de cisão parcial, a pessoa jurídica cindida poderá compensar os seus próprios prejuízos, proporcionalmente à parcela remanescente do patrimônio líquido.

36.10. TRANSFORMAÇÃO

A **transformação** é a operação pela qual a sociedade passa, independentemente de dissolução e liquidação, de um tipo para outro. Ou seja, se ela deixa de ser S.A. para ser Ltda., ocorreu uma transformação.

Segundo a Lei das S.A.:

Art. 220. A transformação é a operação pela qual a sociedade passa, independentemente de dissolução e liquidação, de um tipo para outro.

Parágrafo único. A transformação obedecerá aos preceitos que regulam a constituição e o registro do tipo a ser adotado pela sociedade.

Art. 221. A transformação exige o consentimento unânime dos sócios ou acionistas, salvo se prevista no estatuto ou no contrato social, caso em que o sócio dissidente terá o direito de retirar-se da sociedade.

Parágrafo único. Os sócios podem renunciar, no contrato social, ao direito de retirada no caso de transformação em companhia.

Art. 222. A transformação não prejudicará, em caso algum, os direitos dos credores, que continuarão, até o pagamento integral dos seus créditos, com as mesmas garantias que o tipo anterior de sociedade lhes oferecia.

Parágrafo único. A falência da sociedade transformada somente produzirá efeitos em relação aos sócios que, no tipo anterior, a eles estariam sujeitos, se o pedirem os titulares de créditos anteriores à transformação, e somente a estes beneficiará.

36.11. DISSOLUÇÃO

A **dissolução** é a separação dos sócios de uma com o fim da própria companhia. Dissolve-se a companhia:

- De pleno direito:
    - Pelo término do prazo de duração.
    - Nos casos previstos no estatuto.
    - Por deliberação da assembleia geral.

CAP. 36 – REORGANIZAÇÕES SOCIETÁRIAS | 543

- – Pela existência de 1 (um) único acionista, verificada em assembleia geral ordinária, se o mínimo de 2 (dois) não for reconstituído até à do ano seguinte, ressalvado o caso de subsidiária integral.
- – Pela extinção, na forma da lei, da autorização para funcionar.
- Por decisão judicial:
  - – Quando anulada a sua constituição, em ação proposta por qualquer acionista.
  - – Quando provado que não pode preencher o seu fim, em ação proposta por acionistas que representem 5% (cinco por cento) ou mais do capital social.
  - – Em caso de falência, na forma prevista na respectiva lei.
- Por decisão de autoridade administrativa competente, nos casos e na forma previstos em lei especial.

A companhia dissolvida conserva a personalidade jurídica, até a extinção, com o fim de proceder à liquidação.

36.12. LIQUIDAÇÃO

A **liquidação** de uma companhia consiste em uma série de procedimentos como objetivo de quitar os passivos, vender os ativos e, caso sobre valores remanescentes, destinar esses valores aos acionistas.

Silenciando o estatuto, compete à assembleia geral determinar o modo de liquidação e nomear o liquidante e o conselho fiscal que devam funcionar durante o período de liquidação.

A companhia que tiver conselho de administração poderá mantê-lo, competindo-lhe nomear o liquidante; o funcionamento do conselho fiscal será permanente ou a pedido de acionistas, conforme dispuser o estatuto.

Na liquidação judicial, o liquidante deve ser nomeado pelo Juiz.

São deveres do liquidante:

- Arquivar e publicar a ata da assembleia geral, ou certidão de sentença, que tiver deliberado ou decidido a liquidação.
- Arrecadar os bens, livros e documentos da companhia, onde quer que estejam.
- Fazer levantar de imediato, em prazo não superior ao fixado pela assembleia geral ou pelo juiz, o balanço patrimonial da companhia.
- Ultimar os negócios da companhia, realizar o ativo, pagar o passivo, e partilhar o remanescente entre os acionistas.
- Exigir dos acionistas, quando o ativo não bastar para a solução do passivo, a integralização de suas ações.
- Convocar a assembleia geral, nos casos previstos em lei ou quando julgar necessário.
- Confessar a falência da companhia e pedir concordata, nos casos previstos em lei.
- Finda a liquidação, submeter à assembleia geral relatório dos atos e operações da liquidação e suas contas finais.
- Arquivar e publicar a ata da assembleia geral que houver encerrado a liquidação.

Compete ao liquidante representar a companhia e praticar todos os atos necessários à liquidação, inclusive alienar bens móveis ou imóveis, transigir, receber e dar quitação. Sem expressa autorização da assembleia geral o liquidante não poderá gravar bens e contrair empréstimos, salvo quando indispensáveis ao pagamento de obrigações inadiáveis, nem prosseguir, ainda que para facilitar a liquidação, na atividade social.

Em todos os atos ou operações, o liquidante deverá usar a denominação social seguida das palavras "em liquidação".

O liquidante convocará a assembleia geral cada 6 (seis) meses, para prestar-lhe contas dos atos e operações praticados no semestre e apresentar-lhe o relatório e o balanço do estado da liquidação. A assembleia geral pode fixar, para essas prestações de contas, períodos menores ou maiores que, em qualquer caso, não serão inferiores a 3 (três) nem superiores a 12 (doze) meses.

Pago o passivo e rateado o ativo remanescente, o liquidante convocará a assembleia geral para a prestação final das contas.

Aprovadas as contas, encerra-se a liquidação e a companhia se extingue.

O acionista dissidente terá o prazo de 30 (trinta) dias, a contar da publicação da ata, para promover a ação que lhe couber.

O liquidante terá as mesmas responsabilidades do administrador, e os deveres e responsabilidades dos administradores, fiscais e acionistas subsistirão até a extinção da companhia.

Encerrada a liquidação, o credor não satisfeito só terá direito de exigir dos acionistas, individualmente, o pagamento de seu crédito, até o limite da soma, por eles recebida, e de propor contra o liquidante, se for o caso, ação de perdas e danos. O acionista executado terá direito de haver dos demais a parcela que lhes couber no crédito pago.

36.13. EXTINÇÃO

A extinção é quando a companhia deixa de existir. Extingue-se a companhia:

- Pelo encerramento da liquidação.
- Pela incorporação ou fusão, e pela cisão com versão de todo o patrimônio em outras sociedades.

36.14. CPC 15 | COMBINAÇÃO DE NEGÓCIOS

Antes de continuar com os tipos de reorganização societária, temos que conhecer as especificidades da combinação de negócios, que são aquelas reorganizações societárias onde há alteração do controle societário.

A norma que rege o tema é o CPC 15, que determina:

*O objetivo deste Pronunciamento é aprimorar a **relevância, a confiabilidade e a comparabilidade** das informações que a entidade fornece em suas demonstrações contábeis acerca de combinação de negócios e sobre seus efeitos. Para esse fim, este Pronunciamento estabelece princípios e exigências da forma como o adquirente:*

(a) Reconhece e mensura, em suas demonstrações contábeis, os ativos identificáveis adquiridos, os passivos assumidos e as participações societárias de não controladores na adquirida.

*(b) Reconhece e mensura o **ágio por expectativa de rentabilidade futura (goodwill adquirido)** advindo da combinação de negócios ou o **ganho proveniente de compra vantajosa**.*

*(c) determina quais as informações **que devem ser divulgadas** para possibilitar que os usuários das demonstrações contábeis avaliem a natureza e os efeitos financeiros da combinação de negócios.*

Vimos o que é relevância, confiabilidade e comparabilidade ao estudar a Estrutura Conceitual. Vimos, quando tratamos de investimentos permanentes, que o ágio por expectativa de rentabilidade futura (*goodwill* adquirido) é o valor pago a maior por conta da rentabilidade futura esperada do investimento, quando comparada aos ativos líquidos da investida (valor final da entidade após os ativos e os passivos serem avaliados a valor líquido). Compra vantajosa é valor pago a menor pelo investimento do que o valor contábil dos ativos líquidos da investida.

Atenção

É importante saber que as regras previstas na combinação de negócios não se aplicam:
- Na contabilização da formação de negócios em conjunto em suas demonstrações contábeis.
- Na aquisição de ativo ou grupo de ativos que não constitua negócio.
- Em combinação de entidades ou negócios sob controle comum.

Negócios em conjunto (ou empreendimento controlados em conjunto) e sob controle comum foram tratados quando vimos o subgrupo investimento como é o compartilhamento contratualmente convencionado do controle de um negócio.

Negócio é um conjunto integrado de atividades e ativos capaz de ser conduzido e gerenciado para gerar retorno, na forma de dividendos, redução de custos ou outros benefícios econômicos, diretamente a seus investidores ou outros proprietários, membros ou participantes.

36.14.1. Aspectos gerais

A combinação de negócios pode ser definida como a operação ou outro evento em que o **adquirente obtém o controle de um ou mais negócios**.

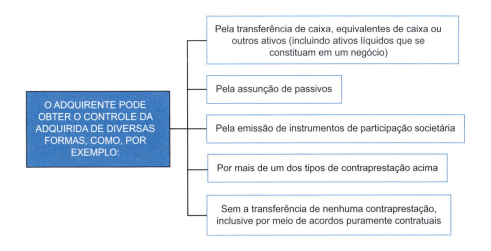

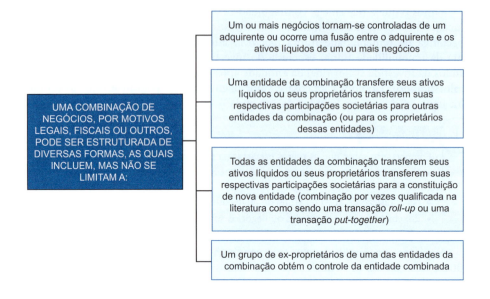

36.14.2. Identificação da combinação de negócios

A entidade deve determinar se uma operação ou outro evento é uma combinação de negócios pela aplicação da definição utilizada, a qual **exige que os ativos adquiridos e os passivos assumidos constituam um negócio**. Se os ativos adquiridos **não constituem um negócio, a entidade deve contabilizar a operação ou o evento como aquisição de ativos**.

A determinação de dado conjunto de atividades e ativos como um negócio deve ser baseada na capacidade de esse conjunto ser conduzido e gerenciado como um negócio por um participante do mercado. Dessa forma, ao se avaliar se o conjunto é um negócio, não é relevante se o vendedor operou o conjunto como um negócio ou se o adquirente pretende operar o conjunto como um negócio.

Na ausência de evidência em contrário, quando estiver presente o ágio por expectativa de rentabilidade futura (*goodwill*) em determinado conjunto de ativos e atividades, **supõe-se que ele seja um negócio**. Contudo, um negócio não precisa ter ágio por expectativa de rentabilidade futura.

Lembre-se

Ágio por expectativa de rentabilidade futura (*goodwill*) é um ativo que representa benefícios econômicos futuros resultantes de outros ativos adquiridos em uma combinação de negócios, os quais não são individualmente identificados e separadamente reconhecidos.

36.14.3. Método de aquisição

A entidade deve contabilizar cada combinação de negócios pela aplicação do **método de aquisição**.

A aplicação do método de aquisição exige:
- Identificação do adquirente.
- Determinação da data de aquisição.
- Reconhecimento e mensuração dos ativos identificáveis adquiridos, dos passivos assumidos e das participações societárias de não controladores na adquirida.
- Reconhecimento e mensuração do ágio por expectativa de rentabilidade futura (*goodwill*) ou do ganho proveniente de compra vantajosa.

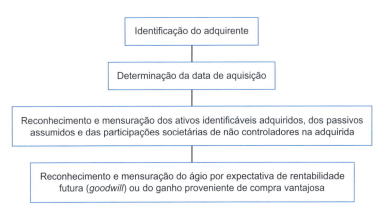

36.14.4. Identificação do adquirente

Para cada combinação de negócios, uma das entidades envolvidas na combinação deve ser identificada como o adquirente. **Adquirente é a entidade que obtém o controle da adquirida**.

Lembre-se

Em combinação de negócios efetivada fundamentalmente pela transferência de caixa ou outros ativos ou pela assunção de passivos, o adquirente normalmente é a entidade que transfere caixa ou outros ativos ou incorre em passivos.

Lembre-se

Se a combinação de negócios for efetivada fundamentalmente pela troca de participações societárias, o adquirente normalmente é a entidade que emite instrumentos de participação societária. Contudo, em algumas combinações de negócios, comumente denominadas de "aquisição reversa", a entidade emissora é a adquirida.

Outros fatos e circunstâncias pertinentes **devem ser considerados na identificação do adquirente em combinação de negócios efetivada pela troca de participações societárias**, os quais incluem:

- **Direito de voto relativo na entidade combinada após a combinação.** Normalmente, o adquirente é a entidade da combinação cujo grupo de proprietários retém ou recebe a maior parte dos direitos de voto na entidade combinada. Na determinação de qual grupo de proprietários retém ou recebe a maior parte dos direitos de voto, deve-se considerar a existência de qualquer acordo de votos especial ou atípico, bem como opções, opções não padronizadas – *warrants* ou títulos conversíveis.
- **Existência de grande participação minoritária de capital votante na entidade combinada**, quando nenhum outro proprietário ou grupo organizado de proprietários tiver participação significativa no poder de voto. Normalmente, o adquirente é a entidade da combinação cujo único proprietário ou grupo organizado de proprietários é detentor da maior parte do direito de voto minoritário na entidade combinada.
- **Composição do conselho de administração (ou órgão equivalente) da entidade combinada.** Normalmente, o adquirente é a entidade da combinação cujos proprietários têm a capacidade ou poder para eleger ou destituir a maioria dos membros do conselho de administração (ou órgão equivalente) da entidade combinada.
- **Composição da alta administração (diretoria ou equivalente) da entidade combinada.** Normalmente, o adquirente é a entidade da combinação cuja alta administração (anterior à combinação) comanda a gestão da entidade combinada.
- **Termos da troca de instrumentos de participação societária.** Normalmente, o adquirente é a entidade da combinação que paga um prêmio sobre o valor justo pré-combinação das ações (participação de capital) das demais entidades da combinação.

O adquirente é, normalmente, a entidade da combinação cujo tamanho relativo (mensurado, por exemplo, em ativos, receitas ou lucros) é significativamente maior em relação às demais entidades da combinação.

Em combinação de negócios envolvendo **mais do que duas entidades**, na determinação do adquirente, devem-se considerar, entre outras coisas, qual das entidades da combinação iniciou a combinação e o tamanho relativo das entidades da combinação.

Em uma combinação de negócios, **a nova entidade formada não é necessariamente o adquirente**. Quando a nova entidade é formada e ela é quem emite instrumentos de participação societária para efetivar a combinação de negócios, uma das entidades da combinação de negócios que existia antes da combinação deve ser identificada como adquirente. De forma contrária, uma nova entidade pode ser o adquirente quando ela transferir dinheiro ou outros ativos (ou incorrer em passivos) como contraprestação pela obtenção do controle da adquirida.

36.14.4.1. Aquisição reversa

A **aquisição reversa** ocorre quando a entidade que emite os títulos (**adquirente legal**) é identificada como a adquirida para **fins contábeis**. A entidade cuja participação societária tiver sido adquirida (adquirida legal), deve ser considerada, para fins contábeis, como a adquirente para que a operação seja considerada uma aquisição reversa.

> Por exemplo, às vezes, a aquisição reversa ocorre quando a entidade fechada (sem ações listadas no mercado) quer tornar-se uma empresa listada, mas sem fazer o processo de abertura de seu capital, ou seja, sem obter o registro de companhia aberta. Para esse fim, a entidade fechada promove um acordo contratual com uma companhia aberta (a combinação propriamente) por meio do qual a entidade fechada passa a ser uma investida da companhia aberta, e os ex-sócios da entidade fechada recebem participações no capital da companhia aberta. Nesse exemplo, a companhia aberta é o adquirente legal, porque ela emitiu instrumentos de participação societária, e a entidade fechada é a adquirida legal, porque seus instrumentos de capital foram adquiridos. Contudo, o resultado da identificação do adquirente revela que:
> - A companhia aberta é a adquirida para fins contábeis (adquirida contábil).
> - A entidade fechada é o adquirente para fins contábeis (adquirente contábil).

Na operação, a adquirida contábil deve atender à definição de um negócio para ser contabilizada como aquisição reversa, bem como são aplicáveis todos os princípios de reconhecimento e mensuração previstos, incluindo as exigências para reconhecimento do ágio por expectativa de rentabilidade futura (*goodwill*).

36.14.5. Determinação da data de aquisição

Lembre-se

O adquirente deve identificar a data de aquisição, que é a data em que o controle da adquirida é obtido.

A data em que o adquirente obtém o controle da adquirida geralmente é a data em que o adquirente **legalmente transfere a contraprestação pelo controle da adquirida**, adquire os ativos e assume os passivos da adquirida – a data de fechamento do negócio.

CONTABILIDADE GERAL E AVANÇADA • SILVIO SANDE E ANDRÉ NEIVA

Contudo, o adquirente pode obter o controle em data anterior ou posterior à data de fechamento. Por exemplo, a data de aquisição antecede a data de fechamento se o contrato escrito determinar que o adquirente venha a obter o controle da adquirida em data anterior à data de fechamento.

36.14.6. Reconhecimento

> A partir da data de aquisição, o adquirente deve reconhecer, separadamente do ágio por expectativa de rentabilidade futura (*goodwill*), os ativos identificáveis adquiridos, os passivos assumidos e quaisquer participações de não controladores na adquirida.

Para se qualificarem para reconhecimento, como parte da aplicação do método de aquisição, os ativos identificáveis adquiridos e os passivos assumidos devem atender, na data da aquisição, às **definições de ativo e de passivo** dispostas no Pronunciamento Conceitual Básico – Estrutura Conceitual para a Elaboração e Apresentação das Demonstrações Contábeis:

> Os elementos diretamente relacionados com a mensuração da posição patrimonial e financeira são os ativos, os passivos e o patrimônio líquido. Estes são definidos como segue:
> - **Ativo** é um recurso controlado pela entidade como resultado de eventos passados e do qual se espera que fluam futuros benefícios econômicos para a entidade.
> - **Passivo** é uma obrigação presente da entidade, derivada de eventos passados, cuja liquidação se espera que resulte na saída de recursos da entidade capazes de gerar benefícios econômicos.
> - **Patrimônio líquido** é o interesse residual nos ativos da entidade depois de deduzidos todos os seus passivos.

Por exemplo, os custos que o adquirente espera, porém não está obrigado a incorrer no futuro, para efetivar um plano para encerrar uma atividade da adquirida, ou os custos para realocar ou desligar empregados da adquirida não constituem um passivo na data da aquisição. Portanto, o adquirente não deve reconhecer tais custos como parte da aplicação do método de aquisição. Em vez disso, o adquirente deve reconhecer tais custos em suas demonstrações contábeis pós-combinação.

A aplicação do princípio e as condições de reconhecimento pelo adquirente podem resultar no reconhecimento de alguns ativos e passivos que **não tenham sido anteriormente reconhecidos** como tais nas demonstrações contábeis da adquirida. Por exemplo, o adquirente deve reconhecer os ativos intangíveis identificáveis adquiridos, como uma marca ou uma patente ou um relacionamento com clientes, os quais não foram reconhecidos como ativos nas demonstrações contábeis da adquirida por terem sido desenvolvidos internamente e os respectivos custos terem sido registrados como despesa.

O adquirente deve fazer essas classificações ou designações **com base nos termos contratuais**, nas condições econômicas, nas políticas contábeis ou operacionais e em outras condições pertinentes que existiam na data da aquisição.

Em algumas situações, os Pronunciamentos, as Interpretações e as Orientações do CPC podem exigir **tratamentos contábeis diferenciados** dependendo da forma como a entidade classifica ou faz a designação de determinado ativo ou passivo.

Exemplos de classificação ou designação **que o adquirente deve fazer com base nas condições pertinentes**, existentes à data da aquisição, incluem, porém não se limitam a:

- Classificar ativos e passivos financeiros específicos como mensurados ao valor justo por meio do resultado, ou como ativo financeiro disponível para venda, ou ainda como ativo financeiro mantido até o vencimento.
- Designar um instrumento derivativo como instrumento de proteção (*hedge*).
- Determinar se um derivativo embutido deveria ser separado do contrato principal.

Existem duas exceções ao princípio de que o adquirente deve fazer essas classificações ou designações com base nos termos contratuais:

- Classificação de um contrato de arrendamento mercantil como arrendamento operacional ou financeiro.
- Classificação de um contrato como contrato de seguro.

O adquirente deve classificar tais contratos com base em suas cláusulas contratuais e em outros fatores na data de início do contrato (ou, na data da alteração contratual, que pode ser a mesma que a data da aquisição, caso suas cláusulas tenham sido modificadas de forma a alterar sua classificação).

36.14.7. Mensuração

Lembre-se

O adquirente deve mensurar os ativos identificáveis adquiridos e os passivos assumidos pelos respectivos valores justos da data da aquisição.

Como vimos, em cada combinação de negócios, o adquirente deve mensurar, na data da aquisição, os componentes da **participação de não controladores** na adquirida que representem nessa data efetivamente instrumentos patrimoniais e confiram a seus detentores uma participação proporcional nos ativos líquidos da adquirida em caso de sua liquidação, por um dos seguintes critérios:

- **Pelo valor justo.**
- **Pela participação proporcional atual conferida pelos instrumentos patrimoniais nos montantes reconhecidos dos ativos líquidos identificáveis da adquirida.**

Todos os demais componentes da participação de não controladores devem ser mensurados ao valor justo na data da aquisição, a menos que outra base de mensuração seja requerida pelos Pronunciamentos, Interpretações e Orientações do CPC.

36.14.8. Exceções no reconhecimento ou na mensuração

36.14.8.1. Passivo contigente

O Pronunciamento Técnico CPC 25 – Provisões, Passivos Contingentes e Ativos Contingentes define **passivo contingente** como:

- Uma possível obrigação que resulta de eventos passados e cuja existência será confirmada apenas pela ocorrência ou não de um ou mais eventos futuros incertos não totalmente sob controle da entidade.
- Uma obrigação presente que resulta de eventos passados, mas que não é reconhecida porque:
  - Não é provável que uma saída de recursos que incorporam benefícios econômicos seja exigida para liquidar a obrigação.
  - O montante da obrigação não pode ser mensurado com suficiente confiabilidade.

As exigências do Pronunciamento Técnico CPC 25 – Provisões, Passivos Contingentes e Ativos Contingentes não se aplicam na determinação de quais passivos contingentes devem ser reconhecidos na data da aquisição. Em vez disso, o adquirente deve reconhecer, na data da aquisição, um passivo contingente assumido em combinação de negócios se ele for uma obrigação presente que surge de eventos passados e se o seu valor justo puder ser mensurado com confiabilidade. Portanto, de forma contrária ao Pronunciamento Técnico CPC 25, o **adquirente deve reconhecer, na data da aquisição, um passivo contingente assumido em combinação de negócios, mesmo se não for provável que sejam requeridas saídas de recursos (incorporando benefícios econômicos) para liquidar a obrigação.**

36.14.8.2. Tributos sobre o lucro

O adquirente deve reconhecer e mensurar ativos e passivos fiscais diferidos, advindos dos ativos adquiridos e dos passivos assumidos em uma combinação de negócios, de acordo com o Pronunciamento Técnico CPC 32 – Tributos sobre o Lucro.

O adquirente deve contabilizar os potenciais efeitos fiscais de diferenças temporárias e de prejuízos fiscais (ou bases negativas de contribuição social sobre o lucro líquido) da adquirida existentes na data da aquisição ou originados da aquisição, de acordo com o Pronunciamento Técnico CPC 32 – Tributos sobre o Lucro.

36.14.8.3. Benefícios a empregados

O adquirente deve reconhecer e mensurar um passivo (ou ativo, se houver) relacionado aos contratos da adquirida relativos a benefícios a empregados, conforme o Pronunciamento Técnico CPC 33 – Benefícios a Empregados.

36.14.8.4. Ativos de indenização

Em combinação de negócios, o vendedor pode ser contratualmente obrigado a indenizar o **adquirente pelo resultado de uma incerteza ou contingência** relativa a todo ou parte de ativo ou passivo específico. Por exemplo, o vendedor pode indenizar o adquirente contra perdas que fiquem acima de um determinado valor ou relativas a um passivo decorrente de contingência específica; em outras palavras, a vendedora garante que a obrigação da adquirente não excede determinado valor. Como resultado, o adquirente obtém um ativo por indenização. O adquirente deve reconhecer um ativo por indenização ao mesmo tempo em que ele reconhece o item objeto da indenização, mensurado nas mesmas bases daquele item a ser indenizado e sujeito à avaliação da necessidade de constituir provisão para valores incobráveis. Portanto, se a indenização é relativa a ativo ou passivo reconhecido na data da aquisição e mensurado ao valor justo nessa data, o adquirente deve reconhecer, na data de aquisição, o ativo de indenização pelo seu valor justo nessa data. Se um ativo de indenização for mensurado a valor justo, os efeitos de incertezas sobre o fluxo de caixa futuro dos valores que se espera receber já integram o valor justo calculado, de forma que uma avaliação separada de valores incobráveis não é necessária.

Em algumas circunstâncias, a indenização pode estar relacionada a ativo ou passivo abrangidos pela exceção aos princípios de reconhecimento e mensuração. Por exemplo, uma indenização pode decorrer de passivo contingente não reconhecido na data da aquisição por não ter sido possível mensurar o seu valor justo com confiabilidade nessa data. Alternativamente, um ativo de indenização pode decorrer de ativo ou passivo não mensurado ao valor justo na data da aquisição, como, por exemplo, os provenientes de benefícios a empregados. Nesses casos, os ativos de indenização devem ser reconhecidos e mensurados com base em premissas consistentes com aquelas utilizadas para mensurar o item objeto da indenização, estando sujeitos à avaliação da administração quanto às perdas potenciais por valores incobráveis e estando também sujeitos a quaisquer limitações contratuais para o montante da indenização.

36.14.8.5. Direito readquirido

O adquirente deve mensurar o valor de direito readquirido, reconhecido como ativo intangível, com base no prazo contratual remanescente do contrato que lhe deu origem, independentemente de os participantes do mercado considerarem a potencial renovação do contrato na mensuração do valor justo desse ativo intangível.

36.14.8.6. Transações com pagamento baseado em ações

O adquirente deve mensurar um passivo ou um instrumento patrimonial relacionado a plano de benefício com pagamento baseado em ações da adquirida ou à substituição de plano de benefício com pagamento baseado em ações da adquirida por plano de benefício com pagamento baseado em ações da adquirente de acordo com o método previsto no Pronunciamento Técnico CPC 10 – Pagamento Baseado em Ações na data da aquisição.

36.14.8.7. Ativo mantido para venda

O adquirente deve mensurar um ativo não circulante da adquirida (ou um grupo destinado à venda) que estiver classificado como mantido para venda na data da aquisição de acordo com o Pronunciamento Técnico CPC 31 – Ativo Não Circulante Mantido para Venda e Operação Descontinuada, pelo seu valor justo menos as despesas de venda, conforme previsto nos itens 15 a 18 do citado Pronunciamento Técnico.

Em resumo:

Reconhecimento e mensuração na combinação de negócios		
Regra geral		**Exceções**
Valor justo na data da aquisição	**Passivo contingente**	De forma contrária ao Pronunciamento Técnico CPC 25, o adquirente deve reconhecer, na data da aquisição, um passivo contingente assumido em combinação de negócios, mesmo se não for provável que sejam requeridas saídas de recursos (incorporando benefícios econômicos) para liquidar a obrigação
	Tributos sobre o lucro	De acordo com o Pronunciamento Técnico CPC 32 – Tributos sobre o Lucro
	Benefícios a empregados	De acordo com o Pronunciamento Técnico CPC 33 – Benefícios a Empregados
	Ativos de indenização	Os ativos de indenização devem ser reconhecidos e mensurados com base em premissas consistentes com aquelas utilizadas para mensurar o item objeto da indenização
	Direito readquirido	O adquirente deve mensurar o valor de direito readquirido, reconhecido como ativo intangível, com base no prazo contratual remanescente do contrato que lhe deu origem
	Transações com pagamento baseado em ações	De acordo com o método previsto no Pronunciamento Técnico CPC 10 – Pagamento Baseado em Ações
	Ativo mantido para venda	De acordo com o Pronunciamento Técnico CPC 31 – Ativo Não Circulante Mantido para Venda e Operação Descontinuada

36.14.9. Reconhecimento e mensuração do *goodwill*

Vimos que o ágio por expectativa de rentabilidade futura (*goodwill* adquirido) é o valor pago a maior por conta da rentabilidade futura esperada do investimento, quando comparada aos ativos líquidos da investida (valor final da entidade após os ativos e os passivos serem avaliados a valor líquido).

O adquirente deve reconhecer o ágio por expectativa de rentabilidade futura (*goodwill*), na data da aquisição, mensurado pelo montante que (a) exceder (b) abaixo:

(a) A soma:

(i) Da contraprestação transferida em troca do controle da adquirida para a qual geralmente se exige o valor justo na data da aquisição.

(ii) Do montante de quaisquer participações de não controladores na adquirida.

(iii) No caso de combinação de negócios realizada em estágios, o valor justo, na data da aquisição, da participação do adquirente na adquirida imediatamente antes da combinação.

(b) O valor líquido, na data da aquisição, dos ativos identificáveis adquiridos e dos passivos assumidos.

Em combinação de negócios em que o adquirente e a adquirida (ou seus ex-proprietários) **trocam somente participações societárias**, o valor justo, na data da aquisição, da participação na adquirida pode ser mensurado com maior confiabilidade que o valor justo da participação societária no adquirente. Se for esse o caso, o adquirente deve determinar o valor do ágio por expectativa de rentabilidade futura (*goodwill*) utilizando o valor justo, na data da aquisição, da participação societária na adquirida em vez do valor justo da participação societária transferida. Para determinar o valor do ágio por expectativa de rentabilidade futura (*goodwill*) em combinação de negócios onde nenhuma contraprestação é efetuada para obter o controle da adquirida, o adquirente deve utilizar o valor justo, na data da aquisição, da participação do adquirente na adquirida, no lugar do valor justo, na data da aquisição, da contraprestação transferida.

36.14.10. Reconhecimento e mensuração do ganho por compra vantajosa

A compra vantajosa é valor pago a menor pelo investimento quando comparado ao valor contábil do mesmo.

Antes de reconhecer o ganho decorrente de compra vantajosa, o adquirente deve promover uma revisão para se certificar de que todos os ativos adquiridos e todos os passivos assumidos foram corretamente identificados e, portanto, reconhecer quaisquer ativos ou passivos adicionais identificados na revisão. O adquirente também deve **deve rever os procedimentos utilizados para mensurar** os valores a serem reconhecidos na data da aquisição para todos os itens abaixo:

- Ativos identificáveis adquiridos e passivos assumidos.
- Participação de não controladores na adquirida, se houver.
- No caso de combinação de negócios realizada em estágios, qualquer participação societária anterior do adquirente na adquirida.
- A contraprestação transferida para obtenção do controle da adquirida.

O objetivo da revisão é assegurar que as mensurações reflitam adequadamente a consideração de todas as informações disponíveis na data da aquisição.

Caso esse excesso de valor permaneça após a aplicação das exigências contidas acima, o adquirente deve reconhecer o ganho resultante, na demonstração de resultado do exercício, na data da aquisição. O ganho deve ser atribuído ao adquirente.

Exemplos dos efeitos do reconhecimento e mensuração de um ganho por compra vantajosa do CPC

O exemplo a seguir ilustra a contabilização de uma combinação de negócios em que o ganho por compra vantajosa é reconhecido.

Em 01/01/20X5, a CA adquire 80% de participação de capital na CM, entidade privada, cujo pagamento foi feito em espécie – $ 150. Em razão de os ex-proprietários da CM precisarem vender seus investimentos na CM até uma data específica, eles não têm tempo suficiente para ofertar a CM para outros potenciais compradores. A direção da CA inicialmente mensura, separadamente, os ativos identificáveis adquiridos e os passivos assumidos, na data da aquisição, em conformidade com as exigências do Pronunciamento Técnico CPC 15 – Combinação de Negócios. Os ativos identificáveis são mensurados por $ 250 e os passivos assumidos são mensurados por $ 50. A CA encarrega um consultor independente, o qual determina que o valor justo dos 20% de participação dos não controladores na CM é de $ 42.

O valor dos ativos líquidos identificáveis da CM ($ 200, calculado como $ 250 – $ 50) excede o valor justo da contraprestação transferida mais o valor justo da participação dos não controladores na CM. Portanto, a CA deve revisar os procedimentos usados para identificar e mensurar os ativos adquiridos e os passivos assumidos, bem como para mensurar o valor justo da participação dos não controladores na CM e da contraprestação transferida em troca do controle da CM. Após essa revisão, a CA conclui que os procedimentos e mensurações estavam adequados. A CA deve mensurar o ganho obtido na aquisição da participação de 80% da seguinte forma:

	$	$
Valor dos ativos líquidos identificáveis adquiridos ($ 250 a $ 50)		200
(–) Valor justo da contraprestação transferida pela CA em troca de 80% de participação na CM	150	
Valor justo da participação dos não controladores na CM	42	(192)
Ganho na aquisição dos 80% de participação na CM		**8**

A CA deve registrar a aquisição da CM em suas demonstrações contábeis consolidadas como segue:

	$	$
Débito: Ativos identificáveis adquiridos	250	
Crédito: Caixa		150
Crédito: Passivos assumidos		50
Crédito: Ganho por compra vantajosa		8
Crédito: Participação dos nos controladores em CM		42

Se o adquirente optar por mensurar a participação dos não controladores na CM com base na parte que lhes cabe no valor justo dos ativos líquidos da adquirida, o valor reconhecido para a participação dos não controladores seria $ 40 ($ 200 × 0,20). Nesse caso, o ganho por compra vantajosa teria sido de $ 10 [$ 200 – ($ 150 + $ 40)].

36.14.11. Combinação de negócios realizada em estágios

O adquirente pode obter o controle de uma adquirida na qual ele mantinha uma participação de capital imediatamente antes da data da aquisição.

Por exemplo, em 31 de dezembro de 20X1, a entidade "A" possui 35% de participação no capital (votante e total) da entidade "B", sem controlá-la. Nessa data, a entidade "A" compra mais 40% de participação de capital (votante e total) na entidade "B", obtendo o controle sobre ela. Este Pronunciamento denomina essa operação como combinação de negócios realizada em estágios, algumas vezes refere-se também como sendo uma aquisição passo a passo (*step acquisition*).

Em **combinação de negócios realizada em estágios**, o adquirente deve mensurar novamente sua participação anterior na adquirida pelo valor justo na data da aquisição e deve reconhecer no resultado do período o ganho ou a perda resultante, se houver, ou em outros resultantes abrangentes, conforme apropriado.

Em períodos contábeis anteriores, o adquirente pode ter reconhecido ajustes no valor contábil de sua participação anterior na adquirida, cuja contrapartida tenha sido contabilizada como outros resultados abrangentes (em Ajustes de Avaliação Patrimonial), em seu patrimônio líquido. Nesse caso, o valor contabilizado pelo adquirente em outros resultados abrangentes deve ser reconhecido nas mesmas bases que seriam exigidas caso o adquirente tivesse alienado sua participação anterior na adquirida (ou seja, deve ser reclassificado para a demonstração do resultado do período).

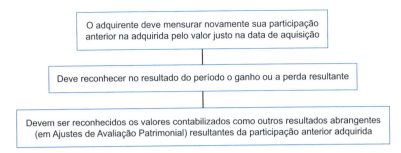

36.14.12. Contraprestação transferida

A contraprestação transferida em troca do controle da adquirida em combinação de negócios deve ser mensurada pelo seu valor justo, o qual deve ser calculado pela soma dos valores justos na data da aquisição: (a) dos ativos transferidos pelo adquirente; (b) dos passivos incorridos pelo adquirente junto aos ex-proprietários da adquirida; e (c) das participações societárias emitidas pelo adquirente. Exemplos de formas potenciais de contraprestação transferida incluem caixa, outros ativos, um negócio ou uma controlada do adquirente, uma contraprestação contingente, ações ordinárias, ações preferenciais, quotas de capital, opções, opções não padronizadas – *warrants*, bônus de subscrição e participações em entidades de mútuo (associações, cooperativas etc.).

A contraprestação transferida pode incluir itens do ativo ou passivo do adquirente cujos valores contábeis sejam diferentes de seus valores justos na data da aquisição (por exemplo, ativo não monetário ou um negócio do adquirente). Nesse caso, o adquirente deve remensurar, na data da aquisição, os ativos ou os passivos transferidos pelos respectivos valores justos e reconhecer o ganho ou a perda resultante, se houver, na demonstração do resultado. Contudo, quando os ativos e os passivos transferidos permanecem dentro da entidade combinada após a combinação de negócios (por exemplo, porque ativos ou passivos são transferidos para a adquirida e não para seus ex-proprietários), o adquirente permanece no controle dos mesmos. Nessa situação, o adquirente deve mensurar tais ativos e passivos pelos seus respectivos valores contábeis imediatamente antes da data da aquisição. Não se deve reconhecer ganho ou perda sobre ativos ou passivos que o adquirente já controlava antes e continua a controlar após a combinação de negócios.

36.14.12.1. Contraprestação contingente

Contraprestação contingente são obrigações contratuais, assumidas pelo adquirente na operação de combinação de negócios, de transferir ativos adicionais ou participações societárias adicionais aos ex-proprietários da adquirida, caso certos eventos futuros ocorram ou determinadas condições sejam satisfeitas. Contudo, uma contraprestação contingente também pode dar ao adquirente o direito de reaver parte da contraprestação previamente transferida ou paga, caso determinadas condições sejam satisfeitas.

A contraprestação que o adquirente transfere em troca do controle sobre a adquirida deve incluir qualquer ativo ou passivo resultante de acordo com uma contraprestação contingente. O adquirente deve reconhecer a contraprestação contingente pelo seu valor justo na data da aquisição como parte da contraprestação transferida em troca do controle da adquirida.

O adquirente deve classificar a obrigação de pagar uma contraprestação contingente que satisfaça a definição de instrumento financeiro como passivo financeiro ou como componente do patrimônio líquido, com base nas definições de instrumento patrimonial e passivo financeiro. O adquirente deve classificar uma contraprestação contingente como ativo quando o acordo conferir ao adquirente o direito de reaver parte da contraprestação já transferida, se certas condições específicas forem satisfeitas.

36.14.13. Período da mensuração

O **período de mensuração** é o período que se segue à data da aquisição, durante o qual o adquirente pode ajustar os valores provisórios reconhecidos para uma combinação de negócios.

Quando a contabilização inicial de uma combinação de negócios estiver incompleta ao término do período de reporte em que a combinação ocorrer, o adquirente deve, em suas demonstrações contábeis, reportar os valores provisórios para os itens cuja contabilização estiver incompleta. Durante o período de mensuração, o adquirente deve ajustar retrospectivamente os valores provisórios reconhecidos na data da aquisição para refletir qualquer nova informação obtida relativa a fatos e circunstâncias existentes na data da aquisição, a qual, se conhecida naquela data, teria afetado a mensuração dos valores reconhecidos. Durante o período de mensuração, o adquirente também deve reconhecer adicionalmente ativos ou passivos, quando nova informação for obtida acerca de fatos e circunstâncias existentes na data da aquisição, a qual, se conhecida naquela data, teria resultado no reconhecimento desses ativos e passivos naquela data. O período de mensuração termina assim que o adquirente obtiver as informações que buscava sobre fatos e circunstâncias existentes na data da aquisição, ou quando ele concluir que mais informações não podem ser obtidas. Contudo, o período de mensuração não pode exceder a um ano da data da aquisição.

36.14.14. Custos relacionados à aquisição

Os custos diretamente relacionados à aquisição são custos que o adquirente incorre para efetivar a combinação de negócios. Esses custos incluem honorários de profissionais e consultores, tais como advogados, contadores, peritos, avaliadores; custos administrativos gerais, inclusive custos decorrentes da manutenção de departamento de aquisições; e custos de registro e emissão de títulos de dívida e de títulos patrimoniais. **O adquirente deve contabilizar os custos diretamente relacionados à aquisição como despesa no período** em que forem incorridos e os serviços forem recebidos, com apenas uma exceção. Os custos decorrentes da emissão de títulos de dívida e de títulos patrimoniais devem ser reconhecidos de acordo com os Pronunciamentos Técnicos que tratam da matéria.

36.14.15. Incorporação com alteração de controle

Como mencionado anteriormente, quando há uma reorganização societária com alteração de controle, **há uma combinação de negócios**. A diferença é que esta é avaliada pelo **método de aquisição**, ou seja, os ativos e passivos **são avaliados a valor justo** na data da aquisição através da combinação de negócios.

a) Incorporação sem *goodwill*: supondo que a Cia. Delta incorpore a Cia. Fox.

	Cia. Delta	Cia. Fox
Ativo		
Circulante	100.000	50.000
Não circulante	300.000	100.000
Passivo		
Circulante	100.000	50.000
Não circulante	50.000	50.000
Patrimônio líquido	250.000	50.000

Primeiramente, temos que avaliar os ativos e passivos as duas companhias a valor justo, definindo quanto o percentual de cada uma representa no somatório total:

	Delta	Fox
Patrimônio líquido	250.000	50.000
Ajuste a valor justo do imobilizado	10.000	0
Ajuste a valor justo dos estoques	15.000	2.000
Patrimônio líquido ajustado	**275.000**	**52.000**
Percentual do PL ajustado	84%	16%

Em seguida, temos que definir quanto do capital social cada grupo de acionistas terá após a incorporação.

Capital da Delta após a incorporação (250.000 + 50.000)	300.000	
	Acionistas de Delta	Acionistas de Fox
Percentual do PL ajustado	84%	16%
Participação de cada um na Cia. Delta	252.294	47.706

Nos cálculos acima, vemos que os acionistas da Cia. Delta aumentarão a sua participação após a incorporação. Essa operação ocorrerá através de uma emissão de ações com ágio, no valor do antigo PL da Cia. Fox, de 50.000 (47.706 + 2.294 de ágio), e esse ágio a ser alocado na reserva de capital e posteriormente transferido para um aumento de capital social em favor dos acionistas da Cia. Delta. Isso ocorre porque, na avaliação a valor justo, o patrimônio da Cia. Delta foi ajustado a maior do que o da Cia. Fox, proporcionalmente falando. Por isso, após a incorporação, o valor que os antigos acionistas da Cia. Delta são maiores que os da Cia. Fox.

1º lançamento: serão zeradas as contas patrimoniais da incorporada Cia. Fox, tendo como contrapartida a conta de transição.

D – Conta transitória de incorporação	50.000
C – Ativo circulante	50.000
C – Ativo não circulante	100.000
D – Passivo circulante	50.000
D – Passivo não circulante	50.000

560 | Contabilidade Geral e Avançada • Silvio Sande e André Neiva

2º lançamento: os valores das contas patrimoniais são acrescentados no patrimônio da incorporadora Cia. Delta. Perceba que o valor do ativo circulante está aumentado em 2.000, uma vez que esse é valor do estoque ao valor justo. E que a contrapartida do mesmo se encontra na conta Ajustes de Avaliação Patrimonial

D – Ativo circulante	52.000
D – Ativo não circulante	100.000
C – Passivo circulante	50.000
C – Passivo não circulante	50.000
C – Conta transitória de incorporação	50.000
C – Ajustes de avaliação patrimonial	2.000

3º lançamento: conforme mencionado, serão emitidas ações com ágio que posteriormente serão incorporadas ao capital social da Cia. Delta, em favor dos acionistas da mesma. Do capital social da Cia. Delta, após a incorporação, ficará R$ 252.294 para os acionistas de Delta e 47.294 para os acionistas de Fox, totalizando um capital social de 300.000 (250.000 + 50.000).

D – Patrimônio líquido	50.000
C – Conta transitória de incorporação	50.000
D – Conta corrente de incorporação	50.000
C – Capital subscrito na Cia. Delta	47.706
C – Ágio na emissão de ações	2.294
D – Ágio na emissão de ações	2.294
C – Capital subscrito na Cia. Delta (em favor dos acionistas de Delta)	2.294

O balanço da Cia. Delta ficará assim:

	Cia. Delta
Ativo	
Circulante	152.000
Não circulante	400.000
Passivo	
Circulante	150.000
Não circulante	100.000
Patrimônio líquido	302.000

É importante chamar a atenção a adoção do método de aquisição, por ser uma combinação de negócios, em que o patrimônio deve ser avaliado a valor justo, o estoque foi aumentado em 2.000, aumentando o ativo circulante resultante da soma das partes para 152.000 (100.000 + 50.000 + 2.000). E esse aumento provocou o aumento do PL, na conta Ajustes de Avaliação Patrimonial, no mesmo valor, resultando em 302.000 de PL (250.000 + 50.000 + 2.000).

b) Incorporação com *goodwill*: o *goodwill*, conforme vimos em capítulos anteriores, representa a expectativa de rentabilidade futura da entidade. Supondo que a Cia. Delta incorpore a Cia. Fox, e que está apresente um *goodwill* de 1.500.

	Cia. Delta	Cia. Fox
Ativo		
Circulante	100.000	50.000
Não circulante	300.000	100.000
Passivo		
Circulante	100.000	50.000
Não circulante	50.000	50.000
Patrimônio líquido	250.000	50.000

Primeiramente, temos que avaliar os ativos e passivos as duas companhias a valor justo e considerando o *goodwill* existente, definindo quanto o percentual de cada uma representa no somatório total:

	Delta	Fox
Patrimônio líquido	250.000	50.000
Ajuste a valor justo do imobilizado	10.000	0
Ajusto a valor justo dos estoques	15.000	2.000
Goodwill		1.500
Patrimônio líquido ajustado	275.000	53.500
Percentual do PL ajustado	84%	16%

Em seguida, temos que definir quanto do capital social cada grupo de acionistas terá após a incorporação.

Capital da Delta após a incorporação (250.000 + 50.000 + 1.500)	301.500	
	Acionistas de Delta	Acionistas de Fox
Percentual do PL ajustado	84%	16%
Participação de cada um na Cia. Delta	252.397	49.103

Nos cálculos acima, vemos que os acionistas da Cia. Delta aumentarão a sua participação após a incorporação. Essa operação ocorrerá através de uma emissão de ações com ágio, no valor do antigo PL da Cia. Fox somado ao *goodwill*, de 51.500 (49.103 + 2.397), a ser alocado na reserva de capital e posteriormente transferido para um aumento de capital social em favor dos acionistas da Cia. Delta. Isso ocorre porque, na avaliação a valor justo e considerando o *goodwill*, o patrimônio da Cia. Delta foi ajustado a maior do que o da Cia. Fox, proporcionalmente falando. Por isso, após a incorporação, os valores dos antigos acionistas da Cia. Delta são maiores que os da Cia. Fox.

1º lançamento: serão zeradas as contas patrimoniais da incorporada Cia. Fox, tendo como contrapartida a conta de transição.

D – Conta transitória de incorporação   50.000

C – Ativo circulante   50.000

C – Ativo não circulante   100.000

| | D – Passivo circulante | 50.000 |
| | D – Passivo não circulante | 50.000 |

2º lançamento: os valores das contas patrimoniais são acrescentados no patrimônio da incorporadora Cia. Delta. Perceba que o valor do ativo circulante está aumentado em 2.000, uma vez que esse é valor do estoque ao valor justo. E que a contrapartida do mesmo se encontra na conta Ajustes de Avaliação Patrimonial.

Perceba que agora também temos a conta do *goodwill*, que ficará no ativo não Circulante/intangível. E a contrapartida ficará no capital social da incorporadora.

D – Ativo circulante		52.000
D – Ativo não circulante		100.000
D – *Goodwill*		1.500
C – Passivo circulante		50.000
C – Passivo não circulante		50.000
C – Conta transitória de incorporação		51.500
C – Ajustes de avaliação patrimonial		2.000

3º lançamento: conforme mencionado, serão emitidas ações com ágio que posteriormente serão incorporadas ao capital social da Cia. Delta, em favor dos acionistas da mesma. Do capital social da Cia. Delta, após a incorporação, ficará R$ 252.397 para os acionistas de Delta e 49.103 para os acionistas de Fox, totalizando um capital social de 301.500 (250.000 + 50.000 + 1.500).

D – Patrimônio líquido de Fox		50.000
C – Conta transitória de incorporação		50.000
D – Conta corrente de incorporação		51.500
C – Capital subscrito em Delta		49.103
C – Ágio na emissão de ações		2.397
C – Ágio na emissão de ações		2.397
C – Capital subscrito (em favor dos acionistas de Delta)		2.397

O balanço da Cia. Delta ficará assim:

	Cia. Delta
Ativo	
Circulante	152.000
Não circulante	401.500
Passivo	
Circulante	150.000
Não circulante	100.000
Patrimônio líquido	303.500

É importante chamar a atenção para a adoção do método de aquisição, por ser uma combinação de negócios em que o patrimônio deve ser avaliado a valor justo, o estoque foi aumentado em 2.000, aumentando o ativo circulante resultante da soma das partes para 152.000 (100.000 + 50.000 + 2.000). O *goodwill* está presente no ativo não circulante, que totalizou 451.500 (300.000 + 100.000 + 1.500). E esses aumentos provocaram o aumento do PL, na conta Ajustes de Avaliação Patrimonial, no mesmo valor, resultando em 302.000 de PL (250.000 + 50.000 + 2.000 + 1.500).

36.14.16. Fusão com alteração de controle

Como mencionado anteriormente, quando há uma reorganização societária com alteração de controle, **há uma combinação de negócios**. A diferença é que esta é avaliada pelo **método de aquisição**, previsto no CPC 15, ou seja, os ativos e passivos **são avaliados a valor justo** na data da aquisição através da combinação de negócios.

a) **Fusão sem *goodwill*:** supondo que foi aprovada a fusão entre a Cia. Alfa e a Cia. Beta, que formará a Cia. Delta, e que a mesma não é nem controlada nem coligada da Cia. Alfa, **mas possuem os mesmos acionistas**. As operações podem ser descritas abaixo.

	Cia. Alfa	Cia. Beta
Ativo		
Circulante	200.000	100.000
Não circulante	250.000	200.000
Passivo		
Circulante	100.000	70.000
Não circulante	50.000	30.000
Patrimônio líquido	300.000	200.000

Primeiramente, temos que avaliar os ativos e passivos das duas companhias a valor justo, definindo quanto o percentual de cada uma representa no somatório total:

	Alfa	Beta
Patrimônio líquido	300.000	200.000
Ajuste a valor justo do imobilizado	20.000	0
Ajusto a valor justo dos estoques	5.000	5.000
Patrimônio líquido ajustado	**325.000**	**205.000**
Percentual do PL ajustado	61%	39%

Em seguida, temos que definir quanto do capital social cada grupo de acionistas terá após a incorporação.

Capital da Delta após a incorporação (300.000 + 200.000)	500.000	
	Acionistas de Alfa	**Acionistas de Beta**
Percentual do PL ajustado	61%	39%
Participação de cada um na Cia. Delta	305.000	195.000

Por se tratar de uma fusão, não é necessário emitir ações com ágio.

1º lançamento: serão zeradas as contas patrimoniais das duas companhias, tendo como contrapartida a conta de transição. Da Cia. Alfa:

D – Conta transitória de fusão	300.000
C – Ativo circulante	200.000
C – Ativo não circulante	250.000
D – Passivo circulante	100.000
D – Passivo não circulante	50.000

2º lançamento: da Cia. Beta:

D – Conta transitória de fusão	200.000
C – Ativo circulante	100.000
C – Ativo não circulante	200.000
D – Passivo circulante	70.000
D – Passivo não circulante	30.000

3º lançamento: criação da nova companhia através dos ativos líquidos:

D – Ativo circulante	310.000
D – Ativo não circulante	470.000
C – Passivo circulante	170.000
C – Passivo não circulante	80.000
C – Conta transitória de fusão	500.000
C – Ajustes de avaliação patrimonial	30.000

4º lançamento: o valor do patrimônio líquido da Cia. Alfa e da Cia. Beta será transferido para a nova companhia, a Cia. Delta, através do aumento do capital subscrito. **É importante destacar que todo o patrimônio líquido de Alfa e de Beta, não só o capital social, se transformará em capital subscrito da Cia. Delta.**

D – Patrimônio líquido	500.000
C – Conta transitória de fusão	500.000
D – Conta corrente de fuso	500.000
C – Capital subscrito da Cia. Delta	500.000

Por fim, o balanço da Cia. Delta ficará assim:

	Cia. Delta
Ativo	
Circulante	310.000
Não circulante	470.000
Passivo	
Circulante	170.000
Não circulante	80.000
Patrimônio líquido	530.000

b) Fusão com *goodwill*: utilizaremos os mesmos dados do item anterior, mas agora vamos considerar que a Cia. Beta é subsidiária integral da Cia. Alfa.

	Cia. Alfa	Cia. Beta
Ativo		
Circulante	200.000	100.000
Não circulante	250.000	200.000
Passivo		
Circulante	100.000	70.000
Não circulante	50.000	30.000
Patrimônio líquido	300.000	200.000

Primeiramente, temos que avaliar os ativos e passivos das duas companhias a valor justo e considerando o *goodwill* existente, definindo quanto o percentual de cada uma representa no somatório total:

	Alfa	Beta
Patrimônio Líquido	300.000	200.000
Ajuste a valor justo do Imobilizado	20.000	0
Ajusto a valor justo dos Estoques	5.000	5.000
Goodwill		10.000
Patrimônio Líquido Ajustado	**325.000**	**215.000**
Percentual do PL Ajustado	60%	40%

Em seguida, temos que avaliar os ativos e passivos das duas companhias a valor justo, definindo quanto o percentual de cada uma representa no somatório total:

Capital da Delta após a incorporação (300.000 + 200.000 + 10.000)	510.000	
	Acionistas de Alfa	**Acionistas de Beta**
Percentual do PL Ajustado	61%	39%
Participação de cada um na Cia. Delta	305.000	195.000

Por se tratar de uma fusão, não é necessário emitir ações com ágio.

1º lançamento: serão zeradas as contas patrimoniais das duas companhias, tendo como contrapartida a conta de transição. Da Cia. Alfa:

D – Conta transitória de fusão	300.000
C – Ativo circulante	200.000
C – Ativo não circulante	250.000
D – Passivo circulante	100.000
D – Passivo não circulante	50.000

2º lançamento: da Cia. Beta:

D – Conta transitória de fusão	200.000
C – Ativo circulante	100.000
C – Ativo não circulante	200.000
D – Passivo circulante	70.000
D – Passivo não circulante	30.000

3º lançamento: criação da nova companhia através dos ativos líquidos:

D – Ativo circulante	310.000
D – Ativo não circulante	470.000
D – *Goodwill*	5.000
C – Passivo circulante	170.000
C – Passivo não circulante	80.000
C – Conta transitória de fusão	505.000
C – Ajustes de avaliação patrimonial	30.000

4º lançamento: o valor do patrimônio líquido da Cia. Alfa e da Cia. Beta será transferido para a nova companhia, a Cia. Delta, através do aumento do capital subscrito. **É importante destacar que todo o patrimônio líquido de Alfa e de Beta, não só o capital social, se transformará em capital subscrito da Cia. Delta.**

D – Patrimônio líquido	500.000
C – Conta transitória de fusão	500.000
D – Conta corrente de fusão	505.000
C – Capital subscrito da Cia. Delta	505.000

Por fim, o balanço da Cia. Delta ficará assim:

	Cia. Delta
Ativo	
Circulante	310.000
Não circulante	475.000
Passivo	
Circulante	170.000
Não circulante	80.000
Patrimônio líquido	535.000

36.14.17. Cisão com alteração de controle

Como mencionado anteriormente, quando há uma reorganização societária com alteração de controle, **há uma combinação de negócios**. A diferença é que esta é avaliada pelo **método de aquisição**, previsto no CPC 15, ou seja, os ativos e passivos **são avaliados a valor justo** na data da aquisição através da combinação de negócios.

a) Cisão sem *goodwill*: supondo que foi aprovada a cisão de 30% do patrimônio da Cia. Alfa, que irá para a Cia. Delta. As operações podem ser descritas abaixo.

	Cia. Alfa	Cia. Delta
Ativo		
Circulante	200.000	300.000
Não circulante	250.000	450.000
Passivo		
Circulante	100.000	170.000
Não circulante	50.000	80.000
Patrimônio líquido	300.000	500.000

Primeiramente, temos que avaliar os ativos e passivos das duas companhias a valor justo, definindo quanto o percentual de cada uma representa no somatório total:

	Delta	Alfa
Patrimônio líquido	500.000	(30 % x 300.000) 90.000
Ajuste a valor justo do imobilizado	5.000	0
Ajusto a valor justo dos estoques	10.000	(30% x 10.000) 3.000
Patrimônio líquido ajustado	**515.000**	**93.000**
Percentual do PL ajustado	85%	15%

Em seguida, temos que definir quanto do capital social cada grupo de acionistas terá após a cisão.

Capital da Delta após a incorporação (500.000 + 90.000)	590.000	
	Acionistas de Delta	Acionistas de Alfa
Percentual do PL ajustado	85%	15%
Participação de cada um na Cia. Delta	501.500	88.500

1º lançamento: serão diminuídas em 30% da Cia. Alfa, tendo como contrapartida a conta de transição:

D – Conta transitória de cisão	90.000
D – Passivo circulante	30.000
D – Passivo não circulante	15.000
C – Ativo circulante	60.000
C – Ativo não circulante	75.000

2º lançamento: os valores das contas patrimoniais são acrescentados no patrimônio da Cia. Delta:

D – Ativo circulante	63.000
D – Ativo não circulante	75.000
C – Passivo circulante	30.000
C – Passivo não circulante	15.000
C – Ajuste de avaliação patrimonial	3.000
C – Conta transitória de cisão	90.000

3º lançamento: o valor do patrimônio líquido da Cia. Alfa será transferido para a nova companhia, a Cia. Delta, através do aumento do capital subscrito. **É importante destacar que todo o patrimônio líquido de Alfa, não só o capital social, se transformará em capital subscrito da Cia. Delta.**

D – Patrimônio líquido de Alfa	90.000
C – Conta transitória de cisão	90.000
D – Conta corrente de incorporação	90.000
C – Capital subscrito em Delta	88.500
C – Ágio na emissão de ações	1.500
D – Ágio na emissão de ações	1.500
C – Capital subscrito da Cia. Delta	1.500

Por fim, o balanço da Cia. Delta ficará assim:

	Cia. Alfa	Cia. Delta
Ativo		
Circulante	140.000	363.000
Não circulante	175.000	525.000
Passivo		
Circulante	30.000	200.000
Não circulante	35.000	130.000
Patrimônio líquido	210.000	593.000

b) Cisão com *goodwill*: supondo que foi aprovada a cisão de 30% do patrimônio da Cia. Alfa, que irá para a Cia. Delta. As operações podem ser descritas abaixo.

	Cia. Alfa	Cia. Delta
Ativo		
Circulante	200.000	300.000
Não circulante	250.000	450.000
Passivo		
Circulante	100.000	170.000
Não circulante	50.000	80.000
Patrimônio líquido	300.000	500.000

Primeiramente, temos que avaliar os ativos e passivos das duas companhias a valor justo, definindo quanto o percentual de cada uma representa no somatório total:

	Delta	Alfa
Patrimônio líquido	500.000	(30 % x 300.000) 90.000
Ajuste a valor justo do imobilizado	5.000	0
Ajuto a valor justo dos estoques	10.000	(30% x 10.000) 3.000
Goodwill		(referente à parcela cindida) 500
Patrimônio líquido ajustado	515.000	93.500
Percentual do PL ajustado	85%	15%

Em seguida, temos que definir quanto do capital social cada grupo de acionistas terá após a cisão.

Capital da Delta após a incorporação (500.000 + 90.000 + 500)		590.500	
		Acionistas de Delta	Acionistas de Alfa
Percentual do PL ajustado		85%	15%
Participação de cada um na Cia. Delta		501.925	88.575

1º lançamento: serão diminuídas em 30% da Cia. Alfa, tendo como contrapartida a conta de transição.

D – Conta transitória de cisão	90.000
D – Passivo circulante	30.000
D – Passivo não circulante	15.000
C – Ativo circulante	60.000
C – Ativo não circulante	75.000

2º lançamento: os valores das contas patrimoniais são acrescentados no patrimônio da Cia. Delta:

D – Ativo circulante	63.000
D – Ativo não circulante	75.000
D – *Goodwill*	500
C – Passivo circulante	30.000
C – Passivo não circulante	15.000
C – Ajuste de avaliação patrimonial	3.000
C – Conta transitória de cisão	90.500

3º lançamento: o valor do patrimônio líquido da Cia. Alfa será transferido para a nova companhia, a Cia. Delta, através do aumento do capital subscrito. **É importante destacar que todo o patrimônio líquido de Alfa, não só o capital social, se transformará em capital subscrito da Cia. Delta.**

D – Patrimônio líquido de Alfa	90.000
C – Conta transitória de cisão	90.000
D – Conta corrente de incorporação	90.500
C – Capital subscrito em Delta	88.575
C – Ágio na emissão de ações	1.925
D – Ágio na emissão de ações	1.925
C – Capital subscrito da Cia. Delta	1.925

Por fim, o balanço da Cia. Delta ficará assim:

	Cia. Alfa	Cia. Delta
Ativo		
Circulante	140.000	363.000
Não circulante	175.000	525.500
Passivo		
Circulante	30.000	200.000
Não circulante	35.000	130.000
Patrimônio líquido	210.000	593.500

CAPÍTULO 37

POLÍTICAS CONTÁBEIS, MUDANÇA DE ESTIMATIVA E RETIFICAÇÃO DE ERRO

Todos esses elementos se encontram definidos no CPC 23. O objetivo deste pronunciamento é definir critérios para a seleção e a mudança de **políticas contábeis**, juntamente com o tratamento contábil e divulgação de mudança **nas políticas contábeis, a mudança nas estimativas contábeis e a retificação de erro**. Ele busca **melhorar a relevância e a confiabilidade das demonstrações contábeis** da entidade, bem como **permitir sua comparabilidade** ao longo do tempo com as demonstrações contábeis de outras entidades.

37.1. CONCEITOS

Antes de passar para a análise do assunto, temos que entender alguns conceitos:

Aplicação retrospectiva é a aplicação de nova política contábil a transações, a outros eventos e a condições, como se essa política tivesse sido sempre aplicada.

Reapresentação retrospectiva é a correção do reconhecimento, da mensuração e da divulgação de valores de elementos das demonstrações contábeis, como se um erro de períodos anteriores nunca tivesse ocorrido.

Aplicação impraticável de requisito ocorre quando a entidade não pode aplicá-lo depois de ter feito todos os esforços razoáveis nesse sentido. Para um período anterior em particular, é impraticável aplicar retrospectivamente a mudança em política contábil ou fazer a reapresentação retrospectiva para corrigir um erro se:

- Os efeitos da aplicação retrospectiva ou da reapresentação retrospectiva não puderem ser determinados.
- A aplicação retrospectiva ou a reapresentação retrospectiva exigir premissas baseadas no que teria sido a intenção da Administração naquele momento passado.
- A aplicação retrospectiva ou a reapresentação retrospectiva exigir estimativas significativas de valores e se for impossível identificar objetivamente a informação sobre essas estimativas que:
  - Proporciona evidências das circunstâncias que existiam à data em que esses valores deviam ser reconhecidos, mensurados ou divulgados.
  - Estaria disponível quando as demonstrações contábeis desse período anterior tiveram autorização para divulgação.

Aplicação prospectiva de mudança em política contábil e de reconhecimento do efeito de mudança em estimativa contábil representa, respectivamente:

- A aplicação da nova política contábil a transações, a outros eventos e a condições que ocorram após a data em que a política é alterada.
- O reconhecimento do efeito da mudança na estimativa contábil nos períodos corrente e futuro afetados pela mudança.

Após ver esses conceitos básicos, podemos iniciar o estudo do assunto.

37.2. POLÍTICAS CONTÁBEIS

Lembre-se
Políticas contábeis são os princípios, as bases, as convenções, as regras e as práticas específicas aplicados pela entidade na elaboração e na apresentação de demonstrações contábeis.

Para cada transação, evento ou circunstância, devem ser aplicados os pronunciamentos, as interpretações ou orientações emitidas pelo CPC.

Importante
Os pronunciamentos, interpretações e orientações estabelecem políticas contábeis que o CPC concluiu resultarem em demonstrações contábeis, contendo informação relevante e confiável sobre as transações, outros eventos e condições a que se aplicam. Essas políticas não precisam ser aplicadas quando o efeito da sua aplicação for imaterial. Contudo, não é apropriado produzir, ou deixar de corrigir, incorreções imateriais em relação a eles para se alcançar determinada apresentação da posição patrimonial e financeira (balanço patrimonial), do desempenho (demonstração do resultado) ou dos fluxos e caixa da entidade.

Na ausência de Pronunciamento, Interpretação ou Orientação que se aplique especificamente a uma transação, outro evento ou condição, a **administração exercerá seu julgamento** no desenvolvimento e na aplicação de política contábil que resulte em informação que seja:

- **Relevante** para a tomada de decisão econômica por parte dos usuários.
- **Confiável**, de tal modo que as demonstrações contábeis:
  - Representem adequadamente a posição patrimonial e financeira, o desempenho financeiro e os fluxos de caixa da entidade.
  - Reflitam a essência econômica de transações, outros eventos e condições e, não, meramente a forma legal.
  - Sejam neutras, isto é, que estejam isentas de viés.
  - Sejam prudentes.
  - Sejam completas em todos os aspectos materiais.

As políticas contábeis aplicadas por uma entidade **devem ser uniformes**, exceto quando os pronunciamentos, as interpretações e as orientações exijam ou permitam a classificação de itens para os quais possam ser aplicadas diferentes políticas. Se um Pronunciamento, Interpretação ou Orientação exigir ou permitir tal classificação, uma política contábil apropriada deve ser selecionada e aplicada uniformemente para cada categoria.

A entidade **deve alterar uma política contábil** apenas se a mudança:
- For exigida por Pronunciamento, Interpretação ou Orientação.
- Resultar em informação confiável e mais relevante nas demonstrações contábeis sobre os efeitos das transações, outros eventos ou condições acerca da posição patrimonial e financeira, do desempenho ou dos fluxos de caixa da entidade.

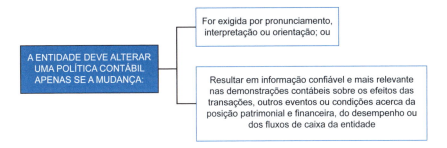

Não constituem mudanças nas políticas contábeis:
- A adoção de política contábil para transações, outros eventos ou condições que difiram em essência daqueles que ocorriam anteriormente.
- A adoção de nova política contábil para transações, outros eventos ou condições que não ocorriam anteriormente ou eram imateriais.

Um exemplo de mudança de política contábil é quando a propriedade para investimentos é avaliada pelo seu custo e a entidade altera a sua política contábil para avaliar a propriedade para investimentos pelo seu valor justo.

37.2.1. Aplicação retrospectiva

A entidade deve contabilizar uma mudança na política contábil resultante da adoção inicial de Pronunciamento, Interpretação ou Orientação, de acordo com as **disposições transitórias específicas**, se existirem, expressas nesse Pronunciamento, Interpretação ou Orientação. Quando a entidade muda uma política contábil na adoção inicial de Pronunciamento, Interpretação ou Orientação que não inclua disposições transitórias específicas que se apliquem a essa mudança, ou quando muda uma política contábil voluntariamente, **ela deve aplicar a mudança retrospectivamente**.

574 | CONTABILIDADE GERAL E AVANÇADA • SILVIO SANDE E ANDRÉ NEIVA

Quando uma mudança na política contábil é aplicada, retrospectivamente, a entidade deve ajustar o saldo de abertura de cada componente do patrimônio líquido afetado para o período **anterior mais antigo apresentado** e os demais montantes comparativos divulgados para cada período anterior apresentado, como se a nova política contábil tivesse sempre sido aplicada.

Quando for impraticável determinar o efeito cumulativo, no início do período corrente, da aplicação da nova política contábil a todos os períodos anteriores, a entidade deve ajustar a informação comparativa para aplicar a nova política contábil prospectivamente a partir do período mais antigo que for praticável.

Quando for impraticável determinar o período dos efeitos específicos da mudança na política contábil na informação comparativa para um ou mais períodos anteriores apresentados, a entidade deve aplicar a nova política contábil aos saldos contábeis de ativos e passivos de abertura do período mais antigo para o qual seja praticável a aplicação retrospectiva, que pode ser o período corrente, e deve proceder ao ajuste correspondente no saldo de abertura de cada componente do patrimônio líquido desse período.

37.2.2. Divulgação

Quando uma **mudança voluntária** em políticas contábeis tiver efeito no período corrente ou em qualquer período anterior, exceto se for impraticável determinar o montante a ser ajustado, ou puder ter efeitos em períodos futuros, a entidade **deve divulgar**:

- A natureza da mudança na política contábil.
- As razões pelas quais a aplicação da nova política contábil proporciona informação confiável e mais relevante.
- O montante do ajuste para o período corrente e para cada período anterior apresentado, até o ponto em que seja praticável:
  - Para cada item afetado da demonstração contábil.
  - Se o Pronunciamento Técnico CPC 41 – Resultado por Ação se aplicar à entidade, para resultados por ação básicos e diluídos.
- O montante do ajuste relacionado com períodos anteriores aos apresentados, até ao ponto em que seja praticável.
- As circunstâncias que levaram à existência dessa condição e uma descrição de como e desde quando a política contábil tem sido aplicada, se a aplicação retrospectiva for impraticável para um período anterior em particular, ou para períodos anteriores aos apresentados.

Quando a adoção inicial de Pronunciamento, Interpretação ou Orientação tiver efeitos no período corrente ou em qualquer período anterior, exceto se for impraticável determinar o montante a ser ajustado, ou puder ter efeitos em períodos futuros, a entidade deve **divulgar**:

- O título do Pronunciamento, Interpretação ou Orientação.
- Quando aplicável, que a mudança na política contábil é feita de acordo com as disposições da aplicação inicial do Pronunciamento, Interpretação ou Orientação.
- A natureza da mudança na política contábil.
- Quando aplicável, uma descrição das disposições transitórias na adoção inicial.
- Quando aplicável, as disposições transitórias que possam ter efeito em futuros períodos.

- O montante dos ajustes para o período corrente e para cada período anterior apresentado, até ao ponto em que seja praticável:
  - Para cada item afetado da demonstração contábil.
  - Se o Pronunciamento Técnico CPC 41 – Resultado por Ação se aplicar à entidade, para resultados por ação básicos e diluídos.
- O montante do ajuste relacionado com períodos anteriores aos apresentados, até ao ponto em que seja praticável.
- Se a aplicação retrospectiva exigida for impraticável para um período anterior em particular, ou para períodos anteriores aos apresentados, as circunstâncias que levaram à existência dessa condição e uma descrição de como e desde quando a política contábil tem sido aplicada.

37.3. MUDANÇA NAS ESTIMATIVAS CONTÁBEIS

Como consequência das incertezas inerentes às atividades empresariais, muitos itens nas demonstrações contábeis não podem ser mensurados com precisão, podendo apenas ser estimados.

Lembre-se

Mudança na estimativa contábil é um ajuste nos saldos contábeis de ativo ou de passivo, ou nos montantes relativos ao consumo periódico de ativo, que decorre da avaliação da situação atual e das obrigações e dos benefícios futuros esperados associados aos ativos e passivos. As alterações nas estimativas contábeis decorrem de nova informação ou inovações e, portanto, não são retificações e erros.

Como consequência das incertezas inerentes às atividades empresariais, muitos itens nas demonstrações contábeis **não podem ser mensurados com precisão, podendo apenas ser estimados**. A estimativa envolve julgamentos baseados na última informação disponível e confiável. Por exemplo, podem ser exigidas estimativas de:

- Créditos de liquidação duvidosa.
- Obsolescência de estoque.
- Valor justo de ativos financeiros ou passivos financeiros.
- Vida útil de ativos depreciáveis ou o padrão esperado de consumo dos futuros benefícios econômicos incorporados nesses ativos.
- Obrigações decorrentes de garantias.

A revisão da estimativa **não se relaciona com períodos anteriores nem representa correção de erro**. A mudança na base de avaliação é uma mudança na política contábil, e não uma mudança na estimativa contábil. Quando for difícil distinguir uma mudança na política contábil de uma mudança na estimativa contábil, a mudança é tratada como mudança na estimativa contábil.

Atenção

Se a mudança na estimativa contábil resultar em mudanças em ativos e passivos, ou relacionar-se a componente do patrimônio líquido, ela deve ser reconhecida pelo ajuste no correspondente item do ativo, do passivo ou do patrimônio líquido no período da mudança.

A entidade deve divulgar a natureza e o montante de mudança na estimativa contábil que tenha efeito no período corrente ou se espera que tenha **efeito em períodos subsequentes**, salvo quando a divulgação do efeito de períodos subsequentes for impraticável. **Ou seja, ela deve ser aplicada prospectivamente.** Caso isso não seja possível, deve ser reconhecido prospectivamente, incluindo-o nos resultados do:

a) período da mudança, se a mudança afetar apenas esse período; ou

b) período da mudança e futuros períodos, se a mudança afetar todos eles.

37.3.1. Divulgação da mudança nas estimativas contábeis

A entidade deve **divulgar a natureza e o montante de mudança na estimativa contábil** que tenha efeito no período corrente ou se espera que tenha efeito em períodos subsequentes, salvo quando a divulgação do efeito de períodos subsequentes for impraticável.

Se o montante do efeito de períodos subsequentes não for divulgado porque a estimativa do mesmo é impraticável, a entidade deve divulgar tal fato.

37.4. ERRO

Erros podem ocorrer no registro, na mensuração, na apresentação ou na divulgação de elementos de demonstrações contábeis. As demonstrações contábeis não estarão em conformidade com os Pronunciamentos, Interpretações e Orientações dos CPCs se contiverem erros materiais ou erros imateriais cometidos intencionalmente para alcançar determinada apresentação da posição patrimonial e financeira, do desempenho ou dos fluxos de caixa da entidade. Os potenciais erros do período corrente descobertos nesse período devem ser corrigidos antes de as demonstrações contábeis serem autorizadas para publicação. Contudo, os erros materiais, por vezes, não são descobertos até um período subsequente, e esses erros de períodos anteriores são corrigidos na informação comparativa apresentada nas demonstrações contábeis desse período subsequente.

Erros de períodos anteriores são omissões e incorreções nas demonstrações contábeis da entidade de um ou mais períodos anteriores decorrentes da falta de uso, ou uso incorreto, de informação confiável que:

- Estava disponível quando da autorização para divulgação das demonstrações contábeis desses períodos; e
- Pudesse ter sido razoavelmente obtida e levada em consideração na elaboração e na apresentação dessas demonstrações contábeis.

Tais erros incluem os efeitos de erros matemáticos, erros na aplicação de políticas contábeis, descuidos ou interpretações incorretas de fatos e fraudes.

37.4.1. Retificação de erro

Um erro de período anterior deve ser corrigido por reapresentação retrospec-tiva, salvo quando for impraticável determinar os efeitos específicos do período ou o efeito cumulativo do erro.

A entidade deve corrigir os erros materiais de períodos anteriores **retrospecti-vamente no primeiro conjunto de demonstrações contábeis** cuja autorização para publicação ocorra após a descoberta de tais erros:

- Por reapresentação dos valores comparativos para o período anterior apresenta-do em que tenha ocorrido o erro; ou
- Se o erro ocorreu antes do período anterior mais antigo apresentado, da reapre-sentação dos saldos de abertura dos ativos, dos passivos e do patrimônio líquido para o período anterior mais antigo apresentado.

As correções de erro distinguem-se de mudanças nas estimativas contábeis. As estimativas contábeis, por sua natureza, são aproximações que podem necessitar de revisão à medida que se conhece informação adicional. Por exemplo, o ganho ou a perda reconhecida no momento do desfecho de contingência, que, anteriormente, não podia ser estimada com precisão, não constitui retificação de erro.

Portanto, sobre o assunto, temos o seguinte quadro:

RETROSPECTIVA	PROSPECTIVA
Mudanças das políticas (quando for impraticável, a entidade deve ajustar a informação comparativa para aplicar a nova política contábil prospectivamente a partir do período mais antigo que for praticável)	Mudanças de estimativas (salvo quando a divulgação do efeito de períodos subsequentes for impraticável)
Erros (salvo quando for impraticável determinar os efeitos específicos do período ou o efeito cumulativo do erro)	

37.4.2. Limitação à representação retrospectiva

Um erro de período anterior deve ser corrigido por reapresentação retrospectiva, **salvo quando for impraticável** determinar os efeitos específicos do período ou o efeito cumulativo do erro.

Quando for impraticável determinar os efeitos de erro em um período específico na informação comparativa para um ou mais períodos anteriores apresentados, a enti-dade deve retificar os saldos de abertura de ativos, passivos e patrimônio líquido para o período mais antigo para o qual seja praticável a reapresentação retrospectiva (que pode ser o período corrente).

37.4.3. Divulgação de erro de período anterior

A entidade **deve divulgar**:

- A natureza do erro de período anterior.
- O montante da retificação para cada período anterior apresentado, na medida em que seja praticável:
  - Para cada item afetado da demonstração contábil.
  - Se o Pronunciamento Técnico CPC 41 – Resultado por Ação se aplicar à entidade, para resultados por ação básicos e diluídos.
- O montante da retificação no início do período anterior mais antigo apresentado.
- As circunstâncias que levaram à existência dessa condição e uma descrição de como e desde quando o erro foi corrigido, se a reapresentação retrospectiva for impraticável para um período anterior em particular.

As demonstrações contábeis de períodos subsequentes à retificação do erro **não precisam repetir essas divulgações**.

CAPÍTULO 38

CONTEÚDO DA DEMONSTRAÇÃO CONTÁBIL INTERMEDIÁRIA

O **conteúdo mínimo** da demonstração contábil intermediária são as **demonstrações contábeis condensadas e as notas explicativas selecionadas**. A demonstração contábil intermediária tem como objetivo **prover atualização com base nas últimas demonstrações contábeis anuais completas**. Portanto, elas focam em novas atividades, eventos e circunstâncias e **não duplicam** informações previamente reportadas.

A demonstração contábil intermediária deve incluir, pelo menos, os seguintes componentes:

a) Balanço patrimonial condensado.

b.1) Demonstração condensada do resultado do exercício.

b.2) Demonstração condensada do resultado abrangente.

c) Demonstração condensada das mutações do patrimônio líquido.

d) Demonstração condensada dos fluxos de caixa.

e) Notas explicativas selecionadas.

A demonstração do resultado abrangente pode ser apresentada como parte da demonstração das mutações do patrimônio líquido.

38.1. FORMA E CONTEÚDO DA DEMONSTRAÇÃO CONTÁBIL INTERMEDIÁRIA

Se a entidade divulga ou publica o conjunto de demonstrações contábeis condensadas nos seus relatórios intermediários, tais demonstrações condensadas **devem incluir, no mínimo**, cada um dos grupos ou subgrupos de contas e seus totais que foram apresentados nas demonstrações contábeis anuais mais recentes e as notas explicativas selecionadas como requeridas por este Pronunciamento. Linhas de itens adicionais devem ser incluídas caso suas omissões façam com que a demonstração contábil intermediária fique enganosa.

Na demonstração que apresenta os componentes do resultado de período intermediário, a entidade deve apresentar o lucro por ação básico e diluído para esse período quando a entidade está obrigada a apurar e divulgar o Resultado por Ação.

A demonstração contábil intermediária **deve ser elaborada em bases consolidadas se as demonstrações contábeis anuais mais recentes da entidade forem consolidadas**. As demonstrações contábeis separadas ou individuais da controladora **não são** consistentes ou comparáveis com as demonstrações contábeis consolidadas anuais mais recentes. Se as demonstrações contábeis da entidade incluírem as demonstrações contábeis separadas ou individuais da controladora em adição às demonstrações contábeis consolidadas, a norma não requer nem proíbe a inclusão das demonstrações contábeis separadas ou individuais da controladora no seu relatório intermediário.

38.2. EVENTOS E TRANSAÇÕES SIGNIFICATIVOS

A entidade deve incluir em suas demonstrações contábeis intermediárias uma explicação dos eventos e transações que sejam significativos para a compreensão das mudanças patrimoniais, econômicas e financeiras da entidade e seu desempenho desde o término do último exercício social. A informação divulgada com relação a esses eventos e transações **deve ser utilizada para atualização** de informações relevantes apresentadas nas demonstrações contábeis anuais mais recentes.

O usuário de demonstração contábil intermediária da entidade também deve ter acesso à última demonstração contábil anual. É desnecessário, portanto, que as notas explicativas da demonstração contábil intermediária proporcionem atualizações relativamente insignificantes às informações que já foram divulgadas nas notas explicativas das demonstrações contábeis anuais mais recentes.

A relação a seguir contempla uma lista, não exaustiva, de eventos e transações para os quais a divulgação é requerida, caso sejam considerados significativos:

- Redução de estoques ao valor líquido de realização e reversão desses ajustes.
- Reconhecimento de perda ao valor recuperável (*impairment*) de ativos financeiros, de ativos imobilizados, de ativos intangíveis, de ativos provenientes de contratos com clientes ou de outros ativos e de reversão dessa perda.
- Reversão de quaisquer provisões para custos de reestruturação.
- Aquisições e baixas de itens do ativo imobilizado.
- Assunção de compromissos para aquisição de itens do ativo imobilizado.
- Liquidações de processos judiciais ou administrativos.
- Retificações de erros de períodos anteriores.
- Alterações nos negócios ou nas circunstâncias econômicas que afetam o valor justo dos ativos financeiros e dos passivos financeiros da entidade, sejam esses ativos e passivos reconhecidos pelo valor justo ou pelo custo amortizado.
- Qualquer não atendimento de prazos de pagamento de empréstimos ou quebra de contrato de empréstimo que não tenha sido solucionado ao término ou antes do término do período de reporte.
- Transações com partes relacionadas.
- Transferências entre níveis hierárquicos de valor justo, utilizados para mensuração a valor justo de instrumentos financeiros.
- Mudanças na classificação de ativos financeiros como resultado de uma alteração no propósito ou no uso desses ativos.
- Mudanças nos passivos contingentes ou ativos contingentes.

Quando um evento ou transação é significativo para a compreensão das mudanças observadas na posição patrimonial, econômica e financeira da entidade e no seu desempenho desde o término do período anual relativo ao último exercício social, suas demonstrações intermediárias devem conter explicações acerca dos mesmos e uma atualização das informações relevantes incluídas nas demonstrações contábeis do último exercício social.

38.3. OUTRAS DIVULGAÇÕES

Adicionalmente à divulgação de eventos e transações significativos, a entidade **deve incluir as seguintes informações nas notas explicativas das demonstrações contábeis intermediárias**, caso não sejam evidenciadas em qualquer outro lugar dessas demonstrações.

Elas devem ser normalmente divulgadas com base no **acumulado do ano até a data** (*year-to-date basis*):

- Uma declaração de que as políticas contábeis e os métodos de cálculo são os mesmos nas demonstrações contábeis intermediárias, quando comparados com a demonstração contábil anual mais recente; ou, se tais políticas e métodos foram alterados, uma descrição da natureza e dos efeitos dessa mudança.
- Comentários explicativos sobre operações intermediárias sazonais ou cíclicas.
- A natureza e os montantes dos itens não usuais em função de sua natureza, tamanho ou incidência que afetaram os ativos, os passivos, o patrimônio líquido, o resultado líquido ou os fluxos de caixa.
- A natureza e os valores das alterações nas estimativas de montantes divulgados em período intermediário anterior do ano corrente ou alterações das estimativas dos montantes divulgados em períodos anuais anteriores.
- Emissões, recompras e resgates de títulos de dívida e de títulos patrimoniais.
- Dividendos pagos (agregados ou por ação) separadamente por ações ordinárias e por outros tipos e classes de ações.
- As seguintes informações por segmento:
  - Receitas de clientes externos, se incluídas na medição do resultado do segmento, revisada pelo principal tomador de decisões operacionais da entidade, ou apresentada regularmente ao principal tomador de decisões operacionais da entidade.
  - Receitas intersegmentos, se incluídas na medição do resultado do segmento, revisada pelo principal tomador de decisões operacionais da entidade, ou apresentada regularmente ao principal tomador de decisões operacionais da entidade.
  - Mensuração do resultado por segmento.
  - Ativos totais para os quais tenha havido mudança significativa dos montantes evidenciados na última demonstração contábil anual.
  - Descrição das diferenças com relação à última demonstração contábil anual da base de segmentação ou da base de mensuração dos resultados por segmento.
  - Conciliação do total dos resultados dos segmentos reportáveis com o resultado antes dos tributos da entidade e antes das operações descontinuadas.

Entretanto, se a entidade alocar aos segmentos reportáveis itens tais como despesa de tributo sobre o lucro, a entidade pode conciliar o total dos resultados dos segmentos com o resultado total da entidade após esses itens. Itens de conciliação material devem ser separadamente identificados e descritos em tais conciliações.

- Eventos subsequentes ao fim do período intermediário que não tenham sido refletidos nas demonstrações contábeis do período intermediário.
- Efeito de mudanças na composição da entidade durante o período intermediário, incluindo combinação de negócios, obtenção ou perda de controle de controladas e investimentos de longo prazo, reestruturações e operações descontinuadas.
- Para instrumentos financeiros, as divulgações sobre valor justo.
- Para entidades que se tornarem ou que deixarem de ser entidades de investimento.
- A desagregação da receita de contratos com clientes.

38.4. RECONHECIMENTO E MENSURAÇÃO

A entidade **deve aplicar as mesmas políticas contábeis nas suas demonstrações contábeis intermediárias que são aplicadas nas demonstrações contábeis anuais**, com exceção de alterações de políticas contábeis feitas depois da data da mais recente demonstração contábil anual, as quais irão ser refletidas nas próximas demonstrações contábeis anuais. Entretanto, a frequência de reporte da entidade (anual, semestral ou trimestral) não deve afetar a mensuração de seus resultados anuais. Para atingir esse objetivo, as mensurações dos períodos intermediários devem ser feitas com base no acumulado do ano até a data.

As mensurações com base no acumulado do ano até a data (*year-to-date basis*) podem envolver alterações em estimativas de montantes divulgados em períodos intermediários anteriores do período financeiro corrente. Mas os princípios de reconhecimento de ativos, passivos, receitas e despesas para esses períodos intermediários devem ser os mesmos que os das demonstrações contábeis anuais.

Para ilustrar:

- Os princípios para reconhecimento e mensuração de perdas de estoques para ajuste ao valor líquido de realização, reestruturações ou perdas por redução ao valor recuperável (*impairments*) de período intermediário devem ser os mesmos que seriam adotados se a entidade fosse elaborar somente as demonstrações contábeis anuais. Entretanto, se tais itens forem reconhecidos e mensurados em período intermediário e a estimativa mudar em período intermediário subsequente daquele mesmo exercício social, as estimativas originais devem ser alteradas em períodos intermediários subsequentes tanto por contabilização de montante adicional de perda quanto por reversão de montante previamente reconhecido.
- Os custos que não se enquadram na definição de ativo ao final de um período intermediário não devem ser diferidos no balanço patrimonial, seja para aguardar informações futuras quanto ao seu enquadramento na definição de ativo, seja para fins de nivelamento de resultados (*smooth earnings*) ao longo dos períodos intermediários dentro do exercício social.

CAP. 38 – CONTEÚDO DA DEMONSTRAÇÃO CONTÁBIL INTERMEDIÁRIA | 583

- A despesa com tributo sobre o lucro e contribuição social deve ser reconhecida em cada período intermediário com base na melhor estimativa da alíquota média efetiva ponderada anual esperada para o exercício social completo. Montantes contabilizados de despesa de tributo sobre o lucro e contribuição social de um período intermediário devem ser ajustados em períodos subsequentes daquele exercício social se as estimativas da alíquota anual de tributo mudarem.

O CPC apresenta exemplo disso.

Para ilustrar a aplicação do princípio anterior, a entidade que reporta seu período intermediário em bases trimestrais espera auferir $ 10.000 de lucro antes dos tributos em cada trimestre e opera em jurisdição fiscal com alíquota de 20% sobre os primeiros $ 20.000 de lucros anuais e 30% sobre todos os outros lucros adicionais. Os lucros observados (realizados) são iguais aos esperados. A tabela a seguir mostra o montante de tributo que deve ser reportado em cada trimestre:

	1º trimestre	2º trimestre	3º trimestre	4º trimestre	Anual
Despesa com o tributo sobre o lucro	$ 2.500	$ 2.500	$ 2.500	$ 2.500	$ 10.000

$ 10.000 de tributos são esperados a serem pagos para o ano inteiro sobre $ 40.000 de lucros antes do tributo. Portanto, a alíquota média efetiva anual estimada é de 25%.

Como outra ilustração, a entidade que reporta trimestralmente aufere $ 15.000 de lucros antes dos tributos no primeiro trimestre, mas espera incorrer em prejuízo de $ 5.000 em cada um dos três trimestres remanescentes (portanto, lucro zero para o ano) e opera em jurisdição fiscal na qual a alíquota média efetiva anual estimada é de 20%. A tabela a seguir mostra o montante de tributo sobre o lucro reportado em cada trimestre:

	1º trimestre	2º trimestre	3º trimestre	4º trimestre	Anual
Despesa com o tributo sobre o lucro	$ 3.000	(–) $ 1.000	(–) $ 1.000	(–) $ 1.000	$ 0

A alíquota média efetiva anual estimada é de 20% para todos os casos, independente de haver lucro ou prejuízo antes dos tributos.

38.5. PERÍODO EM QUE AS DEMONSTRAÇÕES CONTÁBEIS DEVEM SER APRESENTADAS

Para a entidade cujos negócios sejam altamente sazonais, podem ser úteis informações financeiras para os últimos doze meses terminados no final do período intermediário e para os doze meses anteriores comparáveis. Portanto, entidades cujos negócios são altamente sazonais são encorajadas a considerar a divulgação de tais informações em adição às informações referidas no item anterior.

> Demonstrações contábeis intermediárias devem incluir as demonstrações contábeis (condensadas ou completas) para os seguintes períodos:
> - Balanço patrimonial ao fim do período intermediário corrente e o balanço patrimonial comparativo do final do exercício social imediatamente anterior.
> - Demonstração do resultado e demonstração do resultado abrangente do período intermediário corrente e acumulado no exercício social corrente, comparadas com as dos períodos intermediários do exercício social anterior (corrente e acumulado no ano). A demonstração do resultado abrangente pode ser apresentada em quadro demonstrativo próprio ou incluída dentro das mutações do patrimônio líquido.
> - Demonstração das mutações do patrimônio líquido acumuladas no ano, com demonstração comparativa também acumulada do exercício social anterior.
> - Demonstração dos fluxos de caixa acumulados no ano, com demonstração comparativa também acumulada do exercício social anterior.

O CPC apresenta exemplo disso:

a) Entidade que divulga ou publica demonstrações contábeis intermediárias semestralmente

O exercício social da entidade se encerra em 31 de dezembro (ano calendário). A entidade vai apresentar as seguintes demonstrações contábeis (condensadas ou completas) no seu relatório intermediário semestral de 30 de junho de 20×1:

Balanço patrimonial:

Em 30 de junho de 20×1   31 de dezembro de 20×0

Demonstração do resultado e do resultado abrangente:

6 meses finalizando em 30 de junho de 20×1   30 de junho de 20×0

Demonstração dos fluxos de caixa:

6 meses finalizando em 30 de junho de 20×1   30 de junho de 20×0

Demonstração das mutações do patrimônio líquido:

6 meses finalizando em 30 de junho de 20×1   30 de junho de 20×0

b) Entidade que divulga ou publica demonstrações contábeis intermediárias trimestralmente

O exercício social da entidade se encerra em 31 de dezembro (ano calendário). A entidade vai apresentar as seguintes demonstrações contábeis (condensadas ou completas) nos seus três relatórios intermediários trimestrais, de 31 de março de 20×1 (1º trim, 20×1), de 30 de junho de 20×1 (2º trim, 20×1) e de 30 de setembro de 20×1 (3º trim, 20×1):

Balanço Patrimonial no final do período intermediário e balanço comparativo do ano financeiro imediatamente anterior:

31-mar-20×1 e 31-dez-20×0

30-jun-20×1 e 31-dez-20×0

30-set-20×1 e 31-dez-20×0

Cap. 38 – Conteúdo da Demonstração Contábil Intermediária | 585

Demonstrações do resultado e do resultado abrangente do período intermediário corrente e acumulado do ano, comparadas com os mesmos períodos do ano anterior:

1º trimestre de 20×1:
(três meses) 01-jan-20×1 a 31-mar-20×1 e 01-jan-20×0 a 31-mar-20×0

2º trimestre de 20×1:
(seis meses) 01-jan-20×1 a 30-jun-20×1 e 01-jan-20×0 a 30-jun-20×0
(três meses) 01-abr-20×1 a 30-jun-20×1 e 01-abr-20×0 a 30-jun-20×0

3º trimestre de 20×1:
(nove meses) 01-jan-20×1 a 30-set-20×1 e 01-jan-20×0 a 30-set-20×0
(três meses) 01-jul-20×1 a 30-set-20×1 e 01-jul-20×0 a 30-set-20×0

Demonstração das mutações do patrimônio líquido acumulada no ano até a data do período intermediário, comparada com o mesmo período do ano anterior:

1º trimestre de 20×1:
(três meses) 01-jan-20×1 a 31-mar-20×1 e 01-jan-20×0 a 31-mar-20×0

2º trimestre de 20×1:
(seis meses) 01-jan-20×1 a 30-jun-20×1 e 01-jan-20×0 a 30-jun-20×0

3º trimestre de 20×1:
(nove meses) 01-jan-20×1 a 30-set-20×1 e 01-jan-20×0 a 30-set-20×0

Demonstração dos fluxos de caixa acumulada no ano até a data do período intermediário, comparada com o mesmo período do ano anterior:

1º trimestre de 20×1:
(três meses) 01-jan-20×1 a 31-mar-20×1 e 01-jan-20×0 a 31-mar-20×0

2º trimestre de 20×1:
(seis meses) 01-jan-20×1 a 30-jun-20×1 e 01-jan-20×0 a 30-jun-20×0

3º trimestre de 20×1:
(nove meses) 01-jan-20×1 a 30-set-20×1 e 01-jan-20×0 a 30-set-20×0

CAPÍTULO 39

INFORMAÇÕES POR SEGMENTO

A entidade **deve divulgar** informações que permitam aos usuários das demonstrações contábeis avaliarem a natureza e os efeitos financeiros das **atividades de negócio nos quais está envolvida** e **os ambientes econômicos em que opera**.

O previsto sobre as informações sobre segmento aplica-se:

- Às demonstrações contábeis separadas ou individuais da entidade:
  - Cujos instrumentos de dívida ou patrimonial sejam negociados em mercado de capitais (bolsa de valores nacional ou estrangeira ou mercado de balcão, incluindo mercados locais e regionais).
  - Que tenha depositado, ou esteja em vias de depositar, suas demonstrações contábeis à Comissão de Valores Mobiliários ou a outra organização reguladora, com a finalidade de emitir qualquer categoria de instrumento em mercado de capitais.
- Às demonstrações contábeis consolidadas de uma controladora com suas controladas:
  - Cujos instrumentos de dívida ou patrimonial sejam negociados em mercado de capitais (bolsa de valores nacional ou estrangeira ou mercado de balcão, incluindo mercados locais e regionais).
  - Que tenha depositado, ou esteja em vias de depositar, as demonstrações contábeis consolidadas na Comissão de Valores Mobiliários ou em outros reguladores, com a finalidade de emitir qualquer categoria de instrumento em mercado de capitais.

Se a entidade que não é obrigada optar por divulgar informações sobre segmentos em desacordo com as regras previstas, **não deve classificá-las como informações por segmento**. Em relatório financeiro que contém tanto as demonstrações contábeis consolidadas da controladora quanto suas demonstrações contábeis individuais, a informação por segmento é exigida somente para as **demonstrações contábeis consolidadas**.

39.1. SEGMENTO OPERACIONAL

Um **segmento operacional** é um componente de entidade:

- Que desenvolve atividades de negócio das quais pode **obter receitas e incorrer em despesas** (incluindo receitas e despesas relacionadas com transações com outros componentes da mesma entidade).

- Cujos resultados operacionais são regularmente revistos pelo **principal gestor das operações** da entidade para a tomada de decisões sobre recursos a serem alocados ao segmento e para a avaliação do seu desempenho; e
- Para o qual haja informação financeira **individualizada** disponível.

Um segmento operacional pode desenvolver atividades de negócio cujas receitas ainda serão obtidas. Por exemplo, as operações em início de atividade podem constituir segmentos operacionais antes da obtenção de receitas.

Nem todas as partes da entidade constituem, necessariamente, segmento operacional ou parte de segmento operacional. Por exemplo, a sede corporativa ou alguns departamentos funcionais podem não obter receitas ou podem obter receitas que sejam apenas ocasionais em relação às atividades da entidade e não são segmentos operacionais. Os planos de benefícios pós-emprego de entidade não constituem segmentos operacionais.

A expressão "principal gestor das operações" identifica uma função, não necessariamente um gestor com título específico. Essa função é alocar recursos e avaliar o desempenho dos segmentos operacionais da entidade. Frequentemente, o principal gestor das operações da entidade é o seu presidente ou o diretor de operações, mas pode ser, por exemplo, um grupo de diretores executivos ou outros.

39.2. SEGMENTO DIVULGÁVEL

A entidade **deve evidenciar separadamente informações sobre cada segmento operacional** que:

- Tenha sido identificado como segmento operacional ou que resulte da agregação de dois ou mais desses segmentos.
- Supere os parâmetros mínimos quantitativos que serão vistos mais à frente.

39.2.1. Critérios de agregação

Os segmentos operacionais apresentam muitas vezes desempenho financeiro de longo prazo semelhante se possuírem características econômicas similares. Por exemplo, para dois segmentos operacionais, caso suas características econômicas sejam semelhantes, seriam esperadas margens brutas médias semelhantes no longo prazo.

Dois ou mais segmentos operacionais podem ser agregados em um único segmento operacional se a agregação for compatível, se os segmentos tiverem características econômicas semelhantes e se forem semelhantes em relação a **cada um dos seguintes aspectos**:

- Natureza dos produtos ou serviços.
- Natureza dos processos de produção.
- Tipo ou categoria de clientes dos seus produtos e serviços.
- Métodos usados para distribuir os seus produtos ou prestar os serviços.
- Se aplicável, a natureza do ambiente regulatório, por exemplo, bancos, seguros ou serviços de utilidade pública.

39.2.2. Parâmetros mínimos quantitativos

A entidade deve divulgar separadamente as informações sobre o segmento operacional que atenda a qualquer um dos seguintes parâmetros:

- Sua receita reconhecida, incluindo tanto as vendas para clientes externos quanto as vendas ou transferências intersegmentos, é igual ou superior a 10% da receita combinada, interna e externa, de todos os segmentos operacionais.
- O montante em termos absolutos do lucro ou prejuízo apurado é igual ou superior a 10% do maior, em termos absolutos, dos seguintes montantes:
  - Lucro apurado combinado de todos os segmentos operacionais que não apresentaram prejuízos.
  - Prejuízo apurado combinado de todos os segmentos operacionais que apresentaram prejuízos.
- Seus ativos são iguais ou superiores a 10% dos ativos combinados de todos os segmentos operacionais.

Os segmentos operacionais que não atinjam quaisquer dos parâmetros mínimos quantitativos podem ser considerados divulgáveis e podem ser apresentados separadamente se a administração entender que essa informação sobre o segmento possa ser útil para os usuários das demonstrações contábeis.

A entidade pode combinar informações sobre segmentos operacionais que não atinjam os parâmetros mínimos com informações sobre outros segmentos operacionais que também não atinjam os parâmetros, para produzir um segmento divulgável, somente se os segmentos operacionais tiverem **características econômicas semelhantes e compartilhem a maior parte dos critérios de agregação**.

Se o total de receitas externas reconhecido pelos segmentos operacionais representar menos de 75% da receita da entidade, segmentos operacionais adicionais devem ser identificados como segmentos divulgáveis até que pelo menos 75% das receitas da entidade estejam incluídas nos segmentos divulgáveis.

As informações sobre outras atividades de negócio e outros segmentos operacionais não divulgáveis devem ser combinadas e apresentadas numa categoria "outros segmentos", separadamente de outros itens na conciliação. Devem ser descritas as fontes das receitas incluídas na categoria "outros segmentos".

Se a administração julgar que um segmento operacional definido como divulgável no período imediatamente anterior continua sendo significativo, as informações sobre esse segmento devem continuar a ser divulgadas separadamente no período corrente, ainda que tenha deixado de satisfazer aos critérios de divulgação.

Se um segmento operacional for definido como segmento divulgável no período corrente de acordo com os parâmetros mínimos quantitativos, as informações anteriores devem ser reapresentadas para fins comparativos, de modo a refletir o novo segmento divulgável, ainda que esse segmento não tenha satisfeito aos critérios de divulgação no período anterior, a menos que as informações necessárias não estejam disponíveis e o custo da sua elaboração seja excessivo.

590 CONTABILIDADE GERAL E AVANÇADA • SILVIO SANDE E ANDRÉ NEIVA

Pode ser estabelecido um limite prático para o número de segmentos divulgáveis apresentados separadamente pela entidade, para além do qual a informação por segmento poderia se tornar excessivamente detalhada. Embora não esteja fixado qualquer limite preciso, se o número de segmentos divulgáveis for superior a 10, a entidade deve ponderar se o limite prático já não tenha sido atingido.

39.3. DIVULGAÇÃO

A **entidade deve divulgar** informações que permitam aos usuários das demonstrações contábeis avaliarem a natureza e os efeitos financeiros das atividades de negócio em que está envolvida e os ambientes econômicos em que opera.

Para aplicar essa previsão, a entidade deve divulgar as seguintes informações em relação a **cada período** para o qual seja apresentada demonstração do resultado abrangente:

- As informações gerais.
- Informações sobre o lucro ou prejuízo reconhecido dos segmentos, incluindo as receitas e as despesas específicas que compõem o lucro ou o prejuízo desses segmentos, os respectivos ativos, os passivos e as bases de mensuração.
- Conciliações das receitas totais dos segmentos, do respectivo lucro ou prejuízo, dos seus ativos e passivos e outros itens materiais com os montantes correspondentes da entidade.

Devem ser efetuadas conciliações dos valores do balanço patrimonial para segmentos divulgáveis com os valores do balanço da entidade para todas as datas em que seja apresentado o balanço patrimonial. As informações dos períodos anteriores devem ser reapresentadas.

39.4. INFORMAÇÕES GERAIS

A entidade **deve divulgar as seguintes informações gerais**:

- Os fatores utilizados para identificar os segmentos divulgáveis da entidade, incluindo a base da organização (por exemplo, se a administração optou por organizar a entidade em torno das diferenças entre produtos e serviços, áreas geográficas, ambiente regulatório, ou combinação de fatores, e se os segmentos operacionais foram agregados).
- Os julgamentos feitos pela administração na aplicação dos critérios de agregação do item 12. Isto inclui breve descrição dos segmentos operacionais que tenham sido agregados dessa forma e os indicadores econômicos que foram avaliados na determinação de que segmentos operacionais agregados tenham características econômicas semelhantes.
- Tipos de produtos e serviços a partir dos quais cada segmento divulgável obtém suas receitas.

Cap. 39 – Informações por Segmento | **591**

39.5. INFORMAÇÕES SOBRE LUCRO OU PREJUÍZO, ATIVO E PASSIVO

A entidade deve divulgar o valor do lucro ou prejuízo **de cada segmento divulgável**. A entidade deve divulgar o valor total dos ativos e passivos **de cada segmento divulgável** se esse valor for apresentado regularmente ao principal gestor das operações.

> A entidade deve divulgar também as seguintes informações sobre cada segmento se os montantes especificados estiverem incluídos no valor do lucro ou prejuízo do segmento revisado pelo principal gestor das operações, ou for regularmente apresentado a este, ainda que não incluído no valor do lucro ou prejuízo do segmento:
> - Receitas provenientes de clientes externos;
> - Receitas de transações com outros segmentos operacionais da mesma entidade.
> - Receitas financeiras.
> - Despesas financeiras.
> - Depreciações e amortizações.
> - Itens materiais de receita e despesa.
> - Participação da entidade nos lucros ou prejuízos de coligadas e de empreendimentos sob controle conjunto (*joint ventures*) contabilizados de acordo com o método da equivalência patrimonial.
> - Despesa ou receita com imposto de renda e contribuição social.
> - Itens não caixa considerados materiais, exceto depreciações e amortizações.

A entidade deve divulgar as **receitas financeiras** separadamente das despesas financeiras para cada segmento divulgável, salvo se a maioria das receitas do segmento seja proveniente de juros e o principal gestor das operações se basear principalmente nas receitas financeiras líquidas para avaliar o desempenho do segmento e tomar decisões sobre os recursos a serem alocados ao segmento. Nessa situação, a entidade pode divulgar essas receitas financeiras líquidas de suas despesas financeiras em relação ao segmento e divulgar que ela tenha feito desse modo.

A entidade deve divulgar as seguintes informações sobre cada segmento divulgável se os montantes especificados estiverem incluídos no valor do ativo do segmento revisado pelo principal gestor das operações ou forem apresentados regularmente a este, ainda que não incluídos nesse valor de ativos dos segmentos:

- O montante do investimento em coligadas e empreendimentos conjuntos (*joint ventures*) contabilizado pelo método da equivalência patrimonial.
- O montante de acréscimos ao ativo não circulante, exceto instrumentos financeiros, imposto de renda e contribuição social diferidos ativos, ativos de benefícios pós-emprego e direitos provenientes de contratos de seguro.

Vejamos um exemplo disso previsto no CPC.

A seguinte tabela ilustra um formato sugerido para a divulgação de informações sobre lucro ou prejuízo, ativos e passivos, por segmento reportável. O mesmo tipo de informação é exigido para cada ano em relação ao qual é apresentada uma demonstração do resultado. A Companhia Diversificada não aloca despesa (receita) com tributos sobre o lucro ou ganhos e perdas não recorrentes a segmentos reportáveis. Além disso, nem todos os segmentos reportáveis possuem itens não caixa significativos, exceto depreciação e amortização. Os valores nesta ilustração são assumidos como sendo os valores nos relatórios utilizados pelo principal tomador de decisões operacionais.

	Peças auto-motivas	Barcos moto-rizados	Software	Eletrô-nica	Finan-ças	Todos os demais	Totais
Receitas de clientes externos	$ 3.000	$ 5.000	$ 9.500	$ 12.000	$ 5.000	$ 1.000[a]	$ 35.500
Receita entre segmentos	–	–	$ 3.000	$ 1.500	–	–	$ 4.500
Receita de juros	$ 450	$ 800	$ 1.000	$ 1.500	–	–	$ 3.750
Despesa de juros	$ 350	$ 600	$ 700	$ 1.100	–	–	$ 2.750
Receita de juros líquida[b]	–	–	–	–	$ 1.000		$ 1.000
Depreciação e amortização	$ 200	$ 100	$ 50	$ 1.500	$ 1.100		$ 2.950
Resultado do segmento reportável	$ 200	$ 70	$ 900	$ 2.300	$ 500	$ 100	$ 4.070
Outros itens não caixa significados							
Redução no valor recuperável	–	$ 200	–	–	–	–	$ 200
Ativos do segmento reportável	$ 2.000	$ 5.000	$ 3.000	$ 12.000	$ 57.000	$ 2.000	$ 81.000
Desembolsos por ativos não circulantes por segmento reportável	$ 300	$ 700	$ 500	$ 800	$ 600	–	$ 2.900
Passivos por segmento reportável	$ 1.050	$ 3.000	$ 1.800	$ 8.000	$ 30.000	–	$ 43.850

[a] Receitas de segmentos abaixo dos parâmetros mínimos quantitativos são atribuíveis a quatro segmentos operacionais. Esses segmentos incluem uma pequena propriedade para investimento, um negócio de equipamentos para aluguel, um serviço de consultoria de *software* e uma operação de *leasing*. Nenhum desses segmentos jamais atingiu quaisquer dos parâmetros mínimos quantitativos para a determinação dos segmentos reportáveis.

[b] O segmento financeiro tem nos juros a maioria de suas receitas. A gestão recai primariamente sobre a receita líquida de juros, não nos valores da receita bruta e da despesa quando da administração desse segmento. Portanto, somente os valores líquidos estão sendo divulgados.

39.6. MENSURAÇÃO

O montante de cada item dos segmentos divulgados deve corresponder ao valor reportado ao principal gestor das operações para fins de tomada de decisão sobre a **alocação de recursos ao segmento e de avaliação do seu desempenho**. Os ajustes e as eliminações efetuados na elaboração das demonstrações contábeis e as alocações de receitas, despesas e ganhos ou perdas da entidade devem ser incluídos na determinação do lucro ou prejuízo do segmento divulgado somente se estiverem incluídos no valor dos lucros ou prejuízos do segmento utilizado pelo principal gestor das operações. Da mesma forma, apenas os ativos e os passivos que estão incluídos no valor dos ativos e dos passivos dos segmentos utilizados pelo principal gestor das operações devem ser divulgados para esse segmento. Se os montantes forem alocados ao resultado, ao ativo ou ao passivo reconhecidos do segmento, esses montantes devem ser alocados em base razoável.

Se o principal gestor das operações utilizar apenas uma medida de valor do resultado, dos ativos ou dos passivos de segmento operacional na avaliação do desempenho desse

Cap. 39 – Informações por Segmento | 593

segmento e na decisão de como alocar os recursos, o lucro ou o prejuízo do segmento e os seus ativos ou passivos devem ser divulgados segundo essa medida de valor. Se o principal gestor das operações utilizar mais do que uma medida de valor do resultado, dos ativos ou dos passivos do segmento operacional, as avaliações divulgadas devem ser as que a administração entende que são determinadas de acordo com os princípios de mensuração mais consistentes com os utilizados na mensuração dos montantes correspondentes nas demonstrações contábeis da entidade.

A entidade deve apresentar explicação das mensurações do lucro ou do prejuízo, dos ativos e dos passivos do segmento para cada segmento divulgável. A entidade deve divulgar, no mínimo, os seguintes elementos:

- A base de contabilização para quaisquer transações entre os segmentos divulgáveis.
- A natureza de quaisquer diferenças entre as mensurações do lucro ou do prejuízo dos segmentos divulgáveis e o lucro ou o prejuízo da entidade antes das despesas (receitas) de imposto de renda e contribuição social e das operações descontinuadas. Essas diferenças podem decorrer das políticas contábeis e das políticas de alocação de custos comuns incorridos, que são necessárias para a compreensão da informação por segmentos divulgados.
- A natureza de quaisquer diferenças entre as mensurações dos ativos dos segmentos divulgáveis e dos ativos da entidade. Essas diferenças podem incluir as decorrentes das políticas contábeis e das políticas de alocação de ativos utilizados conjuntamente, necessárias para a compreensão da informação por segmentos divulgados.
- A natureza de quaisquer diferenças entre as mensurações dos passivos dos segmentos divulgáveis e dos passivos da entidade. Essas diferenças podem incluir as decorrentes das políticas contábeis e das políticas de alocação de passivos utilizados conjuntamente, necessárias para a compreensão da informação por segmentos divulgada.
- A natureza de quaisquer alterações em períodos anteriores, nos métodos de mensuração utilizados para determinar o lucro ou o prejuízo do segmento divulgado e o eventual efeito dessas alterações na avaliação do lucro ou do prejuízo do segmento.
- A natureza e o efeito de quaisquer alocações assimétricas a segmentos divulgáveis. Por exemplo, a entidade pode alocar despesas de depreciação a um segmento sem lhe alocar os correspondentes ativos depreciáveis.

39.7. CONCILIAÇÃO

A entidade deve fornecer conciliações dos seguintes elementos:

- O total das receitas dos segmentos divulgáveis com as receitas da entidade.
- O total dos valores de lucro ou prejuízo dos segmentos divulgáveis com o lucro ou o prejuízo da entidade antes das despesas (receitas) de imposto de renda e contribuição social e das operações descontinuadas. No entanto, se a entidade alocar a segmentos divulgáveis itens como despesa de imposto de renda e contribuição social, a entidade pode conciliar o total dos valores de lucro ou prejuízo dos segmentos com o lucro ou o prejuízo da entidade depois daqueles itens.
- O total dos ativos dos segmentos divulgáveis com os ativos da entidade, se os ativos do segmento são divulgados.
- O total dos passivos dos segmentos divulgáveis com os passivos da entidade, se os passivos dos segmentos forem divulgados.
- O total dos montantes de quaisquer outros itens materiais das informações evidenciadas dos segmentos divulgáveis com os correspondentes montantes da entidade.

594 | CONTABILIDADE GERAL E AVANÇADA • SILVIO SANDE E ANDRÉ NEIVA

Todos os itens de conciliação materiais devem ser identificados e descritos separadamente. Por exemplo, o montante de cada ajuste significativo necessário para conciliar lucros ou prejuízos do segmento divulgável com o lucro ou o prejuízo da entidade, decorrente de diferentes políticas contábeis, deve ser identificado e descrito separadamente.

Vejamos um exemplo disso previsto no CPC:

Os itens a seguir ilustram as conciliações de receitas, lucro ou prejuízo, ativos e passivos do segmento reportável com os valores correspondentes da entidade. Também é exigida a apresentação de conciliações para qualquer outra informação significativa divulgada. Presume-se que as demonstrações contábeis da entidade não incluam operações descontinuadas. A entidade reconhece e mede despesa de complementação de aposentadoria de seus segmentos reportáveis com base nos pagamentos em dinheiro ao fundo de pensão e não aloca determinados itens aos seus segmentos reportáveis.

Receitas	$
Total de receitas para segmentos reportáveis	39.000
Outras receitas	1.000
Eliminação de receitas entre segmentos	(4.500)
Receitas da entidade	35.500

Lucro ou prejuízo	$
Total de lucro ou prejuízo para segmentos reportáveis	3.970
Outro lucro ou prejuízo	100
Eliminação de lucros entre segmentos	(500)
Valores não alocados	–
• Liquidação de litígios recebida	500
• Outras despesas administrativas	(750)
Ajuste à despesa com fundo de pensão na consolidação	(250)
Receita antes do imposto sobre a renda	3.070

Ativos	$
Total de ativos nos segmentos reportáveis	79.000
Outros ativos	2.000
Eliminação de contas a receber da sede corporativa	(1.000)
Outros valores não alocados	1.500
Ativos da entidade	81.500
Passivo	**$**
Total de passivos nos segmentos reportáveis	43.850
Passivos não alocados de plano de benefício definido	25.000
Passivos da entidade	68.850

Outros itens significativos	Totais do segmento reportável	Ajustes	Totais da entidade
Receita de juros	3.750	75	3.825
Despesa de juros	2.750	(50)	2.700
Receita líquida de juros (somente segmento de finanças)	1.000	–	1.000
Gastos com ativos	2.900	1.000	3.900
Depreciação e amortização	2.950	–	2.950
Redução ao valor recuperável de ativos	200	–	200

O item de conciliação para ajustar os gastos com ativos é o valor incorrido para o prédio da sede corporativa, que não está incluído nas informações por segmento. Nenhum dos outros ajustes é significativo.

39.8. INFORMAÇÃO SOBRE PRODUTO E SERVIÇO

A entidade deve divulgar as receitas provenientes dos clientes externos em relação a **cada produto e serviço ou a cada grupo de produtos e serviços semelhantes**, **salvo se** as informações necessárias não se encontrarem disponíveis e o custo da sua elaboração for excessivo, devendo tal fato ser divulgado. Os montantes das receitas divulgadas devem basear-se nas informações utilizadas para elaborar as demonstrações contábeis da entidade.

39.8.1. Informação sobre área geográfica

A entidade deve evidenciar as seguintes informações geográficas, salvo se as informações necessárias não se encontrarem disponíveis e o custo da sua elaboração for excessivo:

- Receitas provenientes de clientes externos:
  - Atribuídos ao país-sede da entidade.
  - Atribuídos a todos os países estrangeiros de onde a entidade obtém receitas. Se as receitas provenientes de clientes externos atribuídas a determinado país estrangeiro forem materiais, devem ser divulgadas separadamente. A entidade deve divulgar a base de atribuição das receitas provenientes de clientes externos aos diferentes países.
- Ativo não circulante, exceto instrumentos financeiros e imposto de renda e contribuição social diferidos ativos, benefícios de pós-emprego e direitos provenientes de contratos de seguro:
  - Localizados no país sede da entidade.
  - Localizados em todos os países estrangeiros em que a entidade mantém ativos. Se os ativos em determinado país estrangeiro forem materiais, devem ser divulgados separadamente.

Os montantes divulgados devem basear-se nas informações utilizadas para elaborar as demonstrações contábeis da entidade. Se as informações necessárias não se encontrarem disponíveis e o custo da sua elaboração for excessivo, tal fato deve ser divulgado. A entidade pode divulgar, além das informações exigidas pelo presente item, subtotais de informações geográficas sobre grupos de países.

CONTABILIDADE GERAL E AVANÇADA • SILVIO SANDE E ANDRÉ NEIVA

Se forem relevantes as informações por região geográfica dentro do Brasil, e se essas informações forem utilizadas gerencialmente, as mesmas regras de evidenciação devem ser observadas.

Vejamos um exemplo disso previsto no CPC.

Os itens a seguir ilustram as informações geográficas exigidas.

Informações geográficas	Receitas[a]	Ativos não circulantes
Estados Unidos	$ 19.000	$ 11.000
Canadá	$ 4.200	–
China	$ 3.400	$ 6.500
Japão	$ 2.900	$ 3.500
Outros países	$ 6.000	$ 3.000
Total	$ 35.500	$ 24.000

[a] As receitas são distribuídas aos países com base na localização do cliente.

39.8.2. Informação sobre os principais clientes

A entidade deve fornecer informações **sobre seu grau de dependência de seus principais clientes**. Se as receitas provenientes das transações com um único cliente externo representarem 10% ou mais das receitas totais da entidade, esta deve divulgar tal fato, bem como o montante total das receitas provenientes de cada um desses clientes e a identidade do segmento ou dos segmentos em que as receitas são divulgadas. A entidade não está obrigada a divulgar a identidade de grande cliente nem o montante divulgado de receitas provenientes desse cliente em cada segmento. Um conjunto de entidades, que a entidade divulgadora sabe que está sob controle comum, deve ser considerado um único cliente, assim como o governo (nacional, estadual, provincial, territorial, local ou estrangeiro) e as entidades que a entidade divulgadora sabe que estão sob controle comum desse governo, deve ser considerado um único cliente.

Vejamos um exemplo disso previsto no CPC.

Os itens a seguir ilustram as informações sobre principais clientes exigidas pelo item 34. Não é exigida a identidade do cliente nem o valor de cada segmento operacional.

> As receitas de um cliente dos segmentos de *software* e eletrônica da Companhia Diversificada representam aproximadamente $ 5.000 do total de receitas da empresa

CAPÍTULO 40

EVENTO SUBSEQUENTE

Evento subsequente ao período a que se referem as demonstrações contábeis é aquele evento, favorável ou desfavorável, que ocorre **entre a data final do período a que se referem as demonstrações contábeis e a data na qual é autorizada a emissão dessas demonstrações**.

Dois tipos de eventos podem ser identificados:

- Os que evidenciam condições que já existiam na data final do período a que se referem as demonstrações contábeis (evento subsequente ao período contábil a que se referem as demonstrações **que originam ajustes**).
- Os que são indicadores de condições que surgiram subsequentemente ao período contábil a que se referem as demonstrações contábeis (evento subsequente ao período contábil a que se referem as demonstrações **que não originam ajustes**).

O processo envolvido na autorização da emissão das demonstrações contábeis varia dependendo da estrutura da administração, das exigências legais e estatutárias, bem como dos procedimentos seguidos na preparação e na finalização dessas demonstrações.

Em algumas circunstâncias, as entidades têm que submeter suas demonstrações contábeis à aprovação de seus acionistas após sua emissão. Em tais casos, consideram-se as demonstrações contábeis como autorizadas para emissão na data da emissão, e não na data em que os acionistas aprovam as demonstrações.

Vejamos um exemplo disso previsto no CPC:

A administração da entidade conclui, em 28 de fevereiro de 20x2, a sua minuta das demonstrações contábeis referentes ao período contábil encerrado em 31 de dezembro de 20x1. Em 18 de março de 20x2, a diretoria examina as demonstrações e autoriza a sua emissão. A entidade anuncia, em 19 de março de 20x2, o seu lucro e outras informações financeiras selecionadas. As demonstrações contábeis são disponibilizadas aos acionistas e a outras partes interessadas em 31 de março de 20x2. Os acionistas aprovam as demonstrações contábeis na sua reunião anual em 30 de abril de 20x2, e as demonstrações contábeis aprovadas são em seguida encaminhadas para registro no órgão competente em 17 de maio de 20x2.

As demonstrações contábeis são autorizadas para emissão em 18 de março de 20x2 (data da autorização da diretoria para emissão).

Em alguns casos, exige-se que a administração da entidade submeta suas demonstrações contábeis à aprovação do conselho de administração e/ou conselho fiscal e/ou comitê de auditoria (formados apenas por não executivos), se houver. Em tais casos, consideram-se as demonstrações contábeis autorizadas para emissão quando a administração autoriza sua apresentação a esse conselho e/ou comitê.

598 | CONTABILIDADE GERAL E AVANÇADA • SILVIO SANDE E ANDRÉ NEIVA

Vejamos um exemplo disso previsto no CPC:

> Em 18 de março de 20x2, a diretoria executiva da entidade autoriza a emissão de demonstrações contábeis para o seu conselho. O conselho é constituído exclusivamente por não executivos e pode incluir representantes de empregados e de outros interessados. O conselho aprova as demonstrações contábeis em 26 de março de 20x2. As demonstrações contábeis são disponibilizadas aos acionistas e a outras partes interessadas em 31 de março de 20x2. Os acionistas aprovam as demonstrações contábeis na sua reunião anual em 30 de abril de 20x2, e as demonstrações contábeis são encaminhadas para registro no órgão competente em 17 de maio de 20x2.
>
> As demonstrações contábeis são autorizadas para emissão em 18 de março de 20x2 (data da autorização da administração para submissão das demonstrações à apreciação do conselho).

Eventos subsequentes ao período contábil a que se referem as demonstrações contábeis incluem todos os eventos ocorridos até a data em que é concedida a autorização para a emissão das demonstrações contábeis, mesmo que esses acontecimentos ocorram após o anúncio público de lucros ou de outra informação financeira selecionada.

40.1. EVENTOS SUBSEQUENTES QUE ORIGINAM AJUSTES

A entidade **deve ajustar** os valores reconhecidos em suas demonstrações contábeis para que **reflitam os eventos subsequentes** que evidenciem condições que já existiam na data final do período contábil a que se referem as demonstrações contábeis.

A seguir são apresentados **exemplos** de eventos subsequentes ao período contábil a que se referem as demonstrações contábeis que **exigem que a entidade ajuste** os valores reconhecidos em suas demonstrações ou reconheça itens que não tenham sido previamente reconhecidos:

- Decisão ou pagamento em processo judicial após o final do período contábil a que se referem as demonstrações contábeis, confirmando que a entidade já tinha a obrigação presente ao final daquele período contábil. A entidade deve ajustar qualquer provisão relacionada ao processo anteriormente reconhecida. A entidade não divulga meramente um passivo contingente porque a decisão proporciona provas adicionais que seriam consideradas.

- Obtenção de informação após o período contábil a que se referem as demonstrações contábeis, indicando que um ativo estava desvalorizado ao final daquele período contábil ou que o montante da perda por desvalorização previamente reconhecido em relação àquele ativo precisa ser ajustado. Por exemplo:

  - Falência de cliente, ocorrida após o período contábil a que se referem as demonstrações contábeis, normalmente confirma que houve perda por redução ao valor recuperável no crédito no final do período de relatório.

  - Venda de estoque após o período contábil a que se referem as demonstrações contábeis pode proporcionar evidência sobre o valor de realização líquido desses estoques ao final daquele período.

- Determinação, após o período contábil a que se referem as demonstrações contábeis, do custo de ativos comprados ou do valor de ativos recebidos em troca de ativos vendidos antes do final daquele período.

Cap. 40 – Evento Subsequente | **599**

- Determinação, após o período contábil a que se referem as demonstrações contábeis, do valor referente ao pagamento de participação nos lucros ou referente às gratificações, no caso de a entidade ter, ao final do período a que se referem as demonstrações, uma obrigação presente legal ou construtiva de fazer tais pagamentos em decorrência de eventos ocorridos antes daquela data.
- Descoberta de fraude ou erros que mostram que as demonstrações contábeis estavam incorretas.

40.2. EVENTOS SUBSEQUENTES QUE NÃO ORIGINAM AJUSTES

A entidade **não deve ajustar** os valores reconhecidos em suas demonstrações contábeis por eventos subsequentes que são indicadores de condições **que surgiram após o período contábil** a que se referem as demonstrações.

Um **exemplo** de evento subsequente ao período contábil a que se referem as demonstrações contábeis que não origina ajustes é o declínio do valor justo de investimentos ocorrido no período compreendido entre o final do período contábil a que se referem as demonstrações e a data de autorização de emissão dessas demonstrações. O declínio do valor justo não se relaciona normalmente à condição dos investimentos no final do período contábil a que se referem as demonstrações contábeis, mas reflete circunstâncias que surgiram no período seguinte. Portanto, a entidade não deve ajustar os valores reconhecidos para os investimentos em suas demonstrações contábeis. Igualmente, a entidade não deve atualizar os valores divulgados para os investimentos na data do balanço, embora possa necessitar dar divulgação adicional.

40.3. DIVIDENDOS

Se a entidade declarar dividendos aos detentores de instrumentos de patrimônio **após o período contábil** a que se referem as demonstrações contábeis, a **entidade não deve reconhecer** esses dividendos como passivo ao final daquele período.

Se forem declarados dividendos após o período contábil a que se referem as demonstrações contábeis, mas antes da data da autorização de emissão dessas demonstrações, esses dividendos não devem ser reconhecidos como passivo ao final daquele período, em virtude de não atenderem aos critérios de obrigação presente na data das demonstrações contábeis. Tais dividendos devem ser divulgados nas notas explicativas.

40.4. CONTINUIDADE

A entidade **não deve** elaborar suas demonstrações contábeis com base no pressuposto de continuidade **se sua administração** determinar após o período contábil a que se referem as demonstrações contábeis que pretende liquidar a entidade, ou deixar de operar ou que não tem alternativa realista senão fazê-lo.

A deterioração dos resultados operacionais e da situação financeira após o período contábil a que se referem as demonstrações contábeis pode indicar a necessidade de considerar se o pressuposto da continuidade ainda é apropriado. Se o pressuposto da continuidade não for mais apropriado, o efeito é tão profundo que requer uma mudança fundamental nos critérios contábeis adotados, em vez de apenas um ajuste dos valores reconhecidos pelos critérios originais.

CAPÍTULO 41

DIVULGAÇÃO SOBRE PARTE RELACIONADA

O objetivo da divulgação é assegurar que as demonstrações contábeis da entidade contenham as divulgações necessárias para chamar a atenção dos usuários para a possibilidade de o balanço patrimonial e a demonstração do resultado da entidade estarem afetados pela existência de partes relacionadas e por transações e saldos, incluindo compromissos, com referidas partes relacionadas.

41.1. ALCANCE

As regras sobre a divulgação de parte relacionada devem ser aplicadas:

(a) Na identificação de relacionamentos e transações com partes relacionadas.

(b) Na identificação de saldos existentes, incluindo compromissos, entre a entidade que reporta a informação e suas partes relacionadas.

(c) Na identificação de circunstâncias sob as quais a divulgação dos itens (a) e (b) é exigida.

(d) Na determinação das divulgações a serem feitas acerca desses itens.

É necessária a divulgação de relacionamentos com partes relacionadas, de **transações e saldos existentes** com partes relacionadas, incluindo compromissos, nas demonstrações contábeis **consolidadas e separadas** de controladora ou investidores com controle conjunto da investida ou com influência significativa sobre ela.

As transações com partes relacionadas e saldos existentes com outras entidades de grupo econômico devem ser divulgados nas demonstrações contábeis da entidade. **As transações e os saldos intercompanhias existentes com partes relacionadas são eliminados, exceto** em relação àqueles entre entidade de investimento e suas controladas mensuradas ao valor justo por meio do resultado, na elaboração das demonstrações contábeis consolidadas do grupo econômico.

41.2. PROPÓSITO DA DIVULGAÇÃO DAS PARTES RELACIONADAS

Os relacionamentos com partes relacionadas são uma característica normal do comércio e dos negócios. Por exemplo, as entidades realizam frequentemente parte das suas atividades por meio de controladas, empreendimentos controlados em conjunto (*joint ventures*) e coligadas. Nessas circunstâncias, a entidade tem a capacidade de afetar as políticas financeiras e operacionais da investida por meio de controle pleno, controle compartilhado ou influência significativa.

O relacionamento com partes relacionadas pode ter efeito na demonstração do resultado e no balanço patrimonial da entidade. As partes relacionadas podem levar a efeito transações que partes não relacionadas não realizariam. Por exemplo, a entidade que venda bens à sua controladora pelo custo pode não vender nessas condições a outro cliente. Além disso, as transações entre partes relacionadas podem não ser feitas pelos mesmos montantes que seriam entre partes não relacionadas.

A demonstração do resultado e o balanço patrimonial da entidade podem ser afetados por um relacionamento com partes relacionadas mesmo que não ocorram transações com essas partes relacionadas. A mera existência do relacionamento pode ser suficiente para afetar as transações da entidade com outras partes. Por exemplo, uma controlada pode cessar relações com um parceiro comercial quando da aquisição pela controladora de outra controlada dedicada à mesma atividade do parceiro comercial anterior. Alternativamente, uma parte pode abster-se de agir por causa da influência significativa de outra.

Por essas razões, o conhecimento das transações, dos saldos existentes, incluindo compromissos, e dos relacionamentos da entidade com partes relacionadas pode afetar as avaliações de suas operações por parte dos usuários das demonstrações contábeis, inclusive as avaliações dos riscos e das oportunidades com os quais a entidade se depara.

41.3. DEFINIÇÕES

Parte relacionada é a pessoa ou a entidade que está relacionada com a entidade que está elaborando suas demonstrações contábeis.

(a) Uma pessoa, ou um membro próximo de sua família, está relacionada com a entidade que reporta a informação se:

(i) Tiver o controle pleno ou compartilhado da entidade que reporta a informação.

(ii) Tiver influência significativa sobre a entidade que reporta a informação

(iii) For membro do pessoal chave da administração da entidade que reporta a informação ou da controladora da entidade que reporta a informação.

(b) Uma entidade está relacionada com a entidade que reporta a informação se qualquer das condições abaixo for observada:

(i) A entidade e a entidade que reporta a informação são membros do mesmo grupo econômico (o que significa dizer que a controladora e cada controlada são inter--relacionadas, bem como as entidades sob controle comum são relacionadas entre si).

(ii) A entidade é coligada ou controlada em conjunto (*joint venture*) de outra entidade (ou coligada ou controlada em conjunto de entidade membro de grupo econômico do qual a outra entidade é membro).

(iii) Ambas as entidades estão sob o controle conjunto (*joint ventures*) de uma terceira entidade.

(iv) Uma entidade está sob o controle conjunto (*joint venture*) de uma terceira entidade e a outra entidade for coligada dessa terceira entidade.

(v) A entidade é um plano de benefício pós-emprego cujos beneficiários são os empregados de ambas as entidades, a que reporta a informação e a que está relacionada com a que reporta a informação. Se a entidade que reporta a informação for ela própria um plano de benefício pós-emprego, os empregados que contribuem com a mesma serão também considerados partes relacionadas com a entidade que reporta a informação.

(vi) A entidade é controlada, de modo pleno ou sob controle conjunto, por uma pessoa identificada na letra (a).

(vii) Uma pessoa identificada na letra (a) (i) tem influência significativa sobre a entidade, ou for membro do pessoal chave da administração da entidade (ou de controladora da entidade).

(viii) A entidade, ou qualquer membro de grupo do qual ela faz parte, fornece serviços de pessoal-chave da administração da entidade que reporta ou à controladora da entidade que reporta.

Transação com parte relacionada é a transferência de recursos, serviços ou obrigações entre uma entidade que reporta a informação e uma parte relacionada, independentemente de ser cobrado um preço em contrapartida.

Membros próximos da família de uma pessoa são aqueles membros da família dos quais se pode esperar que exerçam influência ou sejam influenciados pela pessoa nos negócios desses membros com a entidade e incluem:

- Os filhos da pessoa, cônjuge ou companheiro(a).
- Os filhos do cônjuge da pessoa ou de companheiro(a).
- Dependentes da pessoa, de seu cônjuge ou companheiro(a).

Remuneração inclui todos os benefícios a empregados e administradores, inclusive os benefícios resultantes de Pagamento Baseado em Ações. Os benefícios a empregados são todas as formas de contrapartida paga, a pagar, ou proporcionada pela entidade, ou em nome dela, em troca de serviços que lhes são prestados. Também inclui a contrapartida paga em nome da controladora da entidade em relação à entidade. A remuneração inclui:

- Benefícios de curto prazo a empregados e administradores, tais como ordenados, salários e contribuições para a seguridade social, licença remunerada e auxílio-doença pago, participação nos lucros e bônus (se pagáveis dentro do período de doze meses após o encerramento do exercício social) e benefícios não monetários (tais como assistência médica, habitação, automóveis e bens ou serviços gratuitos ou subsidiados) para os atuais empregados e administradores.
- Benefícios pós-emprego, tais como pensões, outros benefícios de aposentadoria, seguro de vida pós-emprego e assistência médica pós-emprego.
- Outros benefícios de longo prazo, incluindo licença por anos de serviço ou licenças sabáticas, jubileu ou outros benefícios por anos de serviço, benefícios de invalidez de longo prazo e, se não forem pagáveis na totalidade no período de doze meses após o encerramento do exercício social, participação nos lucros, bônus e remunerações diferidas.
- Benefícios de rescisão de contrato de trabalho.
- Remuneração baseada em ações.

Pessoal chave da administração são as pessoas que têm autoridade e responsabilidade pelo planejamento, direção e controle das atividades da entidade, direta ou indiretamente, incluindo qualquer administrador (executivo ou outro) dessa entidade.

Estado refere-se ao governo no seu **sentido lato**, agências de governo e organizações similares, sejam elas municipais, estaduais, federais, nacionais ou internacionais.

Entidade relacionada com o Estado é a entidade que é controlada, de modo pleno ou em conjunto, ou sofre influência significativa do Estado.

Ao considerar cada um dos possíveis relacionamentos com partes relacionadas, a atenção deve ser direcionada **para a essência do relacionamento e não meramente para sua forma legal**.

Não são partes relacionadas:

(a) Duas entidades simplesmente por terem administrador ou outro membro do pessoal chave da administração em comum, ou porque um membro do pessoal chave da administração da entidade exerce influência significativa sobre a outra entidade.

(b) Dois empreendedores em conjunto simplesmente por compartilharem o controle conjunto sobre um empreendimento controlado em conjunto (*joint venture*).

(c) (i) Entidades que proporcionam financiamentos.

    (ii) Sindicatos.

    (iii) Entidades prestadoras de serviços públicos.

    (iv) Departamentos e agências de Estado que não controlam, de modo pleno ou em conjunto, ou exercem influência significativa sobre a entidade que reporta a informação, simplesmente em virtude dos seus negócios normais com a entidade (mesmo que possam afetar a liberdade de ação da entidade ou participar no seu processo de tomada de decisões).

(d) Cliente, fornecedor, franqueador, concessionário, distribuidor ou agente geral com quem a entidade mantém volume significativo de negócios, meramente em razão da resultante dependência econômica.

Na entidade sob controle conjunto (*joint venture*) inclui controladas de entidade sob controle compartilhado (*joint venture*). Portanto, por exemplo, a controlada de uma coligada e o investidor que exerce influência significativa sobre a coligada são partes relacionadas um com o outro.

41.4. DIVULGAÇÃO

Para possibilitar que os usuários de demonstrações contábeis formem uma visão acerca dos efeitos dos relacionamentos entre partes relacionadas na entidade, é apropriado divulgar o relacionamento entre partes relacionadas quando existir controle, tendo havido ou não transações entre as partes relacionadas.

A entidade deve divulgar a remuneração do pessoal chave da administração no total e para cada uma das seguintes categorias:

- Benefícios de curto prazo a empregados e administradores.
- Benefícios pós-emprego.
- Outros benefícios de longo prazo.
- Benefícios de rescisão de contrato de trabalho.
- Remuneração baseada em ações.

Se a entidade tiver realizado transações entre partes relacionadas durante os períodos cobertos pelas demonstrações contábeis, a entidade deve divulgar a natureza do relacionamento entre as partes relacionadas, assim como as informações sobre as transações e saldos existentes, incluindo compromissos, necessárias para a compreensão dos usuários do potencial efeito desse relacionamento nas demonstrações contábeis. No mínimo, as divulgações devem incluir:

- Montante das transações.
- Montante dos saldos existentes, incluindo compromissos:
  - Seus prazos e condições, incluindo eventuais garantias, e a natureza da contrapartida a ser utilizada na liquidação.
  - Detalhes de quaisquer garantias dadas ou recebidas.
- Provisão para créditos de liquidação duvidosa relacionada com o montante dos saldos existentes.
- Despesa reconhecida durante o período relacionada a dívidas incobráveis ou de liquidação duvidosa de partes relacionadas.

As divulgações desses itens devem ser feitas separadamente para cada uma das seguintes categorias:

- Controladora.
- Entidades com controle conjunto ou influência significativa sobre a entidade que reporta a informação.
- Entidades com controle conjunto da entidade ou influência significativa sobre a entidade que reporta a informação.
- Controladas.
- Coligadas.
- Empreendimentos controlados em conjunto (*joint ventures*) em que a entidade seja investidor conjunto.
- Pessoal chave da administração da entidade ou de sua controladora.
- Outras partes relacionadas.

Seguem exemplos de transações que devem ser divulgadas, se feitas com parte relacionada:
- Compras ou vendas de bens (acabados ou não acabados).
- Compras ou vendas de propriedades e outros ativos.
- Prestação ou recebimento de serviços.
- Arrendamentos.
- Transferências de pesquisa e desenvolvimento.
- Transferências mediante acordos de licença.
- Transferências de natureza financeira (incluindo empréstimos e contribuições para capital em dinheiro ou equivalente).
- Fornecimento de garantias, avais ou fianças.
- Assunção de compromissos para fazer alguma coisa para o caso de um evento particular ocorrer ou não no futuro, incluindo contratos a executar (reconhecidos ou não).
- Liquidação de passivos em nome da entidade ou pela entidade em nome de parte relacionada.

A participação de controladora ou controlada em plano de benefícios definidos que compartilha riscos entre entidades de grupo econômico é considerada uma transação entre partes relacionadas.

606 | CONTABILIDADE GERAL E AVANÇADA • SILVIO SANDE E ANDRÉ NEIVA

Para quaisquer transações entre partes relacionadas, faz-se necessária a **divulgação das condições** em que as mesmas transações foram efetuadas. Transações atípicas com partes relacionadas após o encerramento do exercício ou período também devem ser divulgadas. As divulgações de que as transações com partes relacionadas foram realizadas em termos equivalentes aos que prevalecem nas transações com partes independentes são feitas apenas se esses termos puderem ser efetivamente comprovados.

Os itens de natureza similar podem ser divulgados de forma agregada, exceto quando a divulgação em separado for necessária para a compreensão dos efeitos das transações com partes relacionadas nas demonstrações contábeis da entidade.

41.5. ENTIDADES RELACIONADAS COM O ESTADO

A entidade que reporta a informação está isenta das exigências de divulgação no tocante a transações e saldos mantidos com partes relacionadas, incluindo compromissos, quando a parte for:

- Um ente estatal que tenha controle, controle conjunto ou que exerça influência significativa sobre a entidade que reporta a informação.
- Outra entidade que seja parte relacionada, pelo fato de o mesmo ente estatal deter o controle ou o controle conjunto, ou exercer influência significativa, sobre ambas as partes (a entidade que reporta a informação e a outra entidade).

Se a entidade que reporta a informação aplicar a isenção de divulgação, ela deve divulgar o que segue acerca de saldos mantidos e transações aos quais se refere o item anterior:

- O nome do ente estatal e a natureza de seu relacionamento com a entidade que reporta a informação (por exemplo, controle, pleno ou compartilhado, ou influência significativa).
- A informação que segue, em detalhe suficiente, para possibilitar a compreensão dos usuários das demonstrações contábeis da entidade dos efeitos das transações com partes relacionadas nas suas demonstrações contábeis:
  - Natureza e montante de cada transação individualmente significativa.
  - Para outras transações que no conjunto são significativas, mas individualmente não o são, uma indicação qualitativa e quantitativa de sua extensão.

Ao recorrer ao julgamento para determinar o nível de detalhe a ser divulgado, a administração da entidade que reporta a informação deve considerar o quão próximo é o relacionamento com a parte relacionada, e outros fatores relevantes para o estabelecimento do nível de significância da transação, ao avaliar se a transação é:

- Significativa em termos de magnitude.
- Realizada fora das condições de mercado.
- Foge das operações normais do dia a dia dos negócios, como a compra e venda de negócios.
- Divulgada para autoridades de supervisão ou regulação.
- Reportada a administradores seniores.
- Sujeita à aprovação dos acionistas.

41.6. EXEMPLOS PREVISTOS NO CPC
41.6.1. Exemplos ilustrativos

Os exemplos a seguir acompanham, mas não são parte integrante do Pronunciamento Técnico CPC 05 – Divulgação sobre Partes Relacionadas. Eles ilustram:

- A isenção parcial das entidades relacionadas com o Estado.
- Como a definição de parte relacionada seria aplicada em circunstâncias específicas.

Nos exemplos, as referências a demonstrações contábeis devem ser entendidas como referências a demonstrações contábeis individuais, separadas ou consolidadas.

Isenção parcial das entidades relacionadas com o estado

EXEMPLO 1 – Isenção de divulgação

O ente estatal G controla direta ou indiretamente as entidades 1 e 2 e as entidades A, B, C e D. A pessoa X é membro do pessoal chave da administração da entidade 1.

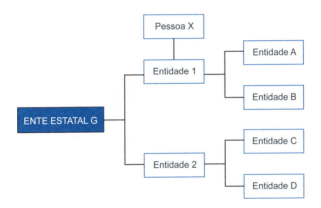

Para as demonstrações contábeis da entidade A, a isenção de divulgação deve ser aplicada a:

- Transações com o ente estatal G.
- Transações com as entidades 1 e 2 e com as entidades B, C e D.

Contudo, a isenção não deve ser aplicada em transações com a pessoa X.

Exigências de divulgação quando a isenção é aplicada

Nas demonstrações contábeis da entidade A, para transações individualmente significativas, poderia ser:

Exemplo de divulgação para transações individualmente significativas realizadas fora das condições de mercado

Em 15 de janeiro de 20x1, a entidade A, companhia prestadora de serviços públicos de caráter essencial, da qual o ente estatal G detém indiretamente 75% das ações, vendeu uma área de 10 hectares para outra entidade relacionada com o Estado, também prestadora de serviços públicos de caráter essencial, por $ 5 milhões. Em 31 de dezembro de 20×0, uma área de terreno em localidade similar, com tamanho similar e com características similares, foi vendida por $ 3 milhões. Não ocorreu nenhuma valorização ou desvalorização da área nesse interstício temporal.

Exemplo de divulgação para transações individualmente significativas realizadas em decorrência do tamanho da transação

No exercício encerrado em dezembro de 20×1, o ente estatal G concedeu à entidade A, companhia prestadora de serviços públicos de caráter essencial, da qual o ente estatal G detém indiretamente 75% das ações, um empréstimo equivalente a 50% das suas necessidades de capitalização (*funding*), a ser pago em prestações trimestrais ao longo dos próximos 5 anos. Os juros cobrados pelo empréstimo foram de 3% a.a., o que é comparável com o custo que a entidade A iria incorrer normalmente em empréstimos bancários.

Exemplo de divulgação de transações coletivamente significativas

Nas demonstrações contábeis da entidade A, um exemplo de divulgação, para transações coletivamente significativas, pode ser:

O ente estatal G detém, indiretamente, 75% das ações da entidade A. As transações significativas da entidade A com o ente estatal G e com outras entidades controladas, de modo pleno ou em conjunto, ou que sofram influência significativa do ente estatal G são [grande parte de suas receitas com vendas de produtos ou compras de matérias-primas] ou [cerca de 50% de suas receitas com vendas de produtos e cerca de 35% de suas compras de matérias-primas].

A companhia ainda se beneficia das garantias do ente estatal G em empréstimos bancários obtidos.

Definição de parte relacionada

EXEMPLO 2 – Coligadas e controladas

A entidade controladora detém o controle das entidades A, B e C e exerce influência significativa sobre as entidades 1 e 2. A controlada C exerce influência significativa sobre a coligada 3.

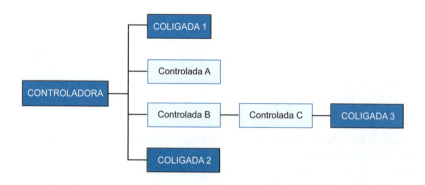

Para fins das demonstrações contábeis separadas e individuais, as controladas A, B e C e as coligadas 1, 2 e 3 são consideradas partes relacionadas.

Para fins das demonstrações contábeis da controlada A, a controladora, as controladas B e C e as coligadas 1, 2 e 3 são consideradas partes relacionadas. Para fins das demonstrações contábeis separadas e individuais da controlada B, a controladora, as controladas A e C e as coligadas 1, 2 e 3 são consideradas partes relacionadas. Para fins das demonstrações contábeis da controlada C, a controladora, as controladas A e B e as coligadas 1, 2 e 3 são consideradas partes relacionadas.

Para fins das demonstrações contábeis das coligadas 1, 2 e 3, a controladora e as controladas A, B e C são consideradas partes relacionadas. As coligadas 1, 2 e 3 não são consideradas partes relacionadas entre elas.

Para fins das demonstrações contábeis consolidadas da controladora, as coligadas 1, 2 e 3 são consideradas partes relacionadas com o grupo econômico.

EXEMPLO 3 – Pessoal chave da administração

A pessoa X detém 100% de investimento na entidade A e é membro do pessoal chave da administração da entidade C. A entidade B detém 100% de investimento na entidade C.

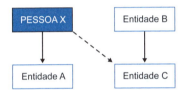

Para fins das demonstrações contábeis da entidade C, a entidade A é parte relacionada com a entidade C em função de a pessoa X controlar a entidade A e ser membro do pessoal chave da administração da entidade C.

Para fins das demonstrações contábeis da entidade C, a entidade A também é parte relacionada com a entidade C se a pessoa X for membro do pessoal chave da administração da entidade B e não for da entidade C.

Ademais, as possíveis situações descritas nos itens anteriores produzem os mesmos efeitos se a pessoa X controlar de modo compartilhado a entidade A. (Se a pessoa X exercer tão somente influência significativa sobre a entidade A e não controlá-la de modo pleno ou em conjunto, então as entidades A e C não são consideradas partes relacionadas uma da outra.)

Para fins das demonstrações contábeis da entidade A, a entidade C é parte relacionada com a entidade A em função de a pessoa X controlar a entidade A e ser membro do pessoal chave da administração da entidade C.

Ademais, a possível situação descrita no item anterior produz o mesmo efeito se a pessoa X controlar de modo conjunto a entidade A. Produzirá também o mesmo efeito se a pessoa X for membro do pessoal chave da administração da entidade B e não for da entidade C.

Para fins das demonstrações contábeis consolidadas da entidade B, a entidade A é parte relacionada como grupo econômico, se a pessoa X for membro do pessoal chave da administração do grupo.

EXEMPLO 4 – Pessoa como investidora

A pessoa X tem investimento na entidade A e na entidade B

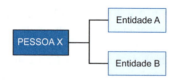

Para fins das demonstrações contábeis da entidade A, se a pessoa X controlar, de modo pleno ou em conjunto, a entidade A, a entidade B é considerada parte relacionada da entidade A quando X controlar, de modo pleno ou em conjunto, ou exercer influência significativa sobre a entidade B.

Para fins das demonstrações contábeis da entidade B, se a pessoa X controlar, de modo pleno ou em conjunto, a entidade A, a entidade A é considerada parte relacionada da entidade B quando X controlar, de modo pleno ou em conjunto, ou exercer influência significativa sobre a entidade B.

Se a pessoa X exercer influência significativa sobre ambas as entidades A e B, as entidades A e B não são consideradas partes relacionadas uma da outra.

EXEMPLO 5 – Membros próximos à família detentora de *holding* de investimentos

A pessoa X é sócia de Y. A pessoa X tem investimento na entidade A e a pessoa Y tem investimento na entidade B.

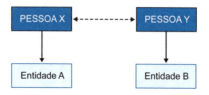

Para fins das demonstrações contábeis da entidade A, se a pessoa X controlar, de modo pleno ou em conjunto, a entidade A, a entidade B é considerada parte relacionada com a entidade A quando a pessoa Y controlar, de modo pleno ou em conjunto, ou exercer influência significativa sobre a entidade B.

Para fins das demonstrações contábeis da entidade B, se a pessoa X controlar, de modo pleno ou em conjunto, a entidade A, a entidade A é considerada parte relacionada com a entidade B, quando a pessoa Y controlar, de modo pleno ou em conjunto, ou exercer influência significativa sobre a entidade B.

Se a pessoa X exercer influência significativa sobre a entidade A e a pessoa Y exercer influência significativa sobre a entidade B, as entidades A e B não são consideradas partes relacionadas uma da outra.

EXEMPLO 6 – Entidade que exerça controle compartilhado (*venturer*)

A entidade A controla de modo conjunto a entidade B e, simultaneamente, exerce influência significativa e controla de modo conjunto a entidade C.

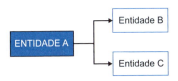

Para fins das demonstrações contábeis da entidade B, a entidade C é considerada parte relacionada com a entidade B.

Similarmente, para fins das demonstrações contábeis da entidade C, a entidade B é considerada parte relacionada com a entidade C.

EXEMPLO 7 – Outras transações que devem ser divulgadas

Se ocorrerem com uma parte relacionada, as seguintes transações devem ser divulgadas:

- Prestação de serviços administrativos e/ou qualquer forma de utilização da estrutura física ou de pessoal da entidade pela outra ou outras, com ou sem contraprestação financeira.
- Aquisição de direitos ou opções de compra ou qualquer outro tipo de benefício e seu respectivo exercício do direito.
- Quaisquer transferências de bens, direitos e obrigações.
- Concessão de comodato de bens imóveis ou móveis de qualquer natureza.
- Manutenção de quaisquer benefícios para empregados de partes relacionadas, tais como: planos suplementares de previdência social, plano de assistência médica, refeitório, centros de recreação etc.
- Limitações mercadológicas e tecnológicas.

CAPÍTULO 42

EFEITOS DAS MUDANÇAS DAS TAXAS DE CÂMBIO E CONVERSÃO DE DEMONSTRAÇÕES CONTÁBEIS

Uma entidade pode manter atividades em moeda estrangeira de duas formas. Ela pode ter transações em moedas estrangeiras ou pode ter operações no exterior (exportações ou empréstimos obtidos no exterior, por exemplo). Adicionalmente, a entidade pode apresentar suas demonstrações contábeis em uma moeda estrangeira (quando possui controlada no exterior, por exemplo).

As regras previstas nesse capítulo **têm o objetivo de orientar acerca de como incluir transações em moeda estrangeira e operações no exterior nas demonstrações contábeis da entidade e como converter demonstrações contábeis para moeda de apresentação**. Os principais pontos envolvem quais taxas de câmbio devem ser usadas e como reportar os efeitos das mudanças nas taxas de câmbio nas demonstrações contábeis.

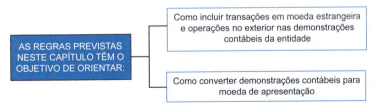

As regras devem ser aplicadas:

- **Na contabilização de transações e saldos em moeda estrangeira**, exceto para aquelas transações com derivativos e saldos dentro do alcance do CPC 48 – Instrumentos Financeiros.
- **Na conversão de resultados e posição financeira de operações no exterior** que são incluídas nas demonstrações contábeis da entidade por meio de consolidação ou pela aplicação do método da equivalência patrimonial.
- **Na conversão de resultados e posição financeira de uma entidade para uma moeda de apresentação.**

42.1. DEFINIÇÕES GERAIS

Vamos agora ver alguns conceitos essenciais para compreender o assunto:

- **Entidade no exterior** é uma entidade que pode ser controlada, coligada, empreendimento controlado em conjunto ou filial, sucursal ou agência de uma entidade que reporta informação, por meio da qual são desenvolvidas atividades que estão baseadas ou são conduzidas em um país ou em moeda diferente daquelas da entidade que reporta a informação.

- **Itens monetários** são unidades de moeda mantidas em caixa e ativos e passivos a serem recebidos ou pagos em um número fixo ou determinado de unidades de moeda. A característica essencial de item monetário é o direito a receber (ou a obrigação de entregar) um número fixo ou determinável de unidades de moeda. Alguns exemplos incluem: passivos de planos de pensão ou outros benefícios a empregados a serem pagos com caixa; provisões que devem ser liquidadas em caixa; e dividendos a serem distribuídos com caixa, que são reconhecidos como passivos. Da mesma forma, um contrato que preveja o direito a receber (ou a obrigação de entregar) um número variável de instrumentos patrimoniais da própria entidade ou uma quantidade variável de ativos, cujo valor justo a ser recebido (ou a ser entregue) iguala-se a um número fixo ou determinável de unidades de moeda, é considerado item monetário.

- **Itens não monetários** são todos os itens que não são monetários. A característica essencial de item não monetário é a ausência do direito a receber (ou da obrigação de entregar) um número fixo ou determinável de unidades de moeda. Alguns exemplos incluem: adiantamento a fornecedores de mercadorias; adiantamento a prestadores de serviços; aluguéis antecipados; *goodwill*; ativos intangíveis; estoques; imobilizado; e provisões a serem liquidadas mediante a entrega de ativo não monetário.

- **Investimento líquido em entidade no exterior** é o montante que representa o interesse (participação na maior parte das vezes) da entidade que reporta a informação nos ativos líquidos dessa entidade.

- **Grupo econômico** é uma entidade controladora e todas as suas controladas.

42.2. DEFINIÇÕES DE MOEDAS E TAXAS

- **Moeda funcional** é a moeda do ambiente econômico principal no qual a entidade opera.
- **Moeda estrangeira** é qualquer moeda diferente da moeda funcional da entidade.
- **Moeda de apresentação** é a moeda na qual as demonstrações contábeis são apresentadas.
- **Taxa de câmbio** é a relação de troca entre duas moedas.
- **Taxa de câmbio à vista** é a taxa de câmbio normalmente utilizada para liquidação imediata das operações de câmbio.
- **Taxa de fechamento** é a taxa de câmbio à vista vigente ao término do período de reporte.
- **Variação cambial** é a diferença resultante da conversão de um número específico de unidades em uma moeda para outra moeda, a diferentes taxas cambiais.

42.3. MOEDA FUNCIONAL

Moeda funcional é a moeda do ambiente econômico principal no qual a entidade opera. O ambiente econômico principal no qual a entidade opera é normalmente aquele em que principalmente ela gera e despende caixa. Quando os indicadores acima estão mesclados e a determinação da moeda funcional não é um processo tão óbvio, a administração deve se valer de julgamento para determinar a moeda funcional que representa com maior fidedignidade os efeitos econômicos das transações, eventos e condições subjacentes. Como parte dessa abordagem, a administração deve priorizar os indicadores primários antes de levar em consideração os outros indicadores, os quais são fornecidos para servirem como evidência adicional para determinação da moeda funcional da entidade.

A moeda funcional da entidade reflete as transações, os eventos e as condições subjacentes que são relevantes para ela. Assim, uma vez determinada, a moeda funcional não deve ser alterada a menos que tenha ocorrido mudança nas transações, nos eventos e nas condições subjacentes.

> Quando há alteração na moeda funcional da entidade, a entidade deve aplicar, prospectivamente, os procedimentos de conversão requeridos à nova moeda funcional a partir da data da alteração.

Obs.: a Lei nº 9.249/95 prevê que as demonstrações contábeis não devem ser modificadas pelos efeitos inflacionários, mas a CVM recomenda que esses efeitos sejam corrigidos integralmente.

A entidade deve considerar os seguintes fatores na determinação de sua moeda funcional:

a) Indicadores primários

- A moeda:
  - Que mais influencia os preços de venda de bens e serviços (geralmente é a moeda na qual os preços de venda para seus bens e serviços estão expressos e são liquidados).
  - Do país cujas forças competitivas e regulações mais influenciam na determinação dos preços de venda para seus bens e serviços.
- A moeda que mais influencia fatores como mão de obra, matéria-prima e outros custos para o fornecimento de bens ou serviços (geralmente é a moeda na qual tais custos estão expressos e são liquidados).

b) Outros indicadores

Os seguintes fatores também podem servir como evidências para determinar a moeda funcional da entidade:

- A moeda por meio da qual são originados recursos das atividades de financiamento (exemplo: emissão de títulos de dívida ou ações).
- A moeda por meio da qual os recursos gerados pelas atividades operacionais são usualmente acumulados.

Os seguintes fatores adicionais devem ser considerados na determinação da moeda funcional de entidade no exterior, e também devem sê-los para avaliar se a moeda funcional dessa entidade no exterior é a mesma daquela utilizada pela entidade que reporta a informação (no caso em tela, a entidade que reporta a informação é aquela que possui uma entidade no exterior por meio de controlada, filial, sucursal, agência, coligada ou empreendimento controlado em conjunto):

- Se as atividades da entidade no exterior são executadas como extensão da entidade que reporta a informação, e não nos moldes em que lhe é conferido um grau significativo de autonomia. Um exemplo para ilustrar a primeira figura é quando a entidade no exterior somente vende bens que são importados da entidade que reporta a informação e remete para esta o resultado obtido. Um exemplo para ilustrar a segunda figura é quando a entidade no exterior acumula caixa e outros itens monetários, incorre em despesas, gera receita e angaria empréstimos, tudo substancialmente em sua moeda local.
- Se as transações com a entidade que reporta a informação ocorrem em uma proporção alta ou baixa das atividades da entidade no exterior.
- Se os fluxos de caixa advindos das atividades da entidade no exterior afetam diretamente os fluxos de caixa da entidade que reporta a informação e estão prontamente disponíveis para remessa para esta.
- Se os fluxos de caixa advindos das atividades da entidade no exterior são suficientes para pagamento de juros e demais compromissos, existentes e esperados, normalmente presentes em título de dívida, sem que seja necessário que a entidade que reporta a informação disponibilize recursos para servir a tal propósito.

42.4. APRESENTAÇÃO DE TRANSAÇÃO EM MOEDA ESTRANGEIRA NA MOEDA FUNCIONAL

Após verificar a moeda funcional, deve-se verificar que taxa será utilizada para transformar a moeda estrangeira na moeda funcional.

42.4.1. Reconhecimento inicial

Uma transação em moeda estrangeira é a transação que **é fixada ou requer sua liquidação em moeda estrangeira**, incluindo transações que são originadas quando a entidade:

- Compra ou vende bens ou serviços cujo preço é fixado em moeda estrangeira.
- Obtém ou concede empréstimos, quando os valores a pagar ou a receber são fixados em moeda estrangeira.
- De alguma outra forma, adquire ou desfaz-se de ativos, ou assume ou liquida passivos fixados em moeda estrangeira.

> Uma transação em moeda estrangeira deve ser reconhecida contabilmente, no momento inicial, pela moeda funcional, mediante a aplicação da taxa de câmbio à vista entre a moeda funcional e a moeda estrangeira, na data da transação, sobre o montante em moeda estrangeira.

A data da transação é a data a partir da qual a transação se qualifica para fins de reconhecimento, de acordo com as práticas contábeis adotadas no Brasil. Por motivos práticos, a taxa de câmbio que se aproxima da taxa vigente na data da transação é usualmente adotada, como, por exemplo, a taxa de câmbio média semanal ou mensal que pode ser aplicada a todas as transações, em cada moeda estrangeira, ocorridas durante o período. Contudo, se as taxas de câmbio flutuarem significativamente, a adoção da taxa de câmbio média para o período não é apropriada.

42.4.2. Apresentação ao término de períodos de reporte subsequentes

Após o reconhecimento inicial pelo valor da transação, ao término da cada período de reporte subsequentes, o valor deve ser ajustado segundo as seguintes regras:

- **Os itens monetários** em moeda estrangeira devem ser convertidos, usando-se a taxa de câmbio de fechamento.
- **Os itens não monetários que são mensurados pelo custo histórico** em moeda estrangeira devem ser convertidos, usando-se a taxa de câmbio vigente na data da transação.
- **Os itens não monetários que são mensurados pelo valor justo** em moeda estrangeira devem ser convertidos, usando-se as taxas de câmbio vigentes nas datas em que o valor justo tiver sido mensurado.

O valor contábil de item deve ser determinado em conjunto com outros Pronunciamentos Técnicos pertinentes.

Por exemplo, terrenos, plantas industriais, máquinas e equipamentos podem ser mensurados pelo valor justo ou pelo custo histórico como base de valor, de acordo com o Pronunciamento Técnico CPC 27 – Ativo Imobilizado. Independentemente de o valor contábil ser determinado com base no custo histórico ou com base no valor justo, se o valor contábil é determinado em moeda estrangeira, ele deve ser convertido para a moeda funcional.

Momento	Item	Conversão da moeda estrangeira em moeda funcional
Reconhecimento inicial	Todos	Aplicando a taxa de câmbio à vista na data da transação
Reporte subsequente	Itens monetários	Aplicando a taxa de câmbio de fechamento
	Itens não monetários mensurados pelo custo histórico	Aplicando a taxa de câmbio vigente na data da transação
	Itens não monetários mensurados pelo valor justo	Aplicando as taxas de câmbio vigentes nas datas em que o valor justo tiver sido mensurado

42.4.3. Reconhecimento na variação cambial

As variações cambiais advindas da liquidação de itens monetários ou da conversão de itens monetários por taxas diferentes daquelas pelas quais foram convertidos quando da mensuração inicial, durante o período ou em demonstrações contábeis anteriores, **devem ser reconhecidas na demonstração do resultado no período em que surgirem**. Ou seja, surgindo a variação, ela deve ser reconhecida no resultado.

Quando itens monetários são originados de transações em moeda estrangeira e há mudança na taxa de câmbio entre a data da transação e a data da liquidação, surge uma variação cambial. Quando a transação é liquidada dentro do mesmo período contábil em que foi originada, toda a variação cambial deve ser reconhecida nesse mesmo período. Entretanto, **quando a transação é liquidada em período contábil subsequente**, a variação cambial reconhecida em cada período, até a data de liquidação, deve ser determinada pela mudança nas taxas de câmbio ocorrida durante cada período.

Quando um ganho ou uma perda **sobre itens não monetários for reconhecido em conta específica de outros resultados abrangentes**, qualquer variação cambial atribuída a esse componente de ganho ou perda deve ser também reconhecida em conta específica de outros resultados abrangentes. Por outro lado, quando um ganho ou uma perda **sobre item não monetário for reconhecido na demonstração do resultado do período**, qualquer variação cambial atribuída a esse ganho ou perda deve ser também reconhecida na demonstração do resultado do período.

Item		Reconhecimento da variação cambial
Itens monetários		Deve ser reconhecida na demonstração do resultado no período em que surgir.
Itens não monetários	Transação é liquidada dentro do mesmo período contábil em que foi originada	Deve ser reconhecida na demonstração do resultado no período em que surgir.
	Transação é liquidada em período contábil subsequente	A variação cambial reconhecida em cada período, até a data de liquidação, deve ser determinada pela mudança nas taxas de câmbio ocorrida durante cada período.

As variações cambiais advindas de **itens monetários que fazem parte do investimento líquido em entidade no exterior da entidade que reporta a informação devem ser reconhecidas no resultado nas demonstrações contábeis** separadas da entidade que reporta a informação ou nas demonstrações contábeis individuais da entidade no exterior, conforme apropriado. Nas demonstrações contábeis que incluem a entidade no exterior e a entidade que reporta a informação (por exemplo: demonstrações contábeis individuais com avaliação das investidas por equivalência patrimonial, ou demonstrações contábeis consolidadas quando a entidade no exterior é uma controlada), tais variações cambiais devem ser reconhecidas, inicialmente, em **outros resultados abrangentes** em conta específica do patrimônio líquido, e devem ser transferidas do patrimônio líquido para a demonstração do resultado quando da baixa do investimento líquido.

A conta do patrimônio líquido onde serão registrados esses valores é a conta "Ajustes acumulados de conversão".

Quando um item monetário faz parte do investimento líquido em entidade no exterior da entidade que reporta a informação e está expresso na moeda funcional da entidade que reporta a informação, surge uma variação cambial nas demonstrações contábeis individuais da entidade no exterior. Se esse item está expresso na moeda funcional da entidade no exterior, surge uma variação cambial nas demonstrações contábeis separadas e nas individuais da entidade que reporta a informação. Se esse item está expresso em moeda que não é a moeda funcional da entidade que reporta a informação, nem tampouco a moeda funcional da entidade no exterior, surge uma variação cambial nas demonstrações separadas e nas individuais da entidade que reporta a informação e nas demonstrações contábeis individuais da entidade no exterior. Tais diferenças cambiais devem **ser reconhecidas em outros resultados abrangentes** em conta específica do patrimônio líquido nas demonstrações contábeis que incluem a entidade no exterior e a entidade que reporta a informação (exemplo: demonstrações contábeis nas quais a entidade no exterior é consolidada ou é tratada contabilmente pelo método da equivalência patrimonial).

Quando a entidade mantém seus registros contábeis em moeda diferente da sua moeda funcional, no momento da elaboração de suas demonstrações contábeis, todos os montantes devem ser convertidos para a moeda funcional. Esse procedimento gera os mesmos montantes na moeda funcional que teriam ocorrido caso os itens tivessem sido registrados inicialmente na moeda funcional. Por exemplo, itens monetários são convertidos para a moeda funcional, utilizando-se a taxa de câmbio de fechamento; e itens não monetários que são mensurados com base no custo histórico devem ser convertidos, utilizando-se a taxa de câmbio da data da transação que resultou em seu reconhecimento.

Casos especiais		Reconhecimento da variação cambial
Itens não monetários for reconhecido em conta específica de outros resultados abrangentes		Reconhecida em conta específica de outros resultados abrangentes
Item não monetário for reconhecido na demonstração do resultado do período		Deve ser também reconhecida na demonstração do resultado do período
Itens monetários que fazem parte do investimento líquido em entidade no exterior da entidade que reporta a informação	Nas demonstrações contábeis separadas da entidade que reporta a informação ou nas demonstrações contábeis individuais da entidade no exterior, conforme apropriado	Deve ser reconhecida no resultado
	Nas demonstrações contábeis que incluem a entidade no exterior e a entidade que reporta a informação	Deve ser reconhecida em outros resultados abrangentes em conta específica do patrimônio líquido, e deve ser transferida do patrimônio líquido para a demonstração do resultado quando da baixa do investimento líquido.
	Nas demonstrações separadas e nas individuais da entidade que reporta a informação e nas demonstrações contábeis individuais da entidade no exterior	Deve ser reconhecida em outros resultados abrangentes em conta específica do patrimônio líquido nas demonstrações contábeis que incluem a entidade no exterior e a entidade que reporta a informação

42.5. INVESTIMENTO LÍQUIDO EM ENTIDADE NO EXTERIOR

Lembrando que vimos antes que **entidade no exterior** é uma entidade que pode ser controlada, coligada, empreendimento controlado em conjunto ou filial, sucursal ou agência de uma entidade que reporta informação, por meio da qual são desenvolvidas atividades que estão baseadas ou são conduzidas em um país ou em moeda diferente daquelas da entidade que reporta a informação.

A entidade pode possuir item monetário caracterizado como recebível junto a uma entidade no exterior ou como contas a pagar à mesma. Um item para o qual sua **liquidação não é provável** de ocorrer, tampouco está planejada para um futuro previsível é, substancialmente, **parte do investimento líquido da entidade nessa entidade no exterior**. Referidos itens monetários podem contemplar contas a receber de longo prazo e empréstimos de longo prazo. Eles não contemplam contas a receber e contas a pagar relacionados a operações comerciais normais. A entidade que possui item monetário a receber de entidade no exterior ou item monetário a pagar para entidade no exterior, conforme descrito no parágrafo anterior, pode ser qualquer controlada do grupo econômico.

Por exemplo, uma entidade possui duas controladas: "A" e "B". A controlada "B" é uma entidade no exterior. A controlada "A" concede um empréstimo à controlada "B". O empréstimo que a controlada "A" tem a receber da controlada "B" será considerado parte do investimento líquido da controladora na controlada "B" se a sua liquidação não for provável de ocorrer, tampouco estiver planejada para um futuro previsível. Do mesmo modo esse entendimento valeria se a controlada "A" fosse por completo uma entidade no exterior.

42.6. USO DE MOEDA DE APRESENTAÇÃO DIFERENTE DA FUNCIONAL

A entidade pode apresentar suas demonstrações contábeis em qualquer moeda (ou moedas). Se a moeda de apresentação das demonstrações contábeis difere da moeda funcional da entidade, seus resultados e sua posição financeira devem ser convertidos para a **moeda de apresentação**. Por exemplo, quando um grupo econômico é composto por entidades individuais com diferentes moedas funcionais, os resultados e a posição financeira de cada entidade devem ser expressos na mesma moeda comum a todas elas, para que as demonstrações contábeis consolidadas possam ser apresentadas.

Os resultados e a posição financeira da entidade, cuja moeda funcional não é moeda de economia hiperinflacionária, devem ser convertidos para moeda de apresentação diferente, adotando-se os seguintes procedimentos:

(a) **Ativos e passivos** para cada balanço patrimonial apresentado (incluindo os balanços comparativos) devem ser convertidos, utilizando-se **a taxa de câmbio de fechamento** na data do respectivo balanço.

(b) **Receitas e despesas** para cada demonstração do resultado abrangente ou demonstração do resultado apresentada (incluindo as demonstrações comparativas) devem ser convertidas pelas **taxas de câmbio vigentes** nas datas de ocorrência das transações.

(c) Todas as variações cambiais resultantes devem ser reconhecidas em outros resultados abrangentes.

As variações cambiais mencionadas no item (c) são decorrentes de:

- Conversão de receitas e despesas pela taxas de câmbio vigentes nas datas de ocorrência das transações e conversão de ativos e passivos pela taxa de câmbio de fechamento.
- Conversão dos saldos de abertura de ativos líquidos (patrimônio líquido) pela taxa de câmbio de fechamento atual, que difere da taxa de câmbio de fechamento anterior.

Essas variações cambiais não devem ser reconhecidas na demonstração do resultado porque as mudanças nas taxas de câmbio têm pouco ou nenhum efeito direto sobre os fluxos de caixa atuais e futuros advindos das operações. O montante acumulado das variações cambiais deve ser apresentado em conta específica separada do patrimônio líquido até que ocorra a baixa da entidade no exterior. Quando as variações cambiais são relacionadas a uma entidade no exterior que é consolidada, porém não é controlada integralmente, as variações cambiais acumuladas advindas da conversão e atribuídas às participações de não controladores devem ser a estas alocadas e devem ser, dessa forma, reconhecidas no balanço patrimonial consolidado.

Por **motivos práticos**, uma taxa que se aproxime das taxas de câmbio vigentes nas datas das transações, por exemplo, **a taxa média para o período, pode ser normalmente utilizada para converter itens de receita e despesa**. Entretanto, se as taxas de câmbio flutuarem significativamente, o uso da taxa de câmbio média para o período é inapropriado.

As contas da demonstração do resultado poderão ser convertidas pela taxa cambial média do período, mas no caso de receitas ou despesas não homogeneamente distribuídas ou no de câmbio com oscilações significativas terá que a conversão ser com base na data da competência de tais receitas e despesas.

Os resultados e a posição financeira da entidade cuja moeda funcional é a **moeda de economia hiperinflacionária** devem ser convertidos para moeda de apresentação diferente, adotando-se os seguintes procedimentos:

- Todos os montantes (isto é, ativos, passivos, itens do patrimônio líquido, receitas e despesas, incluindo saldos comparativos) devem ser convertidos pela taxa de câmbio de fechamento da data do balanço patrimonial mais recente.
- Quando os montantes forem convertidos para a moeda de economia não hiperinflacionária, os montantes comparativos devem ser aqueles que seriam apresentados como montantes do ano corrente nas demonstrações contábeis do ano anterior (isto é, não ajustados para mudanças subsequentes no nível de preços ou mudanças subsequentes nas taxas de câmbio).

Em resumo:

- Os itens monetários em moeda estrangeira devem ser convertidos, usando-se a taxa de câmbio de fechamento.
- Os itens não monetários que são mensurados pelo custo histórico em moeda estrangeira devem ser convertidos, usando-se a taxa de câmbio vigente na data da transação.
- Os itens não monetários que são mensurados pelo valor justo em moeda estrangeira devem ser convertidos, usando-se as taxas de câmbio vigentes nas datas em que o valor justo tiver sido mensurado.

42.7. BAIXA TOTAL OU PARCIAL DE ENTIDADE NO EXTERIOR

Na baixa de entidade no exterior, o montante acumulado de variações cambiais relacionadas a essa entidade no exterior, reconhecido em outros resultados abrangentes e registrado em conta específica do patrimônio líquido, deve ser transferido do patrimônio líquido para a demonstração do resultado (como ajuste de reclassificação) quando o ganho ou a perda na baixa for reconhecido.

42.8. DIVULGAÇÃO

A entidade deve divulgar:

* O montante das variações cambiais reconhecidas na demonstração do resultado, com exceção daquelas originadas de instrumentos financeiros mensurados ao valor justo por meio do resultado, de acordo com o CPC 48.
* Variações cambiais líquidas reconhecidas em outros resultados abrangentes e registradas em conta específica do patrimônio líquido, e a conciliação do montante de tais variações cambiais, no início e no final do período.

Quando a moeda de apresentação das demonstrações contábeis for diferente da moeda funcional, esse fato deve ser relatado juntamente com a divulgação da moeda funcional e da razão para a utilização de moeda de apresentação diferente.

Quando houver alteração na moeda funcional da entidade que reporta a informação ou de entidade no exterior significativa, esse fato e a razão para a alteração na moeda funcional devem ser divulgados.

CAPÍTULO 43

PAGAMENTO BASEADO EM AÇÕES

Exige-se que os efeitos das **transações com pagamento baseado em ações** estejam refletidos no resultado e no balanço patrimonial da entidade, incluindo despesas associadas com transações por meio das quais opções de ações são outorgadas a empregados.

Segundo o CPC:

> A entidade deve contabilizar todas as transações com pagamento baseado em ações, incluindo:
> - Transações com pagamento baseado em ações liquidadas pela entrega de instrumentos patrimoniais.
> - Transações com pagamento baseado em ações liquidadas em caixa.
> - Transações por meio das quais a entidade recebe ou adquire produtos e serviços e cujos termos do acordo conferem à entidade ou ao fornecedor desses produtos ou serviços a liberdade de escolha da forma de liquidação da transação, a qual pode ser em caixa (ou outros ativos) ou mediante a emissão de instrumentos patrimoniais. Na ausência de produtos ou serviços especificadamente identificáveis, outras circunstâncias podem indicar que os produtos ou serviços tenham sido (ou serão) recebidos, caso em que este Pronunciamento Técnico deve ser aplicado.

Como visto no quadro acima, as regras aqui previstas devem ser aplicadas às transações com pagamento baseado em ações por meio das quais produtos ou serviços são adquiridos por uma entidade. Os produtos incluem estoques, materiais de consumo, itens do imobilizado, ativos intangíveis ou outros ativos não financeiros. Contudo, a entidade não deve aplicar às transações por meio das quais a entidade adquire produtos que integram os ativos líquidos adquiridos em operação de combinação de negócios.

Uma transação com pagamento baseado em ações **pode ser liquidada por outra entidade do grupo** (ou por acionista de qualquer entidade do grupo) no interesse da entidade que recebe ou adquire produtos ou serviços.

> Devem ser contabilizadas as transações com pagamento baseado em ações da entidade que:
> - Recebe produtos ou serviços quando outra entidade do mesmo grupo (ou acionista de qualquer outra entidade do grupo) tem a obrigação de liquidar a transação com pagamento baseado em ações.
> - Tem a obrigação de liquidar a transação com pagamento baseado em ações quando outra entidade do mesmo grupo recebe os produtos ou serviços, a menos que a transação seja claramente voltada a qualquer outro propósito que não seja o pagamento de produtos ou serviços fornecidos à entidade que os recebe.

624 | CONTABILIDADE GERAL E AVANÇADA • SILVIO SANDE E ANDRÉ NEIVA

A transação envolvendo empregado (ou outra parte) enquanto detentor de instrumento patrimonial da entidade **não constitui transação com pagamento baseado em ação**. Por exemplo, se a entidade outorga a todos os detentores de uma classe específica de instrumentos patrimoniais o direito de adquirir instrumentos patrimoniais adicionais da entidade a um preço que é menor do que o valor justo desses instrumentos patrimoniais, e um empregado recebe tal direito por ser detentor dessa classe específica de instrumentos patrimoniais, a concessão ou exercício desse direito não estão sujeitos às exigências do presente Pronunciamento.

43.1. RECONHECIMENTO

A entidade deve reconhecer os produtos ou os serviços recebidos ou adquiridos em transação com pagamento baseado em ações quando ela obtiver os produtos ou à medida que receber os serviços. **Em contrapartida**, a entidade deve reconhecer o correspondente aumento do patrimônio líquido se os produtos ou serviços forem recebidos em transação com pagamento baseado em ações liquidada em instrumentos patrimoniais, ou deve reconhecer um passivo, se os produtos ou serviços forem adquiridos em transação com pagamento baseado em ações liquidada em caixa (ou com outros ativos).

Os produtos ou serviços recebidos ou adquiridos em transação com pagamento baseado em ações **que não se qualifiquem para fins de reconhecimento como ativos, devem ser reconhecidos como despesa do período**.

Normalmente, uma despesa surge do consumo de produtos ou serviços. Por exemplo, serviços são normalmente consumidos imediatamente e, nesse caso, a despesa deve ser reconhecida à medida que a contraparte presta os serviços. Produtos podem ser consumidos ao longo de um período de tempo ou, no caso de estoques, vendidos em data futura e, nesse caso, a despesa deve ser reconhecida quando os produtos forem consumidos ou vendidos. Contudo, por vezes, pode ser necessário reconhecer a despesa antes de os produtos ou serviços serem consumidos ou vendidos, em função de eles não se qualificarem como ativo para fins de reconhecimento. Por exemplo, a entidade pode adquirir produtos como parte da fase de pesquisa de projeto de desenvolvimento de novo produto. Apesar de referidos produtos não terem sido consumidos, eles podem não se qualificar como ativo para fins de reconhecimento.

43.2. TRANSAÇÃO LIQUIDADA COM INSTRUMENTOS PATRIMONIAIS

Para transações com pagamento baseado em ações liquidadas pela entrega de instrumentos patrimoniais, a entidade deve mensurar os produtos ou serviços recebidos, e o aumento correspondente no patrimônio líquido, **de forma direta, pelo valor justo dos produtos ou serviços recebidos**, a menos que o valor justo não possa ser estimado com confiabilidade. Se a entidade não consegue mensurar com confiabilidade o valor justo dos produtos e serviços recebidos, ela deve mensurar os seus respectivos valores justos, e o correspondente aumento no patrimônio líquido, de forma indireta, tomando como base o valor justo dos instrumentos patrimoniais outorgados.

Para fins de aplicação às transações com empregados e outros prestadores de serviços similares, a entidade deve mensurar o valor justo dos serviços recebidos tomando como base **o valor justo dos instrumentos patrimoniais outorgados**, uma vez que normalmente não é possível estimar com confiabilidade o valor justo dos serviços recebidos. O valor justo desses instrumentos patrimoniais **deve ser mensurado na data de outorga**.

Via de regra, ações, opções de ações ou outros instrumentos patrimoniais são outorgados aos empregados como parte do pacote de remuneração destes, adicionalmente aos salários e outros benefícios. Normalmente, não é possível mensurar, de forma direta, os serviços recebidos por componentes específicos do pacote de remuneração dos empregados. Pode não ser possível também mensurar o valor justo do pacote de remuneração como um todo de modo independente, sem se mensurar diretamente o valor justo dos instrumentos patrimoniais outorgados. Ademais, ações e opções de ações são, por vezes, outorgadas como parte de acordo de pagamento de bônus, em vez de serem outorgadas como parte da remuneração básica dos empregados. Objetivamente, trata-se de incentivo para que os empregados permaneçam nos quadros da entidade ou de prêmio por seus esforços na melhoria do desempenho da entidade. Ao beneficiar os empregados com a outorga de ações ou opções de ações, adicionalmente a outras formas de remuneração, a entidade visa a obter benefícios marginais. Em função da dificuldade de mensuração direta do valor justo dos serviços recebidos, a entidade deve mensurá-los de forma indireta, ou seja, deve tomar como base o valor justo dos instrumentos patrimoniais outorgados.

Para fins de aplicação às transações com outras partes que não os empregados, deve haver a premissa refutável de que o valor justo dos produtos ou serviços recebidos pode ser estimado com confiabilidade. Dessa forma, o valor justo destes deve ser mensurado na data em que a entidade obtém os produtos ou em que a contraparte presta os serviços. Em casos raros, a entidade deve refutar essa premissa porque ela não consegue mensurar com confiabilidade o valor justo dos produtos ou serviços recebidos, quando então deve mensurar os produtos ou serviços recebidos, e o correspondente aumento do patrimônio líquido, indiretamente, ou seja, tomando como base o valor justo dos instrumentos patrimoniais outorgados, mensurados na data em que a entidade obtém os produtos ou a contraparte presta os serviços.

Particularmente, se a contrapartida identificável recebida (qualquer que seja) pela entidade parecer ser inferior ao valor justo dos instrumentos patrimoniais outorgados ou do que o passivo incorrido, tipicamente essa situação indica que outras contrapartidas (isto é, produtos ou serviços não identificáveis) tenham sido (ou serão) recebidas pela entidade.

43.2.1. Transação mensurada a valor justo do instrumento patrimonial outorgado

Para transações mensuradas com base no valor justo dos instrumentos patrimoniais outorgados, a entidade deve mensurar o valor justo dos instrumentos patrimoniais outorgados na data da mensuração, baseando-se nos preços de mercado, se disponíveis, levando em consideração os termos e condições sob os quais os instrumentos patrimoniais foram outorgados.

Se os preços de mercado não estiverem disponíveis, a entidade deve estimar o valor justo dos instrumentos patrimoniais outorgados utilizando técnica de avaliação para estimar a que preço os respectivos instrumentos patrimoniais poderiam ser negociados, na data da mensuração, em uma transação sem favorecimentos, entre partes conhecedoras do assunto e dispostas a negociar. A técnica de avaliação deve ser consistente com as metodologias de avaliação generalizadamente aceitas para precificar instrumentos financeiros, e deve incorporar todos os fatores e premissas que participantes do mercado, conhecedores do assunto e dispostos a negociar, levariam em consideração no estabelecimento do preço.

43.3. TRANSAÇÃO LIQUIDADA EM CAIXA

Para transações com pagamento baseado em ações liquidadas em caixa, a entidade deve mensurar os produtos ou serviços adquiridos e o passivo incorrido por meio do valor justo do passivo. Até que o passivo seja liquidado, a entidade deve remensurar o valor justo do passivo ao término da cada período de reporte e na data da liquidação, sendo que quaisquer mudanças no valor justo devem ser reconhecidas no resultado do período.

Por exemplo, a entidade pode outorgar direitos sobre a valorização de suas ações aos seus empregados como parte do pacote de remuneração destes. Assim, os empregados passam a ter o direito a receber futuros pagamentos de caixa (em vez de instrumento patrimonial), com base no aumento do preço das ações da entidade, a partir de um nível especificado, ao longo de período de tempo também especificado. Alternativamente, a entidade pode outorgar aos seus empregados o direito a receber futuros pagamentos em caixa, outorgando-lhes o direito às ações (incluindo as ações a serem emitidas por ocasião do exercício das opções de ações), que sejam resgatáveis, ou de forma compulsória (por exemplo, no término do contrato de trabalho), ou por opção do empregado. Esses acordos são exemplos de transações de pagamento baseado em ações liquidadas em caixa. Contudo, os requisitos nesses itens devem ser aplicados a todas as transações de pagamento baseado em ações liquidadas em caixa.

A entidade deve reconhecer os serviços recebidos, e o passivo correspondente a esses serviços, à medida que os serviços são prestados pelos empregados. Por exemplo, alguns direitos sobre valorização de ações proporcionam a aquisição de direito imediatamente (*vest immediately*), e os empregados não são obrigados a completar determinado tempo de serviço para se tornarem habilitados a receber futuros pagamentos em caixa. Na ausência de evidência em contrário, a entidade deve presumir que os serviços prestados pelos empregados, em contrapartida aos direitos sobre a valorização de ações, tenham sido recebidos. Assim, a entidade deve reconhecer imediatamente os serviços recebidos e o passivo correspondente a esses serviços. Se os direitos sobre a valorização de ações não proporcionarem a aquisição de direito (*do not vest*) até que os empregados tenham completado o período de serviço especificado, a entidade deve reconhecer os serviços recebidos e o passivo correspondente a esses serviços à medida que os serviços forem sendo prestados pelos empregados, ao longo desse período especificado.

O passivo deve ser mensurado, inicialmente e ao término de cada período de reporte, até a sua liquidação, pelo valor justo dos direitos sobre a valorização de ações, mediante a aplicação de modelo de precificação de opções e considerando os termos e condições sob os quais os direitos sobre a valorização de ações foram outorgados, e na extensão em que os serviços tenham sido prestados pelos empregados até a data.

43.4. TRANSAÇÃO COM ALTERNATIVA DE LIQUIDAÇÃO EM CAIXA

Para transações com pagamento baseado em ações cujos termos do acordo contratual facultem à entidade ou à contraparte a opção de escolher se a liquidação será em caixa (ou outros ativos) ou por meio da emissão de instrumentos patrimoniais, a entidade deve contabilizar essas transações, ou seus componentes, como transação com pagamento baseado em ações com liquidação em caixa se, e na extensão em que, a entidade tiver incorrido em passivo para ser liquidado em caixa ou outros ativos, ou como transação com pagamento baseado em ações com liquidação em instrumentos patrimoniais se, e na extensão em que, nenhum passivo tenha sido incorrido pela entidade.

Se a entidade tiver outorgado à contraparte o direito de escolher se a transação com pagamento baseado em ações será liquidada em caixa ou por meio da emissão de instrumentos patrimoniais, a entidade terá outorgado um instrumento financeiro composto, o qual apresenta um componente de dívida (ou seja, o direito de a contraparte requerer o pagamento em caixa) e um componente de patrimônio líquido (ou seja, o direito de a contraparte demandar a liquidação em instrumentos patrimoniais em vez de caixa). Para transações firmadas com outras partes que não sejam os empregados, por meio das quais o valor justo dos produtos ou serviços recebidos é diretamente mensurado, a entidade deve mensurar o componente de patrimônio líquido do instrumento financeiro composto por meio da diferença entre o valor justo dos produtos ou serviços recebidos e o valor justo do componente de dívida, na data em que os produtos ou serviços forem recebidos.

43.5. TRANSAÇÃO ENTRE ENTIDADES DO MESMO GRUPO

Para transações com pagamento baseado em ações entre entidades do mesmo grupo, em suas demonstrações contábeis separadas ou individuais, a entidade beneficiária dos produtos ou serviços deve mensurar os produtos ou serviços recebidos como transação com pagamento baseado em ações liquidada em instrumentos patrimoniais, ou como transação com pagamento baseado em ações liquidada em caixa, após avaliar:

* A natureza dos prêmios outorgados.
* Seus direitos e obrigações.

O montante a ser reconhecido pela entidade beneficiária dos produtos ou serviços pode diferir do montante reconhecido pelo grupo consolidado ou por outra entidade do grupo que esteja liquidando a transação com pagamento baseado em ações.

A entidade beneficiária dos produtos ou serviços deve mensurar os produtos ou serviços recebidos como transação com pagamento baseado em ações liquidada em instrumentos patrimoniais quando:

* Os prêmios outorgados forem seus próprios instrumentos patrimoniais.
* A entidade não tiver qualquer obrigação de liquidar a transação com pagamento baseado em ações.

A entidade deve remensurar subsequentemente referida transação com pagamento baseado em ações somente para mudanças em condições de aquisição de direito (*vesting conditions*) que não sejam condições de mercado. Em todas as demais circunstâncias, a entidade beneficiária dos produtos ou serviços deve mensurar os produtos ou serviços recebidos como transação com pagamento baseado em ações liquidada em caixa.

A entidade que esteja liquidando uma transação com pagamento baseado em ações, quando outra entidade do grupo for a beneficiária dos produtos ou serviços, deve reconhecer a operação como transação com pagamento baseado em ações liquidada em instrumentos patrimoniais, somente no caso de a liquidação se processar por meio dos seus próprios instrumentos patrimoniais. De outro modo, a operação deve ser reconhecida como transação com pagamento baseado em ações liquidada em caixa.

CAPÍTULO 44

ANÁLISE ECONÔMICO-FINANCEIRA

As informações constantes nas demonstrações contábeis são de grande importância para as partes interessadas em uma empresa. Por meio da análise dos dados presentes nessas demonstrações, é possível avaliar não só o desempenho da empresa, mas a sua saúde financeira.

São exemplos de partes interessadas na análise econômico-financeira de uma empresa: seus acionistas, seus credores e os seus parceiros comerciais. Os acionistas são interessados nos riscos e no retorno dos seus investimentos quando comparado aos demais investimentos do mercado. Os credores são interessados na liquidez e no endividamento, avaliando a capacidade de pagamento sobre os empréstimos e os encargos legais. Os parceiros comerciais são interessados na análise conjunta de índices para avaliar a saúde financeira da empresa.

Essa análise feita pelas partes interessadas pode ser dividia em: análise vertical, análise horizontal e análise por índices.

44.1. ANÁLISE VERTICAL E HORIZONTAL

A **análise vertical (ou de estrutura)** consiste na análise de coeficientes de participações de contas, grupos ou subgrupos de contas diante de um valor total adotado como base. Essa análise relaciona elementos patrimoniais presentes na demonstração dentro de um mesmo período.

Por exemplo, numa análise vertical, se o ativo não circulante representa 0,7 do ativo total, a depender do setor de atuação da empresa, isso pode representar uma grande dificuldade de conseguir recursos de curto prazo.

A **análise horizontal (ou de evolução)** consiste na evolução ao longo do tempo de contas, grupos ou subgrupos de contas diante de um valor de contas, grupos ou subgrupos de contas de outro período adotado como base. Essa análise relaciona elementos patrimoniais presentes na demonstração em períodos diferentes.

Por exemplo, numa análise horizontal, a conta caixa ao fim do exercício social de 2019 representa 1,7 da conta caixa do fim do exercício social de 2018, o que significa um acréscimo de 70% de disponibilidades de curto prazo. Isso, a depender do setor de atuação da empresa, pode significar uma melhora significativa na disponibilidade para pagamentos de curto prazo.

630 | CONTABILIDADE GERAL E AVANÇADA • SILVIO SANDE E ANDRÉ NEIVA

44.1.1. Análise do balanço patrimonial

Vejamos alguns exemplos de análise vertical e de análise horizontal.

a) Análise vertical

a.1) Índice de análise vertical do passivo: compara contas, grupos ou subgrupos de contas do passivo com o passivo total.

> Índice de análise vertical do passivo = contas, grupos ou subgrupos de contas do passivo do período / passivo total

b.2) Índice de análise vertical do ativo: compara contas, grupos ou subgrupos de contas do ativo em determinado período com o ativo total.

> Índice de análise vertical do ativo = contas, grupos ou subgrupos de contas do ativo do período / ativo total

Para o exemplo, passa-se a adotar os seguintes dados:

Passivo	
Fornecedores	R$ 2.800,00
Impostos e contribuições a pagar	R$ 500,00
Dividendos a pagar	R$ 750,00
Duplicatas descontadas	R$ 1.900,00
Empréstimo de longo prazo	R$ 1.600,00
PL	R$ 1.750,00
Passivo total	R$ 9.300,00

Da análise vertical do passivo acima, pode-se chegar à conclusão de que o passivo não circulante (R$ 1.600) representa 17% do passivo total (R$ 1.600 / R$ 9.300), o que revela que a empresa **possui a maior parte das suas dívidas com terceiros em passivo de curto prazo**, o que não é, geralmente, um dado bom para a saúde da empresa.

Também pode-se chegar à conclusão de que o capital próprio representa 19% (R$ 1.750 / R$ 9.300) do capital total.

b) Análise horizontal

b.1) Índice de análise horizontal do passivo: compara contas, grupos ou subgrupos de contas do passivo em determinado período diante de um valor de contas, grupos ou subgrupos de contas do passivo de outro período adotado como base.

> Índice de análise horizontal do passivo = contas, grupos ou subgrupos de contas do passivo do período / contas, grupos ou subgrupos de contas do passivo do período base

b.2) Índice de análise horizontal do ativo: compara contas, grupos ou subgrupos de contas do ativo em determinado período diante de um valor de contas, grupos ou subgrupos de contas do ativo de outro período adotado como base.

CAP. 44 – ANÁLISE ECONÔMICO-FINANCEIRA | 631

Índice de análise horizontal do ativo = contas, grupos ou subgrupos de contas do ativo do período / contas, grupos ou subgrupos de contas do ativo do período base.

Para o exemplo, passa-se a adotar os seguintes dados:

Passivo do período anterior		Passivo do período atual	
Fornecedores	R$ 2.800,00	Fornecedores	R$ 9.000,00
Impostos e contribuições a pagar	R$ 500,00	Empréstimos de longo prazo	R$ 800,00
Dividendos a pagar	R$ 750,00		
Duplicatas descontadas	R$ 1.900,00		
Empréstimos de longo prazo	R$ 1.600,00		
PL	R$ 1.750,00	PL	
Passivo total	**R$ 9.300,00**	**Passivo total**	**R$ 11.550,00**

Da análise horizontal do passivo acima, pode-se concluir que **houve uma diminuição das dívidas de longo prazo** de 50% [1 – (R$ 1.600/R$ 800)]. A diminuição das dívidas implica, a princípio, algo positivo. Contudo, o aspecto qualitativo do ocorrido no exemplo acima (diminuição do passivo de longo prazo) não diminuiu a importância de ter ocorrido também um aumento do passivo de curto prazo, que aumentou em 51% [1 – (R$ 5.950/R$ 9.000)].

Dessa forma, esse aumento do passivo de curto prazo é um dado que deve chamar a atenção dos gestores da empresa, quanto à capacidade de pagá-los em um prazo curto.

Vemos, portanto, uma **tendência** que a empresa tem de encurtar o prazo das suas dívidas.

44.1.2. Análise da DRE

a) Análise vertical

a.1) Índice de análise vertical do resultado do exercício: compara contas, grupos ou subgrupos de contas da DRE com a receita.

Índice de análise vertical da DRE = contas, grupos ou subgrupos de contas da DRE do período / contas, grupos ou subgrupos de contas da DRE do período base.

Para o exemplo, passa-se a adotar os seguintes dados:

(Nesse caso, será utilizada a análise vertical para comparar dois produtos de uma mesma empresa.)

	Geral	Produto A	Produto B
Receita	**R$ 1.000.000,00**	**R$ 700.000,00**	**R$ 300.000,00**
CMV/CSV	R$ 700.000,00	R$ 600.000,00	R$ 100.000,00
Lucro Bruto	**R$ 300.000,00**	**R$ 100.000,00**	**R$ 200.000,00**
Despesas	R$ 140.000,00	R$ 10.000,00	R$ 130.000,00
Lucro Operacional	**R$ 160.000,00**	**R$ 90.000,00**	**R$ 70.000,00**
IR	R$ 48.000,00	R$ 27.000,00	R$ 21.000,00
Lucro Líquido	**R$ 112.000,00**	**R$ 63.000,00**	**R$ 49.000,00**

As despesas do Produto B são maiores do que o do produto A, com relação ao seu faturamento. Isso pode indicar, por exemplo, que o produto B **dependa de mais despesas** com marketing para obter o atual nível de vendas. No entanto, o produto B tem uma margem bruta maior 66,66% (200.000/300.000), sendo que o produto A tem uma **margem bruta** de 14,28% (100.000/700.000).

632 | CONTABILIDADE GERAL E AVANÇADA • SILVIO SANDE E ANDRÉ NEIVA

Toda essa análise é uma análise vertical, ou seja, vemos o impacto de cada item no resultado, **dentro de um mesmo período**.

b) Análise horizontal

b.1) Índice de análise horizontal da DRE: compara contas, grupos ou subgrupos de contas da DRE em determinado período diante de um valor de contas, grupos ou subgrupos de contas da DRE de outro período adotado como base.

Índice de análise horizontal da DRE = contas, grupos ou subgrupos de contas da DRE do período / contas, grupos ou subgrupos de contas da DRE do período base.

Para o exemplo, passa-se a adotar os seguintes dados:

DRE do período anterior		DRE do período atual	
Receita	R$ 1.000.000,00	Receita	R$ 800.000,00
CMV/CSV	– R$ 700.000,00	CMV/CSV	– R$ 500.000,00
Lucro Bruto	R$ 300.000,00	Lucro Bruto	R$ 300.000,00
Despesas	– R$ 140.000,00	Despesas	– R$ 100.000,00
Lucro Operacional	R$ 160.000,00	Lucro Operacional	R$ 200.000,00
IR	– R$ 48.000,00	IR	– R$ 60.000,00
Lucro Líquido	R$ 112.000,00	Lucro Líquido	R$ 140.000,00

Através da análise horizonta, pode-se concluir que a empresa diminuiu sua receita no período atual, tendo ela diminuído em 20% em relação ao período anterior [(1.000.000/800.000) – 1]. Contudo, as despesas atuais foram 28,57% [(100.000/140.000) – 1] menores do que o período anterior. No fim, o lucro líquido foi 25% maior do que o período anterior [(140.000/112.000) – 1].

Essa análise horizontal pode ser **entre o esperado e o projetado ou ainda entre um ano e outro**.

Vemos, no caso, uma **tendência** da diminuição do lucro bruto, com a diminuição da relação Receita/Custo da mercadoria vendida.

44.2. ANÁLISE POR ÍNDICES

A análise por índices consiste na análise de dados através de indicadores utilizados na administração financeira. Esses índices, apesar de não ser obrigatório, muitas vezes são divulgados pelas empresas na apresentação dos seus resultados, onde o índice obtido pela empresa é comparado com a média do seu setor de atuação.

Esses indicadores apontam relações entre grupos, subgrupos e contas patrimoniais servindo para transmitir uma informação relevante na tomada de decisões dos ligados interna e externamente à companhia. A análise por índices é feita através de índices de rentabilidade, índices de liquidez e índices de estrutura de capital.

Os indicadores de rentabilidade representam o resultado econômico da entidade. Os indicadores de liquidez e de estrutura do capital indicam dados sobre a distribuição entre os elementos patrimoniais da entidade.

44.2.1. Índices de rentabilidade

Os índices de rentabilidade mostram o retorno de uma empresa diante dos seus recursos (próprios ou de terceiros). Eles utilizam dados da Demonstração do Resultado do Exercício e comparam com outros dados da própria DRE ou com dados do Balanço Patrimonial.

44.2.1.1. Retorno sobre o patrimônio líquido

Também conhecido como retorno sobre capital próprio, esse indicador busca demonstrar o retorno sobre o patrimônio líquido (ou capital próprio), comparando o lucro líquido do exercício (LL) com o PL. É muito importante para o investidor saber o quanto obteve de **retorno do seu investimento, ou seja, se o seu investimento está gerando resultados positivos**. Esse índice também é conhecido como retorno do capital próprio.

Retorno sobre o PL = lucro líquido / patrimônio líquido

Esse indicador é muito utilizado pelos investidores para avaliar a rentabilidade do seu investimento quando comparado a outras empresas do setor e ao custo de oportunidade adotado.

O **custo de oportunidade** é o custo uma oportunidade renunciada. Ao optar por um investimento, o custo resultante da escolha do agente originada da renúncia dos benefícios de outra escolha. Se o retorno é maior do que o seu custo de oportunidade, o investimento está sendo rentável. Se é menor do que o seu custo de oportunidade, o investimento não está sendo rentável.

44.2.1.2. Giro do ativo

Esse indicador busca demonstrar o retorno sobre o ativo total médio (média entre um período e outro), comparando as vendas líquidas com o ativo total médio. É muito importante para o investidor saber o quanto obteve de **retorno do seu investimento**. Também é conhecido como **rentabilidade do ativo**.

Giro do ativo = vendas líquidas / ativo total médio

44.2.1.3. Retorno sobre o ativo

Esse indicador busca demonstrar o retorno sobre o ativo total, comparando o lucro líquido do exercício com o ativo total. É uma informação muito importante que avalia o retorno de todo o capital aplicado (próprio e de terceiros). É muito importante para o investidor saber o quanto obteve de **retorno do seu investimento**. Também é conhecido como **rentabilidade do ativo total**.

Retorno sobre o ativo = lucro líquido / ativo total

44.2.1.4. Retorno do ativo operacional

Esse indicador busca demonstrar o retorno do **ativo operacional**, que é o ativo deduzido dos itens não usuais das atividades da empresa, **comparando** o lucro operacional com o ativo operacional. Podemos citar como item usual da atividade da empresa o seu maquinário e como item não usual um investimento em título.

> **Retorno do ativo operacional** = lucro operacional / ativo operacional

44.2.1.5. Alavancagem financeira

Esse indicador busca demonstrar o retorno dos recursos captados de terceiros, ou seja, do endividamento da empresa. Quando o seu resultado for maior que 1, teremos uma situação favorável; quando menor que 1, será desfavorável; e quando igual a zero, será neutra. Nesse indicador, comparamos a rentabilidade operacional do PL com a rentabilidade sem o capital de terceiros:

> **Grau de alavancagem financeira** = $\dfrac{\text{LO / PL}}{\text{(LO + DF) / AT}}$
>
> LO = lucro operacional
> PL = patrimônio líquido
> DF = despesa financeira
> AT = ativo total

44.2.1.6. EBITDA

O **EBITDA** (*earnings before interest, taxes, depreciation and amortization*) é um dos principais indicadores da saúde de uma empresa e indica os ganhos **antes dos juros, impostos, depreciação e amortização**. Em suma, revela a capacidade de gerar caixa da empresa. Sendo assim:

> **EBITDA** = Lucro líquido do exercício + juros + impostos + depreciação + amortização

Obs.: apesar de indicar a capacidade de gerar caixa, não representa o fluxo de caixa efetivo.

44.2.1.7. EVA

O **EVA** (*economic value added*) é um indicador que busca mostrar o valor gerado pelo capital investido. Ele compara o lucro operacional com o custo de oportunidade (retorno mínimo que o investidor teria se aplicasse em outra operação segura do mercado) e encontra o valor gerado.

> **EVA** = Lucro operacional – (patrimônio líquido × custo de oportunidade)

44.2.1.8. Margem bruta

Esse indicador compara o lucro bruto com as vendas líquidas. Ele demonstra a lucratividade antes de computar as despesas.

Margem bruta = lucro bruto / vendas líquidas

44.2.1.9. Margem operacional

Esse indicador compara o lucro operacional com as vendas líquidas. Ele demonstra a lucratividade após o cômputo das despesas, mas antes de considerarmos os tributos sobre os lucros e as participações.

Margem operacional = lucro operacional / vendas líquidas

44.2.1.10. Margem líquida

Esse indicador compara o lucro líquido com a vendas líquidas. Ele demonstra a lucratividade após as despesas, os tributos sobre o lucro e as participações serem computadas.

Margem líquida = lucro líquido / vendas líquidas

Temos, portanto, os seguintes indicadores de rentabilidade:

Índices de rentabilidade	
Retorno sobre o PL	Lucro líquido / patrimônio líquido
Giro do ativo	Vendas líquidas / ativo total médio
Retorno sobre o ativo	Lucro líquido / ativo total
Retorno do ativo operacional	Lucro operacional / ativo operacional
Grau de alavancagem financeira	LO / PL (LO + DF) / AT
EBITDA	Lucro líquido do exercício + juros + impostos + depreciação + amortização
EVA	Lucro operacional – (patrimônio líquido x custo de oportunidade)
Margem bruta	Lucro bruto / vendas líquidas
Margem operacional	Lucro operacional / vendas líquidas
Margem líquida	Lucro líquido / vendas líquidas

44.2.2. Índices de liquidez

A liquidez representa a capacidade de uma entidade de pagar as suas obrigações, comparando essas obrigações com a capacidade de gerar caixa. Uma alta liquidez representa, em regra, uma coisa positiva, pois demonstra que a entidade pode honrar os seus compromissos.

44.2.2.1. Liquidez imediata

Esse índice compara as disponibilidades (parte mais líquida que compõe o ativo circulante) com as dívidas e obrigações de curto prazo, representado pelo passivo circulante. Também é conhecido como **índice de liquidez absoluta**.

Índice de liquidez imediata = disponibilidades / passivo circulante

Se o índice for maior que um, as disponibilidades podem quitar todas as dívidas e obrigações de curto prazo e ainda sobram disponibilidades. Se for menor que um, as dívidas e obrigações de curto prazo não podem ser quitadas com as disponibilidades que a empresa possui no momento.

44.2.2.2. Liquidez corrente

Esse índice compara o ativo circulante (onde estão os bens e direitos mais líquidos, mas não só disponibilidades como no índice de liquidez imediata) com as dívidas e obrigações de curto prazo, representado pelo passivo circulante. Também é conhecido como **índice de liquidez comum**.

Índice de liquidez corrente = ativo circulante / passivo circulante

Se o índice for maior que um, o ativo circulante pode quitar todas as dívidas e obrigações de curto prazo e ainda sobra ativo circulante. Se for menor que um, as dívidas e obrigações de curto prazo não podem ser quitadas pelo ativo circulante que a empresa possui no momento.

44.2.2.3. Liquidez seca

Esse índice compara o ativo circulante menos os estoques com as dívidas e obrigações de curto prazo, representado pelo passivo circulante. Também conhecido como **teste ácido**, esse índice busca considerar o ativo circulante tirando do mesmo a sua parte menos líquida, o estoque.

Índice de liquidez seca = (ativo circulante – estoques) / passivo circulante

Se o índice for maior que um, o ativo circulante menos o estoque pode quitar todas as dívidas e obrigações de curto prazo e ainda sobra ativo. Se for menor que um, as dívidas e obrigações de curto prazo não podem ser quitadas pelo ativo circulante, menos os estoques, que a empresa possui no momento.

44.2.2.4. Liquidez geral

Esse índice compara o ativo circulante somado ao ativo realizável a longo prazo, com o passivo circulante somado ao passivo não circulante (diminuído da receita diferida, se houver). Também é conhecido como **liquidez total**.

Índice de liquidez geral = (ativo circulante + ativo realizável a longo prazo) / (passivo circulante + passivo não circulante – receita diferida)

Se o índice for maior que um, o ativo circulante somado ao ativo realizável a longo prazo pode quitar todas as dívidas e obrigações de curto e longo prazo e ainda há sobra. Se for menor que um, as dívidas e obrigações de curto e de longo prazo não pode ser quitadas pelo ativo circulante somado ao ativo realizável a longo prazo que a empresa possui no momento.

Ativo			Passivo		
	2012	2011		2012	2011
Ativo circulante	70	50	Passivo circulante	35	25
Disponível	30	30	Fornecedores	30	15
Estoque	40	20	Impostos a pagar	5	10
Ativo não circulante	60	50	Passivo não circulante	35	25
Investimentos	30	20	Empréstimos a longo prazo	35	25
Imobilizado	30	30	Patrimônio líquido	60	50
			Capital social	60	50
Total	**130**	**100**	**Total**	**130**	**100**

(CESPE – Auditor Fiscal do Trabalho/2013) Em 2012, o índice de liquidez seca foi menor que 1.

(CESPE – Auditor Fiscal do Trabalho/2013) O índice de liquidez imediata em 2011 foi igual a 2.

44.2.2.5. Solvência geral

Esse índice compara o ativo total (ativo circulante + ativo não circulante) com o passivo circulante somado ao passivo não circulante, ou seja, com o passivo exigível (diminuído da receita diferida, se houver). Representa um dado importante para terceiros que financiam a empresa, uma vez que trata se a empresa pode quitar tudo o que deve a terceiros vendendo o total do seu ativo. Também é conhecida como **margem de garantia**.

Índice de solvência geral = ativo total / (passivo circulante + passivo não circulante – receita diferidas)

44.2.2.6. Termômetro de Kanitz

O **Termômetro de Kanitz** é uma fórmula para julgar a solvência de uma empresa. A fórmula é:

$$FI = 0,05\ RP + 1,65\ LG + 3,55\ LS - 1,06\ LC - 0,33\ GE$$

Em que:

FI = fator de insolvência

RP = rentabilidade do patrimônio = lucro líquido / patrimônio líquido

LG = liquidez geral = (ativo circulante + realizável a longo prazo) / (passivo circulante + passivo não circulante)

LS = liquidez seca = (ativo circulante – estoques) / passivo circulante

LC = liquidez corrente = ativo circulante / passivo circulante

GE = grau de endividamento = exigível total / patrimônio líquido

Segundo o termômetro de Kanitz:

- De 0 a 7 = solvente.
- De –3 a 0 = risco de falência (penumbra).
- De –7 a –3 = insolvente.

Assim, quanto mais alto e positivo o termômetro de Kanitz, menos insolvente (ou mais solvente) é a empresa e menor é o risco de falência da mesma.

Temos, portanto, os seguintes indicadores de liquidez:

Índices de liquidez	
Índice de liquidez imediata	Disponibilidades / passivo circulante
Índice de liquidez corrente	Ativo circulante / passivo circulante
Índice de liquidez seca	(Ativo circulante – estoques) / passivo circulante
Índice de liquidez geral	(Ativo circulante + ativo realizável a longo prazo) / (passivo circulante + passivo não circulante – receita diferida)
Índice de solvência geral	Ativo total / (passivo circulante + passivo não circulante – receita diferida)
Termômetro de Kanitz	FI = 0,05 RP + 1,65 LG + 3,55 LS – 1,06 LC – 0,33 GE

QUESTÃO COMENTADA

(FCC – Analista de Gestão Contábil/Pref. Recife/2019) A tabela a seguir apresenta informações que foram obtidas das demonstrações contábeis da Cia. Líquida e da Cia. Duvidosa publicadas em 31/12/2017:

Variável	Cia. Líquida	Cia. Duvidosa
Índice de liquidez corrente	2,0	1,5
Ativo não circulante	R$ 600.000,00	R$ 600.000,00
Passivo não circulante	R$ 500.000,00	R$ 400.000,00
Total do ativo	R$ 2.400.000,00	R$ 2.400.000,00
Retorno sobre o patrimônio líquido	10%	10%

Com base nessas informações, é **correto** afirmar que a companhia:

a) Duvidosa apresentou maior passivo não circulante em 31/12/2017.

b) Líquida apresentou maior passivo circulante em 31/12/2017.

c) Duvidosa apresentou maior patrimônio líquido em 31/12/2017.

d) Duvidosa apresentou um montante menor de recursos de terceiros.

e) Líquida teve um lucro líquido em 2017 maior do que a Cia. Duvidosa.

RESPOSTA: E

QUESTÃO COMENTADA

COMENTÁRIO:

Cia. Líquida

Total do ativo = ativo circulante (AC) + ativo não circulante (ANC)

R$ 2.400.000,00 = AC + R$ 600.000,00

AC = R$ 2.400.000,00 = R$ 600.000,00

AC = R$ 1.800.000,00

Índice de liquidez corrente = ativo circulante / passivo circulante

Índice de liquidez corrente (ILC)

Ativo circulante (AC)

Passivo circulante (PC)

2 = 1.800.000 / PC

2 PC = 1.800.000

PC = 900.000

Total do passivo = passivo circulante (PC) + passivo não circulante (PNC)

Total do passivo = R$ 900.00,00 + R$ 500.000,00

Total do passivo = R$ 1.400.000,00

Patrimônio líquido (PL) = total do ativo – total do passivo

PL = R$ 2.400.000,00 – R$ 1.400.000,00

PL = R$ 1.000.000,00

Retorno sobre o PL = lucro líquido / patrimônio líquido

Lucro líquido (LL)

Patrimônio líquido (PL)

10% = LL / 1.000.000

LL = 10% × 1.000.000

LL = R$ 100.000,00

Cia. Duvidosa

Total do ativo = ativo circulante (AC) + ativo não circulante (ANC)

R$ 2.400.000,00 = AC + R$ 600.000,00

AC = R$ 2.400.000,00 = R$ 600.000,00

AC = R$ 1.800.000,00

Índice de liquidez corrente = ativo circulante / passivo circulante

Índice de liquidez corrente (ILC)

Ativo circulante (AC)

Passivo circulante (PC)

1,5 = 1.800.000 / PC

1,5 PC = 1.800.000

PC = 1.800.000 / 1,5

PC = R$ 1.200.000,00

Total do passivo = passivo circulante (PC) + passivo não circulante (PNC)

Total do passivo = R$ 1.200.000,00 + R$ 400.000,00

Total do passivo = R$ 1.600.000,00

PL = total do ativo – total do passivo

PL = R$ 2.400.000,00 – R$ 1.600.000,00

640 | CONTABILIDADE GERAL E AVANÇADA • SILVIO SANDE E ANDRÉ NEIVA

QUESTÃO COMENTADA

PL = R$ 800.000,00
Retorno sobre o PL = lucro líquido / patrimônio líquido
Lucro líquido (LL)
Patrimônio líquido (PL)
10% = LL / 800.000
LL = 10% × 800.000
LL = R$ 80.000,00
é **correto** afirmar que a Cia.:
a) Duvidosa apresentou maior passivo não circulante em 31/12/2017. (FALSO)
PNC da Cia. Duvidosa = R$ 400.000,00
PNC da Cia. Líquida = R$ 500.000,00
b) Líquida apresentou maior passivo circulante em 31/12/2017. (FALSO)
PC da Cia. Líquida = R$ 900.000,00
PC da Cia. Duvidosa = R$ 1.200.000,00
c) Duvidosa apresentou maior patrimônio líquido em 31/12/2017. (FALSO)
PL da Cia. Líquida = R$ 1.000.000,00
PL da Cia. Duvidosa = R$ 800.000,00
d) Duvidosa apresentou um montante menor de recursos de terceiros. (FALSO)
Total do Passivo da Cia. Líquida = R$ 1.400.000,00
Total do Passivo da Cia. Duvidosa = R$ 1.600.000,00
e) Líquida teve um lucro líquido em 2017 maior do que a Cia. Duvidosa.
LL da Cia. Líquida = R$ 100.000,00
LL da Cia. Duvidosa = R$ 80.000,00

44.2.3. Índices de estrutura de capital

Os **índices de estrutura de capital (também conhecidos como índices de endivi-damento)** buscam demonstrar as relações entre o **capital de terceiros** (passivo exigível), o **capital próprio** (patrimônio líquido) e o **capital total** (totalidade do ativo ou do passivo).

44.2.3.1. Endividamento geral

Esse índice compara o capital de terceiros com o capital total. Também é conhecido como índice de **endividamento total**.

Endividamento geral ou total = (passivo exigível – receitas diferidas) / passivo total

Recordando, passivo exigível = PC + PNC e passivo total = PC + PNC + PL *ou*:

Endividamento geral ou total = (passivo exigível – receitas diferidas) / ativo total

Quanto menor o índice, melhor a situação da entidade, uma vez que a maior parte do seu capital não vai ser de terceiros (dívidas e obrigações), mas próprio (dos acionistas).

Cap. 44 – Análise Econômico-financeira | 641

44.2.3.2. Garantia de capital de terceiros

Esse índice compara o capital próprio com o capital de terceiros, verificando se o capital próprio é suficiente para cobrir o capital de terceiros. Também conhecido como **grau de endividamento**.

Garantia de capital de terceiros = passivo exigível / patrimônio líquido

Geralmente, quanto menor o índice, melhor a situação da entidade, uma vez que a maior parte do seu capital não vai ser de terceiros (dívidas e obrigações), mas próprio (dos acionistas).

44.2.3.3. Composição do endividamento

Esse índice compara o capital de terceiros de curto prazo com o total de capital de terceiros. Quanto menor esse índice, melhor a situação da entidade, uma vez que o passivo de curto prazo representa uma parte menor passivo exigível.

Composição de endividamento = passivo circulante / passivo exigível

Geralmente, quanto menor o índice, melhor a situação da entidade, uma vez que a maior parte do seu endividamento é de longo prazo.

Temos, portanto, os seguintes indicadores de estrutura de capital:

Índices de estrutura de capital	
Endividamento geral ou total	(Passivo exigível – receitas diferidas) / ativo total
Garantia de capital de terceiros	Passivo exigível / patrimônio líquido
Composição de endividamento	Passivo circulante / passivo exigível

44.2.4. Índices de imobilização de capital

Os **índices de imobilização de capital** buscam demonstrar as relações entre o **capital e o ativo não circulante**.

44.2.4.1. Imobilização de recursos não correntes

Esse índice compara o ativo não circulante (retirando o ARLP) com o passivo não corrente (passivo não circulante + patrimônio líquido), mostrando quanto do passivo não corrente está aplicado no ativo não circulante.

Índice de imobilização de recursos não correntes = (ativo não circulante – ativo realizável a longo prazo) / (passivo não circulante + patrimônio líquido)

Quanto menor o índice, melhor, pois indica que a empresa tem menos ativo não circulante e mais ativo circulante, originados do passivo não corrente.

44.2.4.2. Imobilização do capital próprio

Também conhecido com índice de **imobilização do patrimônio líquido**, mostra quanto do patrimônio líquido está aplicado no ativo não circulante. A princípio, quanto menor melhor.

> **Índice de imobilização do capital próprio** = ativo não circulante – ativo realizável a longo prazo/ patrimônio líquido

Quanto menor o índice, melhor, pois indica que a empresa tem menos ativo não circulante e mais ativo circulante, originados do capital próprio.

44.2.4.3. Imobilização de investimento total

Mostra quanto do ativo total está aplicado no ativo não circulante (exceto o ativo realizável a longo prazo). A princípio, quanto menor melhor.

> **Índice de imobilização do investimento total** = ativo não circulante – ativo realizável a longo prazo/ ativo total

Temos, portanto, os seguintes indicadores de imobilização de capital:

Índices de imobilização de capital	
Índice de imobilização de recursos não correntes	(Ativo não circulante – ativo realizável a longo prazo) / (passivo não circulante + patrimônio líquido)
Índice de imobilização do capital próprio	Ativo não circulante – ativo realizável a longo prazo / patrimônio líquido
Índice de imobilização do investimento total	Ativo não circulante – ativo realizável a longo prazo / ativo Total

44.3. CICLO ECONÔMICO, CICLO OPERACIONAL E CICLO FINANCEIRO

O prejuízo é um coisa ruim, mas o fluxo de caixa negativo é o que dá fim a uma empresa. Isso porque a empresa pode aceitar até ter prejuízo por um tempo dentro do seu planejamento, contudo, ela não conseguirá ter por muito tempo um fluxo de caixa negativo. Para compreender a importância dos prazos no giro do caixa, devem-se entender o ciclo econômico, o ciclo operacional e o ciclo financeiro.

Os ciclos são medidos em dias e, como regra, quanto menor o ciclo, melhor para a empresa, uma vez que seu caixa está girando mais rapidamente.

44.3.1. Ciclo econômico

O ciclo econômico é o prazo entre a **entrada (compra)** e a **saída (venda da mercadoria do estoque),** independente do fato da compra ou da venda do estoque ter sido à vista ou a prazo.

> **Ciclo econômico** = prazo médio de duração do estoque
>
> Prazo médio de duração do estoque = (estoque / custo de mercadoria vendida) × 360

44.3.2. Ciclo operacional

O ciclo operacional é o prazo entre a **entrada (compra)** e o **recebimento dos valores da venda**.

Ciclo operacional = ciclo econômico + prazo médio de vendas a receber

44.3.3. Ciclo financeiro

Alguns autores chamam também de **ciclo do caixa**, pois ele representa o prazo em que ocorre o giro do caixa de uma empresa. Sendo assim, ele vai do pagamento ao fornecedor ao recebimento das vendas.

Ciclo financeiro = ciclo econômico – prazo médio de pagamento aos fornecedores

44.3.4. O modelo DuPont

O **modelo DuPont** é cobrado por algumas banca e busca encontrar o retorno sobre o ativo através da seguinte multiplicação:

Giro do ativo × margem líquida

- Giro do ativo (GA) = vendas líquidas (VL) / ativo total médio (ATM)
- Margem líquida = lucro líquido / vendas líquidas

Quanto maior o resultado da multiplicação, melhor. Dessa forma, para melhorar o retorno sobre o ativo, uma empresa deve aumentar a sua margem líquida ou o giro do mesmo. Isso é visto quando, popularmente, dizem "tal produto ganha na margem" para os produtos que têm margem maior e, geralmente, possuem giro menor. Ou dizem "tal produto ganha no giro" para os produtos que têm giro maior e, geralmente, têm margem menor.

BIBLIOGRAFIA

Almeida MC. Iniciação à contabilidade em IFRS e CPC. São Paulo: Atlas; 2017.

Gitman LJ. Princípios de administração financeira. 12. ed. São Paulo: Pearson; 2010.

Iudícibus S. Análise de balanços. 11. ed. São Paulo: Atlas; 2017.

Martins E. Contabilidade de custos. 10. ed. São Paulo: Atlas; 2010.

Martins E, Gelbcke ER, Santos A et al. Manual de contabilidade societária. 3. ed. São Paulo: Atlas; 2018.

Padoveze CL. Manual de contabilidade básica. 10. ed. São Paulo: Atlas; 2017.

Santos JL, Schmidt P, Fernandes LA et al. Manual de práticas contábeis. 3. ed. São Paulo: Atlas; 2015.

SITES DA INTERNET

Banco Central do Brasil
www.bcb.gov.br

Centro de Seleção e de Promoção de Eventos
www.cespe.unb.br

Cetro Concursos Públicos
www.cetroconcursos.org.br

Comissão de Valores Mobiliários
www.cvm.gov.br

Comitê de Pronunciamentos Contábeis
www.cpc.org.br

Conselho Federal de Contabilidade
www.cfc.org.br

Fundação Carlos Chagas
www.concursosfcc.com.br

Fundação Getulio Vargas
http://portal.fgv.br

Presidência da República Federativa do Brasil
www.planalto.gov.br

Receita Federal
www.receita.fazenda.gov.br